개정판

호텔경영학

김경환 저

백산출판사

개정판

호텔경영학

머리말

호텔경영학이란 학문은 어떤 관점에서 바라보는가에 따라 그 차이점이 극명하게 다르게 나타날 수 있다. 호텔경영학은 기술적 접근법으로 볼 수도 있고 과학적 접근법으로도 볼 수 있으며, 또한 관광학 차원으로 이해할 수도 있고 경영학 차원으로도 이해할 수 있다. 본서는 과학적 접근법과 경영학 차원을 기준으로 집필되었다. 호텔경영학을 공부하는 학생들에게 실무적 · 경험적 지식보다는 향후 호텔 관리자로서 체계적으로 사고하고 합리적인 의사결정을 내릴 수 있는 분석능력과 객관적인 판단능력을 배양하는 데 필요한 기본적인 지식을 제공하고자 했다. 또한 관광현상에 관심을 두기보다는 호텔이란 기업의 경영현상에 집중하였다. 본서를 통해 학생들이 체계적으로 호텔기업의 제반 경영현상에 대해 기본적인 이해를 할 수 있도록 했으며, 또한 기업가치의 극대화와 기업의 사회적 책임이란 일반적인 기업목표를 잘 이해할 수 있게 했다. 그리고 본서는 호텔산업의 변화를 반영하는 데 많은 관심을 가지고 집필되었다.

본서를 통해 학생들이 호텔산업의 본모습을 잘 이해할 수 있도록 했다. 그래서 화려하고 낭만적인 직업인으로서의 호텔리어를 그리기보다는 자기 직무에서 호텔과 손님을 위해 가치를 창출할 수 있는 바람직한 미래 호텔리어의 자질을 육성하는 데 중점을 두었다. 본서를 통해 독자들은 호텔산업을 올바르게 이해하여 자신의 미래 비전을 조망하는 데 도움이 됐으면 하는 바람이다.

구체적으로 본서는 첫째, 호텔산업을 이해하는 데 필요한 전반적 지식, 둘째, 경영과 일반 경영학에 대한 지식, 셋째, 호텔의 여러 부서를 이해하고 세계 유력 체인호텔들이 사용하는 경영방식에 대한 지식, 넷째, 일반 기업으로서 호텔의 경영기능에 대한 지식, 마지막으로, 호텔의 장기 성공전략과 다국적 호텔기업을 이해하는 데 필요한 지식 등을 제공하는 데 주안점을 두었다.

본서가 나오기까지 격려해 주고 힘이 되어주신 모든 분들에게 이 자리를 빌려 심심한 감사의 마음을 전하며, 일일이 거명하지 못함을 양해해 주시기 바랍니다. 본서 출판을 위해 많은 편의를 제공해 주신 백산출판사 진욱상 사장님께 진심으로 감사의 마음을 전합니다.

부족한 아들을 위해 모든 것을 희생하신 아버님께 깊은 존경을 바치오며, 또 보잘것없는 자식에게 항상 용기를 주시고 자랑스러워하셨던 돌아가신 어머님께 한없는 사랑을 바칩니다. 마지막으로 동반자로, 친구로, 연인으로 항상 함께하는 미경에게 고마운 사랑을 전합니다.

용산 삼각지에서
김경환

본서의 전체 흐름도

Part Ⅰ 호텔산업의 이해

- Chapter 01 호텔경영의 이해
- Chapter 02 호텔산업의 역사와 발전과정
- Chapter 03 호텔산업의 특징과 현황

Part Ⅱ 경영(학)의 이해

- Chapter 04 경영과 리더십
- Chapter 05 경영사고의 진화과정

Part Ⅲ 호텔 부서와 경영방식

- Chapter 06 호텔 객실부서
- Chapter 07 호텔 식음료(F & B)부서
- Chapter 08 호텔 프랜차이즈와 위탁경영계약

Part Ⅳ 호텔기업의 경영기능

- Chapter 09 호텔 마케팅
- Chapter 10 호텔 인적자원관리
- Chapter 11 호텔 회계
- Chapter 12 호텔 재무관리
- Chapter 13 호텔 정보시스템

Part Ⅴ 호텔 경영전략과 글로벌경영

- Chapter 14 호텔 경영전략
- Chapter 15 호텔경영의 세계화

차 례

Part I 호텔산업의 이해

Part II 경영(학)의 이해

Part III 호텔 부서와 경영방식

I

Part

호텔산업의 이해

Chapter 1 호텔경영의 이해

Chapter 2 호텔산업의 발전과정

Chapter 3 호텔산업의 특징과 현황

호텔경영의 이해

Chapter 01

Chapter 01

호텔경영의 이해

학습목표

이 장을 학습한 후 여러분은 반드시 다음 내용을 이해해야 한다.

1. 호텔의 정의를 이해한다.
2. 호텔산업에 대한 인식과 현재 위상에 대해 이해한다.
3. 호텔사업의 기술적 및 과학적 측면을 이해한다.
4. 호텔산업에서 수요를 창출하는 요인을 파악한다.
5. 호텔의 손님(들)에 대해 이해한다.

제1절 호텔의 정의 및 개념

작금의 21세기에서 세계 최대산업의 하나인 관광산업은 더 이상 사양산업이 아니라 오히려 새로운 동력을 모색할 수 있는 전략적 성장산업으로 인식되고 있다. 세계관광기구(UNWTO)의 'Tourism 2020 Vision'에 의하면 전 세계의 국제관광객수는 1995년 5.6억 명에서 2010년 10억 명, 2020년 15.6억 명 수준으로 증가할 것으로 전망되고 있다. 그리고 세계여행관광협의회(WTTC)는 2024년까지 관광관련산업이 세계 GDP의 10.9%로 성장하며, 또한 세계 총고용의 8.6%가 관광관련 산업에서 창출되는 것으로 전망하였다. 국내 관광산업의 GDP에 대한 비중은 4%로 일본의 8.9%, 중국의 10.5%에 비해 많이 낮은 편이며 높은 성장잠재력을 보유하고 있다. 선진국 또는 개발도상국 구별할 것 없이 세계 각국은 관광산업을 21세기 국가 전략산업으로 육성하고자 다각적으로 관광진흥에 대한 노력을 경주하고 있는 것이 현실이다.

관광산업은 생산 · 고용 · 소득 · 부가가치 유발효과 등에 있어 매우 긍정적인 경제적 파급효과를 보유하고 있다. 관광산업에서 호텔업은 특히 외국인 관광객의 관광활동에 필수적인 인프라 시설임과 동시에 국제무역과 비즈니스가 이어지는 중요한 가교 역할을 담당하고 있다. 전체 외래관광객의 약 78.6%가 호텔을 이용하는 것으로 나타나고 있다. 한편, 2003년 기준 전체 관광수입은 약 6조 3천억 원이며 이 중에서 관광호텔업이 거둔 수입은 약 22% 정도인 1조 4천억 원이다. 그리고 전체 관광비용 중에서 숙박비가 차지하는 비중은 약 40~50% 정도로 2003년 외래관광객 1인당 평균지출액 1,197달러 중에서 숙박비는 478달러를 차지하여 매우 높다.

관광산업은 다양한 구성원들로 구성되어 있다. 숙박기능을 담당하는 호텔, 모텔, 콘도 등, 운송기능을 담당하는 항공사 · 렌터카 · 철도산업, 크루즈산업, 테마파크(놀이공원) 같은 오락기업, 박물관 · 동물원 · 극장 등과 같은 관광명소, 외식산업, 여행사, 관광기업과 관련된 여러 협회, 선물가게 · 기념품점 · 쇼핑센터 등의 소매업, 관광정책의 실행과 홍보, 마케팅 등을 담당하는 공기업과 관광정책을 수립하는 중앙정부 및 지방정부의 관광관련 부서 등 많은 구성원들이 활동하고 있다. 관광산업에서 이들은 서로 긴밀하게 연계되어 활동하고 있다. 모든 관광 구성원들이 공통적으로 선호하는 여행객의 지속적 증가는 이들이 모두 최선을 다해 여행객들의 다양한 여행목적을 성취하는데 기여했을 때 비로소 이룩할 수 있다. 많은 여행자들이 매번 여행에서 총체적 만족(Total Satisfaction)을 경험할 수 있게 하려면 모든 관광관련 기업 및 기관들은 서로 긴밀하게 협조하고 개별적 및 전체적인 관점에서 여행객들의 여행욕구를 충족시켜야 할 것이다.

이렇게 관광산업에서 중추적 역할을 담당하고 있는 호텔은 그 기원이 라틴어인 'Hospes'(나그네, 손님, 타향 등의 의미)에서 유래되었으며, 여기에서 파생어인 'Hospitalis'(대접하다)로 발전하였으며 여기서 다시 중성형인 'Hospitale'(순례자 또는 나그네를 위한 숙소)로 변형되었다. 그 후 중세기에 수도원에서 숙소와 치료를 위한 장소를 제공한 이후 병원을 의미하는 'Hospital'과 숙소를 뜻하는 'Hostel'의 두 가지 의미로 변천하였다. 그러다가 18세기 중엽 이후 Hostel은 다시 프랑스어인 'Hotel'로 변천되었으며 현재에 이르러서는 Hotel, Motel, Inn 등으로 다양하게 사용되고 있다.

예로부터 호텔은 거주지를 떠난 여행자들의 숙식과 휴식을 위한 장소로 인식되어져 왔다(A Home Away From Home). 고대에서부터 호텔은 주거지를 떠나 여행을 하는 사람들에게 숙식을 제공하고 또 어원에서 보듯이 몸이 불편한 사람들에게 요양을 할 휴식처를 제공하는 기능을 수행하였다. 중세까지도 여전히 호텔의 중추기능은 B&B(Bed & Breakfast)로 단축하여 표현되었으며 이런 숙식장소란 고정관념은 근대까지도 유지되었다고 볼 수 있다. 그러나 이런 구태의연한 정의는 더 이상 변화된 작금의 호텔산업의 환경을 잘 대변하고 있지 못하고 있다. 사람들이 호텔에 머무는 이유에는 두 가지가 있다. 먼저 사람들이 집을 떠나 있을 때 머무는 장소가 호텔이며, 또한 사람들이 고루한 일상생활에서 벗어나 있는 동안 머무는 장소가 역시 호텔이다. 현재 우리들이 실제적으로 경험하고 있듯이 호텔은 아주 다양하고 복잡한 역할을 담당하고 있다. 이제 호텔은 과거와 달리 여행자뿐만 아니라 여러 다양한 유형의 손님에게 전통적인 기능인 숙박과 식음료를 제공하고 추가적으로 사교 및 비즈니스, 오락, 문화, 쇼핑, 건강관리, 가족행사 등 우리 인류의 삶을 보다 윤택하게 하는데 필수적인 다양한 역할을 수행하고 있다. 따라서 현대적 의미에서의 호텔은 "일시적으로 주거지를 떠나 숙소를 찾는 자에게 숙식과 기타 편의시설 및 서비스를 제공하는 사업조직"으로 정의할 수 있다. 이렇게 변화된 환경을 반영하듯이 국내의 관광진흥법도 호텔업을 과거의 '관광객의 숙박에 적합한 시설을 갖추고 이를 이용하게 하고 음식을 제공하는 업'에서 현재는 '관광객의 숙박에 적합한 시설을 갖추어 이를 관광객에게 제공하거나 숙박에 딸리는 음식 · 운동 · 오락 · 휴양 · 공연 또는 연수에 적합한 시설 등을 함께 갖추어 이를 이용하게 하는 업'으로 변경하여 정의하고 있다. 그러나 여기서 우리가 명심해야 할 사항은 아무리 시대가 변하였어도 호텔사업의 핵심서비스는 숙박(객실)이라는 사실이다. 이러한 주장을 뒷받침하는 내용은 다른 장에서 구체적으로 제공될 것이며, 본서 전반을 통하여 재차 반복적으로 강조될 것이다. 마지막으로 또한 중요한 점은 호텔도 다른 일반기업들과 마찬가지로 이윤추구를 목적으로 하고 있으며 또한 국가 또는 지역사회의 구성원으로서 공익활동(예 : 투명경영, 환경보호, 사회적 약자 배려 등)을 통하여 기업의 사회적 책임을 다하고 있다는 점이다.

제2절 호텔에 대한 인식

서양사회에서는 호텔경영자를 'Hotelier'라고 부르며 존경의 뜻을 표한다고 한다. 호텔은 해당 도시와 거리의 상징이자, 그곳의 문화수준을 나타내는 지표 역할을 담당하기도 하며, 그곳을 찾는 여행자들을 맞이하는 중요한 역할을 담당한다는 것을 지역주민들이 잘 인식하고 있기 때문이라고 한다.

그러나 이와는 반대로 국내에서는 1970년대 또는 1980년대만 해도 일반 성인들 특히 기성세대 사이에서 호텔업에 종사한다고 하면 무시해서 보는 것이 부지기수였다. 속칭 호텔에 다닌다고 하면 기껏 '보이'나 하느냐면서 무안을 주기 일쑤였다. 그러나 이후 국내경제가 급격히 성장하고 국민들의 소득이 높아지면서 호텔은 과거의 부정적 이미지에서 탈피할 수 있었다. 특히 1990년대 이후 호텔 및 관광관련 학과들이 많은 대학에서 생기면서 호텔에 대한 긍정적 이미지 변화가 가속화되었다고 할 수 있다. 그래서 이제는 많은 어린 학생들이 호텔관련 전공을 선택하여 자신의 미래를 꿈꿀 수 있게 되었다.

호텔의 개념

- 영리추구를 최우선 목적
- 지역사회에 대한 사회적 책임
- 숙박 및 식사, 기타 부대시설을 보유
- 사업, 사교, 오락, 휴양, 문화 등의 장소

과거의 부정적 이미지에는 위와 같은 이유 외에도 시대적 상황과도 맥을 같이 한다. 당시 우리나라는 가난한 국가에서 잘사는 국가로 발전하기 위하여 정부 · 기업 · 국민 모두가 합심하여 부단한 노력을 경주하는 시기였다. 현재 우리 대한민국이 세계에서 떠오르는 IT강국 또는 경제강국으로 인정을 받고 있는 것도 그

당시 국가 구성원 모두가 뼈를 깎는 노력의 결과이자 열매인 것이다. 이렇게 온 나라가 부단한 몸부림을 치는 시기에 호텔업은 호화사치성 시설로서 사치 및 향락을 조장하기 때문에 당시 국민들의 건전한 경제활동에 큰 저해요소가 될 여지가 많았다. 또한 이런 호텔의 사치와 향락적 이미지는 국민계층 간의 위화감을 조성하여 사회적 불안요인이 될 수도 있었다. 궁극적으로 호텔과 같은 호화사치성 산업의 성장은 자칫 국가경제의 바람직한 발전방향에 해로운 영향을 미칠 수밖에 없는 것으로 정부 또는 국민들에게 인식되었다.

이러한 인식을 경제용어로 설명하면 외부불경제에 기인한다고 할 수 있다. 경제현상에 외부효과(External Effect)라는 것이 있다. 외부효과는 어떤 개인 또는 기업의 경제행위가 다른 사람 또는 사회에 의도하지 않은 혜택이나 손해를 가져다주면서도 동시에 이에 대한 대가도 받지도 않고 비용도 지불하지도 않는 상태를 의미한다. 즉 외부효과는 특정 경제주체의 행위가 시장을 통하지 않고서도 제3자에게 편익을 제공하거나 비용을 치르게 하는 현상을 말한다. 이런 외부효과는 다시 외부경제(긍정적 외부효과)와 외부불경제(부정적 외부효과)로 구분된다.

외부경제(External Economy)는 개인 또는 기업의 경제행위가 의도하지 않았음에도 불구하고, 즉 시장을 거치지 않고, 제3자에게 편익(혜택)을 제공하는 현상을 일컫는다. 보다 구체적으로 말하면 특정 경제행위에 대한 사적비용이 사회적 비용보다 많을 경우(즉 사적 편익이 사회적 편익보다 적음)를 말한다. 외부경제의 대표적인 예로는 도로 · 항만 · 교통 · 통신과 같은 사회간접자본에 대한 투자를 들 수 있다. 일례로 도로에 대한 투자로 인하여 고용이 증가하여 새로운 수요가 창출되어 시장이 확대되는 효과가 발생하여 국가경제가 성장하게 된다. 우리가 흔히 볼 수 있는 과수원 업자와 양봉업자의 관계에도 외부경제를 잘 설명하고 있다.

한편, 외부불경제(External Diseconomy)는 개인 또는 기업의 경제행위가 다른 개인 또는 기업에게 나쁜 영향을 끼쳐서 비용을 치르게 하는 현상을 말한다. 이런 경우는 사회적 비용이 사적 비용보다 많이 발생하는 경우(즉 사적 편익이 사회적 편익보다 많음)를 의미한다. 외부불경제의 흔한 예로는 각종 공장의 매연 또는 소음 등이 있다. 한 공장에서 오염물질을 법에 따르지 않고 그대로 배출하는 경우 해당 기업은 오염물질의 정화에 소요되는 비용을 절약하게 되어 혜택을 보게 되지만 이로 인해 우리는 많은 사회적 비용을 치러야만 한다. 이런 비윤리적이고 부정적인 경제행위를 방지하기 위해 정부기관은 규제를 강화하거나 과중한 세금을 부과하게 된다.

이러한 외부불경제를 유발하는 산업으로 인식되어서 특히 '88 올림픽 이전까지 국내 호텔산업은 지속적으로 성장하는 타 산업들과 다른 궤도를 달리게 되었다. 즉 외부불경제로 인하여 새로운 호텔건설에 대한 규제가 많고 까다로워서 호텔투자에 대한 동기유발이 적게 창출되었다.

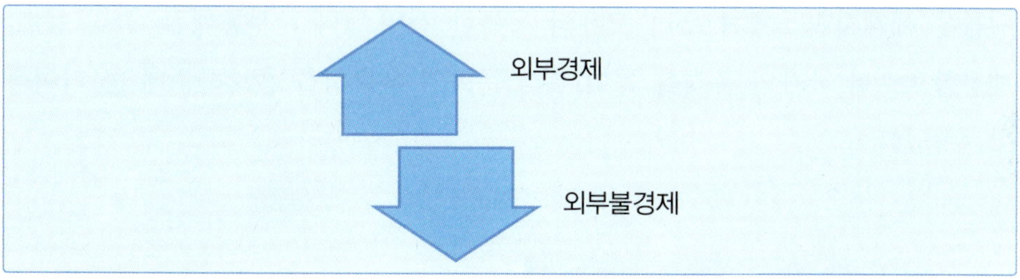

그러나 이제 호텔산업은 관광산업의 중추적인 구성원으로 성장해서 다양한 외부경제의 효과를 거두고 있다. 첫째, 국가경제에서 수출산업의 역할을 톡톡히 하고 있다. 호텔은 외화가득률(호텔 88% : 자동차 71%, 휴대전화 52%, 반도체 43%)이 높아서 굴뚝 없는 수출산업의 첨병 역할을 잘 수행하고 있다. 특히 우리가 똑똑히 기억하듯이 IMF(외환위기) 시절 호텔산업은 환율인상 효과로 인하여 밀려드는 관광객들로부터 많은 외화를 확보하여 위기극복에 큰 공헌을 하였다. 둘째, 호텔산업은 이제 어느 사회간접자본에 못지않은 큰 역할을 담당하고 있다. 우리나라 경제성장의 원동력이 된 '86 아시안게임과 '88 서울올림픽, 2002년 한·일월드컵, 2005 APEC 정상회의, G20 등을 유치하고 실행함에 있어 공항·도로·통신시설과 같이 호텔산업도 사회간접자본으로서의 존재가치를 여실히 증명하였다. 여기서 우리는 호텔산업의 특성에 주목해야 한다. 호텔투자는 초기 자본투자가 대부분 차지하고 타산업에 비해 투자대비 수익성이 현저히 낮고 또한 투자자금의 회수기간도 상당히 긴 편이다 등 사회간접자본으로서의 특성을 여실히 보여주고 있다. 셋째, 호텔산업은 우리 경제가 차츰 선진국형 경제체제로 발전함에 따라 발생하는 우리 국민들의 새로운 경제적 욕구를 잘 충족시키고 있다. 호텔은 편리하고 쾌적한 시설과 품격있는 서비스를 제공함으로써 이용자들의 여러 다양한 비즈니스 및 휴식 욕구를 충족시켜 이들의 생산적인 활동에 기여하고 있다. 넷째, 호텔산업을 포함한 관광 및 서비스산업은 이제 국가경제에서 신성장동력으로 인식되고 있어 그 중요성이 점점 부각되고 있다. 국가경제가 제조업 중심에서 탈피하여 서구 선진국처럼 서비스산업의 비중이 점점 확대되고 있다. 철저하게 고용없는 성장을 모색하는 제조업과 달리 서비스산업은 새로운 고용 창출 효과가 매우 높다. 마지막으로, 점점 세계화되는 지구촌 질서에서 국내 호텔들은 세계시민들에게 우리 고유의 독특한 서비스(예 : 전통예절, 한식 등)를 제공함으로써 국가의 품격을 높여 우리 문화의 우수성을 홍보하는데 큰 기여를 할 수 있다.

현재 호텔의 위상

- 수출산업으로서 국가경제에 공헌
- 사회간접자본으로서의 역할
- 국민의 경제적 욕구 충족
- 신성장동력산업(고용 유발)
- 국가의 품격 향상

제3절 관광숙박업의 의의와 기능

문화체육관광부에 의하면 관광숙박업은 세 가지 측면에서 그 의의를 찾아볼 수 있다. 첫째, '경제적 측면에서 관광숙박업은 서비스산업으로서 지역의 소득 및 고용효과가 매우 크며, 호텔을 둘러싸고 있는 관련 산업의 영역이 여행업, 농

수산업, 제조업, 건설업, 교통 등 네트워크로 구성되어 지역경제에 미치는 파급 효과가 매우 크다.' 둘째, '사회문화적 측면에서 지역문화와 연계되어 지역관광을 확산하고, 지역문화와 융합되어 새로운 지역문화관광의 패러다임을 선도하며, 국가 간, 지역 간, 산업 간, 지역민 간 커뮤니케이션의 장으로 이용된다.' 셋째, '정책적 측면에서 관광활동의 핵심적 영역인 관광숙박업의 국제적 경쟁우위를 확보하여 전략적 미래산업으로서 개발할 필요성이 확대되고 있다.'

또한 관광숙박업의 중요한 기능은 다음과 같은 세 가지로 이해되고 있다. 첫째, '관광숙박업은 관광활동의 인프라로서 체류와 숙박을 통해 관광객을 안전하게 보호하고 휴식을 제공하는 숙박기능'을 수행한다. 둘째, 관광숙박업은 '지역문화와 관광상품을 홍보 · 연결시키는 허브기능과 지역민, 지역 내 다양한 산업과 연계하여 상품을 판매함으로써 경제적 효과의 분배기능'을 담당하고 있다. 셋째, 관광숙박업은 '관광지, 테마파크, 항공교통, 휴양리조트, 국제회의, 기존 지역이벤트, 기념품 및 특산품 등 지역의 관광산업과 관련 산업을 포괄적아고 직접적으로 연계하고, 다양한 관광상품을 개발 · 지원하는 연계 · 지원기능'을 수행하고 있다.

제4절 호텔경영, 과학인가? 기술인가?

호텔을 경영함에 있어 경영자는 과연 기업의 수익성을 우선시하는 과학적 관점에 치중해야 하는가, 아니면 손님에게 양질의 서비스를 제공하는 기술적 관점에서 다뤄져야 하는가. 이에 대한 균형점을 찾음에 있어 문제점을 파악하고 대안을 결정하는 것이 호텔경영자에게 주어진 가장 중대하고도 고유한 임무일 것이다.

기술(또는 예술 : Art or Technique)은 특정한 과업을 해결할 수 있는 숙련된 능력 또는 행위라 할 수 있다. 다른 표현을 빌리면 기술은 어떤 제품 또는 서비스를 생산하는 능력이다. 과거에는 호텔을 경영하는 것에는 특별한 과학적 경영능력이 필요하지 않다는 관점이 대다수였다. 왜냐하면 현대 이전에는 소규모 숙박업을 영위하는 데에는 그동안 축적된 숙련된 경험과 직관이면 충분했기 때문이었다. 과거의 호텔경영은 주로 가족경영체제였기 때문에 큰 이익을 창출하기보다는 가족단위의 경제적 욕구를 충족하기 위한 생업으로서 호텔운영을 유지하였다. 그러므로 현재처럼 복잡한 경영기술이 필요하지 않았다. 예를 들면, 노사문제는 현재도 세계 경제계에서 가장 첨예한 경영이슈지만 과거의 호텔경영체제하에서는 전혀 문제가 생길 여지가 없었다. 그리고 가족경영체제이다 보니 대규모 자본이 투자되지 않아 현재처럼 자본의 효율적 활용에 대한 필요도 발생하지 않았다. 또한 지금은 매우 다양한 부류의 손님들이 호텔에 투숙하기 때문에 욕구 파악이 용이하지 않지만, 과거의 호텔고객은 주로 상인이나 부유계층이어서 이들의 욕구를 이해하려는 노력이 따로 특별히 요구되지도 않았다. 가족경영체제하에서 호텔의 명성은 경영자의 개인적 매력 · 인기에 의존하거나 또는 얼마나 많은 손님들의 이름을 기억하고 호칭할 수 있는가라는 요인에 결정되었다고 미국 Sheraton호텔의 설립자인 Henderson은 파악했다.

그러나 현대에 들어서면서 호텔산업도 다른 산업과 마찬가지로 과거와는 완전히 다른 모습으로 변모하기 시작했다. 즉 호텔산업이 성장하면서 호텔들이 대형화하여 영업활동이 복잡해졌다. 따라서 자연히 유명 브랜드를 앞세운 대규모 호텔기업들이 등장하면서 시장을 선점하기 위해 열띤 경쟁을 벌이기 시작했다. 그리고 호텔들이 대형화되면서 고용하는 종사원들도 대폭 증가하였다. 그런데 문제는 이 호텔종사원들도 더 이상 기계적인 직무에 종사하는 노동자가 아니라 자신의 감정을 중시하고 노동의 대가에 대한 보상을 요구하게 되었고 급기야 노동자들은 자신들의 근무환경에 대한 제반 조건(예 : 임금, 노동시간, 복리후생 등)에 대한 권리를 주장하기 위해 노동조합을 결성하기에 이른다. 이때부터 노사관계의 관리는 호텔기업의 성패를 결정하는 중요한 요인으로 인식이 되었다. 또한 20세기 산업사회가 점차 발전함에 따라 일반 소비자들도 소득이 향상되어 여행수요가 폭발적으로 증가하게 되었다. 이와 더불어 여행자들의 여행목적도 매우 다양해졌다. 이런 새로운 소비자들의 다양한 여행목적과 욕구를 파악하고 충족하기란 점점 어려운 과제가 되었다. 호텔들이 대형화하고 경쟁이 격화되면서 호텔로 인해 공해가 배출되고 주변 교통이 혼잡하게 되었다. 이에 따라 정부기관은 규제 또는 세금부과를 대폭 강화하여 호텔에 비용을 부담하게 만들었다. 또한 정보통신(IT : Information Technology)의 혁명적인 발전은 객실예약 등 호텔 업무의 절차를 이에 맞게 적절하게 변화하지 않으면 생존이 힘들게 만들었다.

이렇게 급격하게 변화하는 환경에서 과거처럼 오랜 경험과 직관에 의존하는 가족경영 호텔체제는 더 이상 설 자리를 찾을 수 없게 되었다. 여기서 재차 Henderson의 표현을 빌리면 그는 현대 호텔산업에서 월별 경영성과나 해당 회계연도의 손익계산서에 직접적인 영향을 미치는 것은 과거와 같은 전통적 경영방식이 아니라 바로 과학적 관리기법이라고 주장하기에 이르렀다.

과학(Science)은 크게 자연현상에 대한 보편적 진리나 법칙의 발견과 체계적 지식의 축적을 목적으로 하는 자연과학과 우리 인간세계에 존재하는 여러 사회현상에 대한 지식체계를 연구하는 것을 목적으로 하는 사회과학으로 구분할 수 있다. 우리가 공부하는 경영학은 사회과학에 속하고 있다. 경영과 관련된 이론은 F. W. Taylor가 1900년대 초 처음 과학적 관리(Scientific Management)를 주창한 이후 끊임없이 발전하여 현재처럼 효율성을 중시하기에 이르렀다. 경영학 이론의 변천과정은 제5장에서 다시 다루기로 하겠다. 과학적 접근 측면에서 경영은 〈표 1-1〉에서 보듯이 호텔경영자에게 경험 또는 직관에 의존하기보다는 합리적인 의사결정을 할 수 있는 분석능력과 객관적인 판단능력에 관한 지식체계를 제공하는 것을 목표로 하고 있다.

과거처럼 기술성향의 호텔경영을 하는 경영자는 호텔을 경영함에 있어서 수익성을 중시하기보다는 자신의 분신과도 같은 전통적인 양질의 서비스를 손님에게 제공하는 것을 목표로 할 것이다. 그러나 이 방식만을 추구할 경우 시간이 지남에 따라 수입과 이익이 점차 감소되는 것을 목격하게 될 것이다. 한편, 경영의 합리성 · 효율성 추구라는 과학적 관리를 신봉하는 경영자는 경영상의 모든 문제점과 해결책을 수익성 관점에서 사고한다. 이들은 단기적 이윤 추구를 위해 서비스의 질은 뒷전으로 한 채 비용을 최소화하기 위해 인건비, 재료비, 광고 및 판촉비용, 복리후생비용, 교육훈련비용 등에 대한 통제를 최대화할 것이다. 그러나 이런 방법은 종종 고객서비스의 질 저하라는 치명적인 결함을 초래하여 장기적으로 오히려 경쟁력을 떨어뜨려 저조한 경영성과를 산출한다.

미국 최대의 중저가호텔 브랜드인 Days Inn의 최고경영자(CEO)였던 Leven은 양질의 서비스 제공을 추구하는 기술적 기법과 사업으로서 수익성 확보를 지향하는 과학적 기법의 사이에서 균형점을 찾는 것이 중요하다고 했다. Leven의 말처럼 종래의 낭만적 호텔경영 측면보다 현대의 과학적 경영기법이 더 우위를 보이고 있는 것이 비즈니스 세계의 현실이다. 그러나 과학적 경영이 모든 것을 다 해결할 수 없는 것 또한 사실이다. 결론적으로 호텔 실무자와 호텔경영을 공부하는 학생들은 성공적인 호텔리어가 되려면 항상 호텔사업의 고유한 기술과 과학적 경영능력을 균형적으로 터득해야 함을 명심해야 할 것이다.

표 1-1 경영사고의 차이

전통적 관리방식	과학적 관리방식
실질적 경험이 기초	기본적 원리와 절차를 중시하는 체계적 지식
단기적 안목	장기적 안목
단순한 방법론 중심	원인규명에 중점
특정직무 중심	직무절차 중심
표출된 사실	저변에 흐르는 근본적 사상
현실지향적	미래지향적
특정 문제에 대한 답 제시	창의적인 문제해결능력 배양에 중점

그림 1-1 균형적 관점의 호텔경영

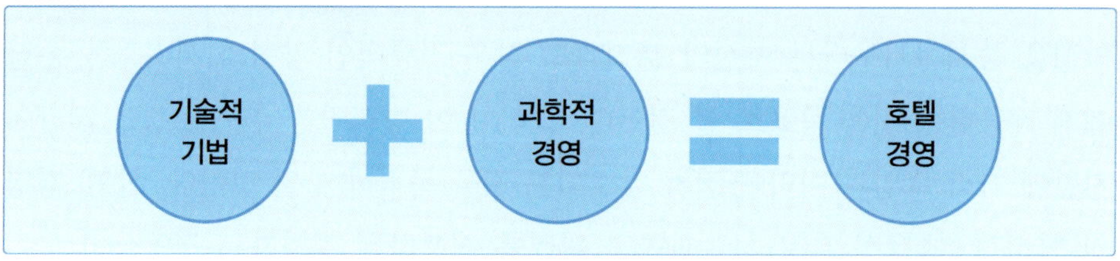

과학적인 경영능력을 고도화하려면 호텔리어는 호텔경영학이라는 학문분야를 충실하게 이해해야 한다. 호텔경영학이란 '호텔기업의 제반 경영현상을 종합적으로 이해하여 예측가능한 경영활동이 수행될 수 있도록 지원하는 일련의 지식체계'라고 할 수 있다. 호텔경영학에서 다루는 분석대상은 크게 두 가지로 구분할 수 있는데, 첫째는 호텔 본사이며 둘째는 가맹호텔이다. 왜냐하면 본사와 이에 속하는 가맹호텔들을 이끌어가는 체인호텔이 호텔산업의 견인차 역할을 수행하고 있기 때문이다. 호텔경영학의 정체성은 크게 경영학과 관광학의 경계에서 찾아볼 수 있다. 호텔경영은 일반 제조업 또는 서비스기업처럼 경영학의 연구대상이자 동시에 관광현상에서 중추적인 역할을 하는 관광학의 분석대상이기도 하다. 호텔경영을 공부하는 학생들은 성공적인 호텔리어가 되려면 항상 미시적인 경영지식과 보다 거시적인 관광지식 분야를 균형적으로 조망해야 할 것이다. 본서에서는 호텔리어의 경영지식을 함양하는 데 집중하기로 하겠다.

호텔경영학은 호텔이 보유하고 있는 복잡성에 의해 다른 학문들과 깊은 연관관계를 갖고 있는 종합적인 학문이다. 호텔경영학과 연관이 있는 학문분야에는 경제학, 심리학, 사회학, 법학, 공학, 건축학, 통계학, 경영학, 관광학 등이 있다. 호텔리어들이 이런 여러 인접학문분야에 대한 이해가 깊으면 깊을수록 호텔경영학이란 학문분야의 성숙도가 한층 깊어지게 될 것이며, 이에 따라 호텔산업도 함께 더욱 발전할 수 있을 것이다.

그림 1-2 호텔경영학의 인접학문

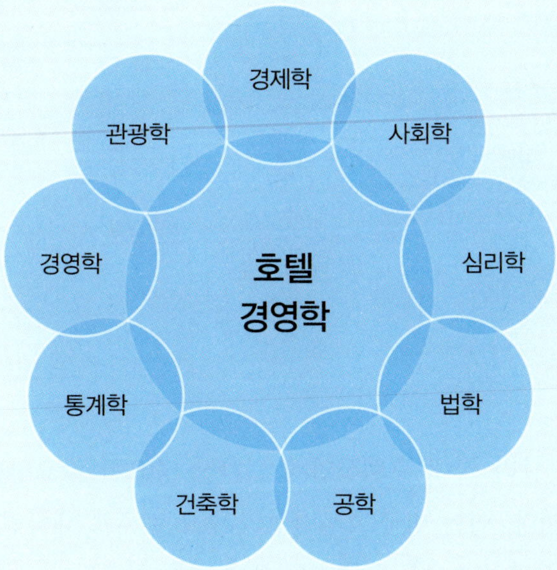

제5절 호텔산업의 수요창출 요인

Stutts(2001)은 미국 호텔산업의 수요(Demand)를 창출하는 요인을 크게 세 가지로 보았다. 첫째, 항공여행 비용(Air Travel Costs)이 상승하면 숙박수요는 감소하고 반대로 항공여행 비용이 감소하면 숙박수요는 증가한다. 숙박수요의 변화는 항공여행 비용의 변화에 약 1년간의 시간적 격차를 두고 뒤를 따른다고 한다. 둘째, 유가(Oil Prices)의 변화는 숙박수요에 직접적인 영향을 덜 미친다. 유가는 항공유와 휘발유에 직접적인 영향을 미친다. 그래서 항공여행과 육상여행 비용의 인상은 결국 숙박수요에 악영향을 미치게 된다. 원유가가 약 1% 정도 인상되면 숙박수요는 약 0.06~0.09% 감소하게 된다. 셋째, 요인인 인구통계적(Demographics) 요인이다. 미국에서 비즈니스와 여가여행자들을 연구 · 조사한 결과를 보면 45세 이상의 성인들이 숙박산업의 주요한 소비자임이 증명이 됐다. 이들은 전후세대 즉 베이비부머(Baby Boomers)들이다. 이들은 관광산업에서 가장 중요한 세분시장으로 인식되고 있다.

그림 1-3 미국 호텔산업의 수요창출 요인

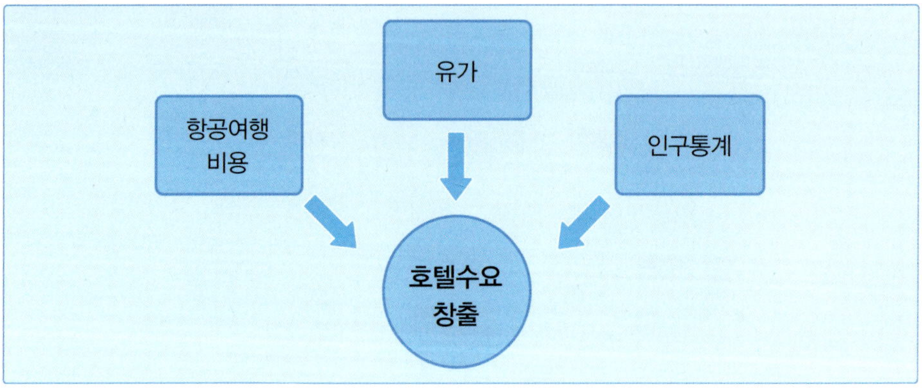

한편, 미국과 달리 국내 호텔산업에서 가장 중요한 수요창출 요인은 환율(Exchange Rate)이다. 이는 미국 호텔산업의 수요는 주로 내국인에 의해 창출되지만, 국내 호텔산업의 수요는 주로 외국인에 의해 창출된다는 차이점에 기인한

다고 볼 수 있다. 즉 국내 호텔산업에서 환율은 해외여행객의 유입에 지대한 영향을 미치고 있다. 우리나라에서 호텔상품의 공급은 대부분 관광호텔(Tourist Hotel)이 담당하고 있는데, 이들의 객실분야 주요 손님은 바로 외국인 관광객들이다. 변동성이 매우 높은 변수인 환율은 입국하는 외국관광객 수의 변화에 직접적인 영향을 미친다. 예를 들면, 환율이 상승하면 즉 원화가치가 떨어지면 외국관광객들이 평소보다 훨씬 많이 유입되어 객실수요가 크게 증가한다. 우리가 실제로 경험했듯이 IMF 외환위기와 2008년 금융위기 직후 원화가치가 크게 하락하면서 외국관광객들이, 특히 엔고 효과로 일본관광객이 크게 증가하였다. 이와는 반대로 환율이 하락하면(원화가치의 상승) 한국을 여행하는 비용이 증가하게 되어 외국인 관광객의 수는 감소하게 된다. 그러므로 국내 호텔산업의 객실수요는 크게 감축된다. 이때는 오히려 내국인들의 해외여행이 가파르게 증가하게 되어 관광수지 적자가 심각한 사회 · 경제문제로 언론에서 자주 언급이 되고 있다. 그 외에도 국민소득의 변화, 국제적 이벤트, 수출입관련 산업경기 등이 외래방문객의 수의 변화에 크나큰 영향을 미치고 있다. 그러므로 국내 호텔산업에서 특히 특급호텔의 영업실적은 관광 및 비즈니스 목적의 해외방문객 수의 변동성에 지대한 영향을 받고 있다고 할 수 있다.

그림 1-4 국내 호텔산업의 수요창출 요인

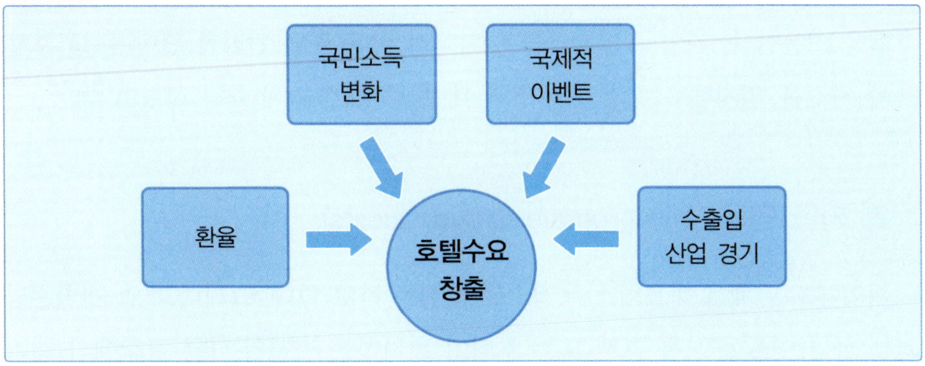

제6절 호텔 손님의 유형

호텔의 객실을 이용하는 사람을 손님(Guest)이라고 한다. 본서에서는 고객(Customer)이라는 호칭 대신 손님을 강조하여 사용하고자 한다. 왜냐하면 상품을 구매하는 사람이라는 의미의 고객보다는 우리가 우리 집을 방문하는 사람을 손님이라 하듯이 호텔을 방문하는 사람들을 집안 손님처럼 대접하기에 고객보다는 손님이라 호칭하는 것이 호텔사업이 지향하는 서비스철학과 일맥상통하기 때문이다.

호텔을 이용하는 손님들은 매우 다양하다고 할 수 있다. 특히 여행을 즐기는 사람들은 대부분 호텔에서 유사한 형태로 숙박 및 식사를 해결하고 있다. 호텔 손님을 체계적으로 분류하는 것도 투숙객을 이해하여 이를 경영에 반영할 수 있다는 측면에서 중요하다고 할 수 있을 것이다. Gomes(1985)는 호텔의 손님을 크게 다음과 같은 유형으로 분류하였다.

1. 기업 개별손님(Corporate Individual Guests)

이는 비즈니스를 목적으로 여행을 하는 개인들이며, 또한 어떤 형태로도 단체여행객에 속하지 않는다. 이들은 하루 혹은 이틀 정도 호텔에 투숙하는 경향이 있다. 기업체 손님들은 대부분 자주 호텔을 이용하며 연간 약 15~20여 회 정도 호텔을 이용한다. 기업 개별손님들은 비교적 비용에 덜 민감한 편이며, 또 호텔 측이 자신을 인지해주는 것과 특별한 대우 등 대접을 원하는 성향이 높다.

2. 기업 단체손님(Corporate Group Guests)

기업체도 단체로 비즈니스 목적으로 여행을 하고 있다. 그러나 기업 개별손님과는 달리 이들은 보통 호텔 또는 호텔이 위치하는 지역의 다른 장소에서 개최되는 작은 모임(conference) 또는 회의에 참석하려고 여행을 한다. 이들은 기업내의 여행담당 부서나 여행사를 통해 호텔객실을 집단으로 예약을 하고 이용한다. 이들의 평균체류기간은 약 2일에서 4일 사이이다.

3. 컨벤션 · 협회 단체손님(Convention and Association Group Guests)

이 단체손님들이 기업 단체손님과 다른 점은 규모이다. 컨벤션이나 협회행사에 참가자가 때로는 수천 명에 이르기도 한다. 일반적으로 컨벤션 참가자들은 가격협상을 거쳐 할인된 가격으로 객실 · 식사 및 기타 부대 서비스를 포함하는 패키지(Package)를 제공하는 대규모 호텔을 이용한다. 적은 수의 객실과 한정된 컨벤션 시설을 보유한 호텔들은 비수기(off-season)에 대폭적으로 할인된 가격을 내세워 이들 단체고객들을 유치하려 한다. 컨벤션 참가자들은 보통 객실을 공유하고 보통 약 3일에서 4일 정도 호텔에 체류한다.

4. 여가여행 손님(Pleasure-Traveling Guests)

여가여행 손님들은 종종 가족과 함께 여행을 하는데 그 목적은 관광 또는 친구 및 친족들을 방문하는 것이라고 말할 수 있다. 리조트호텔을 제외하면, 이들은 보통 하루 정도 호텔에 투숙하며 객실은 부부와 그들의 자녀들이 사용한다. 이들은 보통 성수기(Peak Season)에 여행을 하기 때문에 특정단체의 회원이 아닌 경우 할인혜택을 제공받지 못하는 경우가 많다.

5. 장기체류 · 이주 손님(Long-term Stay and Relocation Guests)

이 손님들은 주로 이주하는 개인 또는 가족으로서 새로운 거주지를 찾을 때까지 한정적으로 호텔을 이용하거나 장기 출장자인 경우가 많다. 이들은 주로 약간의 취사시설과 일반 객실보다 좀 더 넓은 주거공간을 가진 객실을 선호한다.

6. 항공사 손님(Airline-related Guests)

항공사들은 호텔과 가격협정을 통하여 승무원들을 호텔에 투숙하게 한다. 또한 기상이변 등으로 예상치 못한 숙박이 필요한 손님들에게 객실을 제공하고 있다. 이들이 이용하는 객실들은 보통 최저 가격으로 집단으로 예약된다.

7. 정부 · 군인 손님(Government and Military Guests)

이 손님들은 출장을 하는 정부 관리나 군인들로서 이들에게는 협정에 의해 미리 결정된 대폭 할인된 가격으로 객실이 제공된다. 보통 정부 혹은 군대조직과 서비스 수준에 대한 계약을 마친 제한된 수의 호텔들만이 이들에게 객실을 제공한다고 할 수 있다.

8. 지역주민 손님(Regional Getaway Guests)

호텔들은 비수기에 대폭 할인된 가격으로 같은 지역에 사는 주민손님들을 대상으로 단기체류형 객실을 판매하기도 한다. 이들에게는 객실 외에 약간의 식사와 오락프로그램이 제공된다.

그림 1-5 호텔 손님의 유형

호텔 손님(Guest)							
기업 개별 손님	기업 단체 손님	컨벤션 협회 단체 손님	여가 여행 손님	장기 체류 이주 손님	항공사 손님	정부 군인 손님	지역 주민 손님

참고문헌

문화체육관광부(2007). 『관광숙박업 업무편람 및 민원처리 사례』.

김경환 · 차길수(2002). 『호텔경영학』. 현학사.

두산백과사전.

도미타 쇼지(2008). 『호텔 : 근대 문명의 상징』. 유재연 역. 논형.

오정환 · 김경환(2000). 『호텔관리개론』. 백산출판사.

Gomes, A. J.(1985). *Hospitality in Transition*, Pannell Kerr Forster.

Hayes, D. K. & Ninemeier, J. D.(2007). *Hotel Operations Management*, 2nd edition. Prentice Hall.

Stutts, A. T.(2001). *Hotel and Lodging Management : An Introduction*. Wiley.

호텔산업의 발전과정

Chapter 02

Chapter 02

호텔산업의 발전과정

학습목표

이 장을 학습한 후 여러분은 반드시 다음 내용을 이해해야 한다.

1. 호텔산업의 기원과 중세 및 근대 호텔산업의 개황을 파악한다.
2. 미국과 한국의 호텔산업의 발전과정을 이해한다.
3. Cezar Ritz와 E. M. Statler의 혁신적인 호텔경영을 숙지한다.

제1절 고대 숙박의 이해

숙박시설의 역사는 인류의 이동과 관련된 사회활동에서 비롯되었다. 숙박업은 우리 인류가 수렵사회 이후 거주지를 떠나 이동을 시작하면서 생겨났다고 볼 수 있을 것이다. 인류의 이동은 당시 생존을 위하여 필수적인 활동으로서 인류가 새로운 거주지를 찾을 때까지의 이동활동은 주로 생활필수 자원의 획득이라는 생명보존 및 종족유지를 위한 행위였다. 그러나 수렵사회에서 농경사회로 발전하면서 정착이란 새로운 현상이 시작되었고 부족한 생활필수품을 획득하기 위하여 비로소 물물교환이라는 인류 최초의 상거래가 시작되었다. 물물교환이란 종래와는 다른 목적을 위한 이동활동을 하면서 자연스럽게 여행이라는 새로운 생활방식이 탄생했다. 물물교환을 위한 여행과정에서 숙박시설이 등장하게 되었다. 이런 역사적 근거는 서양사회에서는 '성경', '일리아드', '오디세이' 등에서 나타나며 한편 동양에서는 중국 고전인 '주역'에 관광(觀光)이라는 용어가 등장한다.

오늘날 우리가 알고 있는 호텔 또는 모텔은 BC 500년경 상인들을 위해 민간주택에서 하나의 작은 방으로부터 기원된 것이라고 한다. 역사기록에 의하면 인류 최초의 숙박시설은 현재 중동의 이라크 바그다드에 해당하는 메소포타미아 문명이 발생한 티그리스 강과 유프라테스 강 사이의 비옥한 충적토 지역에 거주하던 수메르인(Sumerians)에 의하여 건립되었다고 한다. 당시 수메르인들은 인류 최초로 문자를 사용하고 농업과 목축에 능한 부유한 종족이었다고 한다. 그런데 이들의 거주지역에 숙박시설인 Tavern이 존재하였다고 한다. 이 Tavern은 술집이나 회의 및 회합장소 등의 기능을 했다고 한다. 이후 숙박시설은 지구촌의 무역 · 상업 · 여행의 발전에 중요한 역할을 수행해 오고 있다. 최초의 숙박에 관한 법률은 BC 2000년경 바빌로니아가 통치하는 사회의 함무라비법전에서 발견이 되었는데 이 법은 고대 바빌로니아에서 Tavern과 Inn의 운영에 관한 규칙을 담고 있다고 한다.

고대 서양사회의 여행에 관한 기록에서 성경을 보면 시바의 여왕이 솔로몬 왕을 알현하려고 예루살렘을 여행했다는 기록이 있으며, 기원전 5세기의 역사학자인 헤로도투스는 고대 이집트의 관광현상에 대하여 기술했는데, 그는 후일 고대에서 가장 위대한 여행자로 칭송되었다. 당시 이집트에서는 중앙정부와 지방정부 간의 소통을 위한 관리들의 관용여행과 무역을 위한 상용여행, 종교적 행사를 위한 여행 등이 발전했다고 전해진다. 이렇게 여러 목적의 여행활동이 성행하게 되면서 자연히 숙박시설인 Inn, Caravanserai 등이 생겨나게 되었다. 이후 특히 Tavern과 Inn은 이집트, 그리스, 이탈리아, 아시아 등지에 널리 보급되게 된다.

서양사회의 원류인 고대 그리스에서는 제우스(Zeus) 신을 비롯한 여러 신들을 경배하기 위한 종교행위로 인하여 여행이 성행하였다. 특히 BC 776년 올림피아에서 열린 경기대회(The Olympic Games)는 도처에서 많은 참가선수들과 방문자들을 유입하여 고대 여행업의 발전에 획기적인 기회가 마련되는 계기가 되었다. 또한 당시 그리스어가 주변지역에서 공용어로 사용되면서 무역이 증가했는데, 지중해와 에게해 특히 델로스 섬을 중심으로 한 무역활동으로 인하여 상용여행이 증가하였으며, 고대 도시 간의 여행루트가 잘 개발되었다. 그리고 그리스인들은 모든 여행자들을 제우스신이 보호하는 '신성한 사람'으로 여기어서 후대하는 관습이 있었다. 이런 보호정신이 'Hospitalitas'로서 여행자를 후하게 접대하는 것을 하나의 미덕으로 삼아 현재까지 전해져오고 있다.

고대 서양사회의 여행역사는 로마시대로 접어들면서 정점을 이룬다. 로마제국은 당시 정치 · 사회 · 문화 등 모든 면에서 세계의 중심역할을 함으로써 로마를 중심으로 하는 여행활동이 더욱 활발히 이루어졌다. 고대 로마에서 여행활동은 첫째, 제국 건설로 인한 도로와 수로의 개발, 둘째, 로마 화폐는 여행자들의 물물교환을 위한 이동조건의 매개물이 되었음, 셋째, 안정된 정부와 경제적 번영으로 인한 여가시간의 증가, 넷째, 당시 법률시스템이 외국법정과 재판권으로부터 보호받게 됨으로써 더욱 성행하게 되었다. 로마제국의 전성시대에 이르러서는 Inn과 Tavern이 제국 전체로 확대되었다. 또한 로마 귀족 및 부유층을 위한 적은 수의 고급 Inn과 고위 관리들을 위한 Hospitum도 건립되었다. 로마제국이 최정점에 이르렀을 때 전체 약 51,000마일 길이의 도로가 건설되었으며 그리고 약 30마일마다 1개소의 Inn이 존재하였으며, 주요 도시마다 적당한 규모의 Inn들이 주로 정부기관에 의해 운영되었다고 한다.

그리고 로마제국의 거대한 영토로 인한 영향력의 확대는 경제성장을 촉진하여 상품에 대한 수요가 증가하게 되었으며, 무역 · 종교 · 휴양 · 위락 등의 여행목적에 의한 중산층의 여행 증가는 세계인의 여행활동을 확대하는 결과를 초래하게 되었다. 이렇게 많은 여행객들의 이동에 따라 자연히 숙박시설도 민가 형태를 탈피하여 나폴리 같은 도시의 경치 좋은 해변이나 산언덕, 온천지역에는 휴양을 위한 별장(Villa)들이 건설되었고 이런 현상은 현대 관광산업에도 큰 영향을 미쳤다.

그러나 476년 로마제국이 붕괴되면서 치안이 혼란해지고, 도로가 황폐화되고, 화폐경제에서 실물경제로 다시 변하면서 여행을 위한 환경조건이 악화되면서 특히 장기여행의 공백시대가 도래하게 되었다. 그래서 소수의 종교목적의 여행을 제외하고는 아주 제한적인 여행활동만이 이루어졌다.

제2절 중세의 숙박시설과 그랜드 투어

1. 중세시대의 숙박시설

영원할 것만 같았던 로마제국의 몰락 이후 여행의 역사도 암흑시대를 맞이하게 됨으로써 숙박시설도 극소수의 Tavern과 Inn을 제외하고는 모두 자취를 감추게 되었다. 중세시대 전반을 통하여 로마 교회는 매우 번창하게 되어 많은 사람들에게 영향을 미치게 되었다. 이 중세기에 교회의 수도원은 Tavern과 Inn을 대신하여 주로 종교목적의 여행자들에게 숙식을 제공하였다. 이 시대의 여행행태는 예루살렘을 향한 성지순례(Pilgrims)이었다. 이 순례자들은 수도원에 머무르면서 숙식과 휴식을 취하고 승원기사단의 보호 아래 가족관광을 하였다.

중세에서 유럽의 도시문명은 무역과 제조업의 성장을 초래하였고 이와 더불어 도시인구의 증가와 중산층의 등장, 무역을 위한 상인들의 이동, 십자군 전쟁 등은 다시 여행활동의 증가를 촉진하였다. 특히 십자군을 통한 열정적인 모험심과 종교 활동은 동방에 대한 여행 욕구를 불러일으키는 계기가 되었다. 그 후 1300년대가 지나면서 점차 도로를 통한 이동이 점차 안전해지면서 다시 여행과 무역활동이 증가하였다. 그러나 과거에는 없었던 도시 중산층의 여행수요가 증가하면서 수도원을 중심으로 한 숙박시설의 공급은 부족하게 되었으며 Tavern과 Inn들이 다시 부흥하기 시작했다.

2. 그랜드 투어시대

17세기 영국의 엘리자베스여왕 시대부터 주로 귀족과 상류층 자녀들을 대상으로 교육과 견문을 증진하기 위한 목적의 그랜드 투어(Grand Tour)가 성행하였다. 그랜드 투어는 상류층 자녀들에게 장기간(몇 개월 또는 몇 년)에 걸쳐 서유럽 전 지역을 두루 살펴볼 수 있는 기회를 제공하였다. 이 당시 영국의 상류층의 자녀들은 여행루트는 그리스 · 로마, 르네상스를 꽃피운 이탈리아의 베네치아 · 피렌체, 세련된 도시인 파리와 베르사유 궁전, 독일의 라인강 지역, 스위스 산간 등을 돌아보는 낭만적인 성격을 엿보였다. 그랜드 투어를 통하여 대동한 가정교사에게 교육을 받고 지역을 탐방하면서 견문을 넓혔다. 당시 이 여행은 영국 귀족사회에서 등용문으로 인식되어 큰 유행이 되었다. 그랜드 투어가 성행할 당시 이들이 이동하는 도로가에는 Hostel, Inn, 순례자와 사인들의 이용했던 간이숙박시설 등 여러 가지 형태의 숙박시설이 존재하였다. 그러나 시골 등 외곽지대의 숙박시설은 형편없었다. 그래서 이들의 숙박 욕구를 충족하기 위해 일부 유럽의 성곽들은 그랜드 투어를 위한 고급 숙소로 개조되기도 했다. 그러나 18세기 중반 이후 산업혁명의 영향으로 철도여행이 보급되면서 귀족과 상류층의 특권적 그랜드 투어는 퇴색되어 결국 사라지게 되었다.

제3절 근대 호텔산업의 발전과정

호텔이란 용어는 대략 1600년대부터 시용되고 있는 것으로 알려지고 있다. 세계 최초의 호텔은 1600년대에 영국에서 건립된 Feathers Hotel 또는 이보다 훨씬 후인 1760년경 프랑스에 지어진 Hotel Garni라는 의견이 존재한다. 여기서 프랑스와 영국의 호텔산업은 각기 그 양상이 많이 달랐다. 프랑스에서는 16세기부터 절대왕권제도하에서 왕족 또는 귀족 등 특권층을 위한 사치스럽고 호화로운 호텔들이 생겨났다고 한다. 호텔은 이들의 사교장소로 이용되었고 잘 훈련된 종사원들에 의해 객실 및 식당 서비스가 제공되었다. 후일 신대륙 미국이 성장하면서 자국 호텔종사원들의 자질을 향상하기 위해 유명 프랑스 호텔로 보내 서비스 및 요리 교육을 이수토록 했다고 한다. 이 시대에 프랑스에서는 저명인사 또는 부유층의 저택을 Hotel de Ville 또는 Hotel de la Monnaie라 불렀다고 한다. 그러다가 프랑스 대혁명을 통해 이런 고급 주택들이 공공건물로 변모하면서 자연스럽게 이런 건물들을 Hotel이라고 부르게 되었다고 한다. 이런 프랑스의 호텔문화와 달리 영국에서는 호텔이 일반 여행자에게 숙식을 제공하는 장소로 자리매김을 하고 있었다. 호텔은 기존의 Tavern이나 Inn에 비해 보다 높은 수준의 서비스를 제공하는 장소로 발전하게 되었다.

18세기 영국에서 시작된 산업혁명은 우리 인류가 새로운 산업사회(Industrial Society)를 맞이하게 하였다. 증기기관의 발명 등으로 인한 생산력의 혁명적 증가는 여러 가지 새로운 사회현상을 유발하였다. 특히 도시가 생산의 거점지가 되면서 이곳에 많은 인구가 집중하게 되었다. 그리고 생산거점 도시 간을 연결하기 위해 육로 및 해로가 확대되고 특히 철도의 등장은 교통수단의 혁명을 불러왔다. 이로 인하여 도시 간을 이동하는 여행수요가 크게 증가하였다. 게다가 노동자들이 생산활동에 참여하여 거둬들인 소득이 많아지면서 새로운 중산층이 형성되었고 이들로 인하여 여행수요가 획기적으로 증가하게 되었다.

철도라는 혁명적인 교통수단이 등장하면서 각 열차역을 중심으로 여행객들의 숙박수요를 충족할 새로운 숙박시설의 필요가 대두하게 되었다. 이렇게 열차루트를 따라 건립된 숙박시설이 English Inn이다. English Inn은 산업혁명전 기존 역마차를 중심으로 건립된 Coaching Inn들을 대체하게 되었다. 한편, English Inn은 당시 식민지였던 미국으로 1630년경에 전해져서 Colonial Inn이 탄생하게 된다. 이렇게 1700년대와 1800년대를 통해 유럽대륙과 미국 신대륙에는 새로운 형태의 다양한 숙박시설들이 생겨나 현대 호텔산업 발전의 토대가 된다.

▸ 호시료칸

그런데 흥미로운 사실은 기네스북에 의하면 현존하는 최고(最古)의 호텔은 일본 이시카와 현 고마쓰 시의 아와주 온천 지역에서 현재까지 영업 중인 717년에 지어진 호시료칸(여관)이라고 한다. 호시료칸은 718년 나라 시대 때 승려 타이초오 대사가 옛 도읍인 나라 근처의 하쿠산에서 수행하던 중 인근 마을의 병을 치유할 수 있는 온천이 존재한다는 하늘의 계시를 받고 제자를 시켜서 만든 온천장이다. 17세기 당대 일본 최고의 건축가의 설계와 역대 천황과 노벨화학상 수상자의 방문으로 특히 유명해졌다고 한다. 1980년대 후반에 목조건물을 철근 콘크리트 건물로 교체했으며, 현재 객실은 82개로 450명을 수용할 수 있다.

▸ 현재 런던의 The Ritz Hotel

17세기와 18세기를 통하여 유럽과 미국을 중심으로 호텔산업은 크게 발전하기 시작한다.

근대 유럽 호텔산업의 발전을 이끈 영웅은 Cezar Ritz(1850~1918)였음을 누구도 부인할 수 없을 것이다. 현재까지도 '호텔리어의 왕이자 왕의 호텔리어'로 불리고 있으며 근대 호텔산업의 선구적 존재인 Ritz는 스위스 태생의 호텔리어로서 파리의 Le Splendide Hotel에서 그의 눈부신 호텔생애를 시작한다. 그 후 그는 파리의 Grand Hotel National과 모나코의 Grand Hotel 등지에서 일하면서 특히 부유층 고객을 상대로 대단한 인기를 모았는데 우아한 서비스와 훌륭한 맛으로 큰 명성을 쌓게 되었다. 이런 경험은 후일 그가 고급호텔 개발의 선구자로 성공하는데 토대가 된다. 그 후 1888년 그는 현대 프랑스요리의 아버지라 칭송되는 최고의 요리사 Georges Auguste Escoffier와 함께 스위스 바덴바덴에서 레스토랑을 개업하게 된다. 그런데 그 직후인 1889년 영국 런던의 유명 최고급호텔인 Savoy Hotel의 총지배인으로 채용이 된다. 그러나 드디어 1898년 Ritz는 파리에 자신의 이름을 내세운 최초의 호텔인 Hotel Ritz를 개관하게 된다. 그의 훌륭한 명성으로 호텔사업은 큰 성공으로 이어져서 1906년 런던에 The Ritz Hotel과 1910년 마드리드에 The Hotel Ritz 등이 계속해서 오픈되어 그는 결국 유럽 전역에 18개의 Ritz 계열의 호텔을 운영하는 사업가로 대성공을 거두게 된다. 이렇게 그의 이름을 브랜드화하여 여러 호텔을 운영한 위탁경영방식은 현대 체인호텔경영의 효시가 되었다. Ritz가 고객에게 최고의 서비스를 제공하기 위해 주창한 "The guest is always right"는 지금도 세계 모든 호텔리어들에게 귀감이 되고 있다.

▸ Cezar Ritz

제4절 미국 호텔산업의 발전과정

식민지 미국의 숙박업은 영국의 숙박시설을 복제한 수준에서부터 시작되었다. 1600년대 초반에 벌써 Tavern이 생겨나서 미국 최초의 거주인 제임스타운에도 Tavern이 존재하였다고 한다. 역시 영국에서 전해진 Colonial Inn들이 주로 항구에 건립되었다. Samuel Coles에 의하여 건립된 Coles Ordinary는 미국 최초의 형식을 제대로 갖춘 최초의 숙박시설로 간주되고 있다. 이런 숙박시설을 시발로 하여 이후 미국 호텔산업은 눈부신 발전을 거듭하게 된다.

1794년 미국 최초의 본격적 호텔인 City Hotel이 뉴욕 맨해튼에 건설되었다. 73실 규모로 지어진 이 호텔은 당시로서는 지역을 대표하는 큰 건축물로 명성이 높았다. 단순한 가구 배치에도 불구하고 이 호텔은 여유롭고 쾌적한 호텔로서 당시 3만여 뉴욕 시민들의 인기를 독차지하여 사교중심지로 거듭나게 되었다. 이후 1787년 펜실베니아 주에 최초로 무연탄 벽난로를 사용하는 Arndt's Tavern, 1807년 필라델피아와 보스턴에 Exchange Coffee House, 1807년 미시간 주에 최초의 벽돌건물인 Wales Hotel, 그리고 뉴욕에 마천루 호텔의 효시가 되는 6층의 Adelphi Hotel 등 미국 주요 도시에 많은 근대적 호텔들이 건립되었다. 이 시기를 가리켜 미국에서는 제1기 호텔산업의 황금기라 칭하고 있다.

1800년대가 되면서 미국에서는 보다 현대적인 형태를 갖춘 대규모 고급호텔들이 들어서기 시작하는데 이때를 그랜드호텔의 시대라고 한다. 이 시기의 대표적인 호텔이 1829년 보스턴에 건립된 Tremont House이며 이어서 1836년 뉴욕에 Astor House, 1870년 시카고에 Palmer House, 그리고 1893년 뉴욕에 Waldorf-Astoria 등 한 시대를 풍미하던 대규모 고급호텔들이 속속 개관하였다.

▸ Tremont House, Boston

특히 Tremont House는 '근대 호화호텔(Luxury Hotel)의 원조'라 불릴 정도로 세계 호텔산업에서 큰 이정표가 되었던 호텔이다. 객실 170개를 보유한 이 숙박시설은 당시 미국은 물론 유럽 어느 호텔보다도 가장 호화스럽고 또한 가장 많은 건축비용이 소요된 호텔이었다고 한다. 당시 유명 건축가인 Rogers에 건립된 Tremont House의 건축양식은 이후 오랫동안 세계 호텔산업에 큰 영향을 미치게 된다. 이 호텔은 규모 · 구조 · 설비 · 투자 · 영업 등 다방면에서 종전과는 완전히 다른 방식을 보여주었는데 주요 특징은 다음과 같다.

- 한 객실에 여러 개의 침대로 많은 인원을 수용했던 종전과 달리 최초로 1인용 객실(Single Room)과 2인용 객실(Double Room)을 구비
- 각 객실에 열쇠와 키 구비
- 200석 규모의 대식당과 최초로 각 객실별 욕실 완비
- 각 객실에 세면대 및 물주전자와 무료비누 제공
- 미국 호텔로서는 최초로 프랑스요리 제공
- 벨보이 제도 도입
- 객실에 호출기를 도입하여 프런트 데스크와 소통 가능

▸ The Waldorf-Astoria

1860년 당시 세계 최대의 호텔인 8층 규모의 Continental Hotel이 건립되었으며, 링컨 대통령이 체류했던 기록도 있다고 한다. 그리고 대규모 고급호텔의 신축은 태평양 연안의 미국 서부로 퍼져 1875년 샌프란시스코에 건립된 Palace Hotel은 800실 규모로 대규모의 호화호텔로 명성을 누렸다. 그리고 이 당시 건축기술의 발달로 새로운 기술의 배관공사로 객실에 욕실설비가 가능해졌고 전등 및 전화기 설치, 엘리베이터의 설치가 가능하게 되었다. 그리고 호텔 주변은 은행 등이 들어서면서 금융 중심지가 되었다. 1893년 뉴욕 맨해튼에 Astor가문에 의해 1000여 개의 객실을 보유한 Waldorf-Astoria Hotel이 개관하였다. 이 호텔은 대규모 호화호텔의 상징으로 오랫동안 세계인들의 사랑을 받고 있는 호텔

이다. 이와 같은 그랜드호텔의 시대를 통한 획기적인 발전으로 미국은 세계 최대의 호텔시장으로 발돋움하게 되고 이런 추세는 지금도 계속되고 있다.

20세기에 들어서면서 미국 호텔산업은 더욱 눈부신 성장을 이룩하게 되었다. 이런 성장의 배경은 무엇보다도 미국경제의 발전이다. 이 시기에 들어서 미국은 세계 경제대국으로 성장함에 따라 비즈니스를 위한 중산층 상용여행자가 폭발적으로 증가하게 되었다. 그래서 이처럼 증가하는 새로운 여행수요에 걸맞은 새로운 숙박시설의 공급에 대한 필요성이 대두되기 시작했다. Tremont House 등의 대규모 호화호텔들에 의한 공급만으로는 새롭게 등장하는 상용여행자들의 수요를 충족하기가 어려웠다. 그래서 새로운 소비층을 위해 적절한 객실과 서비스 및 요금체계 등을 갖춘 새로운 숙박시설에 대한 필요성이 대두하게 되었다. 이때 혜성처럼 나타난 인물이 미국 호텔산업의 아버지라고 불리는 E. M. Statler (1863~1928)이다.

Statler는 1863년 펜실베니아 주 게티스버그 인근의 가난한 목사의 아들로 태어났다. 그는 9세 때부터 유리공장에 나가서 일을 해야 했다. 그러다가 13세 때 McLure Hotel의 벨보이로 그의 영웅적인 호텔리어 생활을 시작한다. 그 후 Housekeeper, Engineer, Bookkeeper 등 호기심에 어린 열정으로 그는 호텔의 많은 기능과 업무를 익혀나갔으며 호텔 서비스와 효율성의 향상에 대한 창의적 사고를 멈추지 않았다. 이런 그의 노력은 결국 손실로 점철되었던 호텔의 당구장과 볼링장을 이익을 창출하는 영업장으로 바꾸어 놓았다. 이런 결과로 사업가와 임대주 사이에서 그는 성실하고 신뢰받는 인물로 거듭나게 되었다. 나름대로의 사업수완이 생긴 그는 1894년 버펄로 시에 Statler's Restaurant을 오픈하게 된다. 초기에는 실패를 하지만 여기서 그는 광고의 효과를 체험하게 되는데, 신문 등에 광고를 게재하면서 그의 식당사업은 결국 대성공을 거두게 된다. 레스토랑 사업의 성공 이후 Statler는 다시 호텔사업으로 돌아오게 되는데, 1901년 버펄로와 1904년 세인트루이스에서 박람회를 위한 임시 호텔을 통해 실패와 성공을 각각 맛보게 된다. 세인트루이스 사업이 종료된 직후 그는 평생 숙원인 호텔건립에 착수하게 된다. 13세부터 오랜 호텔리어 생활로 체득한 경험과 확신을 바탕으로 모든 재원을 투자하여 1907년 뉴욕 주 버펄로 시에 미국 최초의 상용호텔인 300실 규모의 Statler Hotel을 개관한다. 이 호텔은 주로 상류층을 대상으로 하는 기존의 호화로운 고급호텔과는 다르게 처음으로 중산층과 상용여행자들을 주고객으로 했다는데 큰 의미가 있다. 이 호텔은 건립되자마자 바로 인기를 끌어 대성공하게 된다. 그 후 Statler Hotel은 클리브랜드(1912), 디트로이트(1915), 세인트루이스(1917), 뉴욕(1919), 버펄로(1923), 보스턴(1927), 피츠버그(1938), 수도 워싱턴(1943), 로스앤젤레스(1952), 댈러스(1955), 핫포드(1956)에 속속 건립되어 미국의 대표적인 체인호텔로 성장하게 된다.

특히 Buffalo Statler Hotel은 그의 혁신적이고 독창적인 호텔경영방식의 결과물이었다. 이 호텔은 세계호텔 역사상 최초로 중산층과 일반 시민들도 이용할 수 있는 대중적인 호텔을 선보여 합리적인 가격으로 일반 고객들에게 편리하고 쾌적한 서비스를 제공하였다. 그가 부르짖었던 "A room and a bath for a dollar and a half"란 슬로건이 의미하듯이 Statler는 호텔비품의 표준화 등 합리적이고 효율적인 경영을 통해 당시만 해도 일반인에게는 매우 높았던 호텔의 문턱을 낮추어 호텔의 대중화와 최초의 현대식 체인호텔의 설립이란 금자탑을 이루었다. 여기서 Buffalo Statler Hotel을 통해 처음 시도되었던 혁명적 호텔운영 방식의 면면을 살펴보면 다음과 같다.

- 최초로 전체 객실에 개인용 욕실 구비
- 객실에 열쇠 구멍을 표준화하여 어두워도 쉽게 열 수 있게 함
- 객실 입구 옆에 표준화된 전등 스위치 부착
- 객실에 전신거울 비치
- 객실에 무료 조간신문 제공
- 객실 문고리에 "Do Not Disturb"를 걸게 함
- 객실에 옷장, 전화, 침대등, 책상등 비치
- 객실에 얼음물 제공
- 익일 세탁물 서비스 제공
- 계단에 화재시를 위한 비상구 설치

▸ E.M. Statler

이외에도 Statler는 주6일 근무, 유급휴가, 무료의료보험 혜택, 우리사주를 통한 이익분배 등을 통해 직원들의 복리후생을 위해 정성을 아끼지 않았다. 7개의 Statler 호텔 건설을 마친 1928년 그는 폐렴으로 급사한다. 그의 사후 아내인 Alice Statler가 회사 경영을 승계하여 더욱 확장하였으나 결국 1954년 호텔 전체를 또 한 명의 전설적인 호텔업자인 Conrad N. Hilton에게 당시로서는 기록적 금액인 1억 1천1백만 달러에 매각하게 된다. 그 후 Alice는 The Statler Foundation을 설립하여 많은 사회봉사 및 기부활동을 하게 되는데 특히 코넬 호텔경영대학에 많은 재정적 기부를 하여 오늘날 이 대학이 세계 최고의 호텔경영대학으로 성장하는데 큰 기여를 하게 된다. 그러나 무엇보다도 미국 호텔산업에 대한 Statler의 가장 큰 공헌은 혁신과 고객위주 서비스의 전통을 확립한 것이다.

▸ Buffalo Statler

Statler가 맹활약을 하던 1910년과 1920년대를 미국 호텔산업의 제2차 황금기라고 한다. 이 시기에 수많은 대규모 호텔들이 들어서게 된다. 대표적인 호텔로는 1919년 22층으로 2,200여 객실의 보유한 Pennsylvania Hotel, 1920년에는 47층에 2,150 객실을 자랑하는 New Waldorf-Astoria Hotel, 그리고 1928년 무려 3,000여 객실의 Stevens Hotel이 개관하였는데 이 호텔은 오랫동안 세계 최대의 호텔로서의 명성을 누리게 된다.

Statler의 사망 직후인 1929년에 터진 경제대공황은 다른 산업과 마찬가지로 호텔산업을 초토화하게 된다. 미국 호텔산업 역사상 가장 어두웠던 이 시기에 수많은 호텔들이 경영 악화로 인해 문을 닫게 된다. 특히 상류층을 주대상으로 영업했던 대형 호화호텔들은 가장 큰 타격을 입게 된다. 경제위기가 닥치자 많은 고급호텔들은 부동산을 헐값에 매각할 수밖에 없었고 대부분 손님들도 발길을 끊게 되었다. 일부 호텔들은 객실료를 대폭 할인하여 손님들의 발길을 되돌리려 했으나 큰 효과는 없었다. 일례로 1935년 호텔산업의 평균 객실점유율은 손익분기점에도 한참 못 미치는 51% 정도였다고 한다. 그러나 이런 와중에도 비용구조가 합리적이고 대중을 주로 상대하는 Statler 같은 호텔은 큰 손해 없이 위기를 피해갈 수 있었다. 이런 경영적 시사점은 후일 호텔업자들에게 큰 교훈이 된다.

제2차 세계대전을 겪으면서 미국 호텔산업은 다시 성장세를 회복하게 된다. 새로운 호텔 개발이 멈춘 상황에서 군인과 공무원들이 여행수요가 증가하면서 호텔산업은 불황의 충격에서 벗어나는 계기를 맞이하게 된다. 제2차 세계대전이 종료 후 미국 호텔산업은 큰 변화를 경험하게 된다.

전쟁 이후 미국은 세계의 정치 · 경제 · 사회 · 문화 등의 중심지로 그 위상을 달리하면서 과거 로마와 같은 Pax Americana 시대를 맞이한다. 특히 1956년 아이젠하워 대통령의 결재로 건설되기 시작한 본토의 각 주를 연결하는 고속도로가 등장하면서 여행자들의 주요 운송수단으로 등장하게 되며, 게다가 1958년 최초로 대륙 간을 연결하는 민간 제트기가 취항하면서 여행수요는 가히 폭발적으로 증가하게 된다.

기차를 위주로 한 여행에서 자동차 위주의 여행을 시작하게 되면서 숙박시설의 공급의 형태도 변화하게 된다. 자동차 위주의 여행을 하는 소비자들은 비싼 가격을 치러야 하는 대규모 고급호텔들을 피하고 적절한 가격에 적절한 시설을 갖춘 숙박시설을 찾기 시작했다. 이런 숙박처가 바로 모텔(Motel)이다. 모텔은 시설이 호화롭지도 않고 부대시설도 거의 제공되지 않았지만 청결하고 쾌적한 객실위주의 서비스를 제공하여 소비자들로부터 큰 호응을 얻게 된다. 특히 자동차를 이용하여 여행하는 소비자들은 객실문 바로 밖에 주차할 수 있어서 매우 편리하게 모텔을 이용할 수 있었다. 이때 등장하는 호텔브랜드에는 Holiday Inn, Ramada Inn, Howard Johnson, Quality Court 등이 있었다.

모텔의 등장과 함께 또 하나의 큰 변화는 본격적인 체인호텔들의 등장과 성장이다. 과거와 같이 일개의 호텔을 독립적으로 경영하는 소규모 경영형태에서 벗어나 수십 또는 수백여 개의 호텔을 하나의 호텔집단으로 관리하여 규모의 경제효과 등을 이룩하고자 하게 된 것이다. 세계대국으로 시시각각으로 일취월장하는 미국 경제성황하에서 독립적인 호텔경영은 경영합리화와 지속경영을 위한 큰 기업집단으로 발돋움하기 위해서는 그 한계가 뚜렷했다. Statler가 불을 지핀 것과 같이 경제대공황과 세계대전을 겪으면서 호텔사업자들은 이런 점을 충분히 느끼게 된다. 그래서 1950년 이후 Westin, Ramada, Hilton, Sheraton, Holiday Inn, Hyatt, InterContinental과 같은 유명 체인호텔들이 시장을 석권하고 가파른 성장을 지속하면서 미국 호텔산업은 세계 최대의 호텔시장으로 등장하게 된다.

그러나 시간이 경과하여 1980년대를 넘기면서 미국 국내에서의 성장이 정체되어 경쟁이 심화되자 체인호텔들은 지속적인 성장을 추구하기 위해 해외시장으로 눈을 돌리게 된다. 미국 체인호텔들은 호텔의 본 고장인 유럽뿐만 아니라 아시아 등 세계시장에 위탁경영계약이나 프랜차이즈 위주의 경영형태로 진출하여 호텔경영의 진수를 뽐내고 있다. 한편, 미국 호텔산업은 건축양식에서도 큰 영향을 미치고 있다. 1967년 야심찬 건축가인 John Portman의 설계에 의해 건설된 애틀랜타시의 Hyatt Regency Hotel에서 처음 선보인 예술적 공간 활용의 극치인 아트리움(Atrium) 건축양식은 지금도 많은 호텔들의 표상이 되고 있다. 이 호텔건축양식은 객실에서 로비를 내려다 볼 수 있게 하였으며 이 양식으로 인해 호텔은 더 이상 잠만 자는 곳이 아니라 재미있고 활기에 찬 오락 및 여흥 장소로 변모하게 되었다.

▸Atrium in Hyatt Regency, Atlanta

현재 Marriott, Hilton, Wyndham 등 미국의 대표적인 몇몇 체인호텔은 수천여 개의 호텔과 수십만여 개의 객실들을 운영하고 있듯이 세계 호텔산업에서 미국의 영향력은 실로 막강하다고 할 수 있다. 실제로 현재 세계 10대 체인호텔들은 대부분 미국 체인호텔이거나 미국태생 브랜드 또는 미국식 체인호텔경영에 영향을 받은 체인호텔들인 것이 사실이다.

표 2-1 미국 호텔산업 현황

(2003년 기준)

By Location	Number of Properties	Number of Rooms
Airport	3,239	444,860
Suburban	18,476	1,490,970
Urban	5,408	716,485
Highway	18,312	1,296,279
Resort	2,149	467,102
By Rate		
Under $30	853	50,642
$30~$44.99	7,862	499,350
$45~ $59.99	16,680	1,102,845
$60~$85	14,334	1,393,633
Over $85	7,855	1,369,196
By Size		
Under 75 rooms	27,379	1,144,753
75~149 rooms	14,297	1,523,999
150~299 rooms	4,305	860,983
300~500 rooms	1,094	407,038
Over 500 rooms	509	478,923

(출처 : Hayes & Ninemeier)

제5절 한국 호텔산업의 발전과정

우리가 TV사극에서 흔히 보듯이 과거에 우리나라에서는 숙박시설을 주막, 객주, 객사라고 호칭하였다. 현재 우리가 사용하고 있는 여관, 여인숙, 호텔 등의 호칭을 사용하게 된 것은 일제시대부터이다. 우리나라 숙박시설의 기원은 삼국사기에 나타나는데 주로 관리들이 지방을 순찰할 때 머물던 역관이 신라 소지왕 때 개설되었다고 한다. 통일신라 때에는 당나라를 방문한 관리 등 자국인 여행자를 위해 신라방, 신라관, 신라원을 건립하여 이들에게 숙식을 제공했다고 한다.

고려시대에 들어서는 참역제가 발달하여 역마를 두고 역장 등의 관리가 상주하며 공문서의 전달과 공물의 수송 등으로 여행 중인 관리들에게 숙박과 음식 등을 제공하였다고 한다. 이때 최초로 공공시설로서 주막이 개설되어 여행하는 선비 등에게 숙박시설을 제공하였으며 절간들도 대가를 받고 여행객들에게 숙식을 제공했다고 한다.

조선시대에도 고려의 참역제가 지속되어 역이 요지에 존재했다고 한다. 경국대전에 의하면 당시 전국에 약 537여 개의 역이 존재하였다고 한다. 그 후 관리들의 공무여행을 위해 관(館)이 건립되었는데 후에 하급시설인 원(院)도 건립되었다고 한다. 한편, 한성에 외국 사신들의 숙소가 개설되었는데 명나라 사신들을 위한 태평관, 일본사신을 위한 동평관, 여진족을 위한 북평관이다. 그러나 관과 원은 이용범위가 제한적이어서 점차 폐지되고 점(店 : 주막)이 일반여행자들을 위한 숙소로 발전하기 시작했다. 조선 초기에 등장한 점의 영업장의 규모가 커지고 교역행위가 확대됨에 따라 객주라는 계층이 나타나게 된다. 객주는 주요도시와 항구를 중심으로 위탁매매를 하는 물상객주와 숙박을 주업으로 하는 보상객주로 구분이 되었다. 조선 말기에는 객주조합이 결성되어 국내 경제에 영향력을 크게 행사하게 됐다. 이러한 객주들이 19세기 말엽에는 전국 주요 도시에 약 480여 개소가 존재하였다고 한다.

구한말인 숙박업은 주로 외국인들에 의해 주도되었고 좋은 숙박시설은 대부분 외국인들이 이용하였다. 1887년 숙박과 요정이 주업인 시천여관이 일본인에 의해 건설되었고 이후 충무로와 남산주변에 숙박시설이 많이 들어서게 되었다. 그래서 1908년에는 일본 료칸이란 명칭에서 유래한 여관이 전국에 약 123여 개소가 존재했다고 한다. 1876년 한국과 일본이 수호조약을 체결하고 1882년 한국과 미국이 수호통상조약을 한 이후 각 항구가 개항이 되고 우리 한반도는 많은 주변 열강제국들의 야욕을 위한 각축장이 되는 신세가 된다. 개항된 후 인천은 서구문명이 유입되는 장소가 변모하면서 자연스럽게 국내 최초의 호텔이 건립되는 도시가 되었다.

1888년 인천 서린동 인천항구와 지척인 곳에 국내 최초로 서구식 호텔인 3층 벽돌건물로 11개의 객실을 갖춘 대불(大佛)호텔이 일본인 호리 리기타로(掘力太

郞)에 의해 건설되었다. 대불호텔은 주로 유럽인과 미국인 손님들을 대상으로 영업을 했다고 한다. 오랜 항해 끝에 인천항에 도착한 외교사절과 선교사 등 외국인 여행객들이 한성으로 가기 위해 머물 곳이 마땅치 않았었는데 이런 이유로 대불호텔은 개점하자 바로 큰 인기를 끌었다고 한다. 대불호텔이 성공하자 길 건너에 청나라 사람인 이태가 2층 건물인 스튜어드(Steward)호텔을 건설하여 영업을 했다고 한다. 그러나 1899년 경인선 철도가 개통되고 경부선과 경의선이 계속하여 건설되자 이 지역 숙박업은 사양길을 걷게 되었다. 그래서 호리의 아들은 대불호텔을 청국인에게 매각하게 되고 결국 1978년 건물은 철거되고 지금은 인천시 중구 중앙동에 터만 남아 있다고 한다.

▸ 대불호텔

▸ 손탁호텔

철도가 개설되자 외국인들은 인천 등 지방에서 숙박할 필요가 없어졌고 이후 서울은 국내 숙박산업의 중심지가 된다. 서울 최초의 서양식 호텔은 1902년 독일 여인 손탁(Sontag)에 의해 건립된 손탁호텔이다. 손탁은 당시 러시아공사 베베르의 처형이면서 수완이 좋은 여인이었다고 한다. 손탁은 고종으로부터 하사받은 경운궁 건너편 건물을 정동구락부란 외교적 장소로 이용하다가 1902년 옛집을 헐고 2층 러시아식 양옥으로 호텔을 지어 직접 경영하였다. 25실 규모의 이 호텔 위층은 귀빈들의 객실로 이용하였고 아래층은 일반 객실과 식당으로 사용했다고 한다. 이 호텔은 후일 영국 수상이 된 처칠과 이등박문 등이 체류하는 등 한동안 내·외국인들이 활약하는 국내 사교계의 중심장소가 되기도 했다. 이 호텔은 1917년 이화학당에 매각되었으며 현재는 터만 남아 있다. 이 호텔의 뒤를 이어 1909년 하남호텔이 건립된다.

일본이 만주침략을 위해 국내에 철도를 건설하면서 철도가 여행자들의 주요 운송수단이 된다. 이 당시 철도는 조선총독부 철도국이 직접 관리하였다고 한다. 경인선(1899년), 경부선(1905년), 경의선(1906년)이 차례로 개통되면서 부산에서 신의주까지에 이르는 한반도를 관통하는 철도선이 완공되자, 특히 많은 외국인이 한반도를 경유하여 만주로 여행을 하게 되면서 철도역을 중심으로 새로운 숙박시설의 건립이 증가하게 되었다. 그러나 민간투자가 여의치 않아 철도국이 부대사업으로 철도호텔을 건설하게 되는데, 1912년에 부산 철도역사 2층에 객실 9개 규모의 부산철도호텔을 시발로 같은 해 역시 9실 규모의 신의주철도호텔, 1914년 65실 규모의 조선경성철도호텔(현 조선호텔), 1915년 10실 규모의 금강산호텔, 장안사호텔(1918년), 온양온천철도호텔(1920년) 등이 차례로 건설된다.

특히 조선경성철도호텔의 설계는 독일인인 게오르그 드 래런드(George de Lalande), 시공은 일본의 시미즈구미(清水組)가 각각 담당했다. 아르누보의 독일판인 유겐트 양식을 채택한 조선경성철도호텔은 당시 최신 유행의 건축미를 자랑했다고 하며, 조선철도국 직영호텔의 사령실과 같은 존재로 이용되었다고 한다.

▸ 개관시의 조선경성철도호텔

▸ 개관시의 반도호텔

철도호텔의 시대를 지나 1936년 서울에 국내 최초의 상용호텔인 반도호텔(현 롯데호텔)이 개관하면서 우리나라 호텔산업은 비로소 세계적 동향에 발을 맞추게 된다. 현대적인 객실 111실을 보유한 반도호텔은 당시 최대 규모와 최고의 호화호텔로 위용을 자랑하게 된다. 그러나 일본인 노구치에 의해 개관된 이 호텔의 주된 이용자는 외국인이었으며 당시 호텔산업의 경영도 대부분 일본인들에 의해 주도되었다.

해방 이후부터 1950년대까지는 사회 및 정국혼란과 전쟁 등으로 호텔산업은 긴 침체기에 빠져들게 된다. 이 시기에 대원호텔(1922년), 금수장호텔(1955년), 해운대관광호텔(1957년) 등이 건립된다.

1960년대 들어서면서 호텔산업은 일제 등 어두웠던 긴 터널을 지나 해빙기를 맞이하게 된다. 1961년 정부가 관광산업의 중요성을 인식하여 「관광사업진흥법」을 제정 · 공포하게 된다. 이 법에 의해 당시에 특히 시설이 우수한 호텔들을 '관광호텔(Tourist Hotel)'로 지정하여 호텔산업을 육성하기 위한 시발점이 된다. 당시 최초로 관광호텔로 지정된 호텔로는 사보이호텔, 그랜드호텔, 메트로호텔, 아스토리아호텔, 뉴코리아호텔 등이 있다. 이후 1962년 정부투자기관인 국제관광공사가 설립되어 반도호텔, 조선호텔과 지방 7개 호텔을 인수하여 관리하에 두게 된다. 1963년 개관한 263개 객실의 워커힐호텔은 국내 최초의 현대식 리조트호텔이었는데 국제관광공사에 의해 운영되었다.

▸ 쉐라톤워커힐호텔

1970년대는 호텔산업의 발전기로서 우리나라 호텔산업의 발전과 성장에 획기적인 계기를 마련하게 된다. 먼저 1970년 조선호텔이 20층 현대식 건물로 재개관하게 되는데, 이 호텔은 미국 American Airlines가 경영을 주도하여 본격적 서구식 호텔경영의 계기가 된다. 같은 해 관광호텔 등급제도가 처음으로 시행되었고 호텔지배인 자격시험제도가 실시되어 호텔종사원들의 자질을 향상하는데 기여한다. 특히 이 시기에 정부는 노후화된 관광호텔들의 개·보수를 촉진하기 위하여 면세 등 세제상의 지원과 소요자금의 일부를 관광진흥개발기금을 통해 저리로 융자해 줌으로써 호텔투자를 촉진하게 된다. 이런 여러 가지 정부의 지원책으로 호텔산업은 발전을 거듭하게 된다. 그 후 국제관광공사란 공기업에 의해 관리되던 반도호텔과 워커힐호텔 등이 민간으로 경영권이 넘어가게 되어 해방 이후 관주도하의 호텔산업체제에서 민영기업들이 주도하는 호텔산업으로 변모를 시작한다. 같은 1970년 중반에 경주 보문단지와 제주 중문단지에 대규모 관광단지를 개발하여 리조트호텔의 개발이 시작된다. 재벌 등 대기업을 주축으로 한 민영기업들이 호텔산업의 성장을 주도하게 되면서 1970년 중반 이후 많은 주요 호텔들이 개관하게 되는데, 서울에 프라자호텔(1976년), 하얏트호텔(1978년), 신라호텔(1979년), 롯데호텔(1979년) 등이, 그리고 부산과 경주에 조선비치호텔, 코모도호텔, 서라벌호텔, 코오롱호텔, 조선호텔, 도뀨호텔 등이 속속 건립되어 국내 호텔산업의 성장을 견인하게 된다.

1980년대는 우리나라 호텔산업의 황금기라고 한다. 호텔건설 붐이라고 불러야 할 정도로 이 시대에 많은 호텔들이 들어서게 된다. 일례로 1981년 129여 개였던 관광호텔의 수는 1990년 395여 개에 달할 정도로 엄청나게 증가한다. 이는 종전 1960년대(44개 호텔 증가)와 1970년대(47개 호텔 증가)는 물론이고 1990년대(50개 호텔 증가)와 비교할 수 없을 정도로 가히 폭발적이었다. 특히 이 1980년대는 호텔의 수와 대형화란 양적 성장뿐만 아니라 객실점유율이 다른 시기에 비해 비교적 높아 질적 성장도 이루어졌다는 사실이 고무적이다. 이렇게 호텔산업이 좋은 시절을 보낼 수 있었던 것은 '86 아시안게임과 '88 서울올림픽게임이란 민족 최대의 행사를 무난히 치르기 위해 국제적 수준의 객실확보를 위해 정부에서 호텔산업의 투자활성화 정책을 실시했기 때문임을 부인할 수 없을 것이다. 특히 이 시기에 특급호텔을 제외한 관광호텔들에게는 증기탕과 슬롯머신이란 비교적 쉬운 영업수단의 유치가 가능해서 전국적으로 소규모 관광호텔 투자 붐이 있었다고 볼 수 있다. 이때 건립된 유명 호텔들을 살펴보면 힐튼호텔(1986년), 그랜드 인터컨티넨탈호텔(1988년), 스위스그랜드호텔(1988년 : 현 그랜드힐튼), 르네상스호텔(1988년), 롯데월드호텔(1988년), 임피리얼 팰리스호텔(1989) 등이 있다.

이 시기에 형성된 특기할 동향은 국내 주요 도시에서 주요 호텔의 건설이 주로 대기업 그 중에서도 재벌들에 의해 주도되었다는 것인데 이런 추세는 현재까지 이어지고 있다.

1990년대도 80년대와 같이 폭발적이지는 않지만 성장추세는 지속되었다. '88 서울올림픽으로 대한민국의 위상을 세계에 알린 후 경제성장과 더불어 외국인 여행자들의 입국이 꾸준히 증가하여 자연히 신규 호텔의 건립도 늘어나게 되었다. 이 시기에 건립된 대표적인 호텔들은 제주 신라호텔(1990년), 리츠칼튼호텔(1995년), 소피텔 앰배서더호텔(1987년), 노보텔 강남호텔(1993년), 노보텔 독산호텔(1997년), 롯데호텔 부산(1997년), 코엑스 인터컨티넨탈호텔(1999년) 등이다. 1990년대 후반 우리나라 역사의 오점이자 더 큰 성장을 위한 좋은 교훈이 됐던 IMF 외환위기를 겪게 된다. IMF 외환위기가 발발하자 많은 호텔들이 인원감축 등 대대적인 경비절감 운동을 실시하게 된다. 그러나 호텔업계의 우려와 달리 환율인상(원화약세)으로 인해 오히려 예전보다 더욱 많은 상용 및 여가여행자들이 우리나라를 방문해 풍전등화 같던 위기의 시기에 '나 홀로 특수'를 누리게 된다. IMF 외환위기를 통해 많은 호텔기업들은 그동안 방만했던 경영에 대한 반성을 하고 실속경영에 비로소 눈을 뜨는 계기를 마련하게 된다.

21세기 국내 호텔산업은 노동시간의 감소와 국민들의 소득증대에 따라 여가시간이 증가되고 생활환경의 패턴이 변화함에 따라 여가에 대한 인식은 지속적으로 확대되어 가고 있어 이런 상황에서 향후 호텔산업의 장기 전망은 낙관적이다. 그러나 이런 낙관적 전망과는 달리 2000년대 초기부터 국내 호텔산업은 요동치는 국제환경의 영향으로 변화무쌍한 시기를 보내고 있다. 2001년 미국 뉴욕에서 발생한 9 · 11테러사건을 시발로 하여 2003년 이라크전쟁과 SARS 등으로 큰 어려움을 겪기도 했지만, 2002년 한 · 일 월드컵, 2005년 APEC 정상회의 등과 같은 우호적인 대외여건이 조성되기도 했다. 특히 1990년 후반부터 시작된 대장금과 겨울연가 등 한국드라마의 수출을 계기로 발생한 '한류' 열풍으로 여러 아시아 국가에서 우리나라를 방문하는 여가여행자들이 급속히 증가하여 숙박수요의 증가에 긍정적인 영향을 미치고 있다. 2000년대에 건립된 대표적인 관광호텔에는 JW매리엇호텔(2000년), 롯데호텔 제주(2000년), 롯데호텔 울산(2002년), 메이

필드호텔(2003년) 등이 있다.

1980년대와 1990년대가 양적위주의 팽창 추세를 보인 반면, 2000년대에 들어서면서 국내 호텔산업은 종전과는 확연히 다른 다양화되는 추세를 보이고 있다. 첫째, 그동안 많이 부족했던 국제적인 수준을 갖춘 객실판매중심적인 중저가 비즈니스호텔들 속속 건립되고 있어, 값비싼 특급호텔보다는 적절한 가격에 양질의 숙박시설을 찾던 많은 외국인 여행객과 내국인들에게 희소식이 되었다. 현재 활발하게 영업 중인 주요 중저가호텔 브랜드는 베스트웨스턴, 이비스, 도요코인, 베니키아, 롯데시티호텔 등이 있다. 둘째, 서비스드 레지던스(Serviced Residence)와 펜션 형태의 숙박시설들이 점점 시장을 확대해가고 있다. 특히 프레이저 · 오크우드 · 서머셋팰리스 · 코업 등의 브랜드로 대변되는 서비스드 레지던스들은 가격경쟁력을 바탕으로 하여 과거 스위스그랜드호텔이 대변하던 아파트호텔을 뛰어넘어 새로운 틈새시장을 개척하여 시장에서 인기를 모아 많은 관광호텔들의 영업활동에 큰 위협이 되었지만, 최근 대법원의 영업 불가 판결로 큰 위기를 맞고 있다. 셋째, 대부분 체인호텔처럼 표준화된 상품과 서비스에 염증을 느끼고 있는 소비자들을 위해 부티크(Boutique)호텔이 국내에서도 등장했다. 2004년 체인호텔 브랜드로서는 국내에 처음 선보인 W호텔을 필두로 여러 부티크호텔이 일부계층 소비자들의 관심을 모으고 있다. 부티크호텔의 등장과 더불어 W호텔과 파크하얏트호텔(2005년)은 국내 최초로 6성급이란 최고급호텔 서비스의 제공을 표방하고 있는 것은 특기할 점이다. 넷째, 예로부터 교통수단의 발전은 호텔산업에 지대한 영향을 미쳐왔다. 21세기 초반 인천국제공항의 등장과 KTX의 등장은 중 · 장기적으로 국내 호텔산업을 변모시킬 큰 영향요인들이다. 인천국제공항 주변과 인천 송도지역에 하얏트리젠시 인천호텔과 쉐라톤 송도호텔 등 본격적인 국제수준의 공항호텔이 들어서고 있으며, 천안아산역 등 지방의 중심역 주변의 숙박시설들도 점차 인기를 끌고 있다. 마지막으로, 1998년 말부터 시작된 금강산관광으로 말미암아 북한에 우리 호텔이 진출한 것이다. 현대아산이 운영하는 금강산호텔(215실), 호텔해금강(159실), 외금강호텔(173실) 등은 앞으로 우리 겨레의 숙원인 통일에 기여하게 될 것이다. 이 밖에도 다국적 호텔기업들의 지속적인 영역 확대가 예상되며 환경경영에 대한 관심도 고조되고 있다.

그러나 이제 우리도 과거 호텔의 입지조건에 의존하던 전통적 경영방식에서 탈피해서 합리적 경영체제를 구축해야 하며, 또한 과거 호텔시설의 현대화 · 고급화 · 첨단화로 인한 물적 서비스는 괄목할 만한 성장을 이룩했지만, 손님에게 최고의 서비스를 제공하기 위한 인적서비스와 같은 질적 향상과 체인 확대를 통한 경제의 규모 확대는 국내 호텔들이 국제경쟁력을 향상하기 위한 도전과제가 되고 있다.

지금까지 살펴본 것처럼 국내 호텔산업은 우리 민족과 애환을 같이하면서 눈부신 성장을 거두어왔다. 2008년 12월 현재 국내에는 모두 610여 개의 관광호텔들이 64,154여 개의 객실로 영업 중에 있다. 그리고 향후 잠실 · 용산 · 상암 · 부산 · 송도 · 일산 등 여러 지역에서 굵직굵직한 개발 사업으로 인하여 다수의 호텔들이 건설될 것으로 예상되고 있다.

표 2-2 호텔수 및 외국인 입국자 추세

구 분	호텔수	객실수	객실점유율(%)	외국인 입국자(명)
1960	10	245	–	8,675
1965	37	1,837	–	7,592
1970	62	4,766	–	26,481
1975	113	9,914	58	632,846
1980	123	18,547	56	976,415
1985	155	23,091	61	1,426,045
1990	395	40,386	63	2,958,839
1995	436	44,479	67	3,753,197
2000	498	53,030	65.1	5,321,792
2004	569	61,824	55.1	5,818,138

(출처 : 안창호)

참고문헌

김경환 · 차길수(2002). 『호텔경영학』. 현학사.

두산백과사전.

도미타 쇼지(2008). 『호텔 : 근대 문명의 상징』. 유재연 역. 논형.

안창호(2006). 한국호텔산업의 변천사 100년. HOTEL + RESORT. 창간호.

오정환 · 김경환(2000). 『호텔관리개론』. 백산출판사.

Hayes, D. K. & Ninemeier, J. D.(2007). *Hotel Operations Management*, 2nd edition. Prentice Hall.

Wikipedia.

호텔산업의 특징과 현황

Chapter 03

Chapter 03

호텔산업의 특징과 현황

학습목표

이 장을 학습한 후 여러분은 반드시 다음 내용을 이해해야 한다.

1. 호텔을 분류하는 다양한 유형에 대해 충분한 이해한다.
2. 서비스 기업으로서 호텔기업의 고유한 특징을 이해한다.
3. 호텔기업의 조직구조에 대한 특징을 이해한다.
4. 세계 및 국내 체인호텔의 현재 상황을 파악한다.

제1절 호텔의 분류

지구촌에 존재하는 수많은 숙박시설들(미국 : Hotel, Motel, Inn 등; 국내 : 호텔(관광호텔), 모텔, 여관, 여인숙 등)은 여행자들의 목적이 그렇듯이 매우 다양하다. 그래서 여행객들은 많은 숙박시설들의 특징을 분간하기가 쉽지 않다. 이렇게 다양한 종류의 호텔을 적절히 구분하는 것은 여행자를 위해서뿐만 아니라 통계작성의 편리 등 호텔업계를 위해서도 매우 적절한 일일 것이다(본서에서 사용하는 호텔이란 용어는 국내를 기준으로 한다면 관광호텔(Tourist Hotels)을 말하며 미국을 기준으로 했을 시는 Hotel, Motel, Inn을 포함하는 것으로 한다).

호텔을 분류하는 방식에는 여러 가지 방식이 존재하고 있다. 일반적으로 호텔은 서비스의 수준, 여행목적, 등급, 입지, 규모, 소유권 및 가맹방식 등에 의해서 분류할 수 있다.

1. 서비스수준(Level of Service)에 의한 분류

이 방식은 손님에게 제공되는 서비스의 수준에 의해 호텔을 분류한다. 즉 손님에게 제공되는 시설 등 물적 서비스와 인적 서비스의 질에 의하여 호텔을 구분하는 것이다. 이 방식에 의하면 호텔은 한정서비스(Limited-service)호텔, 장기체류(Extended-stay)호텔, 고급서비스(Full-service)호텔 등으로 구분한다.

1) 한정서비스호텔(Limited-service Hotel)

일반적으로 과거 한정서비스호텔들은 보통 모텔이라고 불려왔다. 그러나 1990년대 이후 호텔산업의 시장세분화 동향으로 인하여 한정서비스호텔은 중급(Midscale without F&B)호텔, 경제가(Economy)호텔, 저가(Budget)호텔 등으로 더욱 세분화되었다. 한정서비스호텔의 주요 손님들은 가격에 민감한 상용 및 여가 여행자들이며 이들은 보통 하루나 이틀 정도 체류한다.

한정서비스호텔은 한정된 수준의 서비스를 손님에게 제공한다. 한정서비스호텔에서는 객실가격에 포함된 아침식사를 제외하고는 식음료 서비스는 보통 제공되지 않고 있다. 일반적으로 호텔 내에 식당은 존재하지 않으며 회의실, 연회장, 벨 서비스, Valet Parking 등의 서비스는 대부분 제공되지 않는다. 한정서비스호텔들은 휘발유나 항공운임 등에 대한 손님들의 가격민감도에 의해 영업활동에 큰 부정적인 영향을 받는다. 그러나 고급서비스호텔에 비해 낮은 비용구조와 높은 마진으로 낮은 객실점유율에도 불구하고 영업활동에서 이윤을 창출하고 있다. 최근 국내에서 많이 건립되고 있는 일부 중저가호텔들이 이 부류에 속한다고 할 수 있다. 한정서비스호텔들은 비교적 규모가 작아서 객실의 수가 100실에 미치지 못하는 곳이 많다.

미국 호텔산업을 기준으로 했을 때 대표적인 중급호텔(Without F&B)의 브랜드 또는 체인호텔로는 Holiday In Express, Hampton Inn, Comfort Inn, La Quinta Motor Inn 등이 있다. 경제가호텔에는 Days Inn, Fairfield Inn, Ramada Limited, Travelodge 등이 있으며, 저가호텔에는 Motel 6, Super 8, EconoLodge 등이 영업 중에 있다.

▸ Holiday Inn Express

▸ Days Inn

▸ Motel 6

2) 장기체류호텔(Extended-stay Hotel)

▸ Residence Inn

장기체류호텔의 원조는 1960년 후반기에 Marriott 호텔에서 시도했던 All-suite Hotel이었다. 그 후 1995년 후반부터 여행지에서 하루 이상을 체류하려는 상용 및 여가 여행자들에게 전통적인 숙박형태의 대안으로 등장했다. 장기체류호텔은 보통 객실과 거실 및 주방이 분리되어 있으며 객실은 상당히 넓은 편이다. 장기체류호텔의 손님에게는 자기 집처럼 편안하게 모든 설비를 갖춘 아파트형태의 서비스가 제공되고 있으나, 고급서비스는 제한적으로 제공된다. 장기체류호텔에는 호텔의 서비스 수준에 따라 회의시설, Valet Parking, 24시간 식음료 서비스, 운동시설, 비즈니스센터, 프리미엄 객실서비스가 제공되거나 또는 제공되지 않고 있다.

장기체류호텔시장은 빠르게 확대하기 시작해서 1997년 이후부터는 오히려 공급이 수요를 앞지르게 되었다고 한다. 미국 호텔시장에서 대표적인 장기체류호텔 브랜드에는 Residence Inn, Extended Stay America, Homestead, Villager Lodge

등이 영업활동을 수행하고 있다.

3) 고급서비스호텔(Full-service Hotel)

고급서비스호텔들은 한정서비스호텔이나 장기체류호텔에 비해 훨씬 다양하고 질 높은 객실 및 식음료 서비스와 고급 시설을 손님에게 제공한다. 따라서 객실료가 최고가이다. 고급서비스호텔에서 손님에게 제공되는 일반적인 서비스에는 고급 객실 및 식음료 서비스, Bell service, 룸서비스, 시설이 잘 갖춰진 비즈니스센터, 회의실, 연회장, 운동 및 오락시설 등이 있다. 고급서비스호텔은 다시 최고급(Luxury)호텔, 고급(Upscale)호텔, 중급(Midscale with F&B)호텔 등으로 세분화된다.

최고급호텔은 등급기준에 의하면 주로 별 다섯 개 또는 네 개의 호화호텔들을 말한다. 이 호텔의 주요 손님들은 전혀 가격수준에 개의치 않는 기업 · 단체 · 여가 여행자 등이다. 대표적인 브랜드로는 Four Seasons, Ritz-Carlton, Fairmont, Plaza, Waldorf-Astoria 등이 있다. 고급호텔은 최고급호텔에 비해 조금 낮은 수준의 서비스를 제공한다. 그래서 객실요금도 조금 낮은 편이다. 대표적인 브랜드에는 Marriott, Sheraton, Hyatt, Hilton, Westin, Renaissance, Omni, Wyndham, InterContinental, Sofitel, Radisson 등이 있다. 중급호텔(Mid-scale with F&B)과 고급호텔의 가장 큰 차이점은 서비스 및 시설수준이 낮아 객실요금이 비교적 저렴한 편이다. 대표적인 브랜드에는 Holiday Inn, Best Western, Ramada, Courtyard by Marriott, Quality Inn, Four Points by Sheraton 등이 있다.

▸ Four Seasons in New York

▸ Beverly Hilton

▸ Courtyard by Marriott

2. 여행목적(Purpose of Travel)에 의한 분류

이 분류는 호텔 손님의 여행목적 또는 숙박목적에 의하여 호텔을 구분하는 방식이다.

1) 상용호텔(Commercial Hotel)

▸ 상용호텔

비즈니스 업무를 수행하기 위해 여행을 하는 손님을 주 대상으로 하는 호텔이며 비즈니스호텔이라고도 한다. 비즈니스를 목적으로 여행을 하는 사람들은 주로 도심지에 위치한 금융기관, 관공서 및 공공기관, 기업체 등을 방문한다. 이러한 손님들을 유치하기 위해 상용호텔들은 도심 중심지역에 위치한다. 상용호텔은 비즈니스 목적의 손님들을 위해 특히 객실을 숙소 겸 사무실 같은 분위기로 연출한다. 편안한 침대 외에 편안하게 업무를 볼 수 있는 큰 책상, 초고속 인터넷서비스, 두 개 이상의 전화 콘센트, 밝은 실내등, 각종 문구류 등이 비치되며 컴퓨터, 프린터, 팩시밀리 등 비즈니스 관련 장비 등을 대여해 주고 있다. 또한 객실에서 불가능한 회의를 위해 회의시설을 제공하고 특히 비즈니스 센터는 비즈니스에 필요한 모든 설비를 갖추고 있다.

2) 카지노호텔(Casino Hotel)

카지노호텔은 고급 또는 최고급호텔이란 기본적인 시설 외에 특별한 부대시설로서 도박(Gambling) 또는 게임(Gaming) 장비를 갖추고 이를 이용하는 손님들을 유치하려는 호텔이다. 전통적인 카지노호텔들은 수익성이 높은 카지노사업을 주사업으로 하고 오히려 객실 및 식음료 부문을 카지노 사업을 위한 부대사업으로 간주하기도 하였다. 카지노호텔에서는 객실 위주보다는 도박위주의 사업구조이기 때문에 일부 귀빈(VIP)손님에게는 객실을 무료(Complimentary)로 제공하기도 한다. 현재 카지노호텔의 동향은 라스베이거스 지역의 카지노호텔 또는 강원랜드(현 하이원리조트)처럼 생존과 성장을 위해 도박이란 어두운 이미지에서 벗어나 보다 가족친화적이며 비즈니스 친화적인 이미지를 창출하기 위하여 도박뿐만 아니라 국제회의 시설, 놀이공원, 스키장 등 종합리조트로 변신을 꾀하고 있다.

▸ Caesars Palace Casino Hotel in Las Vegas

3) 컨벤션호텔(Convention Hotel)

컨벤션호텔은 각종 규모의 국내 및 제 회의를 유치하기 위하여 건립된 호텔로서 비교적 규모가 큰 편이다. 국제회의 등에 참가하기 위해 방문한 손님을 위해 충분한 수의 객실을 갖추고 있어야 하며, 특히 대 · 중 · 소 규모의 회의시설, 연회시설, 전시시설, 영상시설 등을 완비해야 한다. 또한 국제회의를 위한 통역시설과 컴퓨터 등 각종 첨단 장비 등도 보유하고 있어야 한다. 컨벤션호텔은 주로 단체 손님들을 유치하는데 컨벤션 참가자들은 일반 관광객보다 높은 지출성향

▸ Convention Hotel

을 보인다고 한다. 즉 컨벤션 참가자들은 객실뿐만 아니라 연회, 식음료, 쇼핑 등에도 소비를 한다. 이렇게 사업성이 좋아서 최근 국제회의는 국가 간 또는 지방정부 간에 국제회의 유치를 위한 경쟁이 뜨거워지고 있다. 최근 국내에서는 컨벤션 시설을 이용한 웨딩사업도 활발한 편이다.

4) 거주형호텔(Residential Hotel)

거주형호텔은 주로 장기적으로 체류할 손님을 대상으로 한다는 점에서 단기 체재 위주의 일반 호텔들과 성격이 다르다고 할 수 있다. 거주형호텔의 가장 큰 주안점은 자기 집처럼 편안한 분위기를 연출해서 손님이 오랫동안 머물 수 있도록 배려한다는 것이다. 거주형호텔의 객실구조는 스위트 객실(Suite Room)과 유사하여 침실, 거실, 주방 등이 독립적으로 구성된다. 객실에는 일반 호텔처럼 객실청소 서비스(Maid Service)가 제공되며, 일반 호텔보다 다양하지는 않지만 식음료 서비스와 룸서비스도 제공된다. 아파트형(Apartment) 호텔도 이 범주에 속한다고 할 수 있다.

▸ Residential Hotel의 내부

5) 모 텔(Motel)

▸ 모텔

모텔은 주로 자동차로 여행을 하는 손님을 대상으로 주요 도로주변에 위치하고 있는 숙박시설이다(즉 Motor + Hotel = Motel). 모텔은 특히 제2차 세계대전 후 미국 내에서 각 주를 연결하는 고속도로들이 개발되면서 급격히 증가하였다. 그러나 현재는 가격이 저렴한 숙박시설의 대명사로 알려지고 있으며 도처에 위치하고 있다. 대부분 주로 지대가 싼 일부 도심지역, 교외지역, 도로변에 위치하고 있다. 모텔의 주요 특징은 첫째, 객실요금이 호텔에 비해 현저히 낮다. 둘째, 호텔에 비해 현저히 낮은 저층 건축구조로 단순하다. 셋째, 등록절차가 간편하다. 넷째, 주로 셀프서비스(Self-service) 방식이기 때문에 호텔종사원과 접촉이 적은 편이다.

6) 유스호스텔(Youth Hostel)

▸ 유스호스텔의 내부

유스호스텔은 여행을 하는 청소년에게 여행을 장려하기 위해 저렴한 가격에 적절한 수준의 숙소를 제공하는 숙박시설이며 다른 호텔들과 달리 비영리목적이다. 유스호스텔은 1909년 독일에서 처음 시작되었으며 1932년 국제유스호스텔연맹이 암스테르담에서 결성되었다. 유스호스텔은 철저히 셀프서비스 방식에 의하여 운영되는데 식사 준비 및 식후 설거지, 객실에서 침구 준비, 정리 · 정돈, 청소 등은 스스로 해야 한다. 유스호스텔의 객실은 1~2인용보다는 다인용 형태가 일반적이다. 그리고 손님들은 체재기간 동안 유스호스텔의 규칙을 잘 따라야 한다. 주로 유적지 등 관광명소나 경치가 좋은 곳에 위치하며 일부 도심에 위치하기도 한다.

3. 입지(Location)에 의한 분류

1) 도심호텔(City Hotel)

주요 도시의 중심지에 위치한 호텔들을 지칭한다. 일반적으로 도심호텔은 비즈니스 활동이 활발한 금융중심지 또는 쇼핑중심가 같은 사람들이 많이 모이는 장소에 위치하고 있다. 그래서 자연히 이 호텔로 가기 위한 교통이 편리한 편이지만 주변 교통이 혼잡하게 되고 또 공해문제가 대두되게 된다. 도심호텔은 지가가 비싸 건설비용이 가장 비싼 건물이다. 그럼에도 불구하고 해당 도시에서 각종 연회·집회·회의·결혼·발표·전시 등을 위한 사교중심장소가 되고 있다. 도심호텔의 체류형태는 주중에는 숙박수요가 많아 바쁘지만(객실점유율 ↑) 주말에는 비교적 한가한 편이며(객실점유율 ↓), 비즈니스를 위해 여행하는 사람들이 주요 손님이다. 도심호텔은 비교적 고급호텔인 경우가 많다.

▸ Four Seasons Hotel & Shangri-La Hotel, Sydney

2) 교외호텔(Suburban Hotel)

이 호텔은 혼잡한 도심에서 벗어나 비교적 한가한 교외지역에 위치한다. 교외호텔은 전원 등 주위환경이 비교적 쾌적하고 주차시설 등이 편리하다. 특히 지가가 도심에 비해 현저히 낮아 건설비용이 훨씬 적게 소요된다는 장점을 가지고 있다. 그래서 객실가격에 민감한 절약형 여행자들이 주요 손님이다. 도심호텔에 비해 호텔 건물이 비교적 낮아 객실수도 작은 편이다. 고급호텔보다는 중저가호텔이 대부분이다.

▸ 교외호텔의 전형

3) 휴양지호텔(Resort Hotel)

이 호텔은 주로 유명하고 한적한 해변이나 산록에 위치한다. 바쁜 현대의 일상생활에서 벗어나 일탈을 위한 휴양과 여가 또는 행락활동을 즐기려는 여행객들이 주로 찾는 장소이다. 휴양지호텔이 위치한 지역은 여름 또는 겨울에 방문하기 좋은 기후조건을 갖추고 있거나 스키장 · 골프장 · 요트장 등 여가활동을 즐기는데 시설이 부족함이 없는 곳이 대부분이다. 휴양지호텔은 도심호텔에 비해 객실이 비교적 넓은 편이며 또한 손님들의 투숙기간도 긴 편이다. 그리고 도심호텔과 달리 주중보다는 주말에 방문하는 손님들이 더 많은 편이다. 또한 보통 휴양지호텔은 성수기와 비수기가 극명하게 나누어져 있다. 휴양지호텔은 가족단위 손님들이 많이 찾으며 최근에는 기업에서 보상휴가(Incentive Tour)로 오는 손님들이 점점 증가하고 있다. 고급호텔이 비교적 많은 편이다.

▸Royal Hawaiian & Sheraton Waikiki, Waikiki Beach, Hawaii

▸리조트호텔 내의 수영장

4) 공항호텔(Airport Hotel)

공항호텔은 주로 공항 근처에 위치하고 있다. 일반적으로 승무원과 조종사 등 항공사 직원들의 체류, 비행기 사정으로 출발 및 도착이 지연되어 불가피하게 공항 근처에서 숙박을 해야 하는 여행자들, 그리고 지리적으로 서로 멀리 떨어져 있는 비즈니스 여행자들이 편리하게 공항 근처에서 만나 회의·세미나 등을 위한 목적 등으로 숙박을 하고 있다. 보통 도심호텔에 비해 가격이 저렴한 편이다. 체류기간은 비교적 짧은 편이며 타 호텔에 비해 고급호텔과 중저가호텔이 골고루 존재하고 있다.

▸파리 샤를 드골공항에 위치한 Sheraton Hotel

4. 규모(Size)에 의한 분류

호텔의 규모 즉 객실의 수에 의한 분류는 딱히 권위를 갖는 방식이 아직은 존재하지 않고 있다. 미국에서도 여러 기관 또는 저자에 의해서 서로 다르게 호텔 규모를 정하고 있으며 세계 각국에서도 다양하게 적용되고 있다. 그래서 본서는 미국 등 타 국가의 사례와 국내 호텔산업의 현실을 종합하여 다음과 같이 분류하고자 한다(참고로 국내 법규에 의하면 일정 시설과 30실 이상의 객실을 갖추면 관광호텔로 인정이 된다).

- **소형호텔** : 30~99실(대다수 1급, 2급, 3급 호텔 등이 포함됨)
- **중형호텔** : 100~299실(대다수 중저가호텔 등이 포함됨)
- **대형호텔** : 300~999실(대다수 특급호텔 등이 포함됨)
- **초대형(Mega)호텔** : 1,000실 이상(서울 소공동 롯데호텔이 국내에서 유일함)

5. 소유권(Ownership) 및 제휴방식(Affiliation)에 의한 분류

호텔은 소유권과 제휴방식에 의해서도 분류할 수 있다. 독립경영호텔(Independent Hotel)은 다른 호텔과 아무런 제휴관계 없이 자력으로 영업활동을 영위하는 호텔을 말한다. 체인호텔은 체인본부가 각 분점호텔과의 제휴관계에 의하여 여러 가지 형태가 존재한다.

1) 독립경영 호텔(Independent Hotel)

독립경영 호텔은 소유권이나 경영제휴 등에서 다른 호텔들과 아무런 관계없이 영업활동하는 호텔을 말한다. 바꾸어 말하면, 독립경영 호텔은 정책, 업무절차, 마케팅, 재무적 의무 등에서 다른 호텔들과 아무런 관계없이 독립적으로 운영되는 호텔이다. 전통적인 독립경영호텔은 보통 가족단위에 의해서 소유 및 운영이 이루어지며 영업활동에서 어떤 다른 호텔기업의 정책이나 절차에 따르지 않고 자체적인 방식으로 운영된다. 또한 일부 독립경영호텔들은 개인 또는 공동

투자자에 의해 소유·운영되기도 한다.

독립경영 호텔의 고유한 장점은 자율권(Autonomy)의 확보이다. 가맹한 호텔 전체의 이미지에 얽매어 운영되는 체인호텔과 달리 특정 독립호텔이 원하고 또 영업을 잘할 수 있는 세분시장의 손님에게 적절한 서비스를 재량껏 제공할 수 있다. 또한 작은 조직의 특성에서 유래하는 독립경영 호텔의 유연성(Flexibility)은 수시로 변하는 시장상황에 신속하게 적응할 수 있는 장점이 있다. 그러나 반대로 독립경영 호텔은 광고·홍보의 한계, 경영 지원 불가, 제휴호텔의 컨설팅 지원 불가 등의 분야에서 약점을 보이고 있다. 특히 대량구매로 인한 비용절감 효과와 같은 체인호텔들이 누리고 있는 규모의 경제에서 오는 이점을 전혀 취할 수 없어 그 한계가 확연하게 나타나기도 한다.

2) 체인호텔(Chain Hotel)

체인호텔은 체인본부가 직접 호텔(들)을 소유해서 영업활동을 하거나 또는 제휴·계약관계에 있는 개인 또는 다른 기업이 소유한 호텔(들)로 영업활동을 수행하는 호텔전문기업을 말한다. 그래서 보통 체인호텔은 두 개 이상 다수의 호텔들을 관리하고 있으며 브랜드나 고유한 표준화 정책 등으로 체인만 고유한 정체성(Identity)을 확보하고자 한다. 현재 서구에서는 수천 개의 분점호텔들을 관리하고 있는 메가 체인호텔들도 속속 등장하고 있다. 체인본부는 제휴 또는 계약관계에 있는 분점호텔들에게 영업활동에 있어서 구체적인 최소의 표준, 규칙, 정책, 업무 절차 등을 제시하여 준수할 것을 요구한다.

중앙집권적 성향이 강한 체인본부는 분점호텔의 영업활동 등을 철저하게 통제하는 편이며, 반대로 자율성을 중시하는 체인본부는 분점호텔의 경영진의 창의적이고 자율적인 의사결정을 장려한다.

체인호텔 사이에서도 구조와 특성이 서로 다르게 나타나고 있다. 일부 체인호텔은 제휴 또는 계약관계에 있는 분점호텔에게 건축구조, 경영, 표준 운영 및 업무 등에서 강력한 통제를 유지하려고 한다. 그러나 다른 형태의 체인호텔은 광고, 마케팅, 구매 등 일부 분야에만 집중적인 관리체제를 유지하려고 한다. 그리고 일부 체인호텔은 단순한 기업구조를 유지하고 최소한의 가맹점 표준관리에만 집중하기 때문에 분점호텔에게 높은 수준의 경영지원은 제공하지 않는다.

현재 대부분의 체인호텔은 직접 소유하고 운영하는 호텔들을 제외하고는 보통 위탁경영계약(Management Contract), 프랜차이즈(Franchise), 리퍼럴 그룹(Referral Group) 등의 형태로 분점호텔들을 관리하고 있다. 이 분야에 대한 내용은 제8장에서 자세히 설명할 것이다.

독립경영호텔	체인호텔
• 개인, 가족, 동업자 소유호텔	• 체인소유호텔 • 위탁경영계약 • 프랜차이즈호텔 • 리퍼럴 그룹

6. 세분시장(객실요금)에 의한 분류

객실 가격(Room Rate)에 의해서 호텔을 분류하기도 한다. 미국의 세계적인 호텔리서치 및 컨설팅 기업인 Smith Travel Research에서는 객실요금에 의해 호텔을 Luxury, Upscale, Mid-Price, Economy, Budget 등의 5가지로 세분하고 있다.

그림 3-1 세분시장(가격)에 의한 호텔 분류

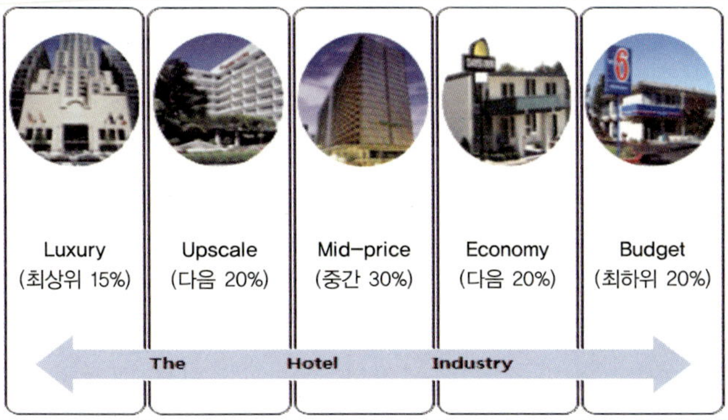

7. 「관광진흥법」에 의한 관광숙박업의 분류

현행 「관광진흥법」 제3조 제2항 2호에 의하면 관광숙박업을 크게 호텔업과 휴양콘도미니엄업으로 나누고, 호텔업은 다시 관광호텔업, 수상관광호텔업, 한국전통호텔업, 가족호텔업, 호스텔업 등으로 세분되고 있다(동법시행령 제2조 제1항 2호).

표 3-1 관광숙박업의 종류와 정의

호텔업	관광호텔업	관광객의 숙박에 적합한 시설을 갖추어 관광객에게 이용하게 하고 숙박에 딸린 음식 · 운동 · 오락 · 휴양 · 공연 또는 연수에 적합한 시설 등(이하 '부대시설'이라 한다)을 함께 갖추어 이를 관광객에게 이용하게 하는 업
	수상관광호텔업	수상에 구조물 또는 선박을 고정하거나 매어 놓고 관광객의 숙박에 적합한 시설을 갖추거나 부대시설을 함께 갖추어 관광객에게 이용하게 하는 업
	한국전통호텔업	한국전통의 건축물에 관광객의 숙박에 적합한 시설을 갖추거나 부대시설을 함께 갖추어 이를 관광객에게 이용하게 하는 업
	가족호텔업	가족단위 관광객의 숙박에 적합한 시설 및 취사도구를 갖추어 이를 관광객에게 이용하게 하거나 숙박에 딸린 음식 · 운동 · 휴양 또는 연수에 적합한 시설을 함께 갖추어 관광객에게 이용하게 하는 업
	호스텔업	배낭여행객 등 개별 관광객의 숙박에 적합한 시설로서 샤워장, 취사장 등의 편의시설과 외국인 및 내국인 관광객을 위한 문화 · 정보 교류시설 등을 함께 갖추어 이용하게 하는 업
휴양콘도미니엄		관광객의 숙박과 취사에 적합한 시설을 갖추어 이를 그 시설의 회원이나 공유자, 그 밖의 관광객에게 제공하거나 숙박에 딸리는 음식 · 운동 · 오락 · 휴양 · 공연 또는 연수에 적합한 시설 등을 함께 갖추어 이를 이용하게 하는 업

8. 등급(Level of Class)에 의한 분류

문화체육관광부장관(제주특별자치도는 도지사)은 관광숙박시설 이용자의 편의를 돕고, 관광숙박시설 및 서비스의 수준을 효율적으로 유지 · 관리하기 위하여 관광숙박업에 대한 등급을 정할 수 있는데(관광진흥법 제19조 및 동법시행령 제22조, "제주특별법" 제171조의2), 이러한 등급결정권은 일정한 요건을 갖춘 법인 중 문화체육관광부장관에게 등록한 법인에 위탁하도록 하고 있다(관광진흥법 제80조 3항 2조 및 동법시행령 제66조).

다만, 「제주특별자치도 설치 및 국제자유도시 조성을 위한 특별법」의 규정에 따라 제주특별자치도는 도지사가 호텔등급을 결정하고, 등급에 관한 필요사항은 도조례(道條例)로 정할 수 있도록 하였다.

표 3-2 **호텔업 등급평가기준**

평가내용	평가기준
1. 공용공간 및 서비스부문	**205점**
가. 호텔 안내 및 주차시설	20
① 호텔의 안내판 ② 보안시설 설치 및 관리 ③ 주차의 편리성	
나. 현관 및 로비	60
① 로비의 안락감 및 품위유지 상태 ② 로비의 면적 ③ 종사원의 복장 및 용모 ④ 현관 및 로비 종사원의 기능상태 ⑤ 고객 수화물 보관 서비스 ⑥ 화장실의 유지관리 상태	
다. 프론트데스크	75
① Information Reception 기능을 위한 적정 인력 확보 ② 환전서비스 여부 ③ 고객에 대한 서비스 기록관리 상태 ④ 프론트 근무자의 능력 및 근무자세 ⑤ 프론트 근무자의 서비스 상태 ⑥ 프론트 데스크의 컴플레인 응대 ⑦ 안전금고 설치 및 운영 ⑧ 호텔시설 인터넷 예약 서비스 ⑨ 문화행사 티켓 예약 서비스 ⑩ 교통시설 예약 서비스	
라. 복도 및 계단관리	15
① 복도 및 계단의 관리 및 청결상태 ② 복도 및 계단의 실내장식 및 분위기	
마. 종사원 교육	35
① 교육방법 ② 교육시스템 ③ 최근 2년간 유자격 호텔경영사 및 호텔관리사의 고용 상태	
2. 객실 및 욕실부문	**300점**
가. 객실 수 및 면적	
① 객실 수 ② 객실의 종류 ③ 객실의 면적 ④ 금연실 보유 여부	
나. 객실의 안락도 및 편의성	120
① 객실의 바닥, 벽 · 천장벽지의 관리 상태 ② 객실내 가구의 구비 및 관리상태 ③ 객실의 편의용품 비치 및 품질상태 ④ 침대 및 침구류 관리 상태 ⑤ 객실의 청결상태 ⑥ 객실의 냉 · 난방상태 ⑦ 객실의 방음상태 ⑧ 객실의 차양 상태 ⑨ 객실의 보안관리 상태 ⑩ 룸서비스 상태 ⑪ 객실내 비상시 안내지침서 구비 여부 ⑫ 객실내 TV 또는 안내물을 통해 호텔의 주요시설 및 주변 관광지에 대한 안내서비스 제공 여부	

⑬ 한국어을 포함한 3개 이상의 외국어로 안내 가능 여부 ⑭ 고객 모니터링 시스템	
다. 객실의 전기 · 통신 시설 ① 객실내 비상호출설비 ② 객실의 조명시설 상태 ③ 국제전화 사용 상태 ④ 객실내 인터넷 연결 상태 ⑤ 객실 내에 컴퓨터 제공 여부 ⑥ Night Table의 기능 ⑦ 객실내 화재감지기의 작동 및 관리상태 ⑧ 객실내 인명구조함, 완강기, 구조대 등의 작동 및 관리상태	50
라. 욕실 부문 ① 욕실의 면적 ② 욕실의 편의용품 비치 및 품질상태 ③ 욕실 가구(욕조, 세면대 등)의 품질 및 훼손정도 ④ 욕실의 청결상태 ⑤ 욕실의 환기 및 배수상태 ⑥ 욕실내 비데 설치 여부	60
3. 부대시설 부문	**195점**
가. 식당시설 및 관리 ① 식당 · 커피숍 설치 유무 ② 식당의 구조 및 품위 ③ 식당 종사원의 서비스 상태 ④ 식당 내부의 관리 및 청결상태 ⑤ 메뉴의 다양성 ⑥ 메뉴판의 외국어 표기 상태 ⑦ 특색있는 음식 제공 상태	80
나. 주방시설 및 관리 ① 주방의 업장에 대한 면적점유율 ② 주방에서 조리한 음식이 고객에게 전달되는 체계 ③ 조리법의 비치상태	20
다. 부대시설의 품위 및 서비스상태 ① 부대시설의 제공 및 수준 등 ② 편의시설의 분위기, 이용시설의 수준 등 ③ 종사원의 외국어 구사능력 ④ 경보설비(비상벨 등)의 유지관리상태	30
라. 국제회의시설 ① 국제회의(연회장) 가능 시설의 유무 ② 회의공간 내 음향 및 조명 상태 ③ 회의공간 내 편의시설 및 서비스 ④ 시청각 시설 ⑤ Function roomd의 능력	30
마. 비즈니스센터 설치 · 운영상태 ① 비즈니스센터 운영상태 ② 비즈니스센터내 지원시설의 비치 및 운영 · 관리상태 ③ 비즈니스센터 서비스 가능 시간	20
바. 장애인 이용시설 ① 호텔내 장애인 이용시설 가능 여부 ② 시각장애 등 각종 신체장애인이 혼자서 현관에서 객실(장애인 객실이 별도 설치되어 있을 경우에는 장애인 객실)까지 이동의 가능 여부	15

문화체육관광부장관으로부터 호텔업의 등급결정권을 위탁받기 위해서는 다음 각 호의 요건을 모두 갖춘 법인이어야 한다(관광진흥법 시행령 제66조 1항).

1. 비영리법인일 것
2. 관광숙박업의 육성과 서비스 개선 등에 관한 연구 및 계몽활동 등을 하는 법인일 것
3. 문화체육관광부령으로 정하는 기분, 즉 「호텔등급결정기관등록 및 등급결정에 관한 요령」에 맞는 자격을 가진 평가요원을 평가요소(서비스평가, 건축 · 설비 · 주차시설평가, 전기 · 통신시설평가, 소방 · 안전평가, 소비자 만족도평가)별로 10명 이상 확보하고 있을 것(동법시행규칙 제72조 참조)

호텔업의 등급결정기준은 다음의 별표 7과 같다(동법시행령 제22조 3항, 동법시행규칙 제25조 2항)

호텔업의 등급결정기준(시행규칙 제25조 제2항 관련 <별표 7>)

구분	특1등급	특2등급	1등급	2등급	3등급
결정기준 (만점기준)	90% 이상	80% 이상	70% 이상	60% 이상	50% 이상

주 : 각 등급별 평정기준은 「관광진흥법 시행규칙」 제25조 제3항에 따라 문화체육관광부장관이 고시한 호텔업의 등급결정을 위한 평정기준에 따른다.

등급결정을 하는 경우에 평가요소는 ① 서비스상태, ② 건축 · 설비 · 주차시설, ③ 전기 · 통신시설, ④ 소방 · 안전상태, ⑤ 소비자만족도 등이다(동법시행규칙 제25조 3항)

호텔산업이 잘 발달되어 있는 미국에서 등급평가는 철저히 민간에 의해 실시되고 있다. 평가기관들은 호텔등급의 명예와 권위를 지키기 위해 철저하게 심사 · 평가하는 전통을 잘 지켜오고 있다. 미국에서 제일 신뢰받는 호텔등급 평가는 다이아몬드(◇) 1~5개로 상징되는 AAA(전미자동차협회)와 별(☆) 1~5개로 상

징되는 모빌여행가이드(Mobil Travel Guide : 현 Forbes Travel Guide)이다. 유럽지역의 호텔등급은 주로 별로 상징되고 있다.

표 3-3 심사결과에 의한 호텔 등급

등 급	무궁화 수(색상)	점 수
특1등급	5개(금색)	90% 이상
특2등급	5개(녹색)	80% 이상
1등급	4개(녹색)	70% 이상
2등급	3개(녹색)	60% 이상
3등급	2개(녹색)	50% 이상

그림 3-2 특1등급 관광호텔의 상징

제2절 서비스기업으로서 호텔의 특성

일반 경영학에서 주된 연구대상으로 삼는 제조업은 대부분 유형적인 상품을 생산하며 수요를 예측하여 계획생산 등에 의하여 재고를 조절하며 중앙집중방식의 대량생산을 추구할 수 있다. 또한 생산시설을 자동화하여 생산성을 높이고 고용인원을 줄일 수 있으며, 표준화를 통하여 품질을 향상할 수 있다. 그러나 호텔을 포함한 서비스업은 이러한 제조업체의 일반적인 특성과 많이 다르다. 그래서 일반 경영학의 이론을 서비스 경영에 바로 이용할 수 없는 것이다. 호텔은 서비스산업을 대표하는 기업이다. 그래서 우리는 서비스산업의 중추적인 역할을 하는 기업으로서 호텔이 일반 제조업체와 비교했을 때 어떤 다른 점이 있는가를 주지하고 있어야 한다. 서비스기업으로서 호텔은 크게 태생적 특성, 상품적 특성, 경영적 특성 등으로 나누어 생각해 볼 수 있다.

1. 호텔 서비스의 태생적 특성

1) 무형성(Intangibility)

호텔 서비스는 물리적인 형태가 없다. 일반 상품과 달리 호텔 서비스는 객관적인 형태를 갖고 있지 않아서 만져보거나 볼 수 없기 때문에 서비스를 묘사, 측정, 표준화하기가 매우 어렵다. 서비스는 경험되어지는 것이기 때문에 손님들이 쉽게 가치와 특징을 판단할 수 없다. 또한 서비스는 소비자의 표준에 의해 판단이 된다. 무형성으로 인해 호텔 서비스는 자동화에 대한 한계가 존재하며 이는 인적 서비스의 의존도를 높게 한다.

2) 이질성(Heterogeneity)

같은 서비스라도 서비스를 제공받는(경험하는) 손님에 의해 각각 다르게 인식될 수 있다. 즉 호텔 서비스는 다양한 손님들에 의해 다양하게 인식된다는 점이다. 또한 호텔은 유형적인 상품과 무형적인 서비스가 동시에 손님에게 제공되기 때문에 매우 복잡하다. 또한 호텔 서비스는 손님과 종사원의 감정의 변화에 상당 부분이 의존되는 경우가 많다. 그래서 호텔은 서비스 품질에 대한 통제가 어려우며 서비스의 표준화가 쉽지 않다.

3) 비분리성(Inseparability)

일반적인 재화는 공급자의 생산 시점과 소비자의 소비 시점이 분리되고 또한 생산지와 소비지역이 분리되는 것이 보통이지만, 이와 달리 호텔 서비스는 생산과 소비가 동시에 같은 장소에서 발생하는 것이 일반적이며 고객이 직접적으로 생산과정에 참여하게 된다. 이런 특성으로 인해 호텔은 서비스를 미리 생산해서 저장해 놓을 수 없으며, 손님은 미리 호텔 서비스를 미리 탐색하거나 경험할 수 없다. 손님은 생산과정에 참여하면서 비로소 서비스를 제공 받고 경험할 수 있다. 제조업은 생산과정에 문제점이 있으면 판매전에 소비자가 모르는 상태에서 수리를 할 수 있지만 만약에 호텔에서 서비스 실패가 발생하면 손님 면전에서 바로 서비스 회복에 들어가야 한다. 이러한 특성 때문에 제조업처럼 중앙집중방식에 의한 대량생산이 불가능하다.

4) 소멸성(Perishability)

일반 상품은 판매하다 남으면 재고로 저장할 수 있지만 서비스는 생산과 소비가 동시에 이루어지기 때문에 재고로 저장이 불가능하다. 이처럼 저장이 불가능하기 때문에 같은 서비스 기업인 항공사나 레스토랑의 좌석처럼 호텔의 객실은 오늘 판매하지 못하면 영원히 판매가 불가능하다. 잃어버린 판매 기회들은 신속하게 축적이 되어 사업에 부정적인 영향을 미치게 된다.

2. 호텔 서비스의 상품적 특성

1) 부동성(Immobility)

출장연회(Catering) 등 일부를 제외하고 대부분의 호텔 서비스 상품은 이동이 불가능하기 때문에 손님이 직접 호텔을 방문해야 상품을 구매하여 소비할 수 있다. 또한 한번 정해진 호텔 입지는 후에 다시 번복할 수 없다.

2) 계절성(Seasonality)

호텔 상품은 비교적 성수기와 비수기의 구별이 뚜렷한 편이다. 성수기에는 때로 객실이 부족하지만 미리 생산이 불가능하여 보유 객실 수량 이상으로 판매가 불가능하며, 반면에 비수기에는 판매하지 못한 객실 상품을 저장할 수 없다. 그래서 호텔은 성수기에 1년분 판매의 상당 부분을 성수기에 수행하게 된다.

3) 탄력성(Elasticity)

호텔의 객실은 처음 건립되면서 상품의 수량이 고정되기 때문에 제조업체처럼 수요예측을 한 후에 미리 상품을 생산해서 저장해 두었다가 수요의 변동에 따라 융통성 있게 상품공급이 이루어질 수 없다는 비탄력적인 한계를 가지고 있다.

4) 환경성(External Environment)

호텔 상품과 서비스의 판매는 정치 · 경제 · 사회 환경 등 외부환경의 변화에 매우 민감하게 반응한다. 일례로 국내 관광호텔들은 환율의 영향에 의해 천당과 지옥을 오간다고 할 수 있다. 9 · 11이나 SARS 같은 사건이 발생할 때도 매우 민감하게 반응한다.

5) 입지성(Location)

호텔 상품은 대표적인 입지상품이다. 전통적으로 호텔산업에서 성공하기 위해 가장 중요한 것은 '첫째도, 둘째도, 셋째도 입지다'라는 것이 지금도 회자되고 있듯이 입지선정은 매우 중요하다.

6) 반복성(Repetitiveness)

호텔에서 객실 또는 식음료 상품의 판매를 위한 준비과정은 매일 반복되고 있다. 이런 일상적인 업무절차(Routine 또는 Operating Procedure)는 표준화를 통해 효율을 향상하고 있다. 그러나 최근 손님들은 전통적으로 제공되는 표준화된 상품보다는 개개인의 개별적 욕구를 충족시켜줄 수 있는 창의적인 상품과 서비스를 원하는 경향이 점점 확대되고 있다.

3. 호텔 서비스의 경영적 특성

1) 고정자산에 대한 의존성

호텔은 고정자산에 대한 의존성이 매우 높은 특성을 지니고 있다. 호텔은 자본금의 70~80%가 건물 · 토지 · 비품 · 시설 · 집기 등과 같은 고정자산에 집중되어 있다. 한국은행 통계에 의하면 고정자산 의존성에 대한 제조업의 평균은 63.8%

이지만 호텔은 87.2%로 훨씬 높은 구조를 보이고 있다.

2) 초기 투자의 과다

호텔에 대한 투자는 초기에 집중되는 특징이 있다. 영업도 개시하기 전에 총 투자금의 대부분이 토지(평균 약 30%), 건물(평균 약 50%), 기타 가구 및 설비 등에 투하되고 있다. 이러한 초기 투자가 반드시 선행이 되어야만 호텔은 비로소 영업을 시작할 수 있다.

3) 과다한 고정비의 지출

호텔기업은 일반 기업에 비해 인건비, 각종 시설관리유지비, 감가상각비, 급식비, 세금 및 수선비, 로열티 등 고정경비에 대한 지출이 매우 높아 수익성 제고에 악영향을 미치고 있다. 특히 인건비 비중이 매출대비 40%를 넘나들고 있다는 국내의 호텔산업이 처한 상황에서는 이윤 추구는 점점 요원한 길이 되고 있다.

4) 낮은 자본회전율

호텔기업은 투하된 자본에 비해 상대적으로 매출액이 적어 자본회전율이 낮은 편이다. 호텔은 토지와 건물 등 고정자산에 대한 투자가 초기에 집중된다. 그럼에도 불구하고 호텔은 투자회수 기간이 보통 10년 이상 장기적이어서 자본의 회전속도는 무척 느린 편이다. 초기에 집중 투자된 자본을 빨리 회수하는 방법은 무엇보다도 먼저 초기 투자가 집중되고 고정경비가 많이 발생하는 객실상품의 판매를 극대화하는 것이다. 2006년 한국은행통계에 의하면 총자본회전율이 도소매업과 제조업의 평균이 각각 1.63과 1.17이지만 호텔은 0.30에 불과한 상황이다.

5) 인적 서비스에 대한 의존성

호텔은 노동집약산업적인 성격이 강하므로 인적 서비스에 대한 의존도가 매우 크다. 손님들은 유형적 상품인 시설보다는 무형적인 인적 서비스에 의해 만족도가 결정되는 경향이 커지고 있다. 질 좋은 서비스를 일관적으로 바라는 손님에 대한 서비스를 향상하려면 종사원의 수를 증가해야만 한다. 그러므로 인건비에 대한 과다한 지출은 호텔산업 전체의 만성적인 수익성 악화에 지대한 영향을 미치고 있다.

6) 시설의 조기 노후화

호텔 건물과 실내장식이나 가구 등은 시대의 유행에 따라가야 시설의 진부화를 막을 수 있다. 불특정다수의 손님들이 호텔의 시설들을 1년 365일 계속해서 이용하기 때문에 진부화가 빠른 편이다. 그리고 손님들의 변화하는 욕구에 맞춰서 각종 시설들을 개선해야 한다.

7) 연중무휴 영업체제

같은 서비스 기업인 항공사, 백화점, 레스토랑들과 달리 호텔은 전통적으로 1일 24시간, 1년 365일 연중무휴의 영업체제를 유지하고 있다. 이러한 특성은 판매기회가 많다는 장점도 있지만, 직원들의 사기와 시설 노후화에 악영향을 미치고 있다.

8) 기본(Basics)의 중요성

일반적으로 대부분 손님들은 숙박장소의 선택에 관한 의사결정을 할 때 해당 호텔의 객실과 기타 여러 물리적 속성만을 고려 대상으로 삼지 않는다. 손님들은 호텔의 안전과 청결을 매우 중요하게 생각한다. 또한 규모, 유지보수 상태, 가구 등 후보 호텔의 물리적인 면과 더불어 호텔종사원들의 친절도도 매우 중요하게 생각한다. 이렇게 측정이 곤란한 무형적인 면도 차후 재구매 결정 또는 사후평가에 매우 중요한 척도가 된다.

제3절 호텔의 조직구조

조직의 목적을 달성하기 위해 인적 및 물적 자원을 구조화하는 과정인 조직(Organizing)은 과업(Task)을 여러 직무(Job)로 구분하고, 각 직무를 적절한 부서(Departments)로 구체화하며, 각 부서별로 적정한 수의 직무를 결정하고, 부서 내 및 부서 간에 권위를 위임하는 행위를 포함하고 있다. 현재 호텔경영자에게 가장 중요한 도전과제 중의 하나는 외부환경의 변화에 잘 적응하는 유연한 조직구조(Flexible Organizational Structure)를 구축하는 것이다. 그러나 무엇보다도 중요한 것은 가장 바람직한 조직구조는 조직의 목적(Goal)을 달성하는 데 기여해야 한다는 것이다.

1. 호텔의 조직구조

호텔시설의 규모가 커질수록 호텔경영자는 효율적으로 조직의 활동(들)을 조정하고 통제하기 위해 특정 직무들을 집단으로 구분해야 하는 문제에 당면하게 된다. 이런 직무 집단화 과정의 산출물을 보통 부서라고 한다. 일반적으로 호텔의 부서들은 크게 프런트 데스크처럼 손님과 직접 접촉하는 직무를 주로 담당하는 현관부서(Front of the House)와 회계부서처럼 손님과의 접촉이 거의 없는 직무를 담당하는 지원부서(Back of the House)로 구분이 된다. 그러나 호텔부서는 객실, 식음료, 마케팅, 회계, 인적자원 등 각 기능별로 부서를 구분하는 것이 가장 보편화된 방식이다.

아주 작은 규모로 영업을 하는 숙박시설에서는 주인이 각 부서들을 관장할 수 있다. 그러나 사업이 잘돼서 규모가 커지면서 부서 내에 관리직을 만들어 운영하는 것이 가장 효과적인 방법일 것이다. 실제 호텔 내 각 부서의 업무에 대한 이해를 돕기 위하여 서울에 위치하고 있는 특1등급 'R'호텔의 인터넷 홈페이지에 소개된 실제 각 부서별 업무의 예를 들겠다.

1) 객실부서(Rooms Division)

일반적으로 객실부서에는 예약실, 프런트 오피스, 하우스키핑, 전화교환실 등이 포함된다. 객실부서의 주요 업무에는 손님을 위한 상품판매 촉진 및 안내, 고객관계관리(CRM), 객실예약, 손님 안내 및 접객, 객실배정, 객실상태 추적, 우편물 및 전화 메시지의 신속한 전달, 보안 및 안전, 객실과 로비 등의 청소, 타 부서와의 업무조정 및 협동기능 등이 있다. 이와 같은 복잡한 업무를 효율적 · 효과적으로 수행하기 위해 객실부서는 프런트 데스크, 컨시어지, 당직지배인, GRO, 비즈니스 센터, 레크리에이션센터, 객실관리, 세탁 등의 보다 세분화된 하부구조로 나누어 운영되고 있다. 상호의존도가 높은 객실의 각 부서는 손님의 만족한 체류경험을 이끌어내고 또한 업무의 효율성을 극대화하기 위해 항상 의사소통과 업무협조에 유의해야 한다.

■ 프런트 데스크(Front Desk)

손님을 맞이하고 등록하고 객실을 배정하고 체크아웃 등 호텔에서 가장 중추적인 역할을 행하는 핵심부서이다.

- **리셉션기능** : 손님 체크인, 안내 및 접객, 손님의 우편물 및 메시지 관리, 객실 카드키 시스템, 일일 객실판매현황 보고서 작성 등을 담당한다.
- **캐셔 데스크** : 손님 체크아웃, 투숙객의 요금 계산 및 수납 업무, 환전 서비스, 귀중품 보관 등을 담당한다.

■ 유니폼 서비스(Uniformed Service)

벨 데스크(Bell Desk)라고도 한다. 이 부서에 종사하는 종사원에는 벨맨(Bellman), 도어맨(Doorman), 주차요원(Valet Parking Attendant), 컨시어지 등이 있다.

- **컨시어지(Concierge)** : 현관 손님영접, 시내시설 안내, 차량호출, Valet Parking 서비스, 손님수하물 관리, 소포 발송, 수하물보관, 유모차, 휠체어 무료대여, 셔틀버스 운행관리 등을 담당한다.

■ **당직지배인(Duty Manager)**

손님들을 위해 24시간 대기하고 VIP 보좌 및 고객들의 불평을 처리하며 비상시 연락 및 위급 상황시 병원에 연락한다. 야간 및 공휴일 업무순찰 및 일일 일반상황을 보고한다.

■ **GRO(Guest Relations Officer)**

클럽라운지를 운영하고 클럽층 손님을 위해 Express 체크인과 체크아웃, 비서/통역 업무를 하며, 로비의 당직지배인과 함께 손님에게 필요한 정보/서비스를 제공한다. 또한 VIP를 영접 및 보좌하며 항공예약 및 관광안내를 하며 고객자료를 관리한다.

■ **비즈니스 센터(Business Center)**

비즈니스손님을 위해 개인비서 업무 등 전문적인 도움을 제공하는 사무실 역할을 하며 팩시밀리, 인터넷, 복사기, OHP, 컴퓨터, 계산기, 레이저 빔 프로젝터 등의 사무기기를 구비하고 있으며 임대도 가능하다. 또한 통역, 번역, 타이핑, 명함 제작, 회의실 임대, 서류 신속운송 서비스 등 각종 업무를 수행한다.

■ **전화교환실(Communication)**

호텔의 모든 전화를 연결하거나 안내하며 Wake-Up Call 서비스를 제공한다. 비상시 모든 연락을 취하며 객실마사지 서비스 연락, 세계시간, 날씨 및 기온, 연회 등 정보안내, 전보 및 수신자 요금부담 전화대행 서비스, 비상사태 시 안내방송 및 관련부서에 연락 등을 담당한다.

■ **레크리에이션 센터**

손님들의 체류기간 동안 건강증진을 위해 체련기구를 갖춘 체련장 이외에 실내 골프연습장, 테니스장, 스쿼시코트, 에어로빅, 남 · 여 사우나, 실내수영장 등의 시설을 제공한다.

■ **객실관리부(Housekeeping)**

객실 및 재실 청소, 로비 등 공공장소 청소, Turn Down Service, Master Key관리, 전 업장의 청소 및 관리를 하며 아기보기 서비스(기본 2시간), 객실손님에게 구두 닦기 무료 서비스, 분실물 및 습득물 접수 및 처리, 리넨과 직원 유니폼 관리, 꽃 장식 및 모든 식물관리 등을 담당한다.

■ **세탁실(Laundry)**

물세탁 및 드라이클리닝, 다림질 서비스, 1시간 내에 완성되는 Express서비스, 3시간 내에 완성되는 서비스 등을 제공한다.

2) 식음료부서(F&B Division)

식음료부서의 핵심기능은 손님에게 식사와 음료를 제공하는 것이다. 특히 국내 특급호텔처럼 일개 호텔에서 다수의 식음료 업장을 동시에 운영하는 것은 인적 및 물적으로 상당히 복잡한 구조를 띠게 된다. 보통 식음료부서는 다수의 영업장(한식당, 일식당, 중식당, 이태리식당 등)과 연회 판촉. 예약 및 조리부, F&B Art Room 등으로 구성되어 있다. 조리부와 각 영업장에 있는 주방 외에 아래와 같은 주방에서 음식을 만들어 각 업장에 제공한다.

- Production : 찬 음식과 더운 음식을 준비해서 각 업장으로 배분한다. 연회행사 음식을 담당하고 기본 소스와 드레싱을 만들어 낸다.
- Bakery & Pastry : 빵과 각종 후식류 및 델리카테슨에서 판매하는 케이크, 초콜릿 등을 생산한다.
- Butchery : 각 업장에서 판매하는 육류, 생선 등을 정량으로 생산해서 진공포장한 후 각 업장에 제공하고 소시지와 훈제연어를 생산한다.
- Steward : 모든 식음료에 관련된 기물을 유지 · 관리하고 조리장 내 청결을 담당한다.
- F&B Art Room : 얼음조각 및 각종 행사의 장식물을 담당한다.

3) 안전관리부(Security)

호텔 내의 안전과 보안이 잘 유지되지 않으면 호텔은 큰 재산상의 피해를 볼 수 있다. 손님들을 위해 항상 안전한 장소로 유지되어야 하며 외부 침입자 등으로 보호되고 기타 도난사고 등 범죄가 발생하지 않도록 사전에 예방해야 한다. 안전관리부서는 호텔 내 보안, 안전, 소방, 경비 기능을 담당한다. 직원 타임펀치 관리, 보안을 위한 소지품 검사, 사규위반자 적발 및 계도, 주차관리, 직장예비군 및 민방위, 산업재해 처리, 사외우편물 수발을 담당한다.

4) 시설관리부(Engineering)

시설관리부서의 고유 업무는 호텔이 운영되기 위해 가장 기본적인 전기설비, 급수 설비, 배수설비, 급배기설비, 방재설비 등을 운영 · 관리하며 그에 따른 예산관리, 요금 계산 및 분석한다. 영업장 및 객실영업지원으로 지하 2층에서 보일러실, 냉동기실, 변전실, 정전대비 비상 발전설비, 온도제어시설을 관리 운영하고 3층 방재실은 회사의 전화와 전력 감시, 도시가스 감시, 엘리베이터 감시, Pay TV 방송설비, 방재시설인 자탐설비를 운영함으로써 호텔 건물에서 발생하는 모든 시설물과 시스템의 작동 상태를 24시간 감시하며 유사시 즉각 대처한다. 4층 방송실은 각종 연회의 조명 · 음향을 지원하고 각 업장의 PA시스템을 관리한다. 또한 별관 주차장 지하 2층에는 목공실과 페인트실이 위치하고 있으며 호텔 전체의 내 · 외장 인테리어를 보수 · 관리한다.

5) 마케팅 · 판촉부

마케팅부서의 핵심 역할은 호텔의 객실, 시설, 서비스를 개인 또는 단체 손님에게 판매하는 것이다.

- **영업 · 판촉** : 호텔의 영업활동이 효율적으로 이루어지도록 기획 · 실행하고 영업전략을 수립 및 분석하는 부서이다. 또한 직 · 간접적인 판촉 활동을 통하여 객실 및 식음료 상품 판매를 극대화하고 기존 거래처를 관리하고 신규거래 고객을 창출한다.
- **객실예약** : 일, 월별 객실 수요예측에 따라 객실수입을 극대화할 수 있도록 예약을 조정하고 그 상황을 수시로 점검 · 확인하여 예약의 취소, 변경 등의 변동 상황을 항상 확실하게 유지 · 관리한다. 또한 예약 취소 등의 원인을 지속적으로 분석하여 이에 대처할 수 있도록 경영진에 보고한다.
- **홍보부** : 호텔의 이미지관리 및 판촉 · 영업을 지원하는 부서로 광고, 홍보, 이벤트업무를 기획하고 이를 수행하기 위하여 호텔 판촉, 시설물 장식, 각종 안내판 및 외부 표지판이 호텔 수준에 맞게 제작될 수 있도록 조성한다.

6) 인적자원부(Human Resources)

인적자원부서의 기능은 직원의 채용, 직원의 복리후생, 직원의 교육 · 훈련 등 세 가지로 나누어진다.

- **인사 · 총무부** : 직원 채용 및 면접, 고충 처리, 의무실, 의료 보험, 남 · 여 라커룸, 남 · 여 휴게실, 수면실 관리 등 직원복지 및 인사행정을 관리한다.
- **교육부** : 신입사원 오리엔테이션 교육, 어학교육, 해외연수, 팀워크교육 등 직능별 교육을 실시하고 본사와 협의하여 관리자를 위한 본사 핵심프로그램을 실시한다. 또한 교육에 관한 제반 사항을 관리하며 서비스팀을 운영한다.

7) 회계부

국내에서는 보통 재경부라고 호칭되고 있다. 일반적으로 회계부서는 호텔이 손님과의 상거래에서 발생하는 모든 재무적 거래의 기록하고 재무제표를 작성한다. 또한 비용을 통제하는데 필요한 기초 자료를 준비하며 전산실을 운영 · 통제한다.

- **재무회계** : 호텔의 예산작성, 운영자금 관리 및 지출, 급여, 세무 등 재무행정을 수행하며 매월 결산을 통하여 회사의 재무상태 및 영업성과를 측정하고 비교 · 분석하여 유용하고 적정한 재무정보를 제공한다.
- **영업회계** : 호텔에서 발생하는 객실 및 식음료 등 모든 매출이 정확하게 수취되고 기록되었는지 심사하여 영업일보를 작성하고 현금, 크레디트카드사별 대금청구와 회수, 국내외 여행사의 후불 등 계산 내역을 정리 · 기록한다.
- **여신관리** : 투숙객 미수금 관리 및 크레디트카드사별 대금청구와 회수, 국내외 여행사의 후불관리 등 외상거래 매출대금의 효율적 회수를 위한 여신관리를 담당한다.
- **원가관리** : 호텔로 반입되는 모든 물품의 검수관리, 식음료 및 기타 자재의 발주와 지급 등 자재관리, 주방, 주장 간 원재료 이동 심사 및 원재료 재고조사, 실제원가 및 표준원가의 산출 등 원가관리를 수행하고 원가일보를 작성하여 원가정보를 제공한다.
- **구매관리** : 구매품의서 및 구매발주서를 통하여 국내외 식음료자재 및 일반자재 등 호텔운영에 필요한 모든 물자를 구입하여 호텔영업이 원활히 이루어지도록 한다.
- **전산실** : 호텔의 모든 컴퓨터 경영정보시스템의 유지 및 프로그램 개발 업무를 수행한다.

8) 중역실(Executive Office)

총지배인실, 부총지배인실, 비서실로 구성되어 있으며 총지배인(General Manager : GM)은 호텔 경영에 대한 전반적인 책임을 지며 가장 효율적이고 효과적인 서비스를 생산 · 유지하는 데 필요한 결정을 내릴 수 있는 권한을 갖고 있다. 한편, 부총지배인(Resident Manager)은 총지배인을 도와 이 모든 업무를 수행하며 총지배인의 부재 시 업무를 대행한다.

그림 3-3 **호텔 전체 조직도**

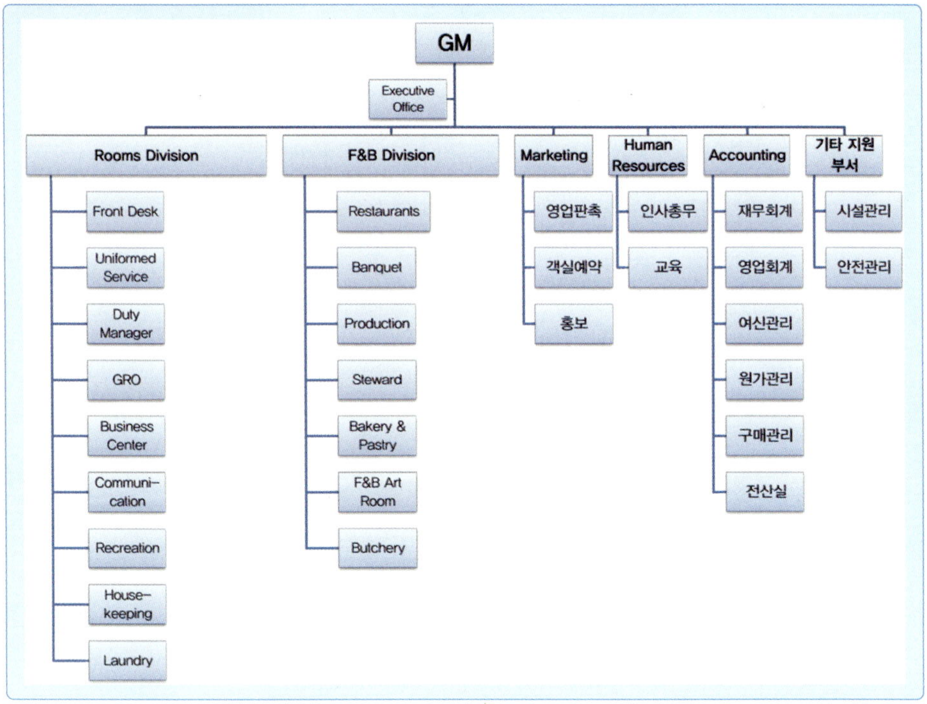

2. 호텔 조직구조의 유형

1) 고객접촉에 따른 호텔조직도

호텔 조직은 크게 손님들과 직접 접촉하며 서비스를 제공하는 조직과 직접적인 접촉 없이 고유 직무를 수행하는 조직으로 구분될 수 있다.

그림 3-4 고객접촉에 따른 호텔조직도

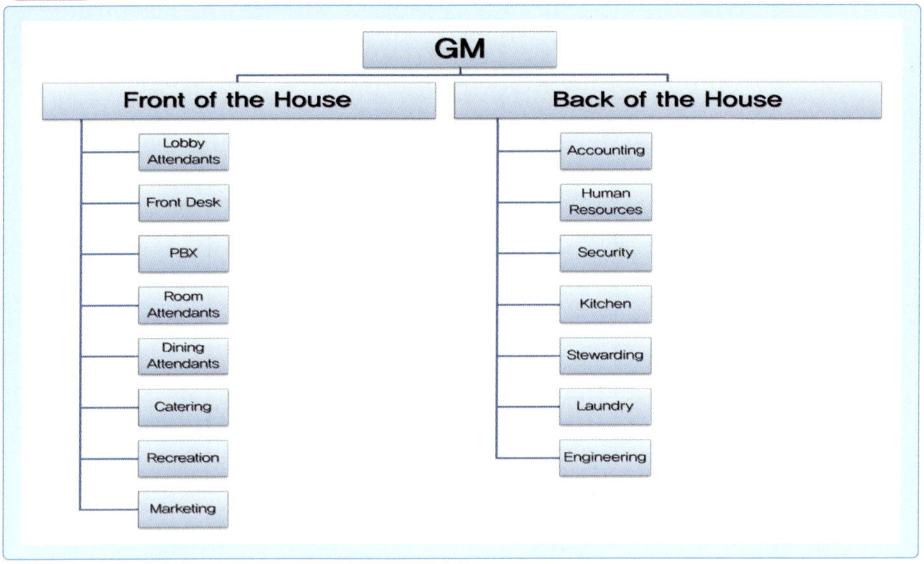

2) 매출 및 비용에 따른 호텔조직도

또한 호텔은 크게 업무활동을 통하여 수입(Revenue)을 창출하는 부서와 업무활동을 통해 수입은 창출하지 못하고 비용(Cost)만 발생하는 부서로 구분된다.

그림 3-5 매출 및 비용에 따른 호텔조직도

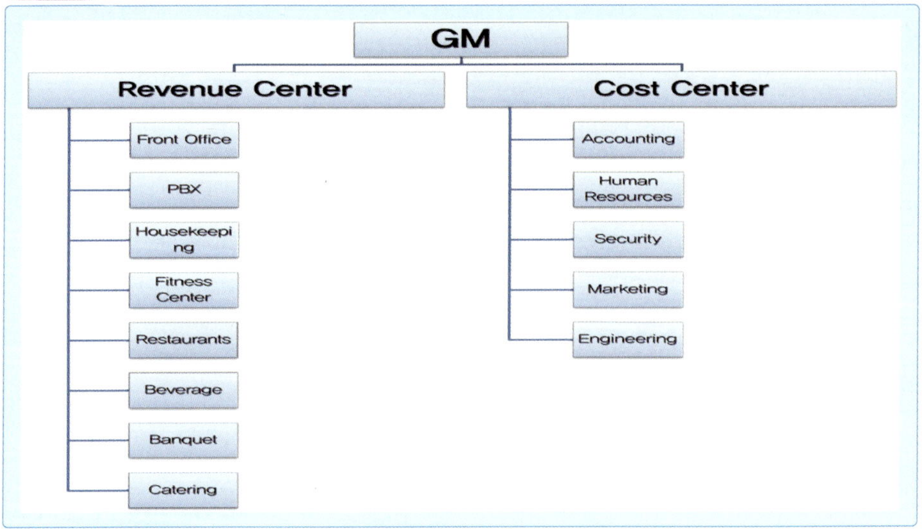

3) 소규모 호텔의 조직도

〈그림 3-6〉은 국내에서 중소규모 호텔의 전형적인 조직도를 보여주고 있다.

그림 3-6 중소규모 호텔의 조직도

4) 실제 특1등급호텔 조직도의 예

다음은 실제 서울과 부산에 위치하고 있는 특1등급호텔들의 실제 조직도를 보여주고 있다. 이를 들여다보면 국내 특1등급호텔들은 호텔고유의 사업 외에 외식과 면세품 등 여러 사업분야로 기업구조가 다각화되어 있는 것을 알 수 있다.

그림 3-7 서울시내 특1등급호텔의 조직도

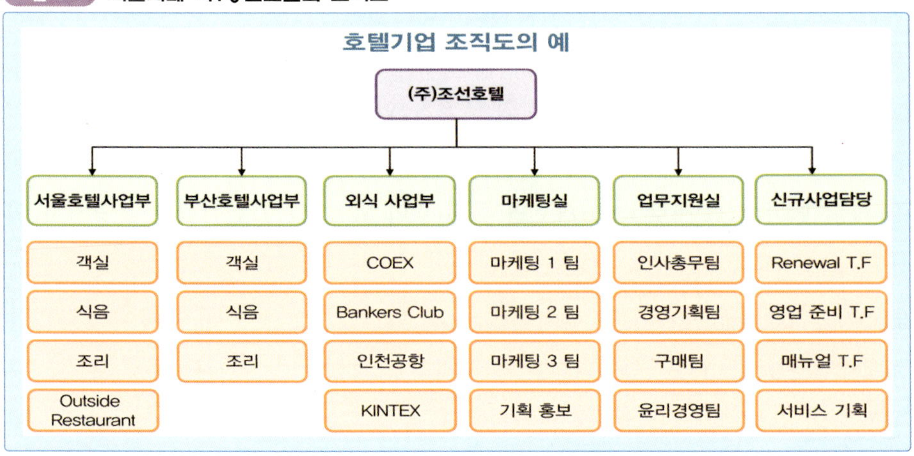

그림 3-8 부산시내 모 특1등급호텔의 조직도

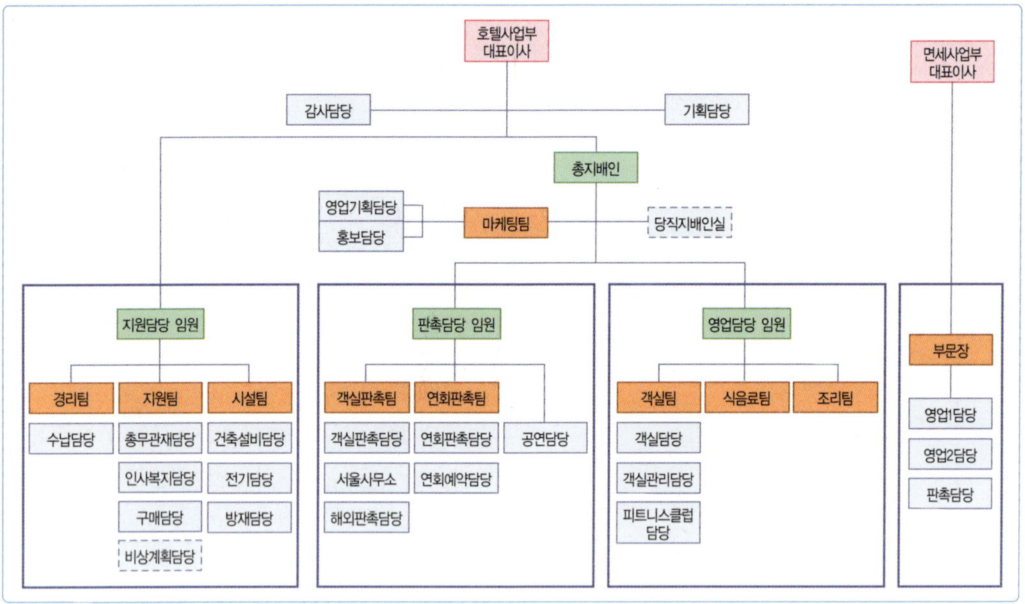

제4절 호텔산업의 현황

현재 지구촌에는 수많은 크고 작은 호텔들이 존재하고 있다. 세계 곳곳에서 독립적으로 영업하는 호텔들도 많고 체인호텔처럼 여러 개의 호텔을 집단으로 경영하는 호텔들도 있다. 특히 메가 체인호텔들은 세계 도처에 수천 개의 분점 호텔과 수십만 실의 객실을 운영하고 있다.

미국의 유명 호텔산업 전문잡지인 HOTELS에 의하면 2008년 12월말 시점에서 영업객실 수를 기준으로 했을 때 세계 최대의 체인호텔은 영국의 IHG(InterContinental Hotels Group)로 4,186개소의 호텔에 약 619, 851실의 객실을 운영하고 있다. IHG의 대표 브랜드는 InterContinental Hotel과 Holiday Inn이다. 특히 Holiday Inn은 Holiday Inn Express와 합하면 단일 호텔브랜드로는 세계 최대이다. 2위는 미국의 Wyndham Hotel Group으로 7,043개소의 호텔에 약 592,880실의 객실로 영업활동을 수행하고 있으며 대표 브랜드는 Days Inn과 Wyndham Hoter이다. 3위는 미국의 Marriott International로 3,178개소의 분점호텔과 약 560,681개의 객실을 운영하고 있다. 대표 브랜드는 Marriott, Ritz-Carlton, Courtyard 등이 있다. 이외에도 세계 10대 체인호텔에는 Hilton Hotels Corporation, Accor, Choice Hotels International, Best Western International, Starwood Hotels and Resorts, Carlson Hotels International, Global Hyatt Corporation 등이 있다. 흥미로운 것은 IHG와 Accor를 제외하고는 모두 미국 호텔체인이라는 점이다. 그리고 아시아 체인호텔로는 중국의 Jin Jiang(錦江) International Hotels가 세계 13위 호텔기업으로 465개소의 호텔과 80,164실의 객실을 운영하고 있다. 한편, 이웃나라 일본의 최대 호텔기업은 Prince Hotels로서 61개소에 약 22,416개의 객실을 운영하고 있다.

표 3-4 세계 Top 20 체인호텔

(2008. 12. 31 기준)

순 위	호텔명	국 적	객실수	호텔수	보유 브랜드
1	IHG(InterContinental Hotels Group)	영국	619,851	4,186	InterContinental, Holiday Inn, Crowns Plaza, Candlewood, Staybridge Suites, Forum Hotel 등
2	Wyndham Hotel Group	미국	592,880	7,043	Wyndham, Days Inn, Howard Johnson, Travelodge, Ramada Inn 등
3	Marriott International	미국	560,681	3,178	Marriott, Ritz-Carlton, Renaissance, Courtyard, Fairfield Inn, Residence Inn, Ramada Hotel 등
4	Hilton Hotels Corporation	미국	545,725	3,265	Hilton, Conrad, Doubletree, Embassy Suites, Hampton Inn, Homewood 등
5	Accor	프랑스	478,975	3,982	Sofitel, Novotel, Mercure, Ibis, Formule 1, Motel 6, Red Roof Inns 등
6	Choice Hotels International	미국	472,526	5,827	Clarion, Comfort Inn, Econo Lodge, Quality Inn, Sleep Inn, MainStay Suites 등
7	Best Western International	미국	305,000	4,000	Best Western
8	Starwood Hotels & Resorts	미국	284,800	942	Sheraton, Westin, W. St. Regis, Four Points, Luxury Collection 등
9	Carlson Hotels Worldwide	미국	151,077	1,013	Radisson, Country Inns, Park Inns, Regent Int'l 등
10	Global Hyatt Corporation	미국	114,332	375	Park Hyatt, Grand Hyatt, Hyatt Regency 등

순 위	호텔명	국 적	객실수	호텔수	보유 브랜드
11	Westmont Hospitality Group	미국	106,097	689	없음
12	TUI AG/TUI Hotels & Resorts	독일	83,728	297	Riu, Grecotel, Grupotel, Iberotel, Dorfhotel, Robinson, Magic Life 등
13	Jin Jiang International Hotels	중국	80,164	465	Jin Jiang Hotel, Jin Jiang Inn 등
14	Golden Tulip Hospitality Group	네덜란드	76,779	788	Royal Tulip Hotels, Golden Tulip Hotels, Tulip Inn 등
15	The Rezidor Hotel Group	벨기에	76,740	361	Radisson Blu, Park Inn, Regent, Country Inn, Hotel Missoni 등
16	Extended Stay Hotels	미국	76,384	686	Extended Stay, Homestead, Crossland, Studio Plus 등
17	Sol Melia SA	스페인	76,335	304	Sol Melia, Gran Melia, Melia, Innside 등
18	LQ Management LLC	미국	75,832	721	La Quinta Inns, La Quinta Inns & Suites 등
19	Groupe de Louvre	프랑스	61,077	856	Hotel de Crillon, Concorde Hotels & Resorts, Kyriad 등
20	Vantage Hospitality Group	미국	60,354	845	Americas Best Value Inn, Lexington Collection, Canadas Best Value Inn 등

(출처 : Hotels)

한편, 세계 최대의 단일브랜드는 미국의 Best Western으로 전 세계에 약 305,000개의 객실로 영업 중에 있다. 2위는 영국의 Holiday Inn Hotels & Resorts이다. 하지만 Holiday Inn Express를 합하면 최대의 단일 브랜드는 Holiday Inn이라고 할 수 있다. 단일브랜드 3위는 미국의 Marriott Hotels & Resorts가 차지하고 있다.

표 3-5 **세계 Top 20 호텔 브랜드**

(2008. 12. 31 기준)

순위	브랜드명	객실수	순위	브랜드명	객실수
1	Best Western	305,000	11	Quality Inn	123,042
2	Holiday Inn Hotels & Resorts	249,691	12	Courtyard by Marriott	117,258
3	Marriott Hotels & Resorts	193,230	13	Ramada	114,986
4	Hilton	185,540	14	Motel 6	95,753
5	Holiday Inn Express	173,794	15	Ibis	94,742
6	Hampton Inn	159,689	16	Crowne Plaza Hotels	93,382
7	Comfort Inn	153,019	17	Radisson Hotels & Resorts	89,314
8	Days Inn	152,971	18	Mercure	85,969
9	Sheraton Hotels & Resorts	143,278	19	Novotel	71,456
10	Super 8	130,920	20	Residence Inn by Marriott	68,917

(출처 : Hotels)

세계 최대의 프랜차이즈 호텔기업은 미국의 Wyndham Hotel Group으로서 총 7,016개소의 호텔을 가맹점으로 두고 있다. 2위는 미국의 Choice Hotels International이며 3위는 영국의 IHG이다.

표 3-6 **세계 Top 10 호텔 프랜차이즈**

(2008. 12. 31 기준)

호텔명	총 호텔수	프랜차이즈 호텔수
Wyndham Hotel Group	7,043	7,016
Choice Hotels International	5,827	5,827
InterContinental Hotels Group(IHG)	4,186	3,585
Hilton Hotels Corporation	3,265	2,774
Marriott International	2,999	2,079
Accor	3,982	1,129
Vantage Hospitality Group	845	845
Carlson Hotels Worldwide	1,013	840
Starwood Hotels & Resorts Worldwide	942	437
LQ Management LLC	337	337

(출처 : Hotels)

한편, 국내 최대의 호텔기업은 롯데호텔로서 5개의 호텔과 약 3,499개의 객실을 보유하고 있다. HOTEL의 세계 순위에는 롯데호텔이 233위로 나타나 있다. 롯데호텔은 이후 서울 마포에 City Hotel을 개점하였고 2010년 모스크바에 개관을 앞두고 있어 규모가 더욱 커질 전망이다. 국내 2위 호텔기업은 중저가 브랜드인 베스트웨스턴이, 3위에는 힐튼이 차지하고 있다.

표 3-7 국내 10대 호텔 브랜드

(2006년 4월 기준)

순 위	브랜드 명	국적	호텔수	객실수
1	롯데	한국	5	3,499
2	베스트웨스턴	미국	14	1,573
3	힐튼	미국	3	1,508
4	하얏트	미국	4	1,467
5	현대	한국	6	1,302
6	라마다	미국	5	1,249
7	인터컨티넨탈	영국	2	1,183
8	신라	한국	2	894
9	파라다이스	한국	4	884
10	매리엇	미국	2	860

(출처 : 안창호)

표 3-8 국내자본 호텔기업

(2006년 4월 기준)

순 위	기업명	분점호텔명	소재지	호텔수	객실수
1	롯데호텔	롯데호텔 서울	서울	1	1,479
		롯데호텔 월드	서울	1	505
		롯데호텔 부산	부산	1	804
		롯데호텔 울산	울산	1	211
		롯데호텔 제주	제주	1	500
		소 계		5	3,499
2	앰배서더호텔그룹	소피텔 앰배서더 서울	서울	1	413
		노보텔 앰배서더 강남	서울	1	335
		노보텔 앰배서더 독산	서울	1	231
		이비스 서울	서울	1	317
		이비스 명동	서울	1	280
		소 계		5	1,576
3	현대아산	호텔현대 경포대	강릉	1	92
		호텔현대 경주	경주	1	449
		호텔현대 울산	울산	1	284
		금강산호텔	금강산	1	220
		해금강호텔(수상호텔)	금강산	1	160
		금강산패밀리비치호텔	금강산	1	97
		소 계		6	1,302
4	교직원공제회	서울교육문화회관	서울	1	268
		경주교육문화회관	경주	1	270
		설악교육문화회관	속초	1	77
		지리산가족호텔	전남	1	134
		라마다프라자 제주호텔	제주	1	380
		소 계		5	1,129
5	호텔신라	서울 신라호텔	서울	1	465
		제주 신라호텔	제주	1	429
		소 계		2	894
6	파라다이스그룹	파라다이스호텔 부산	부산	1	540
		파라다이스호텔 인천	인천	1	176
		파라다이스호텔 송도	인천	1	112
		파라다이스호텔 제주	제주	1	56
		소 계		4	884

(출처 : 안창호)

국내에서 호텔전문기업은 손으로 꼽을 수 있을 만큼 적다고 할 수 있다. 롯데호텔, 호텔신라, 앰배서더호텔그룹, 임피리얼 팰리스호텔, 파라다이스그룹 등이 있다. 그러나 위에서 보았듯이 세계적인 메가 체인호텔에 비하면 국내자본으로 운영되는 호텔기업은 아직 글로벌 스탠더드에 비교하면 아직도 너무나 영세하다. 즉, 기업의 성장속도가 너무 느려서 세계적인 호텔전문기업과는 감히 비교를 할 수 없는 형편이다. 우리 호텔산업에서도 하루빨리 중국의 Jin Jiang(錦江) 호텔이나 일본의 Prince 호텔처럼 수십 또는 수백여 개의 호텔을 경영하는 규모의 경제를 갖춘 세계 굴지의 호텔전문기업이 탄생하여 보다 많은 젊은 호텔리어들이 세계를 무대로 큰 활약을 할 수 있는 장이 마련되기를 고대한다.

참고문헌

김경환 · 차길수(2002). 『호텔경영학』. 현학사.

안창호(2006). 한국호텔산업의 변천사 100년. HOTEL + RESORT. 창간호.

오정환 · 김경환(2000). 『호텔관리개론』. 백산출판사.

이순구 · 박미선(2008). 『호텔경영의 이해』. 대왕사.

Gomes, A. J.(1985). *Hospitality in Transition*, Pannell Kerr Forster.

Hayes, D. K. & Ninemeier, J. D.(2007). *Hotel Operations Management*, 2nd edition. Prentice Hall.

Hotels(2009). *World's Largest Hotel Companies*, June.

Kasavana, M. L. & Brooks, R. M.(2005). *Managing Front Office Operations*. 7th edition. Educational Institute, AH&LA.

Stutts, A. T.(2001). *Hotel and Lodging Management: An Introduction*. Wiley.

II

Part

경영(학)의 이해

경영과 리더십

Chapter 04

Chapter 04

경영과 리더십

학습목표

이 장을 학습한 후 여러분은 반드시 다음 내용을 이해해야 한다.

1. 경영이란 무엇이며, 왜 경영이 중요하며, 경영자들이 어떤 기능을 수행하는가를 숙지한다.
2. 조직성과는 어떻게 창출되는지 확인한다.
3. 경영자의 핵심기능(계획·조직·지휘·통제)을 이해하고 경영자의 10가지 역할을 숙지한다.
4. 세 가지 수준의 경영계층을 이해하고 각 수준에서 요구되는 경영기술을 파악한다.
5. 리더십의 개념을 이해하고 리더십 사고의 진화과정을 파악한다. 그리고 관리자와 리더의 차이점을 이해한다.

제1절 경영과 조직성과

세상에는 수많은 경영자(Manager : 또는 관리자)가 존재하고 있다. 우리는 경영자라고 생각하면 쉽게 호텔, 레스토랑, 여행사 등과 같이 영리추구(For-profit)를 목적으로 하는 사업조직(Business Organization)인 기업의 경영자, 중앙 및 지방정부기관과 학교나 도서관 같은 비영리조직(Non-profit)의 행정가 등 여러 부류의 경영자들을 떠올릴 수 있다. 그러면 이와 같은 경영자들에게는 어떤 공통점이 있을까?

첫째, 경영자들은 모두 조직에서 활동을 하고 있다. 조직(Organization)이란 다양한 공동의 목적을 달성하기 위해 함께 일을 하고 서로의 활동을 조정하는 구성원들의 집합체를 말한다. 둘째, 경영자는 조직의 목적을 성취하기 위해 인적 및 물적 자원을 포함한 모든 조직의 자원을 관리 · 감독하는 막중한 책임을 맡고 있다.

경영(Management)이란 당면한 조직의 목적을 효과적(Effectively) 및 효율적(Efficiently)으로 달성하기 위해 보유한 자원(Resources)을 계획(Planning) · 조직

(Organizing) · 지휘(Leading) · 통제(Controlling)하는 창조적인 문제해결과정이다. 조직의 자원에는 직원과 그들의 보유한 기술, 경험, 노하우와 원재료, 기계, 장비, 건물, 정보기술, 특허권, 금융자본, 고객과 직원의 충성도 등이 있다.

그림 4-1 경 영

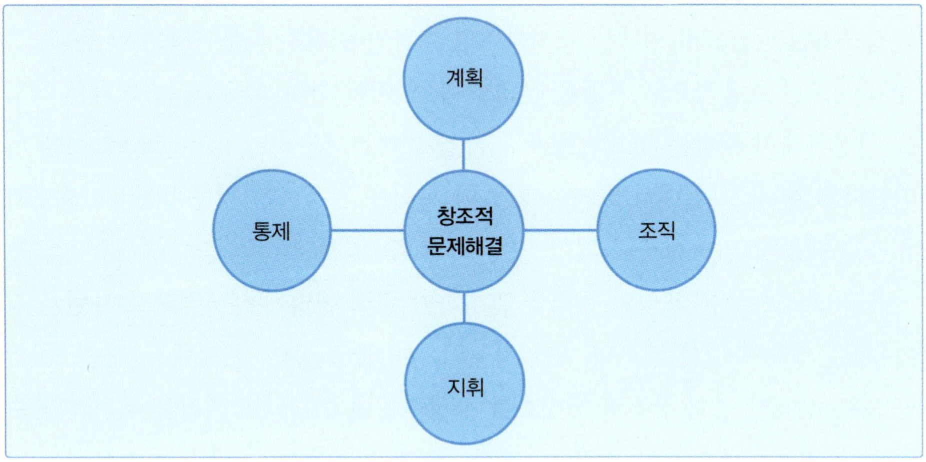

현재 대부분 사업조직이 달성하고자 하는 중요한 목적의 하나는 손님들이 원하는 상품이나 서비스를 생산 · 제공하는 것이다. 이러한 목적을 달성하기 위한 조직의 주된 활동은 주로 경영자에 의해 결정되고 조정된다. 이처럼 조직의 경영활동 전반에서 권한을 보유해서 중추적 역할을 수행하며 또한 조직운영에 따른 책임을 지는 사람들이 경영자이다. 햄버거 레스토랑 경영자의 목적은 손님들이 먹기 위해 기꺼이 비용을 지불하고자 하는 햄버거, 샐러드, 감자튀김 등을 제공하여 충성도가 높은 재구매 고객을 창출 · 유지하는 것이다.

경영자들은 조직성과(Organizational Performance)에 대해 책임을 진다. 조직성과 또는 경영성과는 손님(들)을 만족시키고 조직의 목적을 달성하기 위해서 경영자가 이용가능한 자원을 어떻게 효과적 및 효율적으로 활용했는가를 측정한 것이다. 효과 및 효율이 향상되면 조직성과도 따라서 향상이 된다.

효과(Effectiveness)는 조직이 설정한 목적의 적절성과 이런 목적에 대해 조직이 성취한 정도를 측정한 것이다. 경영자가 적절한 목적을 설정하고 이 목적을 달성했을 때 비로소 효과적인 조직이라고 한다. 예를 들어 수년 전 McDonald's의 경영자들은 더 많은 고객들을 유치하기 위해 아침식사를 제공한다는 목적을 설정했는데, 이 결정은 아주 효과적인 선택으로 판명이 되었다. 왜냐하면 현재 McDonald's의 총매출액에서 아침식사의 판매액이 30% 이상을 차지하고 있다고 한다.

성공적인 기업으로 명맥을 유지하려면 효과만을 염두에 두어서는 안 된다. 경영자는 또한 효율적으로 기업을 운영할 수 있어야 한다. Drucker는 효과를 작업을 완전하게 수행하는 것, 즉 올바른 작업을 하는 것(Doing the right thing)을 의미한다고 했다. 기업에서 효과는 기업의 목적을 달성하는 것을 말한다. 효율과 효과는 서로 긴밀하게 연관되어 있다고 할 수 있다.

효율(Efficiency)은 조직의 목적을 달성하기 위해 어떻게 생산적으로 자원을 잘 이용했는가를 측정한 것이다. 경영자들이 투입물(노동력, 원재료, 부분품 등)의 양 또는 정해진 양의 상품과 서비스를 생산하는데 소요되는 시간을 최소화할 수 있을 때 비로소 효율적인 조직이라고 한다. 예를 들어 McDonald's는 소요되는 기름을 약 30% 정도 절감하는 동시에 더욱 신속하게 감자튀김을 요리할 수 있는 보다 효율적인 튀김장비를 개발하였다. 경영자의 책임은 조직과 그 구성원들이 고객들에게 상품과 서비스를 제공하는데 필요한 행위들을 가능한 한 효율적으로 수행할 수 있도록 확립하는 것이다.

Drucker는 효율을 특정 작업이 올바르게 수행되게 만드는 것(Doing the thing right)을 의미한다고 했다. 효율은 투입물(Input)과 산출물(Output)과의 관계를 말한다. 예를 들면, 특정 조직이 제공된 투입물량보다 더 많은 산출량을 창출했다면 이 기업은 효율이 향상되었다고 할 수 있다. 어느 조직이나 한정된 투입 가능한 경영자원(자본, 인력, 장비 등)을 보유하고 있기 때문에 경영자들은 항상 이런 귀중한 경영자원의 효율적 사용을 도모해야 한다. 바꾸어 말하면, 경영진은 자원의 낭비를 최소화하여 최소의 자원 투입으로 최대의 산출을 기할 수 있어야 한다.

성공적인 조직이 되기 위해서는 올바르게 작업(Effectiveness)을 수행하는 것도 중요하지만, 그에 못지않게 중요한 것은 최소한의 비용(Efficiency)으로 해당 작업을 수행할 수 있어야 할 것이다. 조직은 효과적이지는 않지만 효율적으로 작업을 수행할 수는 있다. 즉 올바르지 못한 작업을 능률적으로 잘 수행할 수는 있는 것이다. 일반적으로 Marriott이나 McDonald's와 같이 경영성과가 높은 조직은 효과적인 동시에 효율적이다. 효과적인 경영자는 적절한 조직의 목적을 설정하고 이를 달성하기 위해 조직의 자원을 효율적으로 활용하는 능력을 보유하고 있다.

대부분의 실패한 조직의 경영사례를 보면 그 과정이 비효율적이며 비효과적이거나 혹은 비능률적으로 수행되어 달성된 효과적 작업임을 쉽게 알 수 있다. 이런 바람직하지 않은 예를 호텔산업에서도 살펴볼 수 있다. TQM 등의 경영혁신운동을 통해 미국 국회에서 수여하는 품질대상을 수상한 미국의 유명체인호텔인 Ritz-Carlton은 최고의 서비스를 고객에게 제공하기 위해 많은 노력을 하였다(효과적). 그러나 결국 이 호텔은 1995년 Marriott International에 의해 인수되고 말았는데, 최상의 서비스를 제공하는 과정에서 너무나 많은 비용이 소요되어서(비효율적) 재무적 성과지표인 이윤창출 면에서는 성과를 달성하지 못하였다. 즉 최고의 서비스를 제공하는데 있어 효율적인 비용구조를 구축하지 못했다고 할 수 있다. 이 호텔은 고객에게 부과하는 요금보다 더 값비싼 서비스를 제공하였기 때문에 결국 실패하게 됐다고 당시 미국 Hilton 호텔의 최고경영자인 Steven Bollenbach은 Ritz-Carlton의 실패요인을 나름대로 분석하였다.

제2절 경영자의 핵심기능

경영자의 직무는 조직의 목적을 달성하기 위해 보유하고 있는 자원이 잘 활용될 수 있도록 촉진하는 것이다. 그렇다면 경영자는 어떻게 이런 목표를 달성할 수 있을 것인가. 경영자들은 계획(Planning), 조직(Organizing), 지휘(Leading), 통제(Controlling)란 네 가지 핵심기능의 수행을 통해 목표를 달성하고자 한다. 20세기 초에 프랑스의 경영자인 Henri Fayol은 높은 성과를 거두는 조직을 만들기 위해 경영자들은 무엇을 해야 하는가를 연구한 그의 저서 'General and Industrial Management'에서 처음 이런 경영기능에 대해 제안했다. 조직의 각 경영계층과 각 부서의 관리자들은 네 가지 핵심기능을 수행해야 할 책무를 지고 있다. 즉 기업이 수행하는 여러 기능을 담당하는 구성원들의 업무를 계획 · 조직 · 지휘 · 통제하는 역할을 수행하는 사람이 곧 경영자이고 관리자이다. 여기서 기업이 수행하는 여러 가지 기능에는 일반적으로 생산관리(Operations Management), 마케팅(Marketing) · 인적자원관리(Human Resources) · 재무관리(Finance) · 연구 및 개발(R&D : Research and Development) · 영업(Operations) · 경영관리(Administration) 등이 있다. 경영자들이 이런 네 가지 경영기능을 얼마나 잘 수행할 수 있는가에 따라 그들의 조직이 얼마나 효과적이고 효율적으로 운용되고 있는지 결정되게 된다.

1. 계 획(Planning)

계획은 적절한 조직의 목적과 이를 달성하기 위한 세부 행동방침을 선정하는 경영활동이다. 계획업무를 수행하기 위해 경영자는 적절한 조직의 목적과 행동방침(Courses of Action)을 확인하고 설정한다. 계획은 세 단계로 이루어지는데 첫째, 조직이 어떤 목적을 추구할 것인지를 결정하고, 둘째, 목적을 달성하기 위해 어떤 행동방침을 채택할 것인지를 결정하며, 셋째, 목적을 달성하기 위해 어떻게 조직자원을 배분할 것인지를 결정한다. 경영자가 얼마나 잘 계획하느냐에 따라 경영성과인 조직의 효과성과 효율성을 결정짓게 된다. 계획의 산출물은 전략(Strategy)이다. 전략은 보통 크게 두 가지 형태로 구분할 수 있다. 호텔산업에서 Marriott, Hilton, Hyatt 등은 고객에게 차별화된 시설과 서비스를 제공하는 차별화 전략(Differentiation Strategy)을 추구하며 중저가호텔 브랜드인 Motel 6나 Days Inn 등은 손님에게 최저의 비용으로 적절한 수준의 객실을 제공하는 비용우위전략(Cost-leadership Strategy)을 사용하고 있다.

어떤 목적을 조직이 추구하고 또 어떻게 그 목적을 달성하는가(전략선택)는 대부분 확실치 않기 때문에 계획은 복잡하고 참으로 힘든 활동이다. 즉 계획은 불확실한 환경하에서 이루어진다. 경영자들은 특정 전략을 위해 조직자원을 투입하는 의사결정을 할 때 큰 위험을 감수한다. 계획과정의 산출물이 성공 또는 실패이다.

2. 조 직(Organizing)

조직은 조직의 목적을 달성하기 위해 구성원이 함께 일을 할 수 있도록 과업과 권위에 대한 관계들을 수립하는 경영활동이다. 조직은 수행하는 구체적인 직무의 종류 및 성격에 의해 직원들을 각 관련 부서(Department)로 배치하는 것을 포함한다. 조직과정에서 경영자는 서로 다른 개인과 그룹 간의 권한과 책임에 대한 질서관계를 설정하고 어떻게 조직자원을 합리적으로 배분할지를 결정한다.

조직의 산출물은 구성원들의 이해관계를 조정하고 동기부여를 통해 함께 일을 해서 조직의 목적을 달성하기 위한 과업과 보고체계의 공식 시스템인 조직구조(Organizational Structure)의 창출이다. 조직구조는 조직이 상품과 서비스를 생산하기 위해 자원을 잘 활용할 수 있는지 여부에 대한 능력을 결정한다.

3. 지 휘(Leading)

지휘는 조직의 목적을 달성하기 위해 개인이나 집단을 동기 부여하고, 조정하고, 활성화하는 경영활동이다. 조직의 비전(Vision)은 미래에 조직이 의도하는 것과 추구하는 목적에 대한 간단 · 명료하고 고무적인 문장이다. 지휘과정에서 경영자는 구성원에게 성취해야 할 명확한 조직의 비전을 제시하고, 또한 구성원에게 활력을 불어넣어 자기 몫을 이해하여 역할수행을 가능하게 한다. 리더십은 경영자가 자신의 권력, 특성, 영향력, 설득과 의사소통 기술을 사용하여 구성원과 부서 간의 관계를 조정해서 그들의 활동과 노력이 잘 조화를 이루도록 하는 것을 포함한다. 리더십은 구성원들을 격려하여 이들이 높은 수준의 업무를 수행하게 하여 조직의 비전과 목적을 달성하는데 도움을 제공하도록 한다. 또 다른 리더십의 산출물은 높은 수준으로 동기부여가 되어 있고 근면성을 보유한 노동력이다.

4. 통 제(Controlling)

통제는 조직이 설정한 목적을 어떻게 달성하고 있는가를 평가하기 위해 명확한 측정기준과 감독체계를 수립하는 경영활동이다. 즉 조직이 계획대로 목적을 달성하고 있는가에 대해 평가하고, 성과를 유지 또는 향상하기 위해 필요한 행동을 취하는 것이 경영자의 통제기능이다. 예를 들면, 경영자는 각 개인과 부서 그리고 조직 전체가 정해진 성과기준에 부합하고 있는지의 여부에 대해 꾸준히 관찰한다.

통제활동의 결과물은 성과를 정확하게 측정하는 능력과 조직의 효과성과 효율성을 정상화하는 것이다. 통제기능을 수행하기 위해 경영자는 반드시 어떤 목적(생산성, 품질, 고객만족도 등)을 측정할 것인가를 결정하고 목적이 어느 정도 달성되었는지를 결정하는데 필요한 감독시스템을 수립해야 한다. 감독시스템은 경영자가 자신이 수행한 다른 경영업무인 계획 · 조직 · 지휘가 잘 수행되고 있는가에 정보를 제공하며 이를 바탕으로 필요한 행동을 취하도록 한다.

그림 4-2 경영자의 핵심기능

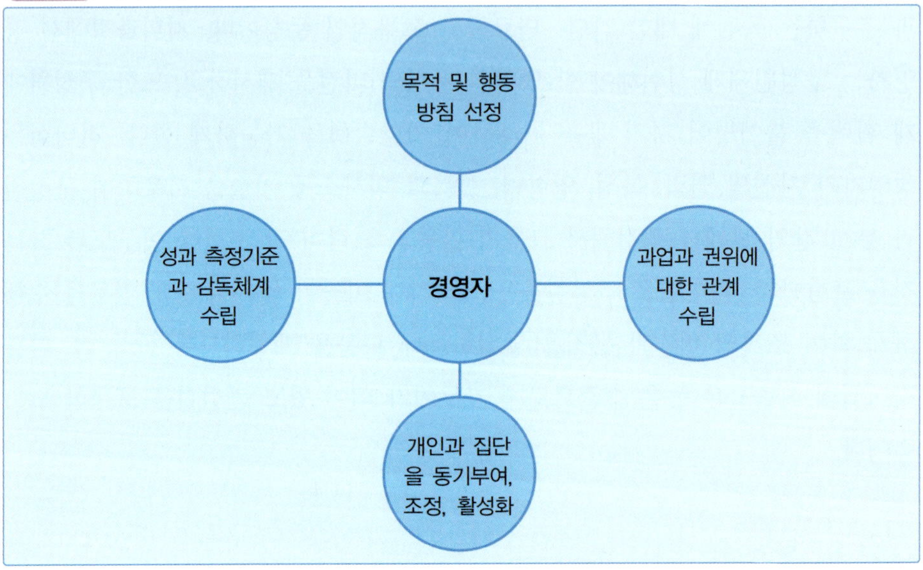

네 가지 핵심 경영기능인 계획 · 조직 · 지휘 · 통제는 경영자의 직무에서 중요한 부분이다. 모든 경영계층과 조직 내의 모든 직무와 부서를 통해 효과적인 경영자는 네 가지 기능을 성공적으로, 즉 효과적 및 효율적으로, 수행한다는 의미를 내포하고 있다. 경영자의 핵심기능은 주기적으로 발생하는데 각 기능은 상호배타적인 관계가 아닌 서로 유기적이고 긴밀한 관계를 맺고 있다. 즉 일개 기능은 다음 기능에 영향을 미친다는 것이다.

이외에도 경영자에게는 여타 부가적인 경영업무가 존재하고 있다. 다음 경영업무들은 위에 언급한 네 가지 핵심기능(계획 · 조직 · 지휘 · 통제)을 보완하는 기능으로 여겨질 수 있다. 보완적인 기능을 나열하면 다음과 같다.

- **의사소통(Communicating)** : 정보를 다른 사람에게 전달하는 것이며, 모든 경영자들의 주요 업무이다.
- **대표자(Representing)** : 외부인 또는 기업의 이해관계자(Stakeholders)와 접촉할 때 해당되는 업무이다.
- **인사관리(Staffing)** : 직원들을 충원, 교육, 평가하는 업무이다.
- **협상(Negotiating)** : 개인 또는 단체와의 다양한 협상에서 동의를 이끌어내는 업무이다.
- **조정(Coordinating)** : 조직 구성원 간에 공통된 이해를 이끌어내는 업무이다.
- **감독(Supervising)** : 조직 구성원의 행위를 살피고 감독하는 업무이다.
- **권한위임(Empowerment)** : 부하 직원에게 권한을 위임하거나 공유하는 업무이다.

위에서 요즘 점점 중요도가 부각되고 있는 업무는 동료 또는 부하직원과의 권한위임이다. 권한을 공유 또는 위임(Empowerment)함으로써 경영자들은 부하직원들이 일상 업무에서 주인의식을 갖고 능동적으로 업무에 임하게 되어서 서비스 향상을 촉진하고 있다. 호텔산업에서 성공적인 권한위임의 사례는 Ritz-Carlton 호텔에서 찾아볼 수 있다.

이 호텔은 고객들과 대면하는 모든 서비스 종사자들에게 대고객 업무 중 2,000달러까지의 지출에 대해 권한을 위임하고 있다. 만일 서비스를 제공하는 과정에서 누구의 실수로든 손님에게 금전적인 손해 등 피해가 발생했을 때 해당 서비스 종사자는 자기 권한으로 2,000달러까지는 현장에서 손님에게 배상할 수 있는 권한을 부여하여 서비스 품질을 고도화함으로써 그 결과 최고급호텔로서의 명성을 누리게 되었다. 이렇게 함으로써 종사자는 능동적으로 자기 업무에 임하게 되어 항상 최고의 서비스를 고객에게 제공할 수 있게 되었으며, 고객은 예상을 뛰어넘는 즉각적인 서비스를 제공받게 되어 만족도가 향상되었으며 충성도(Loyalty)가 크게 향상되었다. 반면에 경영자들은 업무 중 사사건건 종사자들의 문의에 답해야 하는 업무를 줄일 수 있게 되어 자신 본연의 업무에 보다 충실을 기할 수 있게 되었다. 그리고 운영과정에서 보면 보고의 기능을 줄이게 되어 보다 효율적이고 신속한 호텔업무과정을 구축할 수 있게 되었다. 이와 같은 서비스 전달체계에서 Ritz-Carlton 호텔의 고유한 경쟁우위는 다른 많은 경쟁호텔기업들이 쉽게 복제할 수 없는 것은 더 말할 나위가 없다.

제3절 경영자의 역할

기업에서 경영자는 매우 다양한 역할을 수행하고 있다. 1973년 Henry Mintzberg는 그의 저서 경영자의 직무 속성(The Nature of Managerial Work)에서 경영자의 역할(Management Roles)을 몇 개의 유형으로 구분하였다. Mintzberg 이론의 핵심사항은 경영자의 행위를 크게 세 가지 유형으로 구분하였다. 또한, 각 유형은 몇몇 세부적인 역할로 구분되어 있다. 경영자의 역할의 세 가지 유형을 살펴보면 다음과 같다.

1. 대인관계 역할(Interpersonal Roles)

대부분의 경영자들은 업무시간에 혹은 업무시간 외에서 다른 사람들과 접촉하면서 대표자(Figurehead), 지도자(Leader), 연결자(Liaison)의 역할을 수행하고 있다.

2. 정보처리 역할(Informational Roles)

모든 경영자는 정보를 제공하고, 제공받고, 분석하는 등의 정보처리 역할을 수행하고 있다. Mintzberg는 정보를 수집하고 교환하는 역할은 경영자의 업무에 가장 중요한 일면이라고 주장하였다. 왜냐하면 정보는 모든 의사결정(Decision Making)과 문제해결(Problem Solving)에 있어서 가장 핵심적인 자원이기 때문이다. 정보처리 역할에서의 세 가지 세부적인 역할은 감독자(Monitor), 정보전달자(Disseminator), 대변인(Spokesperson)이다.

3. 의사결정 역할(Decisional Roles)

경영자의 궁극적인 역할은 당면한 경영상의 문제점들을 해결하기 위해 수집하고 분석된 정보를 바탕으로 하여 의사결정을 행하는 것이라고 할 수 있다. 의사결정자로서의 네 가지 세부적인 역할에는 기업가(Entrepreneur), 분쟁해결자(Disturbance Handler), 자원배분자(Resource Allocator), 협상자(Negotiator) 등이 있다.

그림 4-3 경영자의 역할

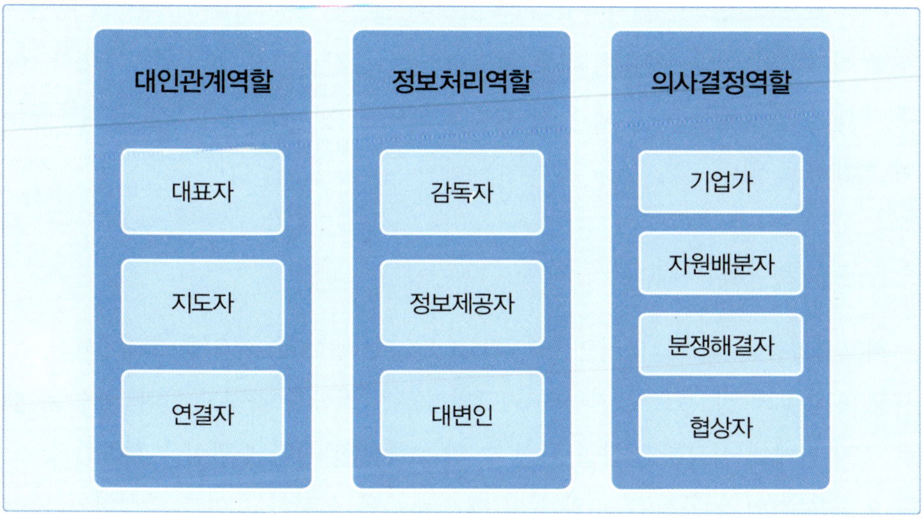

제4절 경영계층과 경영기술

계획, 조직, 지휘, 통제와 같은 핵심기능을 효과적 및 효율적으로 수행하기 위해서 조직은 관리자들을 서열(Level of Hierarchy)과 기술유형(Type of Skill)로 분류하고 차별화한다. 첫째, 조직은 조직의 권위에 대한 위계질서에서의 수준 또는 서열에 따라 관리자 또는 경영자를 차별화한다. 세 가지 경영계층은 위계질서에 따라 현장관리자(First-line Managers), 중간관리자(Middle Managers), 최고경영진(Top Management Team 또는 Executives)으로 구분된다. 둘째, 조직은 관리자들의 구체적인 직무기술, 전문성, 경험 등에 의해서 이들을 구분하여 각기 다른 부서(또는 기능)로 차별화한다. 각 부서(생산부서, 마케팅부서, 회계부서, 인사부서 등)는 유사한 기술과 경험을 보유하며 직무를 수행함에 있어 같은 지식, 도구, 기술로서 함께 일을 하는 관리자들과 직원들의 집합체이다. 각 부서 내에는 세 가지 경영계층이 모두 존재한다.

1. 경영계층(Levels of Management)

아주 조그만 조직을 제외하고 모든 조직은 일반적으로 세 가지 계층의 경영구조로 이루어져 있다. 이들은 바로 최고경영층, 중간관리자, 현장관리자이다. 아주 거대한 조직에서는 이 세 가지 계층을 토대로 한 더욱 세부적인 관리계층들이 존재하고 있다.

1) 최고경영층

최고경영층은 최고경영자인 CEO(Chief Executive Officer) 외에 회장, 사장, 부사장, 사업부의 장 등으로 기업의 최고의사결정 권한을 가지고 있다. 이들은 주로 조직 전체에 심각한 영향을 미칠 수 있는 중대한 사안에 관심을 집중한다. 또한 이들은 기업의 목적(Goal)과 목표(Objective)를 설정하고 이를 달성하기 위해 전략을 수립하기도 한다. 예를 들면, 특정 호텔체인의 사장은 기업의 상품 · 서비스, 가격과 유통경로 등의 경쟁력을 유지 · 강화하기 위해 지속적으로 경영환경을 분석 · 조사하고 있다. 이런 과정을 통하여 이 기업은 경쟁사들과의 경쟁에서 효과적으로 대처할 수가 있는 것이다.

2) 중간관리자

중간관리자로는 각 기능부서의 장이 이에 속한다고 할 수 있는데, 이들은 기업에서 경영계층의 중간 역할을 수행하고 있다. 전통적으로 중간관리자들은 이들이 속한 조직에서 중요한 역할을 수행하고 있다. 왜냐하면 이들은 최고경영층의 경영방침 등을 재구성하여 현장관리자 및 말단 직원들에게 전달하는 임무를 수행하고 있기 때문이다. 또한 이들은 최고경영층이 문제해결 또는 의사결정에 필요한 정보를 제공하는 중대한 역할도 수행하고 있다. 실제로 많은 최고경영자들이 이들 중간관리자에서 선발되고 있다.

과거 많은 기업들이 현장관리자들에게 승진기회를 보장하기 위해 많은 중간관리자 자리를 개발하곤 하였다. 하지만 기업 간의 경쟁이 점점 더 치열해지자 많은 기업들이 앞을 다투어 많은 수의 중간관리자들을 없애고 있다. 이는 현재와 같이 시시각각으로 변화하는 경영환경에서 신속한 의사결정 체제를 구축하기 위해서이다. 이렇게 함으로써 기업들은 많은 비용을 절감하여 보다 효율적으로 기업을 경영하고 있다.

3) 현장관리자

일반적으로 과장급 이하 관리자들이 현장관리자에 속한다고 할 수 있다. 대부분의 기업에서 말단 직원들은 현장관리자들에게 일상적인 업무를 보고하고 있다. 현장관리자들은 최고경영층이나 중간관리자들의 경영계획 혹은 운영지침을 수행하고 있다. 현재 많은 기업들의 현장관리자들은 과거의 권위적인 상사(Boss)로서가 아닌 팀장(Team Leader)으로서 부하 직원들을 돌보는 역할을 수행하는 추세로 변화하고 있다. 팀장들은 각 팀에 부여된 목표를 달성하기 위해 팀원들을 격려하고 지원하는 관계를 지향하고 있다. 수행능력이 뛰어난 팀장들에게는 중간관리자로 승진할 수 있는 기회가 제공되고 있다.

그림 4-4 경영계층

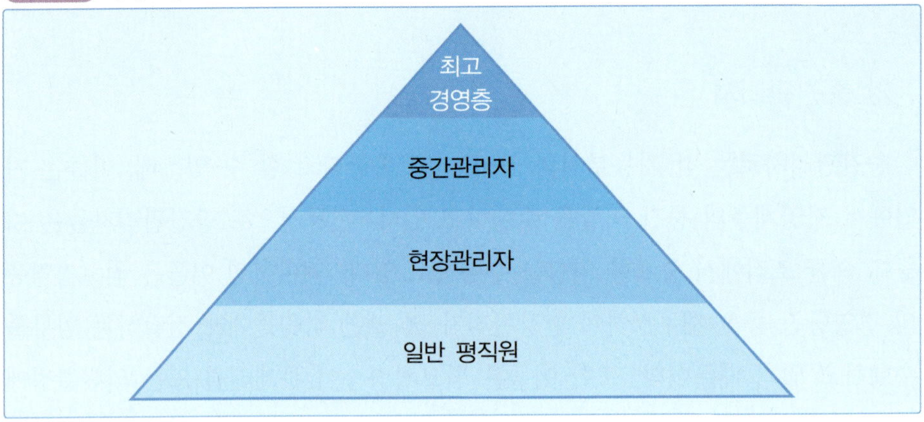

2. 경영기술(Management Skills)

교육과 경험은 경영자에게 조직자원을 잘 활용하는데 필요한 개인적 기술을 인지하고 개발하는 것을 가능하게 한다. 또한 교육과 경험은 경영자가 개념적 기술, 인간관계 기술, 기능적 기술 등의 세 가지 기술을 획득하고 개발하는데 도움을 제공한다.

1) 개념적 기술(Conceptual Skills)

개념적 기술은 당면한 상황을 분석하고 진단해서 원인과 결과를 구별할 수 있는 능력을 보여준다. 최고경영층에게 가장 중요한 기술이다.

2) 인간관계 기술(Human Skills)

조직 내의 개인과 집단의 행동을 이해하고, 개선하고, 지휘하고, 통제할 수 있는 능력을 말한다. 직원들을 지휘해야 하는 중간관리자에게 가장 중요한 기술이다.

3) 기능적 기술(Technical Skills)

특정 업무 또는 작업을 높은 수준으로 수행하는데 요구되는 구체적인 직무에 관한 기술을 기능적 기술 또는 실무 기술이라고 한다. 사업현장에서 업무를 원활하게 진행해야 하는 현장관리자에게 중요한 기술이다.

그림 4-5 **경영계층과 경영기술**

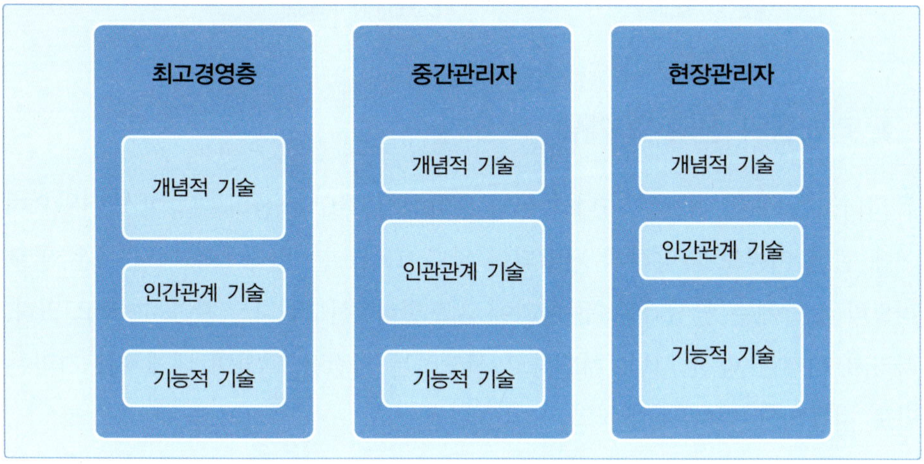

제5절 리더십(Leadership)

경영환경의 변화가 한층 가속되면서 최고경영자(CEO : Chief Executive Officer)의 리더십에 대한 중요성이 크게 부각되고 있다. 20세기의 최고경영자 겸 리더로 GM의 Alfred Sloan과 GE의 Jack Welch를 꼽는데 누구도 의견을 달지 않을 것이다. 우리 호텔산업에도 E. M. Statler와 Conrad N. Hilton 같은 훌륭한 리더가 존재하고 있다. 이들처럼 리더십이 없는 최고경영자는 성공할 수 없을 것이다.

▸E. M. Statler

▸Conrad N. Hilton

1. 리더십의 정의 및 개념

리더십은 정치, 경제뿐 아니라 여러 분야에서 주요 관심의 대상이 되어왔으며 이에 관한 이론도 다양하게 개발되어 왔다. Leader는 원래 Lead에서 나온 말로 리드라는 말에는 앞선다는 뜻 이외에 지도한다, 선도한다는 뜻도 가지고 있다. 따라서 리더란 앞선 사람, 지도하고 선도하는 사람을 말하며 대개 지도자라는 말로 사용되고 있다.

리더십은 이를 규정하려는 목적이나 학자들의 전문적인 견해에 따라 내용이 매우 다양하게 전개되어 왔다. Yukl는 리더십이란 무엇을 해야 할 필요가 있고 어떻게 하면 그것을 효과적으로 할 수 있는지 이해하고 합의하기 위해 타인에게 영향을 미치는 과정이며, 공유하는 목표를 달성하기 위해 개인의 노력과 집합적 노력을 촉진하는 과정이라고 하였다. Hersey & Blanchard는 “어떤 주어진 상황에서 목표를 달성하기 위하여 개인 또는 집단의 활동에 영향을 미치는 과정이다”라고 정의하였다. Szilagyi & Wallace는 “리더십이란 특정목표를 달성하기 위해 특정인물이 다른 사람들에게 영향력을 행사하는 과정이다”라고 설명한다. 한편, Drucker는 리더는 추종자(Follower)를 가지고 있는 사람이며 추종자에게 신뢰를 얻는 것이 효과적인 리더십을 발휘하기 위해 중요한 요소라고 하였다. Kouzes도 리더와 부하와의 관계를 강조하고 리더십은 다른 사람을 이끄는 열망이 있는 사람과 따르기로 한 사람 간의 관계라고 하였다. 리더십이란 과거에는 상사가 부하에게 영향력을 행사하는 과정으로 보았으나, 지금은 주어진 상황 속에서 조직목표를 효과적으로 달성하기 위해 영향력을 발휘하여 구성원으로 하여금 목표 수행에 자발적으로 공헌할 수 있도록 유도 · 조정하는 리더의 행동으로 보고 있다.

2. 관리자와 리더

관리자와 리더는 같은 의미로 사용되지 않는다. 관리자와 리더의 차이는 일반적으로 세 가지로 요약될 수 있다. 첫째, 리더십이란 관리자가 수행하는 여러 가지 역할 중 하나라는 관리자중심론이다. 둘째, 관리자는 변화를 거역하고 현실에 안주하려고 하는 부정적 성향을 갖는 인물이고, 리더는 개혁을 주도하는 인물이라는 리더우위론이다. 셋째, 리더가 중요한 것은 사실이지만 관리자의 역할도 중요하다는 양자등위론이다.

관리자중심론은 리더십을 관리자나 경영자가 수행해야 하는 많은 기능이나 역할(계획, 통제, 조직, 지휘 등) 중 하나인 것으로 이해하고 있다. Mintzberg는 1973년 경영자들의 역할을 10가지(대변인, 수장, 연결자, 기업가, 정보전달자, 감시자, 문제해결사, 자원분배자, 교섭자, 그리고 리더 역할 등)로 세분하고 리더의 역할을 그중 하나로 보았다.

리더우위론은 주로 조직과 구성원들의 변화에 초점을 두고 있는 학자들의 주장에서 유래됐다. Bennis는 리더와 관리자의 차이점을 다음과 같이 이해하였다. 그에 의하면 관리자란 혁신보다는 모방에 능숙하며 단기적 안목에 사로잡혀 되도록이면 현재 상황을 고수하려는 사람이다. 또 관리자들은 상급자에 대한 충성과 복종을 중시하는 수직적 통제의 관점에 사로잡혀 있는 인물들이다. 상하 간의 위계와 서열을 중심으로 조직의 질서가 유지된다. 또한 지시 받은 사항이나 주어진 일을 처리하는 수단과 방법만을 존중하는 스타일을 보유하고 있다.

반면에, 리더는 오늘날의 기업경영에 있어 꼭 필요한 이상적인 인물로 묘사되고 있다. 주어진 일을 수행하는 방법에만 매달리기보다는 해야 할 일, 중요한 일 또는 핵심적인 일을 찾아서 장기적 관점에서 추진하는 인물이다. 또한 신뢰와 혁신을 중시하며 잘못된 현상에 도전하여 바로 잡아가는 스타일을 보유한 사람이다.

표 4-1 21세기 관리자와 리더의 특성

관리자의 특성	리더의 특성
• 책임수행, 모방, 유지 • 시스템과 구조에 초점 • 통제위주, 단기적 • 언제, 어떻게에 관심 • 수직적 관심 • 현상태 수용 • 부하는 전통적인 충복 • 일을 옳게 함(How를 중심으로)	• 혁신주도, 창조, 개발 • 인간에 초점 • 신뢰에 기초, 장기적 • 무엇을, 왜에 관심 • 수평적 관심 • 현상태에 도전 • 부하는 독자적 인간 • 옳은 일을 함(What을 중심으로)

같은 맥락에서 미국에서 발행되는 World Executive Digest는 〈표 4-2〉와 같이 리더와 관리자를 구분하고 있다. 결론적으로, 리더우위론에서는 관리자들이 갖고 있는 단기적이고 현실안주형 태도를 부정하고, 리더가 대변하는 장기적, 미래지향적 태도를 갖추도록 요구하고 있다.

표 4-2 리더와 관리자의 차이점

관리자(다른 사람을 관리하고 감독함)	리더(다른 사람을 지원하고 격려함)
• 남에게 지시함	• 남을 안내하고 개발시킴
• 경쟁분위기를 조성함	• 상호 협력적인 분위기를 조성함
• 직책/직급을 활용	• 관계를 활용
• 동질적/획일적인 것을 추구('어떻게 할 까요?'식의 느린 의사결정 패턴을 보인다)	• 다양성/유연성의 추구('이렇게 합시다'식의 신속한 의사결정 패턴을 보임)
• 위험회피	• 위험감수
• 개인별 기여도를 평가, 보상	• 팀작업 결과를 평가, 보상함
• 위에서 하라는 대로 함	• 스스로 일처리를 주도함
• 사람을 비용으로 간주	• 사람을 자산으로 간주

(자료 : 백기복)

한편, 양자등위론은 리더십이 중요한 만큼 관리의 개념도 중요하다는 입장이다. 리더와 관리자의 역할이 같이 양립한다는 등위론의 관점은 Kotter에 의해 정리되고 있다. 그는 리더와 관리자의 차이를 네 가지로 세분하여 제시하였는데, 근본적으로 Kotter는 관리한다는 것은 일관성과 질서를 유지하는 활동에 속하며 리드한다는 것은 건설적인 대응을 위한 변화의 과정에 해당한다고 설명하고 있다.

첫째, 관리자는 계획하고 예산을 수립하는 활동에 치중한 반면, 리더는 조직이 나아갈 방향을 설정하는 활동을 중시한다. 둘째, 관리자는 주어진 직무수행을 위한 조직화와 인력의 동원을 중시하나, 리더는 사람들에게 비전을 전파하고 그것을 조직에서 공유하도록 하는 정신적 조율과정을 더욱 강조한다. 셋째, 관리자는 통제와 문제해결에 많은 시간을 소비하지만, 리더는 조직원들에게 동기를 부여하고 그들을 고무시키는 노력에 열정을 쏟는다. 넷째, 관리는 예측 가능성을 높이고 질서를 정착시키는 것을 목표로 하나, 리드한다는 것은 혁신적 변화를 최종 목적으로 한다.

3. 리더십이론의 진화과정

리더십은 초기에는 특성이론에서 출발하여 행동이론을 거쳐 상황이론으로 발전해왔으며 최근에는 거래적 리더십, 변혁적 리더십, 서번트 리더십에 이르기까지 새로운 리더십이론들이 전개되고 있다.

1) 리더십 특성이론

1930년대 리더십 특성이론은 리더의 특성에 초점을 두는 것으로 리더는 특별한 성향을 가지고 태어난다는 것이다. 성공적인 리더의 특성이 무엇인가에 초점을 두고 성공적인 리더와 비성공적 리더의 차이가 무엇인가에 관해 연구하였고 리더는 고유한 개인적 특성만 있으면 그가 처해 있는 상황이나 환경이 바뀌더라도 항상 리더가 될 수 있다고 보았다. 주로 위인들을 대상으로 한 연구가 많았으며 유전적인 천재에 대한 연구에도 관심을 두었다. Stogdill은 20여 년간의 연구를 통해 성공적 리더의 일반적 특성을 제시하였다. 리더의 특성으로 결단성, 사회적 환경에 대한 민감성, 상황적응력, 스트레스에의 내구력, 신뢰성, 야심, 성취지향성, 자기 주장성, 자신감, 정력(활동성), 지배성(타인에 대한 영향 욕구), 지구력, 책임감, 도전과 적극성, 협력이 있으며 기술로는 개념적 기술, 과업지식,

대화유창성, 사교술, 설득력, 정치적 및 외교적 수완, 조직력(행정능력), 창조성, 총명성(지능), 실천력 등을 들었다.

전통적인 특성이론가들은 모든 리더들이 동일한 특성을 지닌 것으로 보고 상황에 따라 보유한 특성이 달라질 것이라는 점을 간과하였다. 물론 인간이 특정 분야에서 어떤 뛰어난 잠재능력을 가지고 태어나는 것도 사실이다. 그러나 모든 분야의 리더들이 동일한 특성을 지니기보다는 리더 자신이 가진 바람직한 특성을 지속적으로 개발해 나가는 것이 태어날 때 갖고 있는 능력보다 훨씬 더 중요하다고 할 수 있을 것이다.

표 4-3 **리더의 특성요소**

특성유형	구체적 특성
신체적 특성	연령, 신장, 체중, 용모
성격적 특성	독립성, 자신감, 지배욕구, 공격성
사회적 특성	교육수준, 신분, 사교성, 거주지, 출신지
지 능	판단력, 결단력, 표현력
인간관계능력	관리능력, 협조성, 사교성, 청렴성
업무능력	성취욕구, 솔선수범, 책임감, 목표지향성

2) 리더십 행동이론

1940~1960년대의 리더십 행동이론은 리더의 행동에 초점을 두고 어떤 리더십을 쓰면 다른 집단보다 성과가 좋은지에 관심을 두고 있다. 또한 리더십은 개발된다고 보고 높은 성과와 관련이 있는 리더의 행동, 즉 효율적인 리더의 행동유형에 관심을 두었다.

아이오와 대학의 연구에서는 리더십을 전제적인 리더십과 민주적인 리더십, 자유방임적 리더십으로 나누었다. 전제형은 모든 책임과 권한을 리더가 갖고 과업의 할당, 하향식 의사소통을 한다. 민주형은 적절한 권한위임과 참여적 의사결정을 바탕으로 하며, 자유방임형은 모든 책임과 권한을 부하에게 위임하는 것으로 자유방임적 리더십이 집단성과가 가장 낮고 민주적, 전제적 리더십은 상황에 따라 다르지만 일반적으로 집단 구성원 간의 협조와 친밀감, 의사소통의 측면에서 민주적인 리더십이 가장 효과적인 결과를 나타냈다.

또한 오하이오 주립대학의 경영연구소는 리더행동기술 질문서를 개발하여 구조주도적 리더와 배려적 리더로 리더십스타일을 분류하였다. 구조주도는 리더가 목표제시, 계획수립, 성과의 표준화를 통해 과업달성에 초점을 두는 반면에 배려는 부하에 대한 인간적인 존중과 신뢰구축, 복리후생에 관심이 높다. 리더십의 4분면에 대한 연구 결과, 일반적으로 구조주도와 배려가 높은 리더십일 때 가장 효과적인 것으로 나타났으나, 종업원의 결근율과 고충처리율 등 역기능도 있기 때문에 어느 리더십이 가장 효과적이라고 하기 어려우며, 결국 리더십 스타일의 효과성은 어떤 상황에 처해 있느냐가 중요한 요인이라고 하였다.

인간지향의 리더십을 강조한 사람이 Likert와 McGregor이다. McGregor는 리더가 인간(부하)을 보는 관점은 비관적(X론적), 또는 낙관적(Y론적)으로 나뉘는데 이 중 어떤 관점으로 보느냐에 따라 리더십 형태가 달라진다고 주장하였다. X론적으로 본다는 것은 리더가 자기권한을 최대한 사용하고 철저한 감독과 징벌, 명령을 행하는 스타일을 말하며 Y론적은 리더가 자율과 적당한 충고로 일관하는 스타일을 말한다. McGregor는 모든 인간은 Y형으로서 스스로 자기통제를 하며 그렇게 게으르거나 책임을 회피하려고만 하는 것이 아니기 때문에 과업중심의 리더십 보다는 인간중심의 리더십이 효과적이라고 하였다. 이 같은 McGregor의 연구결과는 1960~1970년대 "인간중심의 경영"이라는 새로운 유형을 창조한 것이며 오늘날 조직관리에 매우 큰 영향을 미쳤다.

한편, Blake & Mouton의 연구에서 관리격자는 1에서 9까지 등급으로 나누어 도표를 만든 것으로, 인간과 업적이라는 방향의 두 축을 중심으로 관리자의 유형이 정해진다고 하는 관리자 유형결정 도구이다. 이 이론은 관리자의 행동을 인간에 대한 관심과 업적에 대한 관심이라는 두 요인의 관점에서 기술하고 있으며, 이 이론에 의하면 어떤 부분이나 소집단(과, 계, 팀) 등의 능률은 소집단의 리더인 관리자가 어떠한 리더십을 전개하는가에 따라 좌우된다고 한다. 결론적으로 효과적인 리더의 모습은 상황의 특수성에 따라 적절한 리더십을 전개해야 한다고 파악했다.

3) 리더십 상황이론

1970년대 이후 리더십 상황이론은 상황적합성에 초점을 둔 리더의 효과성에 초점을 둔 것으로 효과적 리더십은 상황에 따라 달라진다는 것이다. 즉 유일무이한 이상적 리더십 모습이 존재하는 것이 아니라 상황에 따라 적합한 리더의 모습이어야 한다는 것으로 리더십을 리더와 부하 그리고 상황의 상호작용 속에서 나타나는 산물로 보았다. 리더의 특성은 다양한 상황에 의해 결정되며 진정한 리더는 이런 상황에 대처하는 리더로 이때 리더는 비전을 지녀야 하며 구성원에게 강한 정서적 반응을 이끌어낼 수 있어야 한다. 효율적 리더십을 가능하게 하는 환경적 상황요소가 무엇인지가 관심 주제로 리더십유형과 상황적 요인과의 효율적 결합, 특정한 상황에 가장 맞는 리더십이 발휘될 때 그 집단의 성과와 구성원의 만족감이 증대될 수 있다는 것이다.

리더십 상황이론 연구의 선구자인 Fidler는 리더유형과 여러 상황에서 집단의 유효성을 연구한 결과 상황적합성이론을 개발하였다. 리더십 스타일 진단은 어느 상황에서 어떤 리더십을 보이는 것이 가장 효과적인가를 논하는데 있어 매우 큰 시사점을 가진다. Fidler는 리더십을 과업지향적 리더십과 관계지향적 리더십으로 구분하고 세 가지 상황변수로 리더-부하와의 관계, 과업구조, 그리고 직위권력을 들었다. 연구결과 상황이 크게 유리하거나 불리할 경우 과업중심적인 리더십이 효과적이며 상황이 중간일 경우 인간관계 중심적인 리더십이 효과적이라고 하였다.

Hersey & Blanchard의 연구에서는 리더십을 지시적 리더십, 지원적 리더십, 참가적 리더십, 위양적 리더십으로 나누고 부하의 성숙도를 상황적 조절변수로 보았다. 부하의 성숙도란 직무와 관련된 기능과 지식, 자신감과 자기존경심을 의미한다. 이는 리더십 형태가 부하의 성숙도 수준에 의해 결정된다는 것으로 개별적 개입행동으로 부하의 성숙수준을 변화시켜 결국 부하 스스로 자기 통제할 수 있도록 하는 것이다. 이처럼 부하의 성숙도 수준 변화에 맞추어 계속해서 리더십 유형을 변화시켜 나가도록 하는 것으로 일과 인간 그리고 성숙도(상황)가 상호 작용하는 3차원의 리더십 모델로 불리고 있다. 즉, 유능한 리더는 부하의 성숙수준에 따라 자신들의 리더십 스타일을 선택한다는 것으로 양자가 적합한 관계를 가질 때 조직유효성이 높아진다고 했다.

4) 신조류 리더십

1980년대 기업환경이 급격하게 변하고 구조조정의 과정에서 새로운 리더십 패러다임에 대한 필요성이 대두되었다. 이 과정에서 슈퍼리더십, 카리스마리더십, 변혁적 리더십, 전략적 리더십, 서번트 리더십 등이 대두되고 있다. 리더십이란 조직의 목표를 달성하기 위해 영향력을 발휘하는 과정이므로 리더십은 근본적으로 변화와 밀접한 관련이 있으며 따라서 최근의 신조류 리더십 이론은 변화를 주도하고 이끌어가는 리더십에 초점이 맞추어져 있다. 신조류 리더십은 비전과 변화 주도에 초점을 두는 것으로 리더는 비전을 지녀야 하며, 하위자에게 강한 정서적 반응을 이끌어낼 수 있어야 한다는 것으로, 이러한 정서적 반응을 어떻게 이끌어내는가 하는 것이 주된 관심사이다.

가. 변혁적 리더십(Transformational Leadership)

변혁적 리더십은 1985년 Bass에 의해 구체화되었으며 리더와 하위자가 상호 동기유발 수준을 높여주며, 보다 원대한 목표를 달성하고자 하는 의욕을 심어주는 리더십을 말한다. 변혁적 리더십은 핵심 변혁적 행동, 개별배려, 지적 자극으로 구성되어 있으며 핵심 변혁적 행동이란 리더가 부하들에게 비전과 사명감을 제시하고 부하들에게 의식, 가치관이나 신념을 전달함으로써 부하들로부터 존경받는 리더십을 말한다. 이때 리더는 감정에 따라 행동하는 것이 아니라 자유, 평등, 인간존중의 가치에 호소하는 카리스마적 특성을 보이기도 한다. 지적자극은 부하들에게 문제해결을 새로운 방법으로 시도하도록 격려하거나 부하들의 창의성을 개발하도록 자극하는 리더십을 말한다. 개별적 배려는 부하에 대한 관심표명, 부하에 대한 이해, 부하들의 관심사항 공유 등 부하들에게 개별적인 관심을 보여주고 조언해주는 리더십 행동유형을 말한다.

이와 같이 변혁적 리더는 조직의 주요 변화과정을 주도하는 리더로서, 조직

구성원들의 의식, 가치관, 태도의 혁신을 추구하며 구성원들에게 장기적 비전을 제시하고 그 비전의 달성을 위해 함께 매진할 것을 호소하는 리더를 의미한다.

나. 거래적 리더십(Transactional Leadership)

거래적 리더십이란 성과와 보상의 교환관계나 예외에 의한 관리에 치중하는 성향을 보인다. 리더가 정한 수준 이상의 성과를 달성한 경우 부하들이 원하는 보상을 제공하고 그 대가로 부하들로부터 원하는 업무성과를 제공받는 관계를 유지하게 된다. 리더는 바람직한 결과를 도출하거나 부하의 행동을 수정하기 위해 긍정적 강화 또는 부정적 강화 등의 방법으로 부하에게 상황적 강화를 한다. 거래적 리더는 관리의 효율적인 과정을 유지하고 개선시키기 위해 권력을 융통성 있게 발휘함으로써 보상과 처벌을 적절히 사용하여 부하들을 동기 부여한다. 예외적 관리는 규정과 표준에 따라 업무를 처리하도록 하며, 표준에 맞지 않거나 이를 위반할 경우에만 개입하여 수정 행동을 취하는 것을 의미한다. Bass는 과업지향적이거나 경험이 풍부한 부하는 일반적으로 자기관리를 많이 하는 경향이 있으며 자기 주도적인 부하는 긍정적, 부정적 강화에 대해 민감하게 반응한다는 것을 발견했다.

다. 서번트 리더십(Servant Leadership)

Greenleaf는 The Servant as Leader에서 헤르만 헤세가 쓴 "동방순례"에 나오는 레오(Leo)를 통해 서번트 리더십의 개념을 설명하였다. 레오는 순례자들의 허드렛일이나 식사준비를 돕고 때로 지친 순례자들을 위해 밤에는 악기를 연주하는 사람이었다. 순례자들에게 필요한 것이 무엇인지 살피고 그들이 정신적, 육체적으로 지치지 않도록 배려했다. 그러던 어느 날 레오가 사라지자 일행은 혼돈에 빠지고 피곤에 지친 순례자들 사이에 싸움이 잦아졌다. 사람들은 레오가 없어진 뒤에야 레오의 소중함을 깨닫고 그가 순례자들의 진정한 리더였음을 알게 되었다. 충직한 심부름꾼인 레오 없이는 아무것도 할 수 없다는 사실을 깨달았던 것이다.

Greenleaf는 서번트 리더십은 부하를 존중하고 창의성을 발휘하여 성장할 기회를 제공하며 조직을 진정한 공동체로 이끌어가는 리더십이라고 정의하였다. Daft는 "리더가 자신의 이익보다 다른 사람의 이익을 우선하고, 그들의 성장을 도와주고 기회를 제공하는 리더십"이라고 하였다. 또한 리더십이 변화되고 있으며 리더십의 초점이 리더에서 팔로어로 옮겨가고 있다고 주장하였다. Drucker는 미래경영에서 지식시대에 기업 내 상사와 부하의 구분이 없어지며, 지시와 감독이 더 이상 통하지 않을 것이라고 하였다. 따라서 과거 우월한 위치에서 부하들을 이끌어야 한다는 리더십 패러다임에서 리더가 부하들을 위해 헌신하며 부하들의 리더십 능력을 개발하기 위해 노력하는 서번트 리더십 위주의 패러다임으로 전환하는 것이 바람직하다고 볼 수 있다고 주장하였다.

위와 같이 여러 리더십 사고의 시대적 발전과정을 요약하면 〈표 4-4〉와 같다.

표 4-4 리더십이론의 발전과정

기 간	접근방법	중심주제
1940년대 후반 이전	리더십 특성이론	리더의 특성은 타고 난다.
1940년대 후반 ~ 1960년대 후반	리더십 행동이론	높은 성과는 리더의 행동에 따라 달라진다.
1960년대 후반 ~ 1980년대 초반	리더십 상황이론	효과적 리더십은 상황에 따라 달라진다.
1980년대 후반 이후 ~	신조류 리더십	비전과 변화 주도에 초점을 두고 정서적 반응을 이끌어 낸다.

그렇다면 과연 훌륭한 리더는 과연 타고나는가? 아니면 만들어지는가? 이에 대한 답변은 "리더는 타고나거나 육성되는 것이 아니라 다른 사람들에 의해서 선택된다"라고 해야 할 것이다. 어떤 사람이 특정의 자질이나 스타일을 보여준다고 해서 그 자체로서 리더로 인정받게 되는 것이 아니라, 다른 사람들이 어떤 이를 그들의 리더로 인정해 줄 때 비로소 리더가 되는 것이다.

리더십은 리더의 권위를 통해 발휘되는 것으로 리더가 타인의 행동을 유도하고 조정 · 통합할 수 있는 능력에 따라 발휘된다. 리더는 통솔하는 조직이나 집단 전체의 목표와 그 자신의 권위에 입각하여 부하의 활동에 영향을 미친다. 이런 권위는 공식적 · 법적으로 부여된 지위뿐만 아니라 전문가적인 기술능력과 함께 여러 가지 리더의 자질과 특성에 내재되는 것이다. 따라서 리더십은 동기유발에 중점을 두고 인간의 심리적 측면을 중시하며 상황에 따라 적절하게 구사할 수 있는 능력이라고 할 수 있다. 결국 리더는 변화에 어떻게 대처하는가에 대한 것으로 구성원들을 신뢰로 이끌어가며 미래의 전망을 내다보고 현상에 도전하는 리더십을 효과적으로 발휘해야 한다.

마지막으로 국내 호텔산업의 리더와 세계 최대 체인호텔의 리더들의 어록을 살펴보기로 하겠다. 호텔리어를 꿈꾸는 학생들은 이들의 말을 잘 음미해봐야 할 것이다.

"총지배인은 호텔 내 상이한 여러 분야에서 일하는 많은 직원들이 잘 조화될 수 있도록 하는 역할을 한다는 뜻에서 오케스트라의 지휘자와 같다고 봅니다. 오케스트라엔 상대적으로 중요한 역할을 하는 피아노와 바이올린도 있지만, 가끔씩 등장하는 심벌즈 같은 악기도 실수가 없어야 하거든요. 이 모든 게 같은 소리를 낼 수 있도록 하는 것이 총지배인이라고 봐요. 사실 이런 측면에서 보면 오히려 총지배인 자리에 한국인이 더 적합한 게 아닌가 하는 생각이 들어요."

"호텔은 서비스업이다. 따라서 사람들과 얘기하고 어울리는 걸 즐겨야 한다. 혼자 하는 일을 좋아하는 사람에게는 맞지 않는다. 또 참을성도 필요하다. 터무니 없는 불평을 하는 손님들도 정중히 받아줘야 하는 것이 호텔맨이기 때문이다. 진정한 호텔맨이라면 '때에 따라서는 굽힐 줄도 알아야' 한다. 나 역시 처음과 달리 '참 많이 변했구나' 하는 생각이 들 정도로 변했다. 또 호텔에는 외국 손님들이 많이 오시니까 외국어도 잘해야 한다. 외모도 소홀히 생각해선 안되고 가꿀 줄 알아야 한다. 미모를 말하는 게 아니라 사람을 많이 만나는 직업이므로 표정에 따라 좋고 편안한 인상을 가지도록 스스로 노력해야 한다. 나도 엔지니어 시절엔 지금과 다른 얼굴이었는데 호텔에서 일하다 보니 저절로 달라졌다. 가장 중요한 건 건강이다. 그래야 자신의 목표를 이루어 나갈 수 있다."

[전 호텔신라 대표이사 이영일]

"현재 우리가 경영하고 있는 대부분의 비즈니스들은 20년 전에는 존재하지 않았었다. 매리엇 성공의 핵심적 요소는 실험(도전)을 두려워하지 않는다는 것이다. 비즈니스에서 변화는 인간에게 산소와 같은 것이다. 한 마디로 핵심이다. 변화는 우리를 매우 놀라게 하며 때로는 우리를 마비시키기도 한다. 위대한 목표를 달성하려 할 때 당신을 방해하는 것은 오직 당신의 사고방식뿐이다. 아무것에도 도전을 하지 않는 기업들은 필연적으로 도전하는 기업에게 뒤떨어질 것이다. 당신은 변화를 주도할 수 있다. 그렇지 않으면 변화에 이끌려 다닐 것이다."

"당면하고 있는 세계화는 주로 정보처리에 대한 문제이며 당신 자신을 쓸모있게 만드는 것이다. 나는 막대한 양의 독서를 하는데, 내가 읽는 모든 것은 비즈니스와 관련된 간행물과 책, 그리고 월스트리트저널이다. 나는 매일 무슨 일이 발생했는가, 무엇이 다른가, 무엇이 새로운가를 파악하려는 시도를 멈추지 않는다."

[Bill Marriott, Jr., Chairman & CEO, Marriott International]

참고문헌

김경환 · 차길수(2002). 『호텔경영학』. 현학사.

김미경(2008). 『리더십과 조직유효성간의 관계에서 팔로어십 특성의 조절역할』. 연세대학교 생활환경대학원 석사논문.

백기복(2000). 『이슈리더십』. 창민사.

이건희(1997). 『현대경영학의 이해』. 학문사.

Blake, R. R. & Mouton, J. S. Mouton(1968). *Corporate Excellence through Grid Organizational Development*. Houston : Gulf Publishing.

Daft, R. L.(2008). *The leadership experience*(4th ed.). Mason, Ohio : Thomas on South-Western.

Greenleaf, R. K.(1970). *The Servant as leader*. Indianapolis : The Robert K. Greenleaf Center.

Greger, K. R., & Peterson, J. S.(2000). Leadership Profiles for the New Millennium. *The Cornell HRA Quarterly*. February.

Hersey, P., & Blanchard, K. H.(1977). *Management of organizational behavior : Utilizing human resources*(3rd ed.). Englewood Cliffs, NJ : Prentice Hall.

Higgins, J. M.(1994). *The Management Challenge*(2nd ed.). MacMillan.

Katz, R. L.(1994). Skills of an Effective Administrator. *Harvard Business Review*. September-October.

Mintzberg, H. A.(1980). *The Nature of Managerial Work*. Englewood Cliffs.

Northouse, P. G.(2007). *Leadership theory and practice*. Thousand Oaks : Sage Publications.

Robbins, S. P., & De Cenzo, D. A.(1995). *Fundamentals of Management : Essential Concepts and Applications*. Prentice Hall.

Szilagyi, A. D., & Wallace, M. J.(1987). *Organizational Behavior & Performance*(4th ed.). Glenview, Illinois; Scott, Foresman.

www.joins.com

Yukl, G.(2002). *Leadership in Organizations*(5th ed.). NJ : Prentice Hall.

경영사고의 진화과정

Chapter 05

Chapter 05

경영사고의 진화과정

학습목표

이 장을 학습한 후 여러분은 반드시 다음 내용을 이해해야 한다.

1. Taylor의 과학적 관리법과 Fayol의 관리이론을 숙지한다.
2. Follet의 연구와 Hawthorne 실험의 영향을 이해한다.
3. 경영과학이론에서 정보기술의 역할을 확인한다.
4. 투입-변환-산출 관계와 시스템의 계층을 숙지한다.
5. 상황관리에 대해 이해한다.

제1절 고전 경영이론(Classical Management Theory)

경영사학자 Daniel Wren은 '경영의 역사는 인류의 역사만큼이나 오래 됐다'라고 했다. 그러나 장구한 인류 역사에 비추어 봤을 때 비교적 최근에서야 비로소 경영에 대한 과학적인 연구가 시작되었다. 이때 과학적 연구가 시작된 동기는 19세기 이전에는 거대한 기업조직이 존재하지 않았기 때문이다. 그러므로 1800년대 전에는 경영이론의 체계적인 개발이 이루어지지 않았으며, 1900년대 중반까지만 해도 일반 관리자는 경영에 대한 과학적 접근법을 활용할 수 없었다. 과거 동서양의 여러 문명에서도 경영기법이 존재했지만 현재의 것과는 사뭇 다를 것이다. 과거 이집트, 유대민족, 중국, 그리스, 로마 등 각 시대의 경영기법은 당시 사회의 문화와 가치관에 의해 영향을 받았을 것으로 추론할 수 있다. 각 시대에서 사회적, 경제적, 정치적, 기술적 요인 등이 변할 때마다 경영기법도 따라서 변해야 했으며 또 지속적으로 변해 왔다. 이집트와 로마 등 고대 문명으로부터 비교적 최근까지 경영기법은 매우 권위적인 계층적 조직구조를 기반으로 하고 있었다. 반면에 많은 다른 조직에 의해 모방된 로마 가톨릭 교회의 분권화된 조직구조는 중세시대 경영의 본질에 지대한 영향을 미치게 되었다. 인류가 농경사회에서 산업사회로 전환되면서 경영자와 경영학자들은 전통적인 경영기법은 더 이상 효용이 없음을 깨닫게 된다. 즉, 농장이나 군대에서는 잘 작동되던 것들이 새롭게 탄생한 조직인 생산공장에서는 무용지물이 되었다는 것을 비로소 확인하게 된 것이다. 산업혁명이 태동해서 150여 년이 지난 20세기 초반이 되서야 비로소 경영자들은 경영활동에 포함되는 요인들에 대해 숙고하고 또 다른 방식의 경영기법을 고려하기 시작했다.

다른 관점에 보면 경영자(또는 관리자), 이론가, 연구자, 컨설팅기업 등은 조직의 효율과 효과를 향상하기 위해 항상 새로운 방식을 추구하기 때문에 조직의 실제 경영업무는 지속적으로 변화되어 왔다. 경영이론의 진화를 촉진하는 주요 동인은 조직의 자원을 보다 잘 활용하는 방법을 찾으려는 것이었다. 일반적으로 경영사고의 발전은 경영자와 연구자가 주요 경영기능인 다양한 조직자원을 계획 · 조직 · 지휘 · 통제하는 기능을 수행함에 있어 보다 나은 방식을 찾고자 할 때 이루어졌다.

19세기 후반 산업혁명으로 시발된 산업확장의 속도는 점점 가속화되었다. 그러나 분업과 같은 기술과 기계화의 급속한 발전에도 불구하고 근로자들의 생산성은 낮은 수준에서 벗어나지 못하고 있었다. 그래서 공장의 작업에 대한 능률을 향상시키기 위하여 학자들과 실무자들은 여러 선구자들이 제시한 이론을 강화하고 관리에 대해 집중적인 연구를 시작하게 된다. 이런 배경으로 고전이론(Classical Theory)은 발전하게 된다. 고전이론들은 주로 20세기 초에 개발되었다. 고전이론에는 크게 두 가지 접근법이 존재하고 있는데 바로 과학적 관리와 관리 및 조직접근법인데, 이들의 주된 관심사는 작업방식의 향상과 조직관리원칙의 수립 및 조직의 구조화였다.

1. Taylor의 과학적 관리론(Scientific Management Theory)

과학적 관리론은 주어진 어떤 과업(또는 작업)에서도 최선의 방법(One best way)을 찾으려고 했다. 이 이론의 주창자는 당시 산업 엔지니어로서 풍부한 실무 및 연구 경험을 가졌던 Frederick W. Taylor(1856~1915)였는데 1911년 저서 “The

Principles of Scientific Management"를 발간하면서 경영기법에 혁명적인 변화를 불러일으켰다. 이전에도 과학적 관리의 연구자들은 많았지만 Taylor는 이를 체계적으로 집대성하였다. 과학적 관리론의 발전에 기여한 다른 연구자에는 Gilbreth 부부와 Henry L. Gantt 등이 있다.

산업혁명이 시작된 지 100년이 지난 1800년대 후반에 산업이 급격히 발전했을 뿐만 아니라 기업규모도 또한 크게 확대되었다. 그러나 Taylor는 생산현장에서 동일한 직무를 상이한 기법에 의해 안이하게 수행됨으로써 근로자 개개인의 생산능력이 1/3밖에 미치지 못하고 있음에 크게 실망했다.

▸ Frederick W. Taylor

Taylor의 관찰에 의하면 근로자와 경영자는 서로 책임에 대한 명백한 개념도 없었으며, 효율적인 작업표준도 없어 근로자가 고의적으로 작업속도를 늦출 수도 있었다. 경영자의 의사결정도 육감과 직관에 기초한 경험에 의해 이루어지고 있었다. 더욱이 근로자와 경영자의 관계를 스스로 지속적인 충돌상태라 간주하고 상호 이득을 위한 협조보다는 제로섬(Zero-sum)게임, 즉 어느 한쪽의 이익은 다른 한쪽의 손실이 된다고 인식하고 있었다. 그래서 Taylor는 작업능률을 개선하기 위한 명확한 지침을 설정했다. 즉 근로자와 경영자 모두가 정작 관심을 가져야 할 것은 성과배분이 아니라 성과 자체를 증대시키는 것이라고 주장했다.

Taylor의 과학적 관리론은 다음과 같은 4가지 원칙을 기반으로 하고 있다. 첫째, 개인별 작업을 종전 주먹구구식 방법을 탈피해서 엄밀히 과학적인 방법으로 개발한다. 둘째, 각 작업에 적합한 근로자를 과학적으로 선발한다. 셋째, 교육과 개발을 통해 각 근로자가 자신의 작업을 올바르게, 과학적으로, 수행할 수 있도록 진심으로 협력한다. 넷째, 관리자와 근로자 간의 협조체제를 구축한다. 즉 경영자와 근로자 간에 작업과 책임을 균등하게 배분하고 경영자는 사전 작업계획을 통해 모든 작업을 준비한다.

Taylor는 네 가지 원칙의 조화가 생산성을 향상하고 근로자의 만족을 증가시킨다고 했다. 그는 관리자들이 주먹구구식인 경험적(Rule of Thumb) 관리법보다는 과학적인 관리를, 부조화보다는 조화를, 이기주의보다는 협조를, 제한된 산출량보다는 최대한의 산출량을 추구해야 한다고 주장했으며, 조직의 각 구성원은 자기 자신을 최대한 효율적으로 개발해야 한다고 했다. 이 원칙을 따를 경우 근로자의 생산성 향상을 통해 근로자에게는 높은 임금을, 경영자에게는 보다 많은 이익창출을 통해 모두에게 번영을 가져다 줄 것이라고 주장했다.

Taylor는 고용주와 종업원이 공히 번영을 달성하는 것에 관심을 두었다. 주로 철강산업과 같은 대규모 제조산업의 근로자들과 함께 일을 하면서 그는 작업(업무)을 재설계하면 근로자들이 보다 많은 일을 할 수 있다는 가능성을 인지하였다. 또한 Taylor는 근로자를 위한 보상시스템의 재설계를 통해 보다 많은 근로자가 더 많은 일을 하기 원하게 된다는 것을 파악하였다. Taylor는 특정 작업을 수행하는데 요구되는 동작의 수를 줄이는 것처럼 작업을 과학적으로 재설계하면 작업을 보다 효율적으로 수행할 수 있고 또 적절한 보상이 제공되면 근로자들이 작업목표를 미달하는 경우는 없을 것이라고 확신했다. 그래서 과학적 접근법을 이용하면 회사와 근로자가 모두 더 많은 돈을 벌 수 있으며, 결과적으로 근로자들도 더 행복해질 수 있다고 믿었다.

Taylor의 과학적 관리는 기본적으로 과업관리(Task Management)로서의 특성을 지니고 있는데, 왜냐하면 과학적으로 임금을 결정하기 위한 기초로써 각 근로자가 하루에 처리할 수 있는 공정한 작업량을 과업이라고 설정하고 이를 전제로 동작 및 시간 연구를 통해 작업관리시스템을 체계화했기 때문이다. Taylor의 과학적 관리론의 특징 중의 하나는 차별성과급제도의 도입이었다. 이는 근로자들이 그들의 작업량을 달성할 수 있도록 유인하기 위해서 설정한 성과급제도로서 성공적으로 작업량을 채운 근로자에게는 보너스를 통해 높은 임금을 적용하지만 실패한 자에게는 낮은 임금을 적용하는 방식이었다. 당시에는 작업시간이 아닌 작업량에 따라 임금을 지급하는 것은 혁신적인 아니라 오히려 다른 사람들의 의심을 불러일으켰다. 그래서 Taylor는 미국 국회에서 자신의 주장을 방어하기에 이르렀고, 현상유지에만 큰 관심을 갖고 있던 많은 노동조합이나 단체들은 그를 조소하기도 했다. 그럼에도 불구하고 현대 기업의 근로자 보상프로그램에 지대한 영향을 미치게 되었다.

또한 기업조직은 사람이나 직위에 의해 관리되는 것이 아니라 하나의 부서에서 체계적으로 관리되어야 한다는 관점에서 기획실(Planning Department System)의 설치를 주장했는데, 기획부서는 작업의 변경과 조건을 표준화하고 시간연구에 의하여 과업을 설정함과 동시에 과업을 수단으로 하는 생산의 모든 계획을 수립하게 하였다. 또한 Taylor는 근로자에 따라 각기 다른 방법으로 작업을 하는 경우가 있었으며 이에 소요되는 시간도 천차만별이라는 것을 간파했다. 작업방법을 통일하기 위하여 표준작업방식과 이에 대한 표준시간이 동작의 순서에 따라 기입되어 있는 작업지시표(Instruction Card)를 작업자에게 제공하여 이에 따라 작업을 하게 하였다.

이와 같은 과학적 관리기법으로 태업을 방지하고 생산성을 향상함으로써 Taylor는 보통 테일러시스템 또는 테일러주의로 일컬어지는 그의 일관된 원칙인 고임금 저비용 원칙을 달성하였다.

2. Gilbreth 부부의 동작이론(Motion and Time Study)

▸Frank & Lillian Gilbreth

Frank Gilbreth(1868~1924)는 교육학과 심리학을 전공한 부인 Lillian Gilbreth(1878~1972)와 함께 과학적 관리법을 연구하였다. 이들은 낭비적인 손동작과 육체적 동작을 제거하기 위한 작업정렬과 작업성과 최적화를 위해 적절한 도구와 장비의 설계와 사용을 위한 실험을 실시하였다. 동작연구의 창시자인 Gilbreth 부부는 동작연구를 '비능률적이고 잘못된 동작으로부터 생긴 낭비를 없애는 과학'이라 정의하였다. Taylor가 인간적 측면보다는 작업방법의 개선에 역점을 둔 것과는 달리 Gilbreth는 교육학과 심리학을 전공한 부인의 도움으로 최초로 인간의 심리적 면과 생리적 면에 중점을 둔 연구를 수행하게 된다. 즉 작업여건, 작업대의 배치, 작업의 주위환경을 개선함으로써 작업능률이 제고되도록 한 것이다.

Gilbreth는 특히 벽돌공이 작업하는 일련의 동작들을 분석한다. 그래서 불필요한 동작은 모두 제거하고 몇 가지 동작을 하나로 결합하여 종전에 모두 18가지의 동작을 4가지로 줄이게 된다. 그 결과 숙련공이 1시간에 120개 정도 벽돌을 쌓던 것을 350개 쌓도록 크게 개선하여 생산성을 거의 3배로 높이게 된다.

Gilbreth가 제시한 작업개선 방법에는 작업자의 동작을 정밀하게 분석하기 위해 최초로 촬영법을 도입해서 작업자의 동작이 어떤 종류의 기본동작으로 형성되어 있는지 고속영화로 찍어서 분석하는 방법인 미세동작연구(Micromotion Study)를 통해 사람이 행하는 '찾다', '발견하다', '나르다' 등의 동작을 최소단위인 Therblig이라 불리는 18종의 기본단위를 정하고 여기에 그의 성인 Gilbreth을 거꾸로 쓴 서블릭기호(Therbligs)를 고안해 사용함으로써 근로자의 동작요소를 보다 정확하게 분석하였다.

3. Fayol의 관리이론(Administrative Management Theory)

과학적 관리론에 대한 관심이 한창이던 시기에 관리자들의 관리방법과 조직의 구조방법에 대한 노력들이 시도되었다. 과학적 관리론이 개별노동자의 과업을 대상으로 이루어진데 반해 관리이론은 조직 전체의 관리에 관심을 가졌다. 관리이론의 탄생과 발전에 공헌한 주요 연구자에는 프랑스의 탄광기업 사장이었던 Henri Fayol이 있다.

1916년 Henri Fayol(1814~1925)은 저서 'Industrial and General Administration'를 통해 조직과 그 구성원들을 관리하는 적절한 방식에 대한 주장을 제기하였다. Fayol의 접근방법은 경영자는 무엇을 해야 하며, 어떤 방법이 훌륭한 경영성과를 낳는가 등 경영자와 경영자가 수행하는 기능에 초점을 두고 있다. 경영기능(Functions of Management)과 14가지 일반관리원칙(General Management Principles)에 대한 Fayol의 명확한 주장은 현대 경영학의 발전에 지대한 공헌을 하였다.

▸ Henri Fayol

Fayol은 경영을 계획, 조직, 명령, 조정, 통제 등 여러 과업을 수행하는 과정이라고 정의했으며, 이 과정은 모든 형태의 사업조직에 적용되는 보편적 원칙이라고 주장했다. 이러한 보편적 원칙은 조직적, 관리적 및 업무적 수준의 세 가지 수준에서 관찰될 수 있다.

조직적 수준에서 일개 기업조직은 6가지의 주요 기능, 즉 ① 기술기능(생산), ② 영업기능(구매, 판매 및 교환), ③ 재무기능(자본의 조달과 활용), ④ 보전 기능(인적 · 물적 재산의 보호), ⑤ 회계기능(재무 기록의 유지), ⑥ 관리기능(계획, 조직, 명령, 조정, 통제)을 수행한다고 주장했다. 당시 많은 실무자들에 의해 쉽게 이해될 수 있었던 5가지 기능과 달리 관리기능에 Fayol은 특히 관심을 집중시켰다.

그는 관리적 수준에서 경영자는 5가지 기능을 수행해야 한다고 했다.

1) 계 획

기업의 목표를 검토하고 이를 달성하기 위한 행동계획을 수립, 작성한다.

2) 조 직

수립된 계획을 실행하기 위해 모든 자원을 동원하기 위한 조직구조를 편성 · 운영한다.

3) 명 령

직원들이 요구되는 과업을 수행하도록 하기 위해 직원들에게 지시하고 명령을 내린다.

4) 조 정

전체 직원의 활동을 오로지 조직이 설정한 목표를 달성하는데 통일 · 조정시킨다.

5) 통 제

목표가 계획대로 달성되고 있는가를 검토 · 평가하여 잘못됐을 경우 이를 시정하게 한다.

그림 5-1 **Fayol의 조직 및 관리기능**

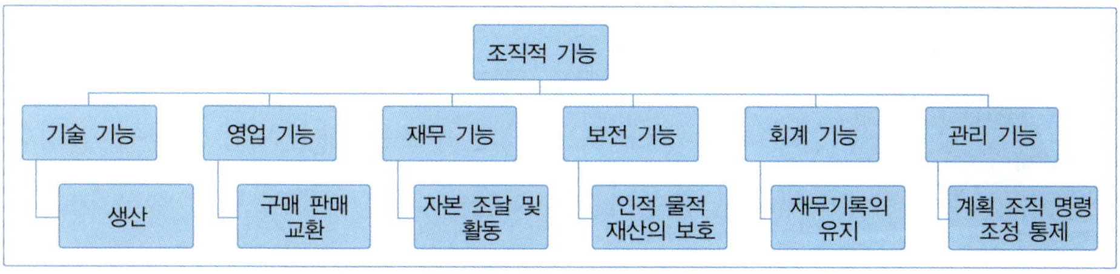

업무수준에서 Fayol은 관리자는 〈그림 5-2〉에서와 같이 14가지 일반관리원칙을 수용해야 한다고 주장하였다. 일반관리원칙이란 관리자가 경영기능을 수행할 때 따르게 되는 일반적인 기준들로 Fayol은 이러한 관리원칙들을 어떠한 경우에도 가장 많이 활용될 수 있는 보편적 원칙이라고 주장하였다. 이와 같은 Fayol의 관리원칙은 첫째, 모든 조직에서 보편적으로 사용될 수 있는 일반적인 원칙이며, 둘째 상위관리자의 입장에서 개발되었고, 셋째, 각 원칙들은 절대적인 것이 아니라 상황에 따라 신축성 있게 사용될 수 있으며, 넷째, 관리자의 교육을 강조하고 있다 등의 네 가지 특성을 띠고 있다.

그림 5-2 **Fayol의 일반관리원칙**

Fayol의 일반관리원칙(General Principles of Management)	
• 분업(Division of Work)	• 권한과 책임(Authority and Responsibility)
• 규율(Discipline)	• 명령의 일원화(Unity of Command)
• 지휘의 일원화(Unity of Direction)	• 공익에 대한 복종(Subordination)
• 개인에 대한 보상(Remuneration of Personnel)	• 중앙집권화(Centralization)
• 계층구조(Scalar Chain)	• 질서(Order)
• 공정(Equity)	• 정년보장(Stability of Tenure)
• 주도권(Initiative)	• 단결심(Esprit de corps)

4. Weber의 관료제 이론(Bureaucracy Theory)

▸ Max Weber

관료제(Bureaucracy)란 불어로 사무실의 책상보를 뜻하는 bure와 통치를 뜻하는 cratia를 합성한 말로써 분업, 권한의 계층화, 자격에 의한 직원 선발, 엄격한 규칙과 절차 등과 특성을 지닌 조직의 형태를 말한다. 관료제는 독일의 사회학자 Max Weber(1864~1920)에 의해 개발되었다. Weber는 대규모 조직의 구조를 향상하고 그들이 설정한 목표를 달성하는데 도움이 되는 구조에 대한 청사진을 설계하는데 큰 관심을 가졌다. 그의 이런 공적으로 Weber를 조직이론의 아버지라고 한다. Weber는 관료제를 '이상적 또는 진정한 형태의 조직'이라고 정의했다. Weber는 관료제의 이념형을 제시하고 전체 조직이 어떻게 운영되어야 하는가에 대한 합리적인 청사진을 제공하였다.

Weber는 3가지 형태의 정당한 권위를 밝혔다. 첫째, 합리적 및 법적 권위, 둘째, 전통적 권위, 셋째, 카리스마적 권위이다. 합리적 및 법적 권위는 지위(Position)에 따르고, 전통적 권위는 명령에 있는 사람의 정당성에 달려 있으며, 카리스마적 권위는 추종자(Follower)의 리더에 대한 인간적 신뢰와 신념에 달려 있다고 간파하였다. Weber는 3가지 형태의 권위가 모든 조직구조의 기초가 된다고 했다. Weber는 전통적 권위나 카리스마적 권위보다 법적 권위에 의한 지배체계를 가장 합리적으로 보았다.

Weber는 관료제의 성격을 다음과 같이 구체적으로 설명하고 있다. 첫째, 분업은 권한과 책임이 명확하게 정의되고 정당화한 것이다. 둘째, 권한의 계층은 명령의 계층을 낳는다. 셋째, 조직 구성원들은 시험 또는 교육 및 훈련과 같은 자격요건에 의해 선발된다. 넷째, 관리자는 선거에 의하지 않고 임명한다. 다섯째, 관리자는 고정된 근무시간에 의해 임금이 지급되고 경력지향적이다. 여섯째, 관리자는 자신이 관리하는 부서를 소유하지 않는다. 일곱째, 관리자의 행동은 엄격한 규칙과 절차, 규율화된 행동, 통제 등의 대상이 된다.

Weber가 제시한 이상형 관료제는 여러 가지 순기능과 역기능을 갖고 있다. 표준화된 행동과 그로 인한 능률 증대, 공정성과 통일성의 확보, 계층구조를 통한 용이한 책임수행 등은 관료제의 순기능이다. 그러나 형식주의, 동조과잉, 인간성의 상실, 무사안일주의, 행정의 독선화, 변화에 대한 저항 등은 관료제가 낳은 심각한 역기능이다.

과학적 관리론은 현재까지도 문제점에 당면하고 있는 관리자들에게 많은 도움을 제공하고 있다. 과학적 관리론을 통해 제기되었던 직무설계는 조직 구성원들의 효율과 효과에 매우 중요하며, 성과에 대한 보상체제의 중요성도 현재까지도 많은 관심을 끌고 있다. 이런 장점에도 불구하고 과학적 관리론은 명확한 한계성도 갖고 있다. 바로 인간관계에 대한 고려가 없었다는 것이다. 과학적 관리론에서는 어떻게 근로자들이 주어진 업무를 수행하는가에 대한 고려를 하지 않았다. 대신에 연구자들은 근로자의 효율성을 기계적인 관점으로만 취급하는 성향을 보였다. 이런 치명적인 취약점은 다른 방향의 연구들을 촉진하게 되었다.

제2절 행동경영이론(Behavioral Management Theory)

행동경영이론은 생산성을 향상하기 위해 조직에서 인간적 요인의 영향을 이해하는 것에 연구를 집중하였다. 즉 직원들을 동기화하고 격려해서 그들이 최고 수준의 작업을 수행하고 또 조직목표의 달성에 몰입하도록 하기 위해 관리자는 어떻게 행동해야 하는가에 대하여 관심을 가졌다.

1. Follet의 인간적 요인에 대한 연구

Taylor가 경영사고의 아버지라면 Mary Parker Follet(1868~1933)은 어머니라고 할 수 있다. Follet은 Taylor가 무시했었던 조직에서 인간적 측면에 대해 관심을 가졌는데, 관리자는 직원들을 염두에 두고 행동해야 한다고 주장했다. 그녀는 관리자들은 직원들에게 일상적인 근무환경에서 참여를 유도하고 주도권을 행사

▸Mary Parker Follet

할 수 있도록 지원을 하면 여러 면에서 직원들이 조직을 위해 공헌할 수 있다는 것을 간과하고 있다고 지적했다. Taylor는 작업을 수행하기 위한 보다 나은 방법을 파악하는 과정에서 직무분석 등에 직원들을 포함시키거나 또는 직원들에게 업무에 대한 느낌을 질문해 보는 경우가 절대 없었다. 반면에 Follet는 직원들은 그들이 수행하는 업무에 대해 잘 알고 있기 때문에 직원들은 직무분석에 포함시켜야 하며 관리자들은 직원들이 직무개발과정에 반드시 참여하도록 해야 한다고 역설했다.

이어 Follet은 직원들은 업무 관련 지식을 보유하고 있기 때문에 관리자보다는 직원들이 업무과정을 스스로 통제하게끔 하고 관리자들은 감독자나 감시자가 아닌 코치나 촉진자로서 행동해야 한다고 주장했다. Follet은 여기서 현재 21세기 경영사회에서 관심을 두고 있는 자가관리팀(Self-managed Team)과 권한위임(Empowerment)의 등장을 이미 예상하기도 했다.

그리고 Follet은 서로 다른 부서에서 일하고 있는 관리자들이 신속한 의사결정을 지원하기 위해 서로 간에 직접 소통할 수 있도록 해야 한다고 강조했다. 또한 Follet은 그녀가 명명한 교차기능(Cross-functioning) 용어를 통해 프로젝트의 목적을 달성하기 위해 여러 부서의 직원들이 교차부서(Cross-departmental)팀에서 함께 일을 하는 개념을 창안하기도 했다. 이 개념은 현재도 많은 조직에서 활용되고 있다.

일찍이 프랑스의 Fayol은 전문성과 지식은 관리자의 권위를 이루는 중요한 원천이라고 역설하였다. 그러나 Follet은 한 발자국 더 나아가 관리자의 공식적 권위는 계층구조의 지위에서 유래되는 것이 아니고, 어떤 순간일지라도 지식과 전문성을 갖춘 사람이 지도해야 한다고 제안했다. 그녀의 이런 주장은, 현재 많은 경영이론가들의 주장처럼, 권한은 유동체와 같아서 조직의 목표를 달성하는데 가장 큰 역할을 할 수 있는 자에게 주어져야 한다고 했다. 이처럼 Follet은 조직의 계층구조에 의한 수직적 관점을 견지한 종전과 달리 권한(Power)과 권위(Authority)를 수평적 관점에서 보았다. 이런 Follet의 경영에 대한 여러 관점들은 당시로서는 파격적이었다. 그래서 최근까지도 그녀의 업적은 연구자나 경영자 사이에서 진가를 인정받지 못하고 있었다.

2. Mayo의 Hawthorne 실험

Hawthorne 실험은 처음 근무환경과 성과 간의 관계를 확인하기 위해 1924~1932년에 미국 시카고 교외에 있는 당시 유명한 전화기 회사인 Western Electric Company의 Hawthorne공장에서 실험(The Illumination Experiments)을 행하였다. 연구자들은 한 작업실 안에서는 조명의 밝기를 다양하게 조절했고, 다른 작업실에서는 조명을 계속 일정하게 유지하였다. 그런 뒤 두 집단의 작업성과를 비교해 보았는데, 결과는 두 집단 모두 성과가 증가했으며, 심지어 조명의 밝기를 낮추었음에도 불구하고 생산성은 양쪽에서 모두 향상되었다. 수수께끼와 같은 연구결과에 대한 의문을 해명하기 위해 초기 연구진은 당시 유명한 심리학자였던 하버드대학의 Elton Mayo(1880~1949) 교수를 초대하여 후속 연구(The Relay Assembly Test Experiments)를 진행하게 된다.

▸ Elton Mayo

결국 후속 실험을 통해 예상하지 못한 결과를 발견하게 된다. 즉 관리자의 행동이나 리더십이 근로자들의 관리자에 대한 태도를 형성하여 결국 작업성과에 영향을 미친다는 Hawthorne Effect를 발견하기에 이른다. 이후 Mayo는 또 다른 후속연구(The Bank Wiring Room Experiments)를 통해 작업집단(Work Group)이 생산성에 미치는 영향을 분석하게 되는데, 작업집단의 내부에서 생산성을 좌우하는 근로자의 형태를 파악하였다. 연구결과 작업집단에 속하는 구성원들의 느낌, 사고, 행동이 성과에 영향을 미친다는 것을 발견하였다.

Hawthorne 실험이 있기 전에는 인간은 임금의 많고 적음에 따라 부지런하기도 하고 게으르기도 하는 경제인이란 사고방식이 널리 퍼져 있었다. 그러나 Hawthorne 실험의 결과 이런 생각이 반드시 옳은 것만은 아니라는 결론에 이르게 된다. 즉 근로자들의 작업능률을 좌우하는 요인은 작업환경이나 돈이 아니라 관리자가 근로자에게 미치는 영향과 종업원의 심리적 안정감이며, 사내친구관계, 비공식 조직, 친목회 등과 같은 비공식 조직(Informal Organization)이 중요한 역할을 한다는 것이다. Hawthorne 실험에 의해 인간은 단순한 경제인이 아니라 심리적 존재이자 사회적 존재임을 부각시키게 되었으며, 이는 향후 인간중심적 경영에 커다란 공헌을 하게 된다.

(자료 : www.google.com)

▶ The Illumination Experiments

(자료 : www.google.com)

▶ The Relay Assembly Test Experiments

3. Maslow의 동기부여 이론(Motivation Theory)

인간은 끊임없이 어떤 목표를 성취하려고 하는 동기를 부여받게 되어 있다. 1943년 Abraham H. Maslow는 그의 연구논문인 'A Theory of Human Motivation'을 통해 욕구에는 단계가 있다는 주장을 하는데, 그는 욕구의 단계는 총 5단계로 존재한다고 역설했다.

1) 생리적 욕구

인간에게 가장 낮은 수준의 욕구는 생리적 욕구이다. 인간의 가장 기본적인 욕구로 배고픔이나 갈증이 여기에 해당한다. 경영자는 종업원에게 규정된 임금을 지급함으로써 그들이 생리적 욕구를 충족시킬 수 있다.

2) 안전 욕구

안전 욕구는 신체적인 위협이나 불확실성에서 벗어나고자 하는 욕구이다. 일상의 안전 · 보호 · 안정 등에 대한 욕구는 의료보험이나 노후대책으로써 직업을 선택하는 행동에 반영된다. 경영자는 안전한 작업조건 및 정년보장 등을 통해서 근로자들의 욕구를 충족시킨다.

3) 소속 요구

안전 욕구가 충족되면 사람들은 다른 사람들과 관계를 맺고 소속감과 애정을 나누고 싶어 하는데 이를 소속 욕구라고 한다. 같은 회사의 동료들과 함께 하고 싶다는 욕구가 그런 예이다. 그래서 회사에서는 야유회나 체육대회 같은 친목활동을 통해 욕구를 충족시킨다.

4) 존경 욕구

이는 다른 사람에게 자신의 능력 또는 열정을 인정받고 싶어 하는 욕구이다. 존경욕구가 충족되지 못하면 인간은 열등감과 무력감에 빠지게 된다. 직장에서 자신의 업무를 성공적으로 완수한다든가 동료나 상사로부터 인정받음으로써 또는 승진이나 전직을 통해 자신감과 자부심을 갖게 되는 것 등이 존경 욕구를 충족시키는 방법이다.

5) 자아실현 욕구

▸ Abraham Maslow

자아실현 욕구는 자신의 잠재 능력을 최대한 발휘하고 또 창조적으로 자신의 가능성을 실현하고자 하는 욕구를 말한다. 최근에는 낮은 단계의 욕구보다는 자기계발이나 자아실현의 욕구가 점차 중요시되고 있다. 그러므로 경영층에서도 이런 면에 비중을 두어야 한다.

이처럼 욕구불만이 근로자의 행동에 영향을 미칠 수 있다.

인간의 욕구는 중요한 순서대로 배열되는데, 욕구 단계는 가장 기본적인 것으로부터 복잡한 것으로 되어 있다. 또한 다음 단계의 욕구를 충족시키기 전에 그 전 단계의 욕구가 충족되어야 한다. 만일 충족된 욕구가 유지되지 않는다면 그 욕구가 다시 우선순위가 된다고 했다. Maslow의 욕구이론은 근로자들의 동기를 부여한다는데 중요한 시사점을 제공한다. 즉, 근로자들이 어떤 욕구를 가지고 있는가를 파악하고, 이를 근거로 근로자들이 충분히 능력을 발휘할 수 있는 작업환경을 조성하는 등과 같은 조치를 취해야 한다.

그림 5-3 Maslow의 5단계 욕구

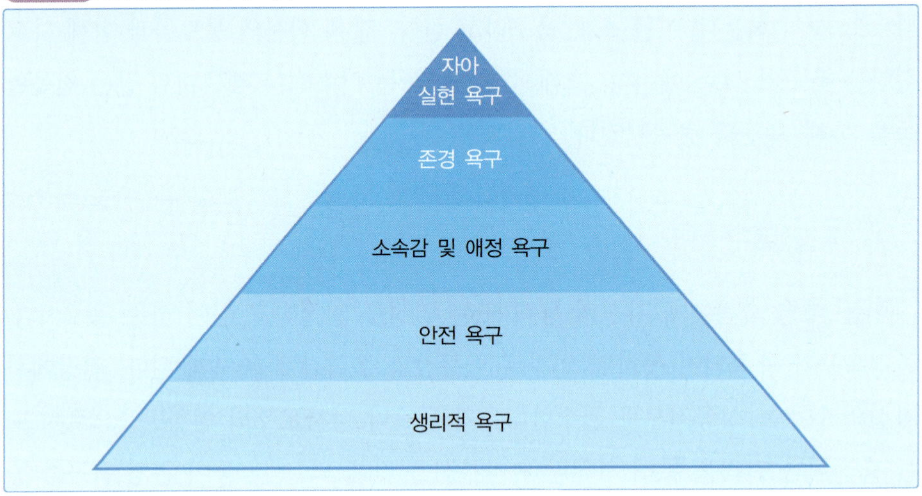

4. McGregor의 X이론과 Y이론(Theory X and Theory Y)

제2차 세계대전 후 근로자의 태도와 행동이 관리자의 행동에 영향을 미친다는 문제에 대해 여러 연구가 수행되었다. 그 중에서 가장 영향력이 있는 연구가 바로 미국의 심리학자 Douglas McGregor(1906~1968)가 수행한 연구이다. 그는 관리 및 조직에 있어서 인간의 본성에 관해 대조적인 X이론과 Y이론이라는 두 가지 가설을 제시했다. 그리고 관리자가 X이론적 관점을 가지고 있느냐 Y이론적 관점을 가지고 있느냐에 따라 조직에서 근로자를 취급하는 방법이 달라진다고 간파했다.

▸ Douglas McGregor

X이론의 가정에 의하면 평균적인 근로자는 게으르고 일을 싫어하며, 가능한 최소만 하려 한다고 했다. 더구나 근로자들은 야망이 없고 책임을 회피하려 한다고 했다. 그러므로 관리자의 과업은 일을 회피하려는 근로자들의 타고난 성향에 대응하는 것이다. 근로자들이 최고 수준의 업무를 수행하도록 관리자는 그들을 근접 거리에서 감독하고, 또 당근과 채찍(보상과 처벌)으로 그들의 행동을 통제해야 한다고 했다.

X이론을 선호하는 관리자들은 근로자의 행동에 대한 통제를 최대화하고 근로자들 스스로가 업무에 대한 통제를 최소화할 수 있는 방향으로 작업환경을 설계하고 만들어 간다고 했다. 이런 관리자들은 조직의 성공을 위해 필요한 일을 근로자들은 해야 한다고 믿으며, 관리자들은 규칙, 표준업무절차(SOPs), 행동을 통제하기 위해 잘 정의된 보상 및 처벌 시스템 등의 개발에 집중한다고 파악했다. 이런 관리자들은 근로자들이 협력을 기대하거나 원하지 않는다고 생각하기 때문에 근로자들이 자신들의 문제를 해결하는 것에 대한 자율권을 별로 고려하지 않는다고 했다. X이론에 가까운 관리자들은 자신의 역할을 근로자들이 생산과정에 공헌하고 제품품질의 저하를 막기 위해 최대한 근접해서 근로자들을 감시하는 것으로 설정한다고 했다. McGregor는 근로자들을 철저하게 감독하고 관리했었던 자동차왕 Henry Ford를 전형적인 X이론 관리자라고 칭했다.

반면에 Y이론은 근로자들은 게으르지 않고, 본래 일을 싫어하지도 않으며, 조직을 위해 좋은 것을 한다고 가정했다. Y이론에 의하면 작업환경의 속성에 의해 근로자들이 작업을 만족 또는 처벌로 여기게 되는 판단 근거를 제공하며, 근로자들이 조직목표에 몰입하게 되면 스스로 통제를 하기 때문에 관리자들은 근로자들을 철저하게 통제할 필요가 없게 된다. McGregor는 Y이론이 시사하는 바를 '조직에서 협력의 한계는 인간의 본질에 의해 제한되지 않으며 오히려 보유하고 있는 인적 자원의 잠재력을 깨닫지 못하는 창의성의 결핍된 경영에 기인'한다고 간파했다. 관리자의 과업은 근로자들이 조직목표에 몰입을 유인할 수 있는 작업환경을 만들고, 근로자들에게 창의적으로 주도권을 행사하고 스스로가 결정할 수 있는 기회를 제공하는 것이라고 했다.

관리자들이 Y이론에서 제안하는 태도나 행동을 감안한 조직환경을 설계한다면 이는 X이론을 기반으로 하는 조직환경과 사뭇 다르다. 근로자들이 조직목표의 달성을 지원하기 위해 동기화되었다고 믿는 관리자들은 조직구조를 분권화하고, 업무에 대한 더 많은 통제권을 근로자(개인이나 집단)에게 이양할 것이다. 이런 조직환경에서 개인과 집단은 그들의 활동에 대해 책임을 지고 있다. 그러나 여기서 관리자의 역할은 근로자들을 통제하는 것이 아니라 오히려 그들에게 지원과 조언을 제공하며, 근로자들이 작업을 수행하는데 필요한 자원을 확보할 수 있도록 지원하고, 조직의 목표를 달성하는데 공헌한 바를 기준으로 근로자들을 평가하는 것이다. Y이론에 적합한 관리자에는 'HP Way'를 주창한 HP의 공동창업자인 Bill Hewlett와 Dave Packard가 있다.

제3절 경영과학이론(Management Science Theory)

경영과학이론은 경영에서 현대적인 접근법으로 관리자들이 상품과 서비스를 생산하기 위한 조직자원을 최대한 활용할 수 있도록 지원하기 위해 엄격한 계량기술의 이용에 집중하였다. 본질적으로 경영과학이론은 Taylor 등에 의해 개발되어서 효율을 향상하기 위해 직원과 과업 간의 관계를 계량적으로 접근했던 과학적 관리법의 현대적 확장이라고 할 수 있다.

경영과학에는 4가지 주요 특성이 있다. 첫째, 문제해결에 대한 집중이다. 둘째, 합리적 지향성이다. 셋째, 문제를 해결하기 위해 수학적 모형과 기술을 이용한다. 넷째, 의사결정에서 컴퓨터의 이용을 강조한다. 그리고 경영과학에는 여러 분화된 분야들이 존재하고 있는데, 여기에 대해 살펴보기로 하겠다.

1. 계량경영(Quantitative Management)

계량경영은 각 시기별로 맞는 적정재고량의 결정, 새로운 호텔이나 공장을 어디에 건설해야 하는가, 조직의 재무자원을 어디에 투자해야 하는가와 같은 문제에 직면하고 있는 관리자들의 의사결정을 지원하기 위해 선형 및 비선형 프로그래밍, 모델링, 시뮬레이션, 대기행렬이론(Queuing Theory), 카오스이론(Chaos Theory) 등과 같은 수학적 기술들을 활용한다. 정보기술은 관리자에게 정보를 관리하는 새롭고 향상된 방법을 제공해서 그들이 보다 정확하게 상황을 판단하고 보다 나은 의사결정을 내릴 수 있게 하고 있다.

2. 생산관리(Operations Management)

생산관리는 효율을 향상하기 위해 특정 조직의 생산시스템을 분석하는데 이용할 수 있는 일련의 기술들을 관리자에게 제공한다. 인터넷과 B2B 전자상거래와 같은 정보기술은 관리자가 투입물의 획득과 산출물의 배치 등을 처리하는 방식을 혁신적으로 전환하고 있다.

3. 전사적 품질관리(Total Quality Management)

전사적 품질관리는 제품의 품질을 향상하기 위해 조직의 투입-변환-산출 활동들을 분석하는 것에 집중한다. 정교한 소프트웨어 패키지와 컴퓨터기반의 생산시스템 등과 같은 정보기술을 통해 작업과정과 그것을 향상하는 방법에 대한 관리자와 근로자들의 사고방식을 변화시키고 있다.

4. 경영정보시스템(MIS : Management Information Systems)

경영정보시스템은 관리자가 효과적인 의사결정을 위해 필수적인 기업의 외부환경에 대한 정보와 내부에서 일어나는 이벤트에 대한 정보를 제공하는 시스템을 설계하는데 도움을 제공한다. 정보기술은 관리자들이 더욱 많고 나은 정보에 접근할 수 있도록 도와주며, 모든 계층의 관리자에게 의사결정과정에 참여할 수 있도록 지원한다.

여기서 특기할 점은 정교한 정보기술에 의해 향상된 경영과학의 모든 분화된 분야는 관리자들에게 의사결정의 질을 높이고 효율과 효과를 향상하도록 지원하는 도구와 기술을 제공하고 있다.

제4절 시스템 이론(Systems Theory)

기업 내의 경영현상에 관심을 집중했었던 종전의 경영이론들과 달리 1960년대에 들어서면서 일단의 연구자들은 기업조직의 의사결정과 행동이 물리적 환경, 직원들의 건강과 안정, 고용기회의 공정성, 소비자 보호 등과 같은 조직 외부의 환경에 영향을 미치고 또한 외부환경의 변화가 역시 조직의 생존에 영향을 미친다는 사실을 간파하게 되었다.

시스템 이론의 탄생을 이끈 연구자 중에 가장 큰 공헌을 한 사람은 독일의 Ludwig von Bertalanffy이다. 그가 개발한 일반시스템이론(General Systems Theory)은 조직의 시스템 기능을 설명하는데 큰 도움을 제공했다. 생물학자였던 Von Bertalanffy는 모든 과학에서 사용할 수 있는 일반시스템이론을 개발하려고 했다. Von Bertalanffy는 이 이론을 1930년대에 개발했지만 경영분야에서는 1960년대 이전까지 아무런 진전도 없었다. 이후 조직과 환경과의 관계를 설명하면서 시스템 이론에 대한 연구가 시작되었다. 즉 경영학자인 Fremont E. Kast와 James E. Rosenzweig가 조직의 내부기능을 설명하면서 시스템 이론을 확장해서 이용하였다.

시스템 이론에서는 조직을 환경 내의 다른 시스템들과 상호 의존적인 관계에 있는 일개 시스템으로 보고 있다. 조직의 환경은 조직에 영향을 미치는 사회적, 정치적, 기술적, 경제적 및 경쟁적 요인들로 구성되어 있다. 즉 모든 것은 다른 모든 것과 연결되어 있다는 것이다.

시스템 이론은 〈그림 5-4〉에서 보듯이 사업조직을 투입-변환-산출의 시스템으로 개념화함으로써 경영에 영향을 미쳤다. 사업조직은 인적, 물적, 재무적, 정보, 기술적 등과 같은 자원을 투입해서 이런 투입물들을 생산, 관리, 노동, 기술 활용 등을 통한 변환과정을 거쳐 상품과 서비스, 재무적, 인적, 사회적 결과물 등과 같은 산출물을 만들어 낸다. 투입물은 원재료와 차입금처럼 조직 외부에서 유래되는 것도 있고 노동력과 매출액처럼 내부에서 기인하는 것도 있다. 변환은 여러 방식으로 발생하고, 산출물도 사업조직의 주요 산출물인 상품과 서비스 또는 환경 훼손처럼 여러 방식으로 일어난다. 시스템 접근법의 중요한 시사점은 사업조직은 사회적 시스템 내에서 운영되고 있으며 기업활동은 사회적인 결과를 만들고 있다는 사실이다. 이런 관점에서 사업조직과 다른 실체들과의 관계는 더욱 명확해진다. 예를 들면, 공급자와 은행은 특정한 투입물을 제공하며, 근로자들은 부분품의 조립과 같은 과정의 수행을 통해 변환을 만들어 내고, 소비자들은 상품과 서비스 같은 산출물을 제공받게 된다.

그림 5-4 시스템적 관점에서의 조직

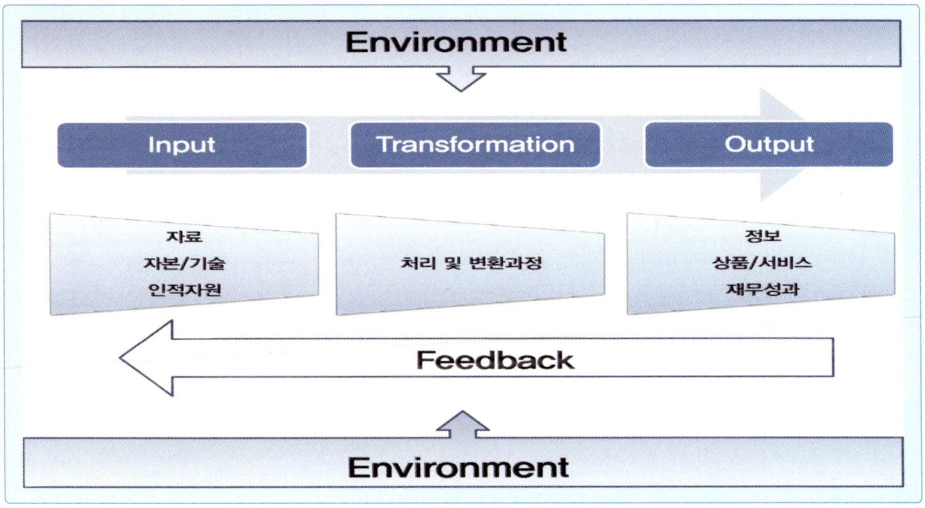

모든 시스템은 부분들 또는 하위시스템(Subsystems)을 가지고 있다. 예를 들면, 일개 부서는 기업의 부분이다. 대다수 하위시스템은 그들 자신의 하위시스템을 가지고 있다. 즉 마케팅 부서는 판매, 홍보, 광고, 제품개발, 유통경로 등과 같은 하위시스템들을 가지고 있다. 시스템의 계층구조에 덧붙여 시스템 이론은 크게 개방시스템과 폐쇄시스템으로 구분하고 있다. 폐쇄적 시스템(Closed System)은 시스템이 존재하고 있는 환경과 상호작용이 없이 따로 격리되어 있어 자급자족하는 주체를 말한다. 많은 사업조직 또는 행정조직들은 오랫동안 폐쇄적 시스템으로 운영되어 왔다. 그래서 그들은 그들의 영향력이 이해관계자(Stakeholders)에 미치는 것을 인식하지 못했으며 또한 이해관계자가 그들에게 미치는 영향력을 알지 못하였다. 환경과의 교류를 무시해서 폐쇄적 시스템으로 운영되는 조직은 스스로 통제할 수 있는 능력을 상실해서 결국 분해되고 붕괴되는 폐쇄적 시스템의 경향인 엔트로피(Entropy)를 경험하게 된다.

오늘날 대다수 관리자들은 사업조직을 개방시스템(Open System)으로 여기고 있다. 개방시스템은 투입, 변환과정, 산출, 피드백이란 틀 내에서 문제를 해결하려고 했다. 또 개방시스템은 생존이 환경에 달려 있는 시스템이다. 즉, 환경으로부터 자원, 물자, 정보 등을 받아들여 상품과 서비스를 창출하면서 피드백을 통해 환경과 균형상태를 유지하는 시스템이다. 그래서 문제를 해결하거나 의사결정을 내릴 때 관리자들은 그들의 결정과 해결책들이 여러 이해관계자들에게 미치는 영향을 반드시 고려해야 한다. 이 점이 시스템이론이 주는 가장 큰 교훈이다.

생존하고 발전하기 위해서 시스템들은 반드시 시너지(Synergy)를 창출해야 한다. 시너지는 시스템의 부분(또는 하위시스템)들의 결합해서 조정되는 활동은 각 부분들이 독립적인 활동을 통해 할 수 있는 것보다 더 많은 것을 달성할 수 있다는 의미이다. 즉, 전체는 그것의 부분들의 합보다 더욱 크다는 뜻이다. 이와 같이 시스템 이론에 근거하여 문제해결을 시도하는 시스템 접근방법(The Systems Approach)은 어떤 현상이나 문제들을 다룰 때 관련된 요소들과의 상호작용을 전체적 관점에서 고려하고 있다.

제5절 상황이론(Contingency Theory)

경영의 일반원칙을 연구한 Fayol과 다른 이론가들은 이런 원칙들이 모든 상황에 적용될 수 있다고 믿었다. 그러나 많은 원칙들이 대다수 상황에서 이용되었지만 모든 상황에 활용되는 원칙은 하나도 없었다. 1970년대에 이르자 관리자들의 활동은 주어진 상황에서 여러 핵심 요인들의 조건 여부에 따라 정해진다는 사실을 알게 되었다. 이런 문제가 상황이론의 개발을 이끌게 된다.

상황이론은 시스템 이론의 추상성을 극복하고 이를 조직이나 경영에서 보다 현실적인 이론으로 발전시킨 것으로 탁월한 경영기법에는 어떤 보편적인 규칙이 없고 당면한 상황에 의존한다는 사고를 기반으로 하고 있다. 그리고 상황이론은 상황별 적합성을 강조하고 있다는 점에서 경영적 사고에 도움을 주는 통합적 접근방법이다. 인간과 조직 그리고 이들에게 수반되는 문제들은 매우 복잡하기 때문에 보편적 경영이론에 의존하는 의사결정에는 한계가 있다는 것을 간파했다.

최초로 상황이론에 대한 주요 연구를 수행한 경영연구자는 1967년에 리더십 역구를 수행한 Fred E. Fidler이다. 리더십 상황이론 연구의 선구자인 Fidler는 리더유형과 여러 상황에서 집단의 유효성을 연구한 결과 상황이론을 개발하였다. 즉, 유일무이한 이상적 리더십 모습이 존재하는 것이 아니라 상황에 따라 적합한 리더의 모습이어야 한다는 것으로 리더십을 리더와 부하 그리고 상황의 상호작용 속에서 나타나는 산물로 보았다. Fidler는 리더십을 과업지향적 리더십과 관계지향적 리더십으로 구분하고, 세 가지 상황변수로 리더와 부하의 관계의 질, 과업이 명시된 정도, 그리고 관리자의 권력 범위 등을 들었다. 연구결과 상황이 크게 유리하거나 불리할 경우 과업중심적인 리더십이 효과적이며 상황이 중간일 경우 인간관계 중심적인 리더십이 효과적이라고 하였다. 효율적 리더십을 가능하게 하는 환경적 상황요소가 무엇인지가 관심 주제로 리더십 유형과 상황적 요인과의 효율적 결합, 특정한 상황에 가장 맞는 리더십이 발휘될 때 그 집단의 성과와 구성원의 만족감이 증대될 수 있다고 했다.

그리고 Paul Hersey와 Kenneth H. Blanchard는 리더십을 지시적 리더십, 지원적 리더십, 참가적 리더십, 위양적 리더십으로 나누고 부하의 성숙도를 상황적 조절변수로 보았다. 여기서 부하의 성숙도란 직무기술과 정신적 성숙도를 결합한 것이다. 이는 리더십 형태가 부하의 성숙도 수준에 의해 결정된다는 것으로 개별적 개입행동으로 부하의 성숙수준을 변화시켜 결국 부하 스스로 통제할 수 있도록 하는 것이다. 이처럼 부하의 성숙도 수준 변화에 맞추어 계속해서 리더십 유형을 변화시켜 나가도록 하는 것으로 일과 인간 그리고 성숙도(상황)가 상호 작용하는 3차원의 리더십 모델이다. 즉, 유능한 리더는 부하의 성숙수준에 따라 자신들의 리더십 스타일을 선택한다는 것으로 양자가 적합한 관계를 가질 때 조직유효성이 높아진다고 했다.

리더십 연구에서 촉발된 상황이론은 후에 경영전략, 인사, 마케팅과 같은 다른 연구분야에서도 관심을 갖게 되었다. 여기서도 연구자들은 거의 모든 경영활동은 주요 상황변수에 따라 정해진다는 것을 발견하게 된다. 예를 들면, 조직이론에서 Burns와 Stalker는 안정적인 환경에 있는 기업의 관리자들은 기계적인 조직구조(Mechanistic Structure)를 선택하고, 반면에 환경변화가 거침없는 곳에 속한 기업의 관리자들은 유기적인 조직구조(Organic Structure)를 택한다는 것을 발견하였다. 즉, 조직구조에 대한 유일한 최선의 방법은 없으며, 조직구조는 조직이 운영되고 있는 환경에 따라 결정된다고 했다.

비록 진정한 상황이론은 주어진 상황마다 요인들을 정하고 그에 따른 적절한 행동을 사전에 규정하려 시도하겠지만 모든 상황에서 잠재적 요인들의 수를 사전에 규정하는 불가능하다고 할 수 있다. 그래서 후에 상황이론은 상황관리로 진화하게 되었다. 상황관리(Situational Management)는 관리자는 특정 상황에 대한 핵심 요인들을 검토한 후 그의 경험과 지식을 기반으로 하여 어떤 행동을 취해야 하는지를 결정하도록 했다. 훌륭한 관리자는 대다수 상황적 행동은 사전에 규정할 수 없다는 것을 인식하게 되며, 또한 그들은 일부 제한적인 규정모형은 문제해결에 도움을 줄 수 있다는 것도 파악했다.

상황이론은 문제해결을 위한 접근법이다. 관리자들은 경영스타일, 조직구조, 계획이나 예상 등과 같은 문제에 대한 의사결정을 내릴 때 상황에 맞는 주요 요인들을 고려해야 한다. 그런 다음 그들의 지식과 경험을 토대로 의사결정을 해야 한다. 그러나 상황이론은 조직을 환경의 포로라고 보고 있다는 점에서 비판을 받고 있으며, 관리자가 모든 상황을 식별할 수도 없다는 한계점도 가지고 있다.

그림 5-5 **조직 설계의 상황 이론**

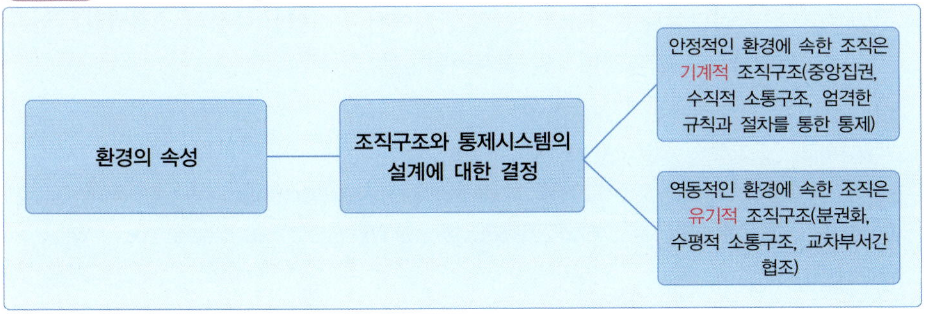

(자료 : Jones & George)

참고문헌

김미경(2008). 「리더십과 조직유효성간의 관계에서 팔로어십 특성의 조절역할」. 연세대학교 생활환경대학원 석사학위논문.

Higgins, J. M.(1994). *The Management Challenge*(2nd ed.), MACMILLAN.
Jones, G. R., & George, J. M.(2008). *Contemporary Management*(5th ed.), McGraw Hill.
Wren, D. A.(1979). *The Evolution of Management Thought*(2nd ed.), New York : Wiley.
Wikipedia
www.google.com

III

Part

호텔 부서와 경영방식

호텔 객실부서

Chapter 06

Chapter 06

호텔 객실부서

학습목표

이 장을 학습한 후 여러분은 반드시 다음 내용을 이해해야 한다.

1. 객실의 종류와 객실요금에 대해 이해한다.
2. 호텔사업에서 객실판매의 중요성을 이해한다.
3. 프런트 오피스의 구조와 기능을 이해한다.
4. Check-in과 Check-out 과정을 숙지한다.
5. 프런트 서비스의 구조와 기능을 이해한다.
6. 하우스키핑 부서의 구조와 기능을 이해한다.
7. 객실영업의 성과지표인 Occupancy, Double Occupancy, ADR, RevPAR를 이해한다.

제1절 객실부서의 이해

호텔에서 객실부서 또는 객실부(Rooms Division)는 손님을 대상으로 하는 영업부서 중에서 수익창출의 핵심적인 역할을 담당하고 있다. 객실부서는 객실의 판매, 서비스의 제공, 객실의 유지 및 관리 등의 기본적이고 중차대한 직무를 수행하고 있다. 객실부는 크게 프런트 오피스(Front Office), 프런트 서비스(Front Service 또는 Uniformed Service), 하우스키핑(Housekeeping)으로 나누어진다.

프런트 오피스는 객실예약(Reservation)과 손님영접과 등록과정을 수행하며 동시에 손님에게 호텔 내 · 외부의 다양한 정보를 제공하는 등 손님이 도착하기 전부터 체재기간 및 손님환송까지의 전 과정을 중앙에서 조정하는 역할을 담당하는 중요한 부서이다. 그리고 프런트 서비스는 크게 벨데스크(Bell Desk), 도어데스크(Door Desk), 컨시어지(Concierge) 등으로 구성되어 있다. 또한 객실관리를 담당하는 하우스키핑은 호텔의 객실과 건물관리를 담당하는 부서로서 객실상품을 생산하는 부서이다. 이 밖에도 큰 호텔은 Fitness Center를 객실부서에 편입하여 운영한다.

그림 6-1 특1등급 호텔기준 객실부서 조직도

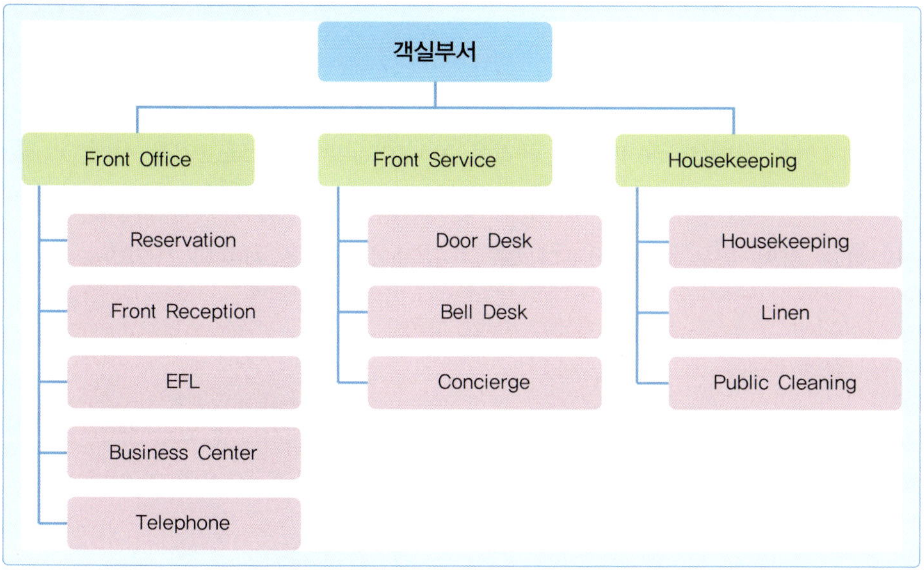

1. 객실의 이해

호텔의 객실(Guest Room)은 물리적 공간과 함께 인적 서비스를 제공하는 상품으로서, 고객에게 편안하고 안락한 잠자리를 제공하는 장소이다. 일반적으로 호텔의 수준과 규모를 평가하는 기준이 되는 것이 객실이다. 그리고 객실을 건축할 때 객실을 중심으로 공간설계를 실시하며, 호텔상품 판매에 있어 핵심적인 위치를 점하고 있다.

객실은 기능적인 관점에서 수면공간 · 휴식공간 · 위생공간을 주기능으로 문화공간 · 사업공간 등 다양한 기능적인 서비스에 인적 서비스를 추가함으로써 손님에게 편리(Convenience)하고 안락(Comfort)함을 제공하는 공간이다.

객실상품에서 물적 자원인 시설은 사생활이 보장되는 손님의 취향에 맞는 미관 · 어메니티(Amenities) · 청결성 · 안전성 · 편리성 · 쾌적성을 손님에게 제공하는 기본적인 서비스와 인적 자원인 종사원의 인적 서비스가 결합된 상품이다.

2. 객실의 종류

1) 침대의 수와 종류에 의한 분류

현재 1인용 침대(Single Bed)의 규격은 90×195cm 이상이고, 2인용 침대(Double Bed)는 138×195cm 이상으로 규격화하고 있다. 그러나 실제 호텔에서는 고객의 안락함과 편의 등을 위해 이보다 더 큰 규격의 침대를 사용하고 있다.

가. 싱글 베드룸

싱글 베드룸(Single Bedroom)은 한 객실에 1인용 침대가 1개 있는 객실을 지칭한다. 그러나 국내에서는 주로 더블 베드(Double Bed)를 사용하고 있다.

나. 더블 베드룸

더블 베드룸(Double Bedroom)은 한 객실에 2인용 침대가 1개 있는 객실을 말한다. 그러나 최근 대다수 호텔들은 2인용 베드 2개(Double Double)를 한 객실에 배치하여 사용하고 있다.

다. 트윈 베드룸

트윈 베드룸(Twin Bedroom)은 한 객실에 1인용 침대 2개가 배치된 객실을 말한다. 이 객실은 주로 단체투숙객들이 많이 이용하는 편이다.

라. 트리플 베드룸

트리플 베드룸(Triple Bedroom)은 한 객실에 1인용 침대 3개가 놓여 있는 객실을 말한다. 보통 이 객실은 일반 트윈 베드룸에 Extra Bed를 추가했을 때의 객실을 일컫는다. 이 객실은 주로 단체투숙객이나 가족 단위 투숙객에 의해 이용되고 있다.

마. 스튜디오 베드룸

벽에 부착되는 침대를 이용하여 공간 활용을 극대화하는 객실을 말한다. 이 침대는 주간에는 소파로 이용되고 야간에는 침대로 활용이 된다. 즉 주간에는 사무실 등으로 이용하고 야간에는 침실로 이용하는 구조이다. 그러나 최근 일반호텔에서는 일부를 제외하고는 사용빈도가 제한적이다.

그림 6-2 Double Double 객실

2) 객실등급에 의한 분류

가. 스탠더드 베드룸

스탠더드 베드룸(Standard Bedroom)은 일반객실을 말한다. 주로 타 유형의 객실에 비해 낮은 층에 위치하며 가격대도 가장 저렴한 객실이다. 평수가 비교적 작은 편이며 조망도 가장 좋지 않은 곳에 위치한다. 주로 단체고객 또는 가격에 민감한 손님들이 주로 이용하고 있다.

나. 슈페리어 베드룸

슈페리어 베드룸(Superior Bedroom)은 주로 호텔 건물의 중간층에 위치하고 있다. 스탠더드 베드룸에 비해 가격이 조금 높아서 객실면적이 더 넓으며 조망도 훨씬 나은 곳에 위치한다.

다. 디럭스 베드룸

디럭스 베드룸(Deluxe Bedroom)은 일반적으로 높은 층에 위치하며 슈페리어 베드룸보다 가격이 더 높고, 객실면적이 더 넓으며, 조망조건도 훨씬 좋은 것이 일반적이다. 특히 객실 인테리어와 목욕탕 소모품 등의 어메니티(Amenities)가 다른 객실유형에 비해 보다 고급스러운 것이 보통이다.

그림 6-3 서울시내 모 특1급호텔의 슈페리어룸

Superior Room

- Square (m²) : Avg. 26.7
- Capacity : 490 rooms

The spacious Superior Room uses a color palette in shades of beige, grey, and white to give a sense of stability. Oriental influences set the mood of this bright and modern room. Two types of Superior Room are available

*Service

Complimentary use of Fitness Club (including swimming pool), Complimentary 2 bottles of water daily,High-speed wired Internet access (paid service), Newspaper, Voice mail, Turndown service, Complimentary tea service

*Facilities

LCD TV, bidet, work desk with stationeries, tea pot, telephone, safe deposit box, hair dryer, emergency flashlight, slippers, Molton Brown bathroom amenities, bath robe, shoe polish, shoehorn, yukata gown, plastic bag

그림 6-4 서울시내 모 특1급호텔의 디럭스룸

Deluxe Room

- Square (m²) : Avg. 43
- Capacity : 136 rooms

The stylish Deluxe Room features diversity and uniqueness. The room is pleasant and more spacious than those of the same level at other luxury hotels. The cozy ambience makes peaceful rest and successful business possible.

*Service

Complimentary use of Fitness Club (including swimming pool), Complimentary 2 bottles of water daily,High-speed wired Internet access (paid service), Newspaper, Voice mail, Turndown service, Complimentary tea service

*Facilities

Large LCD TV, bidet, work desk with stationeries, mobile phone (paid service), tea pot, telephone, safe deposit box, hair dryer, emergency flashlight, slippers, Molton Brown bathroom amenities, bath robe, shoe polish, shoehorn, yukata gown, plastic bag

라. Executive Floor(EFL) 베드룸

EFL 룸은 '호텔 속의 호텔' 또는 '귀빈층'이라고도 한다. 주로 호텔에서 상위층에 위치하며 전망이 매우 좋은 객실로서 고급스러운 객실 인테리어와 어메니티(Amenities) 등을 제공한다. 주요 손님인 비즈니스 손님들을 위해 객실 안에 업무에 필요한 일부 장비를 제공하거나 또는 EFL 라운지에 비즈니스 업무에 필요한 장비 및 비서 등 인적 서비스를 제공한다. 현재 대부분 특급호텔에서는 1개 층 또는 여러 층의 EFL층을 운영하고 있다. EFL층에는 EFL 라운지가 있어 비즈니스 업무 지원과 식음료를 제공하며 또한 손님들의 편리를 위해 Express Check-In과 Check-Out 서비스를 제공하고 있다.

마. 스위트 베드룸

스위트 베드룸(Suite Bedroom)은 최고로 호화로운 객실로서 호텔 내에서 여러 면에서 최고의 객실을 말한다. 기업의 최고위층 인사, 부유한 사회 저명인사, 국내 · 외 최고위 정부관리, 연예인 및 운동선수, 외국 왕족 및 귀족 등 호텔의 귀빈들이 주로 이용한다. 일반 스위트 객실은 침실(Bedroom)과 거실(Living Room)이 별도로 구별된 구조를 가지고 있으며, 최고급 스위트 객실에는 최고로 호화로운 침실 · 거실 · 욕실 외에도 집무실 · 회의실 · 비서실 등 별도의 시설들이 제공되고 있다. 그리고 스위트 객실 중에서도 가격에 따라 제공되는 객실면적 · 시설 · 서비스 등이 차별화되어 있는데, 그 종류에는 주니어 스위트(Junior Suite), 코너 스위트(Corner Suite), Royal Suite, Presidential Suite 등이 존재하고 있다.

이외에도 국내 호텔들은 우리나라 고유의 전통침실인 온돌(Ondol)객실을 만들어 영업활동을 하고 있다.

그림 6-5 서울시내 모 특1급호텔의 주니어 스위트룸

Junior-Suite Room

- Square (m²) : Avg. 58
- Capacity : 26 rooms

The Junior Suite on the Club Floor is pleasant and spacious, boasting a stylish but simple beauty. Enjoy a wide range of privileges offered on the Club Floor, as well as the comfort and convenience of quality facilities upgraded through renovation

*Service

Complimentary use of Fitness Club (including swimming pool), Complimentary 2 bottles of water daily, High-speed wired Internet access (paid service), Newspaper, Voice mail, Turndown service, Complimentary tea service

*Facilities

Large LCD TV, bidet, work desk with stationeries, mobile phone (paid service), tea pot, telephone, safe deposit box, hair dryer, emergency flashlight, slippers, Molton Brown bathroom amenities, bath robe, shoe polish, shoehorn, yukata gown, plastic bag

그림 6-6 서울시내 모 특1급호텔의 로열 스위트룸

Royal-Suite Room

-Square(m²) : 354

-Capacity : 1 rooms

The Royal Suite, catering to the top VIPs, international delegates, celebrities, and renowned scholars, is a one-of-a-kind suite offering a spacious living room, conference room, secretary' s bedroom, personal dry sauna, Jacuzzi, and state-of-the-art facilities. Safety is ensured with a security system, and caring services are provided with attention to details.

*Facilities

Large LCD TV, DVD player, beam projector in the conference room, powder room, personal dry sauna, whirlpool(Jacuzzi), bidet, onyx wash basin, 2 TV monitors in the bathroom, personal butler service, Nespresso coffee maker, work desk with stationeries, mobile phone(paid service), telephone, safe deposit box, hair dryer, emergency flashlight, slippers, Molton Brown bathroom amenities, deluxe bath robe, shoe polish, shoehorn, yukata gown, plastic bag

그림 6-7 모 특1등급호텔의 온돌방

표 6-1 서울시내 모 특1등급호텔의 등급별 객실유형

Room Type	Area(sq m)	Number
Superior Room	26.7~30.7	490
Deluxe Room	39.6~46.2	136
Ondol Deluxe Room	39.6~46.2	2
Club Floor Superior	26.7~30.7	8
Club Floor Deluxe	39.6~46.2	62
Ladies' Floor Deluxe	39.6~46.2	21
Ladies' Floor Luxury Suite	92.1	1
Junior Suite Room	53.4~61.4	26
Luxury Suite Room	92.1	10
Presidential Suite	122.8	2
Royal Suite	300.0	1
Total		759

3. 객실요금의 종류

1) 공표요금 또는 정상요금

공표요금(Rack Rate 또는 Room Tariff)은 호텔이 객실별로 미리 요금을 책정하여 이를 관할행정기관의 신고하여 공식적인 절차를 거쳐 대중에게 공시하는 요금을 말하며 호텔에서 공표하는 기본요금이다. 국내의 현행 객실요금제도는 관할관청에 객실요금을 신고하면 된다. 그러나 물가상승의 억제와 외국인 관광객 유치증진을 위해 관할관청에서는 범위의 적정객실요금을 호텔업계에 권고하고 있다. 대부분 국내 호텔들은 경쟁호텔 또는 동급호텔의 수준에 준하여 요금을 부과하고 있다.

2) 특별요금

원칙적으로 호텔은 정상적인 요금인 공표요금을 부과해야 함에도 불구하고 극심한 경쟁상황 대처, 고객관리, 비수기 타개 등을 목적으로 경영정책에 따라 특별요금(Special Rate)제도를 실시하고 있다.

가. 무 료

보통 호텔에서 무료(Complimentary)는 콤푸(Comp)라는 약어로 사용하고 있다. 이는 객실의 판매를 촉진할 목적으로 고객에게 무료로 객실을 이용하게 함으로써 판매신장에 큰 공헌을 한 고객, 잠재고객, VIP 등에게 제공되고 있다. 특히 국내에서는 15개 이상의 객실을 모집한 여행사의 안내인에게 무료로 1개 객실을 제공하고 있다. 무료에는 객실료와 식사요금 등 모든 비용을 무료로 제공하는 경우(Full Comp)와 단지 객실요금만 무료로 포함(Room Only Comp)되는 경우로 나누어진다.

나. 할인요금

호텔들은 보통 Walk-In의 경우를 제외하고 예약을 통하여 객실을 구매한 손님에게는 공표요금대로 받지 않고 할인하여 판매하고 있다. 우선 개인손님은 투숙일 전에 미리 예약을 하면 할인을 해주고 있으며, 단체손님을 유치하기 위해 특히 여행사 등 제3자 판매자를 통해 단체할인요금(Group Rate)을 적용한다. 비수기(Off-Season)에는 객실판매 제고를 위해 패키지(Package)판매 등을 통해 할인된 요금을 부과하고 있다. 또한 특정 기업체(Corporate Rate)나 장기투숙객에게는 연간 사용하는 숙박일수를 고려하여 할인된 요금을 적용하고 있으며, 단골손님에게도 일정비율을 할인해주고 있다.

다. 추가요금

추가요금(Additional Charge)은 일반적으로 돌발적인 상황으로 인하여 손님에게 정상요금에 더하여 추가적으로 부과되는 요금을 말한다. 첫째, Hold Room Charge이다. 대략 두 가지 경우가 있는데 하나는 귀빈의 요청 또는 보안상의 이유 등의 특별한 사유로 인하여 해당 손님의 객실을 다른 손님에게 판매하지 않고 보류하는 경우를 말한다. 이때 Hold Room Charge를 청구하게 된다. 다른 하나는 예약 접수시 손님의 도착시간이 새벽이 되는 경우 예약처 또는 손님과의 합의하에 전일의 객실료를 지불하는 대가로 손님이 새벽에 도착하더라도 바로 예약한 객실을 이용하게 한다.

둘째, Keep Room Charge이다. 이는 투숙 중인 손님이 다른 용무로 인하여 호텔에서 잠을 자지 않고 단기간 다른 곳을 여행하고자 짐을 객실에 남겨두고 가는 경우인데, 이런 경우 손님은 객실을 계속해서 객실을 이용한 것이 되므로 Keep Room Charge가 정상적으로 청구된다.

셋째, 초과요금(Over Charge)인 경우도 두 가지 경우가 있다. 하나는 손님이 체크아웃시간을 넘기는 경우인데 보통 호텔들은 오전 12시까지 체크아웃을 하도록 권장하고 있다. 그러나 체크아웃시간이 지나 손님이 시간을 연장하는 경우 해당 시간만큼 추가요금을 징수하게 된다. 이런 경우 보통 12시부터 15시까지는 객실료의 1/3, 15시부터 18시까지는 객실료의 1/2, 18시 이후로는 객실료의 100%를 추가로 부과한다. 단골손님 또는 VIP 등에게 이러한 애로사항을 덜어주기 등을 위해 체크아웃시간을 연장하여 주고 있다. 다른 하나는 실제 등록인원 또는 예약된 인원보다 많을 경우 발생하는 요금이다. 이때 Single Occupancy에서 Double Charge가 발생될 수 있으며 세 명이 이용할 경우 추가로 침대(Extra Bed)가 필요하게 되면 추가요금을 받게 된다.

셋째, 취소요금(Cancellation Charge)은 객실을 예약한 손님이 개인사정에 의하여 부득이 객실예약을 취소할 때의 경우를 말하는데, 이때 호텔들은 미리 정해진 호텔 약관(Regulations)에 의해 취소요금을 부과하게 된다. 취소요금이 부과되는 경우도 시간에 따라 다르게 나타난다. 일반적으로 예약 취소일이 예약된 날짜에 가까워질수록 보다 과중한 취소요금이 부과된다.

라. 봉사료와 세금

손님은 호텔을 체크아웃할 때 정산을 하게 된다. 이때 손님의 계산서(Bill)에는 이용료 외에 10%의 봉사료(Service Charge 또는 Gratuity)가 가산된다. 이것은 불투명한 팁(Tip)의 의존도를 벗어나 손님에게 보다 합리적인 서비스를 제공하기 위한 제도이다. 이러한 봉사료는 모든 종사원에게 골고루 할당되고 있다. 그러나 이 제도는 능력 있는 또는 열심히 하는 종사원에게서 인센티브를 빼앗는 것도 사실이다. 또 이용료와 봉사료를 함한 금액의 10%가 부가가치세 항목으로 재차 추가된다. 우리 정부에서는 국내 호텔들의 국제 가격경쟁력을 향상하기 위해서 외국인 관광객에 한해 부가가치세의 부과를 면제해주는 부가가치영세율제도를 간헐적으로 시행하고 있다.

4. 요금 산정방식의 유형

호텔의 이용요금은 크게 나누어 객실료, 식음료, 그리고 그 외 부대시설 이용료 등으로 나눌 수 있다. 호텔에서 요금을 산출할 때 객실요금과 식사요금을 분리하여 각각 별도로 산정하는 방식을 취하는 호텔들이 있는 반면 객실요금에 식사요금을 포함하여 일괄적으로 계산하는 방식을 선호하는 호텔들도 있다.

1) 미국식 플랜호텔(American Plan Hotel)

미국식 플랜호텔은 요금 계산시 투숙객의 객실요금에 1일 3식대를 포함하여 총숙박요금을 계산한다. 이를 일명 Full Plan, Full Pension, Full Board라고도 한다.

객실료에 2식대(조식과 석식)를 포함하는 요금방식을 Half Pension이라 부르기도 하며 이를 흔히 Modified American Plan이라고 한다. 이 요금방식은 주로 리조트 호텔 등 지역적인 입지조건상 호텔 주변에 달리 식당시설이 없는 경우에 이 방식을 채택한다.

표 6-2 미국식 플랜의 장·단점

	손님 입장	호텔 입장
장 점	• 식사를 모두 호텔에서 해결할 수 있어 식사를 위해 별도로 외출할 필요가 없다. • 정해진 식사시간에 규칙적으로 식사를 하므로 건강에 좋다.	• 메뉴가 한정되므로 해당 메뉴 식재료의 대량 구매로 인한 비용절감이 가능하다. • 예상식사 인원에 대한 수요예측이 가능하므로 비용절감을 할 수 있다. • 식사시간이 정해져 있으므로 충분한 준비시간과 정리시간을 확보할 수 있다. • 예산을 쉽게 수립할 수 있고 회계절차가 간단하다.
단 점	• 제한된 메뉴 때문에 선택의 폭이 좁다. • 식사시간이 정해져 있어 시간을 놓치기 쉽다. • 일반호텔의 식당을 이용하는 경우에 비해 획일적이고 소홀한 식사서비스를 받기 쉽다.	• 투숙객에게 제한된 시간 내에 식사를 제공해야 하므로 충분한 공간 확보 및 서비스 인력이 필요하다. • 손님들의 취향에 맞지 않는 메뉴가 제공되었을 경우 남겨진 음식으로 인한 낭비요인이 발생

2) 유럽식 플랜호텔(European Plan Hotel)

대다수 호텔들은 객실요금과 식사요금을 분리하여 별도로 계산하고 있는데 이를 유럽식 플랜이라고 한다. 국내 호텔들도 대부분 이 방식을 취하고 있다. 특히 도심지에 위치한 City Hotel, Downtown Hotel, Business Hotel 등에 투숙하는 손님들은 바쁘게 활동하는 사업가나 회사원이므로 유럽식 플랜이 적합하다고 할 수 있다.

유럽식 플랜의 장점은 첫째, 손님 입장에서 자유로운 식사시간을 가질 수 있으며, 둘째, 식성 및 취향에 따라 식당을 선택하여 마음에 맞는 식사를 즐길 수 있고, 셋째, 식사요금이 객실요금과 분리되어 있어 요금을 절약할 수 있고, 넷째, 시간 상황에 따라 취향에 맞는 식사를 할 수 있다.

3) 컨티넨탈 플랜호텔(Continental Plan Hotel)

이 경우는 주로 유럽지역에 소재하는 호텔들이 사용하는 요금지급방식으로서 손님의 객실요금에 조식요금을 포함시켜서 계산하는 방식을 말한다. 이 경우의 아침식사를 흔히 'Continental Breakfast'라 하는데 이는 'American Breakfast'보다 메뉴구성이 단순하고 값이 저렴하며 손님에게도 큰 부담이 되지 않는다. 제공되는 메뉴는 계란요리와 육류 그리고 곡물요리는 포함되지 않고 주스, 빵류 그리고 커피나 티 정도로 간단하다.

이 밖에도 객실요금에 미국식 조식(American Breakfast)을 포함하는 버뮤다플랜(Bermuda Plan)호텔과 혼합식 제도인 Dual Plan이 있는데, 손님의 요구에 따라 위에서 언급한 미국식 플랜이나 유럽식 플랜을 혼합한 요금지급방식이다.

5. 객실판매의 중요성

호텔 건축은 호텔경영의 단위와 척도가 되는 객실을 중심으로 설계건설이 되며 호텔영업에서 주 판매대상도 객실이다. 호텔의 규모도 객실의 면적과 수에 의해 결정되며 이 규모에 의해 각종 부대시설의 종류와 규모도 결정된다. 호텔에서 객실부서의 비용은 객실의 판매 여부에 상관없이 지급되므로 판매되지 않은 빈 객실은 손실이 되어 호텔영업에 크게 악영향을 미친다. 즉 호텔산업에서 흔히 회자되는 '오늘 팔지 못하면 영원히 팔 수 없다'라는 특징을 말하고 있다.

객실이란 상품은 일반 상품과 달리 저장할 수 없으며 판매에서 신축성도 없다. 따라서 호텔경영에서 객실점유율(Occupancy)이 중요시되고 있으며, 결국 객실경영의 손익분기점도 객실점유율과 높은 상관관계를 나타내고 있다. 국내에서 호텔의 객실점유율은 판매관리의 유효성 여하에 따라 결과가 결정되고 있다. 현재 대다수 호텔들이 판촉부를 두고 객실부문, 식음료부문, 부대사업부문 등에서 판매활동을 수행하고 있다. 효율적이고 유능한 경영자가 되기 위해서는 결국 각 영업부문에 대한 철저한 경영분석과 창의적인 판매관리에 대한 경쟁적인 지식과 실무 경험이 요구되고 있다.

▸ '객실은 호텔의 핵심 상품이다'

객실판매는 객실부서 자체의 수익으로 그치는 것이 아니라 호텔의 전반적인 영업수익에 영향을 미치는 것으로 식음료 업장과 부대사업장들의 판매 기회는 투숙객 증가에 따른 객실수익에 상당부분 의존하게 된다. 즉 특정 호텔에 객실 투숙객이 증가하면 그만큼 식음료 및 부대시설의 이용도가 높아지고 결국 영업실적이 향상되기 때문에 대부분 호텔에서는 객실수익의 증대 방안을 주요한 경영전략으로 채택하고 있는 실정이다. 여기서 객실수는 판매가능객실수로 호텔의 손님 수용능력을 나타내며 객실점유율은 현재 판매가능 객실수에서 판매된 객실의 비율을 측정하는 지표로서 호텔은 판매가능 객실수, 투숙객수, 객실요금을 각각 최대화함으로써 최대의 객실수익을 달성할 수 있다.

경쟁적인 객실판매에 영향을 주는 요인은 쾌적하고 청결한 객실상태의 지속적 유지와 종사원에 의해 제공되는 인적서비스의 품질에 달려 있다고 해도 과언이 아니다. 깨끗하게 잘 정비되지 않은 객실은 손님에게 불만요인이 될 뿐만 아니라 객실수익의 증감에 큰 영향을 미친다. 만약에 손님이 불결한 객실과 낮은 인적서비스를 경험했다면 이 손님에게 다음 기회를 바라는 것은 무리일 것이다. 그러므로 객실의 청결과 정비유지는 매우 중요하며 지속적인 객실상품의 품질향상과 경쟁적인 객실요금의 유지는 중요한 도전과제이다.

객실수익은 호텔의 자체적인 원가측면에서 볼 때 건축비와 객실 운영에 대한 고정비가 객실 판매실적의 여하에 상관없이 일정하게 높게 유지되는 특징이 있다. 이런 이유 때문에 만일 충분한 객실이 판매되지 않을 경우 객실부분의 수익률은 이중으로 떨어지게 되어 큰 손실을 초래하게 된다.

호텔객실은 초기 투자비가 많이 소요되지만 판매시 식음료 상품에 비해 훨씬 적은 원가비용이 발생함으로써 대부분 선진국 호텔들은 객실위주의 영업전략을 고수하고 있다. 호텔영업은 일반적인 기업에 비하여 상대적으로 높은 고정비용이 소요된다. 예를 들어 호텔관리에서 일개 층에 한 사람의 손님이 투숙하더라도 전기 · 수도 · 냉난방 등 기본적인 시설은 계속 가동시켜야 하며, 보험료와 세금을 물어야 하며, 또한 객실부 등 여러 부서에서 직원들이 계속해서 근무를 해야 한다. 이와는 반대로 호텔객실은 식음료 상품에 비해 변동비용이 매우 적게 소요되는 구조를 가지고 있는데, 손님이 퇴실한 후 객실청소와 여러 가지 소모품 등의 교체에는 비용이 그다지 많이 소요되지 않기 때문이다. 이러한 고정비와 변동비의 구조를 봤을 때 호텔사업에서 손익분기점 이상의 객실이 판매되면 이후 추가로 판매되는 객실은 판매비용(변동비용)이 매우 적게 소요되어 매우 큰 이익수준을 창출할 수 있다. 반대로 객실수요가 심각하게 축소되는 비수기 등에는 일부 객실층을 폐쇄하여 고정비를 낮추려는 시도를 하기도 한다.

또한 호텔산업은 높은 영업레버리지(Operating Leverage)를 보이는 전형적인 산업이다. 즉 호텔은 고정자산에 대한 투자비용이 많은 장치산업과 같이 경기변동에 따라 즉 매출액의 변화에 따라 영업이익의 변동성이 매출액의 변동성보다 더 높게 나타난다는 것이다. 호경기가 계속해서 유지된다면 더할 나위 없이 좋겠지만, 호텔들의 경쟁이 점차 가열 · 심화되고 있어서 이런 확률은 그다지 높지 않은 편이다. 이와 반대로 심각한 불경기가 도래하면 호텔은 영업이익이 급격하게 축소되어 최악의 경우 존폐의 위기를 맞이하게 된다. 호텔의 높은 영업레버리지 특성은 경기변동에 특히 민감한 국내 호텔들이 경영합리화를 위해 경영진들이 반드시 곱씹어 봐야 할 포인트일 것이다. 특히 영업레버리지에 재무레버리지(Financial Leverage)까지 높은 호텔들은 특히 주의해야 할 것이다.

객실판매는 호텔의 영업이익(Operating Income) 향상에 가장 지대한 영향을 미치며 또한 많은 수의 손님들을 끌어 모을 수 있어 식음료 및 기타 부대시설의 판매기회를 확대에 기여할 수 있다. 이렇게 객실판매의 꾸준한 신장은 호텔에서 판매기회의 최대화를 이룩하여 이윤의 최대화를 통한 기업가치의 극대화란 기업목표를 달성하는데 큰 공헌을 한다.

호텔경영에 대한 오랜 경험을 보유한 선진 북미 및 서유럽 국가에서 호텔의 매출은 판매되는 객실의 수에 따른 판매금액에 의해 대부분 결정된다. 〈표 6-3〉에서 나타난 것과 같이 호텔 전체 매출액의 65% 이상이 객실부문에서 유래되는 것이다. 그러나 〈표 6-3〉과 〈표 6-4〉에서 보는 바와 같이 국내 특1급호텔들의 판매실적을 보면 식음료 및 부대시설 판매액이 객실판매액을 상회하는 것을 볼 수 있다. 이는 한편으로는 국내 호텔산업의 특징을 잘 대변하고 있지만, 다른 한편으로는 호텔영업의 효율성 측면에서 큰 문제점을 내포하고 있기도 하다.

우리 국내 호텔들도 하루속히 객실영업 위주의 전략을 구사하는 선진국 호텔들을 전략적으로 벤치마킹(Benchmarking)하고 또한 이를 우리 현실에 맞게 창의적으로 잘 활용하여 반드시 호텔경영의 선진화를 이룩해야 할 것이다.

표 6-3 미국 및 국내 호텔의 수익구조 비교(2003년)

(단위 : %)

구 분	Luxury	Upscale	Mid-Price	Economy	특1등급	특2등급	1-3등급
객실부문	58.7	64.7	69.9	72.2	38.2	41.7	42.8
식음료부문	31.6	28.1	25.5	22.7	42.4	42.0	35.2
통신부문	1.4	1.2	1.1	1.0	0.9	1.0	0.3
마이너운영부문	5.2	3.4	1.3	1.1	8.7	3.2	6.7
임대 및 기타수입	2.7	2.5	2.1	3.0	7.0	6.0	13.4
기타	0.4	0.1	0.1	0.0	2.8	6.0	1.5

(자료 : 김현수 · 김갑수)

표 6-4 서울 특1등급호텔 평균 실적 추이

(단위 : 실, 원, 백만 원)

구 분	2001년	2002년	2003년	2004년	2005년 1-9월
총객실수	8,431	8,421	8,421	8,410	8,590
객실매출 증가율	447,418 4.6%	465,963 4.1%	360,337 -22.7%	412,145 14.4%	290,530 -1.6%
식음료매출 (연회장매출) 식음료증가율 연회증가율	483,229 130,397 7.9% 10.9%	508,400 150,966 5.2% 15.8%	515,681 161,441 1.4% 6.9%	529,436 176,748 2.7% 9.5%	385,586 131,373 6.4% 19.5%
기타	96,146 3.6%	105,804 10.0%	97,127 -8.2%	101,976 5.0%	80,699 8.4%
매출합계 증가율	1,026,793 6.0%	1,080167 5.2%	973,144 -9.9%	1,043,566 7.2%	756,785 3.4%

(자료 : 호텔 · 레스토랑)

제2절 프런트 오피스(Front Office)

그림 6-8 호텔 로비

호텔의 현관부서(Front of the House) 부문은 업무성격에 따라 투숙객에게 호텔관련 서비스를 제공하는 프런트 오피스(Front Office)와 호텔을 이용하는 모든 손님에게 서비스를 제공하는 프런트 서비스(Front Service)로 구분할 수 있다.

현관부서는 호텔의 얼굴이다. 현관부서는 손님이 체류하는 동안 모든 필요한 정보를 제공하는 부서이다. 따라서 현관부서에서의 좋은 인상과 친절한 서비스는 손님에게 만족감을 제공하지만, 반면에 실수와 서비스의 지체는 호텔의 이미지에 부정적인 영향을 미치게 된다. 또한 현관부서는 객실판매의 조정 및 통제 기능을 담당하고 있다.

표 6-5 프런트 오피스의 구성

업무명칭	역 할
Front Reception	객실판매에 대한 총괄적인 업무를 수행하며, 손님에게 Check-In과 Check-Out 서비스를 제공하며 이외에도 객실 통제, 객실 배정, 객실 키 관리 등의 업무를 수행한다. 그리고 Cashier는 여신업무, 환전, Safety Box 서비스 등을 수행한다.
예약실	여러 다양한 유통경로(전화, 편지, Fax, Internet Home Page, 여행사, CRS, GDS, 인터넷 중개인 등)에서 발생하는 객실예약을 취합한다.
EFL	주로 귀빈에게 Express Check-In과 Express Check-Out 서비스와 비서 서비스 제공, EFL 라운지 서비스, Master Key 관리, Conference Room 관리 등의 업무를 담당한다. 다른 곳과 달리 업무시간이 정해져 있다(보통 오전 7시부터 오후 10시까지).
비즈니스 센터	주로 1-2층에 위치하며 컴퓨터, 프린터, 복사기, Fax 등 사무기기 등을 대여 관리하며 또한 포장 및 우편물 서비스와 회의실 관리를 한다. 여기도 다른 곳과 달리 업무시간이 정해져 있다(보통 오전 7시부터 오후 10시까지).
전화교환실	유·무선 전화와 휴대폰 등 여러 가지 통신수단을 이용하여 손님들이 의사를 전달할 수 있도록 하며 호텔 내·외부의 정보를 정확신속하게 처리하고 손님에게 Wake Up Call 등의 서비스를 제공한다.

프런트 오피스는 하루 24시간 연중무휴로 운영되며 등록에서 체크아웃까지의 모든 제반사항(등록 · 메시지 입력 · 각종 안내 · 수납 등)에 대한 서비스를 손님들에게 제공한다. 프런트 오피스는 크게 예약실(Reservation), Front Reception, EFL(Executive Floor), 비즈니스 센터, 전화교환실 등으로 나누어진다.

프런트 오피스에서 업무를 수행하는 종사원은 객실의 판매원이기도 하므로 객실에서 취급하는 상품에 관한 충분한 지식을 갖고 손님에게 응대함은 물론 손님에게 주는 첫 인상이 호텔 전체를 대표하는 인상이므로 태도 및 말씨에 각별한 주의를 기울여야 한다.

1. 프런트 오피스의 구조와 업무

1) 객실예약업무

객실예약업무는 객실을 원하는 날짜에 이용하고자 하는 손님 또는 중개인과 객실을 판매하고자 하는 호텔 측이 전화, Fax, 직접방문, 예약시스템, 인터넷 등을 통하여 향후 이용할 객실의 종류, 손님성명, 지불조건, 투숙기간 등을 정하는 절차이다.

예약의 접수과정은 곧 호텔상품의 주문을 뜻하므로 손님의 예약 요청에 항상 친절하고 신속하게 업무가 수행되어야 한다. 호텔사업의 출발점은 객실예약이란 것을 명심해야 한다. 또한 예약접수 업무에 종사하는 직원은 손님이 호텔에 관한 어떠한 질문에도 효과적으로 응대할 수 있도록 객실상품 뿐만 아니라 시설 및 영업에 대한 정확하고 충분한 지식을 습득하여 항상 정확한 정보를 손님에게 전달하려고 노력해야 한다. 특히 손님과 소통할 때는 항상 정중하고 예의바른 자세를 견지해야 한다.

객실의 예약경로는 여행사, 예약대행업체, Fax, 전화, 직접방문, 국내외 예약사무소, 인터넷 홈페이지, CRS, GDS, 인터넷 중개인 등 다양한 유통경로를 통해 이루어지고 있다.

모든 객실예약에 대한 요구가 발생되면 먼저 체크인 및 체크아웃 정보 및 객실종류를 확인하여 숙박가능 여부를 확인한다. 그리고 가능 여부를 확인한 후 컴퓨터의 예약화면에 입력한다. 예약을 입력할 경우 다음과 같은 정보는 반드시 입력해야 한다.

<객실예약 입력시 확인사항>

- 도착예정일
- 항공기 편명
- 객실요금 통보 및 확인
- 투숙자 성명
- 계약요금 적용 여부 확인
- 출발예정일
- 객실 종류 및 투숙인원수
- 지불방식
- 예약처, 예약처 연락방법, 예약자 성명

객실예약 업무는 사전에 객실사용을 판매하는 업무이다. 따라서 여러 가지 사정에 의하여 변동사항이 수시로 발생할 수 있으며, 변동사항도 투숙시기, 투숙기간, 투숙형태 및 규모, 예산 등이 있을 수 있다. 그러므로 예약담당 부서는 이런 사항들을 수시로 확인하여 차질이 발생하지 않도록 주의해야 한다. 객실상품은 고정비 지출이 많은 상품이므로 호텔비즈니스에서 빈 객실은 곧 손실을 의미한다.

가. 예약금 선불제도(Guaranteed Reservation)

예약금 선불제도란 호텔이 고객이 요청한 객실을 향후 제공한다는 약속의 반대급부로 요금의 지불을 손님에게 보증받기 위해 일정 상당의 요금을 미리 받는 것을 의미한다. 호텔은 종종 손님들에 의해 객실판매의 기회를 상실하는 경우가 많으므로 이를 사전에 예방하고 호텔의 매출액을 일정수준 유지하여 위험을 최소화하기 위한 방안이다. 예약금 선제도는 객실가동률이 높은 성수기에 특히 많이 활용되고 있다.

나. 초과예약(Over-Booking)

예약업무를 수행하다 보면 판매가 가능한 객실을 훨씬 초과하여 예약을 받게 되는 경우가 있다. 예를 들면 손님이 예약을 취소하는 경우와 예약을 한 사람이 오지 않을 경우(No Show)를 대비하여 불가피하게 초과예약을 해야 할 경우가 많다. 특히 성수기 등 손님이 붐비는 시기에는 손님들의 수요가 공급이 가능한 고정된 객실의 수를 초과하기 마련이다. 이런 상황에서 호텔관리자는 RevPAR를 최대화할 수 있도록 해야 한다.

통상 초과예약은 No Show인 경우에는 약 5% 정도를 예상하고 예약취소는 약 8~10% 정도로 추산하는 것이 가장 일반적인 것으로 여겨지고 있다. 초과예약에 의한 Carry-Over 손님은 반드시 친절하게 다른 호텔로 안내하여 숙박할 수 있게 하는데, 이를 Turn-Away Service라고 한다. 다음 날이라도 빈 객실이 있으면 이 손님에게 객실을 배정해줘야 한다. 초과예약은 기본적으로 No Show로 인한 피해를 최소화하기 위해 마련된 대책이다. No Show의 처리는 호텔이나 항공사가 당면하는 가장 큰 문제점 중의 하나이다. 수익의 최대화라는 목표를 달성하기 위해서는 No Show 문제는 큰 걸림돌이 아닐 수 없다.

호텔은 객실을 판매함에 있어 여러 가지의 기회손실이 발생하기 쉬우므로 객실판매에서 발생하는 불확실성을 최소화해야 한다. No Show 피해를 보상할 수 있는 방법으로는 신용카드 예약을 통한 벌금부과와 예약취소시 벌칙을 부과하는 것이 일반적이다.

<초과예약이 발생하는 4가지 일반적인 요인>

- Under-Stay : 예기치 못한 투숙객의 출숙
- Walk-Out : 공식적인 체크아웃 과정 없이 호텔을 떠나는 손님. 손님이 예약한 일정기간 동안 체재하고 있었으나 프런트 데스크를 거치지 않고 호텔을 떠나는 경우이다. 즉 호텔입장에서는 손님이 다시 돌아올 것인지를 알 수 없어서 결국 당일 늦게까지 해당 객실을 판매하지 못하는 경우이다.
- Stay-Over : 손님이 예약된 숙박일수보다 하루 또는 그 이상을 체재하는 경우이다.
- No Show : 예약한 손님이 예약된 날짜에 오지 않는 경우이다.

2) 객실배정(Room Assignment)

객실배정이란 개별적인 손님의 예약에 맞게 객실을 배정하는 업무이다. 당일 예약된 손님이 도착하기 전에 미리 객실을 준비하여 도착시 객실배정에 따른 시간을 단축함으로써 고객의 만족을 도모하고 또한 효율적인 업무체제를 구축하도록 한다.

<객실배정 요령의 예>

- 대다수 국빈행사 및 VIP의 경우에는 마케팅부서와 객실예약부서의 사전 협의에 의해 객실번호가 지정된다.
- 기타 VIP 또는 단골손님의 객실배정은 예약처의 특별요구와 고객 Profile과 같은 사전에 입수된 정보에 의해 배정된다.
- 일행이 있는 손님 또는 단체손님의 경우에는 동일층으로 우선 배정하고 불가능할 경우에는 층의 차이가 너무 나지 않도록 한다.
- 객실 형편상 Up-Grade를 해야 하는 경우에는 단골손님>하루 투숙손님>객실단가가 높은 손님을 우선으로 한다.
- 객실타입이 실제 배정가능한 객실과 손님의 요구사항이 서로 맞지 않을 경우에는 최대한 손님의 요구에 부합할 수 있도록 사전준비에 만전을 기한다.

3) Check-In 업무

예약한 손님이 도착하여 다음 등록이 끝나서 객실을 배정받으면 숙박이 개시된다. 손님이 프런트 데스크에 도착하면 먼저 예약사항을 확인하고 나서 바로 등록(Registration)을 하는데 등록내용은 손님성명, 주소, 전화번호, 여권번호 등이다. 전반적인 Check-In 과정은 〈그림 6-9〉와 같다.

그림 6-9 **체크인 과정**

인사	• 고객님, 안녕하십니까? 무엇을 도와드릴까요?
예약 확인	• 죄송하지만, 예약은 되어 있으십니까?
이름 조회	• 이 승자 기자 되십니까?(모니터로 확인)
예약 화면	• 네. 이승기 고객님. 디럭스 객실로 금일 1박 예약이 있으십니다.(모니터의 등록카드 버튼 클릭)
등록 카드	• (고객에게 등록카드 전달) 주소, 여권번호, 전화번호를 확인하신 후 이 곳에 서명하시면 되겠습니다.
객실 키	• (고객이 등록카드를 작성하는 동안 객실키를 준비한다) (키홀더에 키와 등록카드 삽입)
예치 방법	• (예치방법에 대한 문의) 죄송하지만, 객실료와 룸차지에 대한 사전 예치는 어떻게 하시겠습니까?
예치	• (예약자 이름과 카드 앞면 이름 비교) 네, 신용카드를 받았습니다. (모니터 처리) (카드리더기 이용 처리)
출력	• (카드전표 출력) (서명 받음) (체크아웃시 취소가능 안내) (고객에게 신용카드 전달)
키 전달	• (키를 전달) 고객님 객실번호는 1004호입니다. (벨맨 소개)
인사	• 감사합니다. 머무시는 동안 즐거운 시간 되시고 불편한 사항이 있으시면 바로 도와드리겠습니다.

그림 6-10 **호텔 프런트 데스크**

그림 6-11 **프런트 데스크의 뒷면**

그림 6-12 **객실 카드키**

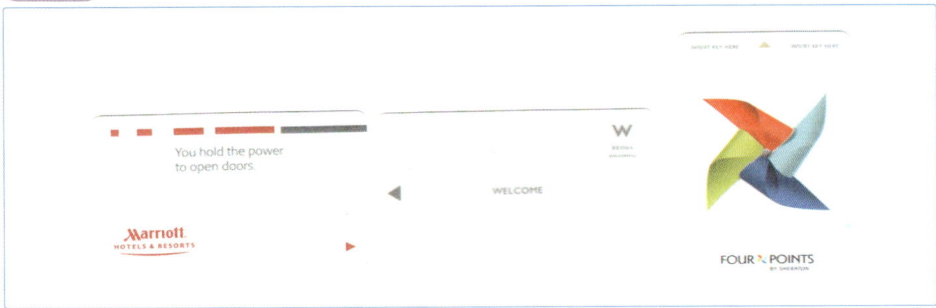

4) Check-Out 업무

투숙객이 객실 및 식사 등의 호텔 이용요금을 지불하고 떠나는 즉 객실사용의 종료를 의미한다. 투숙객을 최종적인 출숙과정에서 오래 기다리게 하는 경우 모처럼 체재 중의 즐거웠던 시간도 사라져 버리고 또한 호텔이 제공한 모든 서비스가 헛되이 되고 만다. 프런트 데스크 직원은 컴퓨터를 통해 성명 · 손님정보 · 지급수단 · 메시지와 당일 조식 여부 및 미니바 등의 이용 여부를 확인하고 공항 교통편의 예약 여부와 호텔 서비스의 만족도를 물어본 후 합계액을 손님에게 말씀드린다. 단체 체크아웃일 경우에는 마스터 번호를 컴퓨터에 입력하여 미계산 잔여손님을 확인한 후 객실수와 숙박일수와 대조하고 조식 계산서와 선수금을

확인 · 처리하며 대표자의 서명을 받고 여행사용 바우처 중 고객용 계산서는 투어가이드에게 주고 보관용은 여신에 전달한다. 전반적인 Check-Out 과정은 〈그림 6-13〉과 같다.

그림 6-13 **체크아웃 과정**

인사	• 고객님, 안녕하십니까?
고객 확인	• (등록된 객실번호의 고객과 체크아웃 고객의 확인) 네, 10층 4호 이승기 고객님 맞으시죠? (모니터)
불편 사항	• (확인) 투숙중 불편하신 점은 없으셨습니까?
미니바 확인	• 죄송하지만 객실 미니바 품목 중 사용하신 것이 있으시면 말씀해 주시겠습니까? (모니터 처리)
지불 방법	• (요금 지불방법 문의) 고객님, 사용하신 요금은 오픈하신 신용카드로 지불하시겠습니까? (처리)
환송 인사	• 고객님, 저희 호텔을 이용해주셔서 감사합니다. 다음에 오시면 더욱더 정성을 다해 모시겠습니다. 감사합니다. 안녕히 가십시오.
대기	• (원래 대기상태로 복귀)

5) 야간근무(Night Duty)

호텔은 하루 24시간 업무의 중단 없이 계속해서 영업을 하므로 하루의 영업일보를 밤늦게 종결해야 한다. 보통 밤 11시 30분부터 야간 근무자는 그날의 영업을 마감하고 결산에 들어간다. 수취계정의 총잔액과 비교해서 개별적인 것을 종합한 원장합계가 수취계정의 총잔액과 일치 여부를 검증하는 것이 야간근무의 주요 기능이다. 야간근무자는 각 부문의 당일 차변 및 대변이 정확하게 전기(Posting)되었는지를 확인하고, 만일 잘못된 점이 있으면 이를 발견해서 정정해야 한다. 호텔은 당일 수입금 일람표(Summary)를 작성하고 모든 계산서가 정확하고 완전하게 청구되었는지 검증하는 하는 것이 야간근무의 목적이다.

야간근무는 주간업무의 연장이며 주간 근무자로부터 미결 업무를 인계받아

정리 및 마감하고 다음날 업무수행에 차질이 발생하지 않도록 메시지, 메일 등의 각종 전달물을 확인하고 컴퓨터에 의한 매출보고서를 확인하고 또한 각종 보고서를 준비하는 업무를 수행한다.

6) EFL

대다수 고급호텔들은 수익 및 이윤 확대에 가장 큰 역할을 하는 비즈니스 손님들을 유치하기 위하여 여러 층의 EFL(귀빈층)을 운영하고 있다. 비즈니스 손님은 성수기나 비수기에 상관없이 고정적이고 가장 확실한 손님이며, 관광목적의 손님에 비해 호텔상품의 가격에 훨씬 덜 민감한 편이다. 어쩌면 확실한 비즈니스 손님의 유치가 특히 고급호텔들의 경쟁력에 큰 영향을 미친다고 할 수 있다. EFL의 특징은 객실가격이 일반객실에 비해 조금 높은데 이는 객실 크기 및 인테리어와 라운지(Lounge) 등보다 차별화된 서비스를 손님에게 제공하기 때문이다. EFL의 가장 두드러진 특징 중의 하나는 수십 명을 수용할 수 있는 EFL 전용 라운지를 제공하는 것이다. 이 전용 라운지에서 국내외의 신문과 정기간행물, TV, 컴퓨터 등이 비치되어 각종 정보에 접할 수 있고 편리하게 업무도 볼 수 있다. 또한 EFL 전용이므로 일반손님들은 접근하지 못하므로 혼잡하지 않은 쾌적한 환경에서 휴식도 취하고 업무도 볼 수 있다. EFL에는 비즈니스 상담 등을 위한 회의실도 구비되어 있으며, 호텔 내 다른 레스토랑에 가지 않고도 무료로 조식 · 음료 · 주류 · 스낵 등을 제공받는다. 그리고 EFL에서 근무하는 직원들은 손님에게 비서업무 등의 Butler Service를 제공하고 있는 것도 큰 특징이다.

<EFL에서 제공되는 서비스>

- Express Check-In and Check-Out Service
- 비서역할 지원(Butler)
- 컴퓨터, Fax 등의 사무기기 무료 이용
- 메시지의 접수 및 전달
- 조식을 포함한 무료 식음료 서비스
- 회의실 제공
- 운동시설의 무료 사용
- 각종 예약 확인 및 관광안내

그림 6-14 서울시내 모 특1급호텔의 EFL

Club Floor & Club Floor Lounge

- Room Type : Deluxe & Corner Suite
- Square (m²) : Avg.48.8
- Capacity : 95 Rooms
- Located at 27th Floor (Club Lounge)
- Club Floor : 25~27th Floor

*PRIVILEGES
- Buffet Breakfast (6:30~10:00) Lunch snack, Afternoon Tea
- Happy Hours (17:30~19:30), Evening Chocolate & Pastries
- Individual Work Stations with Free E-Mail Access
- DVD Library
- Complimentary Usage of Meeting Rooms for up to Two Hours per day
- DVD Player in Each room (one free DVD per day from DVD Library)
- Complimentary Use of Fitness Centers.
- Two complimentary Bottles of Mineral Water per Day.
- 20% Laundry Discount & Free Sewing Service.
- Complimentary choice of Morning Newspaper.
- Daily Turn-Down Service.
- Smoking or Non-Smoking Floors
- Late Check-Out available upon request.
- Personalized Welcome Amenities
- Express Check-In & Check-Out
- Free Rental Mobile Phones
- Wired High Speed Internet Service

그림 6-15 서울시내 모 특1급호텔의 비즈니스센터

business center

*Business Center Service
The Business Center on the lobby floor is geared towards serving the needs of business guests. Equipments and appliances available include DVD players, LCD projector, PC, color laser printer, scanner, digital camera, CD re-writer, photo-copier, and fax machine. We also offer an extensive range of services, such as PDA and laptop computer rental, translation, mailing, secretarial assistance, and even business card printing.
Location : 1st floor at Main Building

Service hours : Weekday 08:00~22:00, Weekend 09:00~18:00

Tel : 02-759-7328~9

그림 6-16 서울시내 모 특1급호텔의 휘트니스센터

*Gymnasium
You "Personal Trainer" coaches you according to your own schedule, and based on your own physical fitness regimen. A comprehensive, scientific, medical sports lab analysis will help determine the best program for you.
Location : Lotte Hotel Seoul Main Building 4F (Entrance on 3F)
Service Hours : 06:00~21:30(Closed on last Monday of each month)
Tel : 02-317-7312

*Golf Range
The golf range is located inside of the fitness club.
Spanning over an area of 250 pyong, the indoor golf practice range offers 6 practice stalls, a 35m driving range, automatic golf ball dispensers, and golf clubs. Experience the sheer thrill of sending your ball flying towards Seoul's high-rising buildings

*Indoor swimming pool
Lotte Hotel Seoul indoor swimming pool with the dimension of 8M×14M has the state-of-art facilities including automatic windows on the roof to allow guests to enjoy fresh air and sunshine from outside.

제3절 프런트 서비스(Front Service)

프런트 서비스의 업무는 손님을 현관 또는 공항에서 최초로 영접함과 동시에 마지막으로 영송하는 장소이다. 여기서 손님들이 인식하는 첫 인상과 마지막 인상은 호텔의 이미지를 결정하는데 중요한 영향을 미친다. 그러므로 각 종사자의 서비스 태도에 대한 중요성이 강조되고 있다. 보통 프런트 서비스는 업무의 특성에 따라 다음과 같은 5개 부문으로 구분하여 업무가 수행되므로 다른 어떤 업무보다도 소통의 중요성과 상호 호환성이 중요시된다.

- 손님을 공항에서 영접 · 영송 업무를 하는 공항데스크
- 손님을 현관에서 영접 · 영송 · 차량안내 업무를 수행하는 도어데스크
- 손님의 각종 짐을 객실로 운반하고 차량까지 적재하는 업무를 수행하는 벨데스크
- 손님의 짐을 일시 보관하여 주는 업무를 담당하는 Room Cloak
- 손님에게 각종 정보를 전달하고 불편사항을 해결하는 업무를 수행하는 컨시어지

1. 공항데스크 업무

공항에서 손님을 영접·영송 및 수하물 관리가 주업무이며 호텔과의 유기적인 상호 정보교환을 통해 비행기 시간의 정확한 확인 및 영접 후 호텔까지의 차량안내 업무 등을 수행한다. 공항데스크에서 주로 수행하는 출입국 보조 서비스는 먼저 당일 입국할 손님의 예약사항을 항공사에 확인하여 벨데스크에 전달한다. 그리고 나서 손님을 밝은 표정으로 호칭하며 본인 소개와 함께 인사를 하고 짐을 꺼내 직접 운반하는 것(Hand Carry)과 화물용으로 구분하여 차에 적재하고 손님에게 확인을 한 후 대기차량 또는 해당 항공사 체크인 카운터로 안내하고 입출국 관련업무를 도와주고 난 후 벨데스크에 통보하고 처리기록을 남긴다.

2. 도어데스크 업무

호텔 손님이 호텔 정문에 가까이 이르면 제일 먼저 눈에 띄는 사람이 도어맨이다. 또한 손님이 자동차를 타고 정문 앞에 도착하면 자동차 문을 열어 주는 사람이기도 하다. 도어맨은 차량의 질서를 유지하고 손님이 호텔 현관 앞에 도착하거나 떠날 때 영접·영송하는 업무를 기본업무로 하며, 실질적으로 손님이 호텔에 대한 첫 인상과 마지막 인상을 경험하는 장소이다.

1) 영접 서비스

도어맨은 호텔 정문 앞에 위치하여 호텔에 도착하는 손님의 자동차 도어를 열고 닫아주는 업무를 수행하며, 손님의 승·하차를 도와주고 손가방 등 손님의 소지품을 받아주며 벨맨에게 손님의 도착을 알려준다. 이때 자동차 실내를 다시 한번 확인하여 손님이 분실물 여부를 확인한다. 수하물을 꺼내 벨맨에게 인계할 때에는 수하물의 수와 특이사항을 재확인한다.

2) 안 내

손님이 관광이나 유흥을 원하면 안내원으로서 친절한 설명을 잊지 않도록 한다. 중요한 공공건물, 시내 지리, 극장, 공연장, 접근도로, 관광정보 등에 대한 정확하고 충분한 지식을 보유해야 한다.

3) 주차 질서유지 및 정리

도어맨은 호텔의 정문 주변에 어떠한 장애물의 방치도 허용해서는 안된다. 아울러 호텔의 품위와 정숙을 손상시키는 자들의 출입을 철저히 통제해야 한다. 또한 출입하는 사람 가운데 수상한 언동을 하는 자에 대해서는 즉시 상부에 보고한다. 그리고 어떠한 차량이라도 일정시간 이상 정문 앞에 주차하는 행위를 근절하며, 항상 뒤에 진입할 차량의 편의를 위해 차량흐름을 원활하게 한다. 행사 · 연회 · 세미나 등으로 인해 일시에 많은 차량이 붐빌 때는 사전계획을 철저히 세워 차량흐름을 원활하게 한다.

그림 6-17 도어맨

4) Valet Parking Service

손님의 편의를 위한 주차대행 서비스로 영접 서비스 요령에 의해 손님을 반갑게 맞이한다. 차량을 인수할 때는 운전석 옆문으로 다가가 왼손으로 문을 열고

눈인사를 하며 밝은 표정으로 인사말과 함께 접수증을 전달하고 차량의 외부상태를 확인한다. 만일 차량에 이상이 발견되면 손님에게 확인하는데 여의치 않을 때에는 접수증에 이상 유무를 기록한다. 이때 차량 내 귀중품 유무 여부도 함께 확인한다. 차량을 주차한 후 접수증에 기록사항(주차위치 · 차량번호 · 주차근무자 성명)을 확인하고 차량키와 함께 묶어서 데스크에 보관한다.

차량을 인계할 때에는 인사말과 함께 접수증을 받아서 확인한 후 신속하게 손님 앞 1미터 내에 차량을 정차시켜 인계 후 영송 서비스요령에 의거하여 영송업무를 수행한다.

그림 6-18 **Valet Parking Attendant**

5) 영송 서비스

손님이 출발하고자 정문을 나서면 먼저 정중히 인사를 하고 운전기사가 있는 경우에는 차량호출 서비스를 수행하고, 자가운전하는 손님의 경우에는 신속하게 정문 앞에 차량을 대기시켜 주는 친절한 서비스를 제공하도록 한다. 출발하는 손님의 차문을 닫을 때에는 조심성 있게 닫아야 한다.

이 밖에도 도어데스크는 출입문의 개폐관리와 분실물 처리 등의 부수적인 업무도 수행한다. 그리고 도어맨은 항상 정위치에서 근무유지를 해야 한다.

3. 벨데스크 업무

벨맨의 기본업무는 손님을 객실까지 안내 또는 손님의 짐을 전달(Delivery), 수거(Pick Up), 저장(Stock)하는 것이며 아울러 로비관리 및 각종 메시지 전달, Paging 서비스, 객실변경, 차량수배 등의 직무를 수행한다.

그림 6-19 벨맨과 Luggage Cart

벨맨은 업무대기(Stand By) 상태에서는 당일 객실 판매현황과 각종 행사진행 현황을 숙지하고 로비 내 정해진 위치에서 밝은 표정으로 미소를 지으며 양발을 약 30cm 정도 벌리고 서고 두 손은 벨트부분에 포개어 허리를 곱게 편 바른 자세로 대기하며, 손님과 시선이 마주치는 경우에는 밝은 표정으로 호칭하며 목례로 인사를 한다. 손님이 안내를 요청하는 경우에는 문의 받은 위치에서 코너부분까지 안내하고 손님이 직접 짐을 들고 있으면 의향을 물은 후 들어 드린다.

벨맨은 로비에서 필기도구를 지참하고 일정 지점을 중심으로 시계방향으로 업무를 시작하기 전과 퇴근 전, 또는 매시간 단위로 순찰하고 이상한 점을 발견할 경우에는 선조치 후 차상급자에게 바로 보고한다.

1) 벨맨의 체크인 서비스

가. 현관에서 프런트 데스크까지

도어 입구에서 항상 대기하고 있는 벨맨은 손님이 도착하면 다가가서 정중히 맞이하며 수하물의 유무 여부 및 수량과 특이사항을 확인한 후 프런트 데스크로 안내한다. 벨맨은 손님이 등록하는 동안 2보 정도 뒤에 짐을 내려놓고 각 짐별로 Tag을 달고 대기한다. 이때 깨지기 쉬운 주류나 도자기 등은 각별한 주의를 기울여야 하며 체크인용 수하물 확인에 필요한 사항을 기록한다.

나. 프런트 데스크에서 객실까지

손님의 등록절차가 종료되면 프런트 데스크 클럭으로부터 객실키를 받아 객실번호를 복창하여 암기시키고 손님을 엘리베이터 쪽으로 유도한다. 이때 손님의 이름을 암기하여 이름을 호칭하여 친밀감을 높이도록 한다. 벨맨은 엘리베이터를 기다리는 동안 호텔 내의 부대시설을 안내하거나 손님의 관심을 끄는 말로 친근감을 갖게 한다. 엘리베이터가 도착하면 손님을 먼저 타게 하고 짐은 한쪽 구석에 놓고 호텔의 부대시설의 안내나 판촉 요리 등에 대한 얘기를 프라이버시가 침해되지 않는 한도 내에서 해서 되도록 유쾌한 분위기를 이끌어내도록 한다. 엘리베이터에서 내린 후에는 손님의 2~3보 앞에 서서 객실로 향한다. 이때 너무 빠르거나 느리게 걸어서는 안된다. 지나면서 비상구도 안내한다.

다. 객실에서

객실에 들어서기 전에 초인종을 두 번 정도 눌러서 객실 안을 확인한 후 도어를 연 다음 손님을 먼저 입실토록 한다. 먼저 커튼을 열고나서, 각종 시설 및 비품의 작동 여부와 사용법을 안내한다. 그러나 단골에게는 이런 행동이 역효과가 나는 경우도 있기 때문에 삼가도록 한다. 손님에게 객실의 만족 여부를 확인한 후 불편한 사항이 있으면 연락해 줄 것을 부탁한다. 그리고 처음 방문한 손님에게는 객실 내의 모든 시설물에 대한 설명을 친절하게 얘기한다. 이때 객실조명 등, 전화, 미니바, 호텔안내문 등에 대한 사용법 등에 대해 설명을 한다. 이런 설명이 끝난 후 손님이 편안하게 쉴 수 있도록 밝게 인사를 하고 조용히 문을 닫고 객실을 나선다.

2) 벨맨의 체크아웃 서비스

객실로부터 전화 또는 손님이 직접 짐을 내려달라는(Baggage Down) 요청이 오면 벨캡틴은 객실번호와 수하물의 수 등을 파악한 후 벨맨에게 짐을 가지고 올 것을 지시한다. 지시를 받은 벨맨은 체크아웃용 수하물 확인증에 필요한 사항을 기입하고 짐의 개수에 따라 카트나 왜건을 가지고 엘리베이터를 타고 신속하게 객실로 향한다.

벨맨은 객실 앞에 도착한 후 객실번호를 확인한 후 초인종을 2~3번 누른다. 문이 열리면 공손하게 인사를 하고 수하물의 개수를 파악한 후 카트에 싣고 손님이 빠트리기 쉬운 서랍, 옷장, 냉장고 등을 점검한다. 수하물 Tag을 손잡이에 걸고 손님에게 호텔에서 출발시각을 물은 후 수하물 확인증에 시간 및 필요사항을 기록하고 절취선 밑 부분을 손님에게 드리면서 수하물의 인도는 벨데스크에서 담당하는 것을 전한다. 바로 출발할 예정인 손님의 수하물이 내려왔을 때 손님은 프런트 데스크에서 계산 중이거나 벨맨을 기다리는 경우가 많다. 이러한 경우에는 프런트 데스크에 요금 지불 여부를 확인하고 손님을 친절하게 전송한다.

4. Cloak Room Service

호텔에서 Cloak Room이란 손님의 수하물을 일시적으로 보관하는 장소를 말한다. 투숙 · 연회 등 여러 목적으로 호텔을 방문하는 손님들의 수하물을 일시적으로 보관한다. 연회장이나 여러 레스토랑 등의 시설을 많이 보유한 큰 호텔에서는 현관 정면부근이나 레스토랑의 입구부근, 연회장이 있는 층 등 외래손님이 출입이 잦은 층마다 Cloak Room이 설치되고 있다. 보통 현관 정면 입구부근에 위치하는 Cloak Room이 프런트 서비스가 담당하는 Cloak Room이다.

5. Concierge

컨시어지는 호텔 현관에서 손님영접, 시내시설 안내, 차량호출, Valet Parking 서비스, 손님수하물 관리, 소포 발송, 수하물보관, 유모차, 휠체어 무료대여, 셔틀버스 운행관리 등을 담당한다. 또한 손님의 요구나 불만사항을 접수처리하며 호텔의 각종 안내와 정보제공 업무 등을 수행한다. 보통 프런트 데스크 옆 또는 앞에 있는 데스크에서 고유한 유니폼으로 근무한다.

그림 6-20 컨시어지 데스크

제4절 하우스키핑

하우스키핑은 '가정에서의 가사 · 가계 또는 건물을 수리하고 관리 · 유지한다'라는 사전적 의미를 가지고 있다. 호텔에서 하우스키핑은 손님이 체류기간 중에 쾌적하고 편리한 시설과 용품을 갖춘 하드웨어적 서비스와 항상 청결하게 정비 · 유지함은 물론이고 '집 떠난 집'으로서의 또다른 편안함을 느낄 수 있도록 하는데 필요한 인적 서비스를 제공한다.

제조기업에 비유하면 호텔부서 중에서 객실예약과 객실판촉 그리고 프런트 데스크는 객실을 판매하는 부서이며, 하우스키핑은 객실을 생산하는 부서이다. 그러므로 효율 및 효과적으로 좋은 상품을 생산해서 판매하려면 두 부서의 유기적인 협력체제는 반드시 필요하다.

손님이 원하는 쾌적한 객실을 유지하기 위해서는 완벽한 청소와 점검, 편리성과 신속성을 확보하기 위해서는 FF&E(Furniture, Fixture and Equipment)의 고장이나 미비함이 없도록 철저히 점검하고 모든 일에 손님의 입장을 우선하는 것을 강조해야 한다. 객실 하나하나에 담긴 정성은 손님으로 하여금 좋은 이미지의 형성과 그 호텔을 오랜 시간 동안 기억하게 할 수 있다.

<하우스키핑 부서의 주요 업무>

- 객실의 FF&E(설비 · 가구 · 비품)의 정비 및 관리
- 객실용 소모품 · 비품 · 리넨류의 관리
- 미니바 · 유실물 · 대출품 서비스 및 관리
- 세탁서비스 및 리넨류의 관리
- 공공구역의 정비

호텔에서 객실은 손님이 휴식을 취하는 장소이며 개인의 프라이버시가 최대한 보장되어야 하는 곳이므로 객실지역은 24시간 정숙함이 요구된다. 따라서 작업이나 휴식 중 절대 정숙이 요구되며 손님이 투숙 중인 객실은 정비 · 미니바 점검 · 시설물 보수 등의 이유로 출입할 경우에는 손님에게 사전 허가를 받은 후 출입하고 손님의 주문 외에는 절대 출입을 금지한다. 손님의 생명과 재산을 보호하는 일을 기본으로 하는 서비스이므로 손님의 물품 도난 및 손실 또는 놀랄 일이 생기지 않도록 해야 할 뿐만 아니라 세계 각국의 고유한 풍습을 최대한 숙지하고 철저한 서비스 매너를 익히도록 해야 한다.

하우스키핑부서의 관리자는 일정표에 의한 주간 청소계획표를 작성하여 당일 업무를 지시 · 감독하며, 객실정비표에 따라 매일 객실의 이상 여부를 확인한다. 관리자는 호텔의 주상품인 객실을 준비함에 있어서 상품생산과 관련된 모든 사항(시설, 청결, 각종 자산관리, 인적 서비스 등) 업무의 흐름을 정확하게 꿰뚫고 있어야 한다. 이런 활동이 막대한 고정자산의 적절한 관리와 고부가가치 상품인 객실을 합리적으로 경영할 수 있게 한다.

1. 하우스키핑 서비스

하우스키핑 부서는 부서장>하우스키핑과장>층관리자(Floor Supervisor 또는 Inspector)>룸메이드(Room Maid)의 직급 순으로 조직화되어 있다. 층별 관리자는 객실과장의 업무지시를 받아 객실상품의 원활한 판매를 위한 업무를 수행하며 책임지역의 실무관리자로서 담당지역에 대한 모든 사항에 대한 책임을 진다.

주요 업무는 룸메이드에게 작업을 지시 · 감독하고 객실 청소가 끝난 후 점검(Inspection)한다. 한편, 하우스키핑 부서에서 가장 많은 인원을 차지하는 룸메이드는 객실을 정비하는 것을 주업무로 한다.

1) 객실정비

가. 정비 전 준비

그림 6-21 Do Not Disturb 표시

룸메이드는 청소 · VIP도착보고서와 마스터키 및 업무일지를 수령하고 담당층의 VIP현황 · 객실점유율 · 특이사항 등을 전달받고 객실 복도를 순찰하며 시설의 이상 유무와 청결 상태를 확인한다. 문이 열려 있는 객실은 이상 유무를 확인하여 닫고, 객실정비 요청('Do Not Disturb' 표시가 없는)이 있는 객실은 먼저 정비를 하도록 한다. 룸메이드는 청소분담표의 해당 객실란에 손님의 특이사항을 기록하고 창고의 정리상태, 메이드 왜건 적재상태, 청소용품의 기능상태 등을 확인한다.

나. 객실이동

룸메이드는 먼저 담당층 관내 손님의 특이사항을 숙지한 후 왜건과 진공청소기를 준비해서 객실로 이동한다. 왜건 운행 중에 시선은 전방을 응시하고 벽에서 약 10cm 정도 띄워서 벽에 충돌하지 않게 한다. 도어가 열린 객실과 객실정비 요청 신호가 켜진 객실을 확인한다. 객실 복도 등에서 손님과 마주칠 때는 왜건의 운행을 멈추고 호칭하며 보통례로 인사를 한다. 객실로 이동한 후에는 재고가 없는 물품이 없는지 확인하고 정비할 객실문 옆 벽면에 약 10cm 정도 띄워서 왜건과 진공청소기 순으로 일렬로 세우고 청소분담표를 확인한 후 객실출입 요령에 따라 입실한다. 호텔에는 여러 유형의 객실이 존재하기 때문에 객실별로 정비순서가 정해질 수 있다. 국내 모호텔의 객실정비는 Rush Room>Make Up

Room>VIP Room>Suite Room>Stay On Room>Check Out Room의 순서로 수행되고 있다. 한편 객실 내 정비순서는 〈그림 6-22〉와 같다.

그림 6-22 **객실정비 순서도**

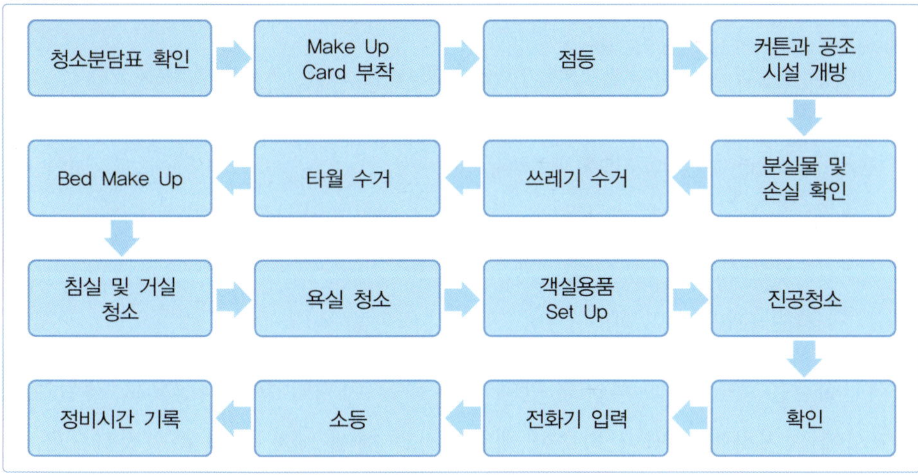

다. 침대 꾸미기(Make Up)

손님이 객실에 체류 중일 때는 먼지가 나지 않도록 하고 트윈 객실의 경우에는 사용하지 않는 침대는 침대커버를 벗겨 사용 여부를 확인한 후 재정리한다. 사용한 시트(Sheet)는 손님의 물품과 섞이지 않도록 한 장씩 확인하면서 수거하고, 침대커버 · 이불 · 베개를 바닥에 내려둘 때는 사용한 시트를 바닥에 깔고 그 위에 둔다. 1개의 침대를 정비하는데 소요되는 리넨의 소요량은 베개 케이스 4장, 더블 이불시트 1장, 더블시트 1장 등 총 6장이다.

<침대 꾸미기 순서>

① 베드 패드를 침대 중앙에 둔다.
② 베개를 접힌 부분이 없도록 하여 커버에 넣은 뒤 바닥에 닿지 않도록 의자 등에 넣어 둔다.
③ 속 시트를 다림선에 맞추고 부분과 옆부분을 매트리스 밑으로 접어 넣은 뒤 반대편 부분과 하단 부분을 팽팽히 당겨 매트리스 밑으로 접어 넣는다.
④ 이불 시트를 침대 위에 펼쳐 이불 양쪽 끝을 시트 귀퉁이에 맞춰 넣고 윗부분에서 맞잡아 가볍게 펼치며 균형을 잡고 침대머리에서 약 50~60cm 띄워 중앙에 바르게 둔다.
⑤ 베개를 케이스에 넣고 윗부분 중앙에 둔다.
⑥ 침대커버를 침대 아래 부분부터 스커트가 반만 덮이도록 펼쳐 놓은 뒤 양쪽 옆부분을 맞춘다.
⑦ 베개를 상단 끝 중앙에 무거운 것이 아래로 가도록 하여 2개씩 포개어 둔다.
⑧ 침대커버를 베개 위로 덮어 주며, 한 손은 베개 위 뒷부분에 살짝 대고 다른 한 손은 중앙 부분에 격이 생기도록 조금만 넣어 각이 지도록 매만진다.
⑨ 정돈된 상태를 확인한다.

2) 객실점검(Inspection)

객실점검은 손님에게 객실을 판매하기 위한 마지막 확인과정으로 객실청소 보고서에 의거하여 손님이 퇴숙한 객실점검과 현재 체재 중인 객실점검으로 나누어서 점검한다. 객실점검은 객실 입구에서부터 시계반대 방향으로 객실 전부분이 점검에서 빠지지 않도록 손으로 확인하며 점검한다. 점검 중 특이사항은 점검보고서에 기록한 후 관련부서에 연락을 취하고 시설보수 작업을 할 때는 작업 중 카드를 도어 손잡이에 걸어둔다. 시간이 오래 걸린다고 판단되면 프런트 리셉션에 연락하여 손님에게 메시지를 전달하거나 판매중지 처리하고 수리가 완료되면 직접 작동하여 확인을 한다.

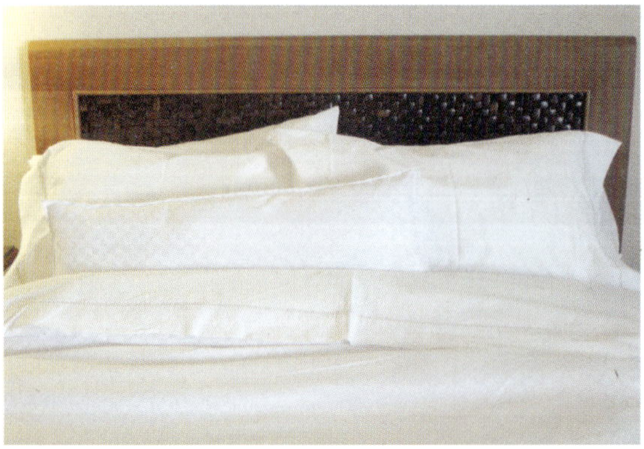

그림 6-23 최고의 객실상품 : Westin호텔의 Heavenly Bed

그림 6-24 객실 침대 앞 전경

객실점검에서 3가지 중요한 사항은 첫째, 설비물과 가구 집기류의 기능상태 확인, 둘째, 청결상태 확인, 셋째, 비품과 소모품 및 리넨류의 정리정돈 상태를 확인하는 것이다.

3) 미니바(Mini Bar)

미니바는 객실 내의 소형 냉장고에 간단한 음료 · 주류 · 스낵 등을 비치해서 손님이 셀프서비스를 이용하게 하는 서비스이다. 손님이 객실 내에서 음료 등이 필요할 때 룸서비스에 직접 주문할 수 있지만, 주문 및 기다림 등의 번거로움과 프라이버시 침해, 봉사료에 대한 부담을 느낄 수 있기 때문에 미니바를 통해 보다 편리하게 수시로 이용할 수 있다. 미니바의 운영목적은 손님이 후불로 편리하게 음료 등을 구매할 수 있는 편의 서비스를 제공하고 동시에 호텔의 판매 기회를 극대화하는 것이다.

2. 리넨(Linen)서비스

대다수 호텔에서 하우스키핑 조직에 속하는 리넨서비스는 주로 고객서비스를 위해 소요되는 여러 가지 종류의 직물들을 말한다. 리넨서비스는 호텔의 여러 영업활동을 위하여 객실과 기타 영업장에서 사용하는 각종 리넨 및 직원 유니폼을 원활하게 공급되고 세탁물수불이 효율적으로 이루어지도록 하는 업무를 수행한다. 호텔의 리넨에는 객실용 리넨(침대 시트, 침대 커버, 이불, 담요, 베개, 수건, 보료, 방석, 욕실 가운 등)과 식음료영업장용 리넨(테이블 커버, 냅킨, 의자 커버, 연회용 치마, 커튼 등), 피트니스센터용 리넨(수건, 헬스 가운, 사우나복 등), 고객의 세탁물, 직원용 유니폼 등 여러 가지 종류가 존재한다.

리넨류를 구입하는 데 막대한 비용이 소요되며 관리를 효율성 고저에 따라 수명에 큰 영향을 미친다. 리넨관리는 첫째, 정확한 필요소요량의 측정, 둘째, 섬유 재질의 선택, 셋째, 재고관리, 넷째, 사후관리로 나눌 수 있다. 소요량 측정을 잘못하면 쓸데없는 재고가 쌓이거나 또는 부족해서 효인적인 대고객 서비스에 지장을 초래하기도 한다. 리넨이 마모되는 원인으로는 부주의하게 다루는 경우와 반복되는 세탁으로 인해 수명이 다하는 경우가 있다. 또한 분실과 도난의 경우도 무시할 수 없다.

<리넨 서비스의 주요 업무>

- 손님의 세탁물을 수거하여 세탁 후 전달하는 Laundry Service 업무
- 세탁물을 세탁하고 수선하는 Washing, Dry Cleaning, Pressing, Sewing 등과 같은 기술적인 업무
- 원활한 영업활동을 위해 리넨과 유니폼류의 적정재고를 유지 및 관리하는 저장품관리 업무
- 경비절감을 위한 리넨류의 수선 및 재활용 업무

그림 6-25 **객실 세탁물 주문서의 예**

laundry&drycleaning ランドリー&ドライクリーニング

print name/ お名前　　room number/お部屋番号　　date/日付

laundry/ランドリーサービス

quantity 数量	men's wear 紳士物	rate 単価	amount 金額
	shirt · dress / ワイシャツ	$7.25	
	shirt · sport / スポーツシャツ	$6.65	
	shirt · polo / ポロシャツ	$6.65	
	shirt · tee / Tシャツ	$5.45	
	trousers / ズボン	$8.45	
	undershirt / シャツ(下着)	$2.70	
	undershorts / パンツ(下着)	$2.70	
	socks (pair) / 靴下(一足)	$2.40	
	handerchief / ハンカチ	$1.85	
	shorts (sport) / ショートパンツ	$7.25	
	pajama set / パジャマ(上下)	$9.10	
	women's wear 婦人物		
	dress / ワンピース	$16.35	
	blouse / ブラウス	$9.10	
	skirt / スカート	$8.50	
	slacks / スラックス	$8.50	
	brassiere / ブラジャー	$2.70	
	panty / パンティー	$2.70	
	shorts (sport) / ショートパンツ	$7.25	
	nightgown / 寝間着	$9.95	
	robe / ローブ	$12.35	
	other / その他		
		total/小計	

SILK AND FANCY ITEMS, ADD 20%

__ starch / スターチ・糊付　　__ no starch / スターチ・糊不要

__ fold / たたむ　　__ box / 箱詰め　　__ hang / ハンガー掛け

dry cleaning /ドライクリーニングサービス

quantity 数量	men's wear 紳士物	rate 単価	amount 金額
	suit (2-piece) / 背広(ツーピース)	$17.85	
	suit (white) / 背広(白)	$18.40	
	suit (3-piece) / 背広(スリーピース)	$19.60	
	trousers / ズボン	$8.45	
	jacket / ジャケット	$10.30	
	jacket (white) / ジャケット(白)	$11.15	
	shirt / ワイシャツ	$8.15	
	necktie / ネクタイ	$7.90	
	shorts / ショートパンツ	$7.55	
	vest / ベスト	$8.45	
	hand cleaned items + $1.00 / 手洗い　1ドル追加		
	women's wear 婦人物		
	suit / スーツ	$17.85	
	dress / ワンピース	$17.85	
	dress · long / ドレス(ロング)	$18.75	
	dress · silk/fancy / ドレス(絹／ファンシー)	$21.15	
	skirt / スカート	$8.45	
	blouse / ブラウス	$9.95	
	blouse · silk/fancy / ブラウス(絹／ファンシー)	$11.50	
	slacks / スラックス	$8.45	
	slacks · white / スラックス(白)	$9.10	
	jumpsuit / ジャンプスーツ	$19.95	
	sweater / セーター	$10.30	
	other / その他		
		total / 小計	
		state tax /税金	
		hotel handling charge / ホテル手数料	$2.00
		amount due / 合計	

for press only service, indicate "P" in the quantity box / プレスのみの場合、数量に"P"とご記入ください。

service/service

__ same day in by 9am back by 6pm (except holidays)
同日サービス - 洗濯物は午前9時までにお出し下さい。午後6時までに仕上がります。(祭日をのぞく)

__ express service - in by 12:00 noon, returned the same day. Charges double listed prices (not available on Sundays or holidays)
エクスプレス - 正午までにお預かりした洗濯物は、その日のうちに仕上げてお届けします。ただし、料金は表示価格の2倍になります。(日曜、祭日除く)

special instructions / 特別な御要望

Please fill in your name, room number and date. Place laundry and dry cleaning in two separate bags with completed forms. Garment for press only will be charged 75% of the above prices. Children's pieces will be 75% of price listed. Unless itemized list is sent with clothing, our count must be accepted. We are not responsible for fading or shrinking or articles left in pockets. Claims for loss or damage are limited to ten times the charge for cleaning. Claims must be made within 24 hours. Laundry and dry cleaning service is provided by an outside company. The Hotel assumes no liability for any claims arising from processing. The laundry/dry cleaner assumes all claims.

Moana Surfrider
A Westin Resort Waikiki Beach
2365 Kalakaua Avenue · Honolulu, Hawaii 96815
Phone: 808.922.3111

WESTIN HOTELS & RESORTS

그림 6-26 욕실에서의 환경보호 캠페인 프로그램

제5절 객실부서의 영업성과 측정

1. 객실수의 계산방법

호텔은 정부기관에 등록하거나 판매촉진을 위한 선전과 광고 등 보유하고 있는 객실수를 대외적으로 공표하는 경우 유닛 객실수(Number of Room Unit)란 용어를 사용한다. 유닛 객실수는 공칭객실수라고 칭하며 호텔의 객실 전체에 대해 각각의 칸수를 한 단위 객실로 계산하는 방법이다. 대다수 호텔의 스위트(Suite)는 보통 침실과 거실로 구성되기 때문에 객실 공급이 부족할 경우 통하는 문을 잠그고 침실은 침실로 판매하고 거실에는 침대를 배치하여 일반객실로 만들어 판매함으로써 일개 스위트룸을 2개의 일반객실로 판매한다. 이와 같이 객실의 칸수 즉 객실의 단위수에 의해 계산되는 객실수를 유닛 객실수라고 한다. 여기에는 호텔임원의 숙소나 리넨룸(Linen Room)의 용도로 사용되는 House Use Room까지도 포함되는 객실수이다.

한편, 총객실수(Number of Rooms Total)는 스위트 룸도 일개의 객실로 간주하여 계산된다. 총객실수를 보면 해당 호텔이 싱글룸, 더블룸, 온돌방, 스위트룸 등이 각각 몇 개씩 보유하고 있는가를 쉽게 파악할 수 있다. 이 같은 방법이 진정한 의미의 총객실수가 된다. 총객실수에는 임원숙소나 리넨룸과 같은 House Use Room도 포함된다.

그리고 판매가능객실수(Number of Rooms Available)는 언제라도 손님에게 객실을 배정할 수 있는 판매가능한 객실수의 합계를 뜻한다. 즉 판매가능객실수는 총객실수에서 House Use Room을 제외한 객실수를 의미한다. 한편, Out of Order로 총칭되는 고장난 객실이나 수리 중인 객실은 지금 당장은 판매가 불가능하지만 수리가 완료되면 판매가 가능하게 되므로 보통 판매가능객실수에 포함하여 계산된다.

2. 호텔 객실영업의 성과 측정

호텔의 궁극적인 경영성과는 손익계산서에 의해 쉽게 알 수 있다. 그러나 호텔산업에서 객실부문의 영업성과를 측정하는 고유한 방식이 오랫동안 이용되고 있다. 그 중에서 호텔의 주상품인 객실의 판매실적을 측정하는 방식은 전 세계에서 공통으로 사용되고 있다. 이들이 바로 Occupancy(객실점유율), ADR(Average Daily Rate : 평균객실단가), RevPAR(Revenue Per Available Room : 레브파)이다. 일개 호텔의 예를 들어 설명해 보기로 하겠다.

- 호텔제주는 500개의 객실로 영업하고 있는 특급호텔이며, 일반 Deluxe객실의 요금은 일박에 150,000원이다. 지난 일주일 동안 이 호텔 객실판매 내역은 다음과 같다. 이 정보를 바탕으로 해서 Occupancy, ADR, RevPAR를 구해보기로 하자.

판매일시	판매가능객실수	판매된 객실수	객실수입액
10/1	500	350	35,000,000원
10/2	495	340	38,000,000원
10/3	495	330	37,000,000원
10/4	495	380	45,000,000원
10/5	495	390	48,000,000원
10/6	500	400	44,000,000원
10/7	500	420	46,000,000원

1) Occupancy

Occupancy는 얼마나 많은 객실을 판매하였는가를 측정하는 것이 목적이다. Occupancy를 구하는 등식은 다음과 같다. Occupancy가 높으면 객실을 많이 판매한 것을 뜻하므로 100%에 가까울수록 좋다고 하겠다. 즉 양적 평가라고 할 수 있다.

$$\text{Occupancy} = \frac{\text{판매된 객실수}}{\text{판매가능 객실수}} \times 100$$

그럼 10월 1일의 Occupancy를 구해보면 다음과 같다.

$$\text{Occupancy} = \frac{350}{500} \times 100 = 70\%$$

다음은 10월 1일부터 7일까지의 Occupancy를 구해보면 다음과 같다.

$$\text{Occupancy} = \frac{350+340+330+380+390+400+420}{500+495+495+495+495+500+500} = \frac{2{,}610}{3{,}480} \times 100 = 75\%$$

2) ADR

ADR은 얼마에 객실을 판매하였는가를 측정하는 것이다. 즉 얼마나 좋은 가격으로 객실을 판매하였는가를 알아보는 것이다. 즉 질적 평가를 의미한다. ADR을 구하는 등식은 다음과 같다.

$$ADR = \frac{\text{객실판매액}}{\text{판매된 객실수}}$$

그럼 10월 2일의 ADR을 구해보면 다음과 같다.

$$ADR = \frac{38,000,000}{340} = 111,765\text{원}$$

호텔은 항상 같은 가격으로 객실을 판매하지 않는다. 객실유형별로, 요일별로, 성수기 및 비수기 등 상황에 따라 가격을 결정한다. 그러므로 위에서 설정된 객실요금 150,000원은 특정객실의 공시요금(Rack Rate)이 그렇다는 것이지 실제요금이 그렇다는 것은 아니라는 것을 명심해야 할 것이다.

그럼 여기서 10월 1일부터 10월 7일까지 판매된 객실들의 평균판매가격인 ADR을 알아보기로 하자.

$$ADR = \frac{293,000,000}{2,610} = 112,261\text{원}$$

즉, 호텔제주는 10월 1일부터 7일까지 총 2,610개의 객실을 평균단가 112,261원에 판매하였다는 결론을 내릴 수 있다. 물론 ADR이 높을수록 또는 공시요금에 가까울수록 호텔의 영업성과는 더욱 좋아질 것이다.

3) RevPAR

한때 호텔산업에서는 보통 Occupancy가 높으면 경영성과가 좋은 것으로 여겼다. 그리고 또 일부는 ADR이 높을수록 영업성과가 좋다고 판단하였다. 그러나 Occupancy 혹은 ADR 한쪽만을 강조하는 것은 의미가 별로 중요하지 않다고 할 수 있다. 예를 들어, A호텔은 Occupancy는 80%이고 ADR은 40,000원이라고 하고, B호텔은 Occupancy는 70%이며 ADR은 60,000원이라고 하면 과연 어느 호텔이 더 효과적으로 객실을 판매하고 있는가?

RevPAR를 구하는 등식은 다음과 같다.

$$\text{RevPAR} = \frac{\text{객실판매액}}{\text{판매가능 객실수}} \quad \text{또는}$$

$$\text{RevPAR} = \text{Occupancy} \times \text{ADR}$$

두 번째 계산방식이 계산이 간편하므로 많이 이용되고 있다.

여기서 우선 위에서 예를 든 A 및 B호텔에 대한 우열을 가려보자.

$$\text{A호텔의 RevPAR} = 0.80 \times 40{,}000\text{원} = 32{,}000\text{원}$$

$$\text{B호텔의 RevPAR} = 0.70 \times 60{,}000\text{원} = 42{,}000\text{원}$$

그래서 당연히 RevPAR가 높은 B호텔이 다른 조건이 똑같다면 A호텔에 비해 훨씬 손님의 욕구에 부응하는 즉 경쟁력 있는 호텔로 인정이 된다. 한편, 호텔제주의 10월 1일부터 7일까지의 RevPAR를 구해보면 다음과 같다.

$$\text{RevPAR} = 0.75 \times 112{,}261\text{원} = 84{,}196\text{원} \quad \text{또는}$$

$$\text{RevPAR} = \frac{293{,}000{,}000}{3{,}480} = 84{,}196\text{원}$$

대다수 성공적인 호텔들은 Occupancy 또는 ADR 어느 한쪽만을 강조하지 않고 균형적인 측정방식인 RevPAR가 최대화되도록 노력한다. 그리고 실제로 특정 시장에서 RevPAR가 높은 호텔들이 낮은 호텔보다 보다 성공적인 객실영업을 수행하고 있는 것으로 나타나고 있다. 물론 이것은 객실부문의 판매만을 한정하고 하는 얘기이다. 서울지역 특1급호텔의 현황을 살펴보면 역시 대부분 RevPAR가 높은 호텔들의 객실부문 영업성과가 낮은 호텔들에 비해 훨씬 좋다는 사실을 알 수 있다. 다시 한번 강조하지만 Occupancy, ADR, RevPAR는 세계 공통으로 이용되는 호텔객실상품의 판매생산성을 측정하는 지표이므로 반드시 이해하고 숙지해야 할 것이다.

4) 이중 객실점유율(Double Occupancy)

호텔의 수용가능한 인원은 침대의 수에 의해 결정된다. 호텔의 싱글룸에는 1인밖에 수용할 수 없지만 트윈룸에는 2인까지 수용할 수 있다. 만일 트윈룸에 1인만이 투숙할 경우에는 싱글요금으로 할인하는 호텔도 있고 그대로 트윈요금을 받는 호텔도 있는데, 이것은 호텔별로 독자적인 경영방침에 의할 것이다. 그러나 호텔은 될 수 있는 한 침대수에 가까운 인원 즉 호텔의 수용인원수에 가까운 손님을 수용해야만 수익의 극대화를 꾀할 수 있다. 왜냐하면 한 손님이라도 더 많이 호텔에 투숙하게 되면 숙박 이외의 판매가 식사, 음료, 연회, 세탁, 전화료 등의 수입으로 판매액을 최대화할 수 있기 때문이다. 그러므로 트윈룸에는 되도록 2인의 투숙객이 이용하는 것이 유리하다고 할 수 있다. 이렇게 1인 이상의 투숙실적을 보여주는 지표를 이중 객실점유율이라고 한다. 예를 들어보기로 한다.

<이중 객실점유율>

- 총객실수(A) ······ 100실
- 판매된 객실수(B) ······ 80실
- 객실점유율(C) ······ 80%
- 수용인원수(D) ······ 90명
- 수용률(E) ······ 90%
- Double Occupancy ······ D–B=10실(F)
- Double Occupancy Rate ······ F/Bx100=12.5%

현재 호텔에서 손님이 투숙 중인 인원 90명 중에서 70실은 1인만이 이용 중이며, 10실은 2인이 투숙 중이라는 판단이 서게 된다. 즉 판매된 객실 80개 중에서 10실은 이중 객실점유가 되고 있으며 그 비율은 12.5%가 되는 것이다. 이 지표로서 호텔에서 2인용 객실과 1인용 객실의 비율을 알 수 있다. 이중 객실점유율이 높을수록 현재 호텔에 투숙 중인 사람이 많으므로 그만큼 다른 여러 상품에 대한 판매기회를 확대할 수 있게 된다. 미국호텔들의 경우 이중 객실점유율을 50% 이상을 유지한다고 한다.

그림 6-27 World's Top 25 호텔의 객실(Four Season's Hotel, Singapore)

참고문헌

김경환 · 차길수(2002). 『호텔경영학』. 현학사.

김현수 · 김갑수(2008). 『서비스산업구조 및 생산성통계 국제비교』. 한국산업기술재단 기술정책연구센터.

롯데호텔. 판촉자료.

오정환 · 김경환(2000). 『호텔관리개론』. 백산출판사.

이선희 · 송대근(2005). 『호텔객실실무론』. 대왕사.

호텔신라교육원. 『호텔개론』.

Travel + Leisure(2011). January.

www.google.com

호텔 식음료(F&B)부서

Chapter 07

호텔 식음료(F&B)부서

학습목표

이 장을 학습한 후 여러분은 반드시 다음 내용을 이해해야 한다.

1. 식음료부서의 종류, 특징, 중요성을 파악한다.
2. 식음료부서의 중요성을 이해한다.
3. 식음료부서의 조직관리를 이해하고 각 기능분야를 이해한다.
4. 식음료부서에서 종사자별로 역할을 숙지한다.
5. 연회의 특징과 중요성을 파악한다.
6. 호텔 식음료부서의 경영상 여러 문제점을 이해한다.

제1절 호텔 식음료(F&B)부서

레스토랑의 역사는 고대 BC 512년경 이집트에서 시작되었다고 한다. 이 당시에 레스토랑에서 제공되었던 음식은 극히 단조로워서 씨리얼, 들새고기, 양파 등이 주를 이루었으며, 어린아이는 보호자의 동반 없이는 출입이 불가능하였다. 로마시대에는 칼라칼라라는 커다란 대중목욕탕의 주위에 레스토랑들이 존재하였다고 한다. 그리고 동시대에 여행자들을 위한 수도원, 사원 등에서도 식사와 숙박을 제공하였다고 한다.

영국에서는 12세기경 선술집(Public House) 같은 곳이 있었으며, 1650년경에 최초로 커피하우스가 옥스퍼드에서 개업을 하는 등 고정가격으로 점심과 저녁을 제공받을 수 있는 간이레스토랑들이 각지에서 생겨나게 되었다. 한편 프랑스에서는 1765년경에 몽 블랭거라는 사람이 레스토랑이란 수프를 판매했는데 이것이 크게 성공하여 현재의 레스토랑이라는 용어가 생기게 되었다는 설도 있다.

세계문명의 발상지인 중국은 6세기경에 식경이라는 요리전문서적을 발간하여 레스토랑의 발전에 시금석이 되었다고 한다. 이러한 중국 요리가 이탈리아로 전파되고, 이탈리아 요리가 프랑스로 전파되어 현재에 이르고 있다고 한다.

오늘날 호텔에서 레스토랑은 단순하게 식사 및 휴식장소의 제공하는 것뿐만 아니라 맛과 영양이 풍부한 음식, 깨끗하고 위생적인 시설, 분위기나 시설 등의 물적 서비스, 친절하고 세련된 인적 서비스 등 상품과 서비스가 복합적으로 구성되어 판매되는 곳이다. 또한 레스토랑은 객실과 함께 호텔의 영업활동에서 중추적인 역할을 담당하고 있다. 현재 서울시내 특1등급호텔들의 영업실적을 보면 F&B부서의 매출액이 오히려 객실부서를 앞지르고 있다. 호텔에서 F&B부서는 효과적·효율적으로 조리된 식음료 상품을 종사원의 적절한 서비스를 통해 고객에게 제공되어야 한다. 호텔의 레스토랑은 경험 많은 주방장에서 유래되는 질 좋은 음식의 제공을 통해 이윤추구뿐만 아니라 지역사회에서 호텔의 긍정적인 이미지 구축에 큰 역할을 하고 있다. 그리고 손님들의 소비성향과 라이프스타일이 변화하면서 F&B부서의 역할은 더욱 강조되고 있으며 또한 경쟁이 심화되면서 과학적인 관리방식의 중요성이 더욱 강조되고 있다.

전통적으로 호텔에서 F&B부서는 투숙객들의 편의를 위해 식음료 상품을 생산·판매하는 것으로써 객실상품을 보완하는 기능을 담당해 왔다. 식음료부서는 식재료비, 인건비, 운영비 등에서 비용 발생이 객실 부문보다 30% 이상 높으므로 고도의 경영효율화가 이루어지지 않으면 이익률이 크게 떨어지는 특성을 보유하고 있다.

1. 호텔 레스토랑의 유형

호텔에서 운영되는 레스토랑은 대부분 테이블 서비스(Table Service) 레스토랑이다. 테이블 서비스 레스토랑이란 일정한 장소에 식탁과 의자를 마련해 놓고 손님의 주문에 의하여 종사원이 음식을 제공해 주는 식당으로 세련된 서비스가 제공되는 고급스럽고 호화로운 레스토랑이다. 또한 호텔의 레스토랑은 제공되는 식사의 종류에 따라 다음과 구분할 수 있다.

1) 한식당

호텔의 한식당에서 제공되는 한식요리에는 무엇보다도 옛 궁중요리를 비롯한 불고기, 신선로, 전골요리 등이 있으며, 최근에는 특급호텔에서 한국음식의 표준식단을 개발하여 가볍고 손쉽게 찾을 수 있는 삼계탕, 비빔밥 등을 만들어 서양요리와 경쟁할 수 있는 여건을 만들었다. 그러나 최근 특급호텔에서 한식당은 몇몇 곳을 제외하고는 사라지고 있는 형편이어서 한식 세계화의 추세에 역행하고 있다.

그림 7-1 **서울시내 모 특1등급호텔의 한식당**

Korean Restaurant

• Location : Main Building B1F • Open : 12:00~22:00 • Tel 02-317-7061~2

Mugunghwa invites you to the delectable world of Korean cuisine. From the King's table to a selection of à la carte and special set menus, this is where tradition meets fine dining.

Five private rooms are available, four rooms suitable for small gatherings and one big room accommodating up to 14 guests for business functions

The only place in Seoul to enjoy traditional Korean fare while appreciating gayageum music

2) 중식당

중식당은 오랜 역사와 함께 다양한 재료 및 메뉴 개발로 세계적인 요리로 변모하였다. 중식의 특징은 첫째 식재료가 가금류, 야생조류, 야수, 어패류, 해조류, 야채류, 과실류, 계란, 콩 등 재료가 무궁무진하다. 둘째, 조리기구는 간단하고 사용하기 쉬우며 기름을 이용하여 볶거나 지지거나 튀기는 요리가 많다. 셋째, 조미료와 향신료가 풍부하여 음식의 모양이 화려하고 풍요롭다. 넷째, 중국은 넓은 영토로 인하여 지역적으로 특색 있는 요리도 많이 발전하였는데 기후와 생활 형태에 따라 북경요리, 남경요리, 광동요리, 사천요리 등으로 구분된다.

그림 7-2 서울시내 모 특1등급호텔의 중식당

Chinese Restaurant

• Location : Main Building 37F • Open : 12:00~15:00 18:00~22:00 • Tel 02-317-7101~2

Where better to taste some 100 different kinds of traditional Chinese dishes in a modern and refined environment than Toh Lim. Its 37th floor location commands a spectacular view of the city. Our tea sommeliers will recommend the best tea that compliments your choice of order from a collection of 30 teas.

3) 일식당

일본은 계절 변화가 비교적 뚜렷하고 사방이 바다로 둘러싸인 특수성 때문에 주로 어패류를 중심으로 하는 요리가 발달하였으며, 신선한 생선을 재료로 하는 요리가 특히 발달하였다. 서양요리와 비교했을 때 일식의 가장 큰 특징은 조리법에 있다. 기본적인 조리법 중에서 대표적인 것이 '나마'라고 해서 생선을 그냥 먹는 것인데, 이에는 회와 스시(초밥)가 있다.

그림 7-3 서울시내 모 특1등급호텔의 일식당

Japanese Restaurant

• Location : Main Building 38F • Open : 12:00~15:00 18:00~22:00 • Tel 02-317-7031~2

Momoyama, newly opened fashioning a modern and simple sense of style, serves the highest level of sushi and kaiseki ryori in Korea through special alliance with famous sushi restaurant Sushiko (Ginza) and kaiseki restaurant Tamura (Tsukiji).

A collection of 120 premium sakes selected by our sake sommeliers will enhance the flavor of the food. A truly genuine Japanese dining experience awaits you at Momoyama.

4) 양식당

양식당은 크게 유럽식과 미국식으로 구분된다. 이태리 레스토랑은 면을 재료로 하는 마카로니와 스파게티가 대표적인 요리인데, 이를 총칭하여 파스타(Pasta)라고 한다. 프랑스 레스토랑은 뛰어난 예술적 감각과 수백여 종류에 이르는 소스(Sauce) 및 바닷가재 요리 등으로 세계적인 요리로 인기를 끌고 있다.

가. 이태리 식당(Italian Restaurant)

이태리 요리는 면 종류의 요리를 총칭하여 파스타라 하여 수프(Soup)를 대신하여 주요리 전에 먹는다. 지중해 연안의 풍부한 해산물과 올리브유를 많이 사용하여 마늘을 좋아하는 우리나라 사람들의 식성에 잘 어울린다. 최근에는 대부분 특급호텔에서는 이태리 레스토랑을 운영하고 있다.

그림 7-4 서울시내 모 특1등급호텔의 이태리식당

Italian Restaurant

• Location : Main Building 1F • Open : 07:00~15:00 18:00~22:00 • Tel 02-317-7121~2

This is an Italian trattoria serving the finest Italian dishes and the largest selection of Italian wines in Korea in an unpretentious and easy-going setting. We invite you to come and experience Peninsula' s warm hospitality.

나. 프랑스 식당(French Restaurant)

프랑스 요리는 세계적으로 특히 고급요리로서 유명하며 오늘날 고급 레스토랑의 대명사로 인식되어 있으며 비교적 규모가 큰 편이다. 요리에 사용되는 소스만 해도 수백 가지가 넘으며 바닷가재, 굴, 푸아그라, 캐비어 등 많은 고급 요리가 좋은 포도주(Wine)와 함께 제공된다.

그림 7-5 서울시내 모 특1등급호텔의 프랑스식당

French Restaurant

• Location : New Wing 35F Tel 02-317-7171~3
• Open : Monday~ Friday 12:00~15:00,18:00~22:00 Saturday 18:00~22:00 (Closed on Sunday & holidays)
• Tel : 02-317-7181~2 (Prior reservation required)

PIERRE GAGNAIRE à Séoul, located on the 35th floor of the New Wing, is truly a top-notch French restaurant where you can experience the creations of world-renowned master chef Pierre Gagnaire. The stylish décor is set apart from other restaurants, and the spectacular view of Bukhan Mountain and downtown Seoul is breathtaking.
The restaurant serves unique and artistic French cuisine prepared by using innovative and diversified cooking methods. It features an impressive collection of 270 different wines, of which 130 wines have not been introduced in Korea before. Here, service is impeccable.

다. 미국 식당(American Restaurant)

실질적이고 영양위주의 메뉴로 구성되어 있으며, 비프스테이크, 바비큐, 햄버거 등의 메뉴가 존재한다.

그림 7-6 서울시내 모 특1등급호텔의 뷔페식당

Buffet Restaurant

• Location : New Wing B1F Tel 02-317-7171~3
• Service hours
  Breakfast 06:30~10:00,Lunch 12:00~15:00, Dinner 18:00~22:00
  Saturday Dinner 1st service 17:00~19:30 2nd service 20:00~22:30
  Sunday & Holidays Lunch 1st service 11:20~13:20 2nd service 13:40~15:40

An open-kitchen buffet restaurant where the style does not compromise the taste

La Seine is a stylish buffet restaurant where Korean, Chinese, Japanese, and more international cuisines are made and served by our chefs at different stations.
*10 private rooms for 8 to 50 guests are available for business meetings and family gatherings
*Breakfast meetings can be arranged

2. 호텔 식음료부서의 특징

호텔 내에서의 식음료부서의 특징을 살펴보면 크게 생산관리 측면과 판매관리 측면으로 나눌 수 있다. 첫째, 생산관리 측면의 특징은 ① 생산과 판매의 동시성, ② 주문생산, ③ 수요예측의 어려움, ④ 재료 표준화의 어려움, ⑤ 동일상품 유지의 한계이다. 둘째, 판매관리 측면의 특징은 ① 장소 및 시간의 제약, ② 상품의 부패성, ③ 인적 서비스의 의존도가 높음, ④ 메뉴에 의한 판매, ⑤ 대량판매의 한계, ⑥ 판매와 동시에 소멸되는 것이다. 셋째, 기타 특징으로는 ① 1회성 소비, ② 환경변화에 따른 품질 변화와 체험의 상대성, ③ 경험과 이미지에 의한 상품속성의 이해 등을 들 수 있다. 이같이 식음료 상품은 제조업과는 달리 제약조건이 많아서 비용관리가 매우 어렵다. 이로 인해서 식음료관리는 극복해야 할 문제점이 많이 존재하고 있다.

3. 호텔 식음료부서의 중요성

호텔에서 식음료부문은 여러 중요한 역할을 하고 있다. 첫째, 호텔 투숙객의 편의를 위해 손님의 입맛에 맞는 식사와 음료의 서비스를 제공한다. 둘째, 단골손님의 확보를 통해 긍정적인 이미지를 구축할 수 있다. 셋째, 식음료의 판매활동을 통하여 기업의 이윤창출에 공헌한다. 넷째, 지역사회의 생활의 질을 보다 높이는데 기여함으로써 기업의 사회적 책임을 다한다.

경제성장으로 인한 국민소득의 증가와 노동시간의 감소로 인한 잉여시간의 증가 등의 국민생활의 질적 향상은 현대인들에게 건강한 정신과 신체를 유지하려는 욕망을 더욱 강하게 만들고 있다. 만족스러운 개인생활을 위한 여러 가지 활동 중에서 다른 사람들과 여유롭게 어울릴 수 있는 장소를 찾게 될 것이며 또한 편안한 휴식공간을 찾게 된다. 손님들의 이러한 욕구가 호텔이라는 장소를 통해 해소되고 있다.

국내 호텔들의 영업 현황을 살펴보면 수익의 극대화라는 측면에서 볼 때 객실부문 보다 식음료 판매에 더욱 적극성을 띄고 있는 것을 발견할 수 있다. 객실판매에는 객실의 수용한계가 엄연히 존재하고 있다. 하지만 식음료부서의 경우에는 수익확대의 제약이 객실에 비해 훨씬 적다는 것을 알 수 있다. 또한 손님이 호텔을 선택을 할 경우에 식음료부문의 속성도 중요하게 생각하고 있다는 사실을 알 수 있다. 여기에는 손님이 호텔 레스토랑에서 경험하는 맛과 청결상태나 식사할 때의 아늑함 등이 포함된다. 식음료 부문의 중요성은 다음과 같다.

1) 새로운 고객의 창출에 기여

호텔 식음료 서비스의 역할은 새로운 고객을 꾸준히 창출하고 유지함에 있다. 새로운 고객을 만드는 것은 매우 중요하다. 호텔의 기능에는 숙식의 기능 이외에 모임이나 집회, 세미나, 공연예술 등의 다양한 기능을 지니고 있다. 이러한 여러 가지 이유로 호텔 레스토랑을 찾는 손님을 위해 식음료부문에서는 품격 있는 식사와 훌륭한 서비스가 잘 조화될 수 있도록 지속적인 노력을 통하여 손님에게 좋은 인상을 심어야 한다. 식음료부문은 손님에게 단순히 식사만을 제공하는 곳이 아니라 호텔의 이미지 창출에 기여할 수 있는 마케팅 도구로써 중요한 위치를 차지하고 있다.

2) 고객의 기대에 부응

레스토랑의 관리자들은 고급 레스토랑의 단골이 될 손님이 많지 않다는 것을 깨달아야 한다. 그러므로 단골손님의 창출과 유지에 힘을 써야 할 것이다. 식음료부문의 서비스를 향상하기 위해서는 과연 손님이 무엇을 기대하고 있는지를 먼저 확인해야 한다. 또한 식음료 서비스에 있어서 높은 질을 유지해야 한다. 일관된 높은 질의 서비스는 호텔의 명성이나 긍정적 이미지의 창출에 큰 기여를 한다.

3) 호텔수익의 창출에 기여

호텔 수입의 극대화에 큰 공헌을 할 수 있는 분야 중의 하나가 식음료부문이라고 할 수 있다. 대다수 호텔의 주요 상품은 객실부문과 식음료부문으로 나눌 수 있다. 그러나 호텔의 객실은 판매수량이 제한되어 있다. 즉 수요에 대한 판매 탄력성이 매우 낮아 한정된 수입으로 만족할 수밖에 없다. 반면에 식음료부문의 상품은 수요에 대한 탄력성이 매우 크다. 현재 국내 호텔산업에서 대규모 호텔일수록 여러 가지 식음료 업장이 다양하게 운영되고 있는 것을 알 수 있다.

제2절 호텔 식음료관리

합리적인 호텔 식음료 부서의 경영을 위해서는 고려해야 할 사항이 많다. 일반적인 호텔 식음료부문의 관리절차는 〈그림 7-7〉과 같다. 이러한 식음료 업무가 원활하게 수행되려면 여러 기능분야가 같은 목적을 달성하기 위해 유기적인 협력체제를 유지할 수 있어야 한다. 즉 메뉴관리, 식자재관리, 원가관리, 서비스관리, 마케팅관리, 인적자원관리 등과 같은 기능분야들이 톱니바퀴처럼 서로 잘 물려서 물 흐르듯이 업무가 진행될 수 있도록 해야 한다.

그림 7-7 식음료부서의 업무흐름도

1. 메뉴관리

메뉴(Menu)는 레스토랑에서 제공되는 식사의 종류를 간단히 설명한 목록표로 정의를 할 수 있다. 손님이 레스토랑에 들어선 후 첫 번째로 만나는 것이 메뉴이다. 손님은 메뉴를 통해 전달되는 메시지를 받고서 그에 따라 반응을 한다. 이처럼 메뉴는 손님과 레스토랑이 소통을 하는 도구의 기능을 갖고 있기도 하다. 메뉴는 식음료 부서의 관리에서 가장 중요한 경영도구 중의 하나이다. 메뉴는 한마디로 레스토랑 경영의 처음이자 끝이다.

메뉴는 단순히 판매를 위한 상품의 명칭과 가격을 표시한 리스트가 아니라 판매를 촉진하는 중요한 도구이다. 메뉴는 레스토랑의 경영정책과 이미지를 손님에게 전달하는 중요한 도구로서 레스토랑 경영의 청사진 역할을 하고 있다. 메뉴에 의해 손님에게 상품을 제공하기 위한 활동이 제시되며, 영업절차가 조정·통제된다. 메뉴를 기획할 때 반드시 고려해야 할 점은 고객의 욕구와 필요를 충족시킴과 동시에 호텔의 수익성도 고려해야 한다.

<메뉴의 역할>

- 메뉴에 따라 필요한 인력과 숙련도가 결정된다.
- 메뉴에 따라 서비스 제공 방법, 객석의 구조, 주방설비, 집기 등이 달라지며 공간의 구성, 인테리어, 입지 조건 등도 달라진다.
- 메뉴의 종류에 따라 구매할 식자재 품목이 결정된다. 즉 어떠한 음식이 메뉴에 포함되는가에 따라서 해당 식사를 준비할 식자재의 항목이 결정된다.
- 메뉴에 따라 식자재의 원가, 노동 및 자본 비용이 결정되며, 메뉴분석에서 원가관리가 시작된다.
- 메뉴에 따라 생산 요건이 결정된다. 즉 메뉴는 어느 날 어떻게 조리할 것인가라는 작업흐름과 준비시간 및 제공시간과 수량 등을 결정하게 된다.
- 메뉴에 따라 서비스 요건이 결정된다. 메뉴는 어떤 음식이 어떻게 손님에게 서빙되어야 하는지를 결정한다.

2. 식자재관리

식자재관리는 호텔의 식음료 영업장에서 소요되는 영업에 필요한 식자재의 분류와 구매, 보관, 입고, 출고 등에 이르는 전과정을 일컫는다. 식자재관리란 구매규격에 적합한 식자재의 최저가격도입과 적정재고량의 유지 및 보관상의 신선도 유지, 필요한 식자재의 적시출고와 효율적인 재구매 시점, 구매량의 합리적 결정 등으로 레스토랑에서 제공되는 메뉴의 품질 유지와 원가 및 비용 통제에 대한 문제를 동시에 해결하고자 하는데 그 목적이 있다.

<식자재관리가 필요한 이유>

- 메뉴의 품질수준과 구매규격에 알맞는 식자재 기준의 설정
- 구매시점, 구매량, 저장문제 등 경쟁력 있는 식자재 재고관리시스템의 확립
- 저장시설의 효율 · 효과 극대화와 적정재고수준의 관리
- 낭비요소의 사전 제거 및 검품 · 검량과 책임관계의 확립
- 원가통제와 목표이익의 추구
- 주방업무의 경영 합리화

또한 식자재관리에서 위생관리 측면도 무시해서는 안되는 중요한 분야이다. 호텔에서 식품 안전사고의 위협은 도처에 잠재되어 있어서 식음료부서는 위생관리에 각별히 신경을 써야 한다. 호텔 식음료부서에서 부적절한 위생관리로 인한 사고는 지역사회에서 호텔의 평판과 신용도를 떨어뜨릴 뿐만 아니라 자칫 막대한 피해를 입게 된다. 그러므로 손님에게 제공되는 식자재에 대해서는 철저한 위생관리가 필요하다. 이렇게 위생관리의 목적은 주방에서 다양한 식용 가능한 식품을 취급하여 음식을 손님에게 제공하는 과정에서 일어날 수 있는 식품위생상의 위해를 방지하고 또한 손님의 안전과 쾌적한 식생활을 보장하는 것이다. 그랜드 인터컨티넨탈호텔 등 국내 고급호텔들은 최근 HACCP(Hazard Analysis Critical Control Point)라는 시스템을 도입해서 철저하게 위생관리를 하고 있다.

3. 원가관리

원가관리의 목적은 비용분석을 통해 기대이익을 달성하는 한편, 상품의 품질 및 서비스의 질이 일정한 수준을 유지하고 있는가를 확인하는 판단기준을 구축하는 것이다. 그러므로 성공적인 식음료관리를 하기 위해서는 효율적인 식음료 원가관리제도가 반드시 확립되어야 한다. 원가를 현재 또는 원래 설정한 수준으로 유지하기 위한 노력도 필요하지만, 궁극적인 원가관리의 목표는 지속적인 혁

신 노력으로 낭비요소를 제거하여 원가경쟁력을 제고하는 것이어야 한다.

보통 호텔에서 식음료 업장의 원가 구성비는 다른 영업장에 비해 상대적으로 높다는 것을 알 수 있다. 레스토랑의 유형에 따라 다르게 나타나겠지만 많게는 50% 이상을 직접원가가 차지하고 있다. 이러한 면을 비추어 봤을 때 식음료 부서에 대한 원가관리는 반드시 필요하다. 원가관리의 관리대상에는 식재료비, 인건비, 수도 · 광열비, 연료비, 소모품비, 광고선전비 등이 있지만, 주요 관리대상은 식재료비, 인건비, 광고홍보비로 요약할 수 있다. 그래서 식재료 낭비와 제품 손실의 방지는 물론이고 효율적인 인건비 관리도 레스토랑의 원가관리에서 매우 중요한 사항이다.

원가관리를 어렵게 하는 주요 요인은 식재료 가격의 상승, 주문 및 보관 실수로 인한 폐기처분, 식재료의 과다 사용, 직원들의 생산성 향상 등이다. 여기에서 주문 및 보관 실수와 식재료의 과다 사용은 표준 매뉴얼을 준수함으로써 일정부분 방지할 수 있다 그러나 보다 큰 문제점은 구매하고자 하는 식재료비를 일정하게 유지하기가 어렵다는 것이다. 야채나 해산물 등은 자연재해와 계절성에 따라 가격 차이가 심한 편이다. 또한 소량구입과 대량구입의 차이점도 가격 변동성을 높이고 있다. 이런 경우 많은 레스토랑들은 식재료의 양을 줄여서 원가율을 떨어뜨리려고 하는데, 이런 적절치 않은 대응방식은 결국 품질저하와 이미지 실추만을 낳을 뿐이다. 식음료 원가관리의 가장 큰 난제 중의 하나가 직원들의 낮은 원가관리 의식수준이다. 직원들이 원가관리에 보다 많은 관심을 갖도록 하려면 충분한 교육훈련은 물론이고 높은 수준의 동기부여를 이끌어 낼 수 있어야 한다.

비용수준은 곧 레스토랑의 서비스 품질수준을 나타내고 있다. 원가율을 낮추면 낮출수록 품질이 저하되고 또한 인건비를 낮춘 만큼 서비스의 질이 저하되기 마련이다. 그리고 광고홍보비 또는 판촉비를 줄이면 고객들의 해당 레스토랑에 대한 인지도가 낮아져서 결국 손님들을 빼앗기게 된다. 그러므로 이익을 극대화하기 위해서 비용을 과도하게 낮추는 것은 결코 바람직하지 않지만, 그렇다고 적정수준의 이익 수준을 유지하지 못하는 것도 매우 위험하다. 합리적인 레스토랑의 경영은 먼저 단기적으로는 합리적인 수준으로 비용을 유지하여 상품과 서비스의 품질이 떨어지지 않게 해서 좋은 이미지의 구축을 도모하고, 장기적으로는 끊임없는 혁신적인 원가절감 노력을 통해 경쟁사에 비해 비용우위 또는 차별화와 같은 경쟁우위를 창출할 수 있어야 한다.

이 밖에도 합리적인 호텔 식음료관리를 위해 중요한 기능분야에는 서비스관리, 마케팅관리, 인적자원관리 등이 있다. 첫째, 서비스관리는 호텔 식음료부문에 있어서 무엇보다도 중요하다고 할 수 있다. 서비스 품질의 향상을 위해 꾸준한 관리와 표준화, 매뉴얼화의 필요성은 무엇보다도 중요하다. 둘째, 마케팅관리를 통해 고객의 욕구를 파악해서 이에 잘 부응할 수 있는 상품과 서비스를 개발하여 손님에게 효율적으로 전달할 수 있어야 한다. 셋째, 호텔 식음료부문에서 인적자원은 매우 중요한 역할을 담당하고 있다. 즉 식음료 부서의 가장 큰 자산은 종사원이다. 호텔 식음료 부서의 성공은 결국 좋은 자질을 갖춘 서비스 종사원을 선발해서, 훌륭한 교육훈련 프로그램을 시행하고, 어떻게 잘 동기를 부여하느냐에 달려 있다고 해도 과언이 아닐 것이다.

제3절 식음료 조직관리

1. 식음료 조직관리

호텔 식음료부문의 기능을 원활하게 수행하기 위해서는 효율적인 조직구조를 구축해야 한다. 잘 조직되어 있는 기업과 그렇지 않은 기업의 차이는 곧 성공과 실패의 차이라고 해도 과언이 아닐 것이다. 종사원 각자는 자신의 권한과 책임, 역할 등을 잘 숙지해야 하며, 조직목표와 자신의 업무 간의 관계도 잘 파악해야 한다. 조직관리란 특정한 조직의 공동목표를 효율 · 효과적으로 달성하기 위해 행동하는 집단의 행동을 관리하는 것이며, 그 과정에서 개인도 만족을 추구하게 된다. 성공적인 조직관리의 여부는 경영비전의 공유, 조직환경의 설정, 조직체계의 확립, 리더십의 정체성 확립, 원활한 소통체제의 구축, 공정 · 공평한 사내규칙의 확립 등에 의해 결정된다고 할 수 있다.

호텔 식음료 조직에서 주요 활동은 사람을 통해 이루어지기 때문에 각자가 최대한 능력을 발휘할 수 있도록 지원하고 배려해 주는 환경이 조성되어야 한다. 식음료 서비스에서 손님의 욕구를 충족시킨다는 의미는 곧 종사원과 경영진에게 만족을 제공하는 것을 뜻하며 결국 주인 또는 주주에게 경제적 이익의 형태로 보상되는 것을 의미한다. 특히 국내 호텔산업에서 수익의 한계성을 나타내고 있는 객실수익보다 식음료부문의 수익 비중이 더 커지고 있어서 합리적인 식음료조직의 관리는 매우 중요한 도전과제이다. 호텔 식음료부문도 공동목표를 위해 상호 협력하는 다수가 일정한 틀 속에서 함께 활동하고 있다. 여기서 일정한 틀이란 곧 조직의 원칙으로 다음과 같다.

1) 조직 공동목표의 공유

조직은 구성원들이 설정한 동일 목적을 달성하기 위해 존재하므로 조직이 추구하는 목적과 목표를 명확하게 설정해야 하며, 이를 모든 구성원이 함께 공유하여 각자의 역할과 협력으로 목적이 달성되는 이치를 잘 인식하도록 해야 한다.

2) 직무분담

조직은 목표달성에 필요한 여러 활동을 분업의 원리와 업무별 동질성의 기준에 따라 능력있는 구성원에게 직무가 할당되도록 한다. 직무할당 시에는 중복이나 누락이 없어야 하며 개개인에게 구체적이고 명확하게 그리고 개인별 업무량이 균형을 이루어질 수 있도록 해야 한다. 여기서 조직은 효율성의 원리에 따라 직무를 할당하고 직원에게 원활한 역할의 수행을 기대하지만 이에 대한 직원의 인식은 다르게 나타나기도 한다. 직원들의 직무에 대한 인식과 기대가 일치되기 위해서는 직원들이 자발적으로 직무분담에 참여하도록 하는 것이 필요한데, 이를 위해서는 직원들의 동기부여가 선행되어야 한다.

3) 권한위임

권한이란 조직 내에서 실행할 수 있는 권리와 그에 따른 권력으로 일정한 명령이나 지시가 부하직원에 의해 수용되었을 때 비로소 전달된 것으로 간주할 수 있다. 직무는 그것을 완수해야 하는 책임과 권한으로 성립된다. 직원에게 직무를 배분하는 경우에 직무수행 결과에 대한 책임을 지는 조건으로 그에 상응하는 권한이 제공되어야 한다. 직무를 수행할 능력이 있는 직원에게 책임과 권한을 부여해서 할당된 직무의 수행을 통해 조직목표의 달성에 기여하도록 한다. 관리자는 유보해야 할 책임과 권한을 잘 파악해야 하며 만일 권한을 부하 직원에게 위임할 때에는 통제수단도 미리 강구해야 한다. 그리고 권한이 위임되었으면 직원이 자유재량으로 운신의 폭을 넓혀 줄 뿐만 아니라 그 결과에 대하여 상호 확인하도록 해야 한다. 권한위임은 직원의 의욕과 창의성을 자극하여 직무에 대한 보람과 생산성 향상이란 두 마리의 토끼를 함께 잡을 수 있는 경영묘책이다.

4) 통제의 한계 인식

일인의 관리자가 관할할 수 있는 인원수에는 분명히 한계가 존재한다는 원칙이다. 이 원칙에 의하면 직원의 규모가 커질수록 여러 계층이 만들어진다. 지휘 및 통제의 범위는 업무의 성격, 관리자의 역량, 부하직원의 성숙도, 업무표준화의 정도, 분권화 정도, 공간 배치에 따라 다르며 이에 따라 적정하게 정해야 한다.

이 밖에도 효율적인 식음료 조직관리를 위한 지시계통의 체계화, 책임과 권한의 명확화, 관리계층의 적정화, 동기부여, 역량개발 등의 원칙이 있다.

2. 식음료부서의 조직과 업무 분담

〈그림 7-8〉에서 보듯이 호텔 식음료부서에는 다양한 직무에 종사하는 많은 직원들이 공동목표를 달성하기 위해 맡은바 역할을 수행하고 있다. 이들의 업무는 다음과 같다.

그림 7-8 **호텔 F&B부서의 조직도(특1등급호텔 기준)**

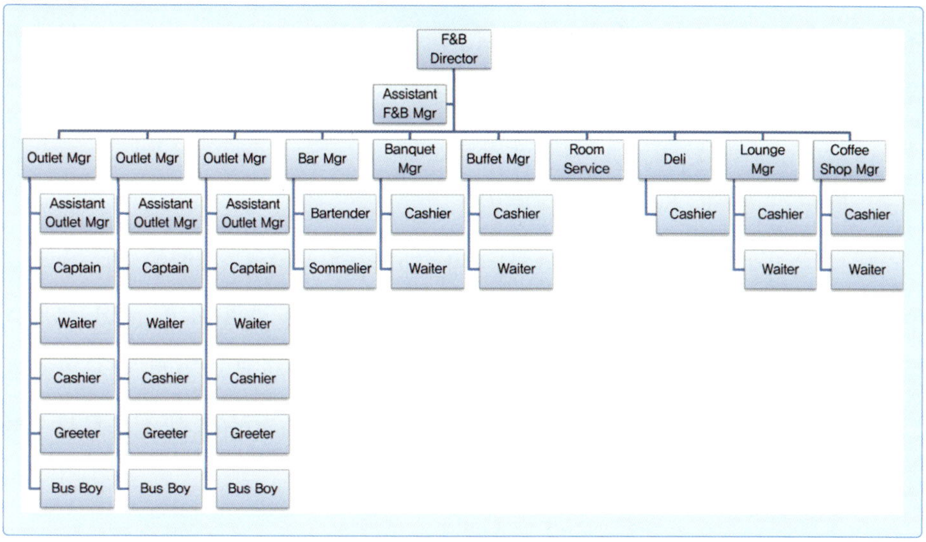

1) 식음료담당 임원(F&B Director)

호텔 식음료부서의 최고책임자로서 계획 및 전략의 수립, 여러 영업장의 총괄관리, 직원의 인사관리 등 식음료부문의 전반적인 운영에 대한 책임과 권한을 보유하고 있다. 높은 식견과 경험이 필요하며, 호텔에서 가장 많은 직원을 통솔하고 있다. 신뢰받는 리더십과 통찰력을 바탕으로 상황변화에 따라 능동적으로 대처할 수 있는 임기응변에 능해야 한다.

고객관리(VIP 영접 등), 각 영업장의 모니터링(메뉴관리 등), 예산의 집행과 감독, 그리고 궁극적으로 식음료 각 영업장들의 철저한 경영평가를 통해 문제점을 도출하고 이에 대한 해결책을 결정한다. 국내 호텔산업을 보면 외국 체인호텔의 경우에 이 직책은 총지배인처럼 대부분 외국인들이 점유하고 있는 형편이다.

2) 식음료 과장(Assistant F&B Manager)

모든 식음료 업장의 운영상태 및 문제점을 파악하고, 이에 대하여 담당임원을 보고한다. 그리고 직원들의 직무 및 서비스 교육훈련에 대한 책임을 지며 또한 직원의 고충에도 관심을 기울인다. 또한 손님의 불평처리에 있어서 최종적인 조정역할을 담당한다. 각 영업장의 지배인들에 대한 고과평가에 참여하며, 특히 외국인 임원과의 소통능력도 요구된다. 그리고 신뢰받는 지도자로 성장하려면 업무역량은 물론이고 모든 영업장 종사원들에게 좋은 본보기가 되어야 한다.

3) 영업장 지배인(Outlet Manager)

식음료부서의 영업방침에 따라 실질적으로 담당 영업장을 관리한다. 영업장의 판매실적관리, VIP 영접, 고객만족도 점검, 원가관리, 품질관리, 직원 인사고과 등의 업무를 수행한다. 그리고 매일 업무브리핑을 통해 중요한 업무지시를 내리기도 한다. 또한 관련부서와 항상 긴밀한 관계를 유지하여 전 식음료부서가 원활하게 운영되도록 한다.

4) 영업장 부지배인(Assistant Outlet Manager)

영업장 지배인을 보좌하여 회의를 주관하며 종사원의 직무 수행능력과 근무태도 등을 감독한다. 그리고 지배인과 함께 매일 업무브리핑의 내용을 점검한다.

5) 캡 틴(Captain)

캡틴은 직접 손님을 접대하여 주문을 받고 이를 주방에 전달한다. 근무하는 영업장에 대한 정확한 지식과 충분한 경험을 가지고 서비스에 임하는 책임자이다. 또한 부하직원들의 복장 및 용모를 감독하는 책임도 지고 있으며, 신입직원의 교육을 담당한다.

6) 그리터(Greeter)

식음료 영업장의 입구에 위치하여 손님을 영접하고 또 환송하는 업무를 담당하는 직원이다. 영업장을 찾는 손님에게 좋은 첫인상을 심어주는 것은 매우 중요하며, 품위있는 언행은 필수라 하겠다. 그리고 외국인을 상대해야 하므로 세련된 외국어 실력은 기본이다. 최근에는 영업장에 수납원(Cashier)을 따로 두지 않고 지배인이나 그리터가 수납업무를 수행하기도 한다.

7) 영업장 수납원(Outlet Cashier)

영업장의 손님 또는 직원으로부터 계산서를 받아서 요금수납을 처리하며 업무가 종료되면 당일의 영업실적을 지배인에게 보고한다. 수납원은 대고객 서비스의 최종적 단계에서 결정적인 역할을 담당하므로 항상 깨끗한 용모와 밝은 미소를 유지해야 한다. 만일 호텔의 실수로 계산서가 잘못 발행이 된 경우에는 손님입장에서 즉각적인 사과와 동시에 서비스 회복처리가 행해져야 한다.

8) 웨이터 · 웨이트리스(Waiter · Waitress)

호텔 식음료업장에서 서비스의 꽃으로서 업장의 살림을 맡아서 하는 직책이다. 위로는 지배인과 캡틴을 보좌하고, 아래로는 버스보이를 교육하고 감독해서 서비스에 만전을 기한다. 영업시간 이외에는 영업장의 구석구석을 점검하여 이상이 있는 곳은 즉시 보고하고 시정하도록 한다. 예약석을 확인하고 테이블 세팅의 정확도 여부를 수시로 확인 · 점검한다. 손님의 고객의 행동에 항상 촉각을 기울여 식사가 정해진 순서에 따라 지체되거나 또는 너무 빨리 제공되는 실수를 범하지 않도록 세심한 노력을 한다. 또한 음식의 종류에 잘 어울리는 주류를 미리 숙지하여 손님의 흥취를 돋운다. 그리고 식사시간을 정확히 파악하여 많은 식사가 제공되는 과정에서도 손님이 즐거운 식사를 하도록

▸ 웨이터

▸ 웨이트리스

유도한다. 특히 주문을 받을 때에는 항상 Up-Selling을 염두에 두고 임해야 한다.

9) 버스보이(Bus Boy)

▸ 버스보이

영업장 지배인이 정한 스케줄에 따라 깨끗하고 밝은 모습으로 근무에 임하며, 웨이터 · 웨이트리스가 항상 서비스를 원활하게 제공할 수 있도록 준비 및 운반의 직무를 수행한다.

10) 연회 지배인(Banquet Manager)

연회 지배인은 연회 주최자의 종류 및 특색 등에 항상 관심을 갖고 이들에게 맞춤화된 연회 서비스를 제공해야 한다. 그리고 연회 음식의 요금과 서비스 사양을 결정하고, 주방장과 관련 부서장과의 회의를 통해 각종 메뉴를 개발하고 또한 질과 가격을 결정한다. 연회 주최자 및 고객과 긴밀한 유대관계를 유지해서 재구매와 구전을 유도한다.

11) 연회 수납원(Banquet Cashier)

연회장 수납원의 업무는 예약사항이 수시로 변경되고 주문이 다양하기 때문에 업무처리에 각별한 주의가 요망된다. 각 연회담당 직원이 연회의 종류 · 인원, 식음료의 종류 · 단가, 기타 장식 등을 기입한 연회명세서에 손님의 확인을 받아 건네준다. 이후 연회 수납원은 직접 손님에게 계산서를 연회 지배인 등에게 전달하여 서명을 받은 뒤 돌려받아 업무를 종료한다.

12) 바 지배인(Bar Manager)

바텐더를 감독 · 훈련 · 지원하며 바가 항상 청결하고 쾌적한 환경을 유지하도록 한다. 그리고 주류와 음료의 재고가 적절한가를 점검한다.

13) 바텐더(Bartender)

손님이 주문한 술병의 상표를 확인하게 하고 손님이 보는 앞에서 잔에 따라주는 것이 바람직하다. 다양한 주류의 종류에 대해 광범위한 지식을 숙지해서 손님의 주문에 신속하게 대처한다.

▸ 바텐더

14) 소믈리에(Sommelier)

소믈리에는 호텔 및 영업장의 모든 와인을 관리하는 담당자로서, 와인에 대한 해박한 지식을 가지고 손님의 식사주문에 따라 이에 알맞는 와인을 추천하고 판매하는 와인전문가이다. 항상 와인에 대한 섬세한 감각을 잃지 않도록 해야 하며, 새로운 와인 지식의 습득을 위해 끊임없이 노력해야 한다.

▸ 소믈리에

15) 룸서비스(Room Service) 직원

객실에 투숙 중인 손님이 호텔 내의 레스토랑을 이용하지 않고 객실에서 식사를 주문할 경우 이에 대응하는 서비스를 담당하는 업무이다. 룸서비스는 아주 개인적인 서비스가 이루어진다는 점에서 상당한 주의가 요망되는 서비스이다.

하지만 힘든 업무에 비해 이익수준은 매우 낮은 편이다(보통 영업장 요금에 10% 추가). 특히 객실 내에서 전화를 이용해서 주문이 이루어지므로 주문접수의 정확성은 아무리 강조해도 지나치지 않다. 담당직원은 주문의사를 전달받은 후 다시 한번 주문내용을 반복해서 철저히 확인한다. 정확한 주문접수를 위해서 담당직원은 수준급 외국어의 구사가 가능해야 한다. 또한 주문에서 서빙까지 시간이 오래 걸리고 또 이동거리가 길기 때문에 Trolley를 끌고 전용 엘리베이터에 오르기 전에 잊은 것이 없는지 철저하게 점검해야 할 것이다.

제4절 연회관리

호텔에서 연회장(Banquet 또는 Function)은 식음료부문 중 단일 영업장으로는 가장 넓은 면적을 차지하며 다양한 크기의 대 · 중 · 소 연회장을 보유하고 있는 호텔의 중요한 수입원이다. 또한 연회는 다른 레스토랑과는 달리 항상 식탁과 의자가 준비되어 있는 것이 아니라 일정한 장소에서 고객의 요구와 행사의 내용 · 성격 · 인원 · 방법에 따라 여러 가지 다양한 행사를 창조하는 식음료부서이다.

과거에는 연회가 집에서 개최되었는데 최근에는 호텔, 레스토랑 등지에서 많이 개최되고 있다. 호텔의 연회 서비스는 제공되는 식사 메뉴가 미리 정해지고 인원수에 따른 식사량이 거의 확정적이기 때문에 식음료부문 전체 매출에 대한 원가가 절감될 뿐만 아니라 투입되는 인적 서비스에 대한 표준화가 가능하여 비교적 높은 수준의 서비스가 제공될 수 있다. 또한 식사나 음료 등과 같은 상품을 일괄해서 판매하는 경우가 대부분이어서 수익성이 높은 특징을 보유하고 있다.

그리고 연회행사를 통해 호텔이나 레스토랑을 널리 홍보할 수 있는 좋은 기회가 되므로 연회참석자의 깊은 인상은 향후 호텔의 긍정적인 이미지 창출에 큰 기여를 할 수 있다. 그래서 대다수 대형 호텔들은 다양한 크기의 연회장을 갖춰서 여러 다양한 성격의 연회행사를 유치하고 있다. 특히 호텔의 상품이 점차 대중에게 소구되면서 해당 지역의 집회장소, 결혼식과 같은 가족단위 모임이나 행사, 올림픽과 G20 같은 국제적 및 국가적 행사를 치르는 중요한 장소로 각광을 받게 되었다.

1. 연회의 영역

연회는 호텔 내 연회장 중심의 상품과 외부의 출장연회 그리고 연회기획 및 연출을 담당하는 이벤트를 그 영역으로 하고 있다. 연회장 중심의 상품은 회의, 연회, 전시회, 가족모임 등이 있으며, 출장연회는 출장연회, 외식사업, 차에 의한 출장연회 및 간이식당 등이 있다. 기타 연회에는 각종 연회물이나 결혼대행업 등의 기획과 연출 등과 같은 각종 이벤트가 상품화되어 있다.

2. 연회의 분류

연회는 분류하는 기준에 따라 다음과 같이 분류할 수 있다.

1) 목적별 분류

① 가족모임 : 약혼식, 회갑연, 생일 파티, 돌잔치, 결혼기념 파티
② 기업행사 : 신년 하례식, 개점기념 파티, 창립기념 파티, 신사옥 낙성기념 파티
③ 학교행사 : 입학 · 졸업 파티, 사은회, 동창회
④ 정부행사 : 국빈행사, 남북관계 행사
⑤ 협회 : 국제회의, 심포지엄, 정기총회, 이사회
⑥ 기타 : 전시회, 국제회의, 기자회견, 간담회, 이벤트 등

2) 기능별 분류

① 식사판매목적 : Breakfast, Luncheon, Dinner, Cocktail Party, Buffet
② 장소판매 목적 : 전시회, 패션쇼, 세미나, 컨퍼런스, 미팅, 강연회, 간담회, 연주회, 발표회

3) 장소별 분류

① 호텔 내 파티 : 연회장 파티
② 출장연회 : 외부 연회
③ 가든파티
④ 테이크아웃

4) 시간별 분류

① 06:00~10:00 : Breakfast Party
② 10:00~12:00 : Brunch Party
③ 12:00~15:00 : Lunch Party
④ 15:00~17:00 : Afternoon Tea Party
⑤ 17:00~22:00 : Dinner Party
⑥ 22:00~24:00 : Supper Party

5) 요리별 분류

① 양식 파티
② 중식 파티
③ 한식 파티
④ 일식 파티
⑤ 다과회(Tea Party)
⑥ Buffet Party
⑦ Cocktail Party
⑧ Barbecue Party

3. 연회의 특징

호텔산업이 고도로 발달되어 있는 미국에서 대다수 호텔경영자들은 사업목적에 부정적인 영향요소가 많은 식음료부문을 '필요악'으로 간주하는 경향이 매우 높다. 그래서 식음료부문의 영업은 수익성은 거의 배제된 채 영업손실을 최소화하거나 손익분기점에 겨우 도달한 정도의 영업수준을 유지하는 것이 주된 관심사였다.

그림 7-9 서울시내 모 특1급호텔의 대형 연회장

그러나 1950년대부터 모텔들이 확대되면서 점차 식음료부문의 사업 가능성에 관심이 증가하게 되었다. 호텔 내에서 식음료 사업이 발전하면서 자연적으로 연회라는 새로운 형태의 영업부서가 만들어져서 현재는 호텔영업의 주요 분야로 성장하게 되었다. 보통 대형 호텔의 식음료 부문에서 연회부서는 최대의 판매를 창출하는 부문이다.

오늘날 정보화 시대를 맞이하여 국가 간의 공동이익이나 상호협력 증진을 위한 국제교류를 추구하는 대규모 모임을 갖게 하며, 여가시간의 증대 · 소득증대 · 교통수단의 발달은 빈번한 모임이나 회합을 갖게 하는 요인으로 등장하게 되었다. 이와 같은 모임이나 회합이 연회행사로 연결이 되면서 호텔은 경영전략의 일환으로서 연회시설을 개선 · 확충하고 필요한 요건을 보완하면서 여러 종류의 연회행사 유치에 전력을 경주하고 있다.

호텔연회장을 이용하는 고객들이 숙박과 기타 서비스를 이용하고 있지만, 연회상품은 여타 식음료 상품과 엄연히 다른 여러 특성을 보이고 있다. 연회손님은 클럽, 단체 및 기타 조직으로 구성된 그룹이 행사를 할 때 행사날짜에 앞서 미리 일자, 시간, 참석인원, 메뉴, 그리고 기타 요구사항에 대한 사항을 가지고 예약을 한다.

연회상품의 특징을 요약하면 첫째, 일시에 대량으로 식음료 서비스를 제공하며, 둘째, 동일한 메뉴를 제공하기 때문에 서비스 요령 또한 같으며, 셋째, 대부분 예약에 의해 시발되어 사전준비에 의해 개최되며, 넷째, 다른 식음료 영업장에 비해 이익률이 월등히 높다. 보다 구체적인 호텔연회의 특징은 다음과 같다.

1) 식음료 원가의 절감 효과

연회는 확정된 메뉴를 일시에 대량으로 생산하여 판매하고, 또한 저장 중인 재고식자재를 활용할 수 있기 때문에 식음료부문의 원가가 절감되는 효과를 볼 수 있다. 실제로 서울시내 특급호텔 식음료부문의 식재료 원가분석 현황에 의하면 호텔의 일반 레스토랑에 비해 연회부분의 식재료 원가율이 5% 정도 낮다고 한다. 원가수준이 낮으면 그만큼 매출이익률이 높아진다는 것이고 이는 결국 식음료부문의 수익성 향상에 중요한 공헌을 하게 된다. 또한 확정된 메뉴를 동시에 생산하고 판매하기 때문에 노동생상성도 극대화할 수 있다.

2) 호텔의 대중화 및 홍보 효과

호텔에서 개최되는 연회는 일부 한정된 사람들에 의해서만 이용이 되는 다른 영업장과 달리 비교적 불특정다수를 대상으로 하기 때문에 호텔의 대중화에 일부 기여할 수 있다. 또한 호텔에서 기획하여 개최되는 여러 종류의 문화관련 연회행사를 통해 호텔의 이미지를 개선할 수 있다. 연회행사는 호텔이나 레스토랑을 홍보할 수 있는 좋은 기회가 되므로 참석자에게 인상 깊은 서비스는 우수성을 대외적으로 널리 알려 긍정적인 이미지 구축에 기여할 수 있다.

3) 판매의 탄력성

호텔의 객실부문은 아무리 판매를 높이려고 해도 한정된 객실수로 인한 한계가 존재하고 있다. 하지만 연회영업은 객실에 비해 작은 규모이지만 식음료 상품의 종류에 따라 판매량이 매우 탄력적이다. 또한 연회장의 회전율에 따라서 효용을 극대화할 수 있다. 특히 출장연회(Catering)의 경우에는 전혀 제한없이 무제한 매출을 확대할 수 있다.

호텔영업은 객실, 식음료, 부대시설 등의 3요소가 영업의 주종을 이루고 있다. 그러나 객실의 경우는 공간(객실수)이 제한되어 있고 고정자본의 투자가 식음료 부문보다 훨씬 높다. 반면에 식음료 부서에서도 연회분야는 시장 확장성이 매우 높아서 판매기회의 확대의 극대화를 보다 용이하게 할 수 있다. 연회영업은 공간 면에서 제한을 받기도 하지만, 객실보다는 융통성이 크고 여러 유형의 테이블 배치 등으로 규모에 대한 연회장 공간조절이 가능하다.

4) 비수기 타개에 공헌

대다수 호텔상품에는 계절성(Seasonality)을 가지고 있다. 계절성 상품이란 성수기와 비수기가 뚜렷하며 양 시기의 판매 격차가 매우 뚜렷한 상품을 의미한다. 호텔사업에서 비수기 타개는 경쟁우위 여부와 직결된다. 호텔 연회장은 비수기에 특별 이벤트를 기획하고 패키지 상품을 개발하여 고객을 유인하여 비수기 타개에 큰 기여를 할 수 있다.

5) 호텔 외부판매가 가능

호텔영업에서 대부분 시간과 공간의 제약을 받는 것이 일반적이지만 출장연회는 공간적 제약을 거의 받지 않는다. 특히 출장연회는 판매기회의 무한성이라는 측면에서 매우 중요하다. 최근 출장연회만을 전문적으로 취급하는 외식업체의 지속적인 증가 현상은 출장연회의 사업매력을 입증하고 있다고 볼 수 있다.

그림 7-10 연회장의 규모

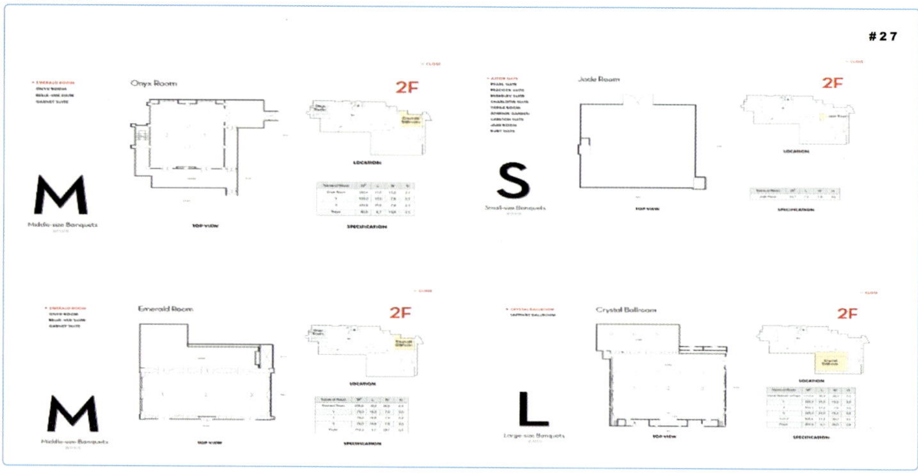

6) 연회목적 및 성격에 따른 인테리어 변경

호텔에서 연회장을 행사의 목적과 유형에 따라 적절하게 연회장 분위기를 연출할 수 있다. 연회장의 분위기를 개선하기 위해 여러 가지 장치와 조명을 설치하며, 연회장의 세트도 연회의 기능과 성격에 따라 구별되어야 하며 이에 따른 테이블 배치도 달리할 수 있다.

7) 타 영업부서의 판매증진에 파급 효과

각종 연회행사의 유치는 연회부서 판매의 증진에만 기여하는 것이 아니다. 연회행사에 참석한 손님들이 객실을 이용하기도 하고 여타 다른 영업장과 부대시설을 이용하는 경우도 많다. 이처럼 연회행사는 호텔 내 다른 매출부서의 판매

기회를 확대할 수 있다.

8) 연회상품의 가격 가변성

연회장도 레스토랑처럼 메뉴에 의거한 규정된 가격에 의해 상품을 판매하지만 연회예약 접수시 손님의 예산과 행사의 특성 및 중요도에 따라 특별한 메뉴를 요구할 경우 이에 따른 별도요금이 책정될 수 있다. 국내 호텔산업에서 식음료 판매액이 총수익에서 차지하는 비율이 높은 편이다. 그런데 식음료부문에서도 연회 · 회의 · 세미나 등으로 인한 수입이 높은 편이어서 대다수 호텔들이 연회고객 유치를 위한 판촉활동에 열띤 경쟁을 벌이고 있다.

이외에도 연회부문은 연회행사가 있을 때만 영업이 이루어지며, 또한 성공적인 연회행사를 위해서 판촉부서, 조리부서, 기술부서, 주차부서 등과의 긴밀한 협조관계의 구축을 요하는 등의 특징이 있다.

소득의 증가로 인한 생활수준의 향상, 호텔을 선호하는 소비자들의 기호, 연회의 기능과 유사한 호텔 외부의 시설과 서비스의 질과 양 등을 고려할 때 경쟁우위에 있는 호텔연회에 대한 수요는 점진적으로 증가할 것이다.

그림 7-11 연회장 Table Setting

제5절 주장(Bar)과 주방

1. 주 장(Bar)

호텔 식음료영업에서 빼놓을 수 없는 것이 주로 음료(Beverage)를 판매하는 주장(Bar)이다. 음료는 크게 알코올성 음료와 비알코올성 음료로 구분된다. 호텔에는 다양한 유형의 주장이 존재하고 있다. Main Bar는 투숙객을 위주로 영업을 하는 주장으로서 일반 음료를 망라하고 가격도 표준가로서 판매하는 것이 보통이다. 그리고 보통 호텔의 최상층에 위치하는 Sky Lounge Bar와 Club Bar 등이 있다. 주장은 투숙객이 이용하기 편리한 곳에 위치해야 한다.

주장에서 근무하는 핵심적인 종사원이 바텐더(Bartender)이다. 바텐더는 주장에서 규정에 맞는 음료(알코올성 및 비알코올성 음료)를 직접 제조하고 판매하는 업무를 수행한다.

2. 주 방

주방에서 이루어지는 조리업무는 식재료의 구매, 식음료 상품의 생산과 판매, 서비스에 이르는 전 공정에서 발생하는 제반업무를 말한다. 주방의 구성원은 호텔 내 다른 조직과 같이 호텔의 규모 및 운영방침에 따라 다르지만 보통 〈그림 7-12〉와 같은 조직으로 구성된다. 주방장은 메뉴개발, 원가관리, 식재료 주문 등의 업무를 총괄하며, 부주방장은 주방장을 보좌한다. 1st Cook은 담당구역을 총괄하며 담당기기 및 기물을 유지 · 관리하며, 2nd Cook은 1st Cook의 담당구역 관리를 보좌하고 식재료 재고를 파악한다. Cook은 식재료 준비 등 영업 개시 전 모든 사전준비를 담당하며, Cook 보조는 기초 식자재 수렴과 기물의 청결 유지 등의 업무를 담당한다.

그림 7-12 주방의 조직구조

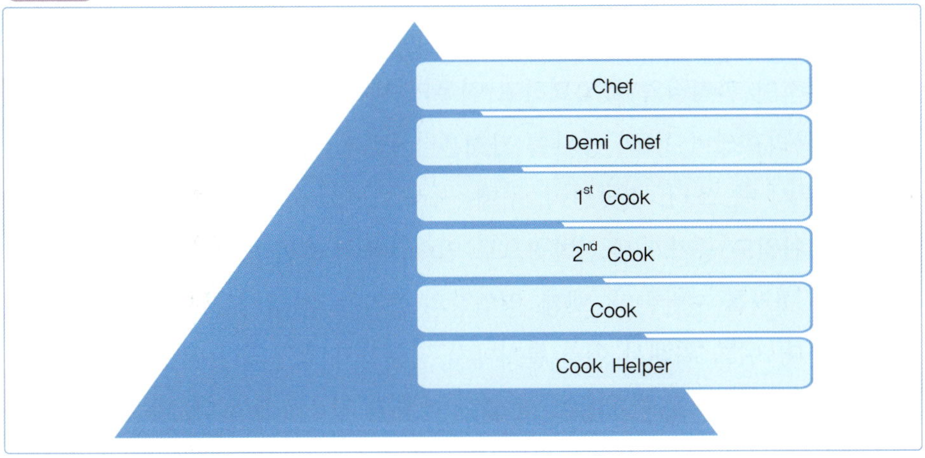

제6절 식음료부서의 문제점

다양한 유형의 많은 식음료 영업장을 보유하고 있는 국내 특급호텔의 식음료 부서는 식음료 영업을 위한 지원부서로서 판촉부, 구매부, 조리부, 기물관리부 등과 밀접한 관계를 맺고 있으며 비대하고 복잡한 조직구조의 형태를 보이고 있다. 호텔 식음료부문은 크게 세 가지 관점, 즉 고객의 편의 강화, 호텔의 이미지 제고, 그리고 수익센터로써의 역할을 담당하고 있다. 특히 많은 특급호텔들의 경우 식음료 수익이 객실 수익을 상회하는 경우가 많아 식음료관리에 대한 시사점이 더욱 크다고 할 수 있다. 현재까지 특급호텔들이 많은 식음료 영업장을 운영하면서 파악되고 있는 문제점은 다음과 같다.

1. 식음료부서 관리의 문제점

1) 비용관리상의 문제점

첫째, 복잡한 조직구조를 지닌 여러 식음료 영업장을 관리하기 위해서는 많은 수입과 관리가 요구된다. 그리고 세부적인 관리절차는 식음료 부서의 운영 전반에 걸쳐 보다 많은 관리 양식과 기록을 요구하게 되는데, 이는 결국 식음료 부서의 비용 증가를 야기한다. 둘째, 개인소유의 레스토랑에 비해 보다 공식적인 조직과 세부적인 관리절차가 필요하고 직무의 세분화가 필요한데, 이 또한 비용(인건비, 복리후생비 등)의 증가를 가져온다. 셋째, 영업장의 증가는 이에 따른 영업지원부서 즉 조리, 기물관리, 구매, 자재, 인사, 교육, 홍보 및 판촉 등에서 종사하는 인원도 증가시켜 전반적으로 인력운용의 효율성을 떨어뜨릴 뿐만 아니라 비용 증가를 수반한다. 넷째, 영업장의 증가는 각 영업장 별로 고유한 특색이 요구된다. 이를 위해서 여러 분야에서 전문가가 요구되며 이는 인건비의 상승 및 전문인력의 교육훈련 등에 더 많은 비용을 지출하게 된다. 다섯째, 직원의 증가 또는 장기근속자의 증가는 인건비를 증가시키기 때문에 각자의 관련 복리후생 수준을 저하시킬 수 있으며, 이 경우 노조의 개입을 유발할 수 있다. 여섯째, 높은 수준의 인적서비스로 인한 인건비 부담을 경감하기 위해 인원감축을 꾀하거나 또는 시간제 및 비정규직 근무자의 고용을 확대하게 된다. 그러나 이런 노력은 자칫 서비스 품질 저하로 이어져 고객만족도 저하를 유발할 수 있다. 일곱째, 비대하고 방만해진 조직에서는 의사소통에 많은 시간이 소모되어 급변하는 환경에 대처할 수 있는 신속한 의사결정을 도출할 수 없으며, 이로 인한 비용 상승효과도 적지 않다. 여덟째, 호텔에서 식음료 부문을 수익센터로써 중요성을 부여하는 사람들은 식음료 부문의 운영에서 얻어지는 이익의 개념보다는 수입의 개념에 더 많은 중요도를 부여하고 있다. 이익의 개념이 아닌 수입의 개념에서 본다면 호텔의 식음료 부문은 분명히 수익센터로써의 기능을 수행하고 있다고 할 수 있다. 그러나 수입에는 인건비와 식재료 원가, 식음료 시설의 개·보수 비용 등이 포함이 되어있는데, 이런 비용이 결코 낮은 수준이 아니다. 수입측면에서 고려해보면 분명 이득이 있어 보이지만, 위와 같은 비용 등을 제하고 나면 이익측면에서는 호텔 내의 주요 수익센터로서의 기능을 잃을 수도 있다는 한계점이 있다.

2) 목적과 역할상의 문제점

호텔이 식음료 업장을 운영하는 목적은 크게 수익창출, 투숙객의 편의, 그리고 호텔의 이미지 제고 등의 이유를 들 수 있다. 이 세 가지의 목적을 동시에 달성하기 위해서는 더 많고, 안정된 종업원의 확보가 중요하다. 또한 연중 휴무와 긴 영업시간, 호텔의 규모와 일치해야 하는 식음료 영업장의 규모, 호텔의 수준과 일치하는 표준 유지를 위한 계속적인 개발과 시설의 개 · 보수, 그리고 서로 중복이 되고 수익성이 없는 비경제적인 여러 식음료 영업장을 동시에 운영하고 있다.

3) 조직관리상의 문제점

식음료부문의 조직도를 보면 크게 생산과 판매의 기능으로 나누어진다. 그리고 생산과 판매활동을 보조하는 보조기능으로 나눌 수 있다. 생산기능의 대표적인 부분이 주방이며, 판매기능의 대표적인 부분은 레스토랑과 바, 연회장 등이다. 보조기능에는 판촉, 예약, 구매, 저장, 기물관리, 교육, 분석 및 평가 등이 있다. 이러한 세분화 과정이 진행이 될수록 직무의 세분화뿐만 아니라 복잡한 조직의 관리, 통제절차 등이 필요로 하게 된다. 이러한 과정은 인건비의 증가와 조직관리의 어려움으로 나타나게 된다.

4) 과잉경쟁에 대한 문제점

첫째는 호텔과 호텔 간의 경쟁이고, 둘째는 호텔과 외부의 외식업체와의 경쟁이다. 호텔 외부의 레스토랑으로써 개인이 독립적으로 운영하는 형태의 전문레스토랑을 제외하고도 특급호텔의 수준과 비교되는 시설과 서비스를 제공하는 패밀리 레스토랑이 성행하고 있다. 이러한 패밀리 레스토랑의 성장은 호텔 식음료 영업장과 경쟁관계를 형성하고 있다.

5) 메뉴관리상의 문제점

성공적인 식음료부서의 운영은 메뉴란 기본개념(Concept)에 바탕을 둔 고객관리, 원가관리, 인적자원의 관리, 구매관리, 식재료 관리, 생산관리, 그리고 시설관리 등이 잘 이루어질 때만 가능하다. 이러한 메뉴를 중심으로 관리되어야 함에도 불구하고 정작 메뉴관리에는 소홀한 경향을 보이고 있다. 메뉴관리가 잘 이루어지지 않으면 인건비와 식재료 원가의 상승, 생산방식의 경직성 증가, 영업장의 차별화 결여 등과 같은 문제점을 야기하게 된다.

위와 같은 방대한 문제점을 단기간에 치유하기란 결코 쉽지 않은 도전과제이다. 결론적으로 종전과 같이 호텔의 모든 식음료 영업장을 주요 수익센터로 운영하기에는 얻는 것보다 잃는 것이 더 많다는 것을 분명히 인지해야 한다. 이런 노력의 시발점은 식음료부문의 역할과 목적을 현 추세에 맞게 재조명하는 것에서부터 시작해야 할 것이다. 그래서 조직을 축소하고 아웃소싱 등의 도입을 통해 관리를 간소화하고 합리적으로 개선해 나가야 한다. 이런 부단한 노력을 통해 호텔 식음료부서는 우아하고 품위있는 고품질 서비스를 신속하고 합리적인 가격에 제공할 수 있는 최첨단 경영부서로 거듭나야 한다.

그림 7-13 식음료부서의 문제점

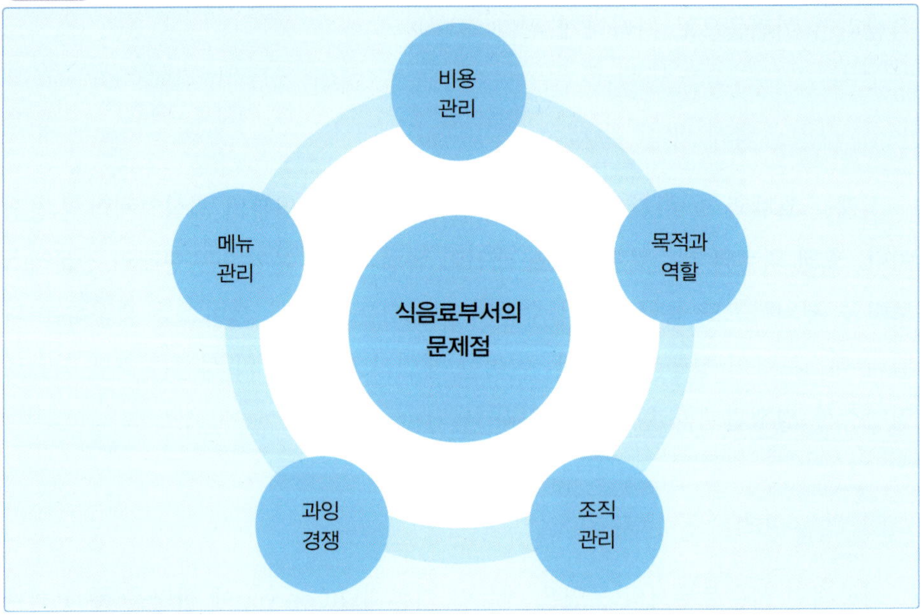

참고문헌

김경환 · 차길수(2002). 『호텔경영학』. 현학사.
박기용(2004). 『21세기 글로벌경쟁시대의 외식산업경영학』. 대왕사.
오정환 · 김경환(2000). 『호텔관리개론』. 백산출판사.
호텔신라교육원. 『호텔개론』.

www.google.com

호텔 프랜차이즈와 위탁경영계약

Chapter 08

Chapter 08

호텔 프랜차이즈와 위탁경영계약

학습목표

이 장을 학습한 후 여러분은 반드시 다음 내용을 이해해야 한다.

1. 여러 가지 다양한 호텔경영방식을 숙지한다.
2. 호텔 소유주와 프랜차이즈 본사의 관계를 이해한다.
3. 호텔 소유주와 위탁경영회사와의 관계를 파악한다.
4. 프랜차이즈와 위탁경영계약에서 계약자 간에 분쟁의 소지에 대해 파악한다.
5. 호텔사업에서 프랜차이즈와 위탁경영의 장점과 단점을 이해한다.
6. 체인호텔의 성장과정에서 프랜차이즈와 위탁경영계약의 역할을 확인한다.

제1절 호텔 경영방식의 이해

세계화라는 거대한 트렌드에 편승하여 많은 호텔들이 급속히 체인화되고 있다. 이런 움직임의 동인으로는 규모의 경제 효과, 호텔경영 노하우의 축적, 최신 정보기술 활용의 용이성 등을 들 수 있다. 결과적으로 체인호텔들은 독립경영호텔들에 비해 보다 효과·효율적으로 손님들에게 적절한 가격으로 양질의 서비스를 제공할 수 있게 되었다. 이러한 환경에서 이윤 극대화 및 사업목표를 달성하기 위해 호텔의 경영방식도 과거에 비해 많이 다양해지고 있다. 여기에서 여러 가지 호텔 경영방식에 대해 살펴보고 특히 지속적인 성장을 도모하기 위해 체인호텔들이 이용하고 있는 경영방식에 대해 알아보겠다.

1. 독립경영호텔(Independent Hotel)

독립경영호텔은 개인 사업자가 자신만의 사업모델 또는 개념을 가지고 독자적으로 영업활동을 수행하는 호텔을 말한다. 독립경영호텔은 아무런 호텔 또는 체인호텔에도 귀속되지 않고 개인 또는 공동 투자자에 의해 소유 및 경영되는 호텔경영방식의 한 형태이다. 20세기 초 미국에서 Statler 호텔이 탄생하기 전까지는 적어도 대다수 호텔들은 주로 개인의 소유로 관리되는 독립경영호텔이었다.

독립경영호텔은 수수료 등에 대한 지출이 없어 마진율이 훨씬 높으며, 의사결정이 비교적 빨라 지역시장 소비자들의 욕구에 대한 대응이 보다 유연하고 신속해서 영업이 잘 이루어진다면 체인 가맹호텔보다 더 많은 수익을 창출할 수 있다. 그러나 사업초기 단계에서의 입지선택, 인테리어, 영업, 마케팅, 홍보, 인력모집 및 관리, 회계 등에 대한 전문경영지식이 부족한 편이다. 또한 자본조달에 대한 한계가 명확하게 나타나며 소유주 일인의 능력에 대한 의존 정도가 너무 높다고 할 수 있다.

2. 체인호텔(Chain Hotel)

사업관계에 있는 2개 이상의 호텔들이 단일 집단을 구축하여 독자적이고 표준화된 운영방식을 표방하면서 영업활동을 수행하는 호텔기업을 말한다. 특정한 상품을 몇 곳에서 집중적으로 대량생산하여 규모의 경제를 달성할 수 있는 일반적인 제조업체와 달리 체인호텔 또는 외식기업들은 많은 곳에 분점의 구축을 통하여 대량생산을 가능하게 하는 다입지영업(Multi-location Operations) 전략을 활용하고 있다. 체인호텔은 직영호텔, 임차경영호텔, 위탁경영호텔, 프랜차이즈호텔 등의 다양한 경영방식에 의해 운영되는 호텔들에게 경영 및 영업에 대한 전문지식을 제공한다.

또한 체인호텔이 보유하고 있는 유명 브랜드와 예약시스템은 경영활동의 중추적인 부분이다. 독립경영호텔과 달리 체인호텔은 가능한 대량 서비스체제를 추구하고 있다. 그래서 체인호텔은 전반적인 경영시스템, 직원관리, 효율적 및 효율적인 영업방식, 공동구매 및 예약시스템 등과 같은 기반구조 서비스, 자본조달의 용이성 등에서 독립경영호텔들을 압도하고 있다. 그러나 지역시장의 변화에 대한 느린 대응과 본사 명성의 퇴색에 대한 가능성 존재 등에 대한 단점도 보유하고 있다.

3. 임차경영호텔(Leased Hotel)

개인 또는 체인호텔이 임대차계약에 의해 일정기간 동안 소유주에게 사용료를 지불하는 조건으로 호텔을 이용 또는 점유하여 호텔사업을 영위하는 경우를 말한다. 임대차계약의 기본적인 형태로는 건물의 장식 · 설비 · 가구 등에 대한 투자는 호텔기업이 부담하고, 임차료는 사전에 결정된 일정액을 소유주에게 지급한다. 이 방식에서 소유주는 호텔의 경영성과 즉 영업실적과는 관계없이 일정액의 사용료를 징수한다. 국내에서 대표적인 임차경영호텔의 예는 서울 명동에 위치하고 있는 이비스앰배서더 명동호텔이다.

4. 프랜차이즈호텔(Franchise Hotel)

프랜차이즈호텔은 체인호텔(Franchisor)과 호텔 소유주(Franchisee) 간의 계약에 의해 운영이 되는 호텔로서, 상표 · 상징 · 영업시스템 등에 대한 배타적 독점권을 소유한 체인호텔이 상호 간의 이득을 도모하기 위해 호텔 소유주에게 이의 사용을 허가하는 대신 호텔 소유주는 일정한 수수료를 체인호텔에 지불하는 일종의 사업모델이다. 일반적인 호텔 프랜차이즈 계약에 의하면 체인호텔은 가맹호텔에 대한 아무런 소유권 또는 재무적 지분을 갖지 않으며 또한 가맹호텔의 재무적 성공에 직접적인 책임도 지지 않는다.

5. 위탁경영호텔(Management Contract Hotel)

호텔 소유주(Owner)가 호텔의 영업 및 경영활동에 대한 모든 권한을 보유한 대리인(Agent)인 경영회사를 고용하기로 한 양자 간의 문서화된 계약에 의해 운영되는 호텔의 유형을 말한다. 보통 호텔 소유주가 호텔을 관리하고 싶지 않거나 또는 호텔경영에 대한 전문지식이 없는 경우 대신 호텔을 잘 경영할 수 있는 전문경영 업체를 찾아서 호텔의 경영을 위임하게 된다.

6. 리퍼럴호텔(Referral Hotel)

체인호텔의 영향이 점점 커짐에 따라 독립경영호텔들은 생존에 대한 위협을 크게 인지하게 되었다. 그 결과 각 독립경영호텔은 다른 호텔 또는 호텔관련 업체들과 협력 관계를 구축하여 광고 · 판촉 · 예약시스템 구축 등에 대한 비용을 공동으로 납부해서 체인호텔들과 경쟁체제를 유지하려고 한다. 이 경영방식은 비영리단체로서 회원호텔들에 의해 운영되므로 호텔 소유주는 배타적 경영권을 행사하는 동시에 체인호텔처럼 공동경영체제의 장점을 살릴 수 있다. 그리고 회원호텔들은 정기적으로 시설 및 서비스 방면에서 정기적인 점검을 받으며 공동광고 등 비용 부담은 호텔의 규모에 따라 다르다. 대표적인 리퍼럴호텔의 예에는 세계적인 브랜드인 Best Western이 있다.

7. 공동투자호텔(Joint Venture Hotel)

둘 이상의 당사자가 계약에 의해 사전에 정해진 지분을 공동으로 투자하여 독립적인 호텔회사를 만들어서 운영되는 경영방식을 말한다. 국내에서 이런 예로는 반포에 위치한 JW Marriott 호텔의 경우가 있다.

8. 제휴호텔(Alliance Hotel)

둘 이상의 호텔(기업)이 계약에 의해 공동 관심사에 협력관계를 구축하여 호텔을 운영하는 경영방식을 말한다. 보통 이 경우에 당사자 간에 지분에 대한 공동투자 관계는 존재하지 않는다. 예를 들면 강북의 최고 신라호텔과 강남의 최고 그랜드 인터컨티넨탈호텔 간에 구축된 더블초이스(Double Choice) 프로그램은 성공적인 제휴관계의 예를 잘 보여주고 있다.

제2절 호텔 프랜차이즈

손님들이 호텔을 이용할 때 잘 이해하지 못하고 있는 분야 중의 하나는 자신이 이용하고 있는 호텔을 누가 소유하고 있고 또 누구에 의해 경영(또는 관리)되고 있는가에 대한 점이다. 물론 손님입장에서 이런 것을 꼭 알아야 할 필요는 없을 수도 있다. 일부 호텔은 건설하는데 자본을 투자한 개인에 의해 소유되고 또한 경영도 소유자에 의해 동시에 행해지고 있다. 그러나 상당한 수의 호텔은 개인에 의해 소유되고 있지만, 경영은 특정 브랜드를 보유한 호텔기업들에 의해 행해지고 있다.

현재와 같은 극심한 경쟁에서 생존하기 위해서 경험 또는 전문성이 부족한 호텔 소유주는 성공한 유명 브랜드를 선택하여 해당 체인호텔에 가입한다. 즉 브랜드를 소유 및 경영하는 기업은 보통 해당 호텔의 주인이 아니라 해당 브랜드의 지속적인 성장에 관심을 가지고 있는 호텔 프랜차이즈 본사(Franchise Company)이다. 그러나 호텔영업에 사용할 브랜드에 선택한 호텔 소유주가 이번에는 총지배인을 파견해서 실제 영업활동을 수행할 경영회사(Management Company)를 선정하기에 이르면 호텔영업은 훨씬 복잡해진다. 즉 손님들은 호텔 소유주가 가맹한 브랜드를 보유한 호텔 프랜차이즈 본사와 총지배인을 고용하여 경영합리화를 이룩할 경영회사에 의해 운영되는 즉 3자(호텔 소유주-프랜차이즈 본사-경영회사)의 이해관계에 의해 영업활동이 행해지고 있는 호텔에 체류할 확률이 높은 것이다. 그래서 호텔의 총지배인은 소유주를 위해 업무를 수행하고 때로는 자신을 고용한 경영회사를 위해 공헌을 해야 하며 프랜차이즈 본사의 관심사항도 잘 이해해야 한다. 훌륭한 총지배인은 이런 3자 간의 관계를 잘 이해하여 이를 경영에 효과적으로 반영하고 있는 자이다.

호텔 프랜차이즈(Hotel Franchise)는 체인호텔(Franchisor)과 호텔 소유주(Franchisee) 간의 계약이다. 호텔 프랜차이즈는 상표 · 상징 · 영업시스템 등에 대한 배타적 독점권을 소유한 체인호텔이 상호 간의 이득을 도모하기 위해 호텔 소유주에게 이의 사용을 허가하는 대신 호텔 소유주는 일정한 수수료를 체인호텔에 지불하는 일종의 사업모델이다. 일반적인 호텔 프랜차이즈 계약에 의하면 체인호텔은 가맹호텔에 대한 아무런 소유권 또는 재무적 지분을 갖지 않으며 또한 가맹호텔의 재무적 성공에 직접적인 책임도 지지 않는다.

호텔산업에서 호텔기업들은 처음에는 소수의 직영호텔부터 시작해서 점차 성장하면서 많은 손님들을 유인함으로써 성공적으로 독자적인 사업모델과 브랜드를 개발하게 된다. 이후 체인호텔은 스스로 개발에 성공한 브랜드와 표준영업절차를 가지고서 프랜차이즈 사업에 관심을 갖게 된다. 호텔 프랜차이즈는 상호의존적인 사업관계의 네트워크로서 프랜차이즈 본사는 소속된 가맹호텔들과 브랜드 인지도, 성공적인 사업방식, 경쟁적인 마케팅과 공급시스템, 중앙예약시스템(CRS) 등을 공유하는 것을 허용한다.

프랜차이즈는 가맹호텔(Franchisee)의 사업위험을 줄이는데 도움이 된다. 가맹본사(Franchisor)에 의해 개발되고 그 효과가 증명된 영업방식이 사업을 영위하기 위해 이용된다. 가맹호텔은 가입한 브랜드의 성장을 도모하는 집단의 일원으로서 브랜드의 시장점유율을 확대하는데 함께 집중함으로써 독립성을 포기하고 있다. 프랜차이즈 시스템은 공동구매의 이점을 창출하여 가맹호텔에게 비용절감 기회를 제공한다. 이런 서비스를 제공받음으로써 가맹호텔은 반대급부로 영업허가권의 취득을 위해 가맹본사에게 수수료를 지불해야 하며 또한 가맹본사가 부과하는 여러 규정을 준수해야 한다. 한편, 가맹본사의 입장에서는 가맹호텔과 그들이 지불하는 수수료 수입을 통해 독립적으로 사업을 영위하는 경우에 비해 보다 빨리 브랜드의 성장을 도모할 수 있다.

호텔을 구입하거나 새로 지을 계획을 하고 있는 사람에게 당면한 가장 중요한 도전과제의 하나는 사업성공을 이끌어 낼 수 있는 브랜드를 선택하는 것이다. 이 과제는 호텔 소유자와 관리책임을 맡은 총지배인 모두에게 공히 중요하다.

호텔 소유주가 브랜드를 선정하고 해당 가맹본사와 프랜차이즈 약관(Franchise Agreement)을 체결하면 호텔 프랜차이즈 사업관계가 성립된다. 여기서 주목해야 할 점은 일부 다른 산업의 프랜차이즈와 달리 대다수 호텔 브랜드 사업자들은 가맹점을 직접 운영하지 않고, 대신에 가맹본사를 소유하고 경영한다. 대부분 호텔 프랜차이즈 사업에서 호텔을 경영하는 당사자는 호텔 소유주(가맹점주) 또는 권한을 위임받은 총지배인(GM)이다.

1. 호텔 프랜차이즈의 기원과 구조

프랜차이즈의 발원은 중세시대로부터 유래된다. 중세에 가톨릭 교회는 세금을 대리해서 징수하는 사람들과 프랜차이즈 관계를 맺어 이들이 세금을 거둬오면 수수료를 지불했다고 한다. 그 후 20세기에 Singer라는 기업이 처음으로 제품 판매를 극대화하기 위해 프랜차이즈를 이용했다고 한다. 이후 프랜차이즈는 비즈니스 세계에서 큰 역할을 담당해오고 있다. 그러나 호텔산업에서 프랜차이즈의 역사는 그리 길지 않다. 호텔산업에서 초창기 프랜차이즈 계약 중의 하나는 1907년 Cezar Ritz가 뉴욕, 몬트리올, 보스턴, 리스본, 바르셀로나에 소재한 호텔들에게 그의 유명한 이름을 브랜드로 사용할 것을 허용한 것이다. 이후 현대 호텔산업에서의 본격적인 프랜차이즈 사업은 제2차 세계대전 이후 호텔 건설이 재개되면서이다. 체인호텔들은 그들이 소유한 브랜드, 이미지, 구축된 고객층, 영업방식, 예약시스템이 가치가 있다는 것을 인지하게 되었다. 독자적인 브랜드와 영업방식은 체인호텔들에게 신속하고, 적은 비용으로, 이익창출이 가능한 효과적인 팽창수단으로 활용하기에 이르렀다. 그리고 호텔 개발업자들도 새로 건설한 호텔이 성공한 브랜드에 가입함으로써 제공받는 즉각적인 정체성 확립과 잘 구축된 영업시스템과 절차는 차주(Lenders)와 투자자(Investors) 모두에게 새 호텔의 재무적 성공에 대한 확신을 제공하게 됨을 인지하게 되었다.

이때 활발하게 프랜차이즈 활동을 전개한 체인호텔에는 Holiday Inns of America, Howard Johnson's Motor Lodges, Ramada Inn Roadside 등이 있다. Kemmons Wilson의 첫 번째 Holiday Inn 호텔이 1952년 미국 테네시 주에서 문을 열었다. 1925년 레스토랑 사업을 시작하여 크게 성공한 Howard Johnson은 1954년 Motor Lodges를 개업하였으며, 한편 Ramada Inn은 1952년 Flamingo Motor Hotels로 시작해서 1958년 프랜차이즈사업을 성공적으로 개시하면서 Ramada Inn Roadside Hotels로 명칭을 변경하였다. 그 후 미국에서 호텔 프랜차이즈는 1960년대, 1970년대, 1980년대의 건설붐에 편승하여 크게 성행하게 되었다. 호텔 프랜차이즈 사업의 대표

주자인 Holiday Inn은 이후 1962년 12월 400번째 Holiday Inn 가맹점이 개업했다. 그리고 2010년 9월 현재 Holiday Inn(Holiday Inn Express 포함)은 약 3,416여 개(총 432,289실)의 가맹호텔로 전 세계를 무대로 활발한 영업활동을 전개하고 있으며, 현재 건설 도중에 있는 가맹호텔도 약 810여 개에 달하고 있다고 한다. 여기에서 우리는 호텔 프랜차이즈의 무궁무진한 사업기회를 엿볼 수 있을 것이다.

오늘날 호텔 소유주들이 보유 호텔을 유명 브랜드를 소유한 호텔전문기업에 가입하는 경향이 지속적으로 증가하고 있다. 현재 대다수 호텔들은 지역 브랜드 또는 전국 브랜드의 일원으로 영업활동을 전개하고 있다. 예를 들어 Marriott International은 Marriott, Ritz-Carlton, Renaissance, Courtyard by Marriott, Residence Inn, Fairfield Inn 등의 브랜드들을 관장하고 있다. 모기업의 구조에 따라 각 브랜드는 브랜드의 성장을 기획하고 또한 해당 브랜드를 관리하기 위해 오랜 시간에 걸쳐 고안된 품질표준을 감독할 브랜드 관리자 또는 본부장을 두고 있다. 여기서 중요한 점은 대다수 호텔 프랜차이즈들은 관장하고 있는 브랜드를 사용하여 영업활동을 영위하는 호텔들을 실제로 소유하지 않고 있다는 점이다. 이렇게 브랜드를 팔 수 있는 권리를 보유한 호텔기업들은 해당 브랜드에 가입하기를 원하는 가맹호텔들이 반드시 지켜야 하는 표준규범에 대한 기준을 결정한다.

이런 사업구조를 보았을 때 호텔은 소유주와 가맹본사의 브랜드 표준을 관리하는 브랜드 관리자 사이에 충돌이 존재한다는 사실은 어쩌면 당연한 것일 수도 있다. 예를 들어 특정 호텔의 입구에 있는 구식 간판이 오래되어서 새로운 것으로 변경해야 한다는 것을 프랜차이즈 본사의 브랜드 관리자가 인지했다고 하자. 이 브랜드 관리자는 프랜차이즈 약관에 의해 소유주에게 간판을 변경해 줄 것을 요구할 권리가 있다. 그러나 간판을 교체하는데 비용이 많이 소요된다는 사실을 인지하고 동시에 현재 간판이 아직 쓸 만하다고 판단한 소유주는 이를 거부할 수 있다. 이와 같이 호텔 소유주와 가맹호텔본부의 관리자 간에는 영업활동의 여러 면에서 많은 이견이 존재하고 있는 것이 사실이다. 호텔의 영업을 책임지고 있는 총지배인은 소유주와 프랜차이즈호텔 간의 이해관계를 잘 조정해야 한다.

다른 산업과 달리 호텔산업에서는 프랜차이즈 사업에서 심각한 사기 또는 기만 등의 사례는 많이 존재하지 않고 있다. 그럼에도 불구하고 다른 산업처럼 호텔 프랜차이즈 관계에서도 파렴치한 가맹본사(들)로부터 가맹점을 보호하기 위해 제정된 법령이 존재하고 있다. 프랜차이즈 규칙(Franchise Rule)이란 가맹본사가 가맹사업을 잠재가맹점에 판매할 때 반드시 준수해야 하는 의무사항을 열거하고 있다.

프랜차이즈 규칙의 핵심사항은 다음과 같다. 첫째, 잠재가맹점과 처음 대면미팅을 하는 초기에 또는 가맹점이 가맹본사에 어떠한 종류의 수수료를 지불하기 수일 전에 정보를 공개한다. 둘째, 가맹본사에 의해 작성된 예상 이익수준을 문서로서 증거를 제출한다. 셋째, 판매촉진 광고를 통해 홍보되었던 가맹점들이 달성한 수익률과 해당 가맹점들의 수와 비율을 공개해야 한다. 넷째, 잠재가맹점에게 가맹본사가 이용하고 있는 기본적인 프랜차이즈 표준약관을 제공한다. 다섯째, 잠재가맹점이 가맹본사의 표준약관에 서명을 거부하면 법적으로 가맹본사는 받았던 모든 수수료 등을 즉각 환불해야 한다. 마지막으로, 가맹점에게 제공되었던 문서화된 공개정보에 대해 서로 간의 갈등 또는 충돌에 대해 구두 또는 문서로서 요구할 수 없다.

<체인본사가 제공하는 서비스>

- 입지선택 및 시장조사
- 금융 및 재무 지원
- 가맹호텔 간의 소개(Referrals)
- 증명된 효율적인 영업방식
- 홍보 및 판촉 활동 지원
- 호텔건설과정에서의 조언 및 지원
- 중앙집중에 의한 구매 지원
- 중앙예약시스템(CRS)
- 마케팅 오피스 지원
- 가맹호텔 검열 및 평가

표 8-1 **세계 10대 프랜차이즈 호텔기업**

(2008. 12. 31 기준)

호텔명	총 호텔수	프랜차이즈 호텔수
Wyndham Hotel Group	7,043	7,016
Choice Hotels International	5,827	5,827
InterContinental Hotels Group(IHG)	4,186	3,585
Hilton Hotels Corporation	3,265	2,774
Marriott International	2,999	2,079
Accor	3,982	1,129
Vantage Hospitality Group	845	845
Carlson Hotels Worldwide	1,013	840
Starwood Hotels & Resorts Worldwide	942	437
LQ Management LLC	337	337

(출처 : Hotels)

2. 호텔 프랜차이즈 약관(The Franchise Agreement)

호텔 소유주가 자기 호텔(들)을 특정 브랜드에 가입하기로 결정을 하면 그는 가맹본사의 브랜드 관리자와 함께 프랜차이즈 약관에 서명을 한다. 프랜차이즈 약관은 가맹본사(브랜드 관리자)와 가맹점(소유주) 양쪽 모두의 책임에 관해 매우 구체적으로 열거한다. 과거에 호텔 소유주들은 프랜차이즈 약관의 조건을 결정하는데 있어 권한이 브랜드 관리자에게 편중되어 있었다고 믿고 있었다. 그러나 최근에는 약관의 내용을 결정하는데 호텔 소유주들이 권한이 크게 향상되었다.

1) 호텔 프랜차이즈 약관의 주요 요소

프랜차이즈 약관은 단순히 호텔본사(브랜드관리자)와 가맹호텔(소유주) 사이에 문서화된 계약이다. 보통 각 브랜드는 제각기 고유한 표준약관을 개발하지만, 다음과 같은 내용은 거의 공통적으로 사용되고 있다.

가. 계약에 서명하는 당사자

여기서는 브랜드를 대표하는 법적 당사자와 기업, 제휴사, 개인 소유자 등의 성명이 기재된다.

나. 구체적인 정의

계약에 이용된 어떠한 정의도 계약 당사자 간에 서로 다르게 이해될 수 있다. 예를 들면, 대부분 프랜차이즈 약관에서 호텔 소유주가 지불해야 하는 수수료는 가맹호텔이 달성한 총객실매출액(Gross Room Revenue)을 기준으로 한다. 이 계약조항에서 가맹본사는 총객실매출액의 정확한 의미를 구체적으로 정하고자 한다. 계약서에서 매우 구체적으로 명시된 정의의 예를 보면, 총객실매출액이란 호텔에서 침실과 회의실의 대여를 통해 거둬들인 판매액을 뜻하며, 인터넷 접속요금, 전화요금, 객실 내 금고, 미니바, 자판기, 식음료 판매, 객실 서비스 등에서 유래되는 판매액은 포함되지 않는다.

다. 면허 인가(License Grant)

여기서 호텔본사는 호텔 소유주에게 허가된 가맹호텔의 영업에서 사용될 브랜드의 상표, 상징, 명칭의 방식에 대해 서술한다.

라. 계약기간

여기서는 계약의 개시일과 종료일이 구체적으로 명시된다. 대다수 호텔 프랜차이즈 계약기간은 보통 20년이다. 그러나 대부분의 계약은 양측 모두에게 5년, 10년, 15년마다 적절한 통보와 양측의 합의에 의해 계약을 종료시킬 수 있는 권한을 명시하고 있다. 그러나 최근에는 일부 프랜차이즈본사들은 적극적으로 호텔 소유주들을 자기 브랜드에 끌어들이기 위해 탈퇴를 1~3년 내에도 이루어지게 하고 있다.

마. 수수료(Fees)

여기서는 가맹점이 가맹본사에 지불해야 하는 수수료에 대하여 구체적으로 기술한다. 각 브랜드의 특성에 따라 다를 수는 있지만 보통 호텔 프랜차이즈 표준약관에 포함되는 전형적인 수수료의 종류는 다음과 같다.

❶ 가맹 수수료(Affiliation Fee)

브랜드에 가맹하기 위해 계약에 서명함에 따라 지불해야 하는 정액 수수료이다. 다른 수수료와 달리 가맹 수수료는 가입 당시 일회만 지불하게 된다.

❷ 로열티(Royalty Fee)

이 수수료는 산출방식에 대해 상호 간의 동의에 따라 지불하는 것으로 보통 가맹호텔의 매출액 수준에 의해 결정된다. 가맹점은 프랜차이즈 본사의 브랜드 및 기타 서비스를 제공 받음에 따라 로열티를 지불해야 한다. 로열티는 본사의 주요 수입원이 되고 있다.

❸ 마케팅 수수료(Marketing or Advertising Fee)

이 수수료 역시 가맹호텔의 매출액 수준에 따라 결정되며 브랜드를 홍보하기 위한 목적에만 사용되어진다. 브랜드의 홍보를 위한 마케팅은 주로 전국 및 지역 라디오, 잡지, 신문, TV 등에 집중된다.

❹ 예약 수수료(Reservation Fee)

이 수수료는 브랜드의 예약시스템(CRS, Web Site, 대표전화번호 등)을 운영하기 위한 비용을 충당하기 위해 징수한다.

❺ 고객충성도 프로그램 수수료(Frequent Traveler Program Fee)

체인호텔들은 자주 투숙하는 손님들을 보상하기 위해 인센티브 프로그램을 운영하는 데, 이 프로그램은 해당 브랜드에 대한 충성도를 제고하기 위해 고안되었다. 이런 프로그램을 운영하기 위한 비용을 가맹점은 지불해야 한다.

❻ 기타 수수료(Other Miscellaneous Fees)

기타 수수료는 추가적인 시스템이나 기술적 지원으로 인하여 프랜차이즈 본사나 제3자 공급사에게 지불한다. 그리고 교육훈련 프로그램이나 해마다 열리는 전국 또는 지역적 컨퍼런스 행사 비용도 이에 포함된다.

이외에도 프랜차이즈 본사는 가맹호텔에 추가적인 서비스를 제공할 때마다 수수료를 지급받게 된다. 컨설팅, 구매지원, 컴퓨터 장비, 장비 임대, 개관 전 경영지원, 마케팅 캠페인 등에 대한 수수료를 요구하게 되는데 이런 수수료들은 보통 계약서에 명시되지 않는다.

표 8-2 국내 호텔 프랜차이즈 수수료의 사례

구 분	Best Western	Novotel	Ramada	Holiday Inn
계약기간	1년 단위 계약가능	최소 10년	최소 5년	최소 10년
가입비	100실 이하 : $36,000 101~200 : $46,000 201~300 : $56,000 301~400 : $66,000 401~500 : $76,000 500실 이상 : $86,000	-	실당 : $500	실당 : $500
로열티	매달 실당 $20	노보텔 강남 : • 수수료-순매출액의 2% • 인센티브-영어이익의 8.5% 이비스 강남 : • 수수료-순매출액의 1.5% • 인센티브-영업이익의 6%	총객실수입의 5%	총객실수입의 5%
예약 수수료	실당 $8	객실예약금액의 8~10%	객실예약금액의 7.5~10%	객실예약금액의 8~18%
마케팅 수수료	Directory Fee : $2,000/년	총매출액의 1%	총객실수입의 2%	총객실수입의 2%
계약해지 위약금	1년 단위 계약이므로 자유롭게 계약의 해지 및 연장이 가능	평균 로열티의 50% X 잔여기간	-	24개월 전 : 평균 로열티의 25% X 잔여기간 36개월 전 : 평균 로열티의 50% X 잔여기간

바. 보고서

여기서는 보고 기한이 되면 호텔 소유주가 본사에 보고해야 하는 월간 또는 연간 보고서를 나열한다. 예를 들면, 객실판매액, 객실점유율, 세금(Occupancy Tax 또는 Bed Tax), 평균객실요금 등에 관련된 보고서가 제출된다.

사. 가맹본사의 책임

계약 합의에 따른 가맹본사의 책임을 구체적으로 나열하며 가맹호텔이 수수료와 로열티를 지불하는 대신에 제공받는 사항에 대하여 열거한다. 보통 검사 계획, 마케팅 노력, 브랜드 표준 시행규칙 등이 포함된다.

아. 가맹점의 책임

가맹본사의 브랜드를 이용할 수 있는 권리를 부여받음에 따라 가맹호텔이 해야 하는 내용을 담고 있다. 보통 간판 요구사항, 준수해야 하는 표준운영규칙, 수수료 지불계획 등이 포함된다.

자. 계약의 양도

계약 합의에 따른 소유권 양도의 효력에 대해 열거한다. 여기서 가맹호텔은 가맹본사로부터 브랜드 이용 및 그에 따른 권리를 타인에게 양도하는 것을 승인받아야 한다. 그러나 보통 가맹본사들은 가맹호텔의 승인 없이도 다른 사업체에게 사용승인을 할 수 있다.

차. 계약 종료 및 불이행

계약당사자 양측에 의한 계약의 종료(탈퇴)를 허용하거나 또는 계약 불이행에 대한 구체적인 사항을 열거한다. 대부분의 경우에 가맹호텔 측의 계약 불이행에 따라 벌칙금(Penalties)을 가맹본사에 지불해야 한다.

표 8-3 해외호텔 브랜드별 프랜차이즈 비용

브랜드명	최소 객실수	가입 수수료	로열티 수수료	홍보/마케팅 수수료	예약 수수료	객실당 평균 건설비용
Best Western International	50실 이상	$50,000/100실	$45,000/100실	$9,000/100실	$10,000/100실	$65,000~ $100,000
Comfort Inn	N/A	$500/실, 최소 $50,000	총객실수입의 5.65%	총객실수입의 2.1%	총객실수입의 1.75%	$55,000~ $65,000
Courtyard by Marriott	N/A	$60,000 이상 or $500/실	총객실수입의 5.5%	총객실수입의 2%	총객실수입의 1.0%	N/A
Days Inn	40	$1,000+ $35,000 이상 or $350/실	총객실수입의 5.5%	총객실수입의 3.8%	마케팅수수료에 포함됨	$39,800~ $60,600
Four Points by Sheraton	N/A	$60/키 + 150실 이상 : $450/키 추가	총객실수입의 5.5%	총객실수입의 1.25%	총객실수입의 0.8% + 매달 $8.65/실	N/A
Hampton Inn	N/A	$50,000	총객실수입의 5%	총객실수입의 4%	다른 수수료에 포함됨	$69,722~ $124,017(81실)
Hilton Hotels & Resorts	N/A	$85,000	총객실수입의 5%	총객실수입의 4%	다른 수수료에 포함됨	$177,938~ $300,496 (300실)
Holiday Inn Express	70	$500/실, 최소 $50,000	총객실수입의 6%	총객실수입의 3%	다른 수수료에 포함됨	$64,205~ $91,575+
Holiday Inn Hotels & Resorts	100	$500/실, 최소 $50,000	총객실수입의 5%	총객실수입의 2.5%	다른 수수료에 포함됨	$70,240~ $114,972+
Hotel Indigo	100	$500/실, 최소 $60,000	총객실수입의 5%	총객실수입의 3.5%	다른 수수료에 포함됨	$107,376~ $242,214+
Howard Johnson	40	$1,000 + $35,000 이상 or $350/실	총객실수입의 4%	총객실수입의 2%	총객실수입의 2.5%	$41,100~ $60,600+토지
Hyatt Place	100	$400/실, 최소 $60,000	총객실수입의 5%	총객실수입의 3.5%	다른 수수료에 포함됨	N/A
InterContinental Hotels & Resorts	150	$500/실, 최소 $75,000	총객실수입의 5%	총객실수입의 3.5%	다른 수수료에 포함됨	$212,120~ $312,850+
La Quinta Inns & Suites	65	$50,000	총객실수입의 4.5%	총객실수입의 2.5%	총객실수입의 2%	$62,909~ $82,404
Le Meridien	N/A	$85/키 + 200실 이상 : $300/키 추가	총객실수입의 7%	총객실수입의 1%	총객실수입의 0.8% + 매달 $8.65/실	$190,000~ $298,000

브랜드명	최소 객실수	가입 수수료	로열티 수수료	홍보/마케팅 수수료	예약 수수료	객실당 평균 건설비용
Marriott Hotels & Resorts	N/A	$85,000 이상 or $300/실	총객실수입의 6% + 총F&B매출의 3%	총객실수입의 1%	-	N/A
Motel 6	40	$25,000	총객실수입의 4%	총객실수입의 3.5%	다른 수수료에 포함됨	$38,000~ $51,000
Ramada	100	$1,000 + $35,000 이상 or $350/실	총객실수입의 4%	총객실수입의 2%	총객실수입의 2% + GDS 수수료	$50,200~ $75,700
Sheraton Hotels & Resorts	N/A	$85/키 + 200실 이상 $300/키 추가	총객실수입의 8%	총객실수입의 1%	총객실수입의 0.8% +매달 $8.65/실	$165,000~ $251,000
Westin Hotels & Resorts	N/A	$85/키 + 200실 이상 $300/키 추가	총객실수입의 10%	총객실수입의 2%	총객실수입의 0.8% + 매달 $8.65/실	$180,000~ $297,000
Wyndham Hotels & Resorts	100	$10,000 + $300/실	총객실수입의 5%	총객실수입의 3%	다양함(GDS수수료 불포함)	$90,300~ 194,700

(출처 : LodgingHospitality)

카. 보험 요구사항

계약 당사자 양측을 보호하기 위해 가맹호텔은 보험에 가입해야 한다. 여기에서 보험의 종류와 금액 등이 열거된다. 전형적으로 요구되는 보험내용에는 일반보증보험, 자동차보험, 종업원 상해보험 등이 포함된다.

타. 변경시 요구사항

여기서는 가맹본사가 계약내용을 변경할 수 있는 권리에 대해 열거하고 있다.

파. 중재 및 법률 수수료

법적 분쟁에 관련된 양측의 권리에 대한 내용이 열거된다. 또한 법적 분쟁의 발발시 이를 해결할 법원의 지리적 위치에 대한 정보가 포함된다. 대부분 프랜차이즈 표준약관을 보면 가맹본사가 위치한 지역에서 분쟁이 해결된다.

하. 서 명

브랜드의 공인된 대표자(들)와 호텔 소유주(들)가 프랜차이즈 계약에 서명한다.

3. 호텔 프랜차이즈의 장점과 단점

프랜차이즈의 계약 당사자인 프랜차이즈 본사와 가맹점은 공히 프랜차이즈 계약을 통해 얻는 장점과 단점을 동시에 보유하고 있는데 이것에 대해 알아보기로 한다.

1) 프랜차이즈 본사의 장점

가. 체인호텔 본사가 프랜차이즈 계약을 통해 얻는 가장 큰 이점은 브랜드에 대한 수수료 수입이 증가하는 것이다.

다른 모든 기업들처럼 프랜차이즈 회사의 성장을 원할 것이다. 특정 브랜드명에 가입하는 가맹호텔의 수가 증가하면 할수록 브랜드의 가치와 브랜드의 이용을 남에게 허용함으로써 벌어들이는 수수료는 더욱 증가한다. 더구나 브랜드에 가입하는 호텔수가 증가할수록 브랜드를 운영하는 고정경비를 충당하는데 큰 도움이 되고 있다. 그러므로 같은 브랜드에 대한 가맹호텔의 수가 증가할수록 가맹본사의 이윤창출의 기회가 극대화될 수 있다. 즉 브랜드에 가입하는 가맹호텔의 수가 증가하여 어떤 한계점(Critical Mass)을 넘어서게 되면 프랜차이즈 본사의 이익수준은 급격히 증가하게 된다.

한편, 같은 프랜차이즈 기업이 관장하는 개별 브랜드의 수가 많을수록 본사는 개별 브랜드의 영업경비를 낮게 유지할 수 있다. 결과로서 프랜차이즈 본사들은 공격적으로 되도록이면 많은 호텔 소유주들과 계약이 이루어지기를 유인하고 있다. 때로는 호텔 소유주가 다른 브랜드의 프랜차이즈 본사와 이미 기존 관계가 있더라도 아랑곳하지 않고 있다. 호텔 프랜차이즈 본사는 새로 호텔을 건설하고 있지만 아직 사용할 브랜드를 결정하지 못한 호텔 소유주들을 대상으로 적극적인 설득 노력을 경주하고 있다. 현재 많은 체인호텔 들은 소유하고 있는 각 브랜드에 속한 가맹호텔의 수를 확장하는 노력과 관장하는 브랜드의 수를 확대하려는 노력을 동시에 진행하고 있다.

나. 적은 비용으로 신속하게 성장할 수 있다.

직접적인 자본투자를 수반해야 하는 직접소유방식의 호텔을 개발하는 것에 비해 프랜차이즈는 비교적 적은 비용으로 그리고 빠른 성장이 가능하기 때문에 큰 조직을 만들려는 호텔기업에게 효과적인 성장수단이 되고 있다. 그리므로 호텔을 개발하는데 소요되는 비용과 책임이 대부분 개별 호텔 소유주에게로 넘어 간다.

다. 고객 인지도와 브랜드 충성도를 향상시킬 수 있다.

체인호텔에게 고객 인지도는 매우 중요하다. 홍보 및 판촉 활동을 통해 인지도를 높이는 것도 좋은 방법이지만 유명 호텔 브랜드를 개발하는 가장 좋은 방법은 손님들이 해당 브랜드의 상품을 직접 보고 사용하는 것이다. 유명 도시와 요충지에 가맹호텔을 많이 보유한 체인호텔은 여행자들이 숙박장소를 선정할 때 체인에 대해 보고 들을 수 있는 기회를 갖게 된다. 대부분 여행자들은 숙박장소의 선택과정에서 상품에 대한 지식은 매우 중요한 요소이다. 프랜차이즈에 의해 제공되는 빠른 성장 잠재력은 고객인지도의 향상을 가속화한다. 손님이 호텔상품을 인지한 후 직접 해당 호텔상품을 이용한 후에 만족하게 되면 브랜드 충성도가 높아지고 결국 긍정적인 구전활동을 하는 단골손님으로 전환된다.

라. 브랜드, 상표, 이미지, 영업권으로부터 창출되는 수입이다.

브랜드의 성장을 통해 구축된 고객 이미지와 영업권은 사업을 영위하기 위해 정체성과 이미지를 필요로 하는 독립호텔 또는 새 호텔에 큰 가치를 제공한다. 프랜차이즈는 이런 내재 가치는 가맹본사의 수입으로 전환된다. 많은 경우에 체인호텔의 고객 이미지와 영업권과 프랜차이즈 수수료 금액 사이에는 직접적인 관계가 존재한다.

2) 프랜차이즈 본사의 단점

가. 영업통제권을 잃게 된다.

가맹호텔의 영업책임은 호텔 소유주 또는 그가 위임한 대행인(경영회사)에 속해 있다. 그래서 가맹본사는 가맹호텔의 일상적인 영업활동에 큰 영향력을 행사할 수 없다. 호텔본사는 정해진 규칙과 주기적인 점검을 통해 개별 가맹호텔의 품질 수준과 이미지를 통제하려 시도하지만, 자명한 사실은 체인본사는 기본적인 영업통제권이 없기 때문에 때때로 가맹호텔의 품질과 이미지는 본사가 원하는 수준보다 낮게 형성이 되기도 한다. 그러나 이로 인하여 손님들이 저품질의 서비스를 경험하게 되면 전체 체인에 대한 이미지가 잘못 전달이 되어서 결국 단골손님 유치나 긍정적인 구전효과에 해로운 영향을 미치게 된다.

이런 이유로 Hyatt, Westin, Four Seasons 같은 프리미엄급 이상의 체인호텔들은 프랜차이즈를 선호하지 않고 있다. Marriott도 프랜차이즈 사업을 수행하고 있지만 품질과 서비스 수준에 대한 신뢰를 보유한 몇몇 경영회사들과만 프랜차이즈를 시행하고 있다. 일반적으로 높은 수준의 품질과 서비스로 사업을 수행하는 체인호텔들은 그렇지 않은 체인들에 비해 영업통제권을 상실하게 되는 프랜차이즈를 덜 선호하고 있다. 체인호텔은 주기적으로 가맹호텔의 시설은 잘 유지·보수되고 있으며, 규정된 표준절차에 의해 영업이 이루어지고 있는지를 점검함으로써 다소나마 영업활동을 통제하려고 한다. 프랜차이즈 본사가 가맹호텔에게 규정과 표준절차를 따르게 하기 위해 행사할 수 있는 궁극적인 벌칙은 탈퇴시키는 것이다. 그러나 가맹호텔이 탈퇴에 비협조적이고 극한 경우 분쟁이 생겨 법적 소송으로 이어지면 소요되는 시간이 짧게는 몇 개월 또는 몇 년이 걸릴 수도 있다. 또한 양자 간의 분쟁에 주관적인 규정이 포함된다면 탈퇴과정은 더욱 더 힘들어진다. 이런 이유로 영업통제권의 상실은 체인본사 입장에서 프랜차이즈 잠재력을 평가하는데 있어 억제요소가 되고 있다. 가맹본사의 표준을 따를 것을 강요하는 것도 어려운 일이지만 가맹점을 탈퇴시키는 것에는 많은 시간이 소모된다.

나. 호텔 소유주와의 관계에서 비롯되는 어려움이다.

보통 체인본사는 매우 다양한 호텔 소유주나 경영회사들과 함께 일을 하게 된다. 그러나 호텔산업은 자존심이 강하게 표출되는 사업장이다. 그래서 결국 체인본사의 목표가 상대하는 모든 개개인의 동기나 스타일과 항상 일치하지 않는 경우가 많다. 또한 양자 간에 분쟁이 발생하면 가맹호텔들은 종종 함께 힘을 모아 그들의 관심을 대변하는 프랜차이즈협회를 만들기도 한다. 어떤 경우에도 가맹본사는 영업시스템이 효율적이고 절차대로 잘 기능하기 위해 가맹점들과 많은 소통을 위해 시간과 자금을 아끼지 말아야 한다.

3) 가맹호텔의 장점

가. 가장 큰 이점은 시장에서 즉각적인 인지도를 구축할 수 있다는 점이다.

대다수 여행자들은 새로운 곳을 여행할 때 숙박시설의 품질과 서비스에 대해 자기에 맞는 일정수준 이상의 상품을 원하기 때문에 인지도가 높고 좋은 이미지를 보유한 호텔을 찾게 된다. 이때 과거에 체류한 경험(또는 타인의 추천)이 있는 동일 브랜드가 기대를 충족했었던 여부에 의해 숙박장소를 선정한다. 아마 독립호텔도 독자적으로 좋은 명성과 고객층을 구축할 수 있다. 그러나 이러한 성공을 거두기 위해서는 적어도 몇 년 동안이란 많은 시간이 필요하게 된다. 인지도가 높은 가맹본사에 가입하면 호텔은 비교적 빨리 손님들을 확보할 수 있어 사업초기 기간을 단축할 수 있다. 이렇게 가맹호텔은 새 호텔 또는 독립호텔에 비해 보다 빨리 안정된 객실점유율을 유지할 수 있는 영업주기에 도달하게 된다.

나. 전국적 또는 지역적으로 유명한 브랜드명을 사용할 수 있다는 것과 호텔 본사의 중앙예약시스템(CRS) 또는 글로벌예약시스템(GDS)이란 네트워크에 연결된다는 것이다.

호텔사업은 객실예약으로부터 시작되므로 현재와 같은 네트워크 경제하에서 CRS나 GDS와의 연결성은 필요불가결한 것이다. 하지만 독립호텔의 경우에는 독자적으로 이런 연결성을 구축하기에는 과다한 비용이 소요되기 때문에 불가능한 경우가 대부분이다. 유명 브랜드에 가입을 통해 가맹호텔은 매출액을 증대함으로써 이윤도 향상할 수 있다. 가맹호텔이 본사에 지불하는 수수료의 총액은 브랜드의 가치와 브랜드를 통해 벌어들이는 판매액과 관계가 있다. 프랜차이즈 계약에 따라 지불하는 수수료는 계약마다 협상을 통한 조정이 가능하지만 보통 가맹호텔의 총객실매출액(Gross Room Revenue)의 약 3~15% 정도이다.

다. 브랜드에 가입함에 따라 얻게 되는 호텔 소유주의 부가적인 이점은 호텔 건설에 필요한 자금을 차입하는데 있어 보다 손쉽게 이를 획득할 수 있다는 것이다. 보통 새 호텔을 건설할 때 호텔 소유주는 은행이나 다른 금융기관으로부터 자금을 차입하려 한다. 그러나 이때 거의 대다수 금융기관들은 호텔 소유주에게 자금을 대여하기 위해서는 유명 브랜드와의 가맹관계의 성립에 대한 증명을 요구한다.

라. 프랜차이즈 본사는 가맹호텔에게 증명된 안정적인 영업절차, 금융 지원, 교육 · 훈련 지원, 가구 · 설비 · 장비의 구매 지원, 프랜차이즈 본사의 공급자를 이용한 구매가격 절감에서 비롯되는 영업비용의 절약, 실내장식 지원 등을 제공한다. 그러나 이런 지원 내용은 프랜차이즈 본사에 따라 다르게 나타나는 경우도 많다.

4) 가맹호텔의 단점

가. 가맹호텔의 입장에서 얻는 가장 큰 손실은 잘못된 프랜차이즈를 선택했을 경우 비싼 비용을 치르게 된다.

프랜차이즈의 선정은 호텔 소유주가 내려야 하는 가장 중요한 의사결정 중의 하나이다. 잘못된 프랜차이즈의 선택은 항상 부정적인 영업결과를 가져온다. 잘못된 프랜차이즈의 선정은 다음과 같은 비용을 초래한다.

- 잘못 선정된 프랜차이즈와의 계약기간 동안 발생된 영업손실
- 새로운 프랜차이즈를 구하는데 소요되는 비용
- 새로운 간판, 상징 등에 대한 구매비용
- 새로운 프랜차이즈하에서 객실점유율 안정화 시기까지 발생되는 영업손실

나. 성공에 대한 보장이 없다.

보통 프랜차이즈 본사는 가맹호텔들에 대해 아무런 재무적 지분이 없고 또한 가맹호텔의 실패에도 불구하고 직접적인 책임이 없다. 그러나 체인본사는 비수기에 심각한 영업손실이 예상되는 가맹호텔에 연중무휴의 영업정책을 요구하는 등 가맹호텔의 입장에서는 막대한 비용이 초래되는 영업표준절차를 강요하기도 한다. 게다가 체인본사의 프랜차이즈 판매직원은 비윤리적인 방식으로 프랜차이즈를 판매하는 경우도 있다. 판매직원의 보상수준은 보통 판매한 프랜차이즈의 수를 기준으로 하기 때문에 엄격한 감독 및 통제가 안되는 상황에서 일부 판매직원은 자격요건이 충족되지 않거나 경제적 사업타당성이 없는 프로젝트에 프랜차이즈의 판매를 시도할 수 있다. 이런 비윤리적 행위는 1970년대 미국 호텔시장의 공급초과(Overbuilding)에 대한 일부 책임요소가 되었다고 한다.

다. 체인본사의 표준을 준수해야 한다.

프랜차이즈 본사에 개발된 다양한 규정과 표준은 소속된 모든 가맹호텔에게 통일된 영업방식과 이미지를 적용하기 위해 고안되었다. 그러나 이런 체인본사의 통일된 기준이 때로는 특정 가맹호텔에게는 적절하지 않거나 특정 소유주에게는 불만족스러운 사항이 되기도 한다. 그럼에도 불구하고 체인본사는 가맹호텔에 본사에서 정한 영업시스템의 변경을 허용하지 않고 있다. 가맹호텔의 영업에 부정적인 영향을 미치는 본사의 통일된 표준의 예는 다음과 같다. 만일 잠정적인 가맹호텔에게는 부적절한 체인표준으로 인해 피해가 예상된다면 계약에 서명하기 전에 예외를 인정받아야 한다.

- 연중무휴 상시 영업체제의 요구
- 레스토랑, 라운지, 룸서비스 등에 대한 영업시간의 설정
- 도어맨이나 벨보이 등의 24시간 운영체제와 같은 최소수준의 직원 충원에 대한 요구
- 체인본사에서 실시하는 홍보프로그램이나 고객만족프로그램에 대한 참여
- 수영장, 레스토랑, 룸서비스, 라운지, 무료주차 등과 어메니티(Amenities)에 대한 요구

라. 다른 가맹호텔의 가입에 대한 통제권이 없다.

대다수 프랜차이즈 약관은 가맹호텔이 영업을 하는 동일시장에서 같은 브랜드에 다른 새로운 호텔이 가입을 제재할 규정이 별로 존재하지 않고 있다. 때때로 체인본사는 일정기간 동안 가맹호텔에 특정 지역에 대한 영업독점권을 제공하는 경우도 있지만, 대부분 다른 가맹호텔이나 체인본사가 소유 또는 위탁경영하는 호텔에 상관없이 동일시장에 새로운 호텔의 등장을 자유롭게 허용하고 있다. 더군다나 최근 호텔산업에서 상품 세분시장화란 트렌드에 편승하여 체인본사들은 종종 특정 시장에 특정 상품을 추가하는 것은 다른 세분시장 또는 가격대의 소비자들의 요구에 부응하는 것이라고 궁색한 변명을 늘어놓기도 한다.

마. 체인본사가 제공하는 혜택은 규모에 의존되고 있다.

체인본사에 소속된 가맹호텔의 수가 임계점에 이르러야 프랜차이즈 수수료 수입이 프랜차이즈를 허가하고 유지하는데 소요되는 비용을 상쇄할 수 있다. 마찬가지로 가맹호텔들의 수가 많을수록 이들이 누리는 경제적 혜택이 프랜차이즈에 가입하고 유지하는데 소요되는 비용을 초과할 수 있다. 체인본사에 가입된 가맹호텔의 수가 직접적으로 관계되는 각 가맹호텔이 받는 혜택은 아래와 같다.

- 다른 가맹호텔로부터 제공받는 객실예약의 소개
- 긍정적인 숙박을 경험한 손님들이 제공하는 구전에 의한 추천
- 홍보 및 마케팅 지원
- 체인본사의 추가 지원
- 경쟁적인 중앙예약시스템

가맹호텔의 가입을 고려 중인 호텔 소유주는 체인본사의 가입에 대한 비용과 가치를 잘 평가해야 한다. 여기서 조심해야 할 것은 프랜차이즈 사업의 초기에 있는 체인본사는 이미 시장에 존재하는 기존 체인본사에 비해 덜 제공되는 혜택 수준을 반영하여 가입수수료 및 다른 수수료 등을 낮게 책정하려 한다.

표 8-4 프랜차이즈 본사와 가맹호텔의 장·단점

프랜차이즈 본사		가맹호텔	
장점	단점	장점	단점
• 수수료 수입 • 쉽고 신속한 성장 • 고객 인지도 향상 • 적은 투자 적은 위험	• 통제권의 상실 • 소유주와 잦은 다툼 • 적은 이익수준 • 명성 훼손의 가능성	• 신속한 인지도 확보 • 체인본사의 지원 • 자금차입의 용이성	• 과다한 비용 초래 • 성공 보장 없음 • 완전한 통제권 상실

4. 호텔 프랜차이즈 본사의 선정

호텔 소유주에게 프랜차이즈를 구매(선택)하는 것은 자산의 가치를 극대화하려는 소유주를 지원하는 회계기업처럼 장기적인 서비스를 구매하는 것과 유사하다. 호텔 프랜차이즈의 선정을 고려할 때 서비스를 제공하는 수많은 프랜차이즈 본사가 존재하며, 이들은 다양한 경험·기술·지식을 호텔 소유주에게 제안한다. 이때 제공하는 서비스에 대한 가격은 다양하다. 그리고 대다수 프랜차이즈 본사들은 잠재적인 가맹호텔을 유인(또는 탈퇴)하는데 독자적인 사업방식을 고수하는 경우가 많다. 프랜차이즈 선정을 고려할 때 호텔 소유주는 경험이 풍부한 총지배인(GM)의 지원을 받는 것이 가장 무난하다고 할 수 있다.

1) 기본적인 고려사항

프랜차이즈 본사는 될수록 많은 정보를 잠재적인 가맹호텔에 공개해야 한다. 이 정보는 잠재적인 가맹호텔에 의해 신중히 검토되어져야 하며, 더욱 많은 정보는 검사와 면담의 실사과정(Due Diligent Process)을 통해 확보할 수 있다. 프랜차이즈 선정시 숙고해야 하는 점은 다음과 같다.

가. 브랜드 관리자의 자질과 경험

브랜드 관리는 결코 녹녹치 않은 문제이다. 경험이 많은 브랜드 관리자가 그렇지 않은 가맹호텔들도 잘 관리한다. 프랜차이즈 브랜드를 선정할 때 호텔 소유주는 경험이 많은 브랜드 관리자가 성공적인 관리 실적을 보유하고 있는지 잘 살펴보아야 한다. 여기서 중요한 점은 프랜차이즈 본사의 주장에도 불구하고 가맹본사와 가맹호텔과의 관계는 진정한 의미의 파트너관계(Partnership)는 아니라는 사실이다. 왜냐하면 만일에 가맹호텔이 영업활동의 결과 적자가 발생하면 가맹본사는 이에 대한 재무적 책임을 전혀 보유하고 있지 않기 때문이다. 여기서 더욱 중요한 사실은 프랜차이즈 본사가 가맹호텔로부터 징수하는 수수료는 달성된 이윤(Achieved Profit)의 수준에서 정해지는 것이 아니라 달성된 매출액(Achieved Revenue)을 기준으로 책정된다는 것이다. 결과적으로 잘못된 브랜드 관리로 인한 재무위험(Financial Risk)은 가맹본사가 아닌 가맹호텔이 부담하고 있는 것이다. 그러므로 브랜드 관리자는 경험과 재능을 보유해야 할 뿐만 아니라 가맹호텔들과의 관계에서도 성실성을 인정받는 것은 매우 중요한 요건이다.

나. 인식된 브랜드의 품질 및 서비스의 수준

호텔손님들은 다른 브랜드에 비해 높은 수준의 품질과 가격을 제공하는 브랜드를 선호한다. 대다수 프랜차이즈 본사들은 일정한 수준의 품질과 고객서비스를 제공하는 브랜드들을 제안한다. 프랜차이즈 본사에 의해 제안된 높은 품질수준의 브랜드를 선택한 가맹호텔은 낮은 품질수준의 호텔에 비해 보통 더 많은 건설비용과 수리(Renovation)비용을 지출하게 된다. 또한 보다 높은 수준의 서비스를 손님에게 제공하는 브랜드는 높은 수준의 영업비용을 치르게 된다. 그러나 대신에 높은 평균객실요금(ADR)을 유지할 수 있다. 잘 관리되는 저비용 중저가 호텔 브랜드가 잘못 관리되면서도 브랜드 전체의 평균객실요금이 비싼 중저가 호텔 브랜드에 비해 더 많은 이익을 창출할 수 있다. 투자수익률을 극대화하려는 호텔 소유주는 반드시 목표하는 세분시장의 손님들의 품질 및 서비스 기준에 대한 기대치를 잘 충족하고 있는 등 관리체제가 좋은 브랜드를 선택해야 한다.

다. 프랜차이즈 본사에 지불하는 총수수료

이용할 브랜드를 선정할 때 수많은 호텔 소유주들은 단지 가맹본사에 지불해야 하는 수수료에만 집중하는 예가 많다. 아이러니하게도 대부분 가맹호텔은 가맹본사에 지불하는 수수료가 너무 많다고 말하며 반대로 거의 모든 가맹본사는 가맹점들이 지불하는 수수료에 비해 충분한 가치를 제공하고 있다고 말한다. 가맹본사에 지불하는 수수료는 프랜차이즈 약관에서 충분히 협상이 가능한 부분이다. 오히려 수수료 문제는 호텔 소유주가 브랜드를 선정하기 위해 미리 설정한 평가기준에 적합한 후보 프랜차이즈들을 선정한 후에 비로소 심사숙고해야 할 사항이다. 프랜차이즈 본사는 정보공개서(FOC)에 반드시 수수료의 내용에 대해 기술해야 한다. 일반적으로 가장 눈에 띄고 협상에서 가장 뜨거운 논쟁을 불러일으키는 수수료에는 예약수수료(브랜드 본사의 중앙예약시스템에 의해 판매된 객실의 수 또는 판매액에 의해 정해지는 수수료)와 로열티(가맹호텔의 총객실판매액에 결정되는 수수료)이다. 그 외에도 잘 눈에 띄지 않지만 브랜드마다 매우 다양하고 중대한 다른 종류의 수수료들도 존재한다. 예를 들면, GDS, 인터넷 연결, 회계, 지역홍보, 고객만족도 조사 등에 대해 가맹호텔이 지불해야 한다면 반드시 정보공개서에 제시되어야 한다.

2) 정보공개서(FOC : Franchise Offering Circular)의 검토

프랜차이즈 본사는 법에 의해 잠재 가맹호텔에게 반드시 사전 공개문서인 정보공개서(FOC)를 제공해야 한다. 정보공개서를 통해 제공되는 가맹본사의 모든 내용 또는 주장을 검증할 책임은 가맹호텔에 있다. 예를 들면 가맹본사는 자사의 중앙예약시스템을 통하여 평균적으로 모든 가맹호텔에서 매일 약 30실의 객실이 판매되고 있다고 주장할 수 있다. 이런 주장은 공정거래위원회 등 어떠한 공공기관에 의해서도 검증될 수 없다. 잠재 가맹호텔은 프랜차이즈 약관에 서명을 마치기 전에 정보공개서의 모든 정보를 검증해야 한다. 가맹본사가 정보공개서를 통하여 잠재 가맹호텔에 제공되는 정보는 다음과 같다.

- 프랜차이즈 본사의 명칭과 판매할 프랜차이즈의 유형
- 프랜차이즈 본사 경영자들의 비즈니스 경험
- 지분해야 하는 수수료 및 로열티
- 초기 투자 요구사항

- 가맹본사와 가맹호텔의 권리와 의무
- 가맹본사에 의해 제안되는 영업구역의 보호
- 영업정책에 대한 요구사항
- 계약의 갱신, 전환, 탈퇴 절차
- 수익률 전망
- 현재 가맹점의 수
- 프랜차이즈 약관 견본
- 각 지방정부에 의해 요구되는 구체적인 정보
- 프랜차이즈 본사의 법정 대리인의 명칭과 주소

3) 호텔 프랜차이즈 약관의 협상

프랜차이즈 약관(The Franchise Agreement)은 단순히 말해서 가맹본사와 가맹호텔 간의 계약이다. 프랜차이즈 약관은 양자 간에 협상이 가능하다. 각사의 입장이 강할수록 협상과정에서 각사의 협상력은 커진다. 프랜차이즈 약관은 매우 구체적이고 복잡하기 때문에 강한 협상력은 프랜차이즈 약관의 종료단계에서 변호사에 의해 대행되는 호텔 소유주의 최대 관심사이다. 호텔산업에서 대다수 사람들의 의견은 프랜차이즈 본사에 의해 만들어진 프랜차이즈 약관의 초안은 프랜차이즈 본사에 유리하게 기술되어 있다고 한다.

그러므로 호텔 소유주는 약관을 수락함에 따라 자신의 호텔이 어떤 것을 해야 하는지를 정확히 판단하고 또한 만일 약관을 이행하지 못할 경우 발생하는 범칙금을 파악하기 위해서 프랜차이즈 약관을 한 줄 한 줄 자세하게 검토해야 한다. 호텔 소유주들은 제안된 프랜차이즈 약관의 모든 구성요소들을 확실히 평가해야 한다. 가맹호텔을 관리함에 있어 특별히 고려해야 할 분야는 영향분석조사(Impact Study)인데 이런 조사를 언제 해야 하는지와 조사비용은 누가 지불하는지에 대해서도 관심을 가져야 한다. 프랜차이즈 약관은 매우 복잡해지고 중요성이 점점 커지고 있다. 프랜차이즈 약관은 충분한 심사숙고와 전문가의 지원 등이 선행된 후에 비로소 검토되어야 한다. 그러나 여기서 더욱 명심해야 할 것은 전국적인 명성을 지닌 유명 브랜드를 제외하고는 단지 몇몇 호텔만이 생존할 수 있는 호텔산업의 현실을 직시하는 것이다.

제3절 호텔 위탁경영계약

1. 호텔 위탁경영계약의 기원과 구조

위탁경영계약(Management Contract)이란 경영방식이 개발되기 전에 호텔은 대부분 호텔기업이나 개인들에 의해 소유 및 경영(Owned and Managed)되거나 또는 임차(Leased)하여 운영되고 있었다. 그러나 1950년대부터 당시 미국 주변의 개발도상국가의 정부들은 관광산업을 육성하기 위해 체인호텔들이 소유한 영업 전문지식과 브랜드 인지도를 제공받는 조건으로 기꺼이 새 호텔 건설에 대한 투자위험을 부담하였다. 이러한 우호적인 환경에 접하게 됨에 따라 미국 체인호텔들은 해외진출을 진지하게 고려하게 되었다. 1960년대 초 체인의 확장에 몰두하던 Hilton은 첫 해외진출권을 획득해서 중남미 푸에르토리코의 산후안시에 Caribe Hilton호텔을 개관하면서 최초로 위탁경영계약을 도입하게 되었다. 그러나 이 첫 계약은 완전한 형태의 위탁경영계약이 아니고 종전의 임차방식과는 차별화된 이윤분배임차(Profit-sharing Lease) 방식이었다. 이 계약을 통해 Hilton은 고용 및 해고와 임금책정 등 영업에 대한 모든 권한을 부여받았으며 또한 해당 호텔을 소유하지 않고도 영업이익의 2/3을 차지하는 수완을 보였다. 그 후 Hilton은 이런 형태의 경영방식으로 이스탄불, 멕시코, 쿠바 등에 진출하게 되었다. 그러나 이후 갑작스런 쿠바혁명으로 말미암아 객실점유율이 14%까지 떨어져서 Hilton호텔은 큰 손실을 입게 되었으며 결국 호텔은 카스트로 정권에 의해 국유화되어 버렸다.

Hilton이 쿠바사태를 통해 얻은 교훈은 개발도상국에서 경영의 통제 불가항력과 이로 말미암은 영업 손실에 대한 위험을 감수할 수 없다는 것이었다. 여기서 Hilton은 많은 개발도상국가의 정부들이 기꺼이 투자위험을 감수하면서도 소유

위험을 감수하지 않는 이유에 대해 반문을 하게 되었다. 이런 이유로 당시 Hilton International의 경영진은 종전의 이윤분배임차계약을 소유주가 영업위험과 재무위험을 모두 부담하고 또한 운전자본의 제공에 대한 책임도 지는 위탁경영계약으로의 전환을 유도하게 되었다. 그리고 이윤분배는 종전의 2/3에서 3/4로 강화되었으며 아울러 소유주는 모든 영업손실에 대한 책임을 지게 되었다. 이로써 체인호텔들은 재무적 위험을 자신 회사로부터 소유주에게로 전가시킬 수 있게 되었다.

이후 위탁경영계약은 체인호텔들의 중요한 성장전략의 일환으로 활용되기에 이르렀다. 국내에서 위탁경영계약은 1967년 미국의 체인호텔인 Western International Hotels(현 Westin)과 조선호텔이 25년간 위탁경영계약을 체결한 것이 효시로 전해지고 있다.

위탁경영계약은 호텔 소유주(Owner)가 호텔의 영업 및 경영활동에 대한 모든 권한을 보유한 대리인(Agent)인 경영회사를 고용하기로 한 양자 간의 문서화된 계약이라고 정의할 수 있다. 즉 호텔 소유주(투자자, 개발자, 재소유한 차주)가 호텔의 경영을 경영회사(개인 또는 체인호텔)에 맡긴다는 양자 간의 합의하에 맺은 계약관계를 말한다. 일반적으로 호텔 소유주가 호텔을 관리하고 싶지 않거나 또는 호텔경영에 대한 전문지식이 없는 경우 대신 호텔을 잘 경영할 수 있는 업체를 찾게 된다. 이에 경영회사는 원하는 전문지식과 경험을 제공하며 따라서 각자 상대방의 성과에 대한 기대를 반영하는 양자의 협상에 의한 공식적인 계약관계를 맺게 된다.

보통 위탁경영계약은 경영회사가 호텔경영을 위한 완전한 책임을 지는 것으로 간주한다. 그리고 계약은 양자 간의 재무적 협정에 관한 내용을 다룬다. 계약기간은 계약의 매우 중요한 부분이며 보통 관리되는 호텔의 유형에 따라 다양하다. 호텔산업에서 위탁경영계약은 양자 간에 장기적인 관계를 맺는 것이어서 대개 20년이 넘는 경우가 대부분이다.

위탁경영계약은 해당 호텔의 경영에 대한 책임을 맡게 된 호텔경영회사와 호텔 소유주 간의 계약이다. 호텔영업에 대해 소극적인 의사결정의 권한을 보유한 소유주는 운전자본, 영업비용, 채무상환에 대한 모든 책임을 져야 한다. 경영회사는 위탁경영 서비스의 제공에 대한 대가로서 수수료를 제공받으며, 소유주는 순이익에서 모든 비용이 차감된 후의 잔존이익을 갖는다.

임차경영과 달리 위탁경영계약에서 재무적 부담은 전적으로 소유주에게 전가된다. 소유주는 호텔경영이 성공적으로 수행되었을 경우에는 많은 혜택을 얻게 되지만 이익을 창출하지 못하게 되는 경우에는 많은 손실을 입게 된다. 이러한 우호적인 환경 변화에 대응하기 위해 Hyatt, Western International, Hilton International, Sheraton, InterContinental과 같은 체인호텔들은 영업활동의 무대를 전 세계로 확장할 목적을 가지고 전략적으로 위탁경영계약을 이용하게 되었다. 임차경영과 비슷한 구조이지만 재무위험을 지지 않는 위탁경영계약을 통해 많은 이익을 창출할 수 있는 가능성과 잠재력을 확인한 체인호텔들은 점차 영업방식을 변경하기 시작했다. 1980년대 말 이후 추세를 보면 임차경영을 이용하는 체인호텔은 거의 자취를 감추게 되었다.

2. 호텔 경영회사의 종류

호텔 소유주와의 위탁경영계약을 체결하여 호텔을 관리하는 경영회사(Management Company 또는 Operator)는 크게 1군 경영회사(First-Tier Management Company)와 2군 경영회사(Second-Tier Management Company)의 두 가지로 구분된다. 1군 경영회사는 위탁경영계약에 따라 제3자 소유의 호텔을 관리하고 매일 영업활동을 감독하는데, 이런 경영활동을 수행함에 있어 지역적 또는 전국적인 소비자 인지도가 있는 고유한 체인명칭 또는 브랜드를 소유하고 있다. 우리가 익히 알고 있는 Hilton, Marriott, Hyatt, InterContinental 등이 1군 경영회사의 대표적인 예이다. 반면에 2군 경영회사 역시 1군 경영회사와 똑같이 위탁경영계약에 따라 동일한 경영서비스를 제3자에게 제공하고 있다. 그러나 2군 경영회사는 소비자들에 인지되는 고유한 자신들의 체인명칭이나 브랜드를 보유하고 있지 않다. 대신에 이들은 고객인지도를 위해 프랜차이즈에 가맹하여 이를 활용하고 있다. 대표적인 2군 경영회사에는 Interstate Hotels, Boykin Management, Southern Host, Hospitality Equity Investors 등이 존재하고 있다.

표 8-5 미국 20대 호텔경영회사(Management Companies)

회사명	직접 소유 및 경영 호텔		타인 소유 호텔 경영		총객실수
	객실수	호텔수	객실수	호텔수	
Interstate Hotels & Resorts	1,921	6	44,009	222	45,930
Crescent Hotels & Resorts	13,280	64	9,410	51	22,690
White Lodging Services	4,770	27	16,819	124	21,589
John Q. Hammons Hotels	18,760	77	0	0	18,760
Sage Hospitality Resources	11,818	56	6,852	28	18,670
Tharaldson Lodging	13,527	200	2,457	23	15,984
The Procaccianti Group	14,834	56	246	1	15,080
GF Management	3,155	14	11,396	77	14,551
Crestline Hotels & Resorts	1,340	6	12,179	60	13,519
Alliance Hospitality Management	7,017	52	6,362	48	13,379
Pyramid Hotel Group	317	2	13,045	39	13,362
Davidson Hotel Company	4,990	16	6,686	25	11,676
Island Hospitality Management	0	0	10,975	79	10,975
Aimbridge Hospitality	0	0	10,340	55	10,340
HEI Hotels & Resorts	9,200	33	0	0	9,200
Prism Hotels	1,016	4	8,088	45	9,104
First Hospitality Group	6,164	41	2,880	18	9,044
Driftwood Hospitality	2,350	10	6,650	28	9,000
Concord Hospitality	4,164	32	4,811	37	8,975
Outrigger Enterprise Group	3,128	6	5,689	28	8,817

(출처 : LodgingHospitality)

일상적인 영업활동을 감독하는 활동 외에도 경영회사는 개관 전 서비스와 기술적 서비스를 계약호텔에 제공하고 있다. 개관 전 서비스(Pre-opening Service)는 신축되거나 소유권이 변경된 호텔이 대중에게 개업하기 전에 제공되는 서비스이다. 사전 계획 및 예산, 인력 구인 및 훈련, 판매 및 홍보, 구매, 계정 시스템의 구축과 통제 등이 전형적인 개관 전 서비스에 포함된다. 보통 개관 전 서비스에 대한 수수료의 지급은 위탁경영계약에 의한 수수료와는 별개로 이루어진다.

호텔 경영회사의 기술적 서비스(Technical Service)는 주로 새로운 호텔의 계획, 설계, 건설 단계에서 각각 제공된다. 기술적 서비스에는 주로 설계와 시설 계획, 건축 지원 및 검토, 실내 장식 및 조명 제안, 기계 및 주방 장비 설치 등에 관한 것이다. 기술적 서비스에 대한 수수료 역시 별도로 지급된다.

3. 호텔 위탁경영계약 서비스의 내용

위탁경영계약에 의해 경영회사가 소유주의 호텔에 제공하는 서비스의 종류는 여러 부류이다. 호텔 소유주는 대다수 경영회사들이 제공하는 일반적인 서비스와 일부 경영회사들이 제공하는 고유하고 차별화된 서비스를 잘 구분할 수 있어야 한다. 대다수 경영회사에서 제공하는 일반적인 서비스는 다음과 같다.

① 경영감독
② 시스템, 절차, 통제의 실행과 유지보수
㉠ 회계와 부기 ㉡ 회계감사 및 통제 절차 ㉢ 예산
㉣ 마케팅 ㉤ 구매 ㉥ 홍보 및 판촉
㉦ 유지보수 ㉧ 인사관리 ㉨ 직원 훈련
③ 모든 직원의 선발, 훈련, 감독
④ 모든 요금체계의 설정
⑤ 매월 및 매년 재무제표의 작성
⑥ 모든 면허증 및 허가의 신청과 유지보수
⑦ 모든 매장의 임대 협상 및 허가
⑧ 재고품, 비품, 장비의 구매
⑨ 은행계좌의 설정
⑩ 보험정책의 유지보수
⑪ 법률 서비스
⑫ 건물수리 감독 및 가구·시설·장비(FF&E)의 유지보수 및 대체
⑬ 예산 및 영업계획의 작성
⑭ 홍보·판촉·마케팅의 계획과 실행

일반적으로 1군 경영회사는 여러 중요한 추가적인 서비스를 제공하는데 내용은 다음과 같다.

① 지역적 또는 전국적 명성이나 정체성
② 상표, 로고, 슬로건, 서비스 마크
③ 중앙예약시스템(CRS)
④ 체인 및 그룹 홍보 프로그램
⑤ 고객충성도 프로그램(Guest Loyalty Program)

일부 경영회사에서 제공하는 고유한 서비스는 다음과 같다.

① 중앙집중 구매를 통한 가격 할인
② 중앙집중 인사관리 및 모집
③ 중앙집중 예약
④ 중앙집중 마케팅 및 판촉
⑤ 건물세금 대리업무
⑥ 보험 지원 및 패키지 가격
⑦ 에너지관리시스템
⑧ 중앙집중 회계
⑨ 노무 관련 지원
⑩ 입지 및 건축 엔지니어링 지원
⑪ 건축 및 인테리어 디자인
⑫ 시장 수요 조사
⑬ 전국 및 지역 판촉사무소
⑭ 개관 전 서비스 및 기술적 서비스

4. 호텔 위탁경영계약의 장점과 단점

위탁경영계약을 통해 경영회사와 소유주는 공히 장점과 단점을 경험하게 된다. 공정하게 구조화된 협약을 만들기 위한 협상을 위해 양 당사자는 상대방이 계약을 행하려는 동기에 대하여 잘 이해해야 한다.

1) 경영회사의 장점

가. 저렴한 비용으로 신속한 성장 가능

경영회사 입장에서는 낮은 수준의 투자가 요구되는 위탁경영계약을 이용함으로써 저렴하고 신속하게 체인규모를 확장해 나갈 수 있다. 때때로 위탁경영계약을 확보하기 위해 체인호텔들은 대여 등을 통해 운전자본에 공헌을 한다. 계약에 의해 정해지는 위탁경영 수수료에서 보통 총매출액의 일정 퍼센트로 수익이 보장되는 기본 수수료(Basic Fee)는 경영회사 본사 경비와 영업비용을 충당하고도 남을 정도로 충분하다. 직접 소유나 임차와 달리 위탁경영계약에서는 경영회사에게 영업손실에 대한 책임을 묻는 경우가 거의 없는데, 이는 손실위험을 경영회사가 아닌 소유주에게 전가하는 것이다. 경영회사는 기존 호텔에게서 경영권을 취득하려 하기 때문에 직접 새 호텔 건축을 위해 소요되는 준비기간이 제거되었는데, 이로 인해 건설과정에서 소요되는 감독요원의 충원이 불필요하고 또한 본사 경비가 절감되었다.

나. 낮은 손실위험

위탁경영계약하에서 호텔 소유주는 모든 운전자본 · 영업비용 · 채무변제에 대한 재무적 책임을 지고 있다. 경영회사는 아무런 재무적 부담이 없으며 기본 수수료만으로도 영업비용을 충당하고도 적은 수준의 이윤도 창출할 수 있다. 여기에 인센티브 수수료가 더해진다면 훨씬 많은 이익을 창출할 수 있다.

다. 규모의 경제효과

경영서비스를 제공하는데 소요되는 실제 영업비용과 본사 비용은 많지 않지만, 핵심 영업담당 경영진 · 본사 · 지원 스텝에 소요되는 비용을 충당하고 또한 요구되는 수준의 이익을 창출하려면 위탁경영계약은 규모의 경제를 창출할 수 있는 수준의 위탁경영호텔의 수를 확보해야 한다. 일반적으로 1군 경영회사는 컴퓨터예약시스템을 제공하는데 이런 경우 고정비용은 2군 경영회사에 비해 훨씬 많아진다. 규모의 경제를 창출할 수 있는 호텔의 수는 호텔의 등급과 유형, 그리고 경영회사가 제공하는 서비스의 성향에 따라 다르게 나타날 수 있다. 보통 규모의 경제효과가 나타날 수 있는 수준은 1군 경영회사의 경우는 위탁경영호텔의 수가 40~50여 개소에 이르면 가능하고 2군 경영회사의 경우는 10~15개소이면 가능하다고 한다. 그리고 본사의 지원이 보다 광범위하게 요구되는 최고급(Luxury)호텔은 저가(Budget)호텔에 비해 규모의 경제효과를 볼 수 있는 수준이 더 높다고 한다.

라. 품질의 통제 가능

위탁경영계약은 호텔회사들이 비교적 직접적으로 물리적 및 영업활동의 품질에 대한 통제권을 행사할 수 있다. 체인호텔들은, 특히 유명 1군 경영회사들은, 우호적인 대중의 이미지가 유지되는 것에 항상 부단한 관심을 갖는다. 단 일개의 호텔에서라도 물리적 또는 경영 소홀로 인하여 어렵게 구축한 기업의 명성이 순식간에 손상되기도 하는데, 위탁경영계약은 경영회사에게 필요한 수준의 품질통제를 가능하게 한다. 즉 경영정책에 대한 자율권이 보장되고 적절하게 대체비용의 적립(Reserve for Replacement)이 가능하기 때문에 경영회사는 호텔의 품질과 이미지에 대한 전반적인 통제권을 대부분 행사할 수 있다. 반면에 프랜차이즈 계약에서 가맹호텔은 단지 체인호텔의 명칭만을 이용하며 중앙집중적 경영통제가 이루어지지 않기 때문에 체인본사는 일정한 수준의 품질을 유지해 나가기가 훨씬 더 어렵게 된다. 그래서 일부 유명 체인호텔들은 전반적인 품질 유지와 영업통제권을 확보하기 위해 프랜차이즈 경영방식을 채택하지 않는 정책을 유지하고 있다.

마. 감가상각비의 제거

위탁경영계약은 호텔 소유주가 부담하는 감가상각비를 회피할 수 있어서 경영회사의 입장에서는 호텔을 직접 소유하는 경우와 거의 같은 수준의 현금흐름(Cash Flow)을 확보할 수 있다는 매력이 있다. 경영회사가 지급받는 위탁경영 수수료는 소득세 차원에서는 일반 수입으로 고려된다. 그러나 경영회사가 호텔을 직접 소유한다면 벌어들일 수 있는 수입은 감가상각비에 의해 희석이 된다. 상장된 호텔기업들은 손익계산서상의 감가상각비를 최소화하여 순이익의 증가 효과를 얻을 수 있는 위탁경영계약의 이점을 발견하기에 이르렀는데, 이를 통해 보다 높은 주가수익률(PER)을 유지할 수 있어서 결국 해당 기업의 주식가치를 향상할 수 있게 되었다. 그래서 Marriott과 Hilton 같은 상장 호텔기업들은 직접 소유하고 있던 호텔들을 시장에 내다파는 동시에 위탁경영계약을 맺어서 이를 계속해서 운영하고 있다. 이런 위탁경영전략을 가장 잘 활용하고 있는 호텔체인이 바로 Marriott이다. Marriott은 먼저 개발자로서의 이윤을 확보하기 위해 독립적으로 투자하여 새 호텔을 완공한 후 바로 이 부동산을 파트너십에 매각함과 동시에 높은 수준의 현금흐름을 창출하는 장기 위탁경영계약을 맺어 매각된 호텔의 운영권을 확보하는 전략을 구사하였다.

2) 경영회사의 단점

가. 소유권에 대한 잔존 혜택의 배제

경영회사의 전문적인 위탁경영을 통해 경영실적이 호전되어서 호텔의 가치가 증가하게 된다. 이때 이 호텔자산을 매각하거나 재융자하는 경우 소유주의 혜택은 증가하게 된다. 반면에 경영회사는 이런 혜택을 누릴 수 없을 뿐더러 최악의 경우 위탁경영권을 잃을 수도 있다.

나. 소유주의 재무의사결정권 보장

대다수 위탁경영계약에서 호텔 소유주의 재무의사결정권이 보장되고 있다. 자본이 부족한 소유주체(소유주 또는 새 소유주)는 경영회사의 관점에서 호텔의 단점을 극복하고 영업과 품질에 악영향을 미치는 요소를 제거하기 위해 필요한 현금에 대한 지출을 승인하지 않을 수 있다. 그리고 위탁경영계약에서 상호 간 협력관계의 구축이 매우 중시되는데, 까다로운 소유주는 정당하지 않은 여러 요구사항을 부과하여 경영회사를 매우 어렵게 하는 경우도 많다.

다. 소유주에 대한 금융 의존도

만일 호텔영업을 통해 창출된 현금으로 영업비용과 차입금 상환을 충당하지 못하는 경우에 경영회사는 소요자금을 확보하기 위해서 전적으로 소유주에게 의존하게 된다. 경영회사가 계약을 맺기 전에 아무리 소유주의 신용도를 철저히 조사했어도 불리한 또는 예상치 못한 상황이 전개되면 어느 누구도 재무자원의 고갈을 피할 수 없다. 이때 경영회사의 위험은 부족한 영업자금 또는 수리비용 적립의 연기 등으로 인한 불편함 정도의 수준을 넘어 궁극적으로 소유주의 파산 등으로 인해 위탁경영권을 잃을 수도 있다. 이런 경우 경영회사는 수입과 명성에 악영향을 미치게 될 뿐만 아니라, 계약이 취소되는 경우 취소 수수료도 지급받지 못하는 경우도 흔하다.

라. 소유주의 계약해제권

위탁경영계약은 호텔 소유주가 계약서에 명시된 취소 수수료를 지급함으로써 계약관계를 종결할 수 있는 계약취소조항을 포함하고 있는 것이 일반적이다. 보통 경영회사는 이에 대한 보상을 잘 받을 수 있지만, 경영배치의 혼란과 대중 이미지에 대한 손상은 피할 수 없게 되는데 특히 1군 경영회사의 경우는 보다 심각하다.

3) 소유주의 장점

가. 전문적인 경영인력의 확보

위탁경영계약은 소유주에게 호텔 투자에 대한 장기적인 이윤을 확보하기 위해 필수적인 전문 경영인력을 제공한다. 동시에 위탁경영계약은 현금흐름, 감가상각의 세금절약 효과, 가치 향상, 재금융 기회, 계약기간의 종료 후 호텔의 소유권 유지 등과 같은 혜택을 소유주에게 제공한다.

나. 즉각적인 명성 구축

몇몇 체인호텔에 가입하기 위해서는 위탁경영계약을 통해서만이 가능할 때가 있다. 1군 경영회사와의 위탁경영계약은 소유주의 호텔에 즉각적인 전국적 또는 지역적 인지도를 제공한다. 일부 경우 프랜차이즈계약을 통해서는 동일한 혜택을 제공받는 것은 불가능한데, Westin과 Hyatt 같은 체인들은 직접 경영하는 호텔에만 브랜드의 사용을 허가하는 경영정책을 유지하고 있다.

다. 경영능력

최근 들어 관련 대출기관이나 투자자들은 호텔산업에 대해 높은 수준의 지식을 갖게 되었다. 이런 지식 중의 한 분야로서 성공적인 호텔투자를 이끌어 내기 위한 핵심요소인 경영역량에 대한 중요성이 강조되고 있다. 대출기관이나 투자자들은 단기 체류에 대한 지역시장의 평가, 해당 지역 및 이웃 지역의 성격, 실제 부동산의 가능성에 더하여 제안된 경영회사의 역량과 재무실적에 대해 지대한 관심을 보인다. 대다수 대출기관과 투자자는 그들이 관심을 갖고 있는 모든 호텔의 운영을 실적이 좋은 경영회사가 담당하기를 요구한다. 심지어 일부 경우에는 아예 전문적인 호텔자산관리자가 경영회사를 감독하기를 원하기도 한다. 만일 운영자가 2군 경영회사일 경우에는 소요되는 투자금을 조달받기 위해서는 반드시 프랜차이즈에 가입하기를 요구하기도 한다. 전국적인 명성을 보유한 경영회사를 호텔투자 프로젝트의 일원으로 참여하게 하는 것이 반드시 성공적인 금융결정을 보장하지는 않지만, 경영회사에 대한 긍정적인 관심은 대출기관의 투자의사결정에 유리한 영향을 미치게 된다.

4) 소유주의 단점

가. 운영권한의 상실

위탁경영계약은 경영회사에게 호텔에 대한 모든 운영통제권을 부여하고 있다. 만일 경영회사가 호텔을 경쟁적으로 운영할 수 있다면 통제권의 상실은 문제될 것이 전혀 없다고 볼 수 있다. 그러나 만일 호텔이 잘못 관리되는 경우 소유주는 경영회사를 제거하기가 매우 어렵다는 사실을 인지하게 된다. 이후 일정 수준의 경영성과를 경영회사가 창출하지 못하면 소유주가 계약을 종료할 수 있는 새로운 구체적인 기준이 많은 위탁경영계약에서 제시되고 있다. 그러나 엄격한 경영성과 기준에도 불구하고 실적이 신통치 않은 경영회사의 퇴출과정은 반드시 적시에 이루어져야 한다. 그리고 새로운 경영회사의 결정이 신속하게 행하여지지 않으면 해당 호텔의 명성은 심하게 훼손이 되고 만다.

나. 모든 비용에 대한 책임

위탁경영계약하에 있는 호텔의 소유주는 고정비와 차입금을 포함한 모든 원가와 비용에 대한 재무적 책임을 지고 있다. 이 의미는 비록 경영회사의 부주의와 무능력에 의한 재무적 손실일지라도 소유주는 여전히 현금흐름의 부족분을 채우기 위한 궁극적인 책임을 져야 한다. 이런 이유로 잘 만들어진 위탁경영계약에는 경영회사가 매출을 극대화하면서 비용을 최소화하는 노력에 대한 인센티브를 반드시 포함하고 있다. 위탁경영 수수료의 몫을 일정 수준의 이익이 실현된 후 지급하도록 한 것은 경영회사에게 효율적인 경영을 수행하기 위한 재무적 인센티브를 창출하였다. 핵심적으로 인센티브 수수료를 통해서 경영회사의 수입과 호텔의 이익이 직접적인 연관관계를 맺게 되었다. 경영회사의 인센티브 수수료에 대한 실제 계약구조는 종종 많거나 적은 인센티브를 창출하고 있다. 예를 들면, 만일 인센티브 수수료의 지급조건이 고정비 지출 전 이익(Income Before Fixed Charges)의 10%이며 이에 대한 지출은 부채공제 후 이익(Income After Debt Service)이 충분할 경우에만 이루어진다는 조건의 경우에 경영회사는 인센티브 수수료가 긍정적인 현금흐름의 창출 여부에 상관없이 지급되는 경우에 비해 매출을 극대화하면서 비용을 최소화하려는 보다 높은 인센티브를 보유하게 된다. 이런 조항은 더욱 가다듬어져서 경영회사에게 부채공제 후 이익이 충분치 못한 경우 영원히 인센티브 수수료의 포기를 요구하는 경우가 미래의 현금흐름에서 지급받을 때까지 단지 수수료의 수수를 연기하거나 축적하는 경우에 비해 더욱 높은 수준의 인센티브를 산출하게 되었다.

다. 경영회사의 퇴출

대다수 위탁경영계약의 경우 소유주는 임의적으로 계약을 해지하기가 어렵게 되어 있다. 1군 경영회사의 경우 특정 시장에서 계약의 상실은 대중 이미지에 부정적인 영향을 미친다는 것을 고려해서 보통 계약기간이 15년 이상을 상회하는 취소불가능한 계약을 요구한다. 2군 경영회사는 보통보다 짧은 계약기간을 수락하지만, 종종 소유주가 계약을 조기에 취소하는 것에 대한 제한을 두는 조항을 삽입할 것을 주장하기도 한다. 무능력한 경영회사와의 위탁경영계약을 일방적으로 취소할 수 없는 소유주의 무능은 재무적 손실에 대한 위험을 증가하게 된다. 이런 위험을 축소하기 위해 위탁경영계약은 반드시 구체적인 성과기준과 취소조항이 서로 연계가 되도록 작성되어야 한다. 추가적으로 소유주들은 명시된 금액을 지급하면 언제든지 경영회사의 해고가 가능하도록 하는 다목적 계약매수조항(All Purpose Contract Buy-Out Clause)을 협상하기도 한다.

라. 호텔 매각의 어려움

소유주가 매각하려는 호텔에 대한 위탁경영계약 기간이 남아 있는 경우 때때로 매각이 매우 어렵게 된다. 호텔기업들은 다른 회사에 의해 운영되는 호텔을 굳이 구입하려 하지 않는다. 현존하는 취소불가능한 계약으로 인해 많은 체인호텔들이 구매후보에서 제외되므로 잠재 구매자의 수가 감소되므로 적절한 구매자를 찾는데 시간이 많이 소요된다. 게다가 위탁경영계약이 존재하는 호텔은 그렇지 않은 호텔에 비해 할인된 가격에 거래가 되는 경우가 많다. 계약매수조항은 호텔을 현존하는 위탁경영계약하에서 매각하거나 또는 계약을 구매해서 경영권에 의한 방해물이 제거된 호텔을 매각하는 옵션을 소유주에게 제공하고 있다.

마. 과다한 위탁관리 비용

위탁경영비용은 호텔영업에서 창출되는 현금의 상당 부분을 차지하게 된다. 즉 전문적인 호텔경영은 값이 비싸다. 경영회사 및 계약조건에 따라 다르지만 위탁경영 수수료의 총합은 부채공제 후 현금흐름의 약 70~85% 정도까지 이르기도 한다. 특히 새로 개관한 호텔들의 경우에는 보통 객실점유율이 낮아서 총위탁경영 수수료가 부채공제 후 현금흐름보다 더 많을 경우도 있다. 이 경우 소유주는 추가 자본을 투자해야 한다. 이런 경우를 위해 대다수 경영회사들은 호텔 개관후 운영이 안정궤도에 오르기 전까지 소유주를 지원하고 또한 대출기관에게 안전한 대출상환을 보장하기 위해 인센티브 수수료의 지급을 부채공제 후 현금흐름 이후로 하고 있다. 즉 만일 담보대출금을 지급하기 위한 현금흐름이 부족할 경우(부채공제 후 이익) 경영회사는 인센티브 수수료를 포기하거나 수수를 연기하고 있다.

바. 높은 손실위험

호텔을 운영하는데 소요되는 높은 수준의 고정비용(Fixed Cost)으로 인해 소유주는 손실위험(Downside Risk)에 직면하고 있다. 객실점유율이 하락하면 호텔의 많은 고정비를 축소하는 것이 거의 불가능하기 때문에 손실은 급속하게 확대된다. 임대계약을 통해 소유주의 손실위험을 경영회사에 전가할 수 있지만, 위탁경영계약하에서는 어떠한 현금흐름의 손실도 소유주의 책임에 속한다.

사. 경영회사 소유의 호텔에 대한 편애

경영회사가 직접 소유 및 경영하는 호텔을 보유하는 것과 제3자 소유의 호텔을 경영하는 것처럼 양쪽 모두를 포함하는 경우 관심의 충돌은 항상 존재하기 마련이다. 보통 경영회사는 위탁경영하는 호텔보다는 직접 소유하고 있는 호텔에 손님을 많이 보냄으로써 보다 많은 경제적 혜택이 누릴 수 있기 때문에 불공정한 관행의 가능성은 항상 존재하고 있다. 소유주들은 반드시 이런 기본적인 대립관계를 잘 인지해서 위탁경영계약에 남용방지 조항이 포함되도록 노력해야 한다.

5. 호텔 경영회사의 선정

특정 호텔을 운영하기 위해 필수적인 특정 능력을 보유한 호텔경영회사의 선정은 호텔투자에서 중요한 단계 중의 하나이다. 입지, 상품, 시설의 이미지 등도 중요한 요인이지만, 현장관리능력은 여러 요인들을 응집해서 효율적 영업활동을 가능하게 하는 요인이다. 여기부터는 특정 호텔프로젝트에 가장 적절한 호텔경영회사를 탐색 · 협상 · 고용하는 선정과정에 대해 살펴보기로 하겠다.

1) 시장조사 분석

호텔경영회사를 선정하는 첫 단계는 대상 호텔의 종류, 등급, 시장에서의 지위 등을 결정하기 위해서 해당 프로젝트를 위해 수행된 시장조사의 결과를 분석하는 것이다. 시장조사의 결과로서 경영회사의 선정에 중요한 단서가 되는 사항은 다음과 같다.

- 추정 수요증가율을 포함한 단기체류 숙박에 대한 현재 및 미래 수요
- 세분시장, 요금 범주, 평균 숙박일수, 계절성, 특별 요구사항, 필요 시설 등을 포함하는 수요(Demand)의 특징
- 단기체류 숙박에 대한 현재 및 미래의 객실공급 현황(경쟁)
- 세분시장, 요금 범주, 시설, 입지, 이미지, 평판 등을 포함하는 공급(Supply)의 특징

대상 호텔에 대한 여러 가지 기본적인 특징은 시장조사를 통해 결정될 수 있는데, 그런 특징을 기반으로 해서 대상 호텔에 잘 어울리는 적절한 경영회사를 선정할 수 있다. 다음과 같은 특징은 그런 점에서 분석이 되고 있다.

가. 세분시장

1차 또는 2차 세분시장(즉 상용, 회의 및 컨벤션, 여가 등)처럼 전체 시장에서 대상 호텔이 차지하게 될 예상 세분시장별 점유율이 나타나게 된다. 각 세분시

장에 대한 잠재적인 미래 성장률과 기대되는 경쟁에 대한 정보는 언제나 유익하다. 이 정보는 의도하는 세분시장의 수요를 진작하기 위한 시설과 어메니티의 수준을 결정하는데 중요한 기본 자료로 이용이 된다.

나. 시설의 등급과 서비스 수준

시장에서 영업활동을 전개하는 경쟁적인 숙박시설은 반드시 서비스 수준(즉 Economy, Standard, First, Luxury 등)이 결정되어야 한다. 대상 호텔의 입지와 잘 맞는 시장 지위와 또한 대상호텔에 어울리는 적절한 등급은 이 정보를 바탕으로 결정이 된다. 철저하고 경쟁적인 프로젝트를 만들기 위하여 서비스 수준과 어메니티의 형태도 또한 결정되어야 한다.

다. 시설범위

대상 호텔의 시설(예를 들면 식사, 음료, 회의 및 연회, 레크리에이션, 어메니티, 가게 등)은 객실규모와 함께 신중하게 평가되어야 한다. 실제 수요보다 많은 시설의 건축은 결국 잠재이익이 감소하게 되고, 너무 적은 시설은 시장수요를 만족시키지 못해서 호텔의 경쟁력을 저하시킨다.

라. 객실수와 호텔 규모

대상 호텔의 적정 규모를 결정하는 데에는 많은 요인들이 고려된다. 예를 들면 입지에 대한 고도제한은 건축이 가능한 객실수를 제한하게 된다. 시장의 수요 및 공급에 대한 미래 예측에 따라 시설규모가 커지거나 또는 축소되기도 한다. 결국 토지가격, 건설비용, 대상호텔의 임계치(Critical Mass), 규모의 경제 등과 같은 경제적 영향력에 따라 최종 객실수가 결정이 된다.

이와 같은 시장조사의 목적은 구체적인 가이드라인보다는 광범위한 프로젝트 요인들을 결정하는 것이다. 대상 호텔에 대한 실제적인 배치와 설계는 궁극적으로 위탁경영계약을 체결하게 되는 경영회사와의 협의하에 결정이 되어야 한다.

경영회사는 이익을 창출해야 하는 책임을 지게 되므로 호텔은 경영회사의 영업 방식과 형태에 잘 맞도록 구체적으로 계획되어야 한다.

2) 1군 또는 2군 경영회사의 선정

후보 경영회사들의 수를 좁히기 위해 소유주는 대상 호텔을 경영할 적임자로 1군 경영회사로 할 것인지, 아니면 2군 경영회사를 선택할 것인가에 판단을 되도록이면 선정과정의 초기에 결정해야 한다. 어떤 경우에는 소유주가 1군 경영회사를 선택하려 했지만 불행하게도 적임자를 발견하지 못하는 경우도 있다. 이런 경우 소유주는 가능한 2군 경영회사의 검토에 조속히 착수해야 한다.

가. 1군 경영회사가 선정되는 경우

호텔 소유주가 1군 경영회사 또는 가맹 프랜차이즈를 이용하기로 결정한 경우 경영회사나 프랜차이즈를 선정하기 위한 첫 단계는 현재 시장에서 영업 중인 경영회사나 프랜차이즈를 확인하는 것이다. 일반적으로는 현재 시장에서 활동하지 않는 경영회사가 후보가 될 확률이 높지만, 때때로 특정 호텔기업이 현재 시장에서 성업 중이고 좋은 프로젝트란 판단이 서면 적극적인 자세를 보이게 된다.

소유주는 시장조사에 의해 확인된 대상 호텔에 잘 어울리는 세분시장과 등급에서 높은 인지도와 정체성을 보유한 경영회사나 프랜차이즈를 찾아야 한다. 즉 상용호텔 위주의 체인호텔은 성공적인 컨벤션호텔을 위한 마케팅 인프라가 보유하고 있지 못하는 경우가 많다. 소유주는 대상 호텔이 위치한 도시에서 유사한 호텔을 운영하고 경영회사나 프랜차이즈를 유심히 살펴봐야 한다.

나. 2군 경영회사가 선정되는 경우

만일 2군 경영회사가 대상 호텔을 운영하는 것이 최선의 선택이라면 소유주는 그 회사가 주로 지향하는 시장 및 등급과 더불어 검증된 경영능력을 신중히 살펴야 한다. 소유주가 추가적으로 고려해야 할 사항은 1군 경영회사보다는 덜 중요하지만 대상 호텔이 위치하고 있는 시장에서의 2군 경영회사의 현재 활동

여부이다.

소유주는 일부 프랜차이즈는 오직 특정 경영회사에 한해서만 허용된다는 사실을 명심해야 한다. 예를 들면, 매리엇호텔은 능력이 검증된 일부 선택된 경영회사에게만 프랜차이즈 기회를 제공하고 있다고 한다. 어떤 경우에도 소유주는 대상 호텔이 사용할 프랜차이즈에 대한 자신의 선호도를 경영회사에 알려 그들이 해당 프랜차이즈를 실제로 운영했던 경험이 있는지를 면밀히 살펴봐야 한다. 경영회사가 해당 프랜차이즈에 대해 정통한 경우 프랜차이즈 신청과정은 쉽게 촉진될 수 있다.

전체 선정과정을 통틀어 가장 중요한 점은 규모 · 등급 · 이미지 · 입지 · 목표세분시장 · 제공시설 등과 같은 대상 호텔의 특성과 유사 호텔에 대한 풍부한 경험 및 탁월한 재무실적을 보유한 경영회사와 연결되는 것이다.

3) 프로젝트 팀의 자문

여러 후보 경영회사들을 소수로 줄이기 전에 소유주는 대상 호텔 프로젝트팀의 자문을 얻어서 의견을 제안해줄 것을 요청해야 한다. 이 단계에서 프로젝트에 대한 투자자가 확인이 된다면 이와 같은 절차는 매우 중요한 의미를 갖게 된다. 이런 경우 경험이 풍부한 호텔 투자자는 경영회사의 선정에 대한 명확한 의견을 갖고 있을 것이다. 투자자의 의견이 경영회사 선정과정의 초기에 제시된다면 상당한 시간이 절약될 수 있다. 그러나 소유주는 이에 대한 검토와 실사과정(Due Diligence Process) 없이 투자자의 제안에 따라 맹목적으로 경영회사를 선정하는 우를 범해서는 안 될 것이다.

4) RFP(Request for Proposal)의 작성

제안요구서(RFP)는 소유주에 의해 작성이 돼서 프로젝트에 관심이 있는 경영회사들에게 보내지는 서류이다. RFP를 통해 소유주는 여러 경영회사에 가장 적합한 후보가 선정이 될 수 있도록 유용한 정보를 제공해 줄 것을 요청한다. 경영회사의 입장에서 RFP에 대응하는 것은 시간이 많이 소모되기 때문에 RFP는 실제로 소유주가 많은 관심을 갖고 있는 한정된 경영회사에게만 보내져야 한다. 초기에 RFP를 요청하는 경영회사는 다섯 업체 이하이면 적당하다. 만일 일부 경영회사가 요청을 반기지 않을 경우 나중에 다른 경영회사로 대체하면 될 것이다. RFP에 통해 경영회사에 요청하는 정보의 내용은 다음과 같다.

① 기업 개요
② 영업실적
③ 핵심 경영진의 자격
④ 제공되는 중앙 서비스
⑤ 변제비용의 처리
⑥ 판매 및 마케팅
⑦ 회계시스템
⑧ 추정 영업실적(보통 10년)
⑨ 재무제표 및 예산
⑩ References
⑪ 표준 위탁경영계약서
⑫ 시장조사 및 평가
⑬ 프로젝트 명세 및 현재 상황

일반적으로 몇 달 후 경영회사는 RFP에 대한 응답을 한다. 여러 후보들이 접수가 종료되면 본격적인 후보 선정절차가 시작된다. 후보를 선정하는데 가장 쉬운 방법은 명확한 단점이 보이는 회사부터 명부에서 제거하는 것이다.

5) 양자의 협상 지위

후보 경영회사의 수가 2~3개 회사로 좁혀지면 기본적인 협상전략을 도출하기 위해 각 후보회사의 협상 지위(Bargaining Position)에 대한 평가가 이루어져야 한다. 이 과정에서 핵심사항은 가장 강한 협상 지위를 갖고 있는 경영회사를 확인하는 것이다. 보통 강한 협상 지위를 보유한 경영회사는 자신에게 유리한 계약조건이 되도록 협상을 한다. 그러나 만일 지혜롭게 각 회사의 상대적인 협상 지위를 파악할 수 있다면 때때로 최종 결과는 오히려 약한 협상 지위를 가진 경영회사로 변경될 수 있을 것이다. 경영회사가 강한 협상 지위를 갖게 되는 몇몇 경우를 살펴보면 첫째, 경쟁하는 경영회사가 소수인 경우, 둘째, 경영회사가 해당 시장에 이미 여러 호텔을 관리하고 있는 경우, 셋째, 경영회사가 탁월한 성공실적을 보유하고 있는 경우, 넷째, 해당 시장에 전국적인 명성을 가진 호텔이 별로 존재하지 않는 경우(영업실적이 없는 경영회사에 유리), 다섯째, 경영회사가 실적이 좋지 않은 호텔을 위탁경영하게 되는 경우, 여섯째, 경영회사가 공동투자, 자본투자, 경영실적 보장 등을 하는 경우, 일곱째, 경영회사가 소유주에게 금융기회를 제공하는 경우, 여덟째, 경영회사가 CRS, 고객충성도 프로그램 등 특별한 전문성 또는 서비스를 제공하는 경우 등이다.

반면에 호텔 소유주가 강한 협상 지위를 갖게 되는 경우는 첫째, 호텔의 입지가 매우 좋아서 경영회사의 지역 시장 확대를 가능하게 하는 경우, 둘째, 대상 호텔이 위치한 시장에서 신규 호텔에 대한 진입장벽이 매우 높은 경우(뉴욕, 서울 등), 셋째, 대상 호텔이 기존의 유명 호텔인 경우, 넷째, 소유주가 다른 호텔 프로젝트들을 성공적으로 수행한 실적이 많은 경우, 다섯째, 소유주가 여유자본이 충분한 경우, 여섯째, 소유주가 경영회사에 자본투자를 요청하지 않는 경우, 일곱째, 대상 호텔에 대한 경영회사들의 관심이 큰 경우, 여덟째, 소유주가 다른 위탁경영계약 조건들을 갖고 있는 경우, 아홉째, 경영회사가 새로 설립되고 제한적인 경험과 자원을 갖고 있는 경우 등이다.

6. 위탁경영계약의 주요 조건 및 조항

계약조건을 둘러싼 몇 차례의 협상을 통하여 소유주와 경영회사는 계약을 마무리하게 된다. 위탁경영계약은 보통 장기간 관계가 유지되므로 계약조건 및 조항에 대한 깊은 이해는 매우 중요하다. 호텔 위탁경영계약에는 수많은 조건과 조항이 존재하지만 지금부터 살펴볼 14가지 계약조건 및 조항은 위탁경영계약의 협상과정에서 계약 당사자 사이에서 공히 가장 중요하게 취급되고 있다.

1) 계약기간(Contract Term)

계약기간은 계약의 효과가 지속되는 기간을 말한다. 초기 계약기간은 보통 연수로 표기되며, 일부 경우에는 초기 계약을 1~2번 정도 갱신할 수 있는 조항을 넣기도 한다. 이에 대해 소유주는 되도록 짧은 계약기간을 원하며 계약갱신에 대한 선택권도 자신에게 귀속되기를 바란다. 반면에 경영회사는 되도록 장기 계약을 원하며 계약갱신에 대한 선택권을 갖게 되기를 원한다.

2) 위탁경영 수수료(Management Fee)

수수료는 경영회사가 제공한 서비스에 대한 소유주의 보상을 구조화한 것이다. 수수료는 총매출액(Total Revenue)의 일정 퍼센트를 제공받는 기본수수료(Basic Fee)에 계약에 의해 사전에 정해지는 이익수준(Defined Profit)의 일정 퍼센트를 차지하는 인센티브 수수료(Incentive Fee)가 더해져서 총수수료 금액이 결정된다.

소유주는 수수료가 부채공제 후 이익 및 최소 투자이익 후에 남는 현금흐름에서만 일정 퍼센트가 제공되는 것을 원하며 이 퍼센트가 최소화되기를 원하게 된다. 반면에 경영회사는 총매출액을 기준으로 해서 일정 퍼센트가 지급되기를 원하며 이 퍼센트가 최대화되기를 원하게 된다. 〈표 8-6〉은 1군 및 2군 경영회사의 위탁경영 수수료에 대한 구조의 예를 보여주고 있다.

표 8-6 **위탁경영 수수료의 구조(예)**

경영회사	수수료 구조
1군 경영회사	• 총매출액의 1.5~3% + 영업이익의 8~10% • 총매출액의 2~3.5% + 수정 영업이익의 8~20% • 총매출액의 2~3.5% + 부채공제 후 이익의 15~28% • 총매출액의 2~3% + 부채공제 후 이익 및 최소 자본이익 후 현금흐름의 18~30% • 총매출액의 3% 또는 영업이익의 10% 중 큰 것 + 부채공제 후 이익 15~30%
2군 경영회사	• 총매출액의 2~4% • 영업이익의 8~15% • 월고정금액 $8,000~$15,000 • 월고정금액 $4,000~$8,000 + 영업이익의 5~8% • 총매출액의 1.5~2.5% + 영업이익의 5~6% • 총매출액의 1.5~3% + 부채공제 후 이익의 10~20%

표 8-7 위탁경영계약 내용 및 수수료의 실제 사례(국내의 경우)

구분	그랜드 인터컨티넨탈	밀레니엄 힐튼	리츠칼튼	르네상스	웨스틴 조선	JW 매리엇
경영방식	위탁경영	프랜차이즈+위탁경영	위탁경영	위탁경영	위탁경영	합작투자+위탁경영
소유회사	파르나스호텔	CDL	전원산업	남우관광	신세계	센트럴관광개발
경영회사	IHG	M&C	Marriott International	Marriott International	Starwood	Marriott International
계약기간	21년	20년	16년	16년	20년	20년
로열티 및 인센티브	총매출액의 2%+영업이익의 2.5~7.0%	영업이익의 15%	총매출액의 2%+영업이익의 10%	총매출액의 1.2%+영업이익의 6%	총매출액의 1.2%+	총매출액의 2%+영업이익의 5~10%
마케팅 수수료	총매출액의 2%	총객실수입의 1.5%	총매출액의 1%	총객실수입의 2.25%	총객실 수입의 2%	총매출액의 1.5%
예약 수수료	총객실수입의 0.4%	$8/건	총객실수입의 0.35%	$8/건	객실예약 금액의 1%	객실예약금액의 4%
매출액 대비%	5.2%	–	4.5%	3.8%	–	7.5%

3) 보고 요구사항(Reporting Requirements)

경영회사는 호텔의 영업결과를 요약한 재무제표를 주기적으로 보고해야 할 의무가 있다. 소유주가 원하는 구체적인 보고서의 종류와 제출기간은 반드시 계약조항에 명시되어야 한다. 소유주는 광범위한 재무보고서의 제출과 빈번한 예산 변경과 자신과의 회의를 원한다. 그러나 경영회사는 소유주에게 영업성과와 예산에 대한 보고가 최소화되기를 원한다.

4) 승 인(Approvals)

위탁경영 계약기간 중 소유주와 경영회사는 예산, 자본지출, 영업방식 등과 같은 중요한 의사결정에 대해 승인을 해줘야 한다. 소유주는 영업활동의 모든 분야에 대해 승인을 할 수 있는 권한을 보유하기를 원한다. 하지만 경영회사는 소유주의 어떠한 요구나 간섭이 없는 완전한 재량권을 행사하기를 원한다.

5) 계약 해지(Termination)

소유주와 경영회사가 공히 계약을 해지할 수 있는 권리에 대해 언급되어야 한다. 각자는 만일 상대방의 성과에 대해 만족할 수 없다면 계약을 해지할 수 있는 조항이 명시되기를 원한다. 소유주는 문서에 의한 통보로 즉시 위탁경영계약을 해지할 수 있는 권한을 갖기 원한다. 반면에 경영회사는 계약이 종료되기 전에는 어떤 경우에도 계약이 해지되지 않기를 원한다.

6) 경영회사의 호텔에 대한 투자(Operator's Investment)

어떤 소유주는 기초재고, 운전자본, 가구 및 장비에 대한 경영회사의 투자를 원하기도 한다. 이런 투자가 이루어진다면 계약내용에 투자방식과 투자금 회수에 대한 구체적인 방법이 반드시 명시되어야 한다. 소유주는 경영회사가 호텔을 경영할 권리를 구매하거나 또는 위탁경영계약을 획득하기 위해 일정 수준의 영업실적을 보장할 것을 규정하고자 한다. 반면에 경영회사의 입장에서는 호텔에 대한 어떠한 투자 책임도 없기를 규정하고자 한다.

7) 경영회사의 본사비용(Operator's Home Office Expenses)

호텔을 관리함에 있어 경영회사는 본사비용과 호텔관련 비용이 초래되는 경우가 있다. 이 조항은 어떤 비용은 위탁경영 수수료에 포함되고 또 다른 비용은 직접 호텔에 청구할 것이지를 결정하는 목적으로 만들어진다. 소유주는 경영회사의 모든 본사비용이 위탁경영 수수료에 포함되기를 원한다. 하지만 경영회사는 모든 본사비용과 모든 직접비용에서 일정 비율이 호텔에 부과되기를 원한다.

8) 소유권의 전환(Transfer of Ownership)

계약기간 중 호텔 소유주나 경영회사는 그들의 소유지분을 제3자에게 양도하는 것을 원할 때가 있다. 이런 경우 소유권의 전환을 용이하게 하기 위해 위탁경영계약에서 이에 대한 승인절차를 명시해야 한다. 소유주는 소유권을 언제든지 누구에게라도 양도할 수 있게 되기를 원한다. 반면에 경영회사는 자신의 승인 없이 소유주가 소유권을 타인에게 양도하는 것을 원치 않는다.

9) 독점성(Exclusivity)

일부 위탁경영계약에서는 소유자에게 정의된 지역에서 경영회사가 운영하는 다른 호텔들을 소유하거나 개발할 수 있는 권한을 부여하거나 또는 경영회사가 같은 지역에서 소유주의 다른 호텔들을 운영할 수 있는 권한에 대한 조항에 대해 언급하고 있다.

10) 보험 및 수용 소송(Insurance and Condemnation Proceeds)

만일 호텔이 재해나 수용권에 의해 몰취되는 경우 보상금을 어떤 용도로 사용할 것인지에 대하여 구체적으로 명시해야 한다. 예를 들면, 호텔을 새로 건설하거나 아니면 계약 당사자에게 보상을 해준다. 소유주는 어떠한 보험이나 수용보상에서 경영회사가 포함되지 않기를 원한다. 그러나 경영회사는 모든 보험과 수용보상에서 일정한 비율로 보상받는 것이 계약에 규정되기를 원한다.

11) 인력관리(Hotel Personnel)

위탁경영계약에 의해서 호텔 직원들은 소유주 또는 경영회사에 속하는 직원이 된다. 계약을 통해 누구에게 직원들을 고용 · 지휘 · 보상할 책임 또는 권한이 있는지에 대하여 소상히 밝혀야 한다. 소유주는 모든 호텔직원들이 경영회사에 귀속되는 것을 원하고, 경영회사는 직원들이 소유주에게 귀속되기를 원한다.

12) 대체비용 적립(Reserve for Replacement)

대다수 위탁경영계약에서는 경영회사에게 가구 · 설비 · 장비(FF&E) 등에 대한 주기적인 교체를 위한 자금을 조성하는 것을 요구한다. 대체비용 적립은 사전에 양자에 의해 협의된 구체적인 산출근거를 기반으로 조성되는 현금흐름인데 보통 총매출액에서 일정 퍼센트를 점유한다. 소유주는 필요할 때마다 대체 기금이 적립되는 것을 수락한다. 그러나 경영회사는 대체기금이 소유주의 책임에 의해 조성되는 것을 요구한다.

13) 영업 제한구역(Area Restrictions)

소유주는 직접 경쟁을 제한하기 위해 경영회사의 다른 호텔의 운영을 금지하거나 또는 경영회사가 같은 시장에서 소유 · 임차 · 프랜차이즈 등을 통해 다른 호텔을 운영하는 것을 제한하기를 원하지만 경영회사는 이를 거부한다.

14) 배 상(Indemnification)

소유주는 모든 경영회사의 행동이 소유주의 이익에 반하게 되는 경우에는 이에 대한 배상을 원한다. 경영회사도 소유주의 행동이 자신의 이익에 반한다면 이에 대한 배상을 원한다.

이 장에서 우리는 프랜차이즈와 위탁경영계약 등과 같은 호텔의 경영방식을 살펴보았다. 이미 우리가 익히 알고 있듯이 Marriott, Hilton, IHG, Hyatt, Accor 등과 같은 세계적인 유명 체인호텔들은 프랜차이즈 수수료 및 위탁경영 수수료를 통해 대부분 매출을 달성하고 있다. 그리고 이들은 경기변화에 민감한 호텔산업의 단점을 극복하기 위해 수익원의 다변화와 지역적 다각화를 통해 매출 및 수익구조를 개선하고 있다. 즉 체인호텔들은 대표 브랜드를 강화하고 다양한 종속 브랜드를 개발해서 고객범위를 확대하였다 그리고 위탁경영과 프랜차이즈 등의 경영방식을 통해 글로벌화된 네트워크를 구축함으로써 고객집객력과 브랜드 인지도를 향상하고 운영 효율성을 극대화하고 있다. 특히 대다수 선진 체인호텔들의 탁월성은 직영호텔 운영을 통한 수입(객실, 식음료, 부대사업 등)을 꾀하기보다는 단점으로 지적되고 있는 경기변동에 덜 영향을 받는 위탁경영 및 프랜차이즈 수수료 수입(가맹호텔의 매출액 또는 영업이익에 비례하여 산정됨)의 확대를 도모하고 있다는 점이다.

하지만 국내 호텔산업으로 눈을 돌려보면 문제점이 계속해서 방치되고 있는 현실을 간파할 수 있다. 외국 체인호텔의 브랜드를 사용하는 특급호텔들은 보통 1~2개소의 호텔을 직접 소유하는 방식으로 운영되고 있다. 그러나 이들은 보통 소수의 단일사업만을 영위하고 있기 때문에 경기변동에 따른 수익성에 대한 변동성이 강하게 나타나고 있다. 그리고 재벌기업이 소유하고 있는 국내 브랜드 호텔들은 호텔사업에 대한 핵심역량을 강화하기보다는 오히려 수익구조를 다변화하기 위해 면세점과 외식산업 등에 대한 투자를 확대하고 있다. 이 호텔들의 수익구조를 보면 면세점분야의 매출액이 호텔 전체매출액의 80% 이상을 차지하는 기이한 현상이 벌어지고 있다. 이와 같이 배보다 배꼽이 더 큰 경영현상은 국내 호텔산업의 건전하고 장기적인 발전을 위해서는 결코 바람직하다고 볼 수 없다.

최근 국내 호텔들의 국제경쟁력을 걱정하는 소리가 높아지고 있다. 우리 호텔산업도 짧은 역사에도 불구하고 괄목할 만한 성장을 이룩해왔다. 그러나 이제 우리도 호텔산업의 수준을 한 단계 발전시키고 국제경쟁력을 강화하기 위한 노력이 절실할 때이다. 즉 호텔사업에 대한 근본적인 패러다임의 변화를 가져올 때가 도래하였다. 그런 노력의 일환으로 국내 호텔들도 해외 유명 체인호텔처럼 소유보다는 경영에 대한 집중도를 극대화하기 위해 프랜차이즈와 위탁경영을 이용해서 경기변동에 대한 영향을 완화하고 사업규모를 확대해서 글로벌화된 네트워크를 완성해야 할 것이다. 수백 또는 수천 개소의 호텔을 운영하는 외국 체인호텔의 경영능력과 보통 1~2개소나 최고 10개소 미만의 호텔을 운영하는 국내 특급호텔의 경영능력이 같다고 볼 수는 없다. 더 이상 격차가 벌어지는 것을 방관해서도 안된다.

마지막으로 세계 최대의 체인호텔 Marriott International의 CEO인 Bill Marriott, Jr.의 어록을 잘 음미해 보도록 하자.

"경영자의 업무가 크게 변하였다. 왜냐하면 매리엇호텔은 점점 경영기업으로 변모하고 있기 때문이다. 40년 전에 우리는 영업하고 있는 모든 호텔들을 소유했고, 30년 전에 우리는 영업 중인 호텔들의 반을 소유했으며, 현재 우리는 영업 중인 호텔 중에서 불과 1~2%만을 소유하고 있다. 우리 경영자들은 보다 더 재무적으로 기민해져야만 한다."

참고문헌

김경환 · 차길수(2002). 『호텔경영학』. 현학사.

김희은(2010). 『국내 호텔업체의 글로벌경쟁력 제고방안』. KIS Credit Monitor.

매일경제. '호텔신라'인가, '면세신라'인가. 2009. 5. 21.

오정환 · 김경환(2000). 『호텔관리개론』. 백산출판사.

Bell, C. A.(1993). Agreements with Chain-Hotel Companies. *The Cornell HRA Quarterly*, pp. 27-33, February.

Hayes, D. K. & Ninemeier, J. D.(2007). *Hotel Operations Management*, 2nd edition. Prentice Hall.

LodgingHospitality(2010). June.

Rushmore, S.(1992). *Hotel Investments : A Guide for Lenders and Owners*. Warren Gorham Lamont.

Stutts, A. T.(2001). *Hotel and Lodging Management : An Introduction*. Wiley.

IV Part

호텔기업의 경영기능

호텔 마케팅

Chapter 09

Chapter 09

호텔 마케팅

학습목표

이 장을 학습한 후 여러분은 반드시 다음 내용을 이해해야 한다.

1. 욕구–필요–구매의 단계를 숙지한다.
2. 호텔사업에서 표적 마케팅과 마케팅믹스가 무엇인지 정확히 이해한다.
3. 서비스마케팅과 호텔마케팅의 특징을 이해한다.
4. 관계마케팅의 본질을 이해한다.

제1절 마케팅 개념

많은 현대인들이 마케팅이란 단어를 일상생활에서 수시로 사용하고 있다. 그만큼 마케팅은 우리 생활 속에 깊이 침투되어 있다. 그러나 마케팅에 대한 개념을 정확하게 이해하고 있는 사람이 그다지 많지 않은 것도 사실이다. 미국마케팅협회(AMA)는 마케팅을 "조직과 그 이해관계자들을 위해 고객에게 가치를 창조하고 소통하여 그 가치를 전달하는 것이다. 또한 고객과의 관계를 관리하기 위한 조직의 기능 및 일련의 프로세스이다"라고 정의하고 있다. 한편, Kotler, Bowen & Makens는 마케팅의 개념을 "개인이나 단체가 다른 사람과 상품과 가치의 교환과 창출을 통하여 욕구(Needs)와 필요(Wants)를 충족해 나가는 사회적이며 관리적인 과정이다"라고 정의하였다. 과거에 기업들은 자신들 위주의 경영사고방식을 고수하여 왔는데, 이들은 고객을 먼저 이해하기보다 기업위주의 상품·서비스를 개발하여 공급하여 왔다. 하지만 기업 간의 무한경쟁 및 변화가 가속되고 있는 현실에서 생존하기 위하여 호텔들은 종전과 같은 공급자위주의 사고방식에서 탈피하여 수요자중심의 사고방식으로 기업을 운영해 나가야 할 것이다. 즉 고객의 시각에서 호텔사업을 이해해야 한다는 것이다. 소비자가 가장 선호하는 성공적인 호텔이 되려면 고객들에게 가장 '마음에 드는' 호텔이 되어야 할 것이다. 이렇게 고객의 마음에 드는 호텔을 만들기 위해서는 첫째, 항상 고객의 욕구(Needs)가 무엇인지를 바르게 또한 적시에 이해해야 하고, 둘째, 이와 같은 고객의 욕구를 충족(Meet) 또는 상회(Exceed)할 수 있는 가치 있는 상품과 서비스를 개발하여 고객에게 효율적으로 전달할 수 있어야 할 것이다.

여기서 우리는 마케팅의 출발점이라 할 수 있는 고객의 욕구(Needs)와 필요(Wants)에 대한 바른 인식을 가져야 하겠다. 마케팅의 가장 기본적인 개념은 바로 인간의 욕구이다. 인간의 욕구는 인간이 무엇에 대해 궁핍을 느끼는 상태이다. 인간은 삶을 영위하면서 다양하고 복잡한 욕구를 느끼게 되는데, 음식, 의복, 안전 등은 인간의 기본적인 물리적 욕구이다. 이러한 인간의 욕구는 문화와 개인적 특성에 의해 특정한 필요(원하는 것)의 형태로 전이된다. 즉 필요는 인간이 그들의 욕구를 구체적으로 표현하는 방법이라고 할 수 있으며, 필요는 인간의 욕구를 충족할 수 있는 대상(Object)으로 표현된다. 많은 사람들이 이러한 욕구와 필요를 잘 구분하지 못하는 경우가 많다. 예를 들면, 구멍 뚫는 드릴을 제작하는 제조업자는 아마도 소비자들이 드릴을 필요로 하는 것으로 생각하겠지만, 소비자의 진정한 욕구는 구멍인 것이다. 이런 사고를 가진 업자들은 이른바 '마케팅 근시'(Marketing Myopia)에 빠지기 십상일 것이다. 사람들은 대부분 무한한 욕구를 가지고 있는 것에 반해 한정된 자원(Resource)을 보유하고 있다. 일반적으로 소비자들은 그들이 지불할 수 있는 돈으로 최대한 만족할 수 있는 상품을 선택한다. 이렇게 필요가 구매력으로 변환되어질 때 비로소 수요(Demand)가 된다. 여기서 명심해야 할 것은 소비자의 모든 필요가 전부 수요로 변하는 것은 아니라는 점이다.

위와 같이 고객의 마음을 올바로 읽고 그들의 숨은 욕구를 파악하여 그것에 대한 문제해결방안을 제시하는 것이 마케팅이다. 이와 같은 과정은 제반 경영활동의 핵심을 고객에 두고 고객위주로 사고하며 또한 고객의 시각에서 모든 현상을 바라볼 수 있을 때 비로소 가능해질 수 있다. 현재와 같은 변화 및 경쟁사회에서 호텔의 수익률은 고객만족을 궁극적인 목적으로 하는 고객위주의 경영이 이루어질 때 비로소 향상될 수 있다. 오늘날의 마케팅은 단순히 일개 기능분야(Function)가 아니고, 기업철학이며 경영의 기본방향을 제시하는 것이다. 흔히들

마케팅은 단지 홍보캠페인을 의미하는 것으로 잘못 이해하고 있으나, 광고 및 홍보는 마케팅의 다양한 활동 중 한 분야에 불과하다. 마케팅이란 고객의 욕구와 필요를 정확히 파악하고 그들에게 가치 있는 상품·서비스를 개발하여 소개하며, 손쉽게 구매할 수 있도록 배려를 하고 교환과정(Exchange Process)에서 고객에게 가치와 만족을 부여하여 그들과 장기적인 관계를 맺는 것이다.

그림 9-1 마케팅 개념

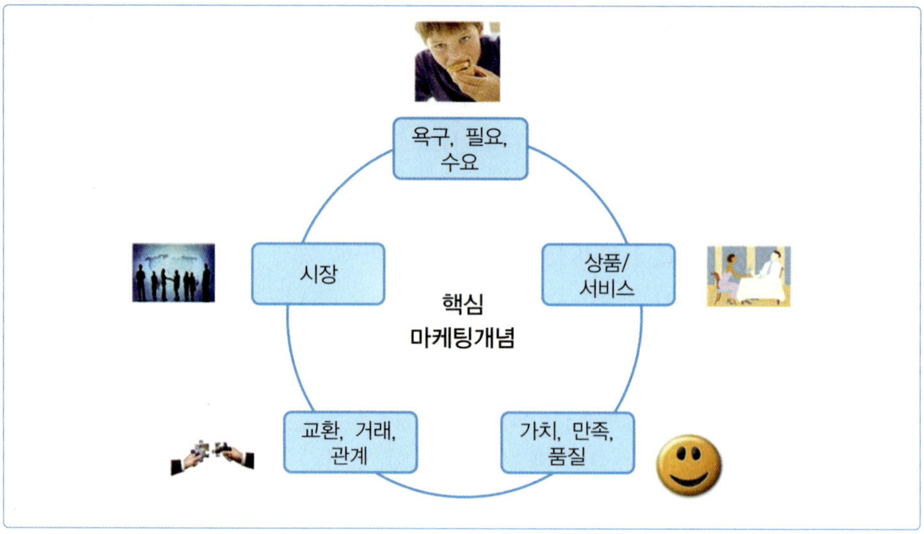

마케팅의 역할을 확인하기 위해 시장의 역학기능을 살펴보면 〈그림 9-1〉과 같다. 즉 판매자와 거래를 원하는 잠재 및 실제 고객의 집합인 시장의 욕구와 필요에 따라 상품·서비스가 개발되고, 여기서 고객이 참된 가치(Value)를 발견하고 만족을 느끼게 되면 원활한 거래가 이루어지며 고객과의 관계(Relationship)가 성립되는 것이다. 마케팅은 이러한 과정의 촉진제 또는 윤활제 역할을 한다. 다시 말해서, 마케팅활동은 고객의 욕구를 파악하고 필요를 자극하는 일에서부터 실제 구매가 발생한 다음의 사후관리에 이르기까지의 모든 진행과정에 관여된다고 할 수 있다.

무엇을 최우선 순위로 움직이느냐에 따라 해당기업의 마케팅철학을 알 수 있다. 호텔산업의 마케팅개념도 다른 산업의 경우와 마찬가지로 여러 단계를 거치며 발달되어 왔는데, 특정 호텔의 마케팅 접근철학은 무엇을 지향하는가에 따라 생산개념, 상품개념, 판매개념, 마케팅개념으로 구분하여 생각할 수 있다.

1. 생산개념(Production Concept)

생산개념은 고객의 최우선 관심사를 저렴한 가격인 것으로 간주한다. 따라서 상품/서비스생산에 따르는 비용을 절감하고 고객에게 신속하고 효율적인 상품/서비스를 생산하는 데 노력을 집중시킨다. 그러나 이러한 생산지향적인 경영방식은 종업원의 생산성을 추구하는 과정에서 종종 고객의 요구를 무시하는 결과를 낳았다.

예를 들어, 손님이 밤 10시 반에 자신이 투숙하고 있는 호텔의 레스토랑에 갔다. 늦은 시간이라 레스토랑에는 손님이 몇 테이블밖에 없었으므로 많은 공간적 여유가 있었다. 그럼에도 불구하고 손님들은 모두 한 구석에 모여 앉아 있었다. 이 손님은 창가에 앉기를 원했지만 웨이터가 내키지 않는 기색을 하자 다른 사람들과 마찬가지로 주방 앞에 앉기로 했다. 거의 텅 빈 레스토랑의 한 구석에서 손님은 때 아닌 혼잡을 경험해야만 했다. 이와 같은 상황은 손님의 욕구보다는 식당의 편의와 생산성 위주로 하는 생산개념의 대표적 예이다.

2. 상품개념(Product Concept)

상품개념은 고객은 항상 우수한 품질을 추구한다는 가정하에서 만들어졌다. 이러한 시장접근전략은 고객보다는 상품 자체에 몰입한다. 즉 고객의 근본적인 욕구가 무엇인가를 알려 하기보다는 상품 그 자체에 집착하는 '마케팅 근시'적 오류를 범하기 쉬운 것이다.

가령 객실요금에 식사까지 포함시키는 미국의 고급서비스(Full Service)호텔들 중 다수는 전통적인 테이블서비스를 고집해 왔다. 그러나 이러한 방식은 식생활의 변천과 함께 신속하고 간단한 식사를 원하는 현재 시장의 욕구를 더 이상 반영하지 못하였다. 이에 대해 마케팅 컨설턴트들은 호텔 객실의 쓰레기통에 버려진 햄버거 포장지와 피자박스들을 보면 최근 고객들의 음식선호추세를 알 수 있을 것이라고 충고하였다. 이와 같은 사례는 고객의 욕구충족보다는 상품 자체가 중시되는 마케팅 철학을 잘 대변하고 있다.

3. 판매개념(Selling Concept)

판매개념은 제반 판매활동과 촉진도구를 사용하여 어떻게든 고객들이 더 많은 양의 상품 또는 서비스를 구매하도록 설득하려 애쓰는 것이다. 그런데 이러한 시장접근전략의 문제점은 고객이 구매하고 싶어하는 상품과 서비스를 개발하고 생산하는 데는 큰 관심을 두지 않고 이미 생산되어져 있는 상품과 서비스의 판매에만 집중하고 있다는 것이다. 이러한 판매자위주의 마케팅을 수행하는 기업은 판매가 발생하기까지의 광고 및 홍보에만 주력하고 사후 고객만족관리에는 보통 소홀하다. 따라서 이러한 전략은 매우 근시안적이고 단기적인 시장접근방법이라고 할 수 있을 것이다.

4. 마케팅개념(Marketing Concept)

마케팅개념은 앞에 나열한 시장접근방법과는 달리 경영방침 및 기업목표를 고객만족(또는 고객욕구 충족)으로 삼는 것으로, 최근 시장지향적인 주요 체인호텔들이 따르고 있는 마케팅 동향이다. 이들이 따르고 있는 마케팅개념은 경쟁호텔보다 더욱 효율적으로 시장의 욕구와 필요를 충족시키자는 것이다. 이러한 마케팅 철학은 고객이 기업생존의 열쇠를 가지고 있다는 사실을 인식하는 데서 비롯된다. 마케팅개념에서는 호텔의 시장점유율과 판매수익이 고객을 얼마나 최대한 만족시키느냐에 따라 결정되는 것으로 본다. 따라서 오늘날 이윤극대화를 위한 호텔산업에서의 경쟁은 판매경쟁보다는 고객만족경영이 되어야 한다고 말할 수 있다.

그림 9-2 마케팅 철학의 발전과정

제2절 호텔 마케팅관리

마케팅관리는 고객행동, 마케팅 조사, 시장세분화 · 표적화 · 포지셔닝의 단계를 거친다. 고객행동 분석은 마케팅 활동에 대한 고객의 반응, 고객의 욕구를 결정하는 개인적 · 심리적 · 문화적 · 사회적 요인을 파악하는 것을 말한다. 마케팅 조사는 시장에 대한 심층정보를 수집하고 분석하는 것이다. 시장세분화 · 표적화 · 포지셔닝은 고객의 욕구와 경쟁 제품을 고려하여 시장을 세분화하는 것으로 세분시장 가운데 해당 호텔의 강점을 극대화할 수 있는 시장을 개발하는 표적마케팅 방법이다.

표적마케팅(Target Marketing)은 마케팅 활동에서 가장 중요한 부분으로 시장세분화, 시장표적화, 시장포지셔닝의 세 단계로 구성된다. 1단계는 시장세분화(Market Segmentation)인데 호텔의 서비스를 원하는 고객들을 구분하고 그 특징을 규명하며, 시장세분화의 기준을 선정해서 세분시장에 대한 개요를 개발한다. 2단계는 시장표적화(Market Targeting)는 세분시장의 매력도를 측정하는 척도를 개발하고 표적세분시장을 선택하는 단계이다. 3단계인 시장포지셔닝(Market Positioning)은 경쟁시장에서의 위치 설정과 적절한 마케팅믹스를 개발하는 것이다.

그림 9-3 표적마케팅의 단계

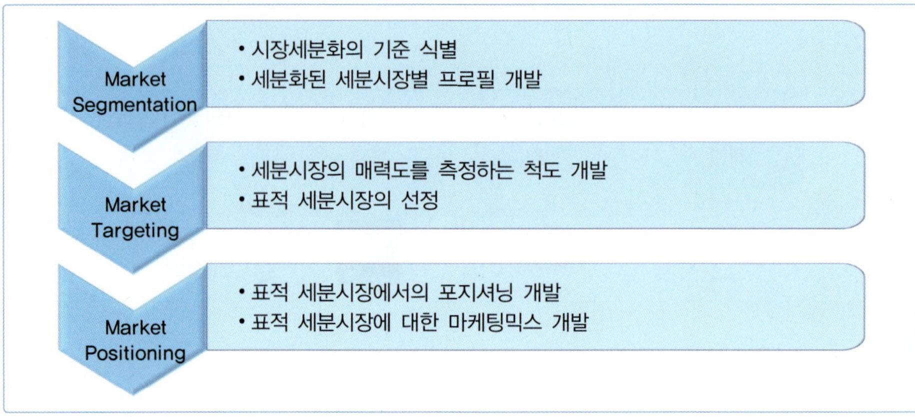

제3절 호텔 마케팅믹스

마케팅믹스(Marketing Mix)란 호텔기업이 표적시장에서 마케팅 목표를 달성하는데 이용되는 도구의 집합을 의미한다. Kotler는 마케팅믹스는 시장세분화과정이 전제되었을 때 비로소 의미가 있다고 주장하였다. 마케팅믹스의 개념은 1960년대 미국 하버드대학의 Borden교수에 의해 처음 제창되었는데. 그는 12가지 요인들이 마케팅 프로그램을 구성하는 데 고려되어야 한다고 지적했다. 이 12가지 요인들이란 제품계획, 가격결정, 상표화, 유통과정, 인적판매, 광고, 촉진, 포장, 진열, 서비스, 물적유통, 시장발견과 분석을 말한다. 그 후 McCarhy는 이러한 마케팅믹스 요소들을 4P's 알려진 4개 항목, 즉 상품(Product), 가격(Price), 촉진(Promotion), 유통(Place)으로 단순화하여 마케팅학계에 일반화시켰다.

그런데 최근 이 4P's 모델은 다소 제한적인 면을 드러내고 있다. 그래서 Booms & Bitner는 서비스산업의 마케팅믹스로 7가지 요소를 제시했는데, 기존의 4P's에 인적자원(People), 서비스전달과정(Process), 물적 증거(Physical Evidence) 등의 요소가 추가되었다.

1. 상품도구

1) 고객의 추구효익 파악

서비스 상품개발 및 관리의 첫 단계는 고객이 추구하는 핵심효익을 이해하는 것이다. 서비스고객이 구매하는 것은 유형적인 것이 아니라 바로 이 효익이기 때문이다. 고객이 추구하는 효익에는 편리, 신속성, 친절, 안전, 지위 및 명성, 사생활 보호 등 여러 가지 종류가 있을 수 있다. 고객의 핵심적인 추구효익을 파악하기 위해서는 체계적인 시장조사가 필수적이다. 서비스는 구체적인 형체가 없으므로 품질의 비교분석이 용이하지 않기 때문에, 철저한 시장분석을 통해야만 자사의 서비스가 현재 시장에서 어떻게 인식되고 있으며, 과연 어디에서 차별적 우위를 확보할 수 있는지 파악할 수 있을 것이다. 과거 Marriott Corporation은 유명한 경영대학의 교수들과 더불어 객실, 식음료, 휴식공간, 부대시설, 외부요인 등 숙박업에 관한 모든 부문에 대해 시장조사를 하였다. 그리고 이러한 고객자료를 바탕으로 1983년 기존 숙박형태에서 탈피한 새로운 호텔세분시장의 브랜드인 "Courtyard by Marriott"를 개발하였다. 그 결과 Courtyard는 비즈니스 여행자들의 필요와 욕구를 성공적으로 충족시켜, 1994년에는 300개의 체인 수를 기록하는 급성장을 할 수 있었다. 이와 같이 서비스마케팅 관리자는 고객과 밀착하여 그들의 필요와 욕구, 그리고 불만족 요인까지도 귀중한 정보로 활용하여 기업성장의 기회로 전환시켜야 할 것이다.

2) 서비스 이미지 전략

서비스는 무형적 속성 때문에 뚜렷한 이미지 없이는 잠재고객의 의식 속에 저장되기 어렵다. 서비스의 이미지가 제대로 구축되어야 고객은 그것에 걸맞은 기대를 하며 구매의사결정을 내리게 된다. 따라서 기업이 제공하는 서비스를 구체화, 형상화하여 잠재고객의 인식 속에 바람직한 위치정립을 해주는 일관성 있는 이미지의 관리가 필요하다. 서비스마케팅에서는 브랜드의 이름이 차별화에 미치는 영향이 일반마케팅의 경우보다 크므로, 기업이 전달하고자 하는 이미지와 잘 어우러지는 브랜드의 선정 또한 중요하다고 하겠다. 호텔의 경우 Marriott Marquis는 귀족적 이미지를, Quality Inn은 질적 이미지를, 그리고 Viscount Hotel은 Value(가치)와 Discount(할인)의 내용을 브랜드에 내포하고 있다.

3) 물리적 환경

서비스는 서비스의 결과만큼이나 서비스가 제공되는 과정이 중요하다. 이는 고객이 서비스의 생산에 참여하여 서비스가 제공되는 시간 동안 직접 서비스환경에 처해 있기 때문이다. 핵심서비스 상품과 서비스 제공과정은 분리하여 생각할 수 없다. 물리적 환경은 서비스 제공과정에서 소비자의 만족도를 결정하는 중요한 요인이다. 물리적 환경에는 디자인요인, 분위기(Ambient)요인, 사회적(Social) 요인 등 세 가지의 요인이 있다. 디자인요인은 건축양식, 실내구조, 색채와 같은 시각적 요인을 말하며, 분위기요인은 음악, 향기, 실내온도 등 비시각적 효과를 내는 요인들을, 끝으로 사회적 요인은 호텔종업원이나 타 고객 등 서비스환경의 공간을 공유하는 사람들을 의미한다.

2. 가격도구

가격은 고객으로 하여금 호텔상품에 대한 지각과 기대를 형성하게 하고 가격민감성에 의한 시장세분화를 가능토록 하며 표적시장을 선별적으로 유인하는 전략적 요소이다. 가격은 경쟁업체들보다 낮게 책정될 때 고객에게 그들이 지불한 금액당 가치를 더해주고 경쟁력을 제공하지만, 낮은 가격에 의한 중저가 이미지가 형성되면 고급고객의 유치에 어려움이 생기기도 한다. 유형제품의 경우, 가격파괴의 바람을 타고 최근 곳곳에 생겨난 창고형 할인점은 시장의 필요와 맞아떨어져 큰 호응을 얻고 있지만, 호텔서비스 상품은 무형서비스를 구매하는데 따른 지각위험성이 높고 서비스상품 자체의 감성적 요인이 강하기 때문에 가격결정은 신중히 이루어져야 한다. 따라서 호텔상품의 가격을 결정할 때는 먼저 표적시장을 선정해야 하며, 시시때때로 경제환경에 따른 표적시장의 가격민감성 추세 및 시장규모의 변동을 파악하여 이에 시의적절하게 대처해야 한다.

3. 유통도구

호텔상품의 유통과정이 일반 유형제품의 유통과 다른 점은, 일반 제품은 중간 상인과 같은 유통경로를 거쳐 최종 소비자가 있는 곳으로 가지만, 호텔의 경우는 그 반대로 고객이 여행사 등의 유통경로를 통해 호텔로 찾아간다는 점이다. 따라서 제조업의 경우에는 공장이 어디에 위치하건 소비자에게 큰 의미가 없지만, 서비스의 생산지인 호텔은 호텔건립의 타당성을 조사하는 단계에 있어 표적시장이 쉽게 호텔을 이용할 수 있는지에 대한 접근성과 입지성이 충분히 고려되어야 한다.

호텔상품의 판매는 첫째, 여행사, 전문예약회사, 국제 호텔소개 시스템, 여행브로커 등의 다양한 유통경로를 통해 이루어지기도 하며, 둘째, 호텔 자체가 프랜차이징(Franchising), 위탁경영계약(Management Contract) 등에 의해 체인화되어 다수 체제로 시장접근 및 확장이 이루어지기도 한다. 유형재화의 경우에도 그러하듯이 어떠한 유통경로를 채택하느냐에 따라 시장에 미치는 영향과 판매수익에도 차이가 나타날 수 있다. 그러므로 호텔업에 있어서도 각 유통경로의 성격과 장단점에 대한 이해가 있어야 하며, 각 호텔상품에 적절한 경로의 선택 및 관리가 이루어져야 한다.

4. 촉진도구

호텔서비스 상품은 무형적 요소가 강하기 때문에, 이러한 무형적인 서비스의 질과 가치를 잠재고객의 마음에 선명하게 부각시키고 구매욕구를 자극하는데 다소 어려움이 따른다. 따라서 호텔의 촉진전략이 설득력이 있기 위해서는 호텔에서 제공하는 서비스가 고객에게 줄 수 있는 효익과 가치를 바로 이해하고, 이를 구체화하고 형상화하여 고객에게 소구(Appeal)될 수 있는 유형 이미지로 전환시켜 시장에 전달해야 한다. 표적시장과의 커뮤니케이션을 위해서는 크게 광고, 판매촉진, 인적판매, PR의 도구를 사용하는데, 이 네 가지 요소는 촉진믹스(Promotion Mix)라고 부른다. 이러한 촉진도구와 매체를 적절히 사용할 때 시장에서 원하는 차별적 효과를 거둘 수 있다.

제4절 호텔 마케팅의 특징

호텔의 서비스상품은 일반 유형 재화와는 구별되는 서비스 고유의 특성들(무형성, 비분리성, 변동성, 소멸성)을 모두 갖추고 있다. 이러한 호텔상품의 특성들을 감안할 때, 마케팅전략의 수립 시에는 다음과 같은 특수사항이 일반 마케팅전략에 추가적으로 고려되어야 할 것이다.

1. 서비스의 유형화

호텔서비스는 무형의 서비스이다. 호텔객실을 샀다는 말의 의미는 실제로 객실이라는 물리적 공간을 소유하게 되었다는 뜻이 아니라, 다만 한시적으로 객실을 이용할 권리를 얻었다는 것을 뜻한다. 호텔을 이용하는 동안 받는 서비스, 즉 안락함, 편안함, 안전성, 친절성 등은 모두 무형의 서비스이다. 이러한 무형성은 고객들에게 불확실성(Uncertainties)을 던져준다. 눈으로 볼 수 없고 추상적이고 주관적인 판단에 따라 좌우되며, 구매의사가 결정되기 전에 품질을 확인할 수 없기 때문이다. 고객은 이러한 불확실성을 감소시키기 위해서 무형서비스의 질을 말해주는 유형적 단서(Tangible Clues)를 찾게 된다. 따라서 호텔서비스를 마케팅함에 있어서는 무형 서비스를 구체화·유형화하여 객관적인 물리적 증거(Physical Evidence)로 표현해 주어야 한다.

물리적 증거는 여러 가지 형태로 제공될 수 있다. 가령 화장실 변기에 위생테이프를 붙여 놓는다든가 화장지 끝을 단정하게 접어놓고 양치질 컵을 비닐에 싸놓는 것은 화장실이 깨끗하게 청소되었음을 고객에게 보여주는 역할을 한다. 예를 들어, Helmsley Hotel은 여성여행자들을 위한 세심한 배려와 서비스를 한다는 뜻으로 대형 전신거울을 그 물적 증거로서 광고사진에 내기도 했다. 호텔건물의 외관 및 인테리어 등 물리적 환경을 아름답고 세련되게 가꿈으로써 호텔의 서비스를 대변하게 하고 고객의 마음에 각인된 호텔의 이미지를 강화시킬 수 있다. 홍콩의 Regent Hotel은 상급호텔의 이미지를 고객에게 전달하기 위해서 롤스로이스와 같은 고급 승용차들을 사람들이 쉽게 볼 수 있는 호텔 전방에 의도적으로 주차시킨다.

2. 인적자원 관리

호텔산업에 있어 종사원은 그들 자체가 호텔상품을 형성하는 결정적인 요소가 된다. 호텔 서비스는 서비스의 결과물보다는 어떻게 서비스가 전달되느냐는 과정이 중요하다. 일선 종사원은 고객과 직접 접촉하며 고객 서비스를 몸소 실행하는 당사자들이다. 따라서 호텔 관리자는 능력과 서비스정신을 갖춘 종사원을 선발하여 그들의 숨은 장점을 발견하고 잠재능력을 개발시켜야 한다. 그리하여 종사원들이 적재적소에 배치되어 자신의 능력을 백분 활용하며 업무를 볼 수 있도록 배려해야 할 것이다.

종사원의 만족 없이는 고객만족도 없다. 종사원의 이직률이 높으면 호텔의 단골고객에 대한 질 높고 일관된 서비스를 제공하기 어렵다. 따라서 호텔종사원이 자부심과 만족감을 가지고 일할 수 있는 근무환경과 직장분위기를 조성해 주어야 한다. 보다 효율적으로 종사원 만족을 이루기 위해서는 종사원을 1차 시장으로 간주하고 그들에게도 외부 시장에서 하듯이 마케팅적 접근방식으로 나아가야 한다. 이것은 내부마케팅(Internal Marketing)이라고 부른다.

3. 지각위험도 감소

호텔상품은 경험재이기 때문에 옷, 가구 등의 탐구재의 경우와는 달리 구매의사결정을 하기 전에 품질을 잘 가늠할 수가 없다. 이 때문에 호텔서비스 상품을 구입하는 고객은 의사결정을 하기 전후에 다소 불안감을 경험하게 된다. 이와 같이 구매 전 상품 · 서비스의 품질에 대해 고객이 느끼는 불확실성과 불안감을 지각위험도(Perceived Risk)라고 부른다. 구매와 관련된 지각위험도가 클 때 소비자는 어떻게 해서든지 이를 감소시키려는 노력을 하며, 최종의사결정시 지각위험도가 적게 느껴지는 상품대안 쪽으로 이끌리게 된다.

지각위험도는 상품의 금전적 가치와 고객의 관여도가 클 때 더욱 커진다. 호텔의 경우, 컨벤션이나 연회 등의 대형행사가 그 예가 될 수 있다. 그러므로 호텔 측은 고객의 지각위험도를 감소시켜 주기 위한 노력을 최대한 기울여야 한다. 예를 들어, 회의기획자나 여행사 등 대량 구매자들은 Fam(Familiarization) Tour 프로그램을 통해 호텔 서비스를 사전에 경험하게 하거나, 또는 서비스 보증제도를 적용함으로써 지각위험도를 감소시키는 효과를 거둘 수 있다. 호텔은 지각위험도를 낮춤으로써 현재 경쟁호텔의 고객을 자사 쪽으로 유인하여 브랜드 전환을 꾀할 수도 있을 것이다.

4. 수요와 공급 조정

호텔서비스의 소멸성은 시장의 수요를 시간적으로 골고루 유지하고 수요에 따라 공급을 최대한으로 조정하는 것이 얼마나 중요한지를 보여준다. 손님이 몰려와 객실점유율과 판매량이 높아지면 호텔 측은 당연히 이를 반기겠지만, 주의할 점은 고객의 불평이 가장 많은 것은 많은 손님이 북적대는 바로 이 시기이라는 것이다. 그리고 성수기의 고객 불만족은 비수기의 판매율의 하락을 더욱 가파르게 한다. 따라서 호텔은 성수기와 비수기의 균형을 맞추기 위해 노력해야 할 것이다. 비수기에 새로운 수요를 창출하기 위해서는 가격할인을 통한 고객유인책 외에도 특별기획 상품 및 행사를 마련하는 방법이 있을 수 있다. 또한 레스토랑 고객이 한꺼번에 모이는 연말연시나 졸업시즌에는 서비스요원의 증원이 덜 요구되는 뷔페레스토랑이나 비교적 판매가 저조한 레스토랑을 중점적으로 홍보하여 갑작스러운 고객쇄도의 충격을 흡수하고 고객을 여러 업장에 분산 조정할 수 있을 것이다.

비수기와 성수기의 서비스 품질 균형을 맞추기 위해서는 수요변동에 따른 탄력적인 공급지원 시스템이 구축되어야 한다. 가령 정규직 종사원들에게만 의존하지 말고 필요시 활용할 수 있는 파견 혹은 일용직 사원을 확보해 놓았다가 수요변동에 따라 인원을 조절하는 유연한 서비스공급 시스템은 수요변동의 충격을 완화하는 하나의 방법이다. 또한 부서 간 교차훈련(Cross Training)을 실시하여 시간에 따라 일손이 부족한 부서에 서로 인력지원을 하도록 하는 것도 호텔에서 도입을 고려할 필요가 있는 서비스 인력관리체제이다.

5. 서비스품질의 일관성 유지

서비스수준의 일관성은 호텔의 고객을 장기간 유지하는데 필요한 가장 핵심적 요인 중 하나이다. 호텔을 찾을 때마다 일정한 수준의 서비스를 기대할 수 있을 때 고객은 호텔에 대해 신뢰성을 갖게 된다. 호텔을 선택할 때마다 어떤 서비스수준을 기대해야 할지 모른다면 고객은 인지적 통제력(Cognitive Control)을 상실할 것이다. 인지적 통제력이란 자신의 환경에 대해 지식을 가짐으로써 느끼는 자신감 및 안정감을 뜻하는 것으로서, 환경과 사물을 다스리기 원하는 인간의 기본적인 욕구이다. 호텔 서비스에 대한 인지적 통제력이 부족할 때 고객은 심리적 불편함과 불안감을 경험할 것이다. 따라서 호텔이 서비스의 품질 표준화를 통해 서비스를 일정 수준에 유지해야 고객이 자신감 있게 호텔 선택을 할 수 있을 것이다. 많은 사람이 관광지를 처음 방문할 때 체인호텔을 선호하는 것도 이와 같은 이유 때문이다.

6. 고객믹스 관리

호텔마케팅에 있어 현재 총고객수보다 중요한 것은 고객믹스(Customer Mix)이다. 고객의 양보다는 질이 호텔의 수익성에 영향을 미치기 때문이다. 고객믹스를 관리하는 것은 장기적인 안목에서 볼 때 동질적 시장을 선별적으로 추출하여 시장점유율을 높이는 결과를 낳는다. 호텔고객은 자신과 동질의 부류와 어울리기를 원하기 때문이다. 고객믹스를 관리하는 방법에는 여러 가지가 있는데, 그

중에는 가격전략으로 표적시장을 선별해내는 방법과 특정 구매계층에 홍보의 초점을 맞추는 방법, 그리고 회원제를 운영하는 방법이 있다.

정규엽 · 이창호(2001)는 서울시내 특1등급호텔의 세분시장을 크게 “Business”와 “Pleasure”로 구분하였으며, 각 세분시장은 다시 개인시장과 단체시장으로 분류하였다. 이들은 또한 Pleasure 개인시장을 “Package”시장과 “FIT(Foreign Independent Traveler)”시장으로 재분류하였다. 이들은 종합적으로 〈표 9-2〉와 같이 서울지역 특1등급호텔의 객실고객을 Business FIT(Corporate), Business Group, Pleasure FIT, Pleasure Package, Pleasure Group, Airline Crews, Others의 7가지 세분시장으로 구분하였다. 한편, 위 연구에 의하면 서울지역 12개 특1등급호텔들의 실제 세분시장별 객실고객의 비중을 보면 Business FIT가 61.9%로 월등한 비중을 차지하고 있으며, Business Group(15.4%), Pleasure FIT(7.4%), Airline Crews(5.4%), Pleasure Package(4.1%), Business Group(4.0%), Others(1.8%)의 순으로 나타났다. 그리고 객실의 판매수익에 긍정적인 영향을 보인 세분시장은 Business FIT, Business Group, Pleasure Group, Pleasure Group, Others이었으며, Pleasure Package와 Airline Crews 시장은 수익성에 부정적인 영향을 초래하는 것으로 조사되었다.

표 9-1 서울지역 특1급호텔 객실손님의 세분시장 유형

세분시장	FIT	Group
Business	• Business FIT(Corporate)	• Business Group
	• Airline Crews	
Pleasure	• Pleasure Package • Pleasure FIT	• Pleasure Group
Others	• Others	

(자료 : 정규엽 · 이창호)

제5절 관계마케팅

1. 관계마케팅의 개념

Davidow는 "많은 기업들은 그들의 장래가 현재 자기 회사의 상품을 이용하는 고객이 앞으로도 재구매를 하느냐의 여부에 달려 있다는 사실을 이해하지 못하고 있는 것 같다"라고 주창하였다. 이는 고객창조뿐만 아니라 고객재창조가 얼마나 중요한가를 일깨워주는 말이다. 현재 대다수 기업들의 마케팅활동은 기존의 고객집단에 더욱 가까이 다가감으로써 그들과 밀착된 관계를 구축·유지하는 데 특별한 주위를 기울여야 할 것이다. 고객과의 관계는 호텔과 같은 서비스 산업에서 특별한 중요성을 지닌다. 새로운 고객을 창출하거나 경쟁호텔의 고객을 끌어오는 것보다는 현재 우리 호텔을 찾는 고객들의 충성도(Loyalty)를 향상시켜 단골고객으로 만드는 것이 매출향상이나 홍보비용 면에서 훨씬 효율적이기 때문이다. 이렇게 고객과의 서비스접점(Service Encounter)을 관리하여 그들과의 관계를 형성·유지·발전시킴으로써 굳건한 고객기반을 다지려는 노력을 관계마케팅(Relationship Marketing)이라고 한다. 관계마케팅의 핵심 효익에는 크게 두 가지가 있다. 첫째 효익은 고객이 유지된다는 점이다. 기존고객의 유지는 고객점유율을 높여주며, 이것은 결과적으로 시장점유율의 현저한 상승효과를 가져온다. 새로운 고객을 유치하는 것보다 기존의 고객이 한 번 더 호텔을 찾도록 유도하는 것은 홍보비용과 노력 면에서 훨씬 더 효율적이다.

관계마케팅은 다음과 같은 경우에 특히 중요하다고 할 수 있다.

- 서비스에 대한 고객의 요구·수요가 지속적이며 주기적인 경우
- 고객이 서비스업체 선정의 선택권을 가졌을 경우
- 동질의 서비스를 제공하는 경쟁자가 많은 경우
- 고객의 충성도가 약하여 브랜드의 전환 확률이 높은 경우
- 상품/서비스의 성격상 구전효과의 영향력이 큰 경우

위의 경우들은 호텔산업의 상황과 잘 맞아떨어진다. 호텔을 찾는 고객은 대부분 호텔서비스를 한번 이용하고 마는 것이 아니라 계속해서 호텔을 사용할 필요를 갖고 있는 사람들이다. 소비자들은 호텔을 선정할 결정권이 있으며, 많은 호텔들이 이용 가능한 까닭에 선택의 여지가 많고 따라서 전환율도 높다. 호텔서비스는 구전(Word of Mouth)에 의해 주로 홍보되며 이에 따라 고객이 창출되는 경우도 많이 있다. 관계마케팅은 고객과 보다 긴밀하게 밀착시켜 관계를 강화하고 돈독히 하는 것으로서 경쟁호텔이 쉽게 따라 할 수 없는 특정 호텔만의 고유한 차별화전략이 되어야 할 것이다.

2. 관계마케팅의 특징

관계마케팅의 특징은 다음과 같다. 첫째, 상품·서비스의 질보다는 고객과의 관계의 질을 더욱 중시한다. 즉 상품·서비스관리 중심에서 고객의 관리 및 관계구축 중심으로 마케팅의 초점이 바뀌었다. 둘째, 시장점유율보다는 고객점유율을 핵심으로 한다. 시장점유는 전체 시장 속에서 우리의 매출액이 차지하는 비율을 나타내는 규모중심의 척도이지만, 고객점유는 한 고객의 소비액 중 우리 서비스의 구매총액이 어느 정도인가를 나타내는 범위 중심의 척도이다. 즉 관계마케팅은 신규고객 쟁탈전에 발을 구르기보다는 기존고객의 재구매를 유도함으로써 고객 1인당 이윤효과(Profit per Customer)를 높이는 것이다. 셋째, 광고·판촉 중심의 일방적 커뮤니케이션이 아닌, 인적판매 중심의(호텔의 경우 각 업장) 소규모 unit 전략이다.

관계마케팅의 개념은 기존의 거래마케팅(Transaction Marketing)과 비교될 때 더욱 명확해진다. 관계마케팅은 고객과의 지속적이고 친밀한 관계를 형성하려 노력하는 것임에 반해서, 거래마케팅은 그저 한 거래를 성사시키는 것을 그 목표로 한다. Levitt는 고객과의 관계를 '결혼'에 비유하고 있다. 즉 하룻밤의 사랑(One Night Stand)으로 그치는 것이 아니라, 지속적으로 서로에게 충실하고 관심을 가지고 함께 문제를 풀어나가며 서로에게 한 약속을 지키는 관계를 말한다. 〈표 9-2〉는 거래마케팅과 관계마케팅의 차이를 일목요연하게 보여주고 있다.

표 9-2 거래마케팅과 관계마케팅의 비교

구 분	거래마케팅	관계마케팅
지배적 마케팅기능	전통적 마케팅	상호작용적 마케팅
서비스의 품질	단편적 결과로 인식	포괄적 과정으로 인식
소비자의 가격민감도	높음	낮음
마케팅과 타 기능의 연계	제한적	포괄적
전형적 상황	소비자 제품 마케팅	서비스 마케팅
목표	거래성과 판매	고객과의 관계형성, 유지, 발전
효과	단기적	장기적
고객관여도	한정적	높은 고객관여
상품 · 서비스의 관리	개별속성에 초점	핵심효익과 포괄서비스에 초점

(자료 : 이화인)

거래마케팅에서는 마케팅믹스 등 전통적인 마케팅활동이 주를 이루지만, 관계마케팅에서는 고객과의 상호작용적 마케팅 기능이 중심이 되는 마케팅믹스 활동이 수행된다. 거래마케팅에서는 상품의 품질을 단순히 하나의 결과로 인식하는 반면에, 관계마케팅에서는 서비스의 품질이 전달되는 과정까지를 포함하여 통합적 서비스품질의 향상을 추구한다. 거래마케팅에 있어서 고객은 가격에 민감한 반응을 보이지만, 관계마케팅에서는 고객과의 밀착된 관계가 그들의 신뢰와 충성도에 의해 구매결정이 이루어지므로 가격민감도가 상대적으로 낮게 나타난다.

거래마케팅은 주로 마케팅 관계자들이 마케팅활동을 계획 · 수행하는 것이므로 타 기능과의 연계성이 제한적이지만, 관계마케팅에서는 고객과 직접 접촉하는 모든 사람들의 참여가 필수적이다. 또한 거래마케팅의 효과는 비교적 단기적으로 나타나지만, 관계마케팅의 효과는 장기적으로 서서히 나타나 궁극적으로 매출실적에 반영될 것이다. 마지막으로, 상품/서비스의 관리에 있어서 거래마케팅은 개별적인 속성이나 제품 특징에 주안점을 두지만, 관계마케팅에서는 고객이 추구하는 핵심효익(Core Benefit)이나 포괄서비스(Augmented Service)에 초점을 두고 고객을 위한 가치창조를 한다.

3. 관계마케팅의 효익

관계마케팅의 효익에는 크게 두 가지가 있다. 첫째 효익은 고객이 유지된다는 점이다. 기존고객의 유지는 고객점유율을 높여주며, 이것은 결과적으로 시장점유율의 현저한 상승효과를 가져온다. 새로운 고객을 유치하는 것보다 기존의 고객이 한 번 더 호텔을 찾도록 유도하는 것은 홍보비용과 노력 면에서 훨씬 더 효율적이다. 이것은 호텔산업의 경우 더욱 그러하다. 새로 나온 신상품을 소개하는 경우에도 비고객보다는 기존고객으로의 확산이 더욱 용이하다는 보고도 있다.

고객과의 밀착된 관계를 유지하는데 또다른 이점은 고객들로부터 귀중한 시장정보와 그들의 욕구 · 필요에 대한 자료를 직접 얻을 수 있다는 것이다. 상호작용적 관계가 형성되면 고객은 그들이 현재 경험하는 불편을(사소한 것일지라도) 토로하거나 새로운 상품 아이디어를 제안할 만큼 충성도와 친숙도, 그리고 정성을 갖게 된다. 따라서 고객이 제공하는 자료를 바탕으로 하여 서비스를 개선하고 참신한 서비스상품 개발을 할 수 있게 되는 것이다.

4. 고객충성도

고객은 충성도에 따라 예상고객, 고객, 단골고객, 지지자, 옹호자로 나눌 수 있다(〈그림 9-4〉). 많은 기업은 예상고객을 발견해내는데 과도한 관심을 기울이고 있고, 그들을 고객으로 전환하려고 노력한다. 그러나 관계마케팅의 표적시장은 기존고객이다. 즉 호텔산업의 경우, 우리 호텔을 찾은 고객을 정규고객으로 전환시켜 계속해서 이용하고 반복구매를 하도록 유도하는 것이다. 관계마케팅의 목표는 고객을 점진적으로 충성도 사다리 위쪽으로 이동시켜 궁극적으로는 지지자, 그리고 옹호자로 만드는 것이다. 특별할인이나 우수고객 골드카드, 회원제 도입 등은 고객의 반복구매를 유도하여 단골고객으로 만드는데 중요한 역할을 하겠지만, 이는 경쟁사들에 의하여 쉽게 모방될 수 있는 방법들이다. 고객을 호텔의 적극적인 지지자 및 옹호자로 만드는 것은, 서비스의 가치 전달과 고객과 접점하는 '진실의 순간'(Moments of Truth)의 참된 고객감동 없이는 불가능하다.

그림 9-4 **관계마케팅의 고객충성도 사다리**

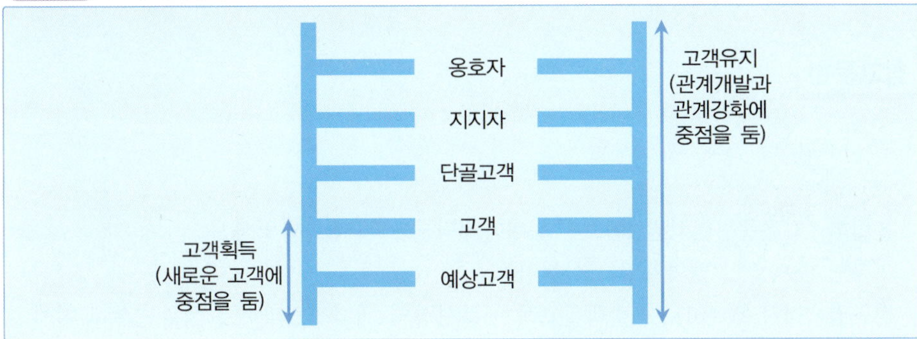

(자료 : 이화인)

한 기업의 작은 서비스나 상품의 차별화에 감동한 고객은 더 큰 서비스의 차별화를 기대하며 점차 자신의 충성도를 발전시켜 나간다. 가령 대학을 갓 졸업한 사회초년생이 A사의 소형차를 구입하고는 완전히 만족하였다면, 후에 가정이 생기고 중형차가 필요하게 되거나 중년이 되어 사회적으로 성공하여 고급차를 원할 때도 계속 A사의 차를 고집하게 될 것이다. 이것은 다층마케팅(Tier Marketing)의 개념으로, 고객이 상품·서비스 계열에 관심을 갖기 시작한 초기에 저가의 상품으로 고객만족을 실현하여 장차 고가의 상품을 구입하도록 유도하는 평생고객관리 시스템이다. 호텔기업에서도 이 다층 마케팅이 시도되고 있다. 가령 Marriott 체인은 Fairfield Inn(중저가)과 Courtyard by Marriott(중간가격)에서 폭넓은 시장을 형성하여 이들이 점차 Marriott Suites의 고객이 될 것을 기대하고 있다. 중저가호텔 상품에서 차별화된 서비스를 경험하고 만족을 한 고객은 고가의 상품을 구매할 때에도 자신이 신뢰할 수 있는 호텔기업의 상품을 찾는다.

참고문헌

유필하 · 김용준 · 한상만(1998). 『현대마케팅론』. 제4판. 박영사.

이화인(1999). 『호텔마케팅』. 학현사.

정규엽 · 이창호(2001). 호텔객실고객 세분시장의 개념정립과 주요성과변수에 미치는 영향 분석. 『관광학연구』, 25(2) : 257-274.

일본능률협회 CS경영추진팀(1994). 『CS경영추진 사례집』. 한국 제이마크(주) 역, 21세기북스.

한경수 · 채인숙 · 김경환(2005). 『외식경영학』. 교문사.

Angelo, R. M., & Vladimir, A. N.(1994). *An Introduction to Hospitality Industry.* 2nd ed., Educational Institute : AH&MA.

Gomes, A. J.(1985)/*Hospitality in Transition*, Pannell Kerr Forster.

Kotler, P., Bowen, J., & Makens, J.(1999). *Marketing for Hospitality and Tourism,* 2nd edition, Prentice Hall.

Lewis, R. C., Chambers, R. E., & Chacko, H. E.(1995). *Marketing Leadership in Hospitality : Foundations and Practices,* 2nd ed., Van Nostrand Reinhold.

호텔 인적자원관리

Chapter 10

Chapter 10

호텔 인적자원관리

학습목표

이 장을 학습한 후 여러분은 반드시 다음 내용을 이해해야 한다.

1. 호텔사업에서 인적자원의 중요성을 숙지한다.
2. 호텔의 직무에 대해 이해한다.
3. 호텔 고용관리의 여러 단계에 대해 숙지한다.
4. 호텔 종사원의 임금체계와 복리후생에 대해 이해한다.
5. 경영진과 노동조합 간의 관계에서 입장의 차를 파악한다.

제1절 호텔 인적자원관리의 이해

1. 호텔 인적자원관리의 의의

호텔에서 고객만족이 더욱 중요해짐에 따라 매일 고객과 접촉하고 있는 종사원들에 대한 관리가 더욱 강조되고 있다. 호텔 인적자원관리란 호텔기업의 목표달성을 위해 필요한 인적자원을 확보하고, 경쟁력 있는 인적자원을 효율적 · 효과적으로 개발하며, 종사원에게 맡은 직무(Job)에 대한 만족을 제공함으로써 개발된 능력을 유지 · 발전시키려는 의도를 내포한 경영활동을 의미한다.

일반적으로 노동력(Labor) 또는 인간능력은 자금(Capital) 및 물자(Material)와 함께 기업 경영활동의 중요한 자원으로 인식되고 있으며, 또한 노동력의 질에 관한 문제는 직무와 함께 현대 인적자원관리의 핵심 과제가 되었다. 따라서 기업경영 차원에서 우수한 인적자원의 확보와 파악 · 육성 · 개발 · 유지 · 동기부여 등에 관심을 가져야 한다.

인적자원관리는 첫째, 호텔기업 구성원의 생산성 및 경쟁력 향상을 통하여 호텔기업의 목표달성에 공헌하고, 둘째, 조직 내의 이해집단(Stakeholders) 간의 의

사조정을 통하여 기업과 구성원의 상호이익을 추구하며, 셋째, 구성원들의 개성 및 인격을 존중함으로써 인간성 회복에 공헌하고, 마지막으로, 성과 또는 능력위주의 관리로 구성원의 창조적 능력과 혁신적인 사고의 개발을 목표로 한다.

2. 인적자원관리의 원칙

호텔기업의 경영활동에서 인적자원관리가 행해지는 기본적인 기준을 인적자원관리의 원칙이라고 하는데, 이는 인간의 노동력을 상품화시키는 노동력상품설이나 노동자를 한낱 생산도구 또는 수단으로 인식하는 노동기계설의 입장을 대체하는 인간화의 원리(Principle of Personalization)에 따라 구축되었다. 종래 산업기술의 급진적인 발전은 생산공정의 자동화 · 단순화와 함께 고귀한 인간성의 소외현상을 야기하였고, 이는 기업의 효율성을 저하시켰다. 이로 인해 인간성 회복에 대한 관심이 고조되었다.

1) 전인주의의 원칙

종사원은 인간으로서 다양한 다른 욕구 · 기대 · 목적을 보유하고 있다. 이러한 것은 안정된 고용, 쾌적한 업무환경, 인간관계에서의 욕구, 성취감, 사명감 등의 영역으로 나누어 설명되어질 수 있다. 따라서 이와 같은 인간의 다원적 요구에의 통합적인 관리로서 종사원의 동기부여가 절대적으로 중요하다.

2) 업적주의의 원칙

보수 · 보상제도의 시행에 있어 연공서열은 평가기준으로서 종사원의 능력에 대하여 무관심 또는 무시될 수 있는 비합리적인 요소를 내포하고 있다. 따라서 각자의 노력에 따른 성과가 능력평가에 반영될 수 있는 업적주의의 당위성이 강조되어야 한다.

3) 공정의 원칙

모든 인사의 문제는 정실을 배제하고 공평 · 공정하게 처리되어야 한다.

4) 참여의 원칙

모든 종사원은 스스로 문제를 해결할 수 있는 능력을 보유하고 있다는 전제하에 기업의 경영의사 결정과정에 종사원들을 참여하게 한다. 이는 종사원의 동기부여와 노사관리의 측면에서 중요한 관심사가 되고 있다.

5) 정보공개의 원칙

기업의 경영문제에 대하여 종사원의 참여의욕을 고취하고 기업이 맞이하는 상황마다 건설적인 관심을 조장하기 위해서는 기업경영에 관한 최대한의 정보가 종사원들에게 공개되어야 한다.

제2절 호텔 직무관리

호텔기업의 규모가 확대되고 복잡하게 됨에 따라 조직 내에 새롭고 다양한 직무가 생겨났다. 특히 전문화(Specialization)와 분업화로 특징지어지는 현대 기업조직에서 직무의 종류는 점점 더 다양해지고 있다. 호텔산업에서 종사원이 수행해야 할 직무의 내용과 성격을 분석하여 직무 수행시 요구되는 능력이나 책임 등과 같은 요건들을 설정하기 위하여 직무연구가 필요하다. 즉 직무와 직무상 인간의 상관관계를 파악하는 과정이 중요하게 인식되고 있다.

직무의 내용이나 성격을 분석하여 해당 직무를 수행하기 위해 필요한 조건들을 연구하는 것을 직무분석(Job Analysis)이라 한다. 직무분석의 결과는 직무기술서(Job Description)와 직무명세서(Job Specification)에 기록된다. 직무분석의 결과는 직무평가(Job Evaluation)와 인사고과(Performance Evaluation)에서 활용된다.

1. 직무분석

Yoder는 직무분석을 각자의 직무에 대한 제반 사실을 규명·기술하는 과정이라고 정의했다. 즉 직무분석은 관찰 또는 연구를 통하여 특정 직무의 성격, 직무수행상 종사원에게 요구되는 숙련도·지식·능력·사명감과 같은 제 요건을 파악하는 과정이라고 할 수 있다. 직무분석을 수행함에 있어서 직무분석 방법의 선택(면접, 설문서, 혼합, 현장 관찰), 직무분석을 수행할 담당자의 자질 및 주관, 직무분석의 목적인 직무에 대한 설명이 중요하다. 직무분석을 통해 수집되는 정보에는 직무 목표, 목표를 달성하는데 소요되는 구체적인 과업(Task), 직무수행 표준, 필요한 지식과 기술, 요구되는 교육과 경험 등이 있다. 이러한 정보는 직무기술서와 직무명세서를 개발하는데 활용된다.

1) 직무기술서

직무기술서(Job Description)는 직무분석의 결과로 나타난 모든 중요한 사실과 정보를 관계된 모든 직원들이 쉽게 이해할 수 있도록 정리·기록한 서식이다. 직무기술서는 주로 직무명칭(Job Identification), 직무요약(Job Summary), 직무내용(Job Content), 직무요건(Job Requirement) 등에 대한 정보를 포함하고 있다. 그리고 직무기술서는 첫째, 무엇을 해야 하는가, 둘째, 언제 해야 하는가, 셋째, 어디서 해야 하는가와 같은 질문에 답하도록 작성되었다.

일반적으로 직무기술서는 크게 세 분야로 구분할 수 있다. 첫째, 표제(Heading) 부분으로서 직무명과 그 직무가 속하는 부서에 대하여 서술하며, 직무명과 인원수, 직무명에 따른 근무시간, 근무요일 및 근무교대, 그리고 직무담당자가 보고해야 하는 관리자 등에 대한 정보가 포함된다. 둘째, 직무요약(Summary)부분으로 직무에 따르는 임무를 기록하며 직무의 본질과 목표에 대한 기본적인 이해를 용이하게 하고 교육 및 훈련을 위한 좋은 자료가 된다. 셋째, 직무에 대한 구체적인 임무에는 직무의 개괄적인 기술, 직무를 수행하는데 소요되는 도구 및 기계 등에 대한 개요, 직무담당자의 자세, 직무에 사용되는 원재료, 가장 밀접하게 연계되어 있는 직무와의 상호 관계, 직무에서 요구되는 직무경험과 승진과의 연계성, 직무수행상 요구되는 교육훈련 분야, 임금 · 급여, 근무시간, 온도, 습기, 조도, 환기 등의 작업환경 및 조건 등이 기재된다.

잘 작성된 직무기술서는 해당 직무에 종사하는 사람이 업무수행에 요구되는 단계적인 지침으로 이용되고 종사원의 업무성과를 평가하는 데도 도움이 되며 신임 종사원에게 직무에 요구되는 구체적인 내용을 숙지하게 함으로써 좋은 오리엔테이션 자료가 될 수 있다.

표 10-1 직무기술서의 예

직무기술서 : 1st Street Steak	
직무명	서버(Server)
관리자	홀 매니저
근무시간	유동적(근무 요일과 시간이 주에 따라 다름)
임 무	
① 서버는 영업시간 1시간 전에 도착하여 관리자에게 보고한 후 개점준비를 돕도록 한다. ② 서버들은 근무시간은 홀 매니저에 의해 할당된다. 근무 스케줄은 전주 금요일에 공고하며, 일주는 일요일부터 시작된다. ③ 서버들은 물을 따르고, 식사 및 음료 주문을 받으며, 주문내용을 주방과 바에 알리고, 준비된 식사 및 음료를 내어주고, 계산서를 손님에게 제시하고, 테이블을 청소하고 끝난 후에는 다시 테이블을 재정리한다. ④ 서비스 절차 : 식사는 손님의 왼쪽에서, 음료는 손님의 오른쪽에서 서빙한다. 모든 접시, 컵, 쟁반 등은 손님의 오른쪽에서 치우도록 한다. ⑤ 개점시간 15분전에 서버들에게 당일스페셜, 서비스 기술 등과 그 외 중요한 사항에 대한 브리핑을 실시한다. ⑥ 팁은 공동으로 관리한다. 모아진 팁의 10%는 바텐더들에게 제공되고 나머지는 서버들에게 균등하게 지급된다. 팁의 배분은 익일 행한다. ⑦ 서버들은 자신의 유니폼을 다음과 같이 준비해야 한다. : 검정색 바지 혹은 치마, 긴소매에 단추가 달린 흰색 셔츠, 검정색 보타이, 굽이 낮으며 광택이 나는 검정색 신발, 하이힐 착용 금지, 서버들에게는 자기 유니폼 관리에 소요되는 비용 5달러를 매주 지급한다. ⑧ 개인용모에 대한 표준 : 근무 전에 샤워 또는 목욕할 것, 겨드랑이용 방취제 사용할 것, 손톱 청결, 머리는 청결하고 단정할 것, 과도한 치장 금지 • 남성 : a. 청결한 면도를 선호함. 단정하고 잘 다듬어져 있으면 콧수염도 허용함 b. 안면 및 귀에 장식 금지 c. 머리는 셔츠 깃보다 길지 않아야 한다. • 여성 : a. 과도한 장식, 화장 또는 향수 사용 금지 b. 긴 머리는 반드시 헤어네트(그물망) 안에서 정돈할 것 c. 긴 인조손톱 사용 금지	

2) 직무명세서

직무명세서(Job Specification)는 직무를 수행하는데 요구되는 종사원의 자격(Qualifications)에 대해 서술한 것이다. 직무명세서는 호텔의 종사원이 되고자 할 때 숙지해야 할 최소 자격으로 예비 종사원의 자격을 평가하는 적절한 표준지표로도 이용된다.

직무명세서는 직무명, 직무 개요, 인적요건 등의 세 부분으로 구성되며, 특히 인적요건 사항을 강조하고 있다. 인적요건에 대한 직무명세서의 기재사항에는 성별 및 연령, 체격조건, 동작의 민첩성, 정서 및 성격, 정신적 성숙도, 교양 정도, 경험 및 지식수준, 특수 기능 등이 포함된다.

직무명세서는 직무기술서와 혼동되어 사용되기도 하나, 직무기술서는 직무내용과 직무요건을 포함하며, 직무명세서는 직무요건 중에서 특히 인적요인을 중시한다.

2. 직무설계 및 평가

전통적인 직무연구는 인간을 어떻게 직무에 맞게 적응시킬 것인가에 중점을 둔 직무분석 및 평가가 연구의 대상이었지만, 최근에는 인간(종사원)을 중심으로 직무를 설계하는 직무설계가 직무연구의 중심이 되고 있다.

직무설계(Job Design)는 기업조직을 일련의 작업군으로 나눈 후 단위직무의 내용 및 작업방법을 설계하는 활동을 말한다. 직무설계의 목적은 종사원의 동기부여, 사기진작과 조직 전체의 생산성 향상을 도모하는 것이다. 기업조직의 목표를 달성하기 위해 호텔경영자는 단기적인 이익창출보다 기업의 장기적인 성공을 이끌어 낼 수 있는 종사원의 동기부여에 보다 많은 관심을 집중해야 한다.

직무평가(Job Evaluation)는 직무의 상대적 가치를 결정하고 그 가치에 따라 여러 직무에 서열을 부여하는 과정이다. 구체적으로 직무평가는 각 직무의 성격 및 특색, 요구되는 지식과 기술의 정도, 정신적 · 육체적 노력, 직무 · 스텝 · 물자 · 시설 등에 대한 책임이나 위험도 등과 같은 요소를 기준으로 한다.

직무평가의 목적은 동일한 노동시장에서 유사 기업과 비교하여 사내 임금체계를 합리화하고, 임금조건의 불공평성 · 불규칙성을 제거함으로써 종업원들의 불평을 최소화하며, 임금관리를 단순화하며, 각 직무에 적절한 종사원을 배치하고, 조직 내의 인사이동과 승진 등을 결정하는 중요한 기준으로 사용된다.

3. 직무만족

직무만족(Job Satisfaction)이란 "직무에 대한 일련의 태도로서 직무나 직무수행의 결과로서 발생되는 유쾌하고 긍정적인 정서상태이며 직무에 대한 정서적 반응으로서 내성, 즉 자기관찰에 의해서만 이해될 수 있고, 또한 이는 주관적인 개념으로서 개인이 원하는 것과 실제의 차이라는 비교의 성격을 지닌다"고 정의된다. 호텔 종사원의 직무만족 정도는 조직의 고객만족 및 경영성과와 밀접한 관계를 가지므로 직무만족이 기업조직에서 중요한 의미를 갖는다. Davis는 종사원의 직무만족도가 높아지면 그 대가로서 기업은 다음과 같은 효과를 거둘 수 있다고 말했다.

- 종사원은 조직의 목표를 달성하는데 자발적으로 협조한다.
- 종사원은 자신이 조직의 구성원인 것을 자랑스럽게 생각한다.
- 종사원은 자신의 직무에 대하여 보다 높은 흥미를 갖는다.
- 종사원은 자발적으로 만족스러운 직무수행을 위해 열심히 노력한다.
- 종사원은 조직의 규율과 규칙을 엄수하고 질서를 유지하고자 한다.
- 종사원은 기업조직과 상사에 대하여 충성과 존경심을 보인다.
- 종사원은 기업조직이 어려움을 극복하는데 일체감을 갖고자 한다.

호텔 종사원의 직무만족을 향상하기 위해서는 직무만족에 영향을 미치는 요인을 파악해야 한다. 직무만족의 영향요인은 내적 요인과 외적 요인으로 구분할 수 있다. 내적 요인에는 직무자체 · 책임감 · 성취감 · 승진 · 인정 등이 있으며, 외적 요인에는 회사정책 및 관행 · 근무조건 · 임금 · 안정성 · 관리체계 · 상사 및 동료와의 관계 등이 존재한다.

그림 10-1 직무만족에 영향을 미치는 요인

내적 요인	외적 요인
• 직무 자체 • 책임감 • 성취감 • 승진 • 인정	• 회사정책 및 관행 • 근무조전 • 임금 • 안정성 • 관리체계 • 상사 및 동료와의 관계

호텔은 서비스업이란 특성 때문에 인적의존도가 매우 높으며, 호텔의 전체 비용구조에서 인건비는 가장 큰 비중을 차지하는 비용이다. IMF 외환위기 이후 호텔기업들은 어려운 국면을 타개하기 위해 인건비 및 경비절감에 많은 관심을 기울였다. 특히 인건비 절감을 위해 기업들은 정규 근로자에 비해 노동유연성이 보다 탄력적인 비정규직 근로자의 고용을 서두르고 결국 대부분 영업장에서 이에 동조하게 되었다.

비정규직 근로자의 고용은 인건비를 절감하고 성수기 및 비수기에 따라 인력수급을 유연하게 관리할 수 있는 장점이 있다. 값싼 비정규직 근로자를 고용하여 인건비를 절감할 수 있지만, 비정규직 근로자의 직무만족이 대체적으로 정규직 근로자에 비해 낮아 노동생산성의 저하와 고객 서비스 품질의 저하가 우려되고 있다. 그럼에도 불구하고 다른 산업과 마찬가지로 대부분 호텔기업들도 비정규직 근로자의 고용을 더욱 확대하고 있는 것이 엄연한 현실이다. 이처럼 비정규직 근로자의 고용은 이제 피할 수 없는 대세가 되었다. 그러므로 비정규직 근로자를 고용함으로써 예상되는 폐해를 최소화하려면 우선 이들의 직무만족도를 정규직에 근접할 수 있게 향상해야 할 것이다.

직무만족에 관한 연구를 보면 직무만족에 대한 영향요인의 분석결과 비정규직 근로자의 직무만족도가 정규직 근로자보다 전체적으로 낮게 나타나고 있다. 즉 비정규직 근로자는 정규직 근로자에 비해 상대적으로 열악한 근무환경과 근로조건으로 인하여 차별적인 대우를 느끼고 있는 것으로 나타났다. 따라서 높은 품질의 서비스를 제공하기 위해 이들에게 동기유발 및 사기진작을 위한 전략이 개발되어야 하는데, 정규직 근로자와 비정규직 근로자 간의 갈등 및 위화감을 제거하고 상호 공생할 수 있는 창조적인 인적자원관리 전략의 창출이 시급하다.

제3절 호텔 고용관리

고용관리는 호텔 종사원의 모집에서부터 시작하여 선발 · 배치 · 전환 · 이직에 이르는 일련의 관리활동을 말한다. 고용관리의 궁극적 목적은 적합한 인력과 적정 인원을 적재적소에 조달하고 배치하는 것이다. 고용관리는 직무분석에 의해 산출된 직무기술서와 직무명세서가 잘 준비되어야 가능하다.

고용관리를 효율적 · 효과적으로 수행하기 위해서 가장 먼저 해야 할 일은 고용해야 할 정확한 인원을 산출하기 위한 고용계획을 수립해야 하며, 직무분석에 의한 추후 요구되는 인력의 질적 요건을 규정해야 한다. 그러므로 바람직한 고용관리를 위해서는 효과적인 고용계획의 수립과 직무분석이 전제조건이 된다고 할 수 있다. 특히 인사고과 및 근무평가에 의한 해직 · 해고가 상당히 어려운 국내 상황에서 고용관리는 더더욱 중요하다고 할 수 있다. 만일 고용단계에서 합리적인 방법으로 공석 중인 직무분야에 선발된 인력을 적재적소에 충원하지 못하면 업무성과의 부진은 물론이고 이에 따른 비용증가(예 : 교육훈련비 및 채용비용)로 이어진다. 또 조직의 분위기에도 부정적인 영향을 미쳐 결국 경영성과에 악영향을 초래하게 될 것이다. 그러므로 종사원에 의한 인적 서비스가 주된 상품인 호텔경영에서 효과적인 고용관리는 매우 중요한 의사결정과정이다.

1. 모 집

종사원모집(Recruiting, Recruitment)은 현재 조직에서 공석 또는 향후 발생할 공석을 채우기 위해 자격을 갖춘 인력을 찾고 가려내는 과정이다. 이 과정은 적당한 매체를 통해 충원할 인원 및 직무분야를 발표 혹은 광고하고, 적임자를 결정하기 위해 인터뷰와 후보자 평가 등을 포함하는 과정이다. 종사원 모집은 사내와 사외에서 각각 이루어질 수 있다.

사내모집(Internal Recruiting)은 주로 현직 종사원을 승진시키거나 배치전환, 직무로테이션, 재고용 등을 통하여 적임자를 선발 · 충원한다. 한편, 최근 서울지역의 일부 호텔에서 부족한 인원을 충원하기 위해 사내공고(Posting Job Openings)를 시행하고 있다. 이 제도는 종사원이 원하거나 자신의 적성에 맞는 부서로 전직할 수 있는 기회를 부여하며, 종사원에게 자기계발과 성장의 기회를 제공한다. 이런 제도로 인하여 기업의 투명성이 확대되고 종사원들에게 조직의 목표를 알리는 동시에 적임자를 찾아낼 수 있는 장점이 있다.

사내모집을 통해 충원을 하지 못할 경우에는 사외모집(External Recruiting)을 실시한다. 외부모집방법에는 직원을 통한 모집(Employee Referral Programs), 자발적 응시(Walk-ins), 취업알선기관 또는 업체, 교육기관과 신문 · 잡지 등에 의한 매스컴을 통해서 이루어지기도 한다. 사외모집을 하는 경우 비용이 사내모집에 비해 더 많이 소요된다는 단점이 있으나 보다 폭넓은 인력집단에서 선택하게 되므로 우수한 인력을 고용할 수 있는 장점이 있다.

그림 10-2 **'I' 호텔의 채용공고**

인터컨티넨탈 호텔 서울에서 성실하고 유능한 여러분을 기다립니다.

■ 채용 방식

인터컨티넨탈 서울은 수시 채용을 기본으로 하고 있습니다.

■ 지원 방법

- 홈페이지의 수시 채용 공고를 통해 서류를 제출하거나, 자유 양식의 이력서 및 자기 소개서를 이메일로 접수하시기 바랍니다.
- 수시 채용 공고는 하단의 채용공고 리스트를 참조하십시오.
- 홈페이지를 통해 접수된 1차 서류의 합격 여부는 공석 발생에 따라 다소 시간이 걸릴 수 있음을 알려드립니다.

■ 채용 절차 및 전형 방식

서류전형 → 필기시험 : 영어시험(TOEIC 점수로 대체 가능), 인 · 적성검사 → 면접 → 임원면접 → 신체검사(면접 합격자에 한함)

■ 제출 방법

human@parnas.co.kr로 보내주시면 됩니다.
보내실 때에는 보내시는 분의 성함과 지원 부서를 메일 제목에 기재하셔서 보내주시면 되겠습니다.
(예 : 홍길동-객실부지원)

■ 채용에 관한 기타 문의 사항은 human@parnas.co.kr 또는 02) 559-7403로 연락 주시기 바랍니다.

2. 선 발

모집이 호텔에 입사하려는 사람들을 모으는 과정인데 비하여, 선발(Selection)은 후보자 중 가장 적임자를 찾아내는 과정이다. 직무가 요구하는 실제적인 기술, 지식 및 적성을 가진 후보자를 선발하여 경쟁력 있는 종사원으로 성장하게 만드는 것이다. 이때 직무기술서와 직무명세서는 적임자를 선발하는데 중요한 도구로 이용된다.

여기서 호텔의 프런트 데스크 종사원을 선발하는 예를 들어보자. 프런트 데스크 직무에서 흔히 요구되는 두 가지 구체적인 능력으로서 수학적 적성과 타이핑 기술이다. 프런트 데스크 종사원의 산술능력은 프런트 데스크의 회계 및 숫자를 다루는데 도움이 될 것이며, 신속한 타이핑 능력은 장부기록 · 컴퓨터사용 · 예약입력 등에 특히 유용할 것이다. 아울러 프런트 데스크 종사원은 고객들과 많은 접촉을 해야 하므로 선발시 후보자의 개인적 특성을 면밀하게 검토해야 할 것이다. 개인적 특성에는 친화력(Congeniality), 융통성(Flexibility), 프로다운 태도(Attitude), 동기부여(Self-motivation) 및 용모(Appearance) 등이 있다.

국내에서의 일반적인 선발과정은 입사지원서 접수 및 검토→채용시험 실시→면접시험 실시→신체검사→신원 및 경력 조회→채용 결정과 같은 절차를 거친다. 실제 예로, 서울시내 R호텔의 채용 절차는 ① 1차 서류전형(입사지원서류의 기재사항을 기초로 호텔 심사기준에 의한 서류심사), ② 2차 면접(인사부), ③ 3차 면접(해당 부서장), ④ 4차 면접(최종면접), ⑤ 신체검사 순으로 실시되고 있다.

최근 호텔종사원을 선발하는 과정에서 두드러진 동향은 선발 후 교육훈련 등에 비용이 많이 소요되는 일반적인 후보자보다는 선발 후 별다른 교육훈련 없이도 바로 현업에 투입될 수 있는 숙련자를 뽑기를 바란다는 사실이다. 현재 국내 일반기업들도 초보자보다는 경력자를 우선하여 채용하는 것을 선호하는 것도 이와 같은 맥락에서일 것이다.

3. 배 치

배치(Placement)는 선발과정을 통해 채용된 인력을 적합한 직무에 배속시키는 활동을 일컫는다. 호텔기업의 인적자원관리부서는 채용된 종사원에게 조직에 대한 일체감과 주인의식을 함양하기 위해서 자신의 직무에 대하여 만족감을 가질 수 있도록 적절한 배치를 해야 한다. 여기서 적절한 배치란 직무종사자가 조직의 직무수행에 적합한 자격요건을 갖추고 있고 직무수행능력 및 적성이 맞는 상황을 말한다.

4. 승 진

승진(Promotion)이란 조직 내에서 보다 나은 직무로의 수직적인 이동을 말한다. 따라서 보수 및 직위가 상승하고 보다 확대된 권한과 책임이 뒤따르게 된다. 일반 기업조직에서 구성원들의 승진은 참으로 미묘하지만 중요한 문제가 아닐 수 없다. 따라서 각 종사원들은 승진에 대해 모두들 지대한 관심을 가질 수밖에 없을 것이다. 그러므로 합리적인 승진관리는 기업조직의 인적자원관리의 핵심이라고 해도 과언이 아닐 것이다. 공정하고 투명한 승진심사기준의 확립과 시행은 조직 전체의 사기진작과 동기부여에 큰 영향을 미친다. 한편, 승진관리에서 가장 핵심적인 사항은 선임권(Seniority)과 역량(Competence)이다. 국내에서는 과거에 철저하게 선임권을 중요시하는 연공주의가 횡행했었으나, 최근에는 오히려 개개인의 역량을 중시하는 능력 혹은 성과주의가 득세하고 있다. 하지만 가장 합리적이고 무리가 없는 방법은 각 호텔기업의 특성에 맞게 연공주의와 능력주의를 함께 조화시키는 것일 것이다. 국내 정서에 비추어봐서 맞지도 않는 선진서구식 방식을 무리하게 추진했을 때 때로는 득보다 실이 더 많을 수도 있을 것이다. 다른 방면에서와 마찬가지로 국내 기업조직에 맞지도 않는 서구식 심사기준을 단시간에 서둘러 도입하기보다는 내부고객인 종사원들과 직접 대화를 통한 의견수렴을 시도해서 승진 심사제도를 확립해 나가는 것이 보다 나은 방법일 것이다.

요즘 국내 특급호텔에서는 인사적체로 인한 불만으로 직원들의 사기에 악영향을 미치고 있다고 한다. 호텔 건축에는 막대한 고정비가 투자되므로 진입장벽이 높아 호텔의 신설이 매우 어려워 직원들이 다른 곳으로 이동하여 승진할 기회를 갖기 힘들게 되어 있다. 따라서 인사적체는 종업원의 사기를 떨어뜨려 근무의욕의 저하 및 업무 능률을 저하시켜 생산성의 저하로 나타나게 된다.

다음은 서울시내 특1등급호텔인 C호텔의 승진 및 평가제도의 예이다.

C호텔의 승격은 연 1회(매년 3월 1일) 실시하며, 정기, 발탁, 특별승격으로 나뉜다. 승격은 고과, 외국어능력, 근속, 현직근속, 건강 등 여러 항목에 걸쳐 객관적인 기준을 통해 엄정하게 평가하고, 그 평가결과에 따라 최종 승격자를 결정하게 된다. C호텔은 승격을 우수한 직원에 대한 보상의 의미 외에 전 종사원에 대한 동기유발의 의미를 부여하여 누구나 열심히 일하고, 업적을 쌓으면 자신을 발전시킬 수 있는 기회를 제공하려고 한다. 한편, C호텔의 직급체계는 〈표 10-2〉와 같다.

표 10-2 **C호텔의 직급체계**

<table>
<tr><th>직 위</th><th>조리부문</th><th>식음료부문</th><th>객실부문</th><th>마케팅&판촉/관리/기타</th></tr>
<tr><td>담당
부장</td><td>Executive Chef</td><td>Director</td><td>Director</td><td>Director</td></tr>
<tr><td>과장</td><td>Sous Chef</td><td>Outlet Manager</td><td>Manager</td><td>Manager</td></tr>
<tr><td>대리</td><td>Demi De Partie</td><td>Assistant Outlet Manager</td><td>Assistant Manager</td><td>Assistant Manager</td></tr>
<tr><td>계장</td><td>Demi Chef</td><td>Captain</td><td>Supervisor</td><td>Specialist</td></tr>
<tr><td>주임</td><td>1st Cook</td><td>Chief Waiter/Waitress</td><td>Sr. Agent</td><td>Administrator/
Sr. Agent</td></tr>
<tr><td>사원I</td><td>2nd Cook</td><td>Sr. Waiter/Waitress</td><td>Agent/Attendant</td><td rowspan="4">Agent/Administrator</td></tr>
<tr><td>사원J</td><td>3rd Cook</td><td>Waiter/Waitress</td><td>Agent/Attendant</td></tr>
<tr><td>사원K</td><td rowspan="2">3rd Cook</td><td rowspan="2">Waiter/Waitress</td><td rowspan="2">Attendant</td></tr>
<tr><td>연봉계약직</td></tr>
<tr><td>계약직</td><td>Cook Helper</td><td>F&B Helper</td><td>Helper</td><td>Clerk</td></tr>
</table>

(자료 : www.echosunhotel.com)

한편, C호텔의 평가제도는 전 종사원에 대한 동기부여와 독려 차원에서 이루어지며, 이 평가를 통하여 1년 동안 자신의 업무활동을 돌아보고, 향후 1년 동안의 계획을 세울 수 있도록 구성되어 있다. 또한 최대한 객관적이고 엄정한 평가가 이루어질 수 있도록 능력과 업적평가로 나누어, 본인 외에 2명의 상급자에 의해 평가가 이루어지도록 하고 있으며, 이를 다시 전사적으로 평정작업을 하여 부문 간, 직급 간, 직무 간 공평성을 갖도록 하였다. C호텔의 직원들은 이런 평가작업을 통하여 자기계발의 방향을 설정하고, 동기부여받을 수 있는 기회를 가지게 된다.

5. 인사고과

기본적으로 관리조직은 구성원들의 모든 행위를 조직의 목표와 일치할 수 있도록 유인할 수 있는 기능을 가져야 한다. 이때 기업조직이 더욱 합리적으로 모든 구성원의 행위를 동일한 목표로 유도하기 위해서는 이들에 대한 합리적이고 공정한 평가기준을 보유하게 될 때 더욱 효율적인 조직행위가 형성된다는 전제가 필요할 것이다.

이러한 기업의 구성원에 대한 합리적인 평가기준으로 보통 사용되는 것이 인사고과제도이다. 인사고과(Merit Rating)란 기업에서 관리자가 조직구성원들의 모든 행위를 기업의 목적에 일치하도록 유도하기 위해 제정 · 실시하는 인사평가제도로서 구성원의 능력과 이에 따른 업적을 평가하여 종사원이 보유하고 있는 현재 또는 잠재적 가치를 조직으로 파악 · 이해하는 것이다.

과거 인사고과는 종사원의 과거 실적에 대한 차별적인 보상기준에 대한 자료로서 승진 · 전직 · 상여금 · 해직 · 복직 등을 결정하는데 사용하는 과거지향적인 입장을 견지하였으나, 최근에는 종사원의 개발 및 적재적소의 직무배치 등 적극적인 자원개발과 교육훈련 · 성취 동기부여 · 배치전환 · 조직개발 등 미래지향적인 입장으로 많이 전환되었다.

6. 전 직

승진과 달리 전직은 조직의 필요에 의하여 종사원을 동등한 직급으로 수평적으로 이동시키는 것을 일컫는다. 그러므로 전직인 경우 해당 종사원의 급료 · 직책 · 권한 등에 큰 변화는 없다. 전직은 기업자체조직의 변화 혹은 개인적인 요인 등 여러 가지 원인에 의해 발생된다. 예를 들어, 종사원이 처음 입사 시에 잘못된 선발과정으로 인하여 적합하지 않은 부서 및 직무에 배치가 되었으나, 후일 이를 시정한다거나 다기능관리자를 양성하기 위해 여러 직무를 경험하게 하는 등의 경우가 있다. 하지만 불합리한 방법에 의한 전직은 종사원의 불평 · 불만을 야기하여 조직 전체를 건강하게 유지할 수 없는 원인이 될 수도 있음을 명심해야 한다. 만일 전직 해당자가 이런 인사조치에 대한 부정적인 사고를 포착한다면 빠른 시간 내에 그에게 인사이동에 대한 충분한 근거를 제시 · 설명을 하여 이해시키도록 해야 할 것이다. 그렇지 않으면 그들의 조직에 대한 몰입과 충성도는 쇠퇴하여 결국 고객만족과 경영성과에 부정적인 영향을 미칠 것이다.

7. 이 직

이직(Turnover 또는 Separation)은 기업과 종사원 간의 고용관계의 종료를 의미한다. 중요한 것은 이직이 기업의 경쟁력 또는 성공 여부와 깊숙한 관계가 있다는 것이다. 호텔산업에서 일반적인 이직의 원인은 다음과 같다.

- 잘못된 선발, 고용 및 오리엔테이션이다. 경영층은 적절한 자격심사와 신원조회 없이 쉽게 종사원을 고용하였다.
- 신입사원을 자신의 능력과 호환되지 않는 직무에 배치하였다. 신입사원들은 맡은 직무가 도전적이지 못하거나 관심이 없으면 쉽게 따분해 하며, 또한 직무가 너무 어려우면 자주 좌절하곤 한다.
- 적절치 못하고 서투른 지휘는 잠재력을 지닌 좋은 종사원이 일찍 포기하게 되는 원인이 된다. 신입사원은 도움, 지도 및 확신이 필요하다.

- 맡은 직무 및 그에 따른 요구사항에 대한 그릇된 정보. 신입사원들은 맡은 직무가 상상했던 것보다 매우 다르다는 것을 발견할 수 있다. 이때 직무기술서와 직무명세서는 이러한 문제점을 방지하는데 매우 도움을 제공한다. 신입사원에게는 그의 직무에 대한 충분한 정보가 공급되어야 한다.
- 타당한 급료체계의 결여. 신입사원의 임금은 현재 유사한 직종에서 근무하고 있는 근로자의 수준을 넘어서는 안된다. 이 규칙을 깨뜨리는 것은 종사원의 분노와 이직을 유발한다. 명확한 임금정책이 반드시 필요하다.
- 교육프로그램의 결여. 보다 많은 교육훈련을 받은 종사원일수록 더욱더 현직에 머무르는 성향이 있다. 지속적인 교육프로그램을 운영하는 조직일수록 장기간 종사원을 유지할 수 있다. 교육은 신분과 프로정신을 스며들게 하고 능률, 생산성 및 충성도를 향상시킨다.
- 적절한 불평처리 절차의 결여. 만일 종사원이 불평이 있다면 미래의 차별을 염려할 필요 없이 불평을 토로할 수 있는 절차가 필요하다.
- 열악한 근무환경. 형편없고 부적당한 시설은 높은 이직률에 영향을 미친다. 알맞은 화장실과 목욕시설은 호텔산업에서 매우 중요하며 이는 종사원의 윤리와 위생 표준을 향상시키는데 도움을 준다.
- 승진기회의 결여. 야망이 높은 신입사원들은 그들이 승진할 수 있는 경로를 보고 싶어한다. 버스보이는 빨리 서버가 되어서 결국에는 서버팀장이 되기를 원할 것이며, 또한 식기를 세척하는 종사원은 결국 주방장이 되는 것을 상상할 것이다. 이런 종사원들은 현 직장을 떠나지 않으려 할 것이다.
- 금전적 보상의 결여. 본질적으로 근로자는 가능하면 높은 임금수준을 원하며 결국 최고의 임금에 이끌릴 것이다. 그러나 높은 임금만으로는 종사원을 유지할 수 없다. 적정 수준의 임금을 이미 수령하고 있는 자가 직무변경을 고려할 때에는 정신적 및 물질적 등과 같은 여타 사항들이 더욱 중요하게 부각될 수 있다.
- 명백한 관리자의 관심 결여. 섬세하고 좋은 관리자, 부서장과 종사원의 좋은 인간관계는 종사원의 이직을 낮춘다. 인정, 포상, 스포츠 팀, 소풍, 회사 차원의 활동, 안락한 근무환경, 유쾌한 동료 등은 모두 종사원의 만족을 증진하는데 공헌할 수 있다. 위에 언급한 높은 이직을 야기하는 10가지 원인은 사실 인간요인이 결여된 결과라고 말할 수 있다.

한편, 이직의 유형에는 첫째, 종사원의 자발적인 의지에 의하여 기업조직을 떠나는 경우(Resignation), 둘째, 기업의 경제적·전략적 필요에 의한 정리해고(Layoffs), 셋째, 종사원의 부주의·실책에 대한 적극적 대처방안으로서 징계에 의한 파면(Discharge), 넷째, 종사원의 정년으로 인한 퇴직(Retirement) 등이 있다. 이와 같은 이직유형 중에서 최근 가장 문제가 되고 있는 것은 정리해고이다.

20세기 서구식 기업에서 인적자원관리의 가장 큰 특징 중의 하나는 기업의 필요에 의해 종사원을 정리해고 할 수 있다는 것이다. 예를 들면, 잘 성장하던 기업이 특정 시점에서 경쟁력이 뒤처지고 이익을 산출할 수 없는 지경에 이르게 되면 가장 많이 사용하는 비용절감 및 기업합리화 방법이 직원의 정리해고이다. 그렇지만 아직도 국내기업에서는 정리해고가 거의 불가능한 형편이다. 서구방식과 국내방식은 각각 장·단점을 보유하고 있다. 다만, 다른 점은 어떤 방식이 어떤 특정한 경영환경하에 더욱 적절하느냐일 것이다. 이와 같은 것은 1980년대 세계경제를 휩쓸던 일본기업들의 경쟁우위에 대한 근본적인 배경의 하나가 그들 특유의 종신고용제이다. 하지만 후일 오히려 이 제도로 말미암아 일본은 경쟁력이 약화되는 환경변화를 맞이하게 된다. 이와 같이 현재는 평생직장보다는 평생직업이라는 개념이 더욱 우세하게 우리에게 다가오고 있는 형편이다.

대표적인 서비스기업인 호텔산업에서 이직은 아주 중요한 경영이슈가 아닐 수 없다. 왜냐하면 이직은 서비스품질의 유지와 직결되기 때문이다. 성공적인 호텔의 이직률은 실패한 호텔에 비해 현저히 낮은 것이 보편적인 진실이다. 성공적이지 못한 호텔들은 높은 이직률로 인하여 고객들에게 일관성 있는 서비스를 제공하지 못하였다. 왜냐하면 새로 충원된 종사원들이 대부분 숙련자가 아니었기 때문에 높은 품질의 서비스를 고객에게 제공할 수 없었다. 또한 새로 충원한 종사원들에 대한 교육훈련비용이 훨씬 많이 소요되게 되었기 때문이다. 이들과 달리 성공적인 서비스 기업들은 숙련된 종사자들이 장기간 근무하기 때문에 항상 일관적이고 친숙한 서비스를 고객에게 제공할 수 있었다.

한편, 종사원의 이직은 호텔산업에서 비용과 생산성에 직접적인 영향을 미치는 중요한 문제이다. 호텔산업에서 종사원의 이직에 따른 비용은 다른 어떤 산업보다도 매출에 더욱 큰 영향을 미치고 있다. 조직을 떠나기 전에 이직하는 종사원은 지각, 낮은 업무성과, 낮은 도덕심, 잦은 결근 등을 유발하는 행동 및 태도에 대한 문제점을 보이는 것이 일반적인 현상이다. 이직이 가장 많이 발생하는 때는 처음 입사 후 2주 이내이다. 이렇게 2주 만에 이직을 함으로써 해당 종사원에 대해 장기적인 보상차원에서 제공되었던 교육훈련은 낭비되고 마는 것이다.

1) 이직률의 측정

이직은 적절한 인사관리와 높은 이직의 원인을 가능한 줄임으로서 감소시킬 수 있다. 이직문제를 다루기 전에 먼저 이직의 원인이 무엇인지를 정확히 파악하는 것이 매우 중요하다. 퇴직인터뷰는 이런 목적에서 종종 이용된다. 이직의 원인이, 비록 해고일지라도, 무엇인지를 파악하기 위해 퇴직자를 관리자가 인터뷰해야 하는 것이다. 열악한 근무환경과 불공정하고 무능력한 관리자와 같은 비판적인 상황은 종종 직장을 떠나는 이유로 처음부터 언급되지 않으며 종종 침묵만이 남을 뿐이다. 대기업에서는 주기적인 이직인터뷰 보고서 형식을 보유하고 있으며 여기서는 잘 알려진 이직사유가 요약되고 있다. 퇴직자는 이직에 대하여 강한 감정을 보이기 때문에 일부 관리자들은 퇴직일 다음 주에 이직의 사유를 묻는 편지를 반송편지를 동봉하여 퇴직자에게 보내는 방법을 선호하고 있다. 이런 방법은 퇴직자는 어느 정도 시간이 경과한 후에 비로소 퇴직사유에 대해 객관적일 수 있다는 이론에 근거한 것이다. 이직의 원인은 주기적으로 조사하여 향후 대안 개발에 활용할 수 있어야 한다.

이직을 통제하기 위해 비교목적으로 현재의 이직률을 파악하는 것이 필요하다. 이직률을 구하는 등식에는 여러 가지가 존재한다. 어느 것을 선택하든지 한 가지만을 일관적으로 사용해야 한다는 게 중요하다. 여기서는 이직률을 구하는 등식을 다음과 같은 것을 이용하기로 하겠다.

이직률 = 이직자의 수/매월 중간시점에서의 직원 수 × 100

만일 7월의 중간시점에서 50명에게 봉급이 지급되었고 6명의 종사원이 7월에 퇴직하였다면 이직률은 아래와 같은 공식에 의해 12퍼센트가 된다. 이직률 공식은 연간으로도 구할 수 있다.

이직률 = 6 / 50 × 100 = 0.12

이직률을 합리적으로 파악하려면 자진퇴사, 해고, 정리해고 등과 같은 보다 구체적인 자료가 요구된다. 그리고 생산부서, 서비스부서 등 직종에 따라 이직률을 분석하는 것도 바람직하다. 경영층은 신입사원들이 평균적으로 어느 정도의 기간 동안 근무하는지에 분석자료를 확보할 필요가 있다. 낮은 이직률과 함께 꾸준히 일정한 인력수준을 유지하는 영업장에서 이직이 주로 신입사원들 사이에서만 이루어진다면 경영진은 반드시 그 원인을 파악해야 한다.

2) 이직률 감소 방안

이직률을 줄이기 위한 방법에는 다음과 같은 노력이 포함된다.

- 기업의 이직률과 이직으로 인한 비용에 대한 지식 확보
- 고용과 유지에 대한 프로그램을 구축한다. 가장 직접적이고 비용효율적으로 이직률을 줄이는 방안은 장기적이고 효과적인 종사원을 찾을 수 있는 유용하고 신뢰할 수 있는 종사원 선발시험의 이용이다.
- 경영층이 종사원들이 쉽게 조직에 적응할 수 있게 도와주고 또한 이행이 안전하게 될 수 있도록 하는 친교시간을 실행토록 한다. 이와 같은 목적은 신입사원을 위한 오리엔테이션 프로그램을 통하여 쉽게 조직을 이해할 수 있도록 도움을 제공한다.
- 이익분배와 주식지분을 공유할 수 있도록 제공한다. 조직을 구성하는 종사원들의 노력으로 말미암아 조직이 성장할 수 있으므로 종사원들은 반드시 보상받아야 한다.

- 현실적인 직무 시사회를 제공한다. 이런 사실에 기반한 시사회는 신입사원들에게 업무를 시작하기 전에 직무에 대한 현실감각을 익힘으로써 고용 후에 비현실적인 기대를 하지 않도록 도움을 줄 수 있다. 시사회를 통해 기업정책과 조직행동에 대해 소개할 수 있다. 시사회에서는 신입사원들이 수행하게 될 과업을 명확하게 보여주어야 한다.
- 종사원들이 직무만족을 달성할 수 있도록 도와준다. 직무만족은 이직과 부정적인 선형관계를 가지고 있다. 즉, 직무에 불만족한 종사원일수록 그렇지 않은 종사원보다 훨씬 높은 이직률을 보이는 것이 사실이다.
- 무관심과 결근을 줄이기 위해 업무교환 교육프로그램을 제공한다.
- 종사원들이 자신들의 직무에 자긍심을 갖고 또한 조직에서 중요한 자산이라는 것을 인지할 수 있도록 직무향상 프로그램을 실시한다.
- 교육훈련을 지속적으로 실시한다. 질 높은 교육훈련은 이직률을 상당 부분 줄일 수 있다.
- 지속적인 품질향상 프로그램을 개발한다. 이 프로그램은 조직의 모든 종사원들의 노력을 요구하며, 영업표준을 향상시키기 위한 조직 전체의 끊임없는 도전과제이다.

제4절 호텔 임금관리 및 복리후생

1. 임금관리

1) 임금의 성격

현행 「근로기준법」은 제2조 제1항 5호에서 "임금이란 사용자가 근로의 대가로 근로자에게 임금, 봉급, 그 밖에 어떠한 명칭으로든지 지급하는 일체의 금품을 말한다"고 규정하고 있다. 임금은 크게 두 가지 서로 다른 관점에서 바라볼 수 있다. 하나는 임금을 지급하는 사용자(기업)의 입장에서 보는 것이며, 또다른 하나는 제공한 노동의 대가로 임금을 지급받는 종사원의 입장에서 보는 것이다.

종사원의 입장에서 보면 임금은 본인 및 가족의 생활을 유지할 수 있는 가장 중요한 소득의 원천이다. 반면에 기업의 입장에서 보면 임금은 조직 전체의 비용구조를 결정하는 주요한 요소가 되고 있다. 이렇게 기업과 종사원의 입장은 아주 상이한 관계를 맺고 있다. 그래서 종종 노사 간 분쟁의 주된 이슈는 임금문제이다. 하지만 명심해야 할 것은 기업과 종사원은 서로의 필요에 의한 공존공생의 관계라는 것을 잊어서는 안될 것이다. 기업은 종사원의 노동력이 필요한 반면 종사원은 기업으로부터 금전을 필요로 한다. 투명·공정하고 합리적인 임금관리는 기업과 종사원의 관계를 더욱 원만하게 하고 공동의 이익을 성취하는데 큰 기여를 할 것이다.

2) 임금결정의 원칙

기업조직에서 합리적이고 공정한 임금관리를 정착시키기 위해서는 다음과 같은 임금결정의 원칙이 존재한다.

가. 노동질량 대응의 원칙

임금은 사용된 노동의 양과 질에 의해 대응되어야 한다. 임금은 종사원에 의해 제공된 노동에 대한 대가 혹은 기업에 대한 공헌에 대한 보상이므로 해당 노동의 양과 질에 의해 대응해서 결정되어야 한다.

나. 생산성 대응의 원칙

임금은 종사원의 해당 직무에 대한 기여도, 즉 노동생산성에 의거하여 지급해야 한다.

다. 임금안정의 원칙

본인 혹은 가족들의 생계를 책임지고 있는 종사원의 임금이 불안정한 상태에 놓이게 되면 사기저하로 인하여 생산성이 떨어지고, 또 이직률이 상승하는 원인이 될 수 있다.

라. 생계비수준 보장의 원칙

임금은 종사원 혹은 가족의 생계를 보장할 수 있는 수준 이상으로 지급되어야 한다. 최저임금제는 이와 같은 원칙을 배경으로 한 것이다.

마. 사회적 균형의 원칙

임금은 사회적으로 균형이 맞아야 한다. 기업조직 내의 계층별 균형 또는 동종산업에서 기업 간의 상대적 균형의 유지를 도모함으로써 종사원의 사기진작과 동기부여를 유발하여 생산성을 향상할 수 있다.

바. 임금지급한도의 원칙

임금은 각 기업의 지급능력한도 내에서 이루어져야 한다. 종사원의 입장에서는 임금이 많을수록 좋겠지만, 기업경영상 실제 임금의 지급은 조직의 유지·존속을 전제로 해야 하므로 지급능력한도를 초과해서는 안될 것이다.

2. 복리후생

복리후생은 종사원과 그가 부양하는 가족의 경제·문화적 환경을 유지하고 증진하기 위해서 임금 이외의 여러 가지 간접적인 보수를 지급하는 활동이다. 복리후생관리는 원래 기업경영자의 자발적인 의사에서부터 유래되었으나 산업사회의 성숙과 노사관계에서 힘의 균형이 변화되어 현재는 국가정책에 의해서 시행되고 있다. 그러나 복리후생은 기업의 첫째 목표인 이윤창출과 더불어 사회적 책임을 충실히 이행한다는 차원에서 기업에게도 긍정적인 영향을 미치고 있다.

임금은 종사원의 개별적인 성과 또는 직위에 따라 책정되는 직접적인 보수로 지급이 되지만, 복리후생은 호텔을 구성하는 구성원 모두에게 혜택을 제공함으로써 기업경영을 협동의 공동체로 인식하는데 큰 역할을 하고 있다. 호텔의 경영자는 임금 외에도 종사원들의 복리후생을 제공하여 종사원들이 열심히 일할 수 있는 근무분위기를 조성해서 종사원들의 조직몰입을 높일 수 있다. 다음은 서울시내 특1등급 C호텔의 종사원의 복리후생에 대한 실례이다.

- **의료비 지원/건강검진** : 배우자 및 건강보험카드상의 미혼자녀에 대해 실근속에 따라 연 500만 원에서 1,000만 원까지 의료비가 지급된다.
- **각종 경조사 지원** : 계약직 이상 전 직원에 대해 본인 및 직계가족의 결혼, 회갑, 사망, 출산, 졸업에 경조금 및 경로화환, 휴가가 제공된다.
- **학자금 지원** : 3년 이상 근속한 정식 직원에 대해 유치원(연 60만 원) 중고교(수업료 전액) 대학생(최고 연 등록금의 65%까지) 학자금이 지급된다(수혜자녀수 관계 없음).
- **직원 선물** : 구정, 추석 시 10만 원(연 20만 원)권의 선물 제공
- **직원 콘도/Discount Room/Complimentary Room** : 한화, 대명, 휘닉스파크, 베어스타운, 한국콘도의 회원으로 전 직원 연 2박의 콘도 사용권 제공. 조선비치 호텔 무료숙박 및 전 세계 Starwood계열 호텔 직원 할인
- **동호회 지원** : 연 2회(인당 1만 원) 동호회를 지원하며, 각종 행사 때 차량지원
- **직원 숙소/직원 도서실/휴게실/의무실/가면실** : 야간 근무자를 위한 남녀 가면실 운영 및 직원 도서실을 겸비한 휴게실 운영과 응급처치 및 유사시 이용 가능한 의무실 운영으로 직원에게 무료 도서대여 서비스제공, 의무실 운영으로 응급처치 및 유사시 이용 가능
- **각종 포상** : 매월 분기조회를 통해(개인별, 부서별) 포상제도가 있으며, 상금 및 휴가 제공, 장기 근속자에 대해서는 5년 이상부터 포상하며(금 한 돈부터 금 20돈 최고 300만 원) 휴가비 제공, 미주 항공권 등 다양한 장기근속 포상제도 운영

그 외에도 국민연금, 의료보험, 산재보험, 고용보험 등 국가 4대 보험에도 모두 가입되어 있어 4대 보험의 혜택을 모두 적용받을 수 있다. 기타 유니폼 지급, 식사 제공, 개인 라커 제공 등의 처우를 받게 된다.

제5절 호텔 종사원의 교육훈련

호텔기업은 제조업체나 다른 서비스기업에 비하여 특히 인적자원에 대한 의존도가 매우 높다. 특히 고객과의 접촉빈도가 많은 호텔산업에서 서비스제공자인 종사원이 가장 중요한 전략적 자원이란 사실이 여러 연구를 통하여 밝혀지고 있다. 따라서 호텔기업의 인적자원관리는 조직운영을 위한 통제위주의 기능적인 활동이라는 고정관념에서 탈피하여, 종사원 개개인의 능력을 적극적으로 육성하고 활용하는 전략적 차원에서 이루어져야 하며, 이를 위해서는 종사원의 교육훈련에 보다 많은 관심과 지원을 아끼지 말아야 할 것이다.

마케팅믹스에 빗대어 교육훈련(Training)은 동기유발(Motivation) · 고용(Employment) · 보상(Compensation)과 함께 4대 인사정책믹스라고 불리고 있다. 기업조직의 교육훈련은 기업 내 종사원들이 현재 보유하고 있는 지식 · 기술 · 태도가 기업이 종업원들에게 기대하는 수준과 차이가 클수록 그 필요성이 증대된다. 따라서 오늘날과 같이 다방면에서 변화가 가속되는 환경에서는 모든 기업이 종사원 개발에 지속적인 관심을 가져야 할 것이다. 인적자원관리분야 학계연구의 중요 관심사가 1980년대 초반부터 노사관계 이슈에서 종사원을 기업조직의 새로운 자산(Asset)으로 인식하는 인적자원관리로 이동한 것도 이러한 환경변화를 반영한 것이다.

종사원 교육훈련에 투자하는 기업은 그에 상응하는 결과를 기대하기 때문에 대부분 교육훈련의 유효성에 관심을 두게 된다. 교육훈련의 목적은 일차적으로는 교육훈련에 참가한 피교육자의 학습성과 향상이지만 궁극적으로는 실제 현업에서의 업무성과를 개선하는데 있다. 하지만 여러 학계의 연구결과 종사원들이 교육받은 내용을 실제 현업에서 활용되는 정도가 대체로 많지 않다는 사실이 드러나고 있다.

교육훈련의 실시는 궁극적으로 경영조직의 성과향상에 공헌해야 하는데, 교육에 참가한 종사원들이 교육훈련 때 습득한 기술 · 지식 등을 활용하려는 의지가 약하거나 현장으로의 전이(Transfer of Training)를 방해하는 조직 내 요인이

작용하여 현장에서 적용수준이 낮다면, 교육훈련은 별로 가치가 없는 활동이 될 것이다. 또 교육훈련 내용이 올바르지 못하면 그 결과로 인하여 실제 업무에서 계속 효과/효율향상은 기대하기 어려울 것이다.

가속되는 경영환경 변화에 맞추어 이를 반영할 수 있는 지속적인 교육훈련의 실시는 기업경쟁력을 확보하기 위한 중요한 과제이다. 창의적이고 효과적인 교육훈련을 받은 종사원은 고객의 기대를 상회하는 서비스를 제공하여 고객에게 만족스러운 경험을 제공하여 기업의 이익 및 가치향상에 기여할 것이다. 호텔기업이 과거방식에 얽매인 교육방법을 고집하고 변화를 수용하지 못할 때 외부고객인 소비자는 물론이고 내부고객인 종사원들도 불만을 토로할 것이다. 경쟁력 있는 교육훈련은 종사원들 자신의 경력관리에도 지대한 영향을 미치기 때문이다.

제6절 호텔 노사관계관리

새 천년이 시작되는 벽두인 2000년 6월 9일 국내 대표적인 호텔인 롯데호텔 노조가 비정규직 노동자의 정규직 전환과 정년 연장 등을 요구하며 파업에 돌입했다. 곧바로 힐튼호텔과 그랜드힐튼호텔 노조들도 파업 동참을 선포하였다. 그러나 파업이 장기화되면서 점차 큰 경제적 및 사회적 파장을 몰고 왔다. 특히 일본인 관광객의 수가 6월 한 달 2만 3천 명을 포함하여 총 5만 명이 감소하자 문화체육관광부가 '관광호텔 운영 정상화를 위한 호소문'을 발표하기에 이르렀다. 급기야는 경찰병력이 호텔에 진입하여 노조원 1,122명 전원을 연행하는 사태가 발생하기도 했다. 또한 노조 여직원들이 호텔 임직원을 성희롱으로 고소를 하는 사건도 발생되었다. 결국 파업 개시 74일 만에 노사 양측의 합의로 분규가 타결되었다. 그러나 호텔 측의 발표에 의하면 면세점 등을 포함하여 영업중단으로 약 450억 원의 매출손실과 120억 원의 순손실을 본 것으로 추정되었다고 한다. 그러나 더 큰 피해는 그동안 특급호텔로서 쌓아온 이미지에 치명적인 손상을 입게 되었다는 점이다.

이렇듯 바람직하지 않은 노사관계는 공든 탑이 하루아침에 무너지는 결과를 초래할 수도 있다. 경영자와 노동조합은 기업이란 같은 우산 아래 같은 가족이란 정신을 기반으로 상호 협력을 도모하여 기업을 발전시켜 나가는 지혜를 잊지 말아야 한다. 노동조합(Union)이란 쉽게 말해서 경영진으로부터 개별보다는 단체로서 원하는 것을 요구하는 것이 더욱 효과적일 것이라고 믿는 근로자들의 집단이다. 무리를 지어서 회사 측과 협상에 임하게 되므로 이들은 자기들이 더욱 강한 권력을 가질 수 있고 또한 경영진은 노동자들의 목소리에 더욱더 귀를 기울이게 될 것이라고 생각한다.

모든 호텔기업에 노동조합이 조직되어 있는 것은 아니다. 그리고 모든 종사원이 노동조합에 가입하는 것은 아니다. 노동조합의 가입여부는 종사원의 개인적인 선택에 달려 있다고 할 수 있다. 그래서 회사 측은 보통 가입하지 않기를 바라며 반대로 노동조합은 가입을 강력하게 권유한다. 그리고 일반적으로 중간관리자 이상의 직급이 되면 노동조합에 가입하지 않고 있다.

그럼 여기서 어떤 상황 또는 조건이 호텔기업 종사원들의 노동조합 가입을 조장하는지 알아보면 다음과 같다.

- 부적당한 임금수준
- 자기 자신의 능력을 향상시키는데 융통성이 없을 때
- 열악한 근무환경
- 적절치 못한 후생복지
- 직업의 불안정
- 노동자들이 경영진이 자신들을 존중하지 않는다고 느낄 때
- 차별
- 편파 · 정실
- 일관성 없는 규율
- 자신이 진정으로 조직의 일원이라고 느끼지 못할 때
- 경영진이 자신들의 우월한 지위를 남용할 때
- 자신의 직무에 대한 자부심이 없을 때
- 기업조직이 자신의 개인적 노력과 성과를 인정하지 않을 때
- 경영진과 근로자의 대화부족

노사관계는 근본적으로 근로자와 경영자 사이에서 구체적인 근로조건을 둘러싸고 벌어지는 대립적인 관계이다. 그러므로 서로 간의 논쟁의 여지가 항상 존재하고 있다. 불필요한 논쟁을 지양하고 상호이익을 추구하기 위해서는 노사가 상대방을 대등한 동반자(Partner)로서 서로 존중하고 또한 의견충돌 때마다 서로 높은 차원의 조화를 이루어내는 노력을 아끼지 말아야 할 것이다. 만일 서로 간의 의견조율이 되지 않아 막바지 파국에 이르면 서로가 모든 것을 잃는다는 것을 명심해야 할 것이다. 진정한 협상 및 타협기능은 상호이익(Win-Win)을 이끌어내는 것이지 동반실패(Lose-Lose)를 조장하는 것이 아니다.

여기서 성공적인 노사관계의 예를 들어보자. 1994년 미국 San Francisco지역에서 영업 중인 11개의 주요 호텔들은 종래 노조와의 대결구도를 종식시키고자 노사파트너십(Labor-management Partnership)을 결성하였다. 호텔레스토랑 종사원 노조는 미국에서도 가장 대립적인 노조였다. 하지만 노사파트너십 결성은 상호대립관계를 상호 협력관계로 전환시키는 역사적인 계기를 만들어 내었다.

이들 11개 호텔의 노사파트너십 결성의 배경으로는 계약조건에 의해 근로자의 직무내용이 철저히 고정된 노동조합호텔과 달리 노동조합이 결성되지 않은 San Francisco의 다른 호텔들은 손쉽게 운영의 묘를 이끌어 낼 수 있어서 빠르게 변하는 고객들의 요구를 충족하기가 용이했다. 또 노동조합이 결성되지 않은 호텔들은 종사원들의 직무분류(Job Classification)의 종류가 훨씬 적기 때문에 이들은 경쟁업체인 노동조합호텔에 비해 보다 신속하고 유연한 서비스를 고객에게 제공할 수 있었다. 예를 들면, 호텔은 레스토랑에서 종사원의 업무를 영업상황에 따라 요리사, 서버, 바텐더, 캐셔 등으로 교체하는 운영의 묘를 살릴 수 있어 신속한 식사제공과 비용을 절감할 수 있었으며, 아울러 비노동조합 호텔들은 커피메이커와 팩스 등을 객실에 제공하는 등의 서비스 혁신을 신속하게 수행할 수 있었다. 이런 것은 노동조합 호텔들에 비해 경쟁우위를 창출하게 되었다.

하지만 노동조합 호텔들은 수시로 종사원의 직무내용의 변화가 필요할 때마다 노조와 협상을 벌여야 했다. 왜냐하면 거의 모든 종사원의 업무기능은 한정된 직무분류, 선임순위, 오래된 업무규칙에 의해 규정되어 있기 때문이었다. 이런 시대에 뒤처진 노동조합법의 규정을 고치기 위하여 11개의 호텔들은 각각 수십만 달러에 달하는 변호사비용을 지불해야 했으며, 불평처리, 중재, 대립적인 협상에 시간을 소모했으며, 급기야 이런 노사 간의 논쟁은 경영성과에 부정적인 영향을 초래하기에 이르렀다.

이런 노사 간의 분쟁을 종식시키고 노사 간 협력을 이끌어내고 경쟁에서 생존하기 위하여 11개의 호텔들은 노사파트너십을 결성하기로 하였다. 결성의 사전작업으로 1994년 여름에 11개 호텔의 경영진과 노조는 이들 호텔들이 San Francisco 호텔시장에서 당면하고 있는 문제점들을 분석하기 위하여 공동연구(Joint Study)를 수행하는데 동의하였다. 과거 같으면 서로가 일방적으로 개발한 협상안을 협상테이블에 갑자기 제출하곤 했었다. 따라서 이런 제안들은 대부분 폐기되기에 이르렀는데, 왜냐하면 노사가 서로를 신뢰하지 않아 상대방의 동기와 욕구를 이해할 수 없었기 때문이었다. 공동연구는 상대방의 관심사와 욕구를 평가하고 가능한 노사가 서로 만족할 수 있는 해결책을 개발하여 과거의 폐습을 타파하기 위해 의도적으로 수행되었다. 공동연구가 종료된 후 노사는 파트너십 결성을 위한 본격적인 협상을 시작하였다. 과거와 달리 이 협상에서부터 노사는 서로 상대방의 문제 및 관심사와 잠재적인 해결책에 대한 교감을 서로 이해하고 대화에 임하게 되었다.

협상 결과 노사는 살아 있는 계약(Living Contract)이란 새로운 유형의 계약을 개발하였다. 종래의 계약은 노사 간 협상이 종료되면 수정이 불가능하도록 되어 있는데 반해, 살아 있는 계약은 계약기간 동안 예기치 못했던 문제점들을 논의하고 해결책을 산출하기 위해 계약조건을 수정할 수 있도록 수시로 회의를 소집하는 것이 허용되었다. 이와 같은 계약은 노사관계가 지속적으로 향상되는 과정을 창출하였다.

노사파트너십은 참가한 11개 호텔의 실제 업무에 많은 긍정적인 결과로 나타나 경영성과를 향상하는데 큰 도움을 제공하였다. 그런 많은 예 중에서 Hyatt Regency호텔이 거둔 구체적인 성과를 살펴보면 다음과 같다.

과거 Hyatt Regency호텔에서 객실종사원(Room Attendant)과 객실관리자(Inspector)는 계약에 명시된 유형의 업무만 수행하도록 업무범위가 제한되었다. 이 호텔에서는 객실종사원이 객실청소를 마친 후에도 객실관리자의 객실상태검사가 끝나지 않으면 청소가 끝나 깨끗한 상태임에도 불구하고 손님에게 객실을 바로 제공할 수 없었다. 객실관리자의 수가 부족하기 때문에 청소는 끝났지만 검사가 아직 실시되지 못했기 때문에 이 호텔의 손님들은 종종 로비에서 객실을 배정받기 위해 긴 줄을 서야 하는 것을 감수해야만 했다.

하지만 로비에서 대기하는 고객들의 인내심은 1990년대를 통하여 급격하게 떨어졌다. 이런 상황에서 비노조 호텔들은 보다 효율적인 서비스를 제공할 수 있었다. Hyatt호텔로서는 이런 문제점을 빨리 시정해야 할 필요가 있다는 것이 명확해졌다. 과거에는 이런 문제가 대두되면 노조의 일상적인 대응방법은 불평을 제기하고 중재를 요청하는 것이었다.

Hyatt호텔의 새로운 공동연구팀은 종래와 같이 중재요청이 아닌 다른 색다른 방법으로 현안을 처리하였다. 공동연구팀은 이 문제를 해결하기 위해 장시간의 많은 촉진적인 회의를 통해 안건에 대한 심층조사를 실시하였는데, 최고 경영진과 노조가 회의에 참석하였다. 공동연구팀은 이 문제에 대한 상대방의 관심사를 연구했고, 다방면으로 문제점에 대한 대안을 논의하여 결국 서로에게 모두 만족할 수 있는 해결책을 개발하게 되었다.

구체적인 해결책은 객실종사원은 자신이 담당한 객실의 청소가 끝난 후에 이어서 객실의 청소상태를 검사하는 역할을 수행하게 한 다음 검사과정이 끝나면 곧바로 고객에게 객실을 배정하도록 하였다. 이렇게 객실종사원이 검사업무를 수행함에도 불구하고 호텔경영진은 객실관리자의 근무시간을 줄이지 않는데 동의하였다. 한 걸음 더 나아가 경영진은 향후 객실종사원이 검사업무도 같이 수행함에 따라 파생될 수 있고 또한 객실종사원들이 가장 두려워하는 객실불평과 징계행위가 증가하게 되면 이 문제는 공동연구팀에 의해서 다시 논의키로 하였다. 한편, 공동연구팀은 객실관리자의 직무를 재설계했고, 특별한 상황이 발생할 때에는 객실종사원의 당일 배정된 청소할 객실의 수를 줄일 수 있는 권리와 같은 새로운 권한을 부여하였다.

그 결과 보다 신속하게 객실이 고객들에게 배정됨으로써 Hyatt호텔의 경영진은 이 해결책에 대해 크게 만족하였다. 한편, 노조도 객실관리자가 계속해서 중요한 직무에 수행할 수 있게 되고, 객실종사원들도 스스로 객실검사를 수행함에 따르는 잠재적인 징계행위에 대한 위협을 덜 수 있었기 때문에 만족하게 되었다. 이런 성공적인 공동노력에 의해 산출된 부산물로서 객실부서 종사자와 관리자 간의 관계가 많이 향상된 것이었다.

이렇게 해서 많은 호텔들이 유연하게 환경변화에 대처할 수 있게 되어 비노조 호텔에 빼앗겼던 경쟁우위를 되찾아 경영성과를 크게 향상시킬 수 있게 되었다. 거듭 강조하지만 노사는 대립관계가 아니라 상호공생의 관계에 놓인 동반자인 것이다.

부록 1 I호텔의 입사지원서

Application to be filled out in English and Korean separately. one copy each. and all English letters in capitals.
국·영문 각1부씩 정자로 바르게 써 주십시오. 단, 영문 철자는 대문자로 표기바람.

INTER·CONTINENTAL HOTELS SEOUL

EMPLOYMENT APPLICATION 입사지원서

POSITION	
DEPARTMENT	
PERSONNEL	
APPL. NO 접수번호	CONFIRMED 확인

DEPT APPLIED FOR 희망하는 부서	POSITION APPLIED FOR 희망하는 직위	SALARY REQUESTED 희망하는 연봉	ARE YOU NOW EMPLOYED? 현재 취업중입니까? YES 예 NO 아니오

ATTACH RECENT PHOTOGRAPH
최근 찍은 사진
(3cm × 4cm)

NAME IN KOREA 한글성명	NAME IN CHINES 한문성명	NAME IN ENGLISH 영문성명	
PRESENT ADDRESS 주소		TELEPHONE 전화	
PERMANENT ADDRESS 본적	호주		호주와의관계
RESIDENT IDENTIFICATION CARD NO. 주민등록번호	PASSPORT NO. 여권번호	국가보훈대상 예 ____ 아니오 ____	LICENSE/QUALIFICATION 관련면허 · 자격증
DATE OF BIRTH 생년월일	AGE 년령	PLACE OF BIRTH 출생지 CITY 시 PROVINCE 도	
EYE SIGHT OFF GLASSES 나안시력 : L좌 ____ R우 ____	RELIGION 종교	BLOOD TYPE 혈액형	HEIGHT 신장 / WEIGHT 체중
SCARS 흉터	PHYSICAL DEFECTS 신체적결함		

EDUCATION 학력	NAME & LOCAT ION OF SCHOOL 학교명과 소재지	MAJOR 전공과목	FROM TO 부터 까지	CERTIFICATE OBTAINED 졸업 또는 학위증
PROFESSIONAL OR SPECIAL TRAINNG 전문 및 특수교육				
UNIVERSITY 대학				
HIGH SCHOOL 고등학교				
MIDDLE SCHOOL 중학교				
PRIMARY SCHOOL 초등학교				
OTHERS 기타				

LANGUAGES 언어 MARK WITH AN 해당란에 X표	UNDERSTANDING 이해			SPEAKING 말하기			READING 읽기			WRITING 쓰기		
	GOOD 상	FAIR 중	POOR 하	GOOD 상	FAIR 중	POOR 하	GOOD 상	FAIR 중	POOR 하	GOOD 상	FAIR 중	POOR 하
KOREAN 한국어												
ENGLISH 영어												
JAPANESE 일본어												
CHINISE 중국어												
OTHERS 기타												

SKILLS 기능				
TYPING 타자속도	ENGLISH 영어 /분 KOREAN 한글 /분	SHORTHAND 속기속도	DICTAPHONE 녹더폰속기용기계	
사용중인 컴퓨터 프로그램 기재(Word, Excel 등 ...)	1	4		
	2	5		
	3	6		
OTHERS 기타				

DO YOU HAVE A RELATIVE NOW EMPLOYED BY HIS? 귀하의 친척으로서 당사에 재직중인자가 있습니까? NAME 성명	IN CASE OF EMERGENCY NOTIFY 비상연락처 NAME 성명	
RELATION 관계	ADDRESS 주소	
LOCATION 소속부서	RELATIONSHIP 관계	TEL NO. 전화번호

I호텔의 입사지원서(계속)

EMPLOYMENT RECORD 취업경력

(LIST PRESENT OR LAST JOB FIRST AND WORK BACK) 전직부터 기재 하십시오.

1. COMPANY OR FIRM 회사명		ADDRESS 주 소	
NATURE OF BUSINESS 업종		NATURE OF YOUR WORK & POSITION 귀하의 직종 및 직위	YEARLY SALARY(TOTAL EARNING) 급료(년총수입)
NAME OF SUPERVISOR 직속상관명	FROM 부터	TO 까지	REASON FOR LEAVING 사직이유
2. COMPANY OR FIRM 회사명		ADDRESS 주 소	
NATURE OF BUSINESS 업종		NATURE OF YOUR WORK & POSITION 귀하의 직종 및 직위	YEARLY SALARY(TOTAL EARNING) 급료(년총수입)
NAME OF SUPERVISOR 직속상관명	FROM 부터	TO 까지	REASON FOR LEAVING 사직이유
3. COMPANY OR FIRM 회사명		ADDRESS 주 소	
NATURE OF BUSINESS 업종		NATURE OF YOUR WORK & POSITION 귀하의 직종 및 직위	YEARLY SALARY(TOTAL EARNING) 급료(년총수입)
NAME OF SUPERVISOR 직속상관명	FROM 부터	TO 까지	REASON FOR LEAVING 사직이유
4. COMPANY OR FIRM 회사명		ADDRESS 주 소	
NATURE OF BUSINESS 업종		NATURE OF YOUR WORK & POSITION 귀하의 직종 및 직위	YEARLY SALARY(TOTAL EARNING) 급료(년총수입)
NAME OF SUPERVISOR 직속상관명	FROM 부터	TO 까지	REASON FOR LEAVING 사직이유
5. COMPANY OR FIRM 회사명		ADDRESS 주 소	
NATURE OF BUSINESS 업종		NATURE OF YOUR WORK & POSITION 귀하의 직종 및 직위	YEARLY SALARY(TOTAL EARNING) 급료(년총수입)
NAME OF SUPERVISOR 직속상관명	FROM 부터	TO 까지	REASON FOR LEAVING 사직이유
6. COMPANY OR FIRM 회사명		ADDRESS 주 소	
NATURE OF BUSINESS 업종		NATURE OF YOUR WORK & POSITION 귀하의 직종 및 직위	YEARLY SALARY(TOTAL EARNING) 급료(년총수입)
NAME OF SUPERVISOR 직속상관명	FROM 부터	TO 까지	REASON FOR LEAVING 사직이유
7. COMPANY OR FIRM 회사명		ADDRESS 주 소	
NATURE OF BUSINESS 업종		NATURE OF YOUR WORK & POSITION 귀하의 직종 및 직위	YEARLY SALARY(TOTAL EARNING) 급료(년총수입)
NAME OF SUPERVISOR 직속상관명	FROM 부터	TO 까지	REASON FOR LEAVING 사직이유

AWARDS 포상

DATE 년월일	AWARDS 포상사항	DATE 년월일	AWARDS 포상사항

MILITARY SERVICE 군복무	KIND OF FORCES 군별	STATUS OF SERVICE 역종	SERIAL NO. 군번	FROM 입대년월일	TYPE OF DISCHARGE 전역 종별
YES 예 NO 아니오		BRANCH OF SERVICE 병과	RANK 계급	TO 제대년월일	RESERVE FORCES 예비군 소속

TRAVELS OF RESIDENCE ABROAD 해외여행 또는 거주지

(PLACES OUTSIDE KOREA YOU HAVE VISITED OR LIVED IN) 한국외에서 살았거나 방문한 곳

FROM 부터	TO 까지	CITY 시	COUNTRY 국가	IF VISITING. STATE PURPOSE 여행목적

I호텔의 입사지원서(계속)

MARITAL 혼인 STATUS 혼인관계	SINGLE 미혼	MARRIED 기혼	WIDOWED 배우자사망	DIVORCED 이혼	NUMBER OF FAMILY MEMBERS SUPPORTED 부양가족수

FAMILY RECORD 가족상황	HUSBAND OR WIFE 남편 또는 아내	NAME 성명	OCCUPATION 직업	MONTHLY INCOME 월수입

	NAME 성 명	RELATIONSHIP 관 계	AGE 년 령	WORK PLACE & OCCUPATION 근무처 및 직업	TEL NO. 전화번호
PARENTS, BROTHERS, SISTERS, CHILDREN 부모, 형제, 자매, 자녀					

SPECIALTY 특기	HOBBIES 취미

MEMBER OF CLUB SOCIETY OR ORGANIZATION 귀하가 소속한 정당, 클럽, 혹은 사회단체명

WHO RECOMMENDED YOU TO THIS HOTEL? 귀하를 추천한 분은?	HIS / HER NAME 성명	HIS / HER OCCUPATION 직업
	HIS / HER ADDRESS 주소	

MARK WITH AN "X" 해당란 "X"표	NO 아니오	YES 예	
Have you ever been discharged from employment because your work or conduct was not satisfactory? 귀하가 고용되었던 회사로부터 불실한 행위나 근무태만으로 해고된 사실이 있습니까?			
Have you ever been arrested and convicted of a crime? 귀하는 범법자로 체포 또는 구금된 사실이 있습니까?			
May enquiry be made of your present employer regarding your qualifications and character? 귀하의 능력에 관하여 현재 귀하의 고용주에게 조회를 해도 좋습니까?			

On the occasion of applying to HANMOO DEVELOPMENT CO., LTD. INTER·CONTINENTAL HOTELS SEOUL I, the undersigned, hereby certify that all the aforementioned are correct and true and I understand my misrepresentation will be a cause for disciplinary measure including dismissal from employment.

상기 본인은 「한무개발주식회사·인터콘티넨탈 호텔 서울」에 입사원서를 제출함에 있어, 위 내용이 사실과 틀림없음을 서약하며, 만일 상기 기재사항이 허위이거나 사실을 은폐하였음이 발견될 시는 입사후 회사의 여하한 인사 조치에 대하여도 하등의 이의를 제기하지 않겠음을 서약합니다.

Applicat's Signature:
지원인 서명

Date:
제출일자

IF SPACE IS INSUFFICIENT IN ANY OF THE BLOCKS, WRITE ON ANOTHER PIECE OF PAPER AND ATTACH TO THIS FORM
부족한 난이 있으면 별도 종이에 기록하여 첨부하여 주십시오.

부록 2 I호텔의 근로계약서

COEX
INTER-CONTINENTAL
SEOUL

근로 계약서(계약직)

한무개발(주) 호텔 인터 · 컨티넨탈 서울(이하 "갑"이라 한다)과 ____________(이하"을"이라 한다)는 다음과 같이 근로계약을 체결하고 이를 성실히 이행하기로 한다.

- 다 음 -

1. 계약기간
   이 계약의 기간은 년 월 일 부터 년 월 일까지로 한다.
   ※ 근무시작부터 3개월의 수습기간을 별도로 적용한다.
2. 의뢰직종 및 근무장소
   "을"은 "갑"이 지정하는 "갑"의 ( )에서 직 · 간접으로 업무를 수행한다.
3. 임 금
   (1) "갑"은 "을"에게 계약기간중 임금(기본급: 원/월 일, 봉사료 :( )%/월 일)을 지급한다.
   (2) 임금은 계산기간은 매월 1일부터 당월 말까지로 하고 지급일은 익월 10이며, 휴일인경우에는 그 전날에 지급한다.
4. 근로 및 휴게시간
   (1) "을"의 근로시간은 휴게시간을 제외하고 1주 44시간을 원칙으로 한다.
   (2) "갑"은 "을"의 근로시간이 4시간일 경우에는 30분이상, 8시간일 경우에는 1시간이상의 휴게 시간을 준다.
   (3) "을"은 "갑"이 연장근무를 명하는 경우 이에 따라야 한다.
   (4) 소정의 근로시간을 초과하는 시간외 근로에는 통상임금의 50%를 가산 지급한다.
5. 복 무 규 율
   (1) "갑"은 "을"에게 부여된 직책, 업무, 회사의 규정을 포함하는 취업조건 그리고 권리와 특전을 충분히 주지시킨다.
   (2) "을"은 맡은 바 직책을 인식하고 양심적이고 능률적으로 업무를 수행하며 또한, 사내에서 사원의 신분을 지키고 회사의 명예를 손상시키는 행위를 하지 아니한다.
   (3) "을"은 회사의 제규정과 관련하여 적정한 품행을 유지함에 특별히 유의하여야 한다.
   (4) "을"은"갑"이 별도로 정하는 복무규율 및 일반사항을 준수해야 한다.
6. 시업 및 종업시간
   "을"은 "갑"이 지정하는 시간에 근무하여야 한다.
7. 출 · 퇴 근
   (1) "을"은 출 · 퇴근시 TIME-CARD에 출 · 퇴근시간을 각인하거나 출 · 퇴근 기록부에 서명하여야 한다.
   (2) "을"은"갑"의 사업장 출입시 지정된 출입문을 이용하여야 한다.
   (3) "을"은 종업후 "갑"의 허락을 얻은 경우 이외에는 지체없이 퇴근하여야 한다.
8. 유 급 휴 일
   (1) 유급휴일은 아래와 같다. 다만, 주휴일과 기타의 유급휴일이 중복될 경우에는 1일의 유급 휴일로 인정한다.
   ※ 주휴일 : "갑"은 "을"이 주 소정의 근로일수를 개근한 경우에 1주일에 1일의 유급휴일을 준다.
   (2) 전(1)의 유급휴일에 근무하였을 경우에는 "갑"은 "을"에게 기본급 50%를 가산 지급하거나 대체휴일을 지급한다.

I호텔의 근로계약서(계속)

9. 휴　　가

(1) 월차 유급휴가
1개월의 소정 근로일수를 만근한 경우에는 1일의 월차 유급휴가를 준다.

(2) 무급휴가
"갑"은 "을" 이 특별한 사정으로 인하여 근무에 임할 수 없는 사정이 발생한 경우에는 무급휴가를 부여할 수 있다.

(3) 민방위 및 예비군 훈련시간
"을"이 근무시간에 민방위 및 예비군 훈련시간에 참가하여 훈련을 받은 경우에는 소요된 시간을 유급으로 인정한다. 단, "을"은 사전에 증빙서류를 감독자에게 제출하여야 한다.

(4) 휴가의 사용
"을"이 휴가를 사용하고자 할 경우에는 소속 부서장에게 회사 소정양식의 휴가계를 제출하여 사전 승인을 얻어야 한다.

10. 해　　고

"갑"은 다음과 같은 사유가 발생하였을 경우 "을"을 해고한다.

(1) 일반 근무수칙이나 상사의 정당한 명령 또는 지시를 위반했을 경우
(2) 무단결근이 월간누계 2일 이상인 경우
(3) 지각 또는 조퇴가 월간누계 4회 이상으로써 근태가 불량한 경우
(4) 직무명령, 직무태만 등으로 인하여 회사의 규율, 질서를 문란케 하였을 경우
(5) 회사의 체면, 명예 또는 신용을 손상시켰을 경우
(6) 회사의 기밀을 누설하거나 고의 또는 중과실로 회사에 손해를 끼쳤을 경우
(7) 건강진단 결과 취업금지 사유가 나타났을 경우
(8) 근무평가 결과가 극히 불량하거나 업무수행 능력이 현저히 부족하다고 판단되었을 경우
(9) 관계법령에 정한 취업금지 사유의 발생 및 기타 정당한 사유가 있다고 인정될 경우.
(10) 근무평가 결과가 연속 년 2회 E등급을 받은 사원은 계약이 종료된다.

11. 손해 배상

"을"은 업무수행중 또는 업무와 무관한 사항으로써 고의 또는 중과실로 "갑"에게 재산상의 손해를 끼쳤을 경우에는 원상복귀 또는 손해배상하여야 한다.

12. 준　　용

이 계약에 명시되지 않은 사항에 대하여는 근로기준법 및 관계법령에 따른다.

년　　월　　일

한무개발(주) 호텔 인터 · 컨티넨탈 서울

총지배인 :

성　　명 :
주　　소 :
주민등록번호 :
전 화 번 호 :

부록 3 I호텔의 고용계약서

한 무 개 발 주 식 회 사
고 용 계 약 서

한무개발주식회사 와 ______________은(는) 아래와 같이 고용계약을 체결한다.

1. 임 용 일 자 : 2000 년 월 일

2. 소 속 부 서 : 부 과

3. 임 금

급 호 : - -
월 기본급 : ₩ ______________ (봉사료 Point : %)
상 여 금 : _________ % / 년

4. 근 로 시 간 : 근로시간은 주 44 시간으로 한다.

5. 근로자는 3 개월간의 수습기간을 거치게 되며, 회사는 근로자가 수습기간중에 담당업무를 원만히 수행치 못하거나 직무에 부적격하다고 판단된 경우, 사전 예고없이 근로자를 해고할 수 있다.

수습기간중의 기본급: ₩ ___________, 상여금: ______ % 가 지급된다.

6. 기타 근로조건에 대하여는 당사 규정에 준하며, 본 계약에 명시되지 않은 사항에 대하여는 근로기준법 및 관계법령에 따른다.

회사와 근로자 쌍방은 상기사항을 성실히 이행하기로 하고, 이에 합의 서명한다.

2000 년 월 일

사용자 : 한 무 개 발 주 식 회 사 근로자 :

__________________ __________________(서명)

총 지 배 인

부록 4 I호텔의 근무평가표(입사 3개월 후)

Hotel Inter·Continental Seoul

PROBATIONAL PERIOD APPRAISAL

Name ______________________ (Last / First / Middle) Employee No. ______________

Position ______________________ Date Employeed ______________

DEPARTMENT ______________________ Date Appraised ______________

PART I Technical Knowledge and Skills (Check One Each Catagory)

	Very Good	Above Standard	Meets Standard	Poor
1. Knowledge of Job	Thorough knowledge of own job	Good knowledge	Satisfactory/Average knowledge of job	Poor
2. Related Job Knowledge	Able to do all related work	Able to perform some related work	Has an idea of related jobs, but no details	Cannot do any related jobs
3. Initiative	Self-starter	Can usually work independently	Requires average supervision	Always needs some supervision
4. Accuracy	Very few errors	Occasional mistakes	Normal record	Careless worker Work always needs checking
5. Orderliness	Always keeps work station neat	Usually neat and organized	Work place usually not in good order	Untidy worker
6. Dependability	Very reliable	Can usually be relied upon	Occasionally late or absent	Frequently late or absent
7. Safety	Observes all safety rules	Usually careful	Has to be corrected often on Hotel rules	Careless worker is a hazard to others
8. Attitude	Always attentive and courteous to guests and employees		Usually attentive to guest and employee needs	Needs to improve human relation skills

I호텔의 근무평가표(입사 3개월 후)(계속)

9. Telephone/ Communications Skills	Always patient and courteous on phone	Usually displays good phone skills	Average communication phone skills	Poor phone skills/rude
10. Observance	Appears to have read Handbook thoroughly	Average and adequate knowledge of rules and procedures	Somewhat confused on rules, asks many questions	Totally confused about rules constant clarification

PART II Evaluation of Job Skills Acquired

1. What are the specific ways this employee can improve his/her job performance over the period of the next review?

____

2. What are the strengths and weaknesses this employee has displayed in the performance of his job and related tasks, including Guest Relations and interaction with guest/patrons/employees?

Strength

____

Weakness

____

3. List any specific areas that this employee needs additional training in

____

4. Is this employee qualified to continue in his/her present position?

Yes__________ No__________

5. If no, What is your recommendation? And do you recommend this employee be retained?

____

SIGNATURE OF APPRAISER__________ DATE__________

SIGNATURE OF DEPT. HEAD__________ DATE__________

SIGNATURE OF EMPLOYEE__________ DATE__________

부록 5 I호텔의 근무평가표

SECTION A

피평가자 자기관찰표
(EMPLOYEE'S SELF-OBSERVATION)

년 월 일

＊본 항목은 피평가자가 작성한다. (To be completed only by individual being reviewed.)

1. 직무만족도(표기방법의 해당항목 선택기재)
(Job Satisfaction)
(1) 업무의 양은? (Quantity of Work) : ( )
(2) 업무의 질은? (Quantity of Work) : ( )
(3) 직무수행시 나의 능력발휘도는? : ( )
(Showing my ability)
(4) 업무상 나의 재량권은? : ( )
(Scope of Empowering)
(5) 업무에 대한 나의 흥미는? (Interest) : ( )
(6) 종합적인 현직무의 만족도는? : ( )
(Overall Job Satisfaction Level)

＊표기방법(Rating Key)
A : 매우 많다(높다, 좋다)
(Most, Best)
B : 많다(Much, Many, Good)
C : 보통(Normal)
D : 적다(낮다, 나쁘다)(Little)
E : 매우 적다(낮다, 나쁘다)
(Least, Worst)

2. 전배치 희망 (Career Development)
(1) 희망 직무 또는 부서/업장 (Next Position) :
(2) 전배 희망시기 (Time Frame) :
- 3개월 이내 ( ) (within 3 months) - 6개월 이내 ( ) (within 6 months) - 1년 이내 ( ) (within 1 year)
(3) 전배 희망 사유 (Reason) :

3. 자기개발 (Self-Development)
(1) 지난 6개월동안 자신의 능력개발을 위해 특별히 관심을 두고 연구했거나 학습했던 분야는? (Any special areas that you have studied for developing your abilities for last 6 months.) :

(2) 향후 자신의 능력개발을 위해 특별히 연구하고 교육받고 싶은 분야가 있다면? (Areas that you want to study, hereafter.) :

4. 고충 및 애로사항 (Difficulties or Grievances)

5. 건의사항 (Proposal and Suggestion)

I호텔의 근무평가표(계속)

SECTION B

근 무 평 가 표
(Performance Evaluation)

	항 목 Factor	세부사항 CONTENTS	배점 (Distribution) 탁월 E	우수 A.S	보통 S	부족 M	열등 B.M	자기 평가 (Self)	1차 평가 (1st)	2차 평가 (2nd)	조정 (Adjust ment)
능력 Abil-ity	업무지식 Job Knowledge	담당업무를 수행하는데 필요한 전문지식 및 관련지식의 폭과 깊이	A	B	C	D	E				
	이해판단력 Judgement	회사방침, 지시에 대한 핵심 파악능력과 신속정확한 상황 대처능력	A	B	C	D	E				
	기획창의력 Initiative	담당업무를 수행하기 위한 단계, 순서 등을 구체적으로 전개하고 창조성과 독창성을 발휘하여 새로운 방법을 찾아내는 능력	A	B	C	D	E				
태도 Atti-tude	책임성 Dependability	업무수행 및 그 결과에 대해 성실하고 책임감있는 태도를 취하는 정도	A	B	C	D	E				
	직무의욕 Interest	담당업무에 대해 가지고 있는 관심도와 업무수행에 임하는 열의 및 의욕	A	B	C	D	E				
	협조성 Cooperation	담당업무수행을 위하여 관련 부문, 고객, 상사와 동료에게 이해와 협조를 얻어내는 정도	A	B	C	D	E				
	근 태 Punctuality	출근시간을 잘 지키며 근무시간에 충실한 태도를 취하는 정도	A	B	C	D	E				
업 적 Job Performance		기간에 담당한 업무의 양과 담당업무를 수행한 결과의 질적 수준	A	B	C	D	E				

＊필히 피평가자와 상기 각 평가항목 관련 면담을 한 후 서명하시기 바랍니다.

＊Rating Key : A - Exceptional
B - Above Standard
C - Standard
D - Minimum
E - Below Minimum

1차 평가자(1st Appraiser) 성명(Name) : 서명(Sign.) :

2차 평가자(2nd Appraiser) 성명(Name) : 서명(Sign.) :

I호텔의 근무평가표(계속)

SECTION C

근무평가 면담 기록
(Interview Description)

* 업무목표 설정 - 피평가자용 (Goal Setting for Employee) 다음 근무평가 이전까지 달성하고자 하는 업무목표를 기술하시오.
1. 2. 3.
* 평가자 의견(Appraiser's Comments) : 피평가자의 신상문제 및 애로사항, 업무수행상 문제점, 조직생활, 장래진로 및 지도육성방향 등을 면담실시후 평가자가 기록하시오.
1차 평가자 (1st Appraiser)
2차 평가자 (2nd Appraiser)

※반드시 피평가자가 서명하여야 하며, 직상사가 면담 후 서명하시기 바랍니다.

피 평가자(Employee)	성명(Name):	서명(Sign.):	일자(Date):
1차평가자(1st App.)	성명(Name):	서명(Sign.):	일자(Date):
2차평가자(2nd App.)	성명(Name):	서명(Sign.):	일자(Date):

부록 6 I호텔의 고충처리 상담서

HOTEL INTER·CONTINENTAL SEOUL

STATEMENT OF GRIEVANCE HANDLING
(고충처리 상담서)

• Counsel Requester (Possible to Keep Anonymity)
고충자 (희망시 익명 가능)

Dept. & Outlet (부서 및 업장) : ____________ Name (성 명) : ____________
Employee Number (사 번) : ____________ Position (직 급) : ____________
Date Employed (입사일) : ____________ Kind of Job (직 종) : ____________

• Details of Grievance (고충상담 내용)

Major Point (요점) :

Details (내용) :

• Counselling Date (상담 일자) :

• Counsellor (상 담 자)

• Counsellor (상 담 자)	1st (1차)	Dept. :	Position :	Name :
	2nd (2차)	Dept. :	Position :	Name :

• Details of Counselled Results (처리 결과 내용)

• Date of Reporting Results (결과 통보일자) :

• Confirmed by Dept. Head Position : Name :
• Checked by Personnel Dept. Position : Name :

* WHITE TO be keept by Dept PINK TO Counsel Requester BLUE TO Personnel Dept.

참고문헌

권순일(1999). 『조직행위론』. 세종출판사.

김민주(2001). 종업원 교육훈련의 구성요소와 전이성과 간의 관계에 대한 산업별 비교 연구. 『관광학연구』, 24(3) : 89-105.

김일윤(1996). 호텔산업 종업원의 직무만족결정요인에 관한 실증연구. 중앙대학교 대학원 박사학위 논문.

김의근 · 박대환 · 허정봉 · 성백정 · 심광현 · 이병국 · 이수열 · 이정실 · 손계율(1999). 『호텔경영학개론』. 백산출판사.

박운성(1998). 『인사관리』. 진명문화사.

서문기 · 민승규 · 전영재 · 김선빈 · 강신겸 · 김현진(2001). 『한국사회 갈등구조에 대한 이해』. 삼성경제연구소.

서울대학교 경영연구소 편(1982). 『경영학핸드북』.

우찬복(1995). 호텔종사원 직무만족과 직무요인에 관한 실증적 분석. 『관광학연구』, 18(2) : 3-28.

이건희(1997), 『현대경영학의 이해』. 학문사.

인터컨티넨탈호텔, 인사부 규정.

윤지환 · 김정만(2001). 특급호텔 파견근로자와 정규근로자 간의 직무만족에 관한 비교연구. 『관광학연구』, 25(2) : 275-294.

British Institute of Management(1952). *Job Evaluation : A Practical Guide* in Personal Management Series.

Davis, R. C.(1951). *The Fundamentals of Top Management*, Haper and Row.

http://www.shilla.net/

http://www.echosunhotel.com/

Kasavana, M. L., & Brooks, R. M.(1995). *Managing Front Office Operations,* 3rd ed., Educational Institute: AH&MA.

Korshak, S. R.(2000). A Labor-Management Partnership. *The Cornell HRA Quarterly*, 42 (2) : 14-29, April.

Tanke, M. L.(1990). *Human Resources Management for the Hospitality Industry*, Delmar.

Yoder, D.(1962). *Personnel Management & Industrial Relation,* 5th ed., Prentice-Hall.

호텔 회계

Chapter 11

Chapter 11

호텔 회계

학습목표

이 장을 학습한 후 여러분은 반드시 다음 내용을 이해해야 한다.

1. 회계의 역할 및 기능에 대하여 이해한다.
2. 회계정보의 이용자가 누구인가를 정확히 파악한다.
3. 회계에서 말하는 기업의 목표 및 활동을 이해한다.
4. 3대 재무제표를 충분히 이해하여 분석결과를 잘 활용할 수 있도록 한다.
5. 이익과 현금흐름의 차이점을 이해한다.
6. 미국 호텔산업의 통일회계제도를 이해한다.

제1절 호텔회계의 이해

1. 회계의 의의 및 이용자

기업과 이해관계를 갖고 있는 사람들은 경제적 의사결정을 하기 위해서 그 기업에 대한 여러 정보를 필요로 하게 된다. 회계(Accounting)란 정보이용자들이 경제적 의사결정에 필요한 정보를 제공하기 위해 경제주체인 기업의 경제적 행위를 측정해서 전달하는 행위이다. 다른 한편으로 회계는 일종의 재무정보시스템으로서 기업의 경제적 상황을 파악 및 기록하고 정보를 사용자에게 전달하는 일련의 과정 또는 체계이다. 회계의 주요 관심대상은 기업의 경제적 행위이다. 회계의 목적은 정보이용자에게 경제적 의사결정과정에서 요구되는 중요한 정보를 제공하는 것이다.

〈그림 11-1〉에 나타난 것과 같이 기업회계의 과정은 크게 다음 네 과정으로 요약된다.

① 거래의 파악을 통해 경제적 활동의 증거를 선별한다(호텔의 객실 및 식음료 판매, 연회의 판매, 직원급여 지급 등).
② 거래를 기록한다(기업조직의 재무활동 내역을 시간별로 체계적으로 유지하며 거래들이 분류 · 요약된다).
③ 정보의 전달(정보이용자들에게 표준화된 재무제표의 형태로 전달)
④ 분석 및 해석(보고된 정보를 토대로 기업의 재무상태를 분석하고 해석한다)

그림 11-1 **회계과정**

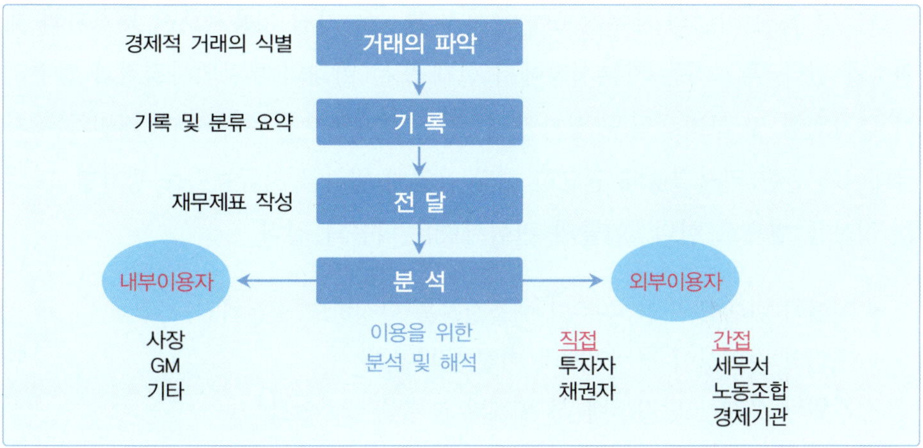

회계는 기업의 언어이다. 왜냐하면 회계는 기업의 재무정보를 전달하는 역할을 담당하기 때문이다. 회계정보의 이용자는 내 · 외부 및 의사결정의 종류에 따라 구분된다. 내부이용자에는 사장, 총지배인(GM) 등 경영자와 기타 의사결정자 등이 있다. 외부이용자는 크게 직접 및 간접이용자로 구분된다. 직접이용자에는 투자자와 채권자 등이 있고, 간접이용자에는 노동조합, 세무서, 정부경제기관 등이 존재한다.

기업의 경영자는 기업운영을 계획 · 통제 · 평가하기 위해 회계정보를 이용하며 적시적소에 정보제공을 필요로 한다. 경영자가 필요로 하는 회계정보는 다음과 같다.

- 작년 호텔의 월별 객실매출은?
- 식음료 상품의 원가비율은?
- 수익률이 가장 높은 업장은?
- 종사원 1인당 생산성은?

위와 같이 예상되는 질문에 답하기 위하여 내부보고서를 만들어 제공한다. 내부보고서는 경영 대안들의 재무적 비교와 차기 연도의 예상비용 내역 및 현금수요 등이 포함된다.

그리고 특정 기업의 재무정보에 우선적 관심을 가진 이용자로서 투자자와 채권자가 있다. 투자자는 자본시장에서 현재 또는 미래의 투자의사결정과 관련하여 투자위험 및 투자수익을 평가할 수 있는 회계정보를 요구하고, 채권자는 자금대여에 관한 의사결정에 필요한 해당 기업의 원리금 지급능력을 평가할 수 있는 정보를 필요로 한다. 이들의 관심사항은 다음과 같다.

- 기업이 만족할 만한 수준의 매출신장을 달성하고 있는가?
- 기업의 수익성이 경쟁업체와 어떻게 다른가?
- 기업의 부채가 만기도래 시 변제할 능력은 충분한가?
- 이자 및 배당금을 지급할 현금은 충분한가?

그리고 거래처는 매입채무 및 미지급금의 지급능력을 평가할 수 있는 정보, 종사원과 노동조합은 기업의 안정성과 수익성, 급여와 퇴직금의 지급능력을 평가할 수 있는 정보, 고객들은 해당 기업의 장기적 존속가능성에 대한 정보, 정부 및 감독기관은 자원의 효율적 배분을 위한 정책입안, 기업활동의 규제, 조세정책의 결정 및 기타 경제활동 관련 통계를 위한 정보 등을 필요로 한다.

2. 회계의 분류 및 기능

1) 회계의 분류

회계는 회계정보의 이용자에 따른 분류방법에 따라 크게 재무회계(Financial

Accounting)와 관리회계(Managerial Accounting)로 나누어진다.

가. 재무회계

재무회계는 정보이용자 중 주로 기업외부의 이용자(예 : 투자자, 채권자, 고객, 종사원 등)들의 효과적인 경제적 의사결정을 위해 유용한 정보를 제공하기 위해 행하는 회계분야를 말한다. 다양한 정보이용자들의 상이한 욕구를 모두 만족시키기는 매우 힘든 일이다. 그래서 재무회계에서의 재무제표(재무보고서)는 정보이용자들의 공통된 정보욕구만을 충족시킬 수 있는 회계정보를 반영 · 보고한다는 의미에서 일반목적 재무보고서라고 한다. 그리고 재무회계는 기업이 과거에 수행한 경제적 거래에 대한 결과만을 반영 · 보고한다. 그래서 주로 과거의 재무정보를 제공한다는 점에서 관리회계와 그 성격이 다르다고 할 수 있다.

나. 관리회계

재무회계와 달리 관리회계의 재무보고서는 기업 내에서 특정 경제적 의사결정에 적합한 회계정보만을 반영 · 보고하므로 특수목적 재무보고서라 한다. 관리회계는 주로 내부이용자인 경영진의 의사결정에 필요한 정보를 제공하는 것을 목적으로 한다. 관리회계에 포함되는 경영의사결정에는 원가분석, 경영성과분석, 예산편성, 상품 · 서비스의 가격결정, 투자여부의 결정 등이 있으며, 이런 정보는 반드시 경영자의 의사결정유형에 적합해야 한다. 재무회계와 달리 관리회계는 주로 미래를 예측하는 정보가 대부분이다.

2) 회계의 기능

회계의 기능은 회계정보를 산출하고 이용자들에게 전달하여 이를 경제적 의사결정에 이용함으로써 모든 경제주체의 한정된 자원을 효율적으로 배분토록 하는 것이다. 여기서 부기와 회계의 기능차이를 알아보면 부기는 단지 경제적 거래를 기록하는 것이고, 회계는 경제적 거래를 파악 · 기록 · 전달한다. 회계의 기능은 크게 측정과 전달기능의 두 가지로 요약할 수 있다.

가. 측정기능(Measuring Function)

기업이 수행한 경제적 행위가 해당 기업의 경제적 자원과 이에 대한 청구권에 미치는 영향을 화폐가치로 환산하여 적절한 회계정보로 전환하는 과정이다. 여기서 모든 회계정보가 화폐가치를 통하여 측정되는 이유는 화폐단위가 가치비교를 위해 가장 적합한 수단이자 공통적인 척도이기 때문이다.

나. 전달기능(Communication Function)

회계과정을 통하여 만들어진 회계정보를 각 이용자에게 전달하는 과정을 말한다. 전달하는 수단은 재무상태표, 손익계산서, 현금흐름표 등의 재무제표(Financial Statements)를 통해 이루어진다.

한편, 모든 정보이용자들에게 유용한 회계정보가 되려면 적합성, 신뢰성, 일관성, 호환성 등을 갖춰야 할 것이다.

3. 호텔 경리부서의 업무

일반적으로 호텔 경리부서의 업무활동은 크게 여섯 가지 영역으로 구분될 수 있다. 첫째, 일반적인 재무회계로서 호텔의 예산작성, 운영자금의 관리 및 지출, 급여의 산출 및 지급, 세무 등의 재무행정을 수행하며, 매월 결산을 통하여 호텔의 재무상태 및 영업성과를 측정하고 비교 · 분석하여 유용하고 적정한 재무정보를 정보이용자에게 제공한다. 둘째, 영업회계로서 호텔에서 발생하는 객실, 식음료 및 기타 부대시설에서 발생하는 모든 매출이 정확하게 수취 · 기록되었는지 심사하여 영업일보를 작성하고, 현금, 크레디트카드사별 대금청구와 회수, 국내 · 외 여행사의 후불 등의 계산 내역을 정리 · 기록한다. 셋째, 여신관리로서 객실투숙객 미수금 관리 및 크레디트사별 대금청구와 회수, 국내 · 외 여행사의 후불관리 등 외상매출 거래 대금의 효율적 회수를 담당한다. 넷째, 원가관리로서 호텔로 반입되는 모든 물품의 검수관리, 식자재, 음료 및 기타 자재의 발주와 불출 등 자재관리, 주방-주장 간 원재료 이동심사 및 원재료의 재고조사, 실제원가 및 표준원가의 산출 등을 수행하며 또한 원가일보를 작성하여 이용자에게 원가 정보를 제공한다. 다섯째, 구매관리로서 구매품의서와 구매발주서를 통하여 국내·외 식음료 자재 및 일반자재 등 호텔영업에 필요한 모든 물자를 구입하여 호텔운영이 원활히 이루어질 수 있도록 한다. 여섯째, 전산실관리이다. 다른 일반업체와 달리 호텔은 특이하게 전산실을 경리부서에서 감독·관리하고 있다. 전산실은 호텔의 모든 경영정보시스템의 유지 및 업무에 필요한 프로그램을 개발한다.

그림 11-2 회계의 기능

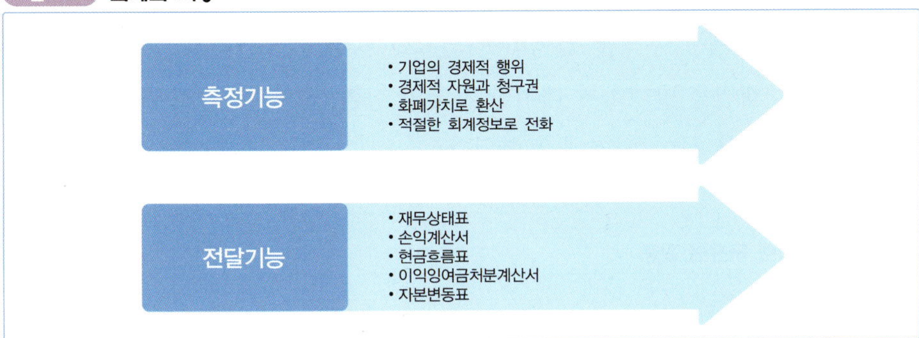

제2절 기업활동과 재무제표

1. 기업의 활동

투자자가 기업에 투자한 대가로서 기업은 최대한 이익을 산출하여 그들에게 최대한 배당할 목적으로 상품과 서비스를 소비자에게 판매하기 위해 운영이 된다. 기업들은 서로 다른 산업에서 서로 다른 상품과 서비스를 판매하고 있음에도 불구하고 수익성(Profitability : 이익창출능력)과 유동성(Liquidity : 지급능력)의 확보라는 동일한 목표를 가지고 있다. 이런 기업의 목표를 수행하기 위해 기업은 재무활동·투자활동·영업활동을 수행하고 있다. 〈그림 11-3〉은 이러한 관계를 잘 표현하고 있다.

첫째, 영업활동은 호텔의 사업목적과 직접 관련된 활동으로 원재료 · 식재료 · 상품 · 반제품 등의 구입, 상품 및 서비스의 생산 · 판매 및 판매대금의 회수, 임직원의 임금 지급 등과 같은 관리비의 지급, 기업홍보를 위한 광고비의 지급, 세금납부 등이 포함된다.

둘째, 투자활동은 호텔의 상품 및 서비스를 생산 · 판매하는 과정에서 필요한 여러 가지 자산을 취득 · 처분하는 것과 관련된 활동을 말하며, 유가증권 혹은 고정자산의 취득 및 처분 등이 이에 포함된다.

셋째, 재무활동은 호텔을 설립 · 운영하는데 소요되는 자금을 조달하는 활동을 말한다. 여기에는 주식을 발행하여 필요한 자금을 조달하고 영업결과 생긴 이익을 분배, 채권을 발행하여 대여한 자금의 상환, 금융기관으로부터의 자금의 대여 및 부채상환 등이 여기에 포함된다.

그림 11-3 **기업의 목표와 활동**

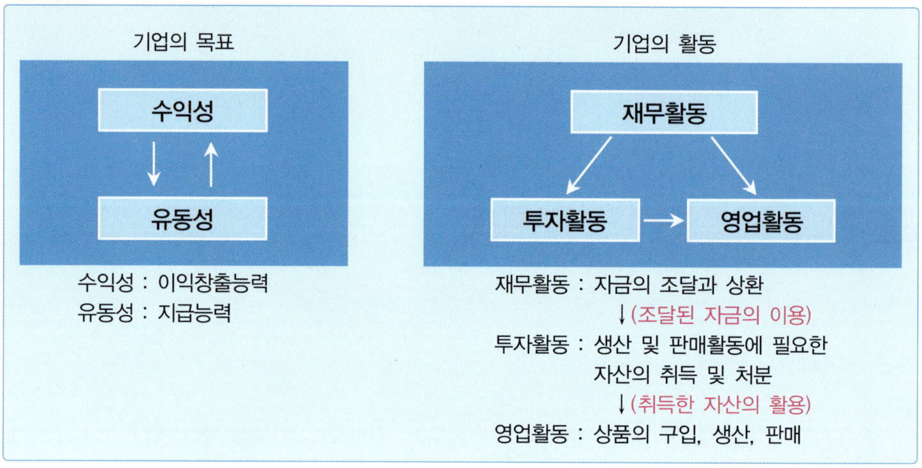

2. 재무제표의 이해

회계과정의 결과 정보이용자에게 전달하기 위해 기업의 회계정보를 요약하여 산출되는 재무보고서를 재무제표라 한다. 일반적으로 주요한 재무제표에는 재무상태표(종전 대차대조표), 손익계산서, 현금흐름표 등이 존재하는데 이것에 대해 각각 알아보기로 하겠다.

1) 재무상태표(Statement of Financial Position)

재무상태표는 일정 시점에서 특정 기업의 재무상태를 보여주는 재무제표이다. 회계 측면에서 기업경영의 두 가지 기본적인 요소는 기업이 소유한 것과 타인으로부터 대여한 것이 존재한다. 재무상태표의 차변(좌변)에 기재되는 자산(Asset)은 기업의 재산 내역을 나타내며, 대변(우변)에 기재되는 부채와 자본은 차변의 자산을 사기 위해 필요한 자금의 조달방법을 나타내고 있다. 즉 자산은 우변에서 조달한 자금의 운용이라고 할 수 있다. 그리고 이익(또는 손실)은 자산을 운용한 결과이다.

자산은 기업이 소유하고 있는 경제적 자원을 말하며, 과거 거래에 대한 결과로서 특정 기업에 의해 획득된 미래의 경제적 효익을 의미한다. 자산에는 현금, 예금, 유가증권, 매출채권(외상매출금 및 받을 어음), 재고상품 등의 유동자산과 건물, 토지, 장비, 비품 등의 고정자산이 있다. 자산은 1년을 기준으로 하여 유동자산과 비유동자산으로 구분된다. 유동자산은 1년 이내에 현금화가 가능한 자산을 말하며, 비유동자산은 투자목적 혹은 영업활동에 사용할 목적으로 장기간 보유하는 자산을 말한다.

자본(Capital)은 자산을 요구할 수 있는 권리를 말하며, 총자산에서 총부채를 제한 소유주지분(Owner's Equity)을 말한다. 자본은 잔여지분으로서 기업의 자산 중 타인지분인 부채를 제외한 잔액만이 기업소유자의 지분으로 귀속된다. 자본에서 자본금은 납입한 자금 혹은 발행주식의 액면총액인 법정자본금을 의미하며, 이익잉여금은 기업의 영업결과 발생한 이익 중 주주에게 배당금으로 지급하지 않고 재투자를 위해 기업 내 유보가 결정된 금액을 말한다. 기업이 부채가 전혀 없으면 아래와 같은 등식이 성립된다.

자 산 = 자 본

부채(Liabilities)는 과거 거래의 결과로 인하여 제3자에게 상품 혹은 서비스를 이전해야 하는 기업의 현재 의무를 말한다. 여기서 제3자를 채권자(Creditor)라고 하는데 이는 이들이 기업에게 신용을 제공했기 때문이다. 그렇기 때문에 채권자는 해당 부채금액에 달하는 만큼의 자산청구권을 소유하고 있다. 부채는 1년을 기준으로 유동부채와 고정부채로 나뉜다. 유동부채는 1년 이내에 도래하는 부채로서 외상매입금, 지급어음, 선수금, 단기차입금, 미지급금 등이 이에 포함된다. 그리고 고정부채는 상환기일이 1년 이후인 부채이며 장기차입금, 사채 등이 포함된다.

한편, 기업이 타인으로부터 부채를 끌어다 쓰면서 자본은 아래와 같이 채권자청구권인 부채와 소유자청구권인 자기자본으로 나누어진다. 이와 같이 자산·부채·자본은 재무상태표를 구성하는 3대 요소이며 기업의 재무상태를 파악하는데 필요하다.

자 산 = 부 채 + 자 본

재무상태란 기업이 보유하고 경제적 자원의 화폐가치와 채권자 및 자본가에게 지급해야 할 의무의 크기를 의미한다. 자산·부채·자본은 기업이 경제적 행위를 수행함에 따라 지속적으로 증감된다. 〈표 11-1〉은 서울 특1등급 S호텔의 재무상태표이다. 재무상태표는 기업의 재무상태뿐만 아니라 단기채무의 채무능력과 해당 기업의 자본구조(부채와 자본의 구성비율)를 파악하는데 유용한 정보를 제공한다.

표 11-1 **S호텔의 재무상태표(대차대조표)**

제37기 2009년 12월 31일 현재 (단위 : 원)

자 산	금 액
자 산	
I. 유동자산	324,885,161,238
(1) 당좌자산	150,227,757,198
(2) 재고자산	174,657,404,040
II. 비유동자산	748,093,789,866
(1) 투자자산	44,411,533,621
(2) 유형자산	459,192,854,343
(3) 무형자산	212,179,744
자산총계	**1,072,978,951,104**
부 채	
I. 유동부채	181,730,860,861
II. 비유동부채	364,779,740,205
부채총계	**546,510,601,066**
자 본	
I. 자본금	200,000,000,000
II. 자본잉여금	208,834,179,576
III. 자본조정	(4,945,256,277)
IV. 기타포괄손익누계액	(3,237,391,412)
V. 이익잉여금	125,816,818,151
자본총계	**526,468,350,038**
부채와 자본총계	**1,072,978,951,104**

2) 손익계산서(Income Statement)

손익계산서는 일정기간 동안 기업의 경영실적을 보여주는 재무제표이다. 손익계산서는 크게 수익(Revenue), 비용(Expenses), 이익 또는 손실(Profit or Loss)의 세 가지 요소로 구성되어 있다. 수익은 기업의 주요 영업활동인 상품과 서비스의 상거래를 통해서 벌어들이는 매출과 영업외활동에서 거둬들이는 이득(Gains)이 있다.

그리고 비용은 기업이 상품과 서비스를 생산 · 판매하기 위해 소요된 경비로서 이에는 상품 및 서비스를 생산하는데 소요되는 매출원가와 판매 및 관리활동에 소요되는 판매비 및 관리비(임직원 급여, 광고선전비, 수도광열비 등)가 포함된다. 또한 영업외활동으로 인한 순자산의 감소분을 손실(유가증권 처분손실)이라 한다.

일정기간 동안 특정 기업이 영업활동 및 영업외활동을 수행함으로써 발생한 수익과 이득을 합한 금액이 비용과 손실을 합한 금액보다 많으면 순이익이 발생한 것이고, 반대인 경우는 순손실이 발생한 것이라고 한다. 재무제표는 주로 회계기간마다 산출되므로 해당 회계기간의 이익 혹은 손실을 당기순이익(Net Income) 혹은 당기순손실(Net Loss)이라 한다. 기업활동을 영업활동을 영위하는 목적의 하나는 이익창출이기 때문에 당기순손실보다는 당기순이익이 최대화되는 것이 물론 기업을 위해 좋은 것이다.

기업의 가치는 무엇보다 기업에 의해 창출되는 이익의 수준에 의해 결정된다. 특히 영업활동에 의해 이익이 발생되지 않으면 기업의 미래는 예측하기 힘들다. 손익계산서를 살펴볼 때 매출과 이익의 양과 더불어 이익의 질에 대해서도 파악해야 한다. 이는 기업성장의 질과도 밀접한 관계가 있다. 예를 들면, 법인세차감전순이익은 적지만 영업이익이 계속해서 증가하고 있는 기업은 경쟁력이 향상되고 있다고 볼 수 있다. 반면에 영업이익은 계속 감소하고 있는데 당기순이익은 늘고 있다면 이 기업에게는 무엇인가 범상치 않은 사연이 있다는 것을 추측할 수 있다. 〈표 11-2〉는 S호텔 손익계산서의 예이다.

한편, 이익에는 4단계의 이익수준이 존재하는데 기업의 손익계산서를 보다 잘 이해하고 활용하려면 이를 잘 숙지해야 한다. 첫째, 총매출액에서 매출원가를 차감한 것이 매출총이익(Gross Profit)이다. 둘째, 매출총이익에서 판매비 및 관리비를 차감한 것을 영업이익(Operating Profit)이라 한다. 셋째, 영업이익에서 영업외이익을 더하고 영업외 손실을 제한 것이 법인세차감전순이익(Profit After Income Tax)이 된다. 넷째, 법인세를 제하고 남는 것을 당기순이익(Net Income)이라 한다. 이 4단계는 각 수준마다 나름대로 중요하고 의미심장한 내용을 포함하고 있다. 따라서 일정기간 동안 특정기업의 경영성과를 올바르게 파악하려면 이 4단계를 정확히 이해하여야 한다.

표 11-2 S호텔의 손익계산서

2009년 1월 1일부터 12월 31일까지 (단위 : 원)

항 목	
매출액	1,213,244,245,340
재료비	671,123,861,023
인건비	91,701,042,495
경비	396,289,734,843
영업이익(손실)	54,129,606,979
영업외수익	26,972,627,708
영업외비용	39,193,396,807
법인세차감전순이익	41,908,837,880
법인세비용	10,425,301,286
당기순이익	31,483,536,594

3) 현금흐름표(Statement of Cash Flows)

일정기간 동안 기업의 영업 · 투자 · 재무활동으로 인한 각각의 현금 유출액과 유입액을 보여주는 재무제표이다. 기업을 운영함에 있어 중요한 역할을 하는 것이 현금이다. 기업이 도산하는 가장 큰 이유의 하나가 현금부족으로 인한 것이기 때문에 현금 유출입의 경로에 정보는 모든 정보이용자의 주된 관심사이다.

손익계산서상의 이익은 현금처럼 보일 수도 있으나 때에 따라서는 그렇지 못한 경우도 있다. 즉 이익과 현금흐름은 다르다는 것이다. 이익이 발생해도 현금은 마이너스일 수도 있다. 이익과 현금흐름이 다른 이유는 크게 두 가지가 있다. 첫째, 외상매출금과 외상매입금 그리고 재고 등이 존재하기 때문이다. 외상매출금은 상품 또는 서비스를 판매했지만 대금은 아직 회수하지 못한 경우이며, 반면에 외상매입금은 남에게서 상품 또는 서비스를 구매했지만 대금을 아직 지급하지 않은 경우이다. 그리고 재고는 양에 따라 손익에 영향을 주지 않지만, 재고가 증가하는 만큼 이에 대한 대금을 지급해야 하므로 현금흐름이 감소했다고 볼 수 있다. 이와 같은 현실적인 영업순환상 현금흐름(자금)의 움직임은 손익계산서에서는 확인할 수 없다. 둘째, 현금이 지출되지 않는 비용이 존재하기 때문이다. 예를 들면, 감가상각비와 같이 투자자금은 장비나 설비를 구매할 때 지출되지만 비용은 사용기간에 따라 계상되기 때문에 자금이 지출되지 않는 비용이 된다. 또한 기업이 보유하고 있는 유가증권의 가치가 떨어지면 평가손이 발생이 되며 이에 따라 손익계산서에 평가손은 비용으로 계산되지만, 실제로 자금이 지출되지는 않는다. 그러므로 이익과 현금흐름에 괴리가 생긴다. 이런 실제 자금의 이동현상을 실질적으로 설명해 주는 것이 현금흐름표의 영업활동으로 인한 현금흐름이다.

요약하면, 손익계산서나 재무상태표는 현금자체의 변동내용을 자세히 보여주지 못한다. 그래서 현금흐름표가 각광을 받기 시작했는데 이 재무보고서의 가장 큰 특징은 다른 재무보고서에 비해서 현금흐름 상황을 잘 보여주어 기업의 도산 징후 예측에 보다 나은 정보를 제공하고 있다. 〈표 11-3〉은 S호텔의 현금흐름표이다.

특정 기업의 몇 개 연도의 현금흐름표에 나타난 정보를 바탕으로 다음과 같은 사항에 대한 답을 얻을 수 있다.

- 기업이 채무지급능력이 개선되고 있는가?
- 영업활동을 통해서 영업비용, 부채상환, 이자지급 등 지급의무를 수행할 수 있는 충분한 현금이 지속적으로 창출되고 있는가?
- 영업활동을 통해서 기업의 성장에 필요한 투자자원이 확보되고 있는가?
- 주주에게 배당금을 지급할 수 정도로 충분한 현금이 창출되고 있는가?

재무상태표 · 손익계산서 · 현금흐름표의 3대 재무제표는 상호 유기적이며 상호 보완적인 관계를 가지고 있다. 이러한 재무제표에서 유용한 정보를 산출하려면 분석과정에서 특정 재무제표에 너무 많은 비중을 두어서는 안될 것이다. 각 재무제표는 각각 고유한 특성에 의해 산출되었기 때문에 세 가지 재무제표는 상황에 따라서 개별적 · 종합적으로 분석해야 할 것이다. 즉 숲과 나무를 동시에 볼 수 있는 혜안을 가져야 특정 기업에 대한 정확하고 유용한 정보를 취득할 수 있다.

표 11-3 **S호텔의 현금흐름표**

2009년 1월 1일부터 12월 31일까지 (단위 : 원)

항 목	금 액
영업활동으로 인한 현금흐름	66,959,594,697
당기순이익	31,483,536,594
현금의 유출이 없는 비용 등의 가산	42,682,359,064
현금의 유입이 없는 수익 등의 차감	(4,561,935,005)
영업활동으로 인한 자산부채의 변동	(2,644,365,956)
투자활동으로 인한 현금흐름	41,544,611,963
투자활동으로 인한 현금유입액	81,062,994,460
투자활동으로 인한 현금유출액	(39,518,382,497)
재무활동으로 인한 현금흐름	(134,666,162,757)
재무활동으로 인한 현금유입액	1,452,571,713
재무활동으로 인한 현금유출액	(136,118,734,470)
현금의 증가(감소)	(26,161,956,097)
기초의 현금	131,049,361,753
기말의 현금	104,887,405,656

3. 재무제표의 분석

정보이용자의 욕구를 충족하기 위하여 재무회계를 통하여 기업의 경제적 행위를 측정하여 재무제표인 재무상태표 · 손익계산서 · 현금흐름표를 작성하여 공시하고 있다. 한편, 정보이용자의 입장에서는 기업이 공개한 재무제표를 분석하여 이를 활용할 수 있어야 한다.

재무제표를 통하여 특정기업의 과거 발자취와 현재 상황 등을 파악하여 향후 어떠한 방향으로 얼마만큼 변할 것인가를 평가하는 과정이 재무제표분석(Financial Statement Analysis)이다. 재무제표분석이란 재무제표를 통하여 기업의 과거 재무성과를 확인하고 이를 바탕으로 미래의 재무전망을 평가하는 중요한 활동이다. 또한 재무제표분석의 목적은 특정 기업의 재무제표를 이용하여 과거의 수익성, 유동성, 안정성 및 효율성 등을 평가하여, 이를 바탕으로 미래에 대한 재무전망을 하는 것이다.

여러 가지 재무제표의 분석방법 중 가장 많이 활용되고 있는 방법이 재무비율분석(Financial Ratio Analysis)이다. 재무비율분석은 서로 상관관계가 있는 재무제표의 구성항목을 결합하여 의미 있는 비율로 산출하는 것이다. 구체적인 재무비율분석의 성질에는 유동성, 수익성, 안정성 및 효율성 등이 있다.

첫째, 유동성(Liquidity)은 기업의 단기채무에 대한 지급능력을 측정한다. 파업 등에 의한 기업활동의 중지, 경기불황 혹은 침체 등으로 인한 영업손실의 발생, 식음재료 가격의 급격한 상승 등과 같은 어려운 상황에 기업이 직면하고 있을 때 단기적 지급능력은 기업생존을 위해 아주 중요한 역할을 한다. 만약 단기적 지급능력이 불충분하다면 기업은 재무상 근본적이고 커다란 문제가 있음을 나타내는 징후이다. 기업의 단기지급능력 분석은 특히 채권자에게 중요하다. 만약 기업의 단기지급능력이 좋지 않다면 이들은 아마도 이자지급일이나 채무의 상환기일 내에 이자나 원금을 돌려받지 못할 수 있기 때문이다.

둘째, 수익성(Profitability)은 기업의 이익창출능력을 나타내는 비율이다. 수익성비율은 기업의 재무구조와 자산의 효율적인 이용정도에 의하여 영향을 받는다. 특정기업이 양호한 재무구조를 보유하고 있다는 것은 상대적으로 부채가 적다는 것을 뜻하므로 부채가 과다한 기업에 비해 똑같은 영업이익을 창출했다 하더라도 이자비용이 상대적으로 적어 당기순이익은 그만큼 많아지게 된다. 한편, 자산을 아주 효율적으로 활용하는 경우 투자수익률이 높은 곳에 적절히 자산을 투자하고 있다는 것으로 그만큼 수익성이 개선되고 있다는 것을 뜻한다. 이익창출능력이 낮은 기업은 이자와 원금상환능력이 낮기 때문에 채권자는 이와 같은 기업에 대한 신규 및 추가대여의 제공을 기피할 것은 물론이고, 기존의 대여자금을 가능한 빨리 회수하려 할 것이다. 그리고 이익창출능력이 낮은 기업이 주주들에게 배당금을 지급 못하고 또한 주식가격이 하락할 확률이 높기 때문에 투자를 기피할 것이다.

셋째, 안정성비율(Safety Ratio)은 기업의 장기지급능력을 말하며 이를 일명 레버리지비율(Leverage Ratio)이라고도 한다. 바꾸어 말하면 만기시 고정부채를 상환할 수 있는 능력이다. 장기지급능력은 기업의 영업구조와 재무구조(부채와 자본과의 비율)에 의해 영향을 받는다. 기업이 수익창출능력이 없으면 장기적으로

부채를 상환할 수 없기 때문에 이를 위해서는 기업의 장기지급능력은 수익성에 의존하지 않을 수 없다. 부채가 많을 때 추가적인 자금조달은 당연히 재무구조를 개선할 수 있도록 우선적으로 주식발행을 통해서 이루어져야 할 것이다.

넷째, 효율성비율(Efficiency Ratio)은 기업의 자산이 얼마나 효율적으로 이용되고 있는지, 즉 얼마나 빠르게 매출액이나 현금으로 전환되었는가를 측정하는 것이며 다른 말로는 활동성비율이라고도 한다. 전에 기술한 유동성비율은 기업이 보유하고 있는 유동자산과 단기부채의 종류에 대한 차이를 고려하지 않기 때문에 실질적인 유동성을 적절하게 표현하지 못한다. 그렇기 때문에 특정한 자산계정으로 효율성과 유동성을 측정하는 것이 필요하다. 여기서는 외상매출금, 재고자산, 총자산 등의 효율성을 측정한다.

제3절 통일회계제도

통일회계제도(USALI : Uniform System of Accounts for the Lodging Industry)는 호텔산업을 위해 1923년 미국 뉴욕시 호텔협회에 의해 처음 개발된 회계시스템이다. 통일회계제도의 목적은 호텔산업에서 재무정보를 통일된 분류, 양식 및 표현에 의해 산출된 재무제표를 작성하는데 필요한 공식언어를 제공하는 것이다. 그리고 통일회계제도는 미국호텔협회(AH&LA : American Hotel & Lodging Association)의 공식인증을 취득하였다.

통일된 재무제표를 산출함으로써 달성된 결과는 첫째, 호텔기업 간의 재무제표에 대한 상호호환성이 구축되었다. 둘째, 각 매출부서의 성과를 쉽게 표현할 수 있어 효율적으로 경영정보를 수집할 수 있게 되었다. 셋째, 올바른 책임회계시스템의 필요성과 중요성을 인식하게 되었다. 넷째, 모든 호텔기업도 쉽게 이용할 수 있는 보편적인 회계정보시스템을 제공하게 되었다. 다섯째, 국가별과 지역별은 물론이고 전 세계 호텔산업의 재무정보를 통합·이용하는 것이 용이하게 되었다.

한편, 국내에서 영업하고 있는 외국의 유명 체인호텔들은 국내의 재무제표와 통일회계제도에 의한 재무제표 두 가지를 모두 사용하고 있어서 둘 다 숙지해야 할 것이다. 〈그림 11-4〉, 〈그림 11-5〉, 〈그림 11-6〉은 통일회계제도에 의해 산출된 대차대조표와 손익계산서의 예를 보여주고 있다.

그림 11-4 대차대조표(Balance Sheet)

Kyonggi Hotel Co.
Balance Sheet
December 31, 1998
(in thousands of dollars)

Assets	
Current asserts	
Cash	$ 4,080
Marketable securities	600
Accounts receivable, less allowance for doubtful accounts of $20	2,060
Inventories	2,200
Prepaid expenses	1,300
Total current assets	10,240
Property and equipment	
Land	16,800
Buildings	73,000
Furniture, fixture, and equipment	20,100
Total property and equipment	109,900
Less accumulated depreciation	14,100
Net property and equipment	95,800
Other assets	
Deferred charges	2,250
Investment and advances to affiliates	10,200
Other	600
Total other assets	13,050
Total assets	$119,090

Kyonggi Hotel Co.
Balance Sheet
December 31, 1998
(in thousands of dollars)

Liabilities and Shareholders' Equity	
Current liabilities	
Current portion of long-term debt	$ 3,000
Accounts payable	1,400
Income taxes payable	200
Accrued expenses	1,800
Total current liabilities	6,400
Long-term liabilities	
Long-term debt, less current installment included above	88,000
Notes payable due 1990	12,000
Total long-term liabilities	100,000
Deferred taxes	4,800
Shareholders' equity	
Common stock (par value $0.10 per share)	1,650
Additional paid-in capital	4,100
Retained earnings	2,140
Total shareholders' equity	7,890
Total liabilities and shareholders' equity	$119,090

그림 11-5 손익계산서(Income Statement)

Kyonggi Hotel Co.
Statement of Income
For the Year Ended December 31, 1998

	Net revenues	Cost of sales	Payroll & O. R exp.	Other expenses	Income (loss)
Operated departments					
Rooms	$3,728,168	-	$1,051,343	$410,099	$2,266,726
Food and beverages	1,423,580	373,864	821,050	153,747	74,919
Telephone	204,136	293,440	40,322	4,695	(134,321)
Rental and other income	16,116	-	-	-	16,116
Total operated departments	5,372,000	667,304	1,912,715	568,541	2,223,440
Undistributed operating expenses					
Administrative & general expenses			162,863	164,829	
Marketing			48,348	96,696	
Property operation, maintenance and energy costs			186,553	484,947	
Total undistributed operating exp.			397,764	746,472	1,144,236
Income before fixed charges	$5,372,000	$667,304	$2,310,479	$1,315,013	1,079,204
Property taxes and insurance				193,392	
Interest				263,020	
Depreciation and amortization				359,924	816,336
Net income					$262,868

그림 11-6 부서별 손익계산서

Schedule 2: Food and Beverage

	Current period
Revenue	
Food	$xx
Beverage	xx
Total	xx
Allowance	xx
Net revenue	xx
Other income	xx
Total	xx
Cost of sales	
Cost of food consumed	xx
Less: Cost of employees' meals	xx
Net cost of food sold	xx
Cost of beverage sold	xx
Net cost of sales	xx
Gross profit	xx

그림 11-6 부서별 손익계산서 (계속)

Schedule 2: Food and Beverage

	Current period
Expenses	
Salaries and wages	xx
Employee benefits	xx
Total payroll and related expenses	xx
Other expenses	xx
China, glassware, silver, and linen	xx
Contract cleaning	xx
Kitchen cleaning	xx
Laundry and dry cleaning	xx
Licenses	xx
Music and entertainment	xx
Operating supplies	xx
Other operating expenses	xx
Uniforms	xx
Total other expenses	xx
Departmental income (loss)	$xx

참고문헌

변찬복(1999). 『호스피탈리티회계』. 대왕사.
윤주석(1996). 『회계원리』. 제2판. 학문사.

Andrew, W. P., & Schmidgall, R. S.(1993). *Financial Management for the Hospitality Industry*. Educational Institute : AH&MA.

Angelo, R. M., & Moll, S. V.(1994). *Operation Controls for the Hospitality Industry*. Educational Institute : AH&MA.

호텔 재무관리

Chapter 12

Chapter 12

호텔 재무관리

학습목표

이 장을 학습한 후 여러분은 반드시 다음 내용을 이해해야 한다.

1. 호텔 재무관리의 목표를 이해한다.
2. 화폐의 시간적 가치를 이해한다.
3. 호텔산업의 투자결정과정과 호텔투자에 대한 특징을 자세히 파악한다.
4. 자본비용의 개념을 숙지한다.
5. 호텔기업의 가치평가 방식을 이해한다.

제1절 호텔 재무관리의 이해

1. 호텔 재무관리의 의의

재무관리(Financial Management)라는 용어는 크게 두 가지 의미로 사용된다. 먼저 광의의 의미로서 재무관리는 기업재무론(Corporate Finance), 투자론, 금융기관론 등을 포함하는 재무학이다. 한편, 협의의 의미로는 기업의 자금흐름과 관련된 활동을 다루는 학문으로 기업재무론이라고도 한다. 여기서는 기업의 재무의사결정을 관할하는 재무관리자의 관점을 다루는 협의의 의미의 재무관리를 다루기로 한다.

재무관리는 기업의 투자에 필요한 자금조달과 운용을 다루는 활동이다. 즉 재무관리는 합리적인 투자결정과 자금조달을 연구하는 활동이다. 최근에는 보다 단기적인 과제인 유동성 관리도 연구에 추가되고 있다. 그리고 재무관리의 목표는 기업가치의 극대화이다.

기업의 재무담당자(Treasurer)는 내부조달 또는 금융시장(Financial Market)을 통해 필요한 자금을 조달하여 주로 영업활동을 위해 실물자산에 자금을 투자한다. 자금투자의 결과로 산출되는 성과(현금흐름)가 긍정적인 경우(이익발생)는 자금을 제공한 투자자인 주주나 채권자에게 배당금 또는 이자의 형태로 지급된다. 만일 기업이 향후 새로운 사업기회에 재투자할 자금이 필요하다면 이익금 중 일부를 사내에 유보할 수 있다. 이렇게 투자자에게 배당금이나 이자를 지급하려면 기업은 그들이 기업에 투자한 자금보다 더욱 많은 현금흐름을 창출할 수 있어야 한다. 다시 말하면 부가가치(Value Added)를 창출할 수 있어야 한다.

기업에서 재무담당자가 수행하는 재무의사결정은 크게 두 가지로 요약할 수 있다. 첫째, 투자결정을 통해 어느 정도의 자금을 어떤 자산에 투자할 것인가를 결정한다. 투자결정에 의해서 자산의 규모와 구성이 결정되며 결과는 재무상태표의 차변에 기록된다. 둘째, 자금조달결정은 투자결정이 내려진 후 투자에 소요되는 자금을 어떻게 조달할 것인가에 대한 결정이다. 자본조달결정에 의해 자본구조(부채와 자기자본의 비율)의 규모와 구성이 설정되며 결과는 재무상태표의 대변에 기록된다. 아울러 이익을 사내에 유보할 것인가, 아니면 배당금으로 지급할 것인가에 대한 의사결정도 포함한다.

한편, 비교적 규모가 큰 호텔기업에서는 재무담당자(Treasurer)와 회계담당자(Controller)로 나누어서 회계 및 재무관리 업무를 수행한다. 회계담당자는 주로 재무회계, 원가회계, 세무회계, 회계정보시스템관리 등의 업무를 수행하고, 재무담당자는 현금 및 신용관리, 자본지출, 재무계획 수립 등에 대한 업무에 종사하고 있다.

2. 재무관리의 목표

기업의 경영진 및 재무담당자가 재무의사결정을 통해 이루려는 궁극적인 목표는 무엇인가? 한마디로 재무관리의 목표는 기업의 경영목표와 같다고 할 수 있다. 과거로부터 흔히 기업경영의 목표는 이익 또는 이윤의 극대화라고 알고 있다. 하지만 기업의 목표로서 이익극대화(Profit Maximization)는 최근 많은 도전을 받고 있는데, 이는 세 가지 문제점이 밝혀지고 있기 때문이다.

첫째, 이익극대화에서 말하는 이익은 회계적 측정치로서 기업의 경제적 성과를 잘 표현하고 있지 못하기 때문이다. 실제로 이익은 손익계산서란 장부상의 이익으로서 기업의 실제 현금흐름(Cash Flow)과 꼭 일치한다고 볼 수 없기 때문이다. 이익은 각 기업의 감가상각, 재고자산평가 등의 여러 가지 회계처리방법에 따라 측정이 달라질 수 있어 자의적인 측정치라고 할 수 있다.

둘째, 이익은 현금흐름의 발생 시기를 잘 반영하지 못하고 있다. 즉 서로 다른 시점에서 발생하는 이익을 정확하게 파악할 수 없다. 예를 들어, 현재 10억 원의 수입이 있으나 10년 후에 11억 원의 비용이 발생하는 투자대안 ㉮와, 현재 20억 원의 비용을 지출하여 10년 후에 22억 원의 수입을 얻을 수 있는 투자대안 ㉯가 있다고 가정하자. 여기서 단순히 이익극대화 목표에 의해서 두 투자대안을 평가하면 대안 ㉮가 2억 원만큼의 이익을 획득할 수 있고 반면에 ㉯는 1억 원의 투자손실의 발생이 예상되므로 대안 ㉯를 선택하는 것이 적절하게 보일 것이다. 하지만 이런 평가방법은 현금은 발생시기에 따라 가치가 달라질 수 있다는 현실세계의 사실을 전혀 반영하지 못하고 있다.

셋째, 이익극대화는 미래이익의 불확실성의 정도에 따른 이익의 질적 가치를 반영하지 못한다. 따라서 이익을 토대로 해서 불확실성의 정도가 서로 다른 미래 이익수준을 정확하게 평가할 수 없다. 예를 들어, 현재 1천만 원을 투자하여 1년 후에 1천2백만 원을 동일하게 벌어들일 수 있다고 예상되는 두 가지 투자대안이 있는데, 대안 ㉮는 은행의 정기예금에 가입하는 것이고, 대안 ㉯는 새로운 식음료 메뉴개발에 투자하는 것이다. 여기서 정기예금에 대한 투자는 불확실성이 거의 존재하지 않지만 대안 ㉯에 대한 투자는 위험이 훨씬 높게 나타난다. 일반적으로 위험을 회피하고자 하는 투자자는 대안 ㉮를 더 선호할 것이다. 하지만 위와 같은 두 투자안은 기대이익이 같기 때문에 이익극대화에 의해서는 투자에 대한 우열을 판단할 수 없다.

최근 기업의 경영목표는 전통적인 개념인 이윤의 극대화에서 기업가치의 극대화(Firm's Value Maximization)로 점점 대체되고 있다. 여기서 말하는 기업가치는 기업이 미래에 획득할 현금흐름을 그 발생시기와 불확실성의 정도에 따라 적절하게 할인한 현재가치의 총합을 의미한다. 바꾸어 말하면, 기업의 가치는 기업이 소유하고 있는 총자산가치 또는 부채의 총시장가치와 주식의 총시장가치를 합한 것으로 간주할 수 있다. 여기서 부채의 시장가치는 거의 일정하기 때문에 기업의 가치를 극대화한다는 것은 바로 주식(또는 자기자본)의 총시장가치를 극대화하는 것과 일맥상통한다고 볼 수 있다. 그래서 기업가치의 극대화는 주주의 부의 극대화와 동일한 개념이라고 할 수 있는 것이다. 한편, 기업의 주식가격은 기업이 보유하고 있는 미래의 현금흐름 창출능력과 아주 밀접한 관계에 있다고 할 수 있다.

그림 12-1 **재무관리의 목표**

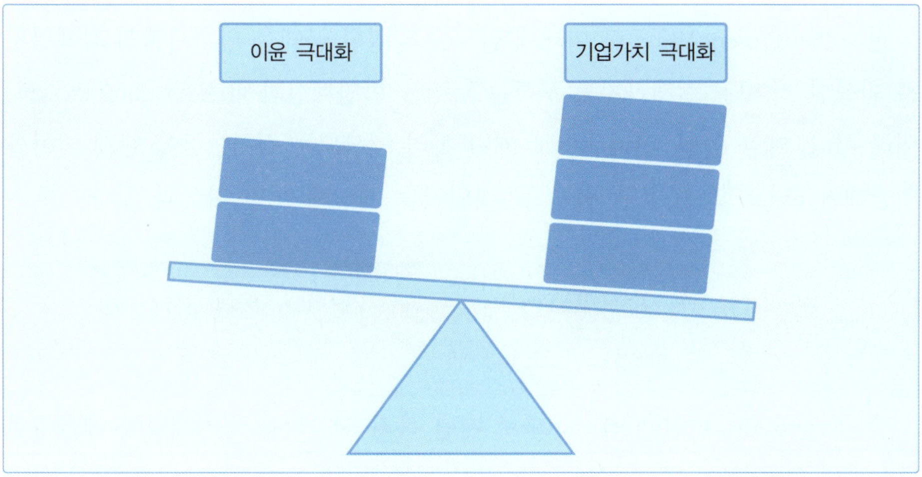

3. 화폐의 시간적 가치

일반적으로 사람들은 같은 금액일 경우 미래의 현금보다 현재의 현금을 소유하길 원한다. 즉 오늘의 1원은 미래의 1원보다 가치가 더 크기 때문이다. 여기에는 크게 두 가지 이유가 있다. 첫째, 보통 일반인들은 미래의 소비보다 현재의 소비를 더 선호하는 시차선호(Time Preference)의 경향을 보이기 때문이다. 하지만 개인적 특성에 따라 미래의 소비에 비해 현재의 소비를 선호하는 정도는 다르게 나타날 수 있다. 둘째, 현재의 현금을 가지고 좋은 곳에 투자하거나 혹은 주어진 생산기회를 통하여 미래에 더 이상의 가치를 창출할 수 있다. 즉, 자본화되어 가치를 창출할 수 있는 현재의 현금흐름을 더 선호하게 되는데, 이는 자본의 생산성이라는 특성에 기인한 것이다.

따라서 일반적으로 사람들이 더욱 선호하는 현재의 현금을 빌려쓰려면 미래에 보다 많은 현금을 이들에게 제공할 수 있어야 한다. 이처럼 추가로 지급하는 금액(이자)을 현재의 현금에 대한 일정한 비율로 나타낸 것이 이자율(Interest Rate)이다. 그러므로 이자율은 화폐의 가격으로서 화폐의 시간적 가치를 평가하는 척도라고 할 수 있다. 일반적으로 투자자들은 위험을 싫어하기 때문에 투자에 대한 적절한 보상이 보장되지 않으면 불확실한 미래의 현금흐름에 현혹되지 않는다.

현재가치(Present Value)란 미래에 발생할 일정한 금액을 현재시점의 화폐가치로 환산한 것이다. 현재가치를 구하는 과정을 할인계산과정(Discounting Process)이라 한다. 예를 들면, 연리 10%로 매년 복리 계산되는 정기예금에 현재 얼마를 입금해야 5년도 말에 천만 원이 될 것인지를 계산해 보면 다음과 같다.

$$PV(1+0.1)^5 = 10{,}000{,}000\text{원} \Rightarrow PV = 10{,}000{,}000/(1+0.1)^5 = 6{,}209{,}213\text{원}$$

즉, 오늘 6,209,213원을 연리 10%로 매년 복리 계산되는 정기예금에 예금하면 5년 후에 천만 원이 되는 것이다. 따라서 현재의 6,209,213원과 5년도 말의 천만 원은 각각 가치가 동일하다고 할 수 있다.

제2절 호텔 자본예산과 현금흐름

1. 자본예산의 의의

호텔기업을 비롯한 모든 기업은 한정된 자원을 보유하고 있다. 이러한 한정된 자원을 효율적이고 효과적으로 관리하는데 필요한 기술분야를 자본예산(Capital Budgeting)이라고 한다. 즉 자본예산이란 기업의 자본지출(Capital Expenditure)에 대한 투자의사결정과 이에 소요되는 자금을 조달하는 의사결정을 합리적으로 분석하기 위한 기법으로서 기업의 목표를 효율적으로 달성하기 위한 장기재무계획이다. 여기서 장기재무계획이란 일반적으로 자본지출에 대한 투자이익(Return)이 환수되는 시간이 1년 이상이 소요되기 때문이다. 자산에 대한 투자결정은 기업의 입장에서 보면 가장 대규모 자금이 소요되며 그에 따른 수익과 비용이 다년간에 걸쳐 구현된다는 점에서 이는 특정 기업의 성패와 아주 긴밀한 관련을 갖는 의사결정과정이라고 말할 수 있다. 요약하면, 기업의 성장을 위해 취득하는 자산은 기업의 미래 수익뿐만 아니라 위험에도 영향을 미치게 되어 기업가치의 변화를 초래한다. 자산취득을 위한 투자결정은 기업 성장에 직접적인 영향을 미치는데, 투자효과가 장기적으로 나타나는 자산의 취득에 대한 종합적인 계획을 자본예산이라 한다.

통상 자본지출은 고정자산(Fixed Asset)의 취득과 매우 관련이 깊다고 할 수 있다. 자본지출에 소요되는 자금은 보통 유보이익, 감가상각, 부채, 새로운 주식 발행 등에 의해서 공급된다. 자본지출은 미래에 영향을 미치고 또한 변경할 수 없는 막대한 재무적 몰입을 요구하기 때문에 매우 중요한 의사결정과정이라고 할 수 있다.

2. 투자의 종류

자본예산에서 고려하는 투자의 종류는 일반적으로 네 가지로 분류할 수 있다.

1) 대체투자(Replacement Investment)

대체투자는 주로 현재 보유하고 있는 기계 · 시설 · 장비 등을 새로운 것으로 바꾸기 위한 투자를 의미한다. 이런 투자에는 크게 두 가지 경우가 존재하는데 첫째, 기업의 생산활동을 계속 유지하기 위해 손상되거나 마모된 기계(장비)를 동종의 기계로 대체하는 투자이다. 둘째, 생산성을 향상시키거나 비용을 절감하기 위한 성능이나 효율이 좋은 새 기계(장비)로 대체하는 투자이다. 예를 들면,

1990년대 말에 미국의 세계적 외식기업인 McDonald's는 고객에게 보다 나은 서비스를 제공하고 또한 생산성을 혁신적으로 향상하기 위해 주방시스템("Made for You")을 대한 대체투자를 대대적으로 시행한 적이 있다.

2) 확장투자(Expansion Investment)

확장투자는 수요증가 또는 시장점유율 등의 증가로 인하여 추가적인 생산 및 서비스를 제공해야 하는데 기존의 기계와 시설로는 이를 수용할 수 없을 때 이루어지는 투자를 말한다. 예를 들면, 증가하는 수요를 소화해내기 위해 호텔의 총면적을 확장할 때 이런 확장투자가 이루어진다.

3) 상품투자(Product Investment)

제품투자는 기존 상품의 품질수준을 개선하거나 기존 상품에 추가적으로 신상품을 추가하기 위한 투자를 일컫는다. 호텔산업에서 상품투자의 예로서는 기존 서비스라인에 다른 서비스를 추가할 때를 상품투자라고 할 수 있다.

4) 전략적 투자(Strategic Investment)

전략적 투자는 다른 투자들과 달리 보다 장기적인 목표를 달성하기 위해 시행하는 투자다. 예를 들면, 생산과정의 수직적 결합을 통해 원재료의 공급을 확보하거나 연구개발을 통해 새로운 상품을 개발해서 장기적으로 새로운 기회를 확보하기 위한 투자이다. 종업원 복리후생을 위해 사원아파트를 건설하거나 지역사회를 위한 무료 식사제공을 위한 투자도 이에 포함된다.

위와 같은 여러 형태의 투자는 현재의 현금지출보다 미래에 더 큰 현금유입을 목표로 하기 때문에 결국 투자의 목표는 현금흐름의 총현재가치를 극대화시키는 것이 된다. 그러므로 자본예산을 위한 의사결정과정의 핵심과제는 투자결정을 통해서 특정 기업의 현금흐름의 총현재가치를 극대화하는 것이다. 극대화된 현금흐름의 현재가치합으로 인하여 기업의 주식가치는 향상되고 결국 주주의 부를 극대화시키는 한편, 기업의 가치를 극대화시키는 Win-Win상황을 연출하게 된다.

3. 현금흐름의 추정

위에 열거한 다양한 형태의 투자는 동시에 발생할 수 있거나 혹은 혜택(Benefit)이 서로 다르기 때문에 반드시 각 투자안에 대한 평가를 통해 우선순위를 조정하거나 또는 투자 여부에 대한 결정을 해야 한다. 투자안을 평가할 때 가장 중요한 사항은 제안된 각 투자안의 현금흐름을 정확히 분석하여 추정하는 것이다. 여기서 말하는 현금흐름은 투자에 의해 발생되는 현금의 유입과 유출에 대한 차이를 말하는 것으로 순현금흐름(Net Cash Flow)이라고도 말한다. 이러한 현금흐름은 각 기간의 현금유입 금액에서 현금유출 금액을 제함으로써 산출할 수 있다.

현금흐름 = 현금유입 − 현금유출

자본지출을 통한 투자에서 획득되는 현금흐름은 미래의 오랜 시간에 걸쳐 서서히 이루어진다. 미래에 관한 것에는 보편적으로 불확실성(Uncertainty)이 수반되기 때문에 정확한 추정이 쉽지 않다. 그러나 여기서 말하는 투자에서는 이러한 현금의 흐름을 확실히 추정할 수 있다는 것을 전제로 하고 있다.

호텔기업이 어떤 특정 투자안에 대한 현금흐름을 추정할 때는 다음과 같은 일반적인 사항에 특히 주의하여야 한다.

1) 현금흐름의 발생시점

투자안에 대한 현금흐름을 추정할 때는 현금유입과 현금유출의 시점을 정확히 고려해야 한다. 예를 들면, 보편적으로 현금흐름의 추정시 사용되는 회계이익(Accounting Income)은 실제로 현금유입이나 현금유출이 이루어진 시점과 관계없이 당해 회계연도 말에 가서 실현된 것으로 계상되기 때문에 이는 정확한 현금흐름의 추정치로 간주할 수 없다. 이러한 문제로 말미암아 실제 현금흐름의 추정에 있어서 현금흐름의 발생시점이 고려되지 않을 경우 투자안의 실제가치(실질가치)는 과소평가 또는 과대평가되는 위험을 내포하게 된다. 그러므로 각 투자안의 현금흐름을 추정할 때는 그 유입시점과 유출시점에 대한 정보를 정확히 반영하도록 해야 한다.

2) 증분현금흐름

투자안의 평가를 위해 현금흐름을 추정할 때는 증분현금흐름(Incremental Cash Flow)을 구하는 것으로 이해해야 한다. 증분현금흐름이란 어떤 투자안을 선택하는 경우 기업 전체의 관점에서 증가하거나 감소하는 현금흐름을 의미한다. 증분현금흐름이 내포하는 의미는 투자안을 평가할 때 특정 투자안 자체만의 현금흐름만을 고려해서 결정해서 안되며, 그 투자안이 기업 전체에 미치는 현금흐름의 영향을 동시에 고려해야 된다는 것을 의미한다.

한편, 투자안의 현금흐름을 추정할 때 매몰원가(Sunk Cost)는 고려 대상에서 제외해야 하는데, 이는 매몰원가는 과거의 투자결정에 의하여 이미 지출된 비용이므로 현재의 투자결정에는 직접적인 영향을 미치지 않기 때문이다. 그러나 다른 용도로 사용할 수 있는 자원을 이용하는 경우에는 그 기회비용(Opportunity Cost)을 반드시 고려해야 한다. 예를 들면, 어느 호텔기업이 시가로 20억 원 가치가 있는 토지를 보유하고 있는데, 그 부지에 확장투자를 위해 호텔 건축을 고려 중이라고 가정하자. 호텔 건축시에는 투자비로 100억 원이 소요된다고 한다. 이런 경우 신규 호텔 건축에 귀속되는 총투자비는 얼마로 계상해야 하는가?

기준시점에서 프로젝트에 투자되는 현금흐름 :	−100억 원
기준시점에서 프로젝트와 상관없는 현금흐름 :	20억 원
	120억 원

만일 호텔기업이 호텔을 건축하지 않을 경우 해당 토지는 20억 원에 매각할 수 있으며 그것은 곧 20억 원의 현금유입을 의미한다. 그러나 호텔을 건축할 경우에는 현금 20억 원이 감소하게 된다. 왜냐하면 그 토지를 시중에 매각할 수 없게 되기 때문이다. 이런 경우 20억 원이란 기회비용은 당연히 이 프로젝트에 귀속시켜야 한다. 따라서 프로젝트의 총비용은 120억 원이 되는 것이다.

3) 금융비용

투자안의 현금흐름을 추정할 때 자금조달방법에 따라 다르게 나타날 수 있는 이자나 배당 등의 금융비용을 현금흐름에 포함시키지 말아야 한다. 호텔기업의 입장에서는 이지지급액이나 배당금 등은 당연히 현금유출에 해당된다. 그러나 투자안에 대한 현금흐름을 추정하는 과정에서 할인율(Discount Rate)을 적용함으로써 이미 자금조달방법에 대한 영향을 반영하였기 때문에 포함시켜서는 안 될 일이다. 만일 이자지급액이나 배당금을 현금유출로 포함시킨다면 이는 이중 계산의 결과를 초래하게 되는 것이다.

4) 세금효과

투자안에 대한 현금흐름을 추정할 때는 반드시 세금효과(Tax Effect)를 고려해야 하는데, 특히 감가상각(Depreciation)의 절세효과를 정확히 반영해야 한다. 현금흐름이 증가될 경우 세금도 증가하기 때문에 이를 현금흐름에서 차감해야 한다. 그러나 여기서 현금유출 세금은 순현금흐름이 아닌 재무제표인 손익계산서의 이익을 기준으로 결정 · 부과되기 때문에 현금흐름을 계산하는 과정에서 반드시 적절하게 조정해야 한다.

회계상의 이익과 현금흐름과의 관계는 세금효과를 고려할 경우 다음과 같이 표현될 수 있다.

회계상 이익 = (수익－지출－감가상각) (1－법인세율)

현금흐름 = 수익－지출－세금
= 수익－지출－(수익－지출－감가상각) (세율)
= 회계상의 소득＋감가상각

위에서와 같이 현금흐름과 회계상의 이익이 다르게 나타나는 이유는 회계상의 비용에는 감가상각과 같이 실제로는 현금유출이 발생하지 않는 비현금비용(Non-cash Expense)이 포함되어 있기 때문이다.

5) 순운전자본과 현금흐름

순운전자본(Net Working Capital)은 투자안의 현금흐름을 추정할 때 반드시 간과해서는 안되는 항목이다. 재무상태표상에서 유동자산(Current Asset)과 유동부채(Current Liability)의 합을 운전자본(Working Capital)이라 하며, 순운전자본은 유동자산에서 유동부채를 제한 차액을 의미한다. 일반적으로 순운전자본에 대한 모든 투자는 투자안의 수명주기상 투자시점 말에 현금유입으로 완전히 회수되는 것으로 가정한다. 즉, 재고자산은 처분되어 대체되지 않으며, 매출채권은 회수되고, 매입채무는 지급되고, 새로운 구매와 판매는 이루어지지 않은 형태로 회수된다.

여기서 호텔의 특정한 레스토랑을 확장하는 예를 생각해 보기로 하자. 확장은 레스토랑 매출의 추가적인 증대를 위한 식음료 재고와 외상거래액의 증가를 수반하기 때문에 기업의 현금보유(Cash On Hand)의 필요성을 증대시킨다. 또한 외상매입금의 증가가 있지만 확장을 위한 유동자산의 증가보다는 적다. 따라서 순운전자본은 증가하게 된다. 이러한 자금은 어디서든 조달해야 하며 초기 투자시에 현금유출도 고려해야 한다. 투자안의 특징에 따라 순운전자본에 대한 투자는 개시연도에 일시불로 투자될 수도 있고 또는 여러 해에 걸쳐 분산 투자될 수도 있다.

6) 잔존가치와 현금흐름

잔존가치(Salvage Value)란 고정자산의 취득 후 내용연수가 경과 한 후의 장부가치를 말하는데, 이는 결국 내용연수 말에 회수(또는 유지)될 것으로 기대되는 현금흐름을 의미한다. 잔존가치는 자산의 감가상각액(취득원가-잔존가치)을 결정하며 감가상각비의 절세 효과에 따른 현금흐름을 변화시킨다. 그러나 인플레이션이나 기타 다른 요인에 인한 경우는 회계법상 특별이익이나 특별손실로 처리되어 과세대상이 된다. 예를 들면, 장비매각으로 인해 발생하는 현금흐름은 매각가격에서 가격차이로 생기는 자본소득(손실)에 대한 세금을 차감(증가)한 것이다. 이를 등식으로 나타내면 다음과 같다.

현금흐름 = 매각가격 − (매각가격 − 장부가격) × 법인세율

4. 호텔산업 투자안의 평가와 선택

호텔기업의 재무관리자는 투자에 대한 결정을 내릴 때 각 투자안별로 어떤 결과가 발생할 것인가에 대한 정보를 충분히 파악한 후에 현금흐름을 추정해야 한다. 또한 각 투자안별로 초기투자액, 초기투사 이후 발생하는 현금흐름, 그리고 다른 투자안과의 배타적 또는 독립적 관계 등을 숙지한 후 기업의 자본비용(Cost of Capital)을 고려하여 각 투자안에 대한 경제성을 분석한다. 이런 과정을 거친 후에 비로소 투자안의 선택에 대한 의사결정을 내리게 된다.

1) 회계이익률법(Accounting Rate of Return)

회계이익률법은 세후 평균순이익을 투자안에 대한 평균투자액(평균자산 또는 평균자기자본)으로 나누어 계산하는 방법이다. 회계이익률법은 보통 ROA(Rreturn on Assets : 총자산순이익률) 및 ROE(Return on Equity : 자기자본순이익률)을 사용한다.

ROA = 세후연평균순이익 / 총투자액
ROE = 세후연평균순이익 / 총자기자본

〈표 12-1〉에서는 회계이익률법에 의한 투자안 평가에 대한 예를 보여주고 있다.

표 12-1 신규 호텔 건설 프로젝트

(단위 : 만 원)

	2000	2001	2002	2003	2004
자기자본총투자액	10,000	-	-	-	-
총투자액	30,000	-	-	-	-
순이익	-	1,000	1,500	2,000	2,500

ROA = (70,000,000 / 4) / 300,000,000 = 5.83%
ROE = (70,000,000 / 4) / 100,000,000 = 17.50%

회계이익률법은 계산이 쉽다는 장점이 있다. 그러나 현금흐름이 아닌 재무제표상의 이익을 기초하고 있으며, 또한 화폐의 시간적 가치를 고려하지 않는다는 단점이 있다. 따라서 투자안의 경제적 타당성과 무관하게 투자결정이 이루어진다는 위험을 내포하고 있다.

2) 투자회수기간법(Payback Period Method)

투자회수기간(Payback Period)이란 일반적으로 특정 투자안을 선택함으로써 지출된 자금을 그 투자로부터 발생하는 현금흐름으로부터 모두 회수하는데 소요되는 기간을 말한다. 여기서 기간은 보통 1년 단위로 표시된다. 투자회수기간법은 이렇게 투자회수기간을 비교하여 각 투자안을 평가하는 방법으로서 투자회수기간이 빠른 투자안이 의사결정과정에서 우선순위를 갖는다.

그럼 여기서 〈표 12-2〉와 같은 현금흐름을 갖는 두 개의 투자안 ①과 ②가 있다고 가정하고, 이 두 투자안의 투자회수기간을 비교해 보기로 하자.

표 12-2 **투자회수기간의 차이**

(단위 : 만 원)

연 도	현금흐름	
	투자안 ①	투자안 ②
0	−2,000	−2,000
1	1,000	200
2	800	600
3	600	800
4	200	1,200
5	100	100

여기서 투자안 ①에 지출된 투자액(2,000만 원)을 회수하는데 소요되는 기간은 2 1/3년(1,000 + 800 + 200)이고, 투자안 ②에 지출된 투자액(2,000만 원)을 회수하는데 소요된 기간은 3 1/3년(200 + 600 + 800 + 400)으로 투자안 ①보다 1년이 더 소요되었다. 따라서 투자안 ①이 투자안 ②보다 투자회수기간이 짧으므로 더욱 선호되는 투자안이라고 결론을 내릴 수 있다.

투자회수기간법은 회수기간이 빠른 투자안을 선택함으로써 현금흐름에 대한 불확실성을 줄이고 투자에 따르는 위험을 감축할 수 있다. 또한 회수기간이 짧은 투자안은 자금이 신속히 회수되므로 호텔기업의 유동성 향상에 도움을 제공할 수 있다. 그러나 투자회수기간법은 회수기간 이후의 현금흐름을 고려하지 않으므로 투자안에 대한 수익성을 정확하게 파악할 수 없고 화폐의 시간적 가치를 무시한다는 치명적인 단점을 드러내고 있다.

3) 순현가법(NPV(Net Present Value) Method)

회계이익률법과 투자회수기간법 등은 전통적인 분석방법으로서 화폐의 시간적 가치를 무시하고 있다는 단점이 있다. 앞으로 소개하는 순현가법과 내부수익률법 등은 현금흐름할인 분석방법으로서 화폐의 시간적 가치를 충분히 고려하여 투자안을 평가하는 방법이다. 순현가법과 내부수익률법은 기업의 궁극적인 목표인 기업가치의 극대화를 의사결정과정의 기준으로 삼고 있다.

투자결정을 포함한 호텔기업의 모든 의사결정은 현재시점을 기준으로 이루어지지만 투자로부터 실현되는 혜택은 보통 미래시점에서 실현된다. 따라서 투자안을 올바르게 분석하기 위해서는 화폐의 시간적 가치를 고려해야 한다. 순현가법은 투자로부터 발생하는 모든 현금유입과 현금유출의 가치에 의해 산출되는 순현재가치를 비교하여 투자 여부를 결정한다.

$$순현가(NPV) = CF_0 + \frac{CF_1}{(1+\kappa)} + \frac{CF_2}{(1+\kappa)^2} + \cdots + \frac{CF_n}{(1+\kappa)^n}$$

$$= \sum_{t=o}^{n} \frac{CF_t}{(1+\kappa)^t}$$

CF_t : t시점의 현금흐름
κ : 할인율(자본비용 · 요구수익률)

여기서 할인율 k는 호텔기업이 투자를 위해서 요구하는 최소한의 수익률로서 보편적으로 해당 기업의 자본비용이 된다. 할인율은 각 투자안에 대한 현금흐름을 추정하는데 수반되는 불확실성의 정도에 의하여 결정이 된다.

순현가법에 의해서 투자안을 결정하는 일반적인 판단기준은 특정 투자안에 대한 현금유입과 현금유출의 차이에 의해 산출되는 순현재가치(NPV)가 0보다 클 경우에는 해당 투자안을 채택하고, 만일 0보다 작을 경우에는 기각한다. 순현재가치가 0보다 작다는 것은($NPV<0$) 절대적 부 또는 기업가치의 감소를 뜻하며, 순현재가치가 0보다 크다는 것은($NPV>0$) 그 반대를 의미한다. 그리고 만일 상호배타적인 투자안이 존재하는 경우에는 순현재가치가 큰 순서대로 투자에 대한 우선순위를 결정한다.

예를 들면, A 호텔이 1,000만 원을 투자하여 새로운 주방장비를 설치하려고 한다, 이 투자로 인해 기대되는 현금흐름은 〈표 12-3〉과 같다. A 호텔의 자본비용이 10%라고 할 때, 이 호텔은 주방장비에 투자해야 하는가?

표 12-3 **A 호텔 주방장비의 현금흐름**

(단위 : 만 원)

연 도	0	1	2	3	4
현금흐름	−1,000	650	300	300	100

위 물음에 대한 답변을 하기 위해서는 *NPV*를 계산해야 한다.

$$순현가(NPV)(X) = -1{,}000 + \frac{650}{(1+0.1)} + \frac{300}{(1+0.1)^2} + \frac{300}{(1+0.1)^3} + \frac{100}{(1+0.1)^4}$$
$$= 1{,}325{,}390(원)$$

주방장비에 투자하는 이 안은 *NPV*가 0보다 크므로 기업의 가치를 증가시킬 수 있다. 그러므로 이 투자안은 투자할 가치가 있다.

4) 내부수익률법(*IRR*(Internal Rate of Return) Method)

내부수익률은 특정 투자안의 순현재가치(*NPV*)가 0일 때의 할인율인 내부수익률(*IRR*), 즉 현금유입과 현금유출의 현재가치를 같을 때를 찾아내어 이를 투자안의 요구수익률과 비교한 후 투자 여부를 결정하는 분석기법이다. 내부수익률은 일반적으로 r로 정의하며 아래와 등식을 만족시키는 r이 *IRR*이 되는 것이다.

$$NPV = \sum_{t=1}^{n} \frac{CF_t}{(1+IRR)^t} - C_0 = 0$$

투자안에서 창출되는 현금흐름이 클수록 즉, 위 등식의 분자인 CF_1, CF_2, ..., CF_n이 큰 값을 가질수록 분모인 r의 값은 커진다. 따라서 r은 투자안의 수익성 척도를 나타낸다. 여기서 중요한 것은 r이 자본비용 또는 시장이자율과 같다면 이 투자로 인한 기업가치의 증가는 0(즉 $NPV=0$)이 된다. 그러므로 내부수익률법을 이용하여 투자안을 평가할 때 기업의 자본비용 또는 시장이자율을 i라 한다면 r이 i보다 크면(즉 $r>i$) 해당 투자안을 채택하고, 반대일 경우(즉 $r<i$)에는 해당 투자안을 기각해야 한다. 이런 관점에서 보면 내부수익률법에서 자본비용 또는 시장이자율은 투자를 정당화할 수 있는 최저 요구수익률(Required Rate of Return) 또는 절사율(Cut-off Rate)이다.

그럼 여기서 내부수익률을 구하는 예를 들기로 하겠다. 〈표 12-4〉와 같은 현금흐름이 기대되는 투자안 A와 B가 있다고 가정하자. 각 투자안의 내부수익률

(*IRR*)을 구하고 그에 대한 투자가치를 평가해 보자. 여기서 적용되는 시장이자율은 16%이다.

표 12-4 투자안 A · B의 현금흐름

(단위 : 만 원)

연도	투자안 A의 현금흐름	투자안 B의 현금흐름
0	−1,000	−1,000
1	650	350
2	300	350
3	300	350
4	100	350

위 물음에 대한 *IRR*을 구하기 위해서는 *NPV*를 계산해야 한다.

$$\text{순현가}(NPV)(A) = -1{,}000 + \frac{650}{(1+r)} + \frac{300}{(1+r)^2} + \frac{300}{(1+r)^3} + \frac{100}{(1+r)^4} = 0$$

$$\therefore\ r = 0.18(18\%)$$

$$\text{순현가}(NPV)(B) = -1{,}000 + \frac{350}{(1+r)} + \frac{350}{(1+r)^2} + \frac{350}{(1+r)^3} + \frac{350}{(1+r)^4} = 0$$

$$\therefore\ r = 0.15(15\%)$$

따라서 위 문제에 대한 결론은 다음과 같다. 투자안 A의 내부수익률은 18%로 시장이자율인 16%보다 높으므로 이 투자안은 채택해야 한다. 그러나 투자안 B의 내부수익률은 15%로 시장이자율보다 낮으므로 이 투자안은 기각해야 한다.

5. 호텔산업의 자본비용(Cost of Capital)

호텔기업의 투자(Investment) 및 자금조달(Financing : 금융)에 대한 의사결정은 서로 매우 밀접한 관계를 가지고 있다. 왜냐하면 호텔기업이 투자를 할 때 소요되는 자금을 어떠한 방법으로 조달하는가에 따라 자본비용이 결정되고 이러한 자본비용이 바로 투자안을 평가하는 가장 중요한 기준이 되기 때문이다. 다시 말해서 성공한 투자가 되기 위해서는 자본비용을 상회하는 수익률이 보장되어야 한다.

자본비용이란 호텔기업이 귀중한 자본을 사용하는 대가로 자본제공자들에게 지급하는 비용을 일컫는다. 예를 들면, 호텔기업이 사채를 발행하여 자금을 조달할 경우에는 채권자에게 지급해야 하는 이자가 부채의 자본비용이 되며, 새로운 주식을 발행하여 투자에 소요되는 자금을 조달할 경우에는 주주에게 지급해야 되는 배당금(Dividend)은 자기자본에 대한 자본비용이 된다.

자본비용은 자본을 이용하는 호텔기업의 입장에서는 비용으로 인식되지만, 자금을 공급하는 투자자의 입장에서는 요구수익률이 된다. 즉 투자자가 호텔기업에 자금을 대여할 경우 투자자는 자신이 부담하게 되는 투자금의 안전한 환수에 대한 위험(Risk)에 직면하게 되는데, 이에 당연히 투자자들은 이에 상응하는 대가를 사용자에게 요구하게 된다. 그러므로 투자자들은 무위험수익률(예 : 국공채 금리수준)에 그들이 부담하게 되는 위험에 상당하는 위험대가(Risk Premium)를 합한 만큼의 수익률을 요구하게 된다.

위에서 언급한 바와 같이 호텔기업은 투자결정에 대한 자금을 조달하기 위해 사채 또는 주식을 발행한다. 이때 투자자가 경험하는 사채를 매입하는 경우의 위험수준과 주식을 매입하는 경우의 위험수준은 달리 나타날 수 있으므로 각각의 위험대가는 달라질 수 있다. 따라서 호텔기업의 입장에서는 자금을 조달하는 방법 즉 원천(Source)에 따라 자본비용이 달라진다.

자본비용은 호텔기업의 전반적인 재무적 의사결정과정에서 다음과 중요한 역할을 담당한다. 첫째, 자본비용은 투자에 소요되는 자금을 조달하는 방법과 자본구조를 결정하는 중요한 기준이 된다. 기업이 투자에 필요한 자금을 공급할 때 부채 또는 자기자본 등을 이용할 것인가, 아니면 부채와 자기자본 모두를 동시에 이용할 것인가의 문제는 각 경우가 호텔기업 전체의 자본비용에 미치는 영향에 따라 그 결과가 달라진다. 그러므로 호텔기업의 목표가 기업가치의 극대화라면 자본비용을 최소화할 수 있는 자금조달방법을 선택해야 한다.

둘째, 자본비용은 호텔기업의 투자 여부를 결정하는데 중요한 지표가 된다. 기업이 투자안을 결정할 때 그 투자안으로부터 획득할 수 있는 기대수익률이 자본비용보다 높을 경우에 기업가치는 증가하므로 투자안은 선택된다. 이러한 의미에서 자본비용은 호텔기업이 투자안으로부터 얻을 수 있는 최소한의 요구수익률이 되는 것이다. 즉 호텔기업이 투자안을 평가할 때 순현가법(*NPV*)을 이용한다면 자본비용은 *NPV*를 구하기 위한 할인율이 되며, 내부수익률법(*IRR*)을 이용하여 투자안을 평가하는 경우에는 투자선택의 기준이 되는 절사율로 이용된다.

셋째, 자본비용은 배당금결정이나 리스금융의 이용 여부, 사채차환(Bond Refunding) 등의 기타 재무적 의사결정시에 중요한 변수로 활용이 되고 있다. 예를 들면, 호텔기업의 외부자본 조달비용이 높아지는 경우 호텔기업은 종전에 비해 배당금 지급을 줄이는 한편 이익을 가능한 많이 기업 내에 유보하려 한다. 리스 임차료가 호텔기업의 자본비용보다 낮을 경우 호텔기업은 설비 등의 구입을 위한 자금을 차입하여 조달하는 대신 리스를 사용하는 것이 바람직하다. 또한 새로이 사채를 발행하는 것이 종전보다 비용이 적게 소요되는 경우 신규채권을 발행하여 기존사채를 차환해야 한다.

넷째, 경제 전체를 전반적으로 봤을 때 자본비용은 각 산업 또는 각 기업의 투자수준을 결정하고 자원을 배분하는 역할을 한다. 자본비용이 낮을 경우에는 순현가가 0보다 큰 투자안이 상대적으로 많아져서 과다투자가 발생할 가능성이 높아지게 된다. 반면에 자본비용이 높은 경우에는 순현가가 0보다 작은 투자안이 상대적으로 많아져서 투자가 위축이 되는 경우가 발생하게 된다. 이와 같이 자본비용에 따라 산업 또는 기업의 투자수준이 결정되므로 적절한 자원분배를 위해서는 적정 자본비용 설정이 매우 중요하다고 할 수 있다. 또 국가 간에도 자본비용이 차이에 따라 국가경쟁력에 영향을 미칠 수 있다.

6. 호텔산업 투자의 위험과 혜택

호텔기업에 대한 투자를 고려할 때 호텔산업에 내재된 고유한 위험과 잠재적 혜택을 잘 이해해야 만족스러운 결과를 창출할 수 있을 것이다. Elgonemy는 〈표 12-5〉와 〈표 12-6〉에서 나타난 바와 같이 미국의 호텔산업에 내재된 혜택과 위험에 대한 예를 들고 있다.

표 12-5 **호텔산업 투자의 혜택 및 보상 요소**

보상 · 혜택의 형태	내 용
우호적인 조세법	개인소유 호텔의 감가상각은 짧은 시간 내에 상계할 수 있다. 호텔은 적절한 감가상각방식을 통해 세제혜택을 이끌어낼 수 있다.
잠재이익	호텔 수익이 손익분기점에 도달한 이후 이익은 급속하게 증가하는 경향이 있다. 호텔의 상당한 비용이 고정비에 속하며, 이는 객실점유율에 따라 크게 변하지 않는다.
잠재된 가치증가	호텔투자에 대한 재무적 보상은 부채에 따른 이자 및 원금상환 등을 차감한 후의 연간 현금흐름과 호텔을 매각하는 경우에 발생할 수 있다.
물가인상 위험 억제효과	호텔의 객실요금은 시장환경의 한도 내에서 물가인상에 맞춰서 인상할 수 있다.
세계시장의 효과	호텔산업이 속한 관광산업은 전 세계에서 가장 많은 사람을 고용하는 가장 큰 산업이며 향후 가장 큰 성장이 예상되고 있다.
무형적인 혜택	유명하고 등급이 높은 호텔은 소유자의 포트폴리오, 특권, 투자사회에서의 신분 등이 향상할 수 있다.

표 12-6 **호텔산업 투자의 위험 요소**

위험의 형태	내 용
호텔산업의 순환주기 및 영업레버리지	객실점유율과 평균객실단가의 작은 변화는 호텔의 영업이익에 지대한 영향을 미친다. 영업레버리지(고정비) 비중이 큰 호텔은 다른 형태의 부동산투자에 비해 경제의 순환주기에 보다 민감하게 반응하며, 또한 높은 이자보상비율을 유지해야 한다.
이자율 위험	예상치 못한 이자율의 변화는 위험이다. 금리인상은 호텔투자에 심각한 영향을 미치는데 왜냐하면 호텔들은 보통 많은 부채를 보유하고 있기 때문인데, 이자율의 증가는 이익수준을 낮게 하거나 또는 추진 중인 호텔프로젝트의 타당성을 의심케 한다. 추가적으로 금리가 인상되면 호텔의 미래가치는 줄어들며, 높은 금리는 보다 많은 이익창출을 불가능케 하며 또한 금리인상은 주가수익률(P/E Rratio)의 악화를 초래한다.
공급측면의 위험	새로운 호텔건설에 대한 과열반응은 투자자들에게 관망과 신중함을 요구한다. 호텔객실의 공급이 수요를 초과하는 경우 이는 호텔산업 전체를 위해 아주 심각한 문제이다. 현재 미국의 많은 호텔시장에서는 공급증가율이 수요증가율을 앞서고 있다. 이런 현상의 부분적인 원인으로 자본공급자가 전통적인 부동산 금융업자가 아니고 호텔기업들이란 점이다.
경영 위험	호텔을 경영함에 있어 가장 중요한 두 가지 내재위험은 첫째, 비용 · 마케팅 · 서비스에 대한 잘못된 관리이며 둘째, 위탁경영계약에 내재된 구조적 결함이다. 호텔은 단순히 부동산에 불과하지 않은 사업이며 집중적이고 능력 있는 경영진을 요구하며, 적합한 전문적인 호텔경영회사와의 위탁경영계약 체결은 성공을 위해 아주 중요하다. 호텔경영에서 가장 중요한 세 가지 분야는 마케팅(브랜드), 서비스품질, 그리고 원가관리다.
유동성 위험	유동성 위험은 호텔시장의 고갈로 정의된다. 객실수요가 현저히 낮을 경우 매각자가 매수자나 임차인을 찾는 것은 매우 어렵기 때문에 이런 시장에서 호텔자산의 매각은 매우 힘들다. 일반적으로 호텔들은 유동성이 거의 없는 자산으로 간주되는데, 예를 들면 일개 호텔을 매각하는데 때에 따라서는 1년이란 시간이 소요될 수도 있다.

제3절 호텔산업의 재무적 특징 및 가치평가

호텔산업은 전형적으로 주기적인(Cyclical) 산업이다. 호텔의 이익과 가치는 객실점유율과 객실요금의 등락에 따라 빠르게 향상되거나 감소한다. 일반적으로 경제 불황과 같은 급격한 환경변화를 제외하고는 객실점유율의 추세는 객실공급의 변화에 의하여 결정된다. 이런 객실공급의 증가는 호텔건설에 필요한 투자자금에 대한 금융조건이 호전됨에 따라 생긴다.

여기서 미국 호텔산업의 사업주기(Business Cycle)에 대한 Rushmore & Goldhoff의 견해를 살펴보면 다음과 같다. 투자자들은 다른 형태의 부동산 투자에 비해 호텔 투자의 수익이 보다 좋다는 것을 인식하게 되면 호텔건설에 필요한 자금·금융에 관심을 가지게 된다. 호텔 투자에 대한 자금의 확보가 용이해지면 호텔개발자들은 새로운 객실을 건설하게 되어 결국 객실공급이 증가하게 된다. 이때 객실공급 증가분의 일부는 객실수요의 증가로 감당할 수 있다. 그러나 객실공급의 증가가 객실수요의 증가를 앞지르게 되면 해당 호텔시장은 과적(공급초과 : Overbuilding)시장으로 돌변하고 결국 호텔들의 객실점유율은 하락하게 된다.

낮은 객실점유율은 결국 객실가격의 인하를 초래하며, 이익은 감소하게 되고, 호텔의 가치를 떨어뜨리게 된다. 종전에 비해 낮아진 이익과 가치를 목격하게 되면 자금제공자와 주식보유자는 호텔산업에 대한 투자를 더 이상 고려하지 않게 되므로, 결국 새로운 호텔개발의 속도가 점점 느려진다. 그 후 시간이 경과해서 객실수요가 현재의 객실공급수준을 따라 잡거나 또는 더뎌진 객실공급 증가율을 상회하게 된다. 그래서 객실수요가 객실공급을 초과하게 되면 객실점유율과 객실요금은 다시 오르고, 이익수준도 향상되고, 궁극적으로 호텔가치도 상승하게 된다. 이런 상황이 되면 투자자들과 금융업자들은 호텔산업에 대한 투자를 다시 시작하게 된다. 그리고 이와 같은 순환주기는 계속해서 반복이 되고 있다.

미국 호텔시장에서는 현재 호텔의 시장가치(Market Value)가 재건축비용(Replacement Cost)보다 높으면 새로운 호텔건설이 가능해지고, 반대로 재건축비용이 시장가치보다 높아지면 새로운 호텔건설에 대한 관심이 감소하게 된다. 미국에서 지난 40년 동안의 경험을 살펴보면 호텔투자자들이 돈을 잃게 되는 경우는 객실수요의 부족 또는 미숙한 경영보다는 대부분 객실공급초과 즉 과적현상 때문인 것으로 밝혀지고 있다. 호텔산업에서 투자는 가치와 시간에 대한 게임이다. 주기적 성향을 지닌 호텔산업에서 시장들의 상황, 호텔상품의 유형, 객실가격의 유형 등에 대한 이해를 향상할 수 있다면, 호텔투자자들은 구체적인 상승 및 하락추세를 파악할 수 있으며, 호텔자산을 매입하거나 매각하는 시점을 보다 잘 이해하게 되어 결국 투자에 대한 위험을 줄이고 이익을 증가시킬 수 있다.

그림 12-2 새로운 호텔 건설의 시기

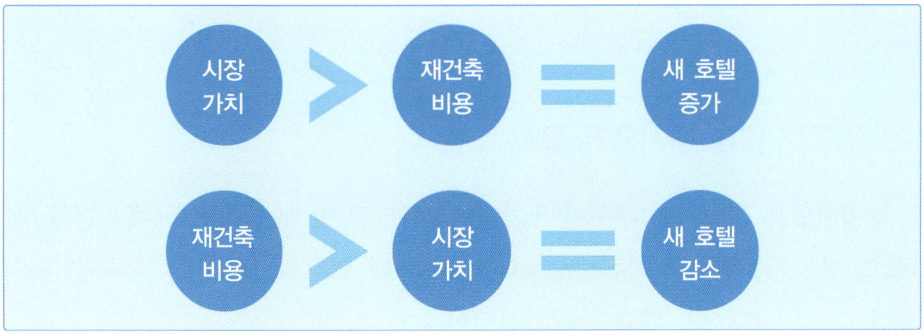

기업가치는 기업이 미래에 창출하는 현금흐름의 현재가치를 말한다. 호텔의 시장가치는 부당한 압력이 배제되고 신중하게 판단한 구매자와 판매자 사이의 협상결과로 나타나며 또한 공정한 매매가 이루어질 수 있는 조건이 충족된 경쟁시장에서 호텔자산의 화폐가치라고 정의할 수 있다. 미국 부동산평가사협회에 의하면 가치평가과정은 다음과 같은 7가지 단계로 이루어진다.

각 산업별 특징에 따라 가치창출요소가 다르므로 일반적인 가치평가모델의 획일적인 적용은 정확한 가치평가를 이끌어 낼 수 없다. 특히 호텔산업은 유형고정자산 자체가 상품이면서 또한 전문적인 경영기법이 요구되는 수익창출기업이다. 따라서 호텔은 부동산 투자와 기업경영이 한데 어우러진 복합투자대상이다. 이러한 호텔산업의 특징은 가치평가를 할 때 잘 반영되어야 한다.

- 문제의 정의
- 사전분석 및 정보소스의 선택 및 수집
- 가장 높고 적절한 이용가치 분석
- 토지가치 추정
- 적절한 가치평가방법의 응용
- 가치평가방법 차액 조정
- 결정된 평가가치의 보고

1. 호텔기업의 가치평가 요소

호텔산업은 일반적인 부동산 투자와 같이 토지 및 부속시설 등(예 : 건물, 설비 및 장치, 주차장)의 부동산요소와 객실과 각 업장의 집기비품, 부속물 등의 동산요소로 이루어진 대규모 장치산업이다.

1) 부동산요소

호텔은 부동산 및 설비에 대한 완전한 투자가 선행되어야 영업활동이 비로소 시작되는 장치산업으로서 비교적 대규모 자본이 투하되어 장기간 고정되는 재무적 불이익을 갖는 부동산투자 형태의 산업이다. 아울러 집기비품, 부속물 등 동산에 대한 투자가 보통 총자산의 약 25%를 차지하고 있는데, 호텔의 서비스품질과 경쟁력을 유지하기 위해서는 주기적으로 보수 및 대체를 해야만 한다.

한편, 수려한 호텔건물의 외관 및 내부장식은 매출증대와 깊은 관계가 있으며, 건물내부의 동선설계는 종사원들의 노동생산성과도 깊은 연관이 있으며, 보유객실수, 식음료업장수, 헬스클럽 등의 물리적 조건과 호텔입지와 같은 지리적 여건도 큰 영향력을 지니고 있다. 특히 아시아를 비롯한 세계도처에서 호텔에 투자하는 주요 동기로서 부동산가치의 상승과 명성 및 신분상승 등이 있다.

2) 기업경영요소

호텔은 단기로 판매하는 소매형태의 기업이며 고객들의 선호에 따라 다양한 상품과 서비스를 갖춰야 한다. 그러나 단기 소매형 판매특성으로는 장기적으로 안정적인 수익 확보가 어렵기 때문에, 종래 저가위주의 완전예약정책보다는 적정한 비율로 빈 객실을 유지하는 경영으로 당일투숙객에게 최대한 고가요금을 적용시키는 판매관리(Yield Management)방법이 점점 정착되고 있다.

점차 호텔기업들이 대형화·복합화되고 있기 때문에 호텔소유주들은 유명 브랜드를 보유한 체인호텔과 위탁경영계약과 프랜차이즈계약을 체결하여 중앙예약시스템, 전국적 마케팅전략, 물품의 구매효율 향상 등 전문적인 경영기법을 수용하여 수익을 향상하고 동시에 호텔가치를 증대코자 하고 있다.

한편, 호텔산업은 노동집약적인 산업분야이므로 높은 인건비와 높은 고정비와 경비 등을 개선하기 위한 합리적인 경영방식이 요구된다. 일반기업과 마찬가지로 경쟁력 있는 호텔기업의 경영지식에 의해 기업가치가 결정되므로 이것으로 곧 영업권으로 형성되므로 이런 경영지식 가치는 브랜드가치와 함께 중요한 무형자산으로서 반드시 평가요소에 포함되어야 한다.

3) 외부환경요소

경제상황, 국제관계, 기후조건, 환율, 객실공급초과 등 급변하는 외부환경의 변화에 매우 민감한 호텔산업은 이로 인해 향후 영업활동으로 인한 안정적인 수익획득이 매우 불확실하며, 타인자본을 융통하기도 환경변화와 거의 맥락을 같이 하기 때문에 안정적인 자금조달이 매우 어렵다. 물론 호텔기업의 신용도에 따라 정도의 차이는 있을 수 있다. 빠르게 변하는 불확실한 외부환경을 계속해서 정확하게 파악하는 것은 매우 힘든 일이다. 통제가 불가능한 환경변화요소들은 호텔기업의 현재가치를 평가할 때 필요한 할인율(Discount Rate)에 적절하게 반영이 되어야만 할 것이다.

그림 12-3 호텔의 가치평가 요소

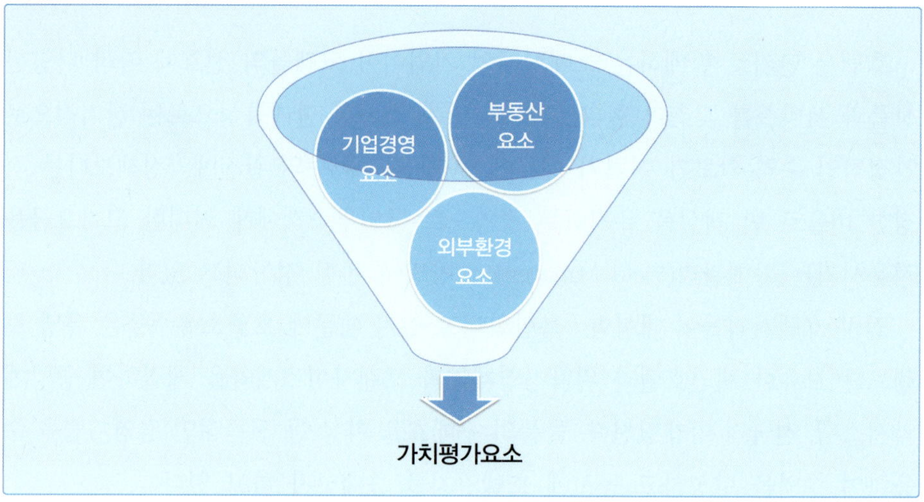

2. 호텔기업의 가치평가 방법

1999년 11월 12일에 재벌기업이었던 대우그룹 소유의 힐튼호텔이 싱가포르의 CDL사에 US$228,500,000(한화 약 2천7백억 원)에 매각되었다. 당시 외국투자가들이 한국기업들이 소유하고 있는 부동산에 대한 가치평가(Valuation)의 근거가 명확하지 않았던 점을 들어 투자에 적극성을 보이지 않았던 상황을 감안하면 다행스러운 일이다.

주가에 의해 공정한 기업가치가 결정되고 있는 신라호텔을 제외하고 대다수가 비상장기업인 한국호텔산업에서 실제 이루어지는 호텔부동산에 대한 평가관행은 해당 부동산의 매입가격에 그 기간 동안의 이자를 부가한 가격으로 가치를 결정하는 획일적이고 주먹구구식 가격산정방식 혹은 유사한 부동산의 거래사례 비교방식 등이어서 해당 부동산의 수익창출능력을 기초로 하는 합리적인 선진국의 가치평가 방식과 상당한 차이가 있다. 호텔기업의 가치평가 방식에는 크게 세 가지 방법이 존재하고 있다.

1) 원가접근법(The Cost Approach)

현재 존재하는 해당 호텔을 똑같은 물리적 조건을 갖춘 호텔로 재건축하는데 소요되는 원가를 기준으로 가치를 평가하는 방식이다. 여기서는 자산의 대체비용에서 감가상각추계액을 차감한 후 토지가치를 추가하여 해당 호텔의 가치를 평가한다. 이때 대체비용은 건축비와 집기비품 뿐만 아니라 개업비 · 창업비 · 운전자금 등이 포함된다. 그리고 호텔기업의 재무상태를 토대로 해당 호텔의 자산과 부채항목들을 현재시장가치(시가)로 재평가 조정 후 자산총액에서 조정 후 부채총액을 차감한 순자산가치에 의해 기업가치가 평가된다.

원가접근법은 크게 다음과 같은 6단계의 과정으로 이루어진다.

- 대상호텔이 위치한 토지의 가치 추정
- 대상호텔의 FF&E 가치 추정
- 대상호텔의 재건축비용 추정
- 대상호텔의 감가상각액 추정
- 순재건축비용의 결정(재건축비용–감가상각액)
- 토지가치에 순재건축비용을 더해서 호텔건물 및 토지의 가치 결정

한편, 이 방식은 타 산업에 비해 물리적 노후화 및 기능적 진부화, 그리고 통제가 힘든 외부환경요소의 변화에 민감한 수익창출기업으로서의 호텔 가치평가방법으로는 타당성이 떨어진다. 그러나 이 방식은 다른 평가방법의 보완 및 검증방법의 하나로서 이용되고 있다.

2) 시장접근법(The Sales Comparison Approach)

시장접근법은 대상호텔과 유사한 호텔들의 최근 실제 거래사례 및 판매가격을 조사하여 분석 · 비교하는 방법이다. 이 방식에서 가장 중요한 사항은 대상호

텔과 성격이 비슷한 호텔들의 매각사례에 대한 정보를 정확하게 수집하여, 이 호텔들과 대상호텔의 차이점을 분석하여 판매가격을 조정하는 것이다. 가격조정 시에 반드시 고려해야 할 요소로는 입지, 체인가입 여부, 물리적 조건, 판매조건, 자금조달 조건, 판매일시, 부가서비스 등이 있다. 일반적으로 시장접근법은 네 단계의 과정으로 수행이 된다.

- 최근 유사한 호텔의 판매에 대한 신뢰할 수 있는 정보를 확보
- 비교하기에 적절한 추가정보(객실수, 부대업장수, 입지 등)의 결정
- 2단계의 정보를 토대로 호환성 있는 조항별로 알맞게 가격의 조정
- 대상호텔의 평가가치 결정

일반적으로 투자자들은 호텔의 서비스형태(고급 또는 중저가), 입지조건(도심호텔 또는 리조트)과 같은 요인에 주목하기 때문에 최근 거래사례를 바탕으로 한 호텔기업의 가치평가를 위해서는 위와 같은 요인을 충분히 검토해야 할 것이다. 계량적 요인으로는 수익승수와 수익환원율이 비계량적 요인으로는 입지, 물리적 조건, 시장구조와 경쟁상황 등이 가치평가에 중요한 영향을 미치는 것으로 나타났다.

여러 가지 가치결정요소 간의 차이와 상호 비호환적이고 불충분한 거래사례로 인하여 호텔기업을 위한 기준가격의 산출은 매우 힘들다. 그래서 이러한 난점을 해소하기 위해 미국에서는 개별호텔기업의 수익성을 기초로 한 가치평가액과 유사한 호텔기업의 거래사례를 통하여 숙박산업지수(Lodging Properties Price Index)를 개발하여 공정한 기준가격 산출의 도구로서 사용하고 있다.

그러나 시장접근법은 객관적인 조정작업의 곤란과 투자자들의 서로 상이한 구매동기로 인한 가치평가의 차이가 존재하므로 선호되는 방법이 아니다. 따라서 시장접근법은 다음에 설명할 수익접근법과 같이 사용하여 신뢰도를 향상시킬 수 있을 것이다.

3) 수익접근법(The Income Capitalization Approach)

수익접근법은 평가대상 호텔기업이 미래에 창출할 것으로 예상되는 현금흐름을 현재가치로 환원하여 기업가치를 평가하는 방법이다. 바꾸어 말하면, 미래의 현금흐름을 적정한 할인율(Capitalization)로 할인하여 기업의 현재가치를 산출하는 방식이다.

그리고 수익접근법은 미래의 현금흐름 추정과정에서 대상기업의 제반 환경뿐만 아니라 현재가치로 환원시킴으로써 금전의 시간적 가치요소도 반영하고 있으므로, 투자에 대한 이론적 근거와 구매자의 매수동기에도 가장 부합하여 가장 우수한 가치평가방법으로 여겨지고 있으며, 계속기업가치를 측정하는 유일한 접근방법이다. 채무자의 부채상환능력은 평가대상 기업의 현금창출능력에 크게 좌우되므로 자금을 대여해주는 사람들의 입장에서는 이 방식을 선호한다. 그러나 정확한 미래의 현금흐름 추정은 매우 어려운 작업이다. 미래 현금흐름 추정 시 고려해야 할 주요 사항으로는 경제상황, 입지 및 시장분석, 수요 및 공급 분석, 시설등급 등이다. 수익접근법은 크게 3단계의 과정으로 수행된다.

- 대상호텔의 미래 경제활동기간 또는 구체적인 기간 동안의 현금흐름 내역 산출
- 적정한 할인율의 결정
- 할인율을 정해진 기간 동안의 현금흐름에 적용

현재 미국 호텔산업에서는 수익접근법이 가장 신뢰성이 있는 방법으로 이용되고 있다. 그러나 한국을 비롯한 아시아지역에서는 이 방식이 많이 활용되지 않고 있는데, 이는 호텔시장의 환경변화가 심하기 때문에 실제 객실요금의 등락폭이 너무 커서 수익접근법의 적용에 한계가 있다고 간주되기 때문이다.

지금까지 소개한 호텔기업의 가치평가방법 중에서 수익접근법이 선진국에서 가장 많이 활용되고 있는 것은 사실이지만, 다른 두 가지 방식도 수익접근법의

한계를 보완하는 측면에서 같이 사용하는 것이 좋다. 한편, 호텔기업의 가치는 투자자, 개발자, 경영자, 평가자 등 각자의 목적, 매도인과 매수인의 동기, 그리고 정보의 유용성에 따라 이용하는 평가방법에 따라 차이가 존재한다.

참고문헌

김영규 · 감형규(1999). 『재무관리』. 제2판. 박영사.

박정식 · 박종원 · 조재호(2001). 『현대재무관리』. 제6판. 다산출판사.

이필상(1999). 『재무관리』. 제4판. 박영사.

조소윤 · 고재용(1999). 『호텔관광 재무관리』. 학문사.

조소윤 · 김우곤 · 조현숙(2000). 한국 호텔기업의 가치평가에 관한 연구. 『한국관광학회 관광학술 심포지엄 및 정기 학술발표회 논문집』, pp. 235-246.

Andrew, W. P., & Schmidgall, R. S.(1993). *Financial Management for the Hospitality Industry*. Educational Institute : AH&MA.

Angelo, R. M., & Moll, S. V.(1994). *Operation Controls for the Hospitality Industry*. Educational Institute : AH&MA.

Elgonemy, A. R.(2000). The Pricing of Lodging Stocks : A Reality Check. *The Cornell HRA Quarterly*, 41(6) : 18-28, December.

Keiser, J., DeMicco, F. J., & Grimes, R. N.(2000). *Contemporary Management Theory : Controlling and Analyzing Costs in Foodservice Operations*(4th ed.). Prentice Hall.

Rushmore, S., & Goldhoff, G.(1997). Hotel Value Trend : Yesterday, Today, and Tomorrow. *The Cornell HRA Quarterly*, 38(6) : 18-28, December.

http://dart.fss.or.kr/

호텔 정보시스템

Chapter 13

Chapter 13

호텔 정보시스템

학습목표

이 장을 학습한 후 여러분은 반드시 다음 내용을 이해해야 한다.

1. 자료–정보–지식 간의 관계를 이해한다.
2. 정보시스템의 개념과 구조를 확인한다.
3. 호텔 정보시스템의 유형을 이해한다.
4. 인터넷의 고유한 특성에 대해 파악한다.
5. 인터넷이 호텔산업에 미치는 영향을 확인한다.

제1절 정보시스템의 이해

1. 정보의 개념 및 의의

우리는 현재 농경사회와 산업사회를 지나 아직 끝이 보이지 않는 정보화시대의 정점을 향해 가고 있다. 현 시대에 살고 있는 우리는 정보가 없다면 불편한 삶을 감수해야 한다. 우리의 모든 생활이 이제 정보에 의해 지배되게 되고 있기 때문이다. 하물며 개인생활에서도 정확한 정보를 반드시 필요로 하는데 수많은 사람들이 모여서 일을 하는 기업조직에서는 더더욱 가치 있는 정보가 요구된다. "아는 것이 힘이다(Knowledge is Power)"란 어구가 실제로 지구사회 전체를 압도하고 있는 것이 현실이다. 개인이든, 조직이든, 사회든 많이 알아야 보다 많은 혜택을 누릴 수 있기 때문이다. 그만큼 정보는 우리 생활에서 중요한 자원(Resource)이 되었다. 정보는 이제 과거 산업사회에서 가장 중요하게 여겼던 3대 자원인 토지, 노동력, 자본 등 보다 더 중요한 자원이 되었다. 왜냐하면 지식 또는 정보가 존재하는 곳에 자본 또는 인력이 확보될 수 있기 때문이다. 이런 의미는 결국 과거와는 완전히 다른 사회가 이미 등장했다는 것을 시사하고 있다.

정보의 중요성은 크게 개인차원, 기업차원, 사회차원 등의 세 가지 분야로 나누어 생각할 수 있다. 첫째, 개인차원에서 외부환경 변화에 대한 적응과 스스로의 발전을 꾀하기 위해 빠르고 정확한 정보가 필요하며, 또한 휴대폰, 초고속 통신망, 스마트폰, 태블릿 PC 등의 대중화로 가계지출에서 통신비가 차지하는 비중이 매년 증가하고 있기 때문이다. 둘째, 기업차원에서 다양한 소비자의 욕구를 충족시키기 위해 끊임없이 그들의 동향을 파악하고 이에 맞는 신제품을 개발해야 하며, 현재와 같은 다양성의 시대에 소비자 개개인에 적합한 맞춤마케팅을 추구하기 위해서 정보가 필요하다. 그래서 자사에서 보유하고 있는 자료를 토대로 추출된 정보를 상품화하는 기업들이 속속 등장하고 있다. 셋째, 정보자원의 창조 · 관리 · 분배에 크게 의존하는 정보화 사회에서는 정보를 생산하고, 이용하고, 분배하는 역할을 담당하는 지식근로자(Knowledge Worker)가 사회구성원의 다수를 차지하게 되었다. 이들은 정보자원을 효과적으로 관리함으로써 사회 각 부문 간의 원활한 정보유통, 정보누설 및 오용으로 인한 사회구성원의 사생활 침해를 예방하고 있다.

그러나 이렇게 중요한 정보를 정의하는 것에는 어려움이 따른다. 왜냐하면 정보의 종류가 다양하여 이를 일률적으로 규정하기가 어렵기 때문이다. 또한 정보는 취급하는 분야에 따라 각기 다르게 정의할 수 있기 때문이다.

- 정보란 무엇에 대한 자료나 사실
- 정보란 의미 있는 기호의 집합체
- 정보란 어떤 행동을 위한 지식
- 정보는 그 수신자에게 의미가 있는 형태로 처리된 자료로서, 현재 또는 미래의 행위나 의사결정에 실제적 혹은 지각된 가치가 가지고 있는 것 즉 자료를 어떤 의미를 갖도록 처리한 것이 정보이다.

종합적으로 정보는 인간이 판단하고, 의사결정을 내리고, 행동을 수행할 때 그 방향을 정할 수 있도록 도와주는 역할을 하는 것이라고 정의할 수 있다. 정보와 유사한 개념들이 존재하고 있다. 실제로 우리는 자료(Data)와 정보(Information)를 잘 구분할 수 없을 때가 종종 있을 것이다. 유사 개념들을 종합하면 정보의 개념은 〈표 13-1〉과 같으며 정보의 체계는 〈그림 13-1〉과 같다.

표 13-1 **정보의 개념**

구 분	실제 예
자료(Data)	174, Brown, U.S.A. Chef, (540)961-4231
정보(Information)	김영길은 신장이 174cm이고, 눈은 갈색이며, 미국에 살고 있으며, 직업은 주방장이며, 전화번호를 가지고 있다.
지식(Knowledge)	김영길은 이메일보다는 전화를 통해 접촉하는 것이 쉽다.
지혜(Wisdom)	김영길과는 이메일로 연락하지 않는 것이 상책이다.

(자료 : 김성근·양경훈을 응용하여 저자 재구성)

그림 13-1 **정보의 체계**

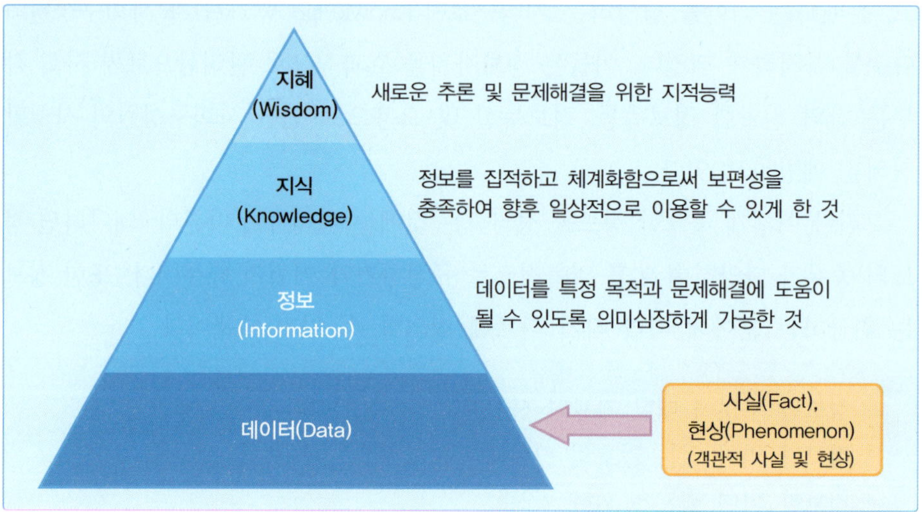

(자료 : 갈정웅을 인용하여 저자 재구성)

자료, 정보, 지식 간의 관계는 〈그림 13-2〉에 적절히 표현되어 있다. 즉, 자료를 형식화하고 요약하면 즉 처리하면 정보가 만들어진다. 이런 정보를 분석하여 의사결정 후 실행을 하면 결과가 산출된다. 이런 과정이 반복되면서 지식이 축적되고, 축적된 지식은 반복되는 과정을 보다 효율 및 효과적으로 처리가 가능하게 한다.

그림 13-2 **자료 - 정보 - 지식 간의 관계**

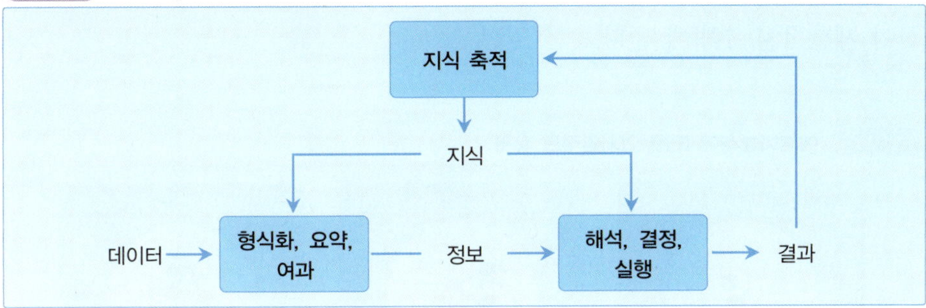

(자료 : 김성근 · 양경훈)

1) 의사결정과 정보의 가치

어떤 탐탁하지 않은 상황을 문제(Problem)라고 한다. 문제를 해결하기 위해 의사결정을 해야 한다. 의사결정(Decision Making)과 문제해결(Problem Solving)을 위해 기업은 정보를 필요로 하며, 이는 경영활동의 핵심이다. 합리적인 의사결정은 기업의 경쟁우위와 직결된다. Simon에 의하면 의사결정은 다음과 같은 네 단계의 과정을 거친다.

그림 13-3 **의사결정의 4단계**

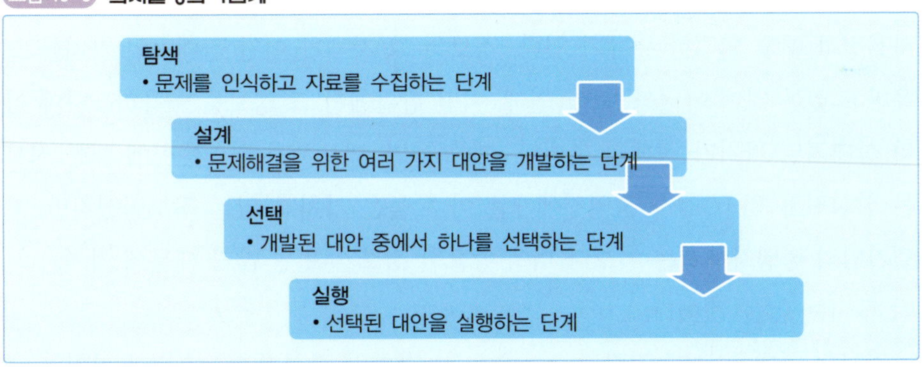

또한 의사결정은 결과의 예측가능성 정도에 따라 다음과 같이 세 가지 유형으로 분류할 수 있다. 확실성하에서 또는 어느 정도의 위험성이 존재하는 경우의 의사결정이라면 정보시스템의 적절한 역할이 가능하지만, 불확실성하에서 이루

어지는 의사결정은 내재되는 위험을 동반하고 있기 때문에 정보시스템의 유효성이 제한적일 수밖에 없다.

그림 13-4 예측가능성에 따른 의사결정의 유형

정보는 의사결정에 커다란 영향을 미친다. 그렇다고 해서 모든 정보가 다 가치를 보유하고 있는 것은 아니다. 가치 있는 정보는 올바른 의사결정을 행하기 위해서 아주 중요한 역할을 한다. 정보의 가치평가는 그 정보의 지원을 받는 의사결정과 매우 밀접한 관계가 있다. 정보는 그 자체가 어떤 절대적인 가치를 보유하고 있는 것이 아니라 누가, 언제, 어떤 상황에서 그 정보를 이용하느냐에 따라 상대적인 가치가 정해질 뿐이다. 예를 들면, 반도체가격의 동향에 대한 정보는 삼성전자 및 LG전자 경영진에게는 아주 높은 가치가 있는 정보이겠지만, 호텔기업의 경영자에게는 이보다 더욱 중요한 정보가 훨씬 많기 때문에 가치가 그리 높지는 않을 것이다.

정보의 가치는 크게 정량적(Quantitative) 가치와 정성적(Qualitative) 가치로 구분할 수 있다. 정보의 가치를 계량화하는 것은 매우 어려운 일이다. 전에 언급한 반도체의 가격동향이 얼마만큼의 가치를 가지고 있는지를 계량화하는 것은 현재로서는 거의 불가능하다고 볼 수밖에 없을 것이다. 그래서 정보의 보편적인 가치는 주로 정성적 가치에 의해 결정되고 있는 것이 현실이다.

표 13-2 정보의 정성적 가치

구 분	내 용
타당성(Relevance)	해결해야 할 문제와 얼마나 관련이 있는가?
정확성(Accuracy)	얼마나 오류가 적은 정보인가?
적시성(Timeliness)	필요한 정보를 꼭 필요한 시점에 제공하는가?
완전성(Completeness)	문제해결에 필요한 정보 중 어느 정도의 정보를 제공할 수 있는가?
최신성(Current)	얼마나 최근의 정보인가?
경제성(Economy)	정보를 확보하는데 소요되는 비용이 경제적인가?
접근성(Accessible)	필요한 정보의 입수가 용이한가?

2) 경영정보의 특성

기업에서 정보는 누가 정보를 요구하느냐에 따라 성격이 달라질 수 있다. 기업은 계층적인 구조를 갖고 있기 때문에 경영정보의 성격은 조직계층별로 파악하는 것이 좋다. 〈표 13-3〉에서 보는 바와 같이 기업조직의 하부구조에서는 거의 사실에 대한 정보로서 매우 구체적인 특징이 있다. 반면에 최고경영진에서는 보다 추상적인 정보를 이용하고 있다. 그러나 이들은 보다 외부지향적이고 미래지향적인 정보를 요구하고 있는 것을 볼 수 있다.

표 13-3 기업의 조직계층별 요구정보의 특성

조직계층 / 정보의 성격	하부관리층	중간관리층	최고경영층
출처	내부자료	←→	외부자료
범위	좁고 명확함	←→	광범위함
압축도	구체적	←→	압축적
시간지향도	과거지향적	←→	미래지향적
정확도	높음	←→	낮음
이용빈도	매우높음	←→	낮음
사실성	높음	←→	낮음

(자료 : Gorry & Scott Morton; 김성근·양경훈)

2. 정보시스템의 정의 및 구조

정보시스템을 거론하기 전에 먼저 우리는 시스템(System)이란 말을 사용하고 있다. 시스템은 투입된 자원을 처리하여 생산품을 산출함으로써 공동목표 또는 다중목표를 달성하기 위해 공동작업을 하는 구성요소들의 집합이다. 그리고 일개 시스템은 일반적으로 개별적인 하위목표(Subgoal)를 가진 여러 개의 하위시스템(Subsystem)으로 구성이 된다. 여기서 하위시스템들은 모두 시스템의 주목표를 달성하는데 나름대로 공헌하고 있다. 하위시스템들은 다른 상위시스템 혹은 다른 하위시스템으로부터 투입물과 산출물을 교환하기도 한다. 조직을 하위조직들과 하위시스템들의 집합체로 간주하는 것을 우리가 일반적으로 사용하는 시스템 사고방식(System Thinking)이다. 이 사고방식은 아주 강력한 경영접근방식이며 조직의 문제해결과 의사결정을 위한 아주 훌륭한 개념틀(Framework)이 되고 있다.

표 13-4 **정보시스템의 구성요소**

구성요소	개 요
자료	시스템이 정보를 생산하기 위해 취하는 투입물
하드웨어	컴퓨터와 그 주변장치(입력장치, 출력장치, 저장장치). 하드웨어는 데이터통신 장비도 포함하고 있다.
소프트웨어	컴퓨터에게 자료를 어떻게 투입하고, 어떻게 자료를 처리하고, 어떻게 정보를 전시하고, 어떻게 자료 및 정보를 저장하는 것에 대한 명령어의 집합
원격통신	전자적 자료형태인 문자, 사진, 소리, 동영상 등의 신속한 전송 및 수신을 촉진하는 하드웨어와 소프트웨어
인간	조직의 정보 욕구를 분석하고, 정보시스템을 설계하고 개발하고, 컴퓨터 프로그램을 만들고, 하드웨어를 운영하고, 소프트웨어를 유지 · 보수하는 정보시스템 전문가와 이용자
절차	데이터 처리과정에서 최적하고 안전한 연산을 달성하기 위한 규칙 · 절차들은 응용소프트웨어와 보안척도를 분배하는 우선순위들이 포함되어 있다.

(자료 : Oz)

정보시스템(Information Systems)을 간단히 말하면 자료를 처리하고 정보를 생산하기 위해 함께 작동되는 모든 구성요소들이다. 거의 모든 비즈니스 정보시스템은 하위목표를 가진 하위시스템을 보유하며 이들은 모두 기업조직의 주된 목표를 달성하는데 공헌하고 있다. 일반적인 조직에서 정보시스템은 〈표 13-4〉에서 보듯이 자료(Data), 하드웨어(Hardware), 소프트웨어(Software), 원격통신(Telecommunication), 인간(People), 절차(Procedure)로 구성이 된다.

다음과 같은 여러 동향들은 정보시스템을 비즈니스 세계에서 매우 중요한 것으로 작용하고 있다.

- 컴퓨터 가격은 내려가는 반면 컴퓨터의 성능은 대폭적으로 향상되고 있다.
- 컴퓨터 프로그램의 다양성과 정교함이 점점 증대되고 있다.
- 신속하고 신뢰할 수 있는 통신회선과 인터넷 및 월드와이드웹(WWW)에 대한 접근이 아주 용이하고 광범위하게 진행되고 있다.
- 인터넷의 급속한 팽창은 새로운 기회를 창출하였고 세계시장에서 경쟁을 유발하고 있다.
- 컴퓨터 사용이 가능한 노동인구의 비율이 증가하고 있다.

한편, 경영정보시스템(MIS : Management Information Systems)은 조직의 전반적인 운영 · 관리 및 의사결정을 지원하기 위해 정보를 적절한 시기에 적절한 형태로 적절한 구성원에게 전달함으로써 조직의 목표보다 효율적 및 효과적으로 달성할 수 있도록 조직화된 통합적 인간-컴퓨터 시스템이다.

위에서 경영정보시스템은 인간-컴퓨터 시스템이라고 언급했다. 인간과 컴퓨터는 상호 교환작용을 함으로써 시너지를 창출할 수 있다. 컴퓨터는 단지 인간들이 제공한 명령들을 수행할 수 있을 뿐이라는 중요한 사실을 잊지 말아야 한다. 컴퓨터는 정확하게 자료를 인간보다 훨씬 빠른 속도로 처리할 수 있다. 하지만 아직까지 여러 면에서, 특히 상식적인 면에서, 인간들에 비해 한계를 지니고 있다. 그러나 컴퓨터의 강점들을 인간들의 강점과 결합하면 시너지를 창출할 수 있다. 시너지는 개별적인 자원들이 각각 생산할 수 있는 산출물의 합보다 개별적인 자원들이 서로 힘을 결합함으로써 보다 많은 산출물을 생산해낼 수 있을 때 창출이 된다(이를 수식으로 나타내면 1 + 1 = 3라고 할 수 있다). 컴퓨터는 신속하고 정확하게 일을 할 수 있으며 인간은 비교적 느리며 범실을 만들어 낸다. 그러나 컴퓨터는 독립적인 의사결정을 수행할 수 없으며 또한 문제해결을 위한 단계도 수립할 수 없다. 그래서 인간과 컴퓨터의 결합은 인간이 사고함에 있어 대용량의 자료를 효율적으로 처리할 수 있도록 한다. 〈표 13-5〉는 시너지를 창출할 수 있는 인간과 컴퓨터의 자질들을 보여주고 있다. 여기서 우리가 명심해야 할 것은 시너지로 인한 잠재적인 효과뿐만 아니라 컴퓨터가 홀로 존재함으로써 우리가 기대할 수 없는 것에도 관심을 가져야 한다는 것이다.

표 13-5 시너지를 창출할 수 있는 인간과 컴퓨터의 자질

인 간	컴퓨터
사고한다.	프로그램화된 논리적 연산을 매우 신속하게 계산하고 수행한다.
상식을 보유하고 있다.	자료 및 정보를 매우 신속하게 저장하고 복구할 수 있다.
의사결정을 행한다.	복잡한 논리적 및 연산기능을 정확하게 수행할 수 있다.
컴퓨터가 무엇을 할 것이지 지시한다.	길고, 지루한 연산을 실행한다.
새로운 방법과 기술을 학습한다.	정해진 과업을 인간보다 적은 비용으로 수행한다.
전문지식을 축적할 수 있다.	개조할 수 있다(프로그램화되고 또 재프로그램화할 수 있다).

(자료 : Oz)

모든 정보시스템들은 기본적으로 같은 방식으로 운영된다. 컴퓨터는 정보시스템의 다음과 같은 네 가지 주요 기능을 실행하는데 편리한 수단을 제공한다.

- **투입물(Input)** : 자료를 정보시스템으로 투입한다.
- **처리(Processing)** : 정보시스템에 투입된 자료를 가공하고 조작한다.
- **산출물(Output)** : 자료가 정보로 만들어진다.
- **저장(Storage)** : 데이터베이스에 자료와 정보를 저장한다.

〈그림 13-5〉에서 보듯이 처리(Process)는 정보를 산출하기 위해 자료를 가공하는 것이다. 그리고 자료는 원재료(Input)이며, 정보는 산출물(Output)이다. 제조기업의 공정에서 원재료가 처리돼서 최종적인 산출물을 창출하듯이, 최종적으로 유익한 정보를 창출하기 위해 자료를 정보시스템에서 가공 · 처리한다.

그림 13-5 정보시스템의 기능

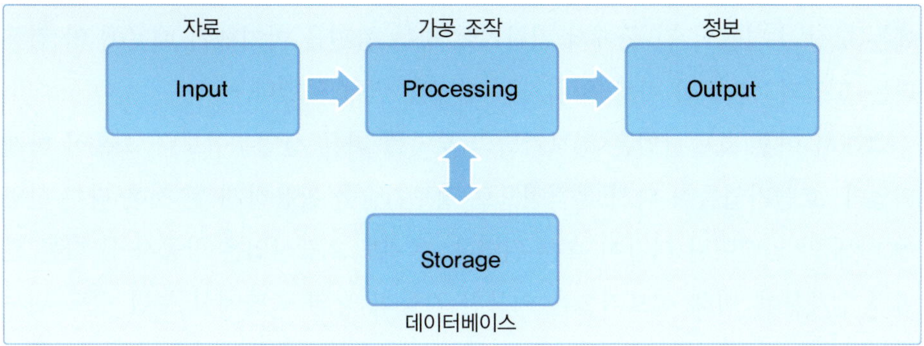

제2절 호텔 정보시스템의 이해

호텔경영에서 주된 관심사는 항상 고객만족의 극대화와 최고 수준의 개인적 서비스에 집중되어 왔다. 정보기술(IT : Information Technology)의 이용이 때로는 이런 목표에 부합되지 않는 것으로 간주되어 왔기 때문에, 호텔산업이 정보기술을 실제 영업활동에 적용한 시기는 타 산업에 비해 매우 뒤처지는 추세가 지속되어왔다. 실제로 정보기술은 차갑고, 비인간적이고, 기계적인 분위기를 창출하여 호텔에서 개인적 서비스에 방해가 되는 것으로 여겨져 왔다.

호텔산업에서 컴퓨터 응용기술이 대대적으로 이용되려면 위와 같은 편견에 대한 변화부터 선행되어야 할 것이다. 현재는 많은 호텔기업들이 비로소 하이터치(High-touch)와 하이테크(High-tech)는 상호 배타적인 것이 아니고 함께 활용하면 효율향상과 비용절감은 물론이고 높은 수준의 개인적 서비스를 창출할 수 있다는 것을 인지하게 되었다.

호텔산업이 정보기술과의 첫 만남이 그리 고무적인 것은 아니었다. 호텔산업에서 첫 번째로 컴퓨터가 도입된 것은 1963년 뉴욕의 Hilton호텔이었는데, IBM의 미니컴퓨터를 사용하여 객실관리 자동화를 실현하고자 하였다. 그러나 프런트 데스크 직원이 자료입력을 위해서 천공기(Key-punch Card)를 사용해야 했기 때문에 실시간에 정보처리가 될 수 없어서 당시의 기술은 해당 직무에 적합하지 않았다. 이렇게 많은 시간이 소요되는 천공기의 사용으로 호텔의 프런트 데스크에는 항상 손님들이 긴 줄에서 기다려야 하는 불편을 야기했기 때문에 이 컴퓨터는 도입되고 난 뒤 바로 치워지는 신세를 면치 못했다.

그래서 이후 호텔산업은 정보기술의 투자를 다른 산업분야보다 소홀히 하게 되었다. 호텔기업들이 다시 본격적으로 정보기술을 활용하게 된 것은 다른 산업에 비해 약 10년이란 시간이 흐른 뒤였다. 현재도 호텔산업은 항공사 등 다른 분야의 업체들에 비해 정보기술을 이용한 자동화 등의 측면에서 수년 정도 뒤져 있는 것으로 여겨지고 있다. 그나마 다행스러운 것은 현재는 많은 호텔기업들이 경쟁우위(Competitive Advantage)를 창출하기 위한 수단으로 정보기술을 활용하려는 추세가 눈에 띄게 증가하고 있다는 것이다.

1. 호텔 정보시스템의 역할 및 구조

호텔 정보시스템의 역할은 첫째, 수작업 또는 업무자동화(OA)수준에서 처리하던 작업을 전산화함으로써 업무처리의 효율성을 높이고, 자료처리 시에 오류 발생을 최소화한다. 둘째, 전산화작업을 통하여 업무처리절차의 표준화를 기할 수 있고 이런 과정에서 사용하는 용어의 통일이 가능하다. 셋째, 고객의 신상정보 또는 서비스정보 등을 데이터베이스화함으로써 고객의 취향에 맞는 수준 높은 서비스의 제공이 가능하다.

호텔 정보시스템에서 제공되는 기능은 부서단위(Department)가 아니라 섹션(Section)에 의해 운영되며 이는 또한 여러 개의 모듈(Module)로 구성되어 있다. 모듈은 호텔 정보시스템을 구성하는 전체에 문제가 발생하면 문제가 더욱 심각해지므로 이를 방지하기 위해 전체시스템을 각각의 기능별 구성요소로 분리해서 개별적으로 구축한 후 이를 통합해서 사용하는 방법이다.

이러한 모듈에 의해 구성된 호텔 정보시스템으로는 PMS(Property Management System : Front Office System), Back Office 시스템, 업장관리시스템, Interfaces 등이 있다. 국내 특급호텔에서 사용하는 전형적인 경영정보시스템의 구성을 요약해 보면 〈표 13-6〉과 같다.

표 13-6 **호텔 정보시스템의 구조**

시스템유형	직무내용	정보시스템 활동내역
PMS(Front Office)	예약	객실고객 및 업장고객의 예약을 받는다.
	Front Cashier	객실고객의 check-out을 수행한다. 환전업무를 수행한다.
	Front Clerk	객실고객의 check-in을 수행한다.
	Housekeeping	객실청소 상태를 점검한다. 객실고객 정보를 관리한다.
	Bell Desk	메시지를 출력하여 고객에게 전달한다.
	교환실	각종 안내 서비스를 수행한다. Morning call, voice mail 서비스를 수행한다.
	마케팅	객실수요에 대한 예측을 한다.
	경영진	실시간으로 객실현황을 관리한다.
Back Office System	인사 · 급여	호텔직원 전체의 인사 및 급여업무를 수행한다.
	경리 · 회계	매출 · 입관리를 수행한다.
	고객관리	호텔고객들의 정보를 관리한다.
	원가관리	호텔관리에 필요한 비용을 분석한다.
	검수 · 구매	식재료 및 자재에 구매 및 검수를 수행한다.
	시설관리	호텔시설에 관리업무를 수행한다.
	경영진	경영성과 분석 및 경영전략에 필요한 정보를 수집한다.
업장관리시스템 (POS)	주방	고객의 주문이 신속히 전달되어 조리된다. Recipe(조리법)관리
	레스토랑	고객의 주문내역이 주방에 자동으로 전달된다. 객실고객의 영수증을 구분해서 처리한다. 계산서를 발급한다. 고객신상에 대한 정보를 제공한다.
인터페이스	전화요금관리	객실고객의 전화사용에 대한 내역 및 요금을 산출한다.
	에너지관리	객실에 설치된 전열, 냉난방 등 에너지를 중앙에서 관리한다.
	전자키관리	마그네틱장치에 의한 객실문을 관리한다.
	Internet	고객이 객실에서 Internet 검색 및 전자우편을 사용케 한다.
	Voice Mail	고객의 객실 부재시 상대방 음성으로 메시지가 전달된다.
	Mini Bar	고객이 객실의 냉장고에서 구매한 요금내역을 산출한다.
	비디오상영	고객이 원하는 영화를 제공하며 자동으로 요금을 부과한다.
	고객이름호출	고객이 객실에서 전화를 걸면 객실번호와 이름이 표시되어 고객의 이름을 호칭하게 한다.
	영수증검색	객실 내의 TV를 통해 사용내역 및 요금을 볼 수 있다.

(자료 : 허정봉)

2. 호텔 정보시스템의 종류

일반적으로 호텔에서 정보기술은 첫째, 노동생산성의 향상을 통한 비용절감 및 효율향상, 둘째, 고객서비스 질의 개선 셋째, 매출향상, 넷째, 효율적인 경영 의사결정 지원이란 목표 아래 투자가 이루어진고 있다고 한다. 이런 목표를 달성하기 위해 호텔의 정보시스템은 〈그림 13-6〉과 같이 PMS, Back Office 시스템, 업장관리 시스템, PMS Interfaces 등의 각기 다른 네 가지 시스템으로 구성되어 있다. 여기서 PMS(Property Management System)는 주로 프런트 오피스의 업무를 수행하며 호텔에서 가장 중요하고 기본적인 기능을 수행한다.

그림 13-6 **호텔 정보시스템의 구성**

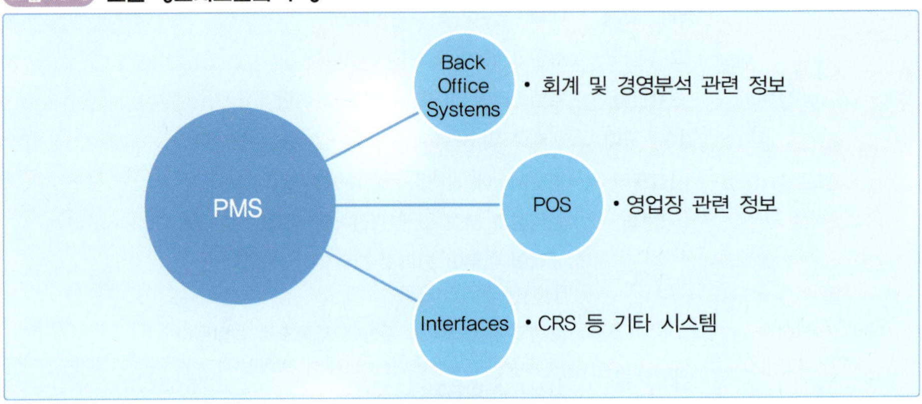

1) PMS(Property Management System)

PMS는 크게 객실관리 시스템(Rooms Management Module)과 고객계정관리 시스템(Guest Accounting Module)으로 구성이 된다.

가. 객실관리시스템

객실관리시스템은 중점적으로 프런트 오피스와 하우스키핑 부서 간의 커뮤니케이션을 공고히 하기 위해 설계되었다. 객실관리 시스템은 첫째, 객실상황에 대한 최신의 정보를 제공한다. 고객이 프런트 데스크에 도착하면 객실을 배정하기 전에 프런트 데스크 직원은 정확한 객실상황에 대한 정보를 숙지하고 있어야 한다. 미래 객실사용에 대한 여부는 예약 자료에 의해 결정되고, 현재 객실사용에 대한 여부는 하우스키핑부서의 자료에 의해 파악이 가능하다. 그러므로 하우스키핑부서의 호텔 전체 객실에 대한 정보는 호텔의 주상품을 신속히 판매하기 위해 매우 중요하다. 특히 현재 객실사용 여부는 프런트 데스크에서 대기 중인 고객에게 신속하게 객실을 배정하기 위해 매우 중요하다. 호텔에서 각 객실상황에 대한 정보의 유형으로 다음과 같은 내용이 컴퓨터 스크린에 표시된다.

- OC : Occupied Clean
- OD : Occupied Dirty
- VC : Vacant Clean
- VD : Vacant Dirty
- OO : Out-of-order

객실상황에 대한 정보의 갱신은 프런트 데스크 직원 또는 하우스키퍼에 의해 수시로 행할 수 있다. 그러나 만약 프런트 오피스와 하우스키핑부서 간에 객실정보가 서로 다르다면 고객서비스의 질이 저하된다.

그림 13-7 **PMS 화면의 예**

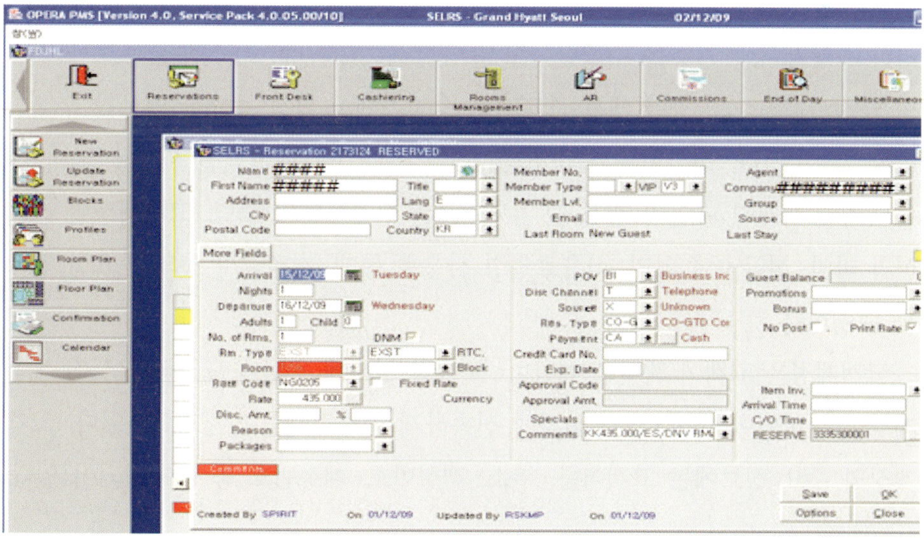

둘째, 객실관리 시스템은 Check-in시 객실배정 업무를 지원하는 기능을 수행한다. 때때로 경영진에 의해 미리 정해져서 자동으로 객실 및 요금이 배정될 수도 있다. 고객의 요구에 신속하게 대응하기 위해 프런트 오피스 직원에게 의사결정권을 주어 실제 객실 배정시에 통제권을 행사하게도 한다.

셋째, 다양한 고객들의 요구에 부응하는데 대한 협조이다. 프런트 오피스는 호텔 내의 다른 부서에게 협조와 고객서비스 향상을 위해 한정된 내용의 고객신상정보를 제공한다. 이때 다른 부서의 종사원은 해당 고객의 객실현황이 Occupied인지 Vacant인지를 분명하게 확인해야 한다.

넷째, 객실관리 시스템은 여러 종류의 Interface와 함께 업무를 수행하여 고객에게 다양한 서비스를 제공한다. 이런 예에는 모닝콜, 메시지전달 시스템 등이 있다.

한편, 객실관리 시스템이 순조롭게 운용이 되기 위해서 하우스키핑부서는 청소해야 할 객실수의 파악, 룸메이드(Room-maid) 투입 계획, 각자의 청소담당 객실 배정, 룸메이드의 업무생산성 측정(청소 소요시간, 객실수, 질 등) 등의 업무에 항상 만전을 기해야 할 것이다.

나. 고객계정관리 시스템

고객계정관리 시스템은 고객과 호텔 사이에서 발생하는 금전적인 문제를 처리하고 통제하는 기능을 수행한다고 요약할 수 있다. 이 시스템은 주로 고객과의 금전관계를 처리하기 때문에 프런트 오피스에서 가장 중요한 업무를 수행한다고 볼 수 있다. 전산화된 고객계정관리는 온라인으로 고객별 사용료 집계, 자동으로 고객계정 파일의 갱신 및 유지, 관련 회계서류의 출력, 고객계정별 잔액현황 파악, 현금출납 처리, 식음료업장 사용료 통제, 계정감사 등의 중요한 업무를 수행한다.

고객계정은 고객이 객실을 예약한 후 해당 일시에 호텔에 도착하면 사전 예약계정이 준비되어 있어 Check-in시에 신속하게 등록절차를 진행할 수 있다. 고객계정의 주요 정보에는 고객이름, 주소, 객실번호, 계정번호 등이 저장되어 있다.

2) 업장관리 시스템(POS)

업장관리시스템은 POS(Point-of-sales : 판매시점관리)를 지칭한 것이다. 이 POS는 원래 백화점이나 대형 할인판매점에서 크게 성공하여 호텔에까지 응용하기에 이르렀다. 호텔에서 POS의 가장 주된 기능은 고객이 식음료업장 등 부대시설에서 구매한 상품에 대한 정보가 최대한 신속하게 프런트 오피스로 전달되어 항상 고객계정이 정확한 잔액을 유지되게 해야 한다. 예를 들면, 고객이 룸서비스를 통해 아침식사를 주문해 식사를 마치고는 곧바로 Check-out을 했는데, 만일 식사요금이 이 고객의 계정에 빨리 집계되지 않았다면 이로 인한 피해는 심각한 지경에 이르게 된다.

그림 13-8 **POS의 Menu 화면**

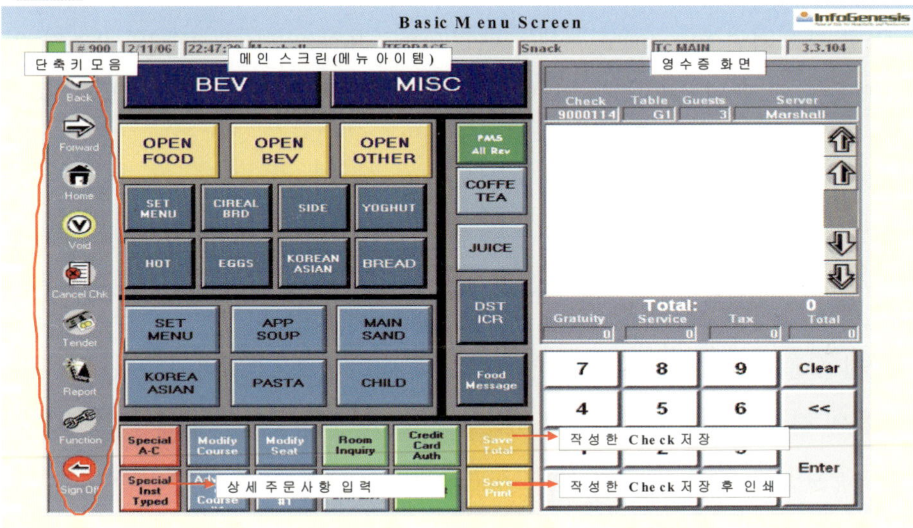

3) Back Office 시스템

Back Office 시스템의 주요 기능은 호텔에서 발생하는 매출 및 매입관계를 관리하는 경리·회계 시스템, 종사원의 채용·교육과 급여 관계를 관리하는 인사·급여시스템, 영업활동에 필요한 식음료관리 및 이에 대한 원가를 관리하는 재고관리시스템과 원가관리시스템, 고객관리 및 판촉을 위한 업무를 수행하는 판촉 · 연회관리 시스템 등으로 구성되어 있다. 그리고 최고경영자가 매일 의사결정을 하기 위해 필요한 모든 정보를 제공하고 분석하는 중역정보시스템(EIS : Executive Information System)도 여기에 포함된다. 모든 호텔의 Back Office 시스템은 각 호텔의 처한 환경과 특성에 따라 고유한 형태로 구축된다.

4) PMS Interfaces

〈표 13-6〉에서 보았듯이 호텔에서는 여러 가지 다양한 형태의 PMS Interfaces가 이용되고 있는데, 이들은 주로 독립된 시스템(Stand-alone System)으로 운용이 되며 PMS와 접속(Interface)되어 있다. 이렇게 접속기능을 통해 PMS는 여러 독립적인 Interface 시스템들과 자료 · 정보를 교환할 수 있어 초보적인 수준이지만 호텔 정보시스템의 통합적 관리를 시도하고 있다.

가장 대표적인 PMS Interface에는 CRS(Central Reservation System)와 POS가 있다. POS는 이미 업장관리 시스템에서 설명하였기 때문에 여기서는 CRS를 중심으로 기타 Interfaces에 대해 설명을 하겠다.

가. CRS(중앙예약시스템)

호텔의 객실예약은 편지, 전화, 팩스, e-mail, 호텔의 웹사이트, 항공사의 GDS (Global Distribution Systems)를 이용한 여행사, 인터넷, 인터넷 여행사(Expedia.com 등) 등의 경로를 통해 이루어지고 있는데, 어떤 경로를 통하든지 예약정보는 PMS에 등록되어야 한다. 특정 호텔이 체인호텔이 예약망 또는 독립 예약대행사의 예약망에 가입했다면, 예약정보는 온라인을 통해 체인본사의 CRS와 접속되어 있는 단위 호텔의 PMS로 전송된다. 최근에는 PMS와 CRS를 통합하여 운용하는 것이 주요 추세이다. PMS와 CRS의 통합 외에 또 다른 추세는 특정 호텔에서 같은 체인에 소속된 다른 호텔의 객실의 예약을 가능하게 하는 것이다. CRS는 PMS와 연결되어 선호도가 높은 객실 및 특별 요구사항, 체류기간, 요금보장조건, 예약대행인에 대한 세부사항 등과 같은 고객 예약정보를 기록하고 저장한다.

세계의 유명 체인호텔들은 대부분 CRS를 보유하고 있다. 고객 서비스의 향상,

운영효율 극대화, 수익 향상은 CRS를 이용하는 목적이다. 각 단위호텔에서 CRS는 영업활동을 위해 아주 중요한 시스템(A Mission Critical System)이다. 왜냐하면 객실예약은 호텔사업이 처음 시작되는 곳이기 때문이다. 올바른 객실 예약정보의 관리는 호텔기업의 성공과 직결되어 있다고 해도 과언이 아닐 것이다. 경쟁력 있는 CRS가 되려면 첫째, 고객의 사용요청(객실유형 및 요금, 사용가능 여부 등)에 언제든지 정확하고 즉각적인 응답을 해야 한다. 둘째, 반드시 다른 관광관련 기업체(항공사의 GDS, 여행사, 렌터카, 예약전문기업(UTELL 등), 인터넷 여행사(Expedia.com, Travelocity.com 등)의 예약시스템과 상호 긴밀하게 연결(Link)되어 있어야 한다.

여기서 유의해야 할 것은 GDS의 영향력이다. 과거에는 미국의 여행사를 통해 예약된 객실 중 70% 이상이 거대항공사들의 예약시스템인 GDS를 통하여 이루어졌다고 한다. 호텔들의 CRS와 항공사들의 GDS 간의 자료교환에 있어서의 기술적 문제를 해결하기 위해 THISCO(The Computer Industry Switching Company)에 의해 개발된 데이터변환장치인 Ultra-switch가 이용되고 있다. THISCO는 몇몇 주요 체인들의 공동으로 투자해서 설립됐으며 호텔객실의 예약이 순조롭게 진행되도록 하기 위해 설립되었는데, Ultra-switch는 GDS에서 운용되는 자료형식을 CRS의 자료형식에 맞게 변환해주는 역할을 한다. 그러나 이와 같은 GDS의 영향력도 새로운 예약중개업체인 Expidia.com이나 Travelocity.com의 등장으로 점점 작아지고 있는 형편이다. 아니 이들 인터넷 여행사가 GDS를 대체하고 있다고 해도 과언은 아닐 것이다.

최근에는 고객들이 인터넷 홈페이지를 통하여 직접 객실을 예약(Direct Booking)하는 사례가 점차 증가하고 있다. 이렇게 됨으로써 예약대행인인 여행사의 역할이 크게 위축되었는데, 이는 고객들이 직접예약을 해버림으로써 과거와 같이 예약수수료를 받을 길이 없어졌기 때문이다. 또한 Internet Direct Booking은 지금까지 호텔산업의 예약시장을 점령하였던 GDS들에게도 큰 위협이 되고 있다. 앞으로 인터넷 예약시장이 성장하면 할수록 그만큼 GDS의 시장규모는 축소될 수밖에 없기 때문이다.

인터넷 예약은 고객뿐만 아니라 호텔기업에게도 큰 혜택을 제공하고 있다. 만

약 한 고객이 특정 호텔의 홈페이지를 통해 직접 예약을 했다면 호텔은 여행사를 통해 예약되었을 때 지불해야 할 수수료와 항공사에 지불할 GDS 사용료 등을 절약할 수 있다(〈그림 13-9〉 참조). 이렇게 예약과정에 대한 비용이 절약되기 때문에 호텔은 인터넷에서 직접 예약을 하는 고객에게는 요금을 할인하여 주고 있는데, 이렇게 상호 혜택을 보게 되므로 Win-Win 상황이 만들어진다.

그림 13-9 **호텔 예약의 경로별 비용 비교**

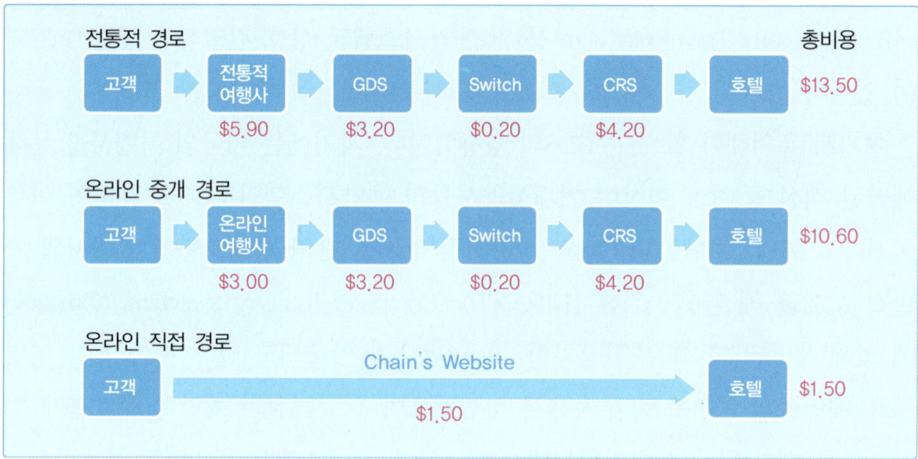

(자료 : Dresdner Kleinwort Benson/Accor; O'Connor)

나. CAS(Call Accounting System : 전화요금관리시스템)

CAS는 고객의 시내 · 외 전화사용에 있어서 소요되는 비용을 통제하기 위해 개발되었다. CAS를 통하여 고객은 교환실을 통하지 않고 통화를 할 수 있으며 통화료는 자동으로 산출된다. CAS는 종래 전화시스템에 비해 훨씬 적은 공간을 차지하고 또한 유지 · 보수에 필요한 재료 및 인적자원을 절감할 수 있다.

CAS의 기능은 첫째, 객실별 외부(Outbound)전화의 자동 확인이다. 교환원의 통제 없이 객실에서 직접 통화가 가능하고 자동으로 객실번호를 인지한다. 둘째, 경로선택과 최소비용 경로선택이다. 외국에서는 통화시에 가장 적당한 전화회사와 가장 저렴한 통화경로를 선택할 수 있도록 한다. 셋째, 자동적인 통화요금의 부과이다. 넷째, 모든 통화의 기록이다.

다. ELS(Electronic Locking System : 전자잠금시스템)

ELS는 고객들의 안전과 보안을 강화하기 위해 개발되었다. 최근에는 대다수 호텔에서는 객실 도어의 키를 종전과 같이 열쇠를 사용하지 않고 마그네틱 카드를 사용한다. 마그네틱 카드를 홈 사이에 끼워 넣었다가 빼면 객실도어가 열린다. 한편, 객실카드는 Check-in시 프런트 데스크에서 발행해주고 있다. 만일 이 카드를 분실하면 새로운 코드를 입력한 새로운 카드를 고객에게 발급해주고 있다. 그러면 처음 발행됐던 카드는 다시 찾는다 해도 사용이 불가능하다. 이는 객실을 보호하여 도난 등을 방지하기 위함이다.

라. EMS(Energy Management System : 에너지관리시스템)

호텔 내 모든 공간의 냉난방, 환기, 조명 등을 중앙에서 자동으로 관리하기 위해 개발되었는데, EMS가 이런 업무를 보다 효율적으로 관리하면 할수록 고객들은 더욱 안락해질 수 있다. 이런 관점 아래 객실과 기타 대중공간을 효율적으로 통제하여 에너지 소비를 줄이고 경비를 절감할 목적으로 이용되고 있다. 그리고 EMS의 가장 큰 이점은 호텔의 안락한 분위기를 저해하지 않으면서 건물의 에너지 사용량을 절감할 수 있다는 것이다. 예를 들면, 모든 장소에 비치된 장비의 On/Off를 시간대별로 관리한다(예 : 제1회의실은 오전 10시부터 오후 2시까지는 점등하고 이외 시간에는 소등한다).

EMS의 자세한 기능은 첫째, 사용량 통제이다. 에너지 사용량을 미리 정해진 한도 내로 유지한다(예 : 객실은 평상시에 15도, 고객이 재실 중에는 18도를 유지할 수 있도록 관리). 둘째, 효율적 순환이다. 이는 특정 장비를 사용할 때 시간별로 잠시 작동을 멈추게 해 에너지 소모를 줄이는 것이다. 셋째, 객실점유의 감지 기능이다. 예를 들면, 고객이 현관에서 등록절차를 마치고 객실에 들어서면 센서가 감응하여 전등 및 냉난방 장치가 가동을 시작하고, 손님이 나가면 자동으로 전등을 끄고 객실온도를 낮춘다. 그러나 최근에는 객실키가 이런 자동감응장치의 역할을 수행하기도 한다.

마. 고객운용 시스템(Guest-operated Systems)

이 시스템들은 고객이 객실이나 대중공간에 설치된 장비를 직접 조작하여 편의를 도모하는 목적으로 개발된 것이다. 다음과 같은 시스템들이 각각 고유한 서비스를 수행하고 있다.

❶ Express Check-out System

객실 내에 위치하며 주로 TV 모니터를 이용하여 Check-out 절차를 신속하게 진행하여 신용카드로 요금을 지불한 후 프런트 데스크를 거치지 않고 곧바로 호텔을 나갈 수 있도록 한다.

❷ Video-on-Demand

고객들이 객실에서 보기를 원하는 영화 프로그램을 제공한다. 이를 위해 호텔은 비디오 제공회사와 계약하여 장비를 설치한다.

❸ Mini Bar

객실 내 냉장고에 음료 등을 비치하여 고객이 음료를 구매할 때마다 자동센서가 작동하여 사용료 내역을 프런트 오피스의 PMS로 전송한다. 또한 재고 파악이 자동으로 이루어진다.

❹ Electronic Concierge

객실에 존재하며 고객에게 필요한 여러 정보를 제공한다. 이때 제공되는 정보의 종류에는 항공기 스케줄, 지역의 유명레스토랑 정보, 오락거리, 주식시장 정보, 뉴스, 쇼핑정보 등이 있다. 최근에는 보다 높은 차원의 전문가시스템(Expert System)을 개발하여 객실에 제공하고 있다.

이 밖에도 고객서비스를 향상하기 위해 Morning Wake-up Calls, Voice Mail, Smart-room 등의 시스템이 설치되어 이용되고 있다. 특히 Smart-room은 TV, 냉난방, 커튼, 조명 등 객실 내의 모든 장비를 고객이 직접 리모컨으로 조절하여 쾌적하고 안락한 체류경험을 제공하고 있다.

그림 13-10 Smart-room의 리모컨

제3절 호텔산업과 인터넷

1. 인터넷의 이해

인터넷의 등장은 호텔기업에 있어서 특히 운영(Operations)과 유통경로(Distribution Channels) 분야에 급격한 변화를 가져다 주었다. 관광산업에서 가장 대표적인 변화는 새로운 예약매체의 등장으로 소비사와 기입 모두에게 관광상품의 개발과 구매과정에 필요한 정보를 파악하고, 비교하고, 종합하고, 저장하는데 소요되는 시간을 상당부분 덜어 주었다는 것이다. 그리고 인터넷은 종전과 달리 잠재고객에게 호텔의 시설과 상품 · 서비스에 대해 알릴 수 있는 기회를 제공하고, 호텔과 직접적인 접촉 없이도 가격을 비교하여 객실을 구매할 수 있는 새로운 유망한 유통구조로 부상하기에 이르렀다. 그리고 전통적인 상거래의 유통채널에서 존재하던 여러 판매계층이 제거되면서(탈중개화) 최종 소비자는 보다 낮은 가격으로 상품을 구매할 수 있게 되었다.

그림 13-11 **탈중개화(Disintermediation)의 혜택**

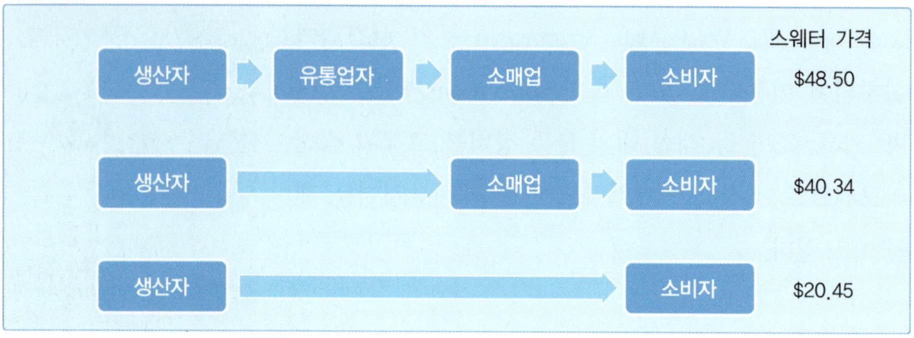

(자료 : Laudon & Laudon)

표 13-7 **인터넷 비즈니스 모델**

유 형	특 징	사례기업
가상점포 (Virtual Storefront)	물리적 상품을 소비자나 개별 사업자에게 직접 판매함	Amazon.com Gmarket.co.kr
정보중개인 (Information Broker)	상품, 가격, 재고에 대한 정보를 소비자나 사업체에 제공함. 광고나 소비자를 사업체에 인도하는 방법으로 매출이 창출됨	Realtor.com
거래중개인 (Transaction Broker)	온라인 거래를 처리하여 이용자의 비용을 절약하게 만들거나 거래가 발생할 때마다 수수료를 받음. 또한 가격과 조건에 대한 정보를 제공함	Expedia.com Etrade.com
온라인 장터 (Online Marketplace)	구매자와 판매자 사이에서 상품을 탐색 및 진열하고, 가격을 결정하는 디지털 환경을 제공함. 구매자가 판매자가 제시한 상품에 대한 입찰, 협상, 가격 결정할 수 있는 온라인 경매 또는 역경매 장소를 제공함. B2B 및 C2C 환경을 제공하며 거래에 대한 수수료로 매출이 창출됨	eBay.com Priceline.com Auction.com
콘텐츠제공자 (Content Provider)	웹을 통해 디지털 뉴스, 음악, 사진, 비디오 등과 같은 디지털 콘텐츠를 제공함으로써 매출을 창출함. 소비자가 콘텐츠를 검색함으로써 수수료를 지급하거나 광고물을 판매함으로써 매출이 창출됨	WSJ.com iTunes.com
Social Networking Service	유사한 관심을 갖는 사람들이 서로 소통하거나 유익한 정보를 찾을 수 있는 온라인 집회장소를 제공함. 광고를 통해 매출이 창출됨	Facebook.com Twitter.com
포털(Portal)	특화된 콘텐츠나 기타 서비스와 함께 웹에 처음 진입할 수 있는 통로를 제공함. 광고를 통해 매출이 창출됨	Yahoo.com Naver.com
서비스제공자 (Service Provider)	사진 및 비디오 공유, 사용자가 직접 만든 콘텐츠(블로그나 소셜네트워킹서비스에서)와 같은 웹2.0 응용프로그램들을 서비스로 제공함. 온라인 자료 저장이나 백업과 같은 기타 서비스도 제공함. 구독료나 광고를 통해 매출을 창출함	YouTube.com Google Maps

(자료 : Laudon & Laudon)

인터넷과 월드와이드웹(WWW)의 등장은 〈표 13-7〉에 나타난 것처럼 여러 가지 새로운 비즈니스모델의 창출을 위한 기반을 제공하였고, 다양하고 복잡한 비즈니스 프로세스의 능률화, 이해당사자들과의 관계 확대, 운영비용의 절감과 생산성의 향상 등의 혜택을 제공하였으며, 이러한 변화는 종전과는 전혀 다른 비즈니스 방식을 기업에게 요구하고 있다. 이와 같이 정보기술의 경영환경에 대한 영향력은 점점 더 가중되고 있다. 이제 전 세계 모든 산업분야에서 정보기술을 적절하게 활용하지 못하는 기업들은 생존이 더욱 어려워지고 있다. 종전과 달리 많은 호텔기업들도 이제는 보다 적극적으로 정보기술을 이용하여 고객을 위한 서비스를 확대하고, 운영효율을 향상시키려 하고 있다. 궁극적으로, 경쟁우위의 창출을 위한 새로운 기회로서 정보기술이 호텔들에 의해 보다 적극적으로 활용되고 있다.

2. e-비즈니스와 전자상거래

인터넷은 디지털경제(Digital Economy)란 새로운 경제개념을 탄생시켰다. 디지털경제에서 정보기술은 신속하고, 지속적이고, 급격한 변화를 불러일으키고 있다. 호텔산업에서도 특히 상호교류의 방식, 소비자와 공급자 간의 힘의 균형, 상품과 서비스를 판매하기 위해 이용되는 가격과 유통경로 등에 대한 근본적인 변화로 인하여 산업구조가 바뀌고 있다.

현재와 같은 불확실성의 시대에서 단 한 가지 확실한 사실은 다방면에서 변화가 지속적으로 발생한다는 것이다. 변화의 속도는 점점 빨라지고 있으나 다행히 인류사회도 이에 발맞춰 신속하게 변화에 대처하고 있다. 유명한 경제학자 슘페터의 '창조적 파괴'(Creative Destruction)란 용어대로 정보기술의 발전은 구질서를 무너뜨리고 새 질서를 창조하여 모두가 처음부터 새로 시작해야 하는 구도를 창출하였다.

특히 1990년대 이후부터 가속되고 있는 경영환경의 불확실성은 모든 기업에게 새로운 형태의 경쟁우위의 개발을 통한 가치의 창출이란 과제를 부과하고 있다. 현 정보·지식사회는 인터넷의 등장으로 인하여 많은 분야에서의 상업혁명이 가속되고 있는데 이른바 전자상거래(e-Commerce)의 시대가 활짝 문을 열었다.

언제부터인가 우리는 전자상거래 및 e-비즈니스란 용어를 아주 친밀하게 사용하기 시작했다. 흔히 e-비즈니스(e-Business)와 전자상거래(e-Commerce) 두 가지 호칭을 모두 인터넷 상에서 비즈니스를 수행하는 현상이란 같은 개념으로 사용하여 왔다. 그러나 이 두 개념은 엄연히 서로 다른 것이다. e-비즈니스와 전자상거래는 서로 다른 기회를 의미하기 때문에 명확히 구별되어야 한다.

1) e-비즈니스

e-비즈니스란 개념은 단순히 Internet상에 웹사이트만을 올려놓는 것은 아니다. e-비즈니스는 〈그림 13-12〉에서 보는 것과 같이 전자상거래를 일부분 포함하는 포괄적인 개념이다. e-비즈니스와 전자상거래는 기존산업구조의 동요 및 기업의 구조조정은 물론이고 사업방식의 변화 등을 불러일으켰다. e-비즈니스가 관장하는 중점 분야는 비즈니스 프로세스(Business Processes), 가치사슬(Value Chain), 교신(Communication), 정보공유 등 기업의 모든 분야를 디지털화하는 것이다.

그림 13-12 **e-비즈니스와 e-Commerce의 구분**

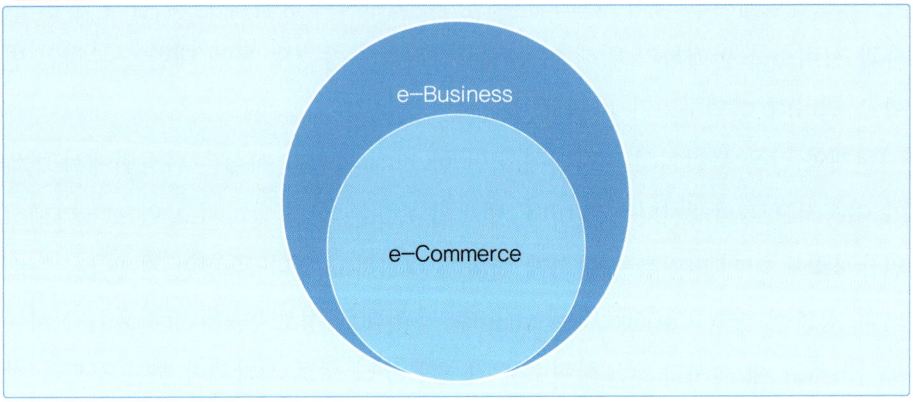

e-비즈니스는 기업 전체의 관점에서 내무 및 외부를 동시에 관찰하여 비즈니스 프로세스와 업무효율의 개선, 새로운 판매원의 창출, 비용, 원재료 및 노동력의 절약 등에 정보기술을 응용할 기회를 찾는 영역이다. e-비즈니스를 이용하여 기업의 경영자원 및 역량을 효율적으로 강화하는데 역점을 두고 있다.

현재 e-비즈니스분야에서 각광을 받고 있는 분야는 기업포털(Corporate Portal)인데, 이것은 중요한 기업정보, 시스템, 인트라넷을 이용한 기업뉴스, 표준 업무절차, 보고서 등을 직원, 경영진, 프랜차이즈, 소유주/투자자, 여행사, 공급업체, 전략적 제휴업체 등과 교신하는데 통로로서의 역할을 하고 있다. 많은 호텔기업들의 목표는 그들이 보유하고 있는 시스템과 응용기술을 '웹화'(Webify)함으로써 기업의 인트라넷과 인터넷을 쉽게 통합하여 새로운 e-비즈니스 기회를 엿보고 있는데, 이렇게 함으로써 광범위한 고객과 공고한 대화체제 및 정보공유를 실현하여 '서류 없는 사무실'(Paperless Office)에 한발 더 가까이 다가서고 있다.

한편, Pernsteiner와 Rauseo는 e-비즈니스를 '높은 경영성과를 창출하는데 필수적인 비즈니스 모델로서 비즈니스 프로세스, 기업의 응용업무(Enterprise Applications)와 조직구조(Organizational Structure)로 구성된 복잡한 결합체'라고 정의하였다. e-비즈니스는 종전의 기업경영 전반에서 일어나는 상호과정을 인터넷을 기반으로 하는 보다 효율적인 상호과정으로 변환하려는 노력이다.

e-비즈니스를 활용함으로써 기업은 전통적인 상거래에서 걸림돌이 되었던 시간, 거리와 물리적 장소에 대한 부담을 제거하게 되었다. 현대 경영학의 태두인 Drucker는 "인간은 철도가 그려져 있는 지도에서는 거리의 제약을 받아왔다. 그러나 전자상거래가 창출하는 지도에서는 거리에 의해 제약을 받지 않는다. 새 지도에는 단일경제와 단일시장만이 존재하며, 이제 경쟁은 지역을 초월해서 이루어진다"고 역설하였다.

e-비즈니스 핵심은 부서별 또는 기능별로 분산되어 있는 정보시스템을 하나로 묶어 정보의 통합적 · 효율적 활용을 기하자는 것이다. 이렇게 e-비즈니스는 호텔경영의 미래에 상당히 중요한 의미를 내포하고 있다. 왜냐하면 대다수 호텔에서는 서로 다른 용역회사에 개발되고, 하드웨어 및 소프트웨어의 호환성이 낮으며, 또한 서로 다른 기능을 가진 여러 정보시스템들이 서로 통합(Integrated)이 아닌 접속(Interfaced)되어 사용되고 있기 때문이다.

예를 들면, 현재 호텔에서 CRS, PMS, POS, CAS, ELS 등과 같은 시스템들은 현재 완전한 의미에서의 통합적 운용은 되지 않고 있다. 하지만 궁극적으로 호텔내의 모든 시스템들은 통합되어 이용되어야만 정보기술을 이용하는 이점을 최대화할 수 있어 경쟁우위를 창출하여 안정적인 기업경영을 이끌어 낼 수 있다. 즉 e-비즈니스를 이용하여 호텔은 고객관계 관리, 공급망 관리와 기업 내부활동 관리 등을 통합적으로 관리하여 경영효율을 극대화할 수 있는 것이다.

Cline은 전 세계 호스피탈리티 기업의 경영층 465명을 상대로 e-비즈니스의 미래에 대한 연구를 실시하였는데, 그의 가장 큰 관심은 호스피탈리티 기업들이 현재 어떻게 혹은 얼마만큼 e-비즈니스를 활용하고 있느냐를 파악하는 것이었다. 그의 연구결과에 의하면 호스피탈리티 경영자들은 점점 증가되고 있는 e-비즈니스의 중요성과 영향에 대하여 공감을 표시했으며 효과적으로 변화에 대처하기 위해서는 더욱 신중한 계획이 뒤따라야 한다고 하였다. 또한, 이들은 호스피탈리티 사업에서 증대되고 있는 e-비즈니스의 역할과 미래의 성공을 결정할 중요한 분야에서의 e-비즈니스의 영향력에 대하여 명확히 인식하고 있었는데, 이들에 의해 파악된 미래 호스피탈리티 기업의 성공을 결정할 수 있는 분야로는 고객관계관리, 상품의 유통경로의 변화와 웹을 기반으로 하는 e-비즈니스 모델의 진화 등을 효과적으로 관리할 수 있는 새롭고도 혁신적인 접근방법이었다.

전통적으로 호텔기업들은 정보기술 분야와 같이 새롭고도 혁신적인 변화에 대한 대응이 매우 느렸으나 지금은 상황이 조금 나아져 호텔들은 전자유통(e-Distribution)과 전자조달(e-Procurement) 등과 같은 e-비즈니스의 핵심 분야들을 능동적으로 활용하고 있다.

2) 전자상거래

전자상거래는 비즈니스 거래를 하기 위해 인터넷과 웹을 사용하는 것을 말한다. 좀 더 정확하게 표현한다면, 조직과 개인 사이의 디지털화된 상업적인 거래라고 할 수 있다. 전자상거래에 대한 정의는 다음과 같다. 첫째, OECD는 "문자, 음성, 화상을 포함한 디지털 자료의 처리 및 전송에 기초한 조직과 개인을 포함하는 상업적 활동과 관련된 모든 형태의 거래"라고 정의하였다. 둘째, 한국전산원은 전자상거래를 "기업, 정부기관과 같은 독립된 조직 간 혹은 조직과 개인 간에 다양한 전자적 매체를 이용하여 상품이나 서비스를 교환하는 방식"이라고 정의했다.

전자상거래는 1995년 최초의 인터넷 포털업체인 Netscape.Com이 주요 기업의 광고를 게시하면서 시작되었으며, 이후 웹이 홍보와 판매를 위한 새로운 매체로 등장하면서 열기가 고조되었다. 당시에는 소매판매(B2C)에 대한 전자상거래가 매년 두 배 또는 세 배 이상의 기하급수적 성장을 할 것이라고 아무도 예측하지 못했다. 전자상거래는 2008년에만 16%의 성장률을 기록했다.

전자상거래의 이런 급속한 성장에는 인터넷과 웹이 가지고 있는 고유한 특성이 배경이 되고 있다. 여기서 종래의 상거래와 다른 8가지 특성을 살펴보기로 하자. 첫째, 도처성(Ubiquity)이다. 전통적인 상거래에서 장터는 물리적인 장소이다. 하지만 전자상거래는 종전 상거래 시장의 일시성과 지역성 한계를 뛰어넘어 언제 어디서든지 가능하게 하였다. 즉 집, 직장, 자동차 등 각처에서 전자상거래는 항상 가능하다. 전자상거래는 소비자가 시장으로 가기 위해 소비하는 시간과 돈을 제거하고 또한 훨씬 적은 노력으로 구매를 할 수 있게 만들어서 결국 거래비용(Transaction Costs)을 절감하게 되었다. 둘째, 도달성(Reach)이다. 지역적 한계가 뚜렷한 전통적 상거래와 달리 전자상거래는 상업적인 거래가 문화적 및 국가적 경계를 초월해서 이루어지도록 만들었다. 그 결과 전자상거래의 잠재시장 규모는 전 세계 온라인 인구와 거의 같게 되었다. 셋째, 세계표준(Universal Standards)이다. 전자상거래 기술의 가장 이례적인 특징은 인터넷의 기술적 표준과 같기 때문에 전자상거래의 수행은 세계표준이다. 이런 세계표준은 세계 모든 국가에서 공유되고 있으며, 각 컴퓨터 사용자의 기술적 플랫폼에 상관없이 어떤 컴퓨터와도 연결할 수 있다. 넷째, 풍부성(Richness)이다. 정보의 풍부성은 메시지의 복잡성과 내용을 의미한다. 전통적인 상거래에서는 풍부성과 도달성 간에 상쇄(Trade-off) 효과가 있었다. 즉 더 많은 소비자를 끌면 끌수록 메시지는 더욱 빈약해지는 성향이 있었다. 하지만 전자상거래에서는 문자, 화상, 음성, 동영상 등이 결합된 풍부한 내용의 메시지를 동시에 수많은 소비자에게 전달할 수 있게 되었다. 다섯째, 쌍방향성(Interactivity)이다. 전화를 제외한 다른 모든 20세기 상업 기술과 달리 전자상거래 기술은 쌍방향성인데, 이는 상인과 소비자 간에 이중소통(Two-way Communication)이 가능하게 만들었다. 이와 같은 쌍방향성은 온라인 상인과 소비자 간의 면대면 경험(Face-to-face Experience)과 흡사한 효과를 볼 수 있게 하였다. 여섯째, 정보밀도(Information Density)이다. 인터넷과 웹은 소비자나 상인 같은 시장 구성원에게 정보밀도(즉, 이용가능한 정보의 양과 질)를 크게 향상하였다. 전자상거래 기술은 정보의 수집 · 저장 · 처리 · 소통 비용을 대폭 줄이는 동시에 정보의 최신성 · 정확성 · 적시성을 크게 향상시켰다. 또한 전자상거래 시장에서 정보밀도는 가격과 비용에 대한 정보를 보다 투명하게 만들었다. 일곱째, 개인화 및 맞춤화(Personalization/Customization)이다. 상인들은 이름, 관심, 과거 구매내역 등을 토대로 각 고객별로 마케팅 메시지를 조절할 수 있다. 또한 고객의 선호도나 과거 구매행태에 비추어 상품과 서비스를 개인별로 맞춤화할 수 있다. 여덟째, 사회적 기술(Social Technology)이다. 전통적 기술과 달리 인터넷과 전자상거래 기술은 사용자가 문자, 음악, 사진, 화상 등의 결합된 내용의 메시지를 사용하여 개인적인 친구들을 만들고 또 이들과 함께 공유하는 것을 허용함으로써 사회성을 크게 향상시켰다. 이런 소통방식을 사용하여 사용자들은 기존의 사회적 네트워크를 강화하고 또한 새로운 사회적 네트워크를 만들어 가고 있다. 최근 점점 더 영향력을 확대해 가고 있는 Facebook이나 Twitter 같은 소셜 네트워킹 서비스(Social Networking Service)는 좋은 예이다.

그림 13-13 **전자상거래 기술의 8가지 고유 특성**

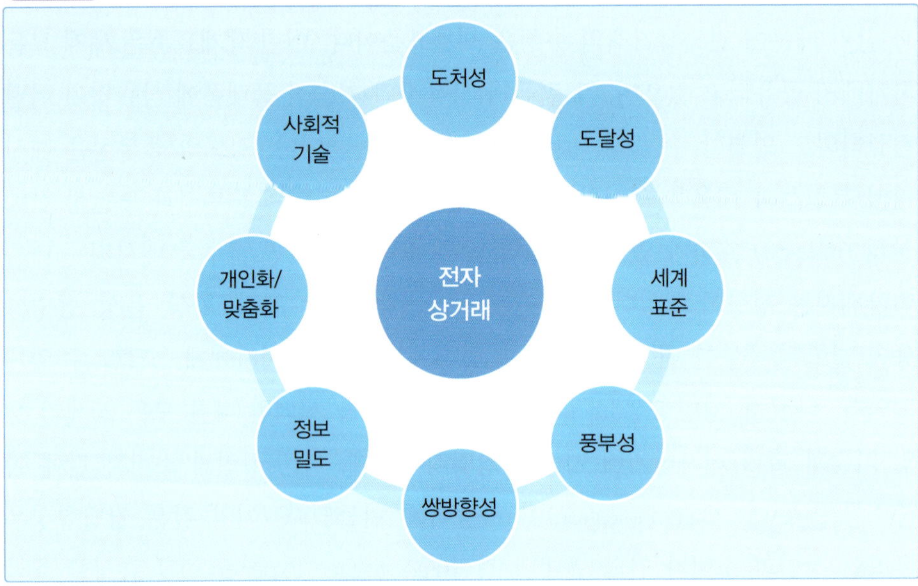

전자상거래는 상품과 서비스, 자료 등 경제적 가치가 교환되는 실제 상거래에 초점을 맞추고 있다. 전자상거래의 목표는 단순한 상품과 브랜드에 인지도가 아닌 소비자의 확보 및 새로운 매출원의 확보이다. 일반적으로 말해서, 거래와 지불은 정보를 이용하여 수행할 수 있지만, 직접적인 인간접촉은 회피할 수 있는 것이 아니다. 정보기술은 복잡한 상거래를 수행할 때 인간의 능력 한계를 확장하는데 이용할 수 있고, 디지털 기술이 더욱 발전되고 일반화되면 결국 정보기술은 기본 상거래에서 인간이란 요소를 완전히 대체할 수 있을 것이다.

또한 전자상거래는 도 · 소매상을 거쳐 소비자에게 전달되던 전통적 상거래 과정을 가상공간을 기반으로 하는 전자상거래를 통하여 특정한 거래당사자로 하여금 직접적인 거래를 가능하게 함으로써 상호 이익을 극대화할 수 있고, 소비자의 욕구를 가상공간에서 파악할 수 있어 공급자에게는 상품과 서비스에 대한 불확실성을 줄일 수 있다. 전자상거래의 다른 특성을 요약하면 〈표 13-8〉과 같다.

표 13-8 **전자상거래와 전통상거래의 차이점**

구 분	전자상거래	전통상거래
유통	기업↔소비자	기업↔도매↔소매↔소비자
지역	전 세계	제한된 지역
시간	24시간 실시간	제한된 영업시간
마케팅	쌍방향(one-to-one 마케팅)	일방적(one-way) 마케팅
수요파악	가상공간(digital)	영업사원에 의한 정보 재입력
고객대응	신속한 감지 및 즉각적인 대응	대응 지연
판매거점	가상공간	시장 등 물리적 공간

(자료 : 심종석 · 정경진)

한편, 전자상거래는 판매자와 구매자 모두에게 종전보다 나은 혜택을 제공하고 있다. 〈표 13-9〉는 이와 같이 각자의 입장에서의 장점을 요약하였다.

표 13-9 전자상거래의 장점

구매자	판매자
• 의사결정시 가격 및 상품정보 비교 가능 • 충동구매, 체면구매, 바가지구매 방지 • 시간적 및 공간적 제약 극복 가능 • 직접 확인 없이 가상공간에 제공되는 정보에 의해 안정된 구매 가능	• 물리적인 판매 공간이 필요 없어 저렴한 비용으로 상품/서비스 전시 가능 • 저렴한 비용으로 상품/서비스 광고 · 홍보가 가능하고 또한 수정 및 변경이 용이함 • 고객의 구매성향을 효율적으로 분석이 가능하여 적시에 적절한 마케팅전략 수립 • 지역에 구애받지 않고 전 세계를 상대로 판매 가능

전자상거래는 아직 성장단계에 놓여 있다. 따라서 여러 가지 문제점이 있을 수 있을 것이다. 이를 알아보면 다음과 같다. 첫째, 소비자는 직접 상품과 서비스를 눈으로 확인할 수 없기 때문에 상품에 대한 정확한 사양과 품질을 확인하기 힘들 뿐만 아니라 사후보증체계 등에 대한 안전을 신뢰하기 어렵다. 이런 문제는 특히 국제 간 거래에 있어 그 개연성이 매우 높다. 그래서 가상공간 관리자나 중앙정부 차원에서 이를 보장하거나 규제할 안전장치의 개발이란 후속조치가 개발되어야 하겠다. 둘째, 종전의 직접적인 대금지불방식 대신 전자결제가 필요함에 따라 발생할 수 있는 지급과 결제과정에 있어서 보안과 인증에 대한 기술수준이 아직 완벽하지 못하다. 그리고 보안기술의 미흡으로 인하여 수많은 개인의 정보가 유출될 수 있는 위험에 노출되어 있다. 셋째, 소비자의 경우 무한한 정보를 통해 구매의사를 결정하지만 종종 정보 과잉으로 인한 혼선이 야기될 수 있으며 시간이 더욱 소비될 수도 있다. 그리고 소비자의 정보탐색 및 이용이 집중될수록 기업 간 경쟁이 과열되므로 브랜드에 대한 중요성이 증가할 것이다. 그래서 중소기업은 경쟁력이 더욱 약화될 수 있으며, 기존의 인지도가 높은 브랜드를 보유한 대기업도 가상공간에서의 경쟁이 뜨거워지면 새로운 도전에 맞게 될 것이다.

3) 전자상거래의 종류

전자상거래는 개인, 기업, 정부 등 거래당사자 간의 상호 계약관계에 따라 다음과 같은 종류로 구분할 수 있다.

가. B2C(Business-to-consumer : 기업과 개인 간의 전자상거래)

기업과 개별적인 소비자 간의 전자상거래는 새로운 시장형성 과정을 통해 다양한 비즈니스모델이 제시되고 있다. 이는 전통적인 상거래와는 근본적으로 다르다고 할 수 있다. 개인을 대상으로 한 전자상거래는 판매하는 상품과 서비스의 관점에서 상품의 성격, 취급상품 종류로 구분할 수 있으며 기업특성에 따라서는 가치상의 위치, 판매경로의 다양성 등의 요소로 구분이 가능하다. 결국 B2C는 여러 가지 비즈니스모델이 제시되어 소비자의 선택 여부에 따라 생존이 결정되며 현재 발전, 진화하고 있는 진행형이라고 말할 수 있다.

나. B2B(Business-to-business : 기업과 기업 간의 전자상거래)

기업 간의 전자상거래는 전자문서교환(EDI : Electronic Data Interchange)을 활용하면서 시작되었다고 볼 수 있다. EDI의 본질은 일정한 거래관계에 있는 조직 간에 정형화된 자료를 제반 상거래 단계에 교환하는 형태로 즉 시장에서 매매계약에 의한 새로운 매출을 발생시킨 것이 아니라 이미 거래관계에 있는 기업 간 전자자료의 교환수단으로 활용되기 때문에 상거래 자체로서의 의미보다는 전자상거래의 기반으로서 그 가치를 평가할 수 있을 것이다. 그러나 B2B는 기존의 폐쇄적인 네트워크에 의하지 않고 불특정 다수기업이 참가할 수 있는 개방적인 전자시장의 형태로 발전하고 있다. 실제로 인트라넷과 엑스트라넷은 그런 예라고 볼 수 있다.

이 밖에도 개인과 개인 간의 전자상거래인 C2C(Consumer-to-consumer)와 개인-기업-정부 간의 전자상거래인 C2B2A(Consumer-to-business-to-government)가 존재하고 있지만, 그 규모가 B2C와 B2B에 비하면 아직 아주 미흡하다. 최근까지 B2B에 비해 B2C에 대한 관심이 보다 많이 집중됐었다. 호텔들은 Internet을 통하여 더욱 광범위한 소비자에게 객실, 연회, 휴일패키지 등의 상품과 서비스를 판매하는 방법을 모색하였다. 그러나 요즘에는 B2B가 장기간에 걸쳐 기업들에게 경제적 잠재력과 수익을 제공하는 것으로 인식되어 더욱 각광받고 있다. 아마도 호텔산업에서 가장 잠재력이 높은 분야는 전자조달(e-Procurement)일 것이다. 전통적으로 호텔은 원재료 및 비품 공급체계가 매우 복잡하였다. 전자조달을 활용함으로써 호텔은 비용을 절감하고, 매출을 신장하고, 감시통제체계를 향상할 수 있다. 그래서 최근 미국에서는 거대한 주요 체인호텔기업들이 전자조달의 효과를 극대화하기 위하여 공동으로 전자조달시스템의 구축을 시도하고 있다.

그림 13-14 **전자상거래의 종류**

전자상거래			
기업-개인	기업-기업	개인-개인	개인-기업-정부

참고문헌

갈정운(1999). 이것이 지식경영의 핵심이다.

김성근 · 양경훈(2001). 『e-Business 환경의 경영정보관리』. 문영사.

김성희 · 장기진(2002). 『e-비즈니스 원론』. 무역경영사.

김은홍 · 이진주 · 정문상(1998). 『사용자중심의 경영정보시스템』. 다산출판사.

심종석 · 정경진(2000). 『전자상거래와 e-비즈니스』. 청림출판.

안상협 · 이동만(2003). 『e-Business 새롭게 배우기』. 대명.

호텔&레스토랑. 2002년 2월호. pp. 107-110.

Bugalis, D.(1998). Strategic use of information technologies in the tourism industry. *Tourism Management*, 19(5) : 409-421.

Cline, R. S.(2001). Hospitality e-비즈니스 : The Future. *Andersen Hospitality and Leisure Executive Report*, 8(1) : 1-8.

Connolly, D. J., Olsen, M. D., & Moore, R. G.(1998). The Internet as a Distribution Channel. *The Cornell HRA Quarterly*, 39(4) : 42-54.

Kasavana, M. L.(1994). Computers and Multiunit Food-Service Operations. *The Cornell HRA Quarterly*, 35(3) : 72-80.

Kasavana, M. L., & Cahill, J. J.(1997). *Managing Computers in the Hospitality Industry*. 3rd ed. Educational Institute : AH&MA.

Laudon, K. C., & Laudon, J. P.(2010). *Management Information Systems : Managing the Digital Firm*. 11th edition. Pearson.

Oz, E.(2002). *Management Information Systems*. 3rd ed. Course Technology : Thomson Learning.

Pernsteiner, C., & Rauseo, N.(2000). Transforming the hospitality industry into e-비즈니스. *FIU Hospitality Review*. 18(2) : 10-21.

V Part

호텔 경영전략과 글로벌경영

Chapter 14 호텔 경영전략
Chapter 15 호텔경영의 세계화

호텔 경영전략

Chapter 14

Chapter 14

호텔 경영전략

학습목표

이 장을 학습한 후 여러분은 반드시 다음 내용을 이해해야 한다.

1. 전략에 대한 개념과 정의를 숙지한다.
2. 전략이란 무엇인가?
3. 경영전략의 유형을 파악한다.
4. 상호일치의 원칙에 대해 이해한다.
5. 경영전략의 수립 및 실행 과정을 이해한다.
6. 호텔산업의 경쟁수단을 확인한다.
7. 매리엇 체인호텔의 탄생과 성장 과정을 이해한다.

제1절 경영전략의 개념 및 정의

세계 대다수 산업에서 경쟁의 본질이 근본적으로 변하고 있으며, 이 변화의 속도는 거침없이 지속적으로 증가되고 있다. 과거와 달리 특정 산업의 경계를 결정하는 것조차 도전받고 있는 상황이다. 규모의 경제나 대규모 광고예산과 같은 전통적인 경쟁우위(Competitive Advantage)의 원천은 이제 그 효과가 전과 같지 않게 되었다. 그리고 경영자의 전통적인 사고방식은 더 이상 기업의 경쟁력을 향상시키지 못하고 있다. 경영자는 반드시 유연성, 속도, 혁신, 통합과 같은 새로운 사고방식에 적응해서 끊임없이 변하는 환경에 도전해야 한다. 무한경쟁(Hypercompetition)이란 말은 21세기 비즈니스 환경의 실상을 잘 대변하고 있다. 21세기 무한경쟁의 경영환경을 만든 주요 동력은 세계화와 혁신적 기술의 등장임을 누구도 부인할 수 없을 것이다. 이런 무한경쟁의 시대에서 생존하고 경쟁에서 승리하려면 탁월한 경영전략의 수립과 실행은 반드시 필요하다.

경영전략을 쉽게 정의하면 경쟁에서 승리하기 위한 방법이다. 여태까지 수많은 학자들이 경영전략에 대한 정의를 내렸었다. Chandler는 "전략이란 기업의 기본적인 장기목적을 결정하고, 이를 달성하는데 필요한 행동방침을 수립하고 자원을 배분하는 것이다"라고 정의하였다. 그리고 Mintzberg는 "전략은 조직과 환경 사이의 조정자이며, 환경변화에 대처하기 위한 지속적인 조직 의사결정의 일관적인 형태이다"라고 했다.

수많은 학자들의 주장을 종합해보면 "전략은 기업이 환경변화에 대처하기 위해 방향성을 결정하고, 경쟁에서 생존 및 성장을 도모하기 위해 자원을 배분하는 일련의 의사결정과정이다"라고 정의할 수 있다. 따라서 경영전략은 경쟁에서 어떻게 기업이 독특한 경쟁우위를 창출하고 유지할 수 있는가를 분석 · 결정하는 사고방법이다.

경영전략은 경영학의 여러 분야에서 그 태동시기가 가장 늦은 분야이다. 하지만 전략이라는 용어는 고대부터 동 · 서양에서 사용되고 있었다. 먼저 중국의 손자병법에서 전략이라는 말이 사용되고 있었고, 고대 그리스에서는 장군의 예술(Art of The General)이란 뜻으로 이용되었다. 한편, Strategy(전략)이란 말의 어원은 그리스어 Strategos에서 유래한 것으로 군대를 의미하는 Stratos와 통솔한다(Lead)라는 의미를 가진 -ag가 합성돼서 생긴 말이다.

군사전략에서 한층 발전하여 기업을 위한 경영전략이란 용어가 이용되고 연구되기 시작한 것은 1950년대와 1960년대를 거치면서이다. 이때 미국의 거대기업들은 다각화되고 비대해진 기업을 어떻게 효율적으로 관리할 것인가라는 현실적인 문제에 당면하고 있었다. 즉 거대기업에 속한 사업부 단위(Business Unit)들을 최고경영진이 어떻게 효율적으로 통제 · 조정할 수 있느냐는 것이었다. 또한 경영학 학문분야에서도 생산, 재무, 회계, 인사, 마케팅 등 기존의 세분화된 기능분야들을 통합할 수 있는 새로운 이론이 필요하게 되었다. 이때 탄생한 학문분야가 장기전략계획(Long-lange Planning) 또는 경영정책(Business Policy)인데, 각 기능별 분야를 통합하는 역할로 정의되었다. 이때부터 현재까지 경영전략의 변천과정은 〈표 14-1〉에 간략히 소개되어 있다.

그럼 과연 현대적 의미에서의 전략이란 무엇인가? 이에 대한 답변은 Porter가 명쾌하게 제시해 주고 있다. 첫째, 전략은 경쟁자와는 다른 활동(Activities)을 수행하거나 또는 경쟁자와 유사한 활동을 하더라도 다른 방식으로 수행함으로써 경쟁우위를 창출하고 유지하는 것이다. 둘째, 전략에는 항상 상쇄효과(Trade-off)가 따르게 마련이다. 즉 전략의 핵심은 할 수 있는 것과 할 수 없는 것을 엄격하게 선택하는 것이다. 경쟁기업의 전략을 그대로 답습 또는 모방하는 것은 귀중한 자원의 낭비를 초래할 가능성이 매우 높다고 할 수 있으며 이는 이미 전략이 아닌 것이다. 셋째, 전략을 구성하는 활동들은 서로 조화되어 있으며 상호연계되어 있어 시너지 효과를 거둘 수 있어야 한다. 이런 활동들은 각기 부분으로서 존재하는 것이 아니고 전체 시스템을 구성하는 하나의 구성요소로서 존재하는 것이다.

표 14-1 **경영전략의 태동과 변천과정**

	1950~1970초	1970후반~1980중반	1980후반~1990초
주요 테마	경영정책(장기전략계획)	산업구조분석 및 경쟁구도 분석	경쟁우위의 창출 및 유지
주요 개념 및 분석기법	투자계획 수립, 시장예측, 시장점유율 분석, SWOT분석	산업구조의 분석과 포지셔닝 결정, 정태적 분석	기업의 경쟁우위를 창출하는 요인 분석, 동태적 분석
기업조직상 특징	재무관리가 기업의 주기능을 수행, 종합기획실 설립	수익전망이 좋은 사업분야로의 진입과 수익성이 낮은 분야의 퇴출	핵심역량 배양, 인적자원관리, 전략적 제휴, 리엔지니어링으로 인한 비용절감 및 서비스 품질 향상
대표학자	Ansoff, Andrews	Porter	Hamel, Prahalad

(자료 : 장세진)

한편, 전략은 기업이 해마다 되풀이되는 과정이 아닌 하나의 사고방법(The Way of Thinking)으로 봐야 하며, 이러한 발상은 반드시 기업의 의사결정, 경영활동과 고객서비스 등의 모든 과정에 스며들어 있어야 한다. 그리고 전략의 수립은 반드시 미래지향적이고 역동적이어야 하며 기업의 모든 구성원들과 쌍방향적(Interactive)인 관계에서 이루어져야 한다. 왜냐하면 전략의 수립은 전략과정에서 비교적 쉬운 부분이며 정작 힘든 부분은 모든 조직구성원들의 시간, 에너지, 몰입(Commitment)을 요구하는 전략의 실행과 전략목표의 달성이다.

환경변화가 점점 가속되고 있는 현재와 같은 상황에서도 많은 기업들은 아직도 과거를 돌아보며 미래를 예측하고 있다. 미래보다 과거에 더욱 집착하는 기업은 운명적으로 환경의 변화에 느리고 점진적으로 반응하는 경향을 띠고 있다. 하지만 혁신적인 사고(Innovative Mind-set)로 과거를 돌아보지 않는 이상 기업의 미래는 밝다고 할 수 없다. Hamel & Prahalad는 기업은 반드시 과거에 대한 사고를 멈추고 미래를 위한 경쟁을 해야 한다고 역설하였다. 또한 이들은 미래의 경쟁을 위해 기업은 고정관념이 되어 버린 종래의 산업과 전략에 대한 통념에서 과감히 탈피하고 새로운 기업으로 재탄생(Reinvent)해야 한다고 주장했다. 기존의 고정관념을 버리고 새로운 조직으로 재탄생하려면 미래를 예측할 수 있어야 한다. 미래를 예측하는 것은 환경이 어떤 새로운 기회(Opportunities)와 위협(Threats)을 제공할 것인가를 이해하는 능력이다. 경영자들은 종종 장기적인 관점을 배제한 채 당장 직면하고 있는 단기적인 문제에만 관심을 집중하는 사례가 많다. 단기적인 문제의 해결도 중요하지만 장기적인 대비책 또는 보완책 없이 단기적인 문제에만 전전긍긍한다면 기업의 생존과 성장은 요원할 것이다.

제2절 전략의 유형

본질적으로 조직의 전략은 그 조직이 어떻게 경쟁할 것인가에 대한 이해를 제공한다. 전략은 기업전략 · 사업전략 · 기능전략 등으로 구분되는데, 이 세 가지 전략들은 집중분야, 의사결정의 책임 소재, 실행의 시간적 틀과 기타 세부사항 등에 있어 서로 다른 특징을 나타내고 있다. 기업전략(Corporate Strategy)은 어떤 사업분야에 기업이 진출해야 하는가를 결정하고 기업의 목표와 영업범위를 결정하는 것을 주요 관심사로 하고 있다. 그리고 사업전략(Business Strategy)은 기업이 보유하고 있는 각 사업부를 지원하는 목적으로 수립되며 각 사업부 조직이 속한 경쟁시장에서 경쟁우위를 창출 · 유지하는 것을 중점 사항으로 하고 있다. 또한 기능전략(Functional Strategy)은 각기 다른 기능분야에 대해 한정된 기업의 자원을 효율적으로 배분하는 것을 결정한다. 기업이 최대한의 수익을 달성하려면 세 수준의 전략은 반드시 서로 조화되어야 한다.

그림 14-1 **전략의 유형**

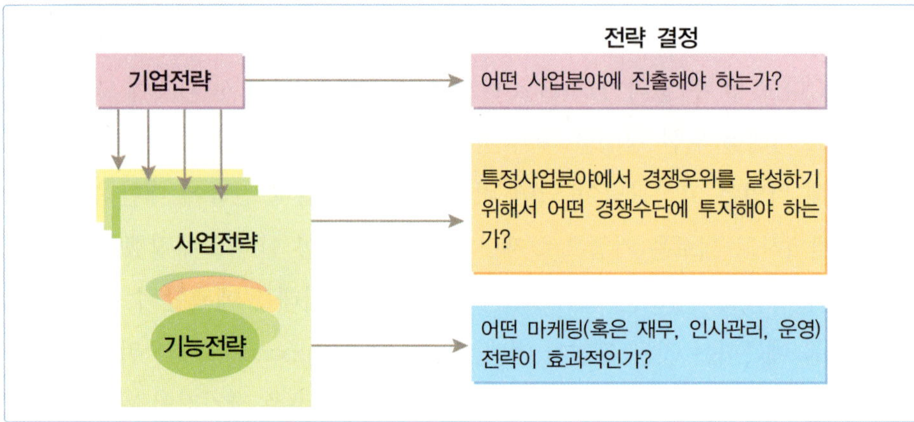

1. 기업전략(Corporate Strategy)

기업전략은 기업 전체를 경영하기 위한 거대한 설계이다. 기업전략은 산업, 세분시장, 상품과 서비스로 분류되는 총체적인 사업관점에서 어떤 사업에 기업이 진출해야 하는가를 결정한다. 기업전략은 어떤 전략적 목표를 달성해야 하는가와 이러한 목표를 성취하기 위해 각 사업은 어떻게 경영되어야 하는가를 결정하는 과정이다. 일반적으로, 최고경영자(CEO)는 미래에 이익을 산출할 수 있는 기업으로 이끌어 나가기 위해 전략적 계획을 설계, 기획하는 의무를 맡고 있는데, 이런 수준에서 기업 전략가가 직면하게 되는 과제는 Wendy's나 McDonald's처럼 단일 사업에 집중해야 하는가, 아니면 Cendant처럼 호텔사업, 렌터카사업, 부동산회사와 콘도미니엄사업을 가진 다변화된 기업조직을 취해야 하는가를 결정하는 등의 근본적인 문제에 대한 결정을 내려야 한다.

기업이 단일 사업에만 집중할 것인가, 아니면 다변화할 것인가를 결정하면 어떻게 자원들을 각 사업부별로 배분할 것인가를 결정해야 한다. 즉 여러 사업이 존재하는 복합적인 조직에서 기업이 보유하고 있는 한정된 자원을 어떻게 합리적으로 배분하여 최대의 가치를 창출할 것인가와 어떻게 서로 다른 특성을 지닌 사업들을 통합하여 시너지효과를 달성할 수 있을까 하는 점이 기업전략가가 직면하게 되는 현안이다.

기업전략들은 보통 1년부터 5년 사이의 기간을 범위로 한다. 한 기업이 다른 기업을 인수하거나 또는 전혀 새로운 사업영역에 진출하는 결정을 할 때 많은 대안들이 평가되어야 하고 연구와 분석을 위한 많은 시간이 요구된다. 예를 들면, 최종실사(Due Diligence) 과정은 마땅한 합병후보를 탐색하는 기업에게는 필수적이고 중요한 활동이다. 이 최종실사 과정은 합병 후보기업을 평가하는 것인데 구체적으로 인수자가 합병 후보기업의 자산을 평가하여 두 개의 기업을 하나로 통합할 때의 장기적 전망과 경영의 질을 결정하는 것이고, 아울러 이 과정은 합병 후보기업의 과거실적과 향후 예상실적을 철저하게 분석하는 것이다. 이와 같은 연구와 분석은 종종 정보수집에만 수개월이 소요되며 수집된 자료의 분석과 연구에 더욱 많은 시간이 소요된다. 특정 기업이 소수의 합병후보를 평가하는 것은 비교적 쉬운 일이나 만일 수십 혹은 수백여 후보기업을 평가해야 한다면 이것은 엄청난 시간과 비용을 필요로 한다.

다른 예로 만일 한 기업이 새로운 사업영역을 개척하려면 이 또한 많은 시간이 소요되는데 실례로 Darden Restaurant은 Bahama Breeze란 새로운 콘셉트의 사업조직을 개발하기 위해 2년 이상을 소비해야만 했다. 이 과정에서 Darden Restaurant은 주주를 위해 가치를 창출할 수 있는 새로운 사업이 탄생했음을 공표하기 전에 상품개발과 실험, 입지조건조사, 재무적 타당성 조사 등의 작업에 전력을 다해야 했다. 하지만 이 새로운 사업영역이 장기적으로 성공하기 위해서는 아직도 많은 시간에 걸쳐 사업성을 증명할 수 있는 시간이 필요하다.

궁극적으로, 기업전략의 결정은 이사회가 책임과 권한을 갖게 되는데 이들은 주주들에게 경영성과에 대한 적절한 설명을 해야 한다. 그러나 최근 이러한 의사결정에 대하여 다른 이해관계자의 영향력이 점점 강화되고 있다. 예를 들면, 특정 기업의 주식지분을 상당부분 소유한 기관투자자(Institutional Investors)들이 이사회의 의사결정과정에서 목소리를 높이고 있으며, 노동조합, NGO, 관련 정부기관 등도 기업전략의 의사결정과정에 점점 더 영향력을 행사하고 있다.

2. 사업전략(Business Strategy)

기업전략이 결정되면 다음 수준의 전략은 사업전략이다. 사업전략은 '우리 기업이 특정산업 내에서 어떻게 경쟁해야 하는가?'란 질문에 대한 대답이며 특정 시장에서 경쟁우위를 창출하는 것을 목표로 한다. 사업전략은 기업이 경쟁수단(Competitive Methods)과 핵심역량(Core Competencies)을 사용하여 특정 사업분야에서 경쟁하는 것이다.

사업전략은 기업이 패스트푸드 사업과 같이 특정시장에서 단일 사업으로 경쟁하기 위해 경쟁수단을 개발하는 경우를 말한다. 만일 햄버거 체인회사인 Wendy's 처럼 어떤 기업이 특정한 영역에서만 사업을 영위하고 있는 경우라면 이 기업의 기업전략과 사업전략은 동일하다고 할 수 있다. Cendant처럼 기업이 여러 업종으로 다각화되어 있는 경우는 일반적으로 기업전략과 사업전략은 분리되어 있다. 사업전략의 수립은 경쟁분석에서 기업전략보다 더욱 구체적이다. 사업전략은 특정산업 또는 세분된 시장 · 상품에서 어떻게 효과적으로 경쟁할 수 있는가를 중시하며 이를 위하여 어떠한 경쟁우위를 개발하고 유지해야 하는가를 결정한다. 그러므로 기업의 고유한 핵심역량과 경쟁수단은 사업전략에서 가장 중요한 요소라고 할 수 있다.

사업전략의 시간적 범위는 기업전략과 유사해서 일반적으로 1~5년인데, 경쟁이 점점 격화되면서 이런 시간적 범위도 점점 짧아지고 있는 추세이다. 일반적으로 사장, 이사진과 각 기능 부서장이 사업전략을 수립하는 책무를 맡고 있다. 하지만 최근 사업전략의 참가범위는 이들뿐만이 아닌 조직 내의 모든 수준의 직원들로 확대되고 있다. 그리고 사업전략은 반드시 기업전략에 기초하여 수립되어야 하며 또한 기업전략을 지원해야 한다.

3. 기능전략(Functional Strategy)

기업조직에서 세 번째 수준의 전략은 기능전략이다. 기능전략은 사업전략보다 대상범위가 좁다고 할 수 있다. 기능전략은 주로 사업을 운영하는데 필요한 일상의 활동에 주안점을 두는데 이런 활동들은 〈표 14-2〉에 자세히 소개되어 있다. 기능전략은 일반적으로 재무관리, 마케팅, 생산관리, 인사관리, 운영 · 경영관리와 연구개발로 구성되어 있다. 기능전략의 전략적 계획은 실행을 통하여 제한된 경영자원으로 최대의 효과와 효율을 달성하는 것이다.

표 14-2 **기능전략**

기능 영역	요 소
재무관리	자산경영, 예산편성, 자본구조, 자금수급, 위험경영, 재무계획, 배당률 결정, 예상, 기업 인수 및 합병, 통제시스템
인사관리	종사원관리, 조직행동, 노사관계, 리더십
마케팅	판매유통경로, 홍보 및 판촉, 가격결정, 상품 및 서비스 관리, 고객세분화, 연구
경영관리	보험관계, 회계시스템, 경영정보시스템, 전략적 계획, 법률문제
운영관리	생산관리, 품질관리, 자원의 획득 및 저장, 안전 · 보안, 공정관리
연구개발	상품개발, 고객개발, 새로운 사업계획

사업전략은 경쟁을 위한 방법을 파악하는 것인데 반해 기능전략은 기업이 개발한 가장 가치있는 경쟁수단을 효과적으로 실행하는데 필요한 각 기능별 세부활동이다. 특정 기능전략은 반드시 다른 기능전략과 맥을 같이 해야 할 뿐만 아니라 반드시 상호 연계되어 경쟁수단을 지원해야 한다. 기능전략은 가장 세부적이고 자세하며 보통 일 년을 수명주기로 한다. 다른 수준의 전략과 비교했을 때 기능전략은 더 자주 변하며 경쟁사의 움직임에 직접적인 영향을 받는다. 일반적으로 각 기능부서의 부사장과 핵심 스텝들이 기능전략을 수립하고, 이는 일상적인 기업운영에 종사하는 직원들에게 가장 큰 영향을 미친다고 할 수 있다. 기능전략의 주안점은 자원의 생산성을 최대화하는 것이다.

현재 경영환경에서 기능전략을 고려할 때, 경영진은 현재의 경영환경이 다기능을 보유한 의사결정자를 요구한다는 사실을 반드시 고려해야 하는데, 전통적인 경영사고방식에서 각 기능들은 전문지식을 보유한 자에 의해 행해지는 서로 다른 행위로 간주했었다. 재무관리자나 마케팅관리자와 같은 기능적 관리자들은 전략을 개발할 때만 전체가 모임을 갖는다. 그렇지 않은 경우에는 각 기능 관리자들은 상호 배타적이며 가끔은 경쟁자로서의 행위를 보일 때도 있다. 주어진 상황에서 기업의 경영진은 가장 합리적인 전략적 결정을 내리기 위해 그들이 보유하고 있는 각 기능영역의 지식을 통합하는데 전력을 쏟고 있다.

제3절 상호일치의 원칙

경영전략은 기업경영진의 능력이라 할 수 있으며 그 능력은 어떻게 자신의 기업과 그 기업이 경쟁하고 있는 경영환경에서 변화를 주도하는 요인들을 효과적으로 파악하느냐에 달려 있다. 이런 변화파악은 경영진에게 최대의 재무적 가치를 산출할 수 있는 경쟁수단에 투자할 것을 요구한다. 이 과정에서 경영진은 반드시 기업에게 가치를 제공하는 경쟁수단에 일관적 · 효과적으로 경영자원을 배분할 수 있는 사업구조를 구축해야 한다. 만일 기업이 변화의 와중에서 새로운 사업기회를 포착할 수 있으면, 기업은 이를 바탕으로 경쟁우위를 차지할 수 있는 경쟁수단에 투자를 하고, 경영자원을 효과적으로 경쟁수단에 배분하여 가치를 창출함으로써 기업의 소유주와 투자자들이 원하는 재무적 성과를 성취할 가능성이 높아질 것이다. 이러한 관계를 상호일치의 원칙(Co-alignment Principle)이라고 한다. 〈그림 14-2〉는 상호일치의 원칙을 간단히 묘사하고 있다.

그림 14-2 **상호일치의 원칙**

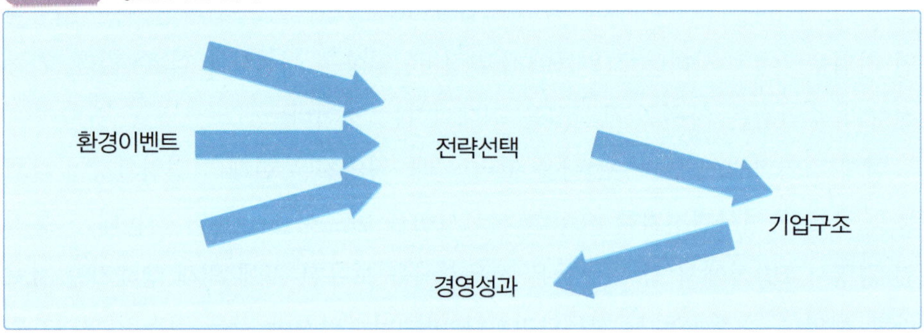

〈그림 14-2〉에서 화살표의 방향이 지적하듯이 기업의 경영환경은 경영전략이란 개념이 시작되는 곳이다. 기업의 경영환경은 변화가 가속화되고 점점 더 복잡해지고 있는 상황에 존재하는 기업과 고객, 경쟁자, 공급자 및 법제정자로 이루어진 영역이라고 정의할 수 있다. 이러한 환경 내에 단기 또는 장기적인 기회와 위협이 존재하고 있으며, 경영진의 과제는 변화의 주도요인들을 파악하고 이러한 변화에서 기업의 가치를 창출할 수 있는 단기 및 장기 사업기회를 포착하는 것이다. 〈그림 14-3〉은 상호일치의 원칙에서 기업환경의 기본 요소들을 제시하고 있다.

그림 14-3 **상호일치의 원칙**

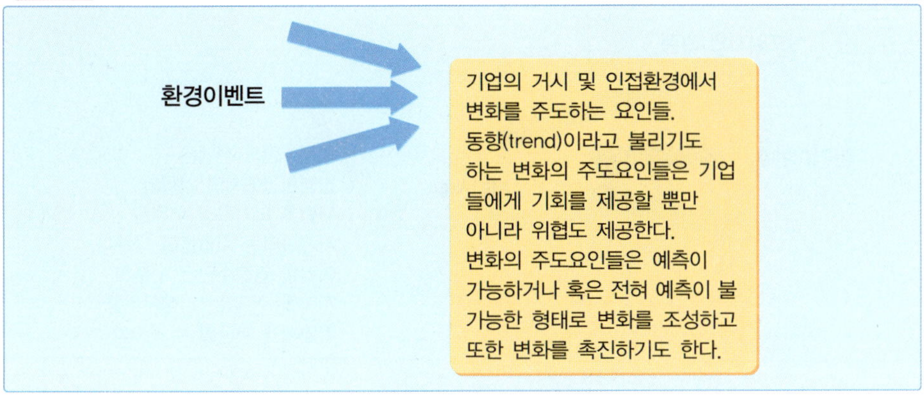

경영진이 일단 어떠한 것이 미래의 중요한 사업기회인지를 결정하면 경영진은 반드시 이 사업기회에 적합한 경쟁수단에 투자해야 한다. 호텔산업에서의 경쟁수단은 경쟁시장에서 경쟁우위를 달성하기 위하여, 기업의 고유한 경영자원과 역량을 결합해서 설계된 상품과 서비스의 포트폴리오(Portfolio)로 구성된다. 한 기업의 전반적 전략은 경영진이 투자한 모든 경쟁수단을 반영한 것이며, 각 경쟁수단은 반드시 기업전략의 가치창출에 중요한 수단으로 간주되어야 한다. 경영진은 또한 반드시 상품과 서비스의 포트폴리오를 포함하는 각 경쟁수단은 급속히 변화하는 환경 때문에 그 수명주기가 점점 짧아지고 있다는 것을 인식해야 한다. 그러므로 장기적 안목에서 성공하려면 경영진은 변화가 지속적으로 일어나는 시대에서 변화에 앞서가기 위해 반드시 주기적으로 경영환경을 진단하여야 한다. 〈그림 14-4〉에서 자세히 보여 주듯이 상호일치의 법칙에서 다음 요소는 모델에 나타난 것처럼 전략선택(Strategy Choice)이다.

경영진이 기회를 파악하여 가치를 창출할 수 있는 가장 중요한 경쟁수단을 선택한 다음, 경영진은 기업에 가치를 부가해주는 경쟁수단에 시종일관 효과적으로 경영자원을 배분할 수 있어야 한다. 이러한 행위를 상호일치의 법칙 모델에서는 기업구조라 칭한다. 구조는 기업이 목표를 달성하기 위해 직무와 활동을 분류하는 방법이라 정의할 수 있다. 이것은 어떻게 조직들이 통제되어지고 경영자원 배분과정에서 어떻게 책임들이 명시되는가를 말한다.

그림 14-4 **상호일치의 원칙**

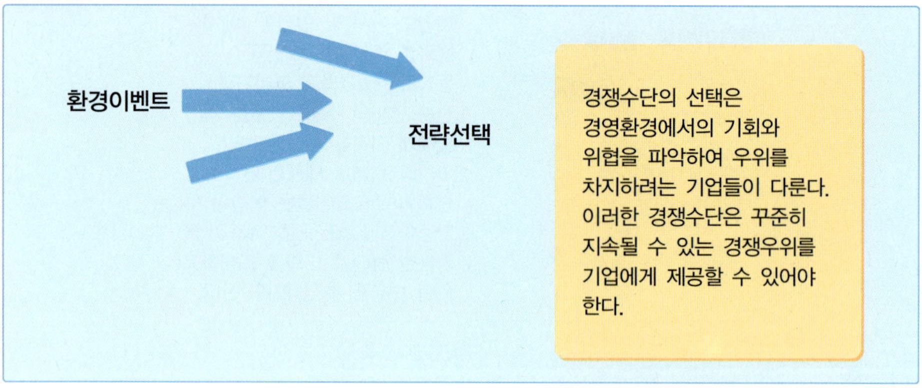

경영자원 배분과정에서 경영진은 각 경쟁수단의 성공적인 실행과 수행에 필수적인 기업의 핵심자원과 역량을 파악할 수 있어야 한다. 이 중요한 행위 외에, 경영진은 반드시 핵심자원과 역량을 지원하는 내부환경을 조성해야 한다. 이 내부환경은 적절한 구조, 과정들과 문화로 구성된다. 또한 이 내부환경은 가장 많은 가치를 창출할 수 있는 경쟁수단에 올바르게 자원을 배분하는 과정에 도움이 되도록 반드시 서로 일치되어야 한다. 〈그림 14-5〉는 모델상의 이 부분을 좀 더 자세히 설명하고 있다.

그림 14-5 **상호일치의 원칙**

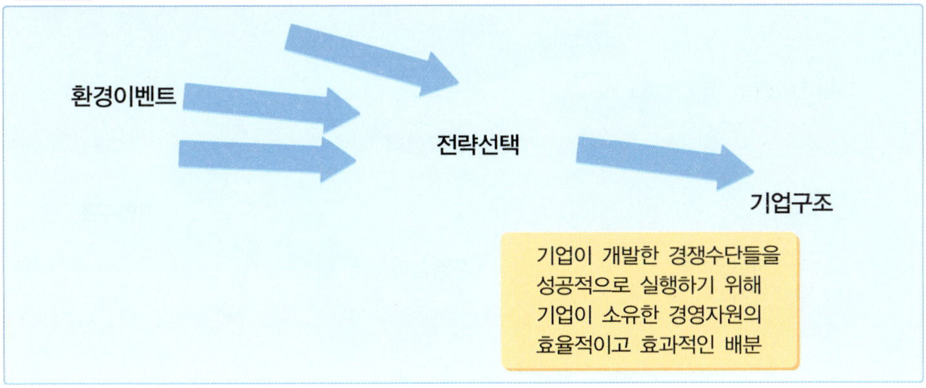

〈그림 14-5〉에서 보여주듯이, 만일 기업이 속한 경영환경에서 정확하게 기회를 파악할 수 있고, 가장 큰 가치를 창출할 수 있는 경쟁수단에 투자하고, 각 경쟁수단의 효과적인 실행과 수행을 지원하는 구조를 만들면, 그 기업은 투자자들이 기대하는 수준의 재무적 성과를 달성할 수 있다. 현재 가장 많이 사용되고 있는 재무적 성과의 측정방법은 투자자들이 보유한 주식의 주당 현금흐름(Cash Flow per Share)인데, 이 방법은 미래지향적 현금흐름 측정방법이라는 것을 반드시 숙지해야 한다. 바꾸어 말하면, 경영진은 반드시 기업의 미래가치를 최대화하여야 하고, 이를 위하여 반드시 각 경쟁수단을 선택할 경우 현재 및 수명주기 기간 동안의 현금흐름을 추정하여야 한다.

다른 재무적 성과의 측정방법들은 과거 몇 십 년 동안 사용되어 왔지만, 이들의 목적은 과거실적에 대한 경영성과를 보고하는 것이며 제한적이어서 미래를 반영하지 못하고 있다. 그러므로 경영진은 반드시 경영자원 배분과정에 있어서 어떠한 경쟁수단이 과거가 아닌 미래에 가장 많은 가치를 산출하는가를 바탕으로 해서 의사결정을 하여야 한다. 이것이 경영자들에게 경영환경을 진단하는데 있어서 미래의 기회를 포착하는데 집중해야 하는 중요한 이유이며 상호일치의 원칙의 모든 것이라 해도 과언이 아니다. 〈그림 14-6〉은 이 모델에서 경영성과의 비중을 자세히 보여주고 있으며, 이 모델은 과거 경영성과의 측정방법과 미래지향적 측정방법인 주당 현금흐름을 포함하고 있다.

그림 14-6 상호일치의 원칙

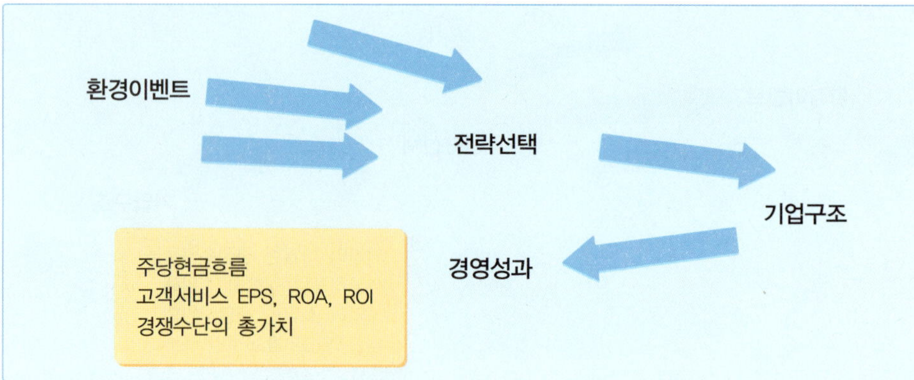

재무적 성과 외에도 다양한 경영성과의 측정방법이 있음을 주목해야 하지만 어느 조직이든지 그 조직의 장기적 수명은 주주들을 위해 가치를 창출할 수 있는 능력에 좌우된다고 할 수 있다. 만일 성공적으로 가치를 창출하지 못하면, 그 조직은 더 이상 존재할 수 없다. 그리고 산출된 가치는 반드시 가치창출과정에 투자된 자본비용(Cost of Capital)을 상회하여야 하는데, 그렇지 않는다면 주주들이나 투자자들은 다른 곳에 투자를 하게 될 것이다. 이것은 오늘날 비즈니스세계의 단순한 법칙이다.

두 번째 기본가정은 고객의 현재와 미래의 욕구를 충족시킬 때만이 기업은 가치창출의 목표를 달성할 수 있다는 것이다. 그러므로 고객만족도와 같은 방법은 경영성과를 측정하는데 도움을 준다. 고객을 만족시키지 못하고서는 기업은 가치를 창출할 수 없다. 그러므로 다른 측정방법들도 어떻게 기업의 전략이 올바른 자원배분과정을 통하여 실행되는지를 평가하는데 유용하게 사용될 수 있다. 따라서 여러 가지 진단방법이 있을 수 있으나, 궁극적 경영성과의 측정방법은 어떻게 가치가 창출되고 또한 가치가 미래까지 지속될 수 있는가에 의해 결정된다.

제4절 경영전략과정의 단계

전략의 개발은 일시적인 행위가 아닌 지속적인 과정이다. 또한 미래의 경쟁을 위한 사고의 방법이며 기업 내의 모든 수준, 즉 말단의 서비스 종사자부터 최고 경영진을 포함하는 일상적인 행위를 포함한다. 전략수립은 어떻게 경쟁상황을 파악하여 어떤 경쟁수단으로 기업의 재무적 성공에 공헌할 수 있는가에 주안점을 두고 있다.

경영전략과정의 역동성을 이해하기 위해서 네 가지 단계가 이해되어야 할 것이다. 네 가지 단계에는 환경진단과 평가, 전략 수립, 전략 선택, 전략 실행 등이 있다.

1. 환경진단과 평가(Environmental Scanning and Assessment)

환경진단과 평가는 오늘날 기업에서 중요한 전략적 활동이 되고 있다. 현재 경영환경의 많은 요소가 급속하게 변화하고 있기 때문에 환경진단은 경영자의 역할 중에서도 가장 중요한 것이 되었다. 기업이 속한 경영환경은 불확실성을 창조하며, 불연속적이어서 경영진에게 매일 새로운 과제를 제공하고 있다. 경영환경은 점점 복잡해지고 있으며 또한 강제성마저 띠고 있다. 이런 상황에서 경영진의 최우선 과제는 기업이 속한 경쟁시장에서 변화를 주도하는 중요한 요인(Forces Driving Change)을 파악하는 것이며, 이런 과정에서 경영진은 어떤 이슈들이 주요 요인을 형성하며 또 어떻게 새로운 경쟁우위를 위한 기회를 제공할 것인지를 이해할 수 있어야 한다. 이러한 이슈들은 통합되어서 일정한 패턴을 형성해서 향후 기업과 고객 간의 관계를 결정하는 중요한 요인이 된다. 이러한 주요 이슈들의 성공적인 파악은 경영진의 지각, 인식, 경험 등에 달려 있다고 할 수 있다.

경영진이 경영환경에서 발생되는 변화의 패턴, 이슈, 요인 등을 파악하게 되면 이러한 변화가 어떻게 진전될 것인가를 반드시 이해하여야 한다. 진화의 과정, 진화의 속도, 진화의 정도는 이로 인하여 어떤 새로운 기회가 도래하는지를 파악하려는 경영진의 최대 관심사이다. 경영자가 이런 능력을 갖추는데 적지 않은 시간이 소요되며 경영자들에게는 변화의 요인들이 어떤 영향을 기업에게 미칠지를 파악하기 위해 막대한 양의 정보를 분석하고 종합할 수 있는 능력을 요구한다. 이런 과정이 이해되면 경영진은 경쟁시장에서 경쟁우위를 차지하기 위해 가장 중요한 경쟁수단이 무엇인지를 파악할 수 있는 능력이 필요하게 된다.

경영환경은 모든 기업에게 기회와 위협을 동시에 제공하고 있다. 기회는 기업에게 부가가치 창출의 목표를 달성 또는 초과할 수 있는 기회를 제공할 수 있는 상황이며, 위협은 기업목표의 달성을 방해하고 또는 기업의 생존마저 위협하는 상황을 말한다. 이런 상황에서 성공하려면 기업은 반드시 거시(Remote), 과업(Task), 기능(Functional) 및 기업(Firm)환경 등의 계층별 환경을 관찰 · 종합함으로써 미래에 기업에게 가장 큰 위협과 가장 중요한 기회를 창출하는 원인을 제공하는 변화의 주도요인을 정확하게 파악할 수 있어야 한다.

〈그림 14-7〉에서 보는 것처럼 거시환경은 기업외부의 환경에서 유래된 요소들로 구성되며, 기업이나 다른 조직의 행동에 의해 변경되거나 통제받지 아니한다. 그럼에도 불구하고, 기업은 궁극적으로 기업의 재무적 성과에 영향을 미치는 거시환경에 존재하는 변화의 주도요인들에 내재된 영향을 파악하기 위해 환경을 지속적이고 체계적으로 진단해야 한다. 변화의 주도요인을 파악하기 위해 관찰되어져야할 거시환경의 구체적인 예를 들면 ① 사회문화적(Socio-cultural), ② 기술적(Technological), ③ 정치적/법적(Political/Legal), ④ 생태적(Ecological), ⑤ 경제적(Economic) 환경 등이다.

과업환경은 기업에 직접적인 영향을 미치며 일반적으로 거시환경에 비해 보다 직접적인 영향을 기업에게 미친다. 과업환경의 예로는 ① 시장과 고객의 행위, ② 산업구조, ③ 경쟁사, ④ 법제정자, ⑤ 공급자 등이 있다. 가끔 과업환경에서 일어나는 변화는 거시환경에서 유래되어 과업환경에 영향을 끼칠 때가 있다. 예를 들면, 호전된 경제환경(거시환경)은 소비자(과업환경)에게 많은 가처분소득(Disposal Income)을 소유할 수 있는 배경을 제공하여 호텔기업에게 보다 많은 사업기회를 공급한다. 그리고 기업의 전략적 행동은 과업환경에서 변화를 일으켜 동종 산업의 기업들에게 더욱 심화된 경영환경을 제공한다.

그림 14-7 **환경의 분류(호텔기업의 경우)**

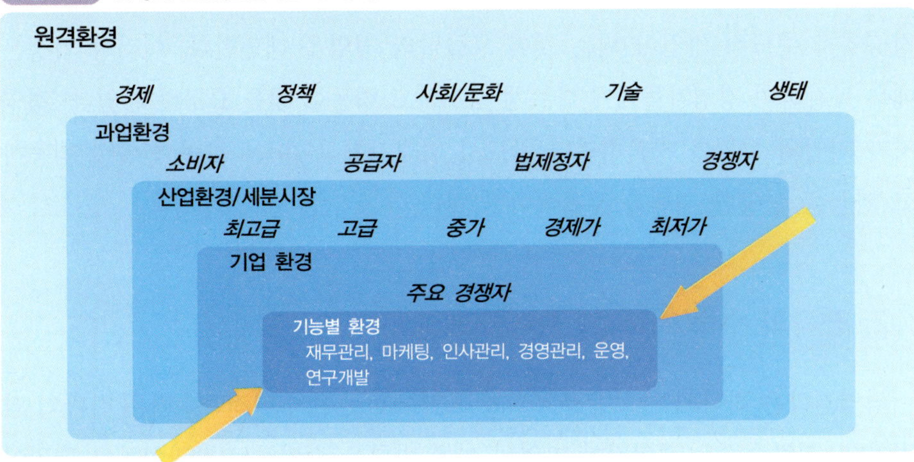

기능환경은 재무관리, 인사관리, 마케팅, 운영, 연구개발과 경영관리 분야에서의 변화를 일으키는 주도요인들로 구성된다. 일반적으로 기능환경의 변화는 각 기능영역의 지식구조가 진화함에 따라 나타나며, 변화는 또한 경영자가 최고과정(Best Practices)을 수행함으로써 일어날 수도 있다. 기업들은 효과적으로 경쟁하기 위해 끊임없이 최상의 수단과 과정을 찾으려 하며, 그들은 간혹 향상된 성과를 달성하기 위한 새로운 방법을 발견하지만 동종 기업들에 의해 재빨리 모방되곤 한다. 그러므로 경쟁력을 유지하기 위해서나 혹은 경쟁에서 한발 앞서기 위해서 기업들은 기능환경을 항상 관찰하고 있어야 한다.

기업환경은 호텔기업에게 특히 중요하다. 과업환경을 논의할 때 기업들은 반드시 경쟁사들을 주시해야 한다고 언급한 바 있다. 호텔기업의 경쟁은 한편으로는 전국적이며 다른 한편으로는 지역적인데, 많은 호텔기업은 두 지역에서 동시에 경쟁하고 있다. 많은 기업들은 전국 혹은 지방 체인기업들의 마케팅과 홍보프로그램의 강화에 불안을 느끼며 세부시장에서도 큰 위협을 느끼고 있다. 이런 면에서 호텔기업은 매우 독특하다고 할 수 있는데 세부시장의 경영환경은 전국 혹은 지방의 경영환경과 항상 일치하는 것은 아니다. 그러므로 기업은 반드시 양쪽 환경에서 발생하는 변화를 모두 파악해야 한다.

환경과 환경진단이란 개념은 특히 현재처럼 역동적인 환경하에서 경영전략의 전반을 이해하는데 매우 중요하다. 변화를 예측하고 그에 따른 기회를 선점하여 경쟁에서 주도적 기업이 되는 것이 오늘날의 경영을 대변한다. 이러한 과정은 매우 복잡하며 경영자들에게 다르게 사고하고 행동할 것을 요구하고 있다. 경영자가 기업의 가치를 창출하려면 반드시 미래지향적이어야 하며 신속히 행동하고 가끔은 상당한 위험을 무릅써야만 한다.

2. 전략의 수립(Strategy Formulation)

경영전략은 하나의 사고방법(A Way of Thinking)이지만 전략수립은 하나의 과정이다. 전략수립은 경영진이 기업의 미래 방향을 수립하는데 관여하는 행위이다. 하나의 개념으로서 전략수립과정은 〈그림 14-8〉에 가장 잘 묘사되어 있는데, 이 모델은 전략수립과정에서 발생하는 활동의 일반적인 흐름을 나타내고 있다. 비록 전략수립은 환경진단에서 시작하여 평가과정에서 종료한다는 것을 암시하고 있지만, 일회의 시도로는 소기의 성과를 달성할 수 없다. 〈그림 14-8〉은 기업이 전략의 방향을 설정한 후의 순차적인 과정을 표현하고 있다. 한 기업이 처음으로 위 과정을 끝마쳤다면 향후 이런 과정은 경영자의 중요한 일상 행위의 한 부분이 될 것이며, 이 모델의 각 요소는 지속적으로 진화되어 한 가지 사고의 방법이 될 것이다.

〈그림 14-8〉의 모형에서 제시됐듯이, 기업은 경영환경을 진단하면서 경쟁을 위한 계획을 시작한다(심벌 #1). 이 행위가 전반적인 경영전략 과정에서 차지하는 중요성을 강조하기 위해 가장 큰 심벌로 표현하였다. 이 심벌 속에는 경쟁우위에 이르게 하는 기회를 제공하는 각 환경수준을 집어넣었다. 환경진단을 마친 후 다음 행위는 기업이 경쟁하게 될 사업영역의 범위를 정의하였는데, 이 작업은 경영진이 사업영역에서 주도적인 위치를 달성하기 위해 환경에서 일어나는 변화를 이해, 분석, 관찰하는데 필수적인 것이다(심벌 #2).

기업의 사업영역이 결정되면 경영진은 파악된 기회를 바탕으로 하여 경쟁우위를 차지하기 위한 경쟁수단을 파악하여야 하는데(심벌 #3), 이런 경쟁수단은 경쟁우위를 차지하고 최고 수준의 주당 현금흐름을 달성하기 위해 통합된 상품과 서비스의 포트폴리오로 편성된다. 이런 결정이 종료되면 기업사명(Mission Statement)을 개발하여야 한다(심벌 #4).

그림 14-8 경영전략 모형

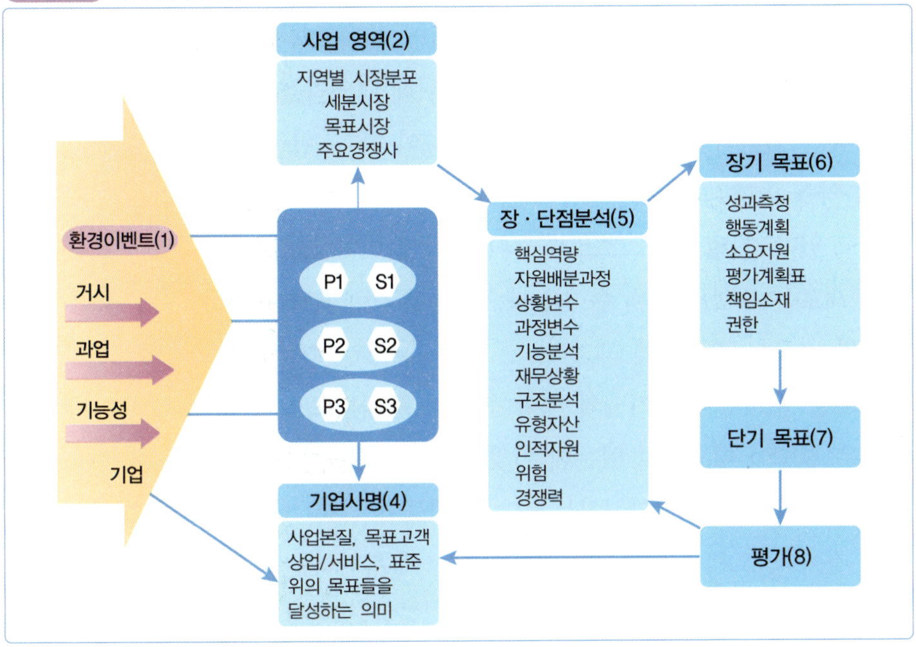

기업사명은 기업의 장기적인 목적을 달성하는데 필요한 개요를 제공한다. 기업사명을 작성하는데 구체적인 형식이나 요강은 존재하지 않지만, 일반적으로 기업사명은 소비자, 직원, 투자자, 주주들과 쉽게 대화하기 위해서 되도록이면 간략한 내용이어야 하며, 기업의 전략적 의도를 충분히 반영해야 한다. 이러한 기업사명은 기업의 모든 구성원들에게 행위의 지표가 된다. 기업사명에 일반적으로 포함되는 핵심내용은 심벌 #4에 열거되어 있다.

모형이 보여주듯이 기업사명은 사업의 본질을 기술하고 반드시 기업전략, 사업전략, 기능전략을 반영할 수 있어야 하고, 기업이 호텔과 레스토랑과 같은 서비스기업인지, 아니면 장비제조업체와 같은 생산업체인지를 파악할 수 있어야 한다. 또한 기업의 일반적인 방향을 설정하고 기업의 사업영역을 명확히 구분함으로써 경영자원을 가장 효과적인 경쟁수단에 배분할 수 있게 한다.

기업의 본질이 결정되면 목표로 하는 고객층을 설정하여야 한다. 오늘날 고객층을 세분하는 방법은 변하고 있다. 마케팅 분야가 지속적으로 발전하고 있는 상황에서 가장 중요한 개념 중의 하나가 목표시장(Target Market)이다. 마케팅분야의 경영자, 컨설턴트와 학자들은 기업들이 목표고객에 대한 지식의 중요성을 강조하고 있는데, 이런 목적을 달성하기 위해 경영자들은 소비자들을 인구통계학적 혹은 심리학적 변수 등에 의해 세분해야 한다. 비즈니스 여행자, 여가 여행자, 절약형 여행자와 같은 분류는 많은 기업에게 전략적 사고를 위한 지표를 제공하고 있다. 기업들은 스스로 한 세분시장에 위치함으로써 이러한 목표시장 내에서 새로운 고객을 찾을 수 있는데, 이런 결과로 호텔산업에는 많은 종류의 브랜드와 상품이 존재하게 되었다.

오늘날 마케팅에서 기술의 역할이 점점 확대되고 있듯이 목표고객시장에서 새로운 전망이 떠오르고 있는데 이것을 개별고객시장(The Segment of One)이라 한다. 개별고객시장이 암시하는 바는 고객들이 점점 개별적인 행동양상을 보인다는 것이다. 고객들은 점점 자기들의 욕구에 부합하는 특화된 상품과 서비스를 요구하며 또한 그들의 이런 욕구에 가장 적합한 상품과 서비스만을 구매할 것이다. 만일 호텔기업들이 이런 고객들의 변하는 태도를 인지하고 적합한 상품과 서비스를 지속적으로 공급할 수 있으면 그들은 경쟁시장에서 우위를 점할 수 있을 것이다. 그러므로 종래의 기업사명은 광대한 시장을 배경으로 하는 전통적인 마케팅 발상에 의해 큰 영향을 받았지만, 향후는 더욱 세분화되어 제공되는 상품과 서비스에 의해 영향을 받을 것이다.

현재 호텔기업에 의해 제공되는 상품과 서비스는 점점 개별적, 차별적인 고객욕구에 부합되는 상품과 서비스를 공급하는 것이 기대되고 있다. 이런 특화된 상품과 서비스를 경쟁수단(Competitive Methods)이라 불리는 고유한 포트폴리오로 통합하는 것이야말로 경영전략의 핵심이다. 호텔기업은 개별고객시장에 존재하는 고객들을 끌어들이기에 충분한 여러 가지의 경쟁수단을 개발할 수 있어야 한다.

기업사명은 기업이 어떻게 고객, 직원과 주주들을 대우할 것인지를 결정하는 가치지표를 반드시 포함하여야 한다. 핵심가치(Core Value)라는 사고는 구성원 간에 중요한 개념인데 이것을 바탕으로 하여 그들은 공동의 목표를 달성하기 위해 함께 노력할 수 있는 것이다. 핵심가치의 공표가 없다면 기업이 의도하는 전략을 달성하는데 주요한 역할을 하는 핵심 기업문화의 수립에 어려움을 겪을 수 있다.

기업사명에 일반적으로 발견할 수 있는 마지막 요소는 전략목표를 달성하는 의미를 선언하는 것인데, 보통 효율, 완전무결함과 신뢰 등을 포함하며, 목표달성을 위해 경영자원이 어떻게 사용되는지를 암시한다. '환경을 사랑하는' 혹은 '다양성의 성취' 등의 구호가 사용되기도 한다. 이런 구호가 핵심가치의 문구에서도 동시에 사용될 수도 있지만, 많은 기업들은 분리해서 사용하는 것을 선호하고 있다.

여기서 모형에서 주기적으로 나타나는 심벌 #1부터 #4에 의해 표현되는 행위들을 재차 강조해야 하는데, 이 행위들은 변화와 진화를 통해 반복되고 지속된다. 경영환경이 변하고 있듯이 기업의 경쟁수단도 변해야 하고, 때로는 사업영역이나 기업목적도 변할 수 있어야 한다. 이런 새로운 변화를 전통적인 사고에 입각해서 해석하면 안 된다. 하나의 변화가 모든 변화를 초래할 수도 있으며, 경영진은 오늘날과 같은 불확실성의 시대에 생존하기 위한 준비가 되어 있어야 한다.

3. 전략의 선택(Strategy Choice)

전략선택의 개념은 기업목표를 달성하기 위해 기업들이 경쟁수단의 개발에 집중하는 것이다(심벌 #3). 여기서 선택이란 단어는 전략선택이란 개념을 이해하는데 결정적인 역할을 한다. 그 의미는 경영진은 어떻게 경쟁해야 하는가를 지속적으로 선택해야 하며, 전략은 반드시 상호일치의 원칙에서 말하는 환경진단의 결과에 의해 선택되어야 한다. 경영환경에 의해 제공되는 기회에 일치하고 가장 높은 수준의 수익을 가져다주는 경쟁수단에만 집중해서 투자되어야 한다.

경쟁수단은 기업이 속한 환경에서 경쟁하기 위해서 선택하는 상품과 서비스의 포트폴리오라고 정의할 수 있다. 개별적인 상품과 서비스의 선택과 그것들을 바람직한 포트폴리오로 통합하는 것은 경영진의 의무인데, 이 지도자 그룹은 환경에 존재하는 기회를 고려하여 어떤 상품과 서비스에 투자해야 할 것인가, 각 상품과 서비스에서 산출되는 예상 현금흐름은 얼마인가, 이런 투자가 기업의 가치에 미치는 영향은 어떠한가 등에 대한 의사결정을 해야 한다. 이런 과정에서 각 경쟁수단의 경제적 수명에 대한 정밀한 연구가 행해져야 하며, 이 정밀조사에서는 각 경쟁수단별로 현재 및 미래의 경쟁력을 비교하는 것을 포함해야 한다.

서비스산업에서의 전략선택에 관한 관심과 노력이 증가되고 있다. 전략에 대한 문헌연구를 고찰하여보면 전략선택의 유형에 대하여 많은 연구가 시도되었다. Porter(1980)와 Miles 등(1978)의 연구에 의해 일반적인 전략유형이 파악되었다. 이 분야에 대한 지식은 오랫동안 경영자들의 전략선택에 대한 의사결정과정에 많은 도움을 주었다. 선행연구는 주로 제조업체를 중심으로 조사되었고, 기업이 속한 외부 경영환경이 안정되어 있을 때만이 이러한 연구가치가 응용될 수 있다. 그러나 선행연구의 결과는 오늘과 같이 급변하는 환경에서 서비스산업의 의사결정과정에 응용되었을 때 그 가치는 현저히 저하되고 있다고 할 수 있다.

호스피탈리티산업에 적합한 일반적인 전략유형을 창출하기 위해 선행연구를 바탕으로 호스피탈리티산업의 학자들이 연구를 시도하였는데, 이들은 〈표 14-3〉에 소개되어 있다. 이들의 연구결과에 의하면 기업들은 마케팅 혹은 운영을 중심으로 하는 전략을 수용하여 왔는데 이에 대하여는 〈표 14-3〉에 자세히 기술되어 있다. 전략유형을 서술하면 차별자(Differentiators), 혁신자(Innovators), 가격주도자(Price Leaders), 판매의 풀 앤드 푸시(Pull and Push Selling)와 이미지경영(Image Management) 등은 마케팅기능을 강조하였고 반면에 통제자(Controllers), 자원보존자(Resource Conservers)와 효율집중(Focused Efficiency) 등의 전략유형은 운영을 강조하였다. 하지만 이런 호스피탈리티산업의 일반적인 전략유형은 서비스산업의 특색인 고객과의 개별적인 거래에 대한 본질과 선행연구와는 다른 전략적 사고의 변화를 반영하는 경쟁수단에 대한 연구의 필요에 대한 욕구를 충족시키지 못하였다. 그러므로 경쟁수단에 대한 투자인 전략선택은 반드시 개별고객시장 혹은 고객의 기업에 대한 장기적인 경제적 가치와 같은 개념에 의해 주도되어야 한다.

표 14-3 **전략의 유형**

학 자	전략유형
Porter(1980)	차별화, 비용우위, 집중
Hofer & Schendel(1978)	시장점유율 증가, 성장, 이익, 시장집중 및 자산 감소, 회생, 청산
Miles 외(1978)	선구자, 분석자, 방어자, 반응자
Schaffer(1987)	차별자, 내부자원보존자, 집중된 시장혁신자, 효율/품질, 통제자, 지역편중 가격주도자
West & Olsen(1989)	통제자, 집중된 차별자, 차별집중자, 이미지경영, 혁신자
Murthy(1994)	품질 주도자, 기술주도자, Push(간접판매), Pull(직접판매), 비용 통제, 단체판매, 상호 훈련

개별고객시장이란 개념은 고객을 기업에 대한 평생 경제적 가치(Llifetime value)로의 전환을 의미한다. 만일 기업이 상품과 서비스를 설계하여 점점 특화되고 있는 고객들의 욕구를 만족할 수 있다면, 이 설계는 반드시 미래 기업의 현금흐름 추세로 사고되어야 하고 현금흐름 추세는 고객이 얼마나 자주 이 기업의 상품과 서비스의 포트폴리오를 선택하느냐에 대한 결과로 나타난다. 이 경우 기업의 목표는 고객들이 가능한 오랫동안 상품과 서비스를 구매하게 하는 것이다. 이런 사고의 예가 Boeing사인데, 이 기업은 주요 항공사들과 계약을 맺어 향후 20년 동안에는 Boeing사만의 항공기 구매를 약속하는 계약을 체결했다.

유사한 예로, United Airlines와 Marriott International은 고객의 상품 · 서비스 재구매를 위해 만족할 수준의 보상을 제공하여 효과적인 고객충성 프로그램을 개발하였다. 사실, 어떤 경우에 고객이 선호하는 브랜드를 전환하였을 때 그에 따른 전환비용이 드는 경우도 있는데, 특히 구매빈도가 많은 고객의 경우가 더욱 심하다고 할 수 있다. 예를 들면, United Airlines 또는 다른 항공사의 단골고객우대 프로그램(Frequent Flyers Program)을 사용해서 많은 마일리지를 축적하면 할수록 보상은 더욱더 크다고 할 수 있다. 만일 어떤 고객이 매년 50,000마일보다 많이 여행하는 수준에 이르면 이 고객은 축적된 마일리지를 갖고 무료탑승 등 유용한 보상을 받을 수 있는데, 이 예의 초점은 간단하다. 기업이 각 고객의 수명주기 동안에 긍정적인 현금흐름을 확보할 수 있으면, 결과적으로 이 기업은 장기적인 성장과 번영을 달성할 확률이 높아질 것이다.

항공기와 같은 제조품과 코카콜라 같은 소비재와는 달리 서비스는 무형적이며 짧은 수명주기를 가지고 있다. 그러므로 서비스사업의 전략선택은 유형상품을 생산하는 제조업과 비교하면 훨씬 더 복잡하다. 고객의 수명주기를 고려하여 가장 오랫동안 지속적으로 양호한 현금흐름 추세를 유지하려면 더욱 기민하고 미래지향적인 전략적 사고가 요구되며, 전략선택시 상호일치의 원칙에 따라 효과적으로 도전할 수 있는 전략적 사고가 요구된다. 각 경쟁수단을 구성하는 상품과 서비스는 투자결정시 미래지향적 사고를 바탕으로 하여 반드시 항상 변하고 있다는 관점에서 개발되어야 하고, 이런 조건은 전기한 바 있듯이 전략은 매년 한번씩 행해지는 과정이 아니고 '사고의 방법'이라는 주장을 뒷받침하고 있다.

4. 전략의 실행(Strategy Implementation)

〈그림 14-5〉에서 상호일치 원칙의 세 번째 요소를 기업구조(Firm Structure)로 정의하였다. 환경에서 제공되는 기회를 정확히 예측하고 경쟁우위를 점하기 위해서 경영자원을 가장 적합한 경쟁수단에 배분할 수 있을 때만이 가치창출을 동반하는 성공을 거둘 수 있다. 기업구조는 상호일치의 원칙에서 기업이 효과적으로 전략목표를 달성할 수 있는 능력이라고 말할 수 있는데, 이 능력은 기업이 가장 가치 있는 경쟁수단에 자원을 할당할 수 있는 내부구조를 보유하여야 한다는 말이다. 〈그림 14-8〉 모델에서 보듯이 전략실행은 심벌 #5부터 #8 사이에 표현되어 있다.

기업이 어떤 경쟁수단에 투자할 것인가를 결정한 후 결정에 대한 실행을 효과적으로 전개하기 위해서는 반드시 보유하고 있는 한정된 자원을 배분하여야 한다. 그리고 전기한 바와 같이 자원의 배분과정은 반드시 가장 높은 가치를 생산하는 경쟁수단에만 일관적인 배분이 행해져야 하고 이런 행위는 미래에도 지속적이어야 한다. 전략실행은 일견 경영자원의 배분과정이라고 할 수 있으며, 경영자원은 자본, 노동력, 원재료로 정의될 수 있다. 전략실행은 모든 자원을 기업목표와 일치하게 배분하여 순조롭게 기업목적을 달성하는 것이다.

상호일치를 달성할 수 있는 능력은 기업의 경쟁수단과 핵심역량(Core Competencies)을 조화하는 기능이다. 핵심역량은 기업이 보유하고 있는 고유하고 탁월한 자원(Resources)과 능력(Capabilities)이라고 정의할 수 있고, 기업의 강점이라고도 볼 수 있다. 마케팅 및 재무관리에 대한 전문지식, 영업장소의 입지우위, 고유한 생산과정, 경영정보시스템과 교육훈련 프로그램 등은 기업의 핵심역량이라고 말할 수 있는 몇 가지 예이다. 일반적으로, 핵심역량은 기업에게 경쟁우위를 제공한다고 말할 수 있다. 핵심역량과 경쟁수단의 일치는 기업내부에서 가장 중요하게 달성해야 할 균형이다. 만일 기업이 의도하는 전략을 달성하려면 경영진은 반드시 상호일치에 전력을 기울여야 한다. 그러므로 〈그림 14-8〉의 심벌 #5에서 보듯이 기업의 장점 및 단점 분석에서 첫째 요소는 핵심역량이고, 반드시 처음으로 파악되어야 할 균형이다.

전략실행은 '최대의 가치를 창출하기 위해 많은 변수들을 가장 효과적으로 결합하는 것'이라고 정의할 수 있다. 이런 변수들은 기업의 정황과 성공적인 실행을 달성하기 위해 기업에 의해 사용되는 과정을 포함하는데, 여기서 정황은 기업의 내부환경을 말한다. 기업의 내부환경은 기업의 구조, 전략, 문화, 수명주기 단계, 지리적 확산 정도와 경영진이 환경진단 노력에 의해 파악된 불확실성을 어떻게 인식하고 있는가 등으로 표현될 수 있다. 여기서 과정은 기업이 어떻게 시스템과 보상체계를 확립하느냐는 것과, 또한 기업이 교육훈련 노력과 전략적 사고과정 그 자체를 어떻게 접근할 것인가도 포함된다.

기업이 상호일치의 원칙을 달성하려면 반드시 경쟁수단과 환경을 일치시키는 것뿐만 아니라 기업을 구성하는 정황변수와 과정변수의 일치도 달성해야 한다. 상호일치는 경영진이 가장 효과적인 경쟁수단에 자원을 배분했을 때만 달성할 수 있으며, 정황변수와 과정변수가 경쟁수단의 선택에 너무 많은 영향을 미치게 해서는 안 된다. 이 변수들은 반드시 경쟁수단의 선택이 종료된 후에 고려되어야 하며, 경쟁수단에 연계되어 현재 기업의 장점 및 단점을 평가하는 수단으로 사용되어야 한다.

핵심역량과 일치에 연관되는 정황변수와 과정변수를 진지하게 고려한 후 기업은 반드시 상호일치 관계에 있는 장점 및 단점을 철저하게 파악하여야 한다.

그러므로 상호일치를 구성하는 모든 요소들은 반드시 장점 및 단점으로 평가되어야 한다. 기업의 모든 활동과 과정이 어떻게 전략실행에 영향을 미치는가에 대한 체계적인 관점은 반드시 기업의 현재 장점 및 단점을 바탕으로 파악되어야 한다. 경영진은 반드시 왜, 어떠한 장점인가를 결정하여 장점을 유지하는데 자원을 배분해야 하며, 또한 단점도 정확하게 파악하여 가장 많은 주당 현금흐름을 산출하는 경쟁수단에 자원을 배분할 수 있어야 한다.

기업의 장점 및 단점 파악이 종료되면 경영진은 기업의 장기 및 단기 목표를 수립하는 절차에 관여하게 된다(심벌 #6과 #7). 전략실행과정에서 가장 중요한 평가기준의 하나는 대부분의 기업목표가 핵심역량 및 경쟁수단과 일치되어 있는가를 확신할 수 있어야 한다. 바꾸어 말하면, 경영진은 반드시 각 목표를 검토한 후 스스로 다음과 같은 중요한 질문을 해야 한다. ① 기업목표가 어떻게 경쟁수단 및 핵심역량과 연계되어 있는가? ② 상호일치의 원칙이 정확히 수행되고 있는가의 여부에 대한 답변이 이루어지고 있는가? 만일 개발된 기업목표가 기업의 가장 가치 있는 경쟁수단과 완전하게 일치되어 있지 않다면, 경영진이 원하는 전략적 목표는 실현할 수 없게 될 확률이 높을 것이다.

기업목표에는 일상적인 것과 예외적인 것의 두 가지 중요한 범주가 있다. 일상적 목표는 경쟁수단의 성과에 따라 설계되어야 한다. 바꾸어 말하면, 각 경쟁수단은 가치창출을 위한 목표수준을 가지고 있다. 일상적 목표를 확립하는 것은 한동안 경영학 연구의 중요한 과제였다. 많은 경우에 목표는 매출목표, 비용절감과 직무과정 향상 등과 같은 분야에 집중되었었다. 이런 목표도 중요하지만 여기서 말하는 세부적인 경쟁수단과는 연계가 되지 않으며, 경영성과에 압박을 초래하여 종종 원하는 결과를 산출하지 못하였다. 그러나 목표가 가장 중요하고 가치있는 경쟁수단과 연계되지 않으면 기업이 달성하고자 하는 전략목표의 실현은 어렵다고 할 수 있다.

목표의 두 번째 범주는 예외적인 것에 집중하며 새로운 상품과 서비스를 개발하려는 기업의 노력을 반영하는 것이다. 바꾸어 말하면, 이례적인 목표를 상징하는 것이다. 예를 들면, 만일 기업이 새로운 경쟁수단을 개발하여 투자를 고려할 때 기업은 투자에 대한 타당성을 결정하기 위하여 연구개발에 노력을 집중하게 될 것이다. 재차 강조하면, 경영진은 반드시 기업목표는 가치를 창출할 수 있는 잠재력이 있는 경쟁수단에 집중해서 개발되어져야 한다는 것이다.

두 가지 범주의 기업목표는 반드시 몇몇 명확한 판단기준을 충족하여야 한다. 첫째, 목표는 반드시 측정이 가능해야 한다. 전략의 효과를 측정하는 방법은 주당현금흐름이다. 둘째, 목표는 반드시 시간을 고려해야 한다. 1년 혹은 더 짧은 기간을 소요하는 것을 단기목표라 하고 1년부터 5년까지의 기간을 소요하는 것을 장기목표라고 한다. 셋째, 목표는 실현이 가능해야 한다. 마지막 판단기준이 의미하는 것은 반드시 기업의 처한 상황과 보유하고 있는 자원과 능력을 고려해야 한다는 것인데, 이 기준은 급변하는 현 상황을 비추어봤을 때 가장 어려운 기준이라 할 수 있다. 새로운 상품과 서비스가 지속적으로 출시되는 상황에서 경영자들은 투자에 대한 보상이 되도록 짧은 기간 내에 이루어지지 않으면 투자자체를 포기해야 한다는 사실을 인지하여야 한다.

기업목표는 전략실행의 청사진이며, 자원 배분에 대한 처방이고, 우선순위를 결정하고 경영성과를 판단하는 첫째 기준이다. 또한 기업목표는 전략이라는 옷을 짜는 실이다. 기업에 의해 선택된 경쟁수단을 지원하지 않으면 기업목표는 존재하지 않는다고 할 수 있다. 옷감을 강하게 만들기 위해서 첫째로 해야 할 일은 기업목표를 환경에 존재하는 변화의 주도 요인과 비교하여야 하고, 또한 환경에 의해 제공되는 기회를 포착하여 경쟁우위를 차지하기 위해 고안된 경쟁수단과 연계되어야 한다. 두 번째 사항은 기업의 목표를 기업사명 및 사업영역과 비교하는 것인데, 반드시 목표는 위의 두 가지 중요한 전략적 요소와 일관적인 관계를 맺고 있어야 한다는 것이다. 셋째로 목표와 경쟁수단과의 관계인데, 이 두 요소는 서로 긴밀하게 연계되어야 하고 그렇지 않으면 목표는 존재하지 않는다고 할 수 있다. 마지막으로, 기업목표는 기업의 핵심역량을 정확히 반영하고 핵심역량을 최고도로 활용하고 있는가를 파악하는 것이다. 만일 경영자들이 이러한 기준을 충족하고 있다면 상호일치의 원칙이 달성되었다고 확신할 수 있을 것이다. 나머지 부분은 실행을 관리하여 달성 가능한 가치창출을 완수하는 것이다.

평가는 전략실행과 완수를 확신하는데 중요한 역할을 하며(심벌 #8), 전략의 전반적 결과 및 개별적 경영성과 파악 등 기업의 몇 가지 수준에서 행해질 수 있다. 본서는 전반적 전략 계획에 중점을 두고자 하는데, 이 경우에 경영진과 종업원은 모두 기업이 과연 실제 계획처럼 전략을 수행하였는가를 판단해야 하는 책임이 있으며, 이 결정은 환경의 철저한 분석과 환경에서 일어나는 변화를 바탕으로 하여 내려져야 한다. 만일 중요한 변화가 진행되고 있으면 이때 경쟁수단 모두를 총체적으로 혹은 몇 개의 경쟁수단만을 평가대상으로 해야 하는가를 철저하게 분석하여 결정하여야 한다. 또한 만일 많은 변화가 기업이 선택한 일치와 동일하지 않다면 기업은 반드시 사업영역과 기업목적을 평가하여야 한다. 이러한 전략적 평가는 분기별로 혹은 더욱 철저히 해마다 반드시 자주 행해져야 한다.

기업의 경쟁수단은 반드시 주기적으로 평가되어야 하는데, 이에 대한 첫째 질문은 경쟁수단이 주당 현금흐름 목표를 충족하고 있는가이다. 두 번째 질문은 경쟁수단의 잠재력은 얼마나 지속될 수 있는가에 집중하는 것이다. 바꾸어 말하면, 경쟁수단을 구성하는 상품과 서비스의 수명주기는 어떤가를 파악하는 것이다. 이런 형태의 평가를 달성하는 가장 좋은 방법은 경영진의 주기적인 회의에 의제로 채택함으로써 각 상품과 서비스의 경제적인 수명주기가 평가될 수 있는데 이는 매우 중요하기 때문에 회의안건의 첫 번째 의제가 되어야 한다.

평가의 다음 단계는 기업목표를 실현할 수 있는 수준과 시간을 가지고 있는가를 살펴보는 것이다. 여기서 중점사항은 경쟁수단을 실행하기 위해 자원들이 얼마나 효율적으로 배분되고 있는가를 파악하는 것인데, 주의사항이 두 가지 있다. 첫째, '경쟁수단을 실행하는데 사용된 과정들은 계획대로 전개되었는가'인데 그렇지 않으면 경영진은 그 이유를 파악하여야 하며, 이것은 적절한 자원이 정해진 계획대로 정확한 경쟁수단에 배분되었는가를 파악하려는 두 번째 질문을 낳게 한다. 이 평가는 운영과 전술의 수준이며, 전략실행과 가장 가깝게 연계되어 있다.

평가는 각 경쟁수단이 어떻게 수행되고 있는가를 파악하는데 필요한 자료를 경영진에게 제공하는 효율적인 경영정보시스템의 지원에 의해 도움을 제공받을 수 있다. 여기서 중요한 사항은 경영정보시스템은 경쟁수단의 세부 행위를 반영한다는 것이다. 행위중심의 시스템은 경영진이 각 경쟁수단의 성과를 관리하고 통제하는 것을 용이케 하는데 전략수행 과정에서 가장 중요한 동반요소 중의 하나로 되었다.

전략은 과정이 아니라 미래와 미래에서의 경쟁방법에 대한 사고의 방법이다. 아울러 과정은 한번의 이벤트로 일어나는 것이 아니고 지속적으로 행해지는 것이라고도 말하였다. 전략실행과정에서 가장 중요한 요소는 이러한 과정이 지속적으로 평가되어야 한다는 것이다. 평가는 각 경쟁수단의 성과에 치중하여야 하며, 목표에 비추어 각 경쟁수단의 가치창출 능력을 측정할 수 있어야 한다.

제5절 호텔산업의 경쟁수단

Porter의 선구적 연구 이후 학자들과 경영자들은 상품과 서비스를 전략선택에 도움을 제공하는 일반적인 경쟁수단으로 전환하는 방법을 찾고자 노력해왔다(Porter의 본원적 전략 : 비용우위전략, 차별화전략, 집중전략). 비록 그들의 전략선택 과정에 과학적인 타당성을 더하려는 노력은 뛰어났지만, 이런 노력들은 모든 산업에 공통적으로 응용할 수 있는 일반적인 전략들을 파악할 수 없었다. 이 원인은 아마도 전략선택은 보통 기업이 경쟁하고 있는 사업영역의 아주 좁은 정황에서 개발되어진다는 사실에 연유한 것일 수 있다. 바꾸어 말하면, 전략선택은 각 개별적인 기업이 직면하는 고유한 상황을 반드시 반영해야 하는 배경적인 문제일 수 있으며, 전략선택은 모든 기업과 산업에 공통으로 사용할 수 있는 일반적인 전략들에 의존해서는 안 된다는 것이다. 이런 사실은 아주 지역적으로 집중되어 있고 지역적인 기회와 위협에 반응해야 하는 성향을 가진 전 세계적으로 수십만여 개의 기업들로 경쟁환경을 구성하는 호텔산업에서는 특히 그러하다.

호텔산업에 연관된 문헌들을 조사한 결과 〈표 14-4〉와 같은 경쟁수단의 목록이 파악되었다. 목록의 첫째 항목인 위치(Location)는 호텔과 레스토랑산업에서 모두 주요한 경쟁우위의 수단으로 오랫동안 고려되어져 왔다. 많은 전문가들은 바른 위치를 확보한다면 순차적인 경쟁수단의 선택은 그리 힘든 일이 아니라는

데 동의할 수 있을 것이다. 위치 다음으로는 브랜드의 가치, 경영진의 능력, 효율적 운영 및 서비스 수준 등이 호텔산업의 실무자와 전문가에 의해 가장 자주 언급되는 경쟁수단들이다.

표 14-4 **호텔산업 경쟁수단의 예**

• 위치(입지)	• 조직상호 간의 시너지 효과
• 운영의 효율성	• 경영능력
• 서비스품질 수준	• 자산의 수명주기와 생산성
• 최신기술의 활용	• 브랜드의 가치
• 기능적 역량	• 핵심기술과 유연성
• 재고관리와 통제	• 상품과 서비스의 조합

최근에 위 목록에 추가된 이슈는 호텔산업에 영향을 미치는 주요한 요인의 하나로 전에 파악된 재고관리이다. 재고관리에 대한 인용은 이 환경요인에 반응하여 개발하는 기업들의 경쟁수단이라고 말할 수 있으며, 예로는 기업소유의 예약시스템에 대한 많은 투자 혹은 범세계 예약시스템에 가입하는 것이다. 또 다른 최근 이슈들은 기업들 사이에 사용이 늘고 있는 전략적 제휴를 반영하는 조직 상호 간의 시너지 효과와, 기업이 어떤 핵심적인 상품과 서비스에 의존하고 있으며 이들을 중요한 경쟁수단으로 전환하기 위해 활용되는 핵심기술(Core Technology)이다.

위의 목록은 호텔산업에서 응용할 수 있는 일반적인 경쟁수단의 목록에 아주 근접한다고 할 수 있다. 이 목록은 호텔기업에 의해 잠재적인 경쟁수단들을 평가하는데 유용하게 사용할 수 있지만, 상호일치의 원칙에서 파악된 관계들을 좀 더 이해하기 위해서는 호텔과 레스토랑 분야별로 사용되는 경쟁수단들을 더욱 자세히 분류하는 것이 좋다.

호텔산업은 과거 수십 년 동안 최고와 최악의 경우를 경험하였다. 1960~1980년대까지 호텔산업은 공전의 성장을 이룩하였다. 하지만 1980년대 말에 성장은 급속히 쇠퇴하였고 1986년 초부터 이미 시작된 경기불황의 시작으로 말미암아 호텔산업은 더욱 적대적인 환경에서 경쟁하는 방법에 집중하게 되었다. 호텔경영자들은 성장과 가치를 창출할 수 있는 방안을 탐구하기 시작했으며, 이런 현상은 모든 기업들에 의해 쉽게 모방될 수 있는 경쟁수단들의 확산을 가져왔다. 새 브랜드 창출, 단골고객 우대프로그램, 증가된 마케팅비용 및 컴퓨터예약시스템 등의 예들이 경쟁우위를 차지하기 위해 탐색되었다.

호텔산업에서 활용되는 모든 경쟁수단들을 파악하려는 최근의 두 가지 연구 프로젝트가 호텔들의 경쟁우위라는 힘든 목표를 달성하기 위해 어떤 상품과 서비스를 선택하고 있는지를 판단하기 위해 수행되었다. 〈표 14-5〉에 보고된 것은 1985~1994년까지 주요 다국적 호텔기업들에 의해 활용된 경쟁수단들이다.

〈표 14-5〉의 경쟁수단들은 〈그림 14-9〉에도 기술되었으며, 이 그림은 호텔들에 의해 사용된 경쟁수단들을 연대순으로 제공하고 있다. 〈그림 14-9〉를 자세히 보면 환경변화 요인에 반응하기 위해 이 연구에 참가한 기업들은 호텔산업의 경쟁이 더욱 심화되고 호텔객실에 대한 수요가 감소하자 더욱 많은 상품과 서비스를 그들의 포트폴리오에 추가하기 시작했다. 이런 성장저하는 처음 북미에서 발단한 후에 모든 선진국가로 확대된 경기침체로 인하여 더욱 악화되었다. 바꾸어 말하면, 이런 기업들에 판매되는 경쟁수단의 포트폴리오를 구성하는 많은 상품과 서비스는 국제 호텔산업의 위협적인 환경과에 직접적인 인과관계를 미치게 되었다.

이 연구를 토대로 한 최근 연구를 보면 다국적 호텔기업들은 아직도 〈그림 14-9〉에서 파악된 경쟁수단들을 고려하고 있다는 사실을 발견하였다. 더군다나, 이들은 이런 기존의 경쟁수단들을 향상하고 재정비하는데 자원을 집중적으로 투자하고 있었다. 부가적으로, 〈표 14-6〉에 열거된 경쟁수단에도 많은 노력을 집중하고 있었는데, 이 추가되는 경쟁수단들을 분석하면 호텔기업들은 경쟁사들이 쉽게 모방할 수 없는 경쟁수단들과 그들의 고유한 내부 자원과 능력의 우위를 강화함으로써 더욱 장기적인 경쟁우위를 찾고자 한다는 것을 알 수 있다.

표 14-5 다국적 호텔기업의 경쟁수단(1985~1994)

경쟁수단	정 의
단골 고객 우대프로그램	단골고객에게 특별한 혜택과 무료 여행기회를 제공하여 고객의 충성도를 구축하기 위해 개발된 프로그램
전략적 제휴	광고와 마케팅, 상품과 고객의 공유 및 객실점유율을 최대화하기 위한 재무적 행위 등을 포함하는 기업들의 공식적인 협조 노력
컴퓨터 예약시스템	처음 Holiday Inns에 의해 개발된 이 프로그램은 항공사의 예약시스템과 유사하다. 객실당 매출을 최대화할 수 있는 요금수준 요금으로 객실을 채우기 위해 고안되었고, 이 프로그램은 또한 고객과 여행사들이 적정가격으로 원하는 객실을 쉽게 확보하는데 도움을 준다.
부가서비스 (amenities)	고객이 등록을 하면 고객에게 제공되는 부가적인 상품과 서비스이다. 종종 욕실용품과 객실 내 서비스들이 포함된다.
브랜드	고객에게 새로운 상품을 개발하고 전달하기 위한 호텔들의 시도. 종종 최저가, 중저가, 고급호텔들의 서비스의 수준으로 생각되어진다. 각 상품은 경쟁에서 차별화하기 위해 개발된다. 각 세분시장별로 브랜드가 개발된다.
기술혁신	이 방법은 호텔에서 개발되는 상품과 서비스를 향상하기 위해 고안된 많은 종류의 진보들로 이루어지는데, 모든 통신시스템, 경영진을 위한 의사결정지원시스템, 회계서비스, 안전과 보안 프로그램, 에너지 및 절약 시스템, 자동 체크인 및 체크아웃 시스템 등을 포함한다.
틈새 마케팅 및 광고	특별한 상품과 서비스를 강조하여 구체적인 목표시장을 겨냥하기 위해 설계된 프로그램
가격전술	보통 가격할인과 이익관리(yield management) 프로그램으로 볼 수 있다.
비용절감	호텔을 운영하는데 소요되는 모든 비용을 가능한 효율적으로 사용하기 위한 프로그램
서비스품질관리	TQM 및 지속적인 서비스전달과정 등을 사용하여 서비스 품질을 향상하려는 시도
해외시장 진출	현 시장이 포화상태에 이르자 호텔기업들은 새로운 해외시장으로 진출하고자 했다.
프랜차이징과 계약경영	이 성장방법은 가치를 창출하는데 필수적인 고유한 능력을 보유한 호텔기업들이 경쟁수단으로 보고 있다.
여행사의 가치인지	매출을 향상하기 위해 여행사와의 관계를 향상하고자 했으며, 보상과 혜택을 제공하였다.
중요한 자산으로서의 종사원	이 방법은 높은 수준의 상품과 서비스를 전달하는 데에 종사원의 역할에 대해 새로운 가치를 부여했다.
객실 내 판매와 오락	pay-per-view 영화, 음료, 스낵 및 컨시어지 서비스를 객실 내에서 제공하여 매출을 최대화하려는 프로그램
단골고객을 위한 특별서비스	기존의 단골고객 우대프로그램을 초월하여 자동 체크인 및 체크아웃, 특별주문의자, 라운지, 호텔판매상품 가격할인 및 모든 상품과 서비스의 선택의 전반적인 향상 등을 제공하는 프로그램
환경친화적인 프로그램	호텔과 객실의 실내 공기 정화 등을 포함하는 고객들의 증가되는 환경에 대한 관심에 기초하여 개발한 프로그램. 환경문제를 중시하는 고객들을 위해 고안됐다.

경쟁수단	정 의
비즈니스 서비스	점점 증가하는 상용여행자들의 욕구를 충족하기 위해 고안되었으며 호텔 내의 모든 비즈니스서비스와 통신서비스를 포함하고 있다.
데이터베이스 관리	고객들의 습관 등을 명확히 파악하고 최신 기술분야에 대한 경쟁우위를 차지하기 위해서 개발됐다. 현재 고객정보는 호텔의 다른 시스템들과 통합되어 사용되고 있다.
핵심사업경영	가장 경쟁적인 일개 혹은 몇 개의 분야에만 집중적인 관리를 행하고 주변적인 분야는 전문회사에 용역을 준다.
직접고객마케팅	정보고속도로를 이용하여 직접 고객에게 상품을 판매하는 프로그램
새로운 상품개발	이 방법은 all-suite호텔과 같은 전혀 새로운 상품의 개발 등을 포함한다.
브랜드 리포지셔닝	이 노력은 기업의 각 브랜드에 적절한 명확한 이미지를 갖는 상품과 서비스의 개발 등을 포함한다. 또한 이 노력은 최고급호텔과 비즈니스호텔의 차이점을 명확히 하는 것도 포함한다.
기술	운영 및 마케팅 측면에서 컴퓨터와 통신기술의 통합의 영향의 증가로 기업들은 기술에 대한 투자에 좀 더 많은 관심을 기울이고 있다.
다변화	이 방법은 위험을 분산하고 가치를 향상하려는 대부분의 기업들의 염원을 반영하고 있다. 예로서는 콘도미니엄으로의 진출, 노인 위양시설, 유람선 등이 있다.
가치경영자의 변화	많은 기업들은 자본시장의 압박에 반응하여 과거 기업을 위해 가치를 창출했던 기록을 보유한 성공적인 경영자들만을 고용하고 있다.
데이터베이스 마케팅	이 마케팅기법은 고객들의 취향을 더욱 개별적으로 파악하고자 이용되고 있다.

그림 14-9 다국적 호텔기업의 경쟁수단(1985~1994)

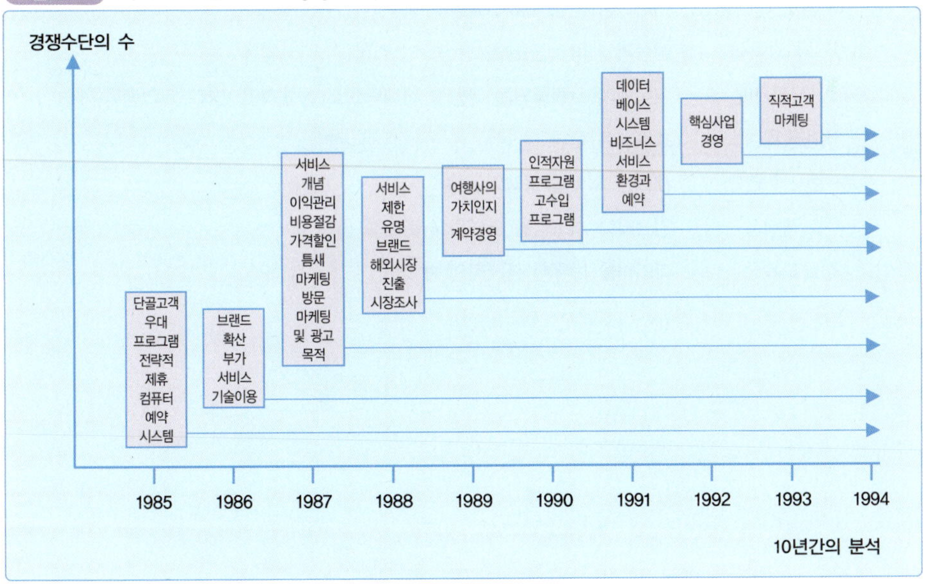

Source : International Hotel and Restaurant Association, 1995.

이 연구에 참가한 기업들의 연별 영업보고서에 대한 내용분석을 한 후 저자들은 경쟁적인 호텔산업의 한 가지 중요한 요소에 대한 결론을 내릴 수 있었다. 특정 기업이 새로운 경쟁수단을 개발하거나 혹은 기존의 것을 개선하면, 경쟁사들은 보통 수개월 내에 길어도 1년 이내에 모방할 수 있었다. 이 사실은 경쟁사가 주도적인 기업에 의해 소개된 혁신적인 서비스를 아주 쉽게 모방할 수 있는 서비스산업에서는 효과적인 경쟁수단을 유지할 수 있는 기간이 더욱 짧아지고 있다는 것을 상징하고 있다.

두 번째 서비스산업의 경영전략에 대한 문헌은 호텔산업의 전략을 파악한 모든 연구들을 종합하여 호텔산업에서 이용되는 경쟁수단들에 대한 이해를 더욱 증진하고자 시도되었다. 이 연구는 약 100여 개가 넘는 호텔기업들에 의해 사용되는 경쟁수단들을 산출하였다. 이 경쟁수단들은 거의 600여 개의 호텔 표본을 활용하여 유사한 그룹으로 분류하기 위해 측정되고 평가되었으며, 최종 그룹은 〈표 14-6〉에 기술되었고 서비스, 기술 및 마케팅에 대한 집중 등을 반영하고 있다.

표 14-6 호텔산업에서 활용되고 있는 경쟁수단

경쟁수단	정 의
서비스 품질 리더십	서비스향상 행위들의 활용
최신기술 리더십	상품과 서비스 전달을 향상하기 위한 기술의 활용
Push–직접판매	직접판매에 집중되는 유능한 판매팀으로 능동적인 판매프로그램을 개발
비용통제	효율성에 집중
Pull–전략적 연합	새로운 시장과 동맹의 창출
단체고객시장	인센티브 시스템을 도입하여 판매를 촉진
상호교육	다기능을 보유한 종사자의 개발

참고문헌

김경환(1999). 『호텔레스토랑산업의 경영전략』. 백산출판사.

장세진(2000). 『글로벌경쟁시대의 경영전략』, 2판. 학문사.

Bracker, J.(1980). The historical development of the strategic management concept. *Academy of Management Review*, 5 : 219-224.

Porter, M. E.(1996). What is Strategy? *Harvard Business Review*, 74(6) : 61-78.

사례연구 Marriott International, Inc.

I. 서 론

1997년 2월 18일 Fortune지 선정 미국 148번째 대기업인(매출액기준) 매리엇 인터내셔날(Marriott International, Inc.)은 르네상스호텔(Renaissance Hotels)의 인수 사실을 발표했다. 이 역사적인 거래를 통하여 매리엇은 진정한 세계 호텔시장의 거의 모든 세분시장(Segments)을 사업기반으로 하는 범세계적인 호텔체인이 되었다. 르네상스를 합병함으로써 매리엇은 총 283,209개의 객실을 포함하는 1,381개소의 직영점(Owned or Operated)과 가맹점(Franchised) 호텔들을 운영하게 되었다. 세계 호텔산업에서 주도적인 체인호텔의 자리를 선점하고 유지하기 위해서 매리엇은 지속적으로 성공적인 경영전략을 수립하였다. 1980년대와 1990년대의 격변하는 경영환경 속에서 매리엇은 창의적인 경영전략을 개발함으로써 경쟁에서 한발자국 더 나갈 수 있었다. 무한경쟁의 상황에서 꾸준히 기업 내의 전략적인 문제들을 재조명하여 매리엇은 과거 칠십여 년 동안 지속적으로 기업의 번영을 구가할 수 있었다.

II. 매리엇의 호텔사업

매리엇은 광범위한 호텔 브랜드를 운영하고 있다. 이 중 많은 브랜드가 자체사업부 시장에서 선두자리를 유지하고 있다. 1999년 4월 현재 매리엇은 12개의 호텔 브랜드를 보유하고 있는데, 이들을 종합하면 매리엇은 세계 52개국에서 1,800여 개의 호텔과 330,000개의 객실을 운영하고 있다. 고객들의 욕구에 부응하기 위하여 매리엇은 외부환경의 변화에 대하여 공격적인 확장전략(Expansion

Strategy)과 새로운 브랜드와 서비스의 개발로 신속히 대처하였다. 1993년 이래로 매리엇의 호텔사업부의 경영성과는 지속적으로 향상되어 왔다. 호텔사업부의 연매출액(Revenue)은 1994년 3%, 1995년 8%, 1996년 10%, 1997년 20%라는 비교적 높은 신장세를 달성하였고, 아울러 동기간의 영업이익(Operating Profit)은 동기간 내내 12%에서 26%라는 높은 수익을 유지하였다.

1997년 6월 시점에서 매리엇은 다양한 호텔 브랜드를 운영하고 있으며, 총 1,381개의 호텔 중 703개소(51%)는 직접 소유(Owned)하거나 위탁계약경영(Management Contract)에 의해 운영하고 있으며, 678개소(49%)는 프랜차이즈점(Franchised)의 형태로 운영되고 있다.

III. 매리엇의 탄생과 성장과정

1927년 매리엇의 설립자인 J. W. Marriott 1세는 수도 워싱턴에서 자그마한 맥주 바(Root-beer Bar)를 오픈하였다. 개점 후 얼마 안돼서 매리엇은 이 가게를 Hot Shoppe란 멕시칸 레스토랑으로 개조하였는데, 이 시기에 미국의 서부지방은 멕시코 음식이 매우 유행하고 있었으나, 이에 반해 동부는 아직 멕시코 음식이 덜 알려진 상황이었다. 매리엇과 아내 앨리는 하루 근로시간이 16시간일 정도로 열심히 일하였고, 그 결과 Hot Shoppe는 워싱턴에서만 여섯 점포로 성장하고, Hot Shoppe는 필라델피아와 볼티모어 지역으로도 확장되기에 이르렀다. 성장 기조를 유지하기 위해 매리엇은 보수적인 재무관리시스템을 시도하였고, 메뉴의 표준화와 식재료의 중앙공급 방식을 도입하고, 기타 모든 소요 물자들을 중앙집하장(Central Warehouse)에서 공급하도록 하였다(Lee, 1985).

이후 항공기 승객에게 점심 도시락을 팔기 시작해서 결국 1937년 매리엇은 본격적으로 항공기내식(Catering) 사업을 최초로 시작하였다. 한편, 1940년대에 매리엇은 성장세가 주춤하였지만 1950년대에 다시 사업을 확장하여 1950년대 말에는 90여 개소의 Hot Shoppe 점포를 운영하게 되었다. 1953년 Hot Shoppe는 주식시장에 상장하였고, 1957년 매리엇은 워싱턴에 360여 개의 객실을 갖춘 첫 번째 호텔을 오픈하게 되었다. 이후 매리엇의 레스토랑 사업은 점차 부진하였으나, 호텔사업에 대한 관심은 점점 고조되었다. 설립자의 아들인 J. W. Marriott 2세는 1964년 부친으로부터 경영권을 인수한 후 레스토랑 사업에서 더욱 공격적인 성장전략을 전개하기에 이르렀는데, 1967년 매리엇은 Big Boy란 레스토랑 체인과 Farrell's란 아이스크림 회사를 인수하였다. 또한 매리엇은 같은 시기에 Roy Rogers란 패스트푸드 체인을 창업하고, 1982년에는 Gino's란 패스트푸드 체인을 인수하여 대부분 Gino's 점포들을 Roy Rogers란 상호로 전환하였다(Lee, 1985).

한편, 호텔사업부문에서의 매리엇의 확장전략은 더욱 가공할 만하였다. 1970년에 매리엇은 총 4,770여 개의 객실을 보유한 11개의 호텔을 운영하고 있었으나, 1970년대 말에는 100여 개소의 호텔과 45,000여 개의 객실을 운영하게 되는 획기적인 성장을 이룩하게 되었다. 1980년대에도 매리엇은 쉬지 않고 사업영역의 확장을 도모하였는데, 예를 들면 1982년 매리엇은 200여 개의 Big Boy 레스토랑, 365여 개의 패스트푸드 점포를 소유하기에 이르렀고, 51개소의 국내선 공항과 21개소의 국제선 여객 터미널에 기내식 주방시설을 운영하고, 급식계약(Contract Food Services)을 통하여 140여 개의 일반기업, 100여 개의 병원과 20여 대학의 식당을 경영하게 되었다. 부친과 마찬가지로 매리엇 2세도 일관된 상품과 서비스를 고객에게 제공하기 위해서 모든 사업부서들을 강력한 중앙통제식 방법으로 경영하였다. 이렇게 일관적이고 표준화된 기업운영을 고수함으로써 매리엇은 기업의 명성을 유지할 수 있게 되었다. 1980년대에 있어서 매리엇의 성장에 가장 중요한 사항은 호텔사업과 호텔사업의 확장뿐만 아니라, 부동산 회사로서의 일면도 갖추게 되었다는 것이다. 다른 호텔기업들과는 달리, 1980년대에 매리엇은 잠재 투자자나 소유자들의 요청을 기다리기보다는 공격적으로 새로운 호텔건설에 뛰어 들었다. 공교롭게도, 이러한 공격적인 확장전략은 매리엇에게 비교적 짧은 시간에 커다란 성장 기회도 제공하였지만, 반면에 이러한 무리한 확장전략은 이후 창업 이래 최악의 위기 사태로 몰아가게 된다.

IV. 매리엇의 분사 전략(The Spin-off)

1993년 10월 8일 90년대 초부터 불거져 나온 저조한 경영성과의 누적으로 비롯된 과도한 재무적 어려움을 극복하기 위해 매리엇은 분사란 고육지책을 수행하게 된다. 분사로 종전의 단일 기업은 2개의 독립된 회사로 다시 탄생하게 되었다. 즉, 구 "Marriott Corporation"은 "Host Marriott"으로 상호를 바꾸었고, "Marriott International, Inc."란 새로운 회사가 탄생했다. 분사란 고육지책을 감행하게 된 배경으로는, 1980년대와 1990년대 초까지 매리엇은 특히 호텔사업부에서 공격적인 확장전략을 전개하였는데, 그 결과로 호텔사업부문은 1980년 1개 브랜드 밑에 75개의 호텔과 약 30,000여 개의 객실에서 1993년말 시점에서 4개의 브랜드에 784개의 직영점 또는 프랜차이즈호텔과 173,000여 개의 객실을 운영하는 거대한 호텔체인으로 탈바꿈하기에 이르렀다.

매리엇 1세는 회사의 최고경영자(CEO)로서 재직하는 기간인 1927~1964년까지 철저히 부채(Debt)를 이용하지 않는 재무전략을 유지하였다. 하지만 매리엇 2세는 부채를 다른 시각으로 보았는데, 그는 연매출 20% 향상이란 기업의 성장목표를 지속적으로 달성하기 위해 부채의 레버리지 효과를 십분 활용하였다. 확장전략을 수행하기 위한 충분한 투자재원을 확보하기 위해, 매리엇은 유상증자보다는 주로 어음과 회사채(Notes and Debentures)를 발행하였다. 이런 어음과 회사채(약 18억 7천만 달러)가 1992년 11월 시점에서 매리엇의 장기부채(Long-term Debt)의 65.7%를 차지하기에 이르렀고, 반면에 담보부사채(Mortgage Debt)는 4억 9천3백만 달러로 장기부채의 약 17.3%를 점하기에 이르렀다. 여기서 특이한 점은 1980년대와 1990년대를 통하여 매리엇은 전혀 유상증자를 하지 않았다는 점이다. 오히려 매리엇의 보통주(Common Stocks)는 1982년 142,000,000주에서 1991년 95,000,000주로 오히려 감소되었다(Parrino, 1997). 이것은 매리엇 패밀리가 안정적인 경영권을 확보하기 위한 전략으로 해석된다.

1980년대와 1990년대 초의 매리엇의 성장전략은 다음과 같은 세 가지 측면으로 이해될 수 있다. 첫째, 기업 외부로부터 가능한 최대한의 자금을 확보한다

(borrow as much money as possible from outside of the company). 둘째, 많은 양호한 입지조건을 확보한 곳에 새로운 호텔들을 건립한다(build new hotels in variety of the best locations). 셋째, 새로 건설된 호텔들을 판매하는 동시에 위탁경영계약을 통해 운영권을 확보한다(sell those new hotels while holding the right to operate them). 매리엇의 확장전략을 부연해서 설명하면, 호텔의 소유권(Ownership)과 경영(Management)의 분리는 매리엇에게 빠른 성장을 위해 필수적인 투자자본의 확보란 부담을 덜어주었을 뿐만 아니라, 위탁경영계약을 통해 매리엇은 직접비용)과 간접비용을 부담해야 하는 직접 소유방식보다는 덜 변동적인 현금흐름(Cash Flows)의 체제를 유지할 수 있었다. 또 호텔들로부터 총매출액의 3~5%에 달하는 기본수수료(Base Fees)와 영업이익의 일부를 성과수수료(Incentive Fees)로 확보할 수 있었다. 이러한 위탁경영으로부터 유래된 비교적 안정된 현금흐름의 확보는 매리엇이 직접 소유해서 경영하는 방식에 비해 자체 현금흐름 대비 높은 수준의 부채비율을 유지하는 것을 가능하게 하였다.

하지만 1980년 동안 지속적인 상승세를 유지하던 미국 호텔산업의 경기는 1989년 말부터 심한 하강세로 빠져들게 되었다. 1986년의 세제개혁(Tax Reform), 경기침체(Recession)와 걸프전(the Gulf War) 등의 부정적인 요소들은 호텔시장을 심각한 지경으로 몰고 가고 있었다. 이 결과 객실 수요의 감소와 미국 기업들의 전반적인 경영환경의 악화는 호텔산업의 환경을 최악의 상황으로 몰고 갔다. 이런 총체적인 위기 상황은 매리엇에게 심각한 문제로 부각되기에 이르렀는데, 특히 객실점유율(Occupancy)의 저하는 현금흐름의 현저한 감소를 가져왔다(예 : 1989년 5억 9백만 달러에서 1990년 3억 7천5백만 달러). 그러나 매리엇은 새로운 호텔들을 개발하기 위해 비롯된 장기부채의 이자를 충당하기 위해서 훨씬 많은 현금이 필요한 상황이었다. 엎친 데 덮친 격으로, 높은 비율의 부채를 안고 건설된 새로운 호텔들의 판매상황도 최악에 이르렀고, 재판매를 위해 건립된 새 호텔들의 재고도 최고도에 이르게 되었다. 매리엇은 새로 건설된 호텔들을 팔아 이자비용을 충당할 수도 있었지만, 그러나 1991년 시장에서 호텔건물의 시장가치는 1989년에 비해 18%나 감소되었다. 이러한 상황 변화는 매리엇 경영진에게 호텔 매각을 주저하게 만들었다. 매리엇의 재무구조 악화는 결국 신용평가회사인 무디스(Moody's)가 1990년과 1991년에 걸쳐 계속하여 매리엇의 부채 등급을 강등하는 결정적인 요인을 제공하게 되었다. 따라서 재무구조의 악화를 극복하기 위하여 경영진들은 문제를 해결하고 기업의 미래의 성장을 지속할 수 있는 대안을 찾기에 전력을 기울이게 되었다.

이 시점에서 매리엇은 어떻게 기업을 재활성(Re-invigorate)할 수 있는가를 결정하여야 했는데, 해결책을 발견하기는 어려웠으며, 변화된 전략의 실행은 큰 위험을 감수해야 했다. 결국, 매리엇 2세는 기업의 최고재무경영자(CFO)인 Steven Bollenbach에 의해 개발된 전략적 결정을 실행에 옮기기로 결정하였다. 드디어 1992년 10월 5일 매리엇은 장기 전략인 기업분사 계획을 발표하기에 이르렀다. 이 계획의 핵심내용은 Marriott Corporation의 대부분 부채와 소유 호텔들의 소유권은 상호를 바꿔서 Host Marriott에 넘기고, Marriott International이란 새로운 기업은 부채부담에서 벗어나서 위탁경영계약에 의한 실질적인 호텔운영에만 전담케 하자는 것이었다. 경영진들이 예상한 대로 분사 발표의 소식에 Wall Street 주식시장은 우호적으로 반응하였는데, 매리엇의 주식 가격은 발표 후 삼일동안에 11.68%가 상승하였는데, 구체적으로 1992년 10월 2일 17.125달러이던 주식가격이 19.125달러로 상향되었다. 그러나 매리엇의 회사채 채권자(Bondholders)들은 주식투자자(Stockholders)의 주식가격 상승으로 인한 이득은 반대로 채권이 가치절하됨에 따라 그들이 부담하는 비용이란 것을 비로소 알게 되었다. 채권자들의 자본이 주식투자자와 매리엇 본사한테로 전이된 것이었다. 이런 결과는 분사 소식에 무디스가 매리엇의 부채 투자등급을 Baa3에서 Ba2로 하향 조정한데서 기인된 것이었다. 등급 강등으로 인하여 매리엇의 부채와 우선주의 총 가치는 약 3억 5천8백만 달러가 감소하였는데, 이는 분사 발표 전과 비교하여 14.35%란 총 가치의 감소를 의미하였다. 분노한 채권자들은 분사계획의 실행을 막기 위하여 분사계획 발표 후 십여 일 사이에 두 건의 법적 소송을 제기하였고, 연말에는 열 건으로 증가되었다. 따라서 분노한 채권자들의 요구에 부응하기 위하여, 경영진은 초기 분사계획을 수정하게 되었다. Parrino(1997)에 의하면 매리엇 패밀리는 채권자들의 강한 반발이 매리엇의 명성을 훼손하는 것을 크게 걱정하였다고 한다. 수정된 분사계획은 1993년 7월 23일 주주들에 의해 승인되었고, 1993년 10월

8일 매리엇은 특별 배당금(Special Dividend)의 지급을 통해 분사계획을 실행에 옮기게 되었다. 수정안의 핵심내용은 초안에 의해 부채부담이 거의 없게 설계된 Marriott International에 상당액의 장기부채를 이월하여, Host Marriott의 부채에 대한 과도한 부담을 덜게 해주었다. 특별배당이 실행된 날을 기준으로 했을 때, 분사발표 이래로 누적된 채권자들의 부(Wealth)의 손실은 약 1억 9천5백만 달러에 이르렀고, 반대로 주식투자자들의 이득은 약 8천1백만 달러에 달하였다. 결과적으로 발표 전 매리엇의 유가증권(Securities = Stocks and Bonds)의 총가치 감소액은 약 1억 1천4백만 달러에 달하였다(Parrino, 1997). 그러나 분사 이후 매리엇 인터내셔날은 다시 경쟁력을 확보하게 되었다. 왜냐하면 개선된 재무구조로 인하여 성장에 소요되는 부채를 다시 자본시장에서 조달할 수 있게 되어 미래의 기회를 포착할 수 있는 좋은 위치에 놓이게 되었기 때문이다.

V. 매리엇 인터내셔날의 주요 경영전략

1993의 대규모 기업구조조정으로 다시 경쟁우위를 확보하게 된 매리엇은 1980년대와 마찬가지로 경쟁하는 세분시장별로 다양한 브랜드를 확보하려는 꾸준한 노력을 하였다. 지금부터는 분사 이후인 1993~1996년 사이에 매리엇의 기업전략에 대해 논의하기로 하겠다.

1. 매리엇 인터내셔날의 기업전략(1993~1996년)

1) 1993년

1993년 미국 호텔시장의 경기는 1991년의 유사 이래 최악의 불경기에서 벗어나 꾸준히 성장하기 시작하였는데, 호텔산업 전체의 객실점유율(occupancy)은 63.1%에 이르렀다. 그러나 평균객실요금(ADR)은 물가상승률보다 낮은 2%의 향상에 머물렀다. 지속되는 신규 호텔건설에 대한 자본투자의 부족으로 미국 호텔시장의 총객실공급의 증가율은 단지 1% 증가에 그쳤다. 이런 상황에서 1993년 호텔사업부의 전년대비 매출은 3%, 영업이익은 8%가 향상되었다. 1993년말 시점에서 미국 전체 호텔객실의 67%는 체인호텔들에 의해 운영되고 있었는데, 이 중 매리엇은 약 5%를 점하게 되었다. 국제호텔사업부(International Operations Division)의 1993년 매출은 1992년의 3억 3백만 달러보다 감소된 2억 8천8백만 달러에 이르렀고 세전순이익은 역시 1992년의 2천5백만 달러보다 향상된 3천5백만 달러에 달하였다. 1993년 매리엇에 의해 직접 운영되고 있는 호텔들의 객실점유율은 77.7%이었다. 새로 탄생한 기업의 경쟁우위를 확보하기 위해 매리엇 인터네셔날은 1993년도에 다양한 전략을 실행에 옮기게 되었다.

가. 시장세분화 전략(Portfolio Strategy)의 향상

미국 호텔산업의 커다란 동향인 시장세분화(Product Segmentation)가 확산되기 전에 이미 매리엇은 각 시장별로 고유 브랜드를 확보하고 있었는데, 호텔기업 중 매리엇보다 시장세분화 체제에서 확고한 우위를 차지한 기업은 찾아볼 수 없었다.

나. 전사적 상승효과(Synergy)의 모색

1993년 매리엇은 시장경영(Market Management)란 개념을 도입하였는데, 이 개념은 비용을 절감하고 고객과의 소통체계를 단순화하기 위해 한 도시에 소재한 여러 브랜드의 경영을 한명의 중역이 총괄하도록 하는 것이었다. 그리고 매리엇은 같은 시장에 상품판매팀이 서로 정보를 공유할 수 있는 다중브랜드 판매 프로그램을 실행하였는데, 이는 경쟁적인 중앙예약시스템(CRS)을 보유한 결과였다. 매리엇의 네 가지 주요 브랜드(Marriott Hotel, Courtyard, Residence Inn, and Fairfield Inn)는 서로 예약정보를 공유하였는데, 만일 한 고객이 선호하는 첫 번째 브랜드의 객실예약이 불가능할 경우 예약담당자는 이 고객에게 같은 장소에 위치한 다른 브랜드의 예약을 권유하게 되었다.

다. 브랜드의 변경(Conversions)

매리엇의 일관된 운영체제와 인상적인 경영성과의 향상은 다른 체인의 상호 아래 운영되고 있던 호텔의 소유자들을 매리엇의 브랜드로 전환하는 것을 조장하게 되었다. 매리엇의 상호로 전환된 호텔들은 상품에 대한 고객들의 선호도의 증가로 객실판매의 생산성 지표인 RevPAR의 향상을 경험하게 되었다. 1993년 총 16개의 호텔이 매리엇 브랜드로 상호를 교체하였다.

라. 정보기술(IT)의 활용

매리엇은 시장정보의 신속한 파악, 고객의 선택여지 확대와 호텔운영을 자동화하여 서비스종사자가 고객에게 서빙하는 시간을 더 확보하는 방향에 초점을 맞추어 정보기술을 응용하였다. 매리엇은 "1st 10"이라는 고객의 신속한 체크인을 위한 프로그램을 개발하였는데, 이 프로그램의 목적은 매리엇의 고급서비스호텔(Full-service hotel)을 이용하는 고객들이 호텔에 들어섰을 때 처음 십 분이 가장 중요하다는 판단 아래 신속하고 효율적인 체크인과정을 수립하고자 했다. 구체적으로 예약시 고객이 선호하는 객실타입, 예상 도착시간, 지불방법이 결정된 후 고객이 해당 호텔에 도착하면 객실 키와 투숙정보를 보유한 서비스종사자가 고객을 현관입구에서 맞이하여 프런트 데스크를 거치지 않고 곧바로 객실로 안내하는 것이었다. 그 외 다양한 정보기술(Voice mail, Video-on-demand, CRS)이 고객만족도와 호텔운영의 효율을 향상시켰다.

마. 고객 서비스의 향상

고객들로부터 호응도를 향상하기 위해 매리엇은 고급서비스호텔을 이용하는 고객에게 고객우대프로그램인 Marriott Honored Guest Awards의 질을 한층 강화하였는데, 1993년 말에 이 프로그램에는 540만 명의 고객이 가입되었다. 그리고 호텔업계 최초로 호텔에 투숙함으로써 항공사의 마일리지를 축적할 수 있는 Marriott Miles란 프로그램을 도입하였다. 한편, 1993년 Courtyard 사업부가 Club-Award란 고객우대 프로그램을 시행하자 고객의 이용도는 급격히 향상되었는데,

이 프로그램은 특정고객이 Courtyard에 누적된 객실수가 12일에 이르면 하루 무료객실을 제공하였다.

바. 호텔 개발모형의 수정

매리엇은 세 가지 브랜드(Courtyard, Residence Inn, and Fairfield Inn)의 개발에 이용되던 종전의 개발모형보다 적은 수의 객실을 보유한 새롭고 경제적인 개발모형을 선보였다. 기존 세 브랜드의 개발모형은 각 모형마다 고정된 객실수에 의해 개발이 되었으나 수정된 새로운 모형은 융통성 있게 60~85개의 객실을 보유케 하였다. 1993년에 16개소의 수정된 호텔들이 건립되었으며, 1995년 Courtyard는 새롭게 개발되는 호텔들의 수익률을 향상하기 위해 150실, 120실과 90실의 다양한 모형으로 개발되었다. 한편, 새로운 Fairfield Inn은 종전에 비해 넓은 로비 공간과 조식 공간을 확보하였다. 이러한 새로운 건설모형은 아주 성공적이었다. Rushmore(1997)에 의하면 전형적인 한정서비스를 제공하는 호텔들은 개업 후 약 3년 후에나 안정된 객실점유율을 유지할 수 있는 수준에 이를 수 있었다고 한다. 하지만 매리엇의 새로운 개발모형에 의해 건설된 호텔들은 이러한 고정관념을 깨뜨리고 말았는데, 1995~1996년 사이에 수정된 모형에 의해 건축된 호텔들은 모두 6개월 이내에 안정된 객실점유율을 확보하게 되었는데, Courtyard과 Residence Inn은 불과 4개월 만에, Fairfield Inn은 6개월 만에 목표를 달성하였다.

사. 프랜차이징의 확대

매리엇의 무료 전화예약시스템은 1993년에 2천1백만 건의 객실예약을 기록했는데, 이는 매리엇의 명성에 대한 고객만족과 잠재적인 프랜차이즈 가맹점들을 끌기에 충분하였다. 1993년에 매리엇은 네 브랜드에 걸쳐 33개의 새로운 프랜차이즈호텔들을 추가하였다.

2) 1994년

1994년에 전반적인 미국 호텔시장의 객실점유율은 2.1% 올라 65.2%를 기록했으며, 평균객실요금은 1986년 이래 처음으로 물가인상률보다 더욱 상승하였다. 1994년 객실수요의 성장률은 지속적으로 객실공급의 성장률을 초과하였는데, 대부분 브랜드의 상품과 서비스의 판매가 호조를 보여 매리엇호텔사업부의 매출액은 3% 상승하였고, 영업이익도 12% 상승하였다. 고급서비스호텔사업부의 이익은 5% 향상되었으며, 매출액은 2% 상승하였다. 평균객실요금과 객실점유율의 상승은 매리엇이 직접 운영하는 국내시장에서의 매출액을 4% 향상하게 되었다. 한정서비스호텔사업부의 이익은 25% 증가하였고 매출은 3% 향상되었다. 이익의 향상은 직접 운영되는 호텔들의 경영성과 향상과 프랜차이징 호텔을 확대한 결과였다. 1993년 말로 매리엇이 운영하는 총 객실의 25%가 프랜차이즈호텔이었는데, 1994년 말에 이 비율은 30%로 증가하였다. 더욱 자세한 경영성과 분석은 다음과 같다.

가. 고급서비스호텔사업부의 전략

고급서비스호텔의 국제시장 확장은 매리엇의 주요한 전략적 목표였다. 1989년 이래로 매리엇은 국제시장에서 영업을 하는 호텔의 수를 확장하여 1994년 말에는 그 숫자가 2배 증가하여 41개의 호텔을 운영하게 되었다. 이 시점에서 매리엇은 북미시장의 고급서비스호텔시장에서 약 7%, 전 세계 시장에서 약 2%의 시장점유율을 기록하게 되었는데, 이는 미래의 성장기회가 계속 존재하고 있다는 것을 의미하고 있다. 1994년에 매리엇은 해외시장에서 4,000여 개의 객실을 포함하는 11개 호텔의 위탁경영권을 추가하였는데, 대부분의 호텔들은 새로 건축된 것들이었으며 매리엇은 약 2천5백만 달러의 자기자본을 투자하였다. 국내 및 해외시장에서 성장전략을 효과적으로 수행하기 위해 매리엇은 Marriott International Capital Corporation이란 자회사를 설립하였다. 이 기업은 새로운 계약경영 및 프랜차이징 호텔들을 개발할 때 소요되는 자본을 공급하였다. 1994년에 국내 고급서비스호텔시장에서 약 4,000여 객실을 포함하는 14개의 호텔들이 Marriott Hotels, Resorts and Suites 브랜드로 전환되었다. 매리엇 인터내셔날과 호스트 매리엇 간의 전략적 제휴는 확장전략의 경영성과를 전반적으로 향상하는데 많은 공헌을 하였다. 1994년에 전략적 제휴의 결과로 호스트 매리엇은 9개의 고급서비스호텔들을 매입하여 운영권을 매리엇 인터내셔날에게 이양하였다.

나. 한정서비스호텔사업부의 전략

전반적인 호텔시장의 동향과 같이 프랜차이징 콘셉트는 매리엇의 한정서비스호텔사업부의 가장 중요한 성장전략이었다. 1994년에 이 사업부의 주요 브랜드들인 Courtyard, Fairfield Inn 및 Residence Inn 등은 프랜차이징을 이용하여 총 5,000개 이상의 새로운 객실들을 추가하였다. 1994년 말로 매리엇은 Courtyard의 경쟁시장인 중가 세분시장에서 약 2%, Fiarfield Inn의 경쟁시장인 경제가 세분시장에서 약 3%, Residence Inn의 경쟁시장인 장기체류 세분시장에서는 약 12%의 시장점유율을 확보하게 되었다. 비용을 절감하고, 새로운 호텔건설 사이클을 단축하고, 재무적 성과를 개선하기 위해 매리엇은 한정서비스의 세 브랜드의 설계 및 건설과정의 개선에 노력을 집중하면서, 한편으로는 고객의 호응도를 개선하였다. 예를 들면, 초기에 Courtyard의 객실규모는 150실, Fairfield Inn과 Residence Inn은 다 같이 120실이었는데, 크게는 150실, 작게는 62실로 초기모형이 변형되었다. 특정 호텔건설 예정지역의 규모는 해당 지역의 예상되는 수요의 정도에 의해 결정되었는데, 이와 같은 리엔지니어링 콘셉트는 기업의 효율적인 성장에 기여하게 되었다. 아울러 '그룹'경영 콘셉트의 지속적인 성공은 각 브랜드 간의 상호 판매와 협조체제의 강화로 판매기회가 확대되고 규모의 경제의 이득을 보게 되어 경영성과가 크게 향상되었다.

3) 1995년

1995년은 미국 호텔산업이 지속적인 객실 수요의 증가에 힘입어 10년 이래 가장 많은 이익을 창출한 해가 되었다. 전체적인 객실점유율은 전해와 비교하여 0.5% 향상되어 65.7%를 기록하였다. 평균객실요금도 2년 연속으로 물가상승률을 상회하였다. 전해와 비교했을 때 매리엇호텔사업부의 순이익은 19%, 매출액은 8% 향상되었는데, 이런 긍정적인 경영성과의 주된 요인은 국내 호텔시장의 전반적인 회복이었다. 전체적으로 호텔사업부의 RevPAR가 6.1% 상승하였다. 고급서비스 사업부의 매출은 9%, 이익은 14% 향상되었으며, 아울러 한정서비스 사업부의 이익은 28%란 높은 성장을 이룩하였다. 이런 높은 성과는 직접 운영하는 호텔들의 향상된 경영성과와 프랜차이즈호텔들의 확장에서 비롯된 것이었다. 직접 운영되는 호텔 중에서 Courtyard의 매출은 6%, Fairfield Inn는 8%, Residence Inn는 7%가 각각 상승하였다. 같은 해에 매리엇의 한정서비스호텔사업부는 7,950여 개의 객실을 포함하는 87개의 프랜차이즈호텔들을 추가하였고, 전체적으로 매리엇은 1995년에 미국 국내시장에서 19,200여 개의 객실을 추가하여 국내시장 전체에서의 시장점유율은 5.2%에서 5.7%로 증가되었다. 1995년 매리엇의 더욱 자세한 경영성과 분석은 다음과 같다.

가. 고급서비스호텔사업부의 전략

1995년 최고급 체인호텔인 Ritz-Carlton 호텔을 인수함으로써 매리엇은 저가(경제가)에서부터 최고급호텔에 이르는 거의 모든 호텔상품(세분시장)을 제공하는 유일한 호텔체인이 되었다. 1995년 3월 6일 매리엇은 일단의 투자자들과 공동으로 10,300여 개의 객실과 31개소의 호텔을 보유하고 있는 Ritz-Carlton 호텔의 지분 49%를 인수하였는데, 여기에 매리엇은 대략 2억 달러를 투자했다. 궁극적으로 매리엇은 나머지 51%를 인수할 것이 예상되고 있다. Marriott International과 Ritz-Carlton의 결합으로 중앙예약시스템(CRS)과 호텔정보시스템(PMS)과 같은 더욱 합리적인 매리엇의 정보시스템은 물론이고 매리엇이 더욱 효율적인 마케팅 및 구매관리로 인하여 Ritz-Carlton의 운영효율이 많이 향상될 것이 점쳐지고 있다. 반면에 Ritz-Carlton의 전사적 품질관리(TQM) 운용의 성공에 대한 명성은 이미 검증된 사실이다. 고객들에게 최고 수준의 서비스를 제공하는 Ritz-Carlton의 서비스철학은 경쟁사들이 쉽게 모방할 수 없는 값지고 중요한 경쟁우위였다. 같은 해에 뉴욕, 애틀랜타 및 샌안토니오 등지에 소재하는 9개의 고급서비스호텔들이 매리엇으로 상호를 바꾸었다.

나. 해외시장 확장전략

약 2,000억 달러에 이르는 세계호텔시장에서 더욱 많은 점유율을 확보하기 위해 매리엇은 효과적인 자원배분 프로그램을 실행하였다. 위탁경영과 프랜차이징과 같은 확장을 위한 적절한 경쟁수단들을 활용하여 국제시장에서 호텔들을 추가함으로써 매리엇은 국제시장에서의 입지를 더욱 강화하였다. 고객에게 일관된 서비스를 제공하기 위해 매리엇은 직원들의 교육프로그램에 8개국의 언어를 포함시켰다. 1990년에 매리엇은 국제시장에서 불과 21개의 호텔들을 운영하였지만, 1995년 말에 이 숫자는 50개 이상으로 증가하였는데, Aruba, the Bahamas, Egypt, Puerto Rico 및 Singapore 등지에서 2,450여 개의 객실을 추가하였다. 아울러 Whitebread PLC와의 전략적 제휴를 통해 매리엇은 영국에서 새로운 호텔들의 개발과 운영권을 확보하게 되었는데, 이 전략적 제휴로 향후 10년 동안 최소한 3,000여 개의 객실을 매리엇 시스템에 추가하게 되었다.

다. 한정서비스호텔사업부의 전략

미국시장에서 한정서비스호텔사업부는 매리엇의 지속적인 성장에 크게 공헌하였다. 1995년에 매리엇의 한정서비스호텔사업부는 7,950여 개의 객실을 포함하는 87개의 호텔들을 추가하였다. 향상된 프랜차이즈 운영실적은 더욱 많은 가맹점들의 매리엇 가입을 조장하여 1995년에 새로운 가맹점의 증가로 7,700여 객실이 추가되었다. 매리엇은 프랜차이즈점들의 경영성과를 향상하기 위해 품질보증 프로그램, 운영지원, 교육 프로그램 및 마케팅 프로그램 등을 새로 도입하였다. 예를 들면, 매리엇은 Courtyard와 Residence Inn 호텔들의 수요예측과 매출신장에서의 생산성을 향상하기 위해 판매관리시스템을 개발하였다. 단골고객우대 프로그램을 통한 마케팅 전략은 이 사업부의 전반적인 경영성과를 강화하였는데, 'Courtyard Club'과 Fairfield Inn의 'Innsider's Club' 프로그램은 많은 고객들을 유치할 수 있었다. 1995년에 처음으로 Fairfield Inn을 위한 TV광고가 개발되었다. 매리엇의 한정서비스호텔사업부의 성공은 대부분 양질의 상품 · 서비스와 잘 훈련된 서비스 종사자들의 고객들을 접대할 때 보여준 일관되고 친절한 태도에서 기인되었다. 1995년에 워싱턴에 설립된 'Courtyard University'와 애틀랜타에 설립된 Fairfield Inn의 'Training Inn'은 새롭게 개발된 종사원을 위한 교육시설이었다. 새로 개발되는 호텔들의 수익성을 향상하기 위해 Courtyard는 각 90, 120, 150개 객실을 포함한 새로운 호텔건설 모형을 개발하였다. 아울러 Fairfield Inn의 새로운 개발모형에서는 로비공간을 확장하고 아침식사 좌석을 확대하였다.

4) 1996년

미국 호텔산업의 계속되는 호황은 1996년을 유사 이래 가장 수익성이 높은 해로 만들었다. 객실수요가 계속해서 객실공급을 상회해서 호텔산업 전체의 객실점유율은 66.2%로 증가하였고, 평균객실요금도 물가상승률을 훨씬 상회하여 거의 6% 상승하였다. 매리엇호텔사업부의 매출은 전해보다 8%, 이익은 26% 상승하였다. 이런 우수한 성과의 원인으로는 5년 연속으로 객실점유율이 증가된 미국 호텔시장의 유사 이래 최고의 호황과 새로운 호텔들의 건설 때문이었다. 매리엇의 전체 객실점유율은 79%에 달하였고 객실당 매출액은 8% 증가하였다. 고급서비스호텔사업부의 매출은 9%, 이익은 24% 상승하였으며, 한정서비스호텔사업부의 매출은 10%, 이익은 29% 향상되었다. 개선된 경영성과는 역시 직접 운영하는 호텔들의 생산성 향상과 프랜차이즈호텔의 증가에서 비롯되었다. 직접 운영하는 호텔 중에서 Courtyard의 매출은 8%, Fairfield Inn은 6%, Residence Inn은 8%가 각각 증가하였다. 1996년에 호텔사업부는 18,700여 객실을 포함하는 146개의 호텔들을 매리엇 시스템에 추가하였는데, 여기서 5,500여 객실은 해외시장에서 증가된 것이었다. 주로 프랜차이즈호텔들의 증가로 1996년 말에 매리엇의 국내 전체시장에서의 점유율은 6.1%로 향상되었다. 더욱 자세한 경영성과 분석은 다음과 같다.

가. 프랜차이징 전략을 필두로 한 호텔상품 포트폴리오의 강화

1983년에 Courtyard를 개발한 이래 20년 동안 매리엇은 다양한 상품과 서비스로 구성된 포트폴리오를 유지하고 강화하는데 전력을 기울였다. 호텔사업부는 경쟁에서 앞서 나가고 고객의 호응도를 향상하기 위해 지속적으로 새로운 상품과 서비스를 도입하였다. 아울러 매리엇은 동시에 여러 호텔상품을 관리할 수 있는 전문지식과 명성으로 계속해서 많은 프랜차이즈점들이 매리엇 시스템에 참가하게 되었다. 대부분의 매리엇의 프랜차이즈점들은 경험 많고, 거의 모두가 2개 이상의 매리엇호텔을 보유한 자들이었다.

나. 계속되는 해외시장 확대전략

1993년의 분사 이래 매리엇은 지속적으로 해외시장개척에 주력하여 1996년 말에는 국제시장에서 영업을 하는 호텔수가 88개로 증가하게 되었다. 1996년에 매리엇은 5,500여 객실을 포함하는 28개 호텔들을 국제시장에서 추가하였는데, 예를 들면 영국과 독일에서 Whitebread PLC와의 프랜차이즈 계약으로 1,500여 객실을 포함하는 16개 호텔을 매리엇 시스템(Marriott Hotels, Resorts and Suites 혹은 Courtyard)으로 전환시켰다. Marriott Hotels, Resorts and Suites는 멕시코시티에서 두 개의 호텔을 추가하고, 코스타리카에 첫 호텔의 문을 열었다. Ritz-Carlton은 싱가포르, 발리, St. Thomas에서 새로운 호텔들을 추가하였다.

다. 단골고객우대 프로그램의 지속적인 성장

과거 10년 동안 매리엇은 세계 호텔시장에서 탁월한 고객들의 호응도를 달성하기 위해 기업의 경쟁우위 제고에 큰 영향을 미치는 단골고객우대 프로그램을 유지하고 강화하는데 전력을 기울였다. 매리엇의 단골고객우대 프로그램 포트폴리오는 Marriott Honored Guest Awards, Marriott Miles, Courtyard Club 및 INNsider's Club 등을 포함하고 있는데 종합해서 약 9백만 명의 고객들이 이 프로그램들에 가입하였다.

2. 매리엇 인터내셔날의 사업전략(1993~1996년)

지금부터는 1993년부터 1996년까지 매리엇의 각 호텔사업부의 전략들을 분석

할 것이다. 각 세분시장별 혹은 브랜드별 전략과 경영성과는 다음과 같다.

1) Marriott Hotels, Resorts and Suites 사업부

1993년 이 사업부의 전체 객실점유율은 전해와 비교해서 2.7% 향상된 74.9%를 기록했다. 1993년에 이 사업부는 상용여행자, 레저여행자 및 회의그룹 등을 포함하는 주요 고객세분시장에서의 경영성과가 향상하였다. 이 사업부의 가격전략, 고객 충성도 및 서비스프로그램 등은 세 가지 세분시장에서 주도적인 브랜드로서의 전략적인 포지션을 강화하는데 기여하였다. '1st 10' 프로그램을 강화하기 위해, 특히 동시에 몰려드는 컨벤션 참가자를 위해, 여러 기능을 동시에 수행하도록 훈련된 Bellstand, Concierge 및 프런트 데스크 직원 등이 체크인 과정에 수반되는 모든 업무들을 관장하도록 하고, 또한 하우스키핑 부서의 스텝들이 객실을 준비하는데 포함되는 모든 업무들을 수행케 하여 위와 같이 혼잡한 시간을 효율적으로 처리토록 하였다. 아울러 고객만족을 극대화하기 위해 몇몇 전략적 제휴를 단행하였다. 첫째, 자주 호텔을 이용하지 않는 고객들을 끌어들이기 위해 이들이 매리엇호텔을 이용할 때마다 참가하는 항공사의 마일리지 포인트를 얻을 수 있는 Marriott Miles 프로그램을 도입하였는데, 1993년 말로 400,000만 명의 고객들이 이 프로그램에 가입하였다. 또한 이용량이 꾸준히 증가하고 있는 항공사의 단골고객우대 프로그램에 대한 고객들의 욕구를 충족하기 위해 Luftthansa와 British Airways와 제휴관계를 수립하였다. 그리고 Pizza Hut과 전략적 제휴를 체결하여 고객들에게 제공할 수 있게 되었다. 1994년에 이 사업부는 1981년 이래로 가장 높은 객실점유율을 기록하게 되었다. 지속적인 상품과 서비스의 개발 노력으로 새로운 레스토랑 콘셉트를 개발하였는데, JW's Steakhouse (Casual Dining)와 Allie's American Grill(Family Restaurant) 등이 있다. 새로운 아침식사 서비스가 도입되었고, Catering 운영도 새로운 메뉴와 가족형 식사를 포함하여 새롭게 설계되었다. 그리고 Marriott Honored Guest Awards 프로그램도 또 다시 여행자들에 의해 호텔산업에서 가장 선호되는 고객우대 프로그램으로 선정되었다. 1994년 말로 이 프로그램과 자매 프로그램인 Marriott Miles를 합하면 등록된 고객수가 6백4십만 명에 달하게 되었다. Amex, AT&T 및 VISA와의 전략적 제휴를 포함하는 마케팅 전략은 서비스 수행 능력을 강화하는데 공헌하였다. 1995년에 이 사업부의 평균객실요금은 크게 향상되었는데 직접 운영하는 호텔들은 6%, 전체적으로는 7%가 향상되었다. 이와 같은 결과는 특히 식음료업장의 비용절감 노력에 기인하였다. 직접 운영되는 19개의 주요 호텔에서 상용여행자들에게 보다 나은 서비스를 제공하기 위해 'Room That Works' 프로그램을 도입하였는데, 넓은 테이블과 이동할 수 있는 탁자가 추가서비스로 제공되었다. 아울러 38개 호텔의 레스토랑들이 Allie's American Grill, JW's Steakhouse 혹은 Ristorante Tuscany로 전환하였다. 1978년에 처음 도입된 Marriott Conference Center들은 효과적으로 구성된 설비들로 인하여 계속해서 좋은 경영성과를 유지할 수 있었다. Marriott Conference Center는 소규모 회의시설(100명 미만의 참석자)을 필요로 하는 고객들의 욕구에 집중하였다. 종업원들의 생산성과 업무효율을 개선하기 위해 판매조직, 고용 및 교육훈련, 회계, 경영성과 보고 및 보상 등을 포함하는 리엔지니어링 프로그램들을 도입하였다. 1996년에 이 사업부는 객실점유율과 평균객실요금 등에서 대폭적으로 개선된 성과를 달성하였다. 상용여행자들을 위한 서비스품질을 향상하기 위해 객실에서 더욱 넓어진 작업공간과 더욱 다양한 통신기능 등의 추가서비스를 제공함으로써 'Room That Works' 프로그램을 한층 강화하였다. 이외에 추가로 제공되는 기타 서비스로는 커피메이커, 헤어드라이어, Voice Mail 및 전자식 도어잠금장치가 있었다. 그리고 고객만족도를 더욱 정확하고 효과적으로 측정하기 위해 'Operational Excellence' 같은 품질보증 프로그램을 시행하였다.

2) Courtyard 사업부

1993년 전반적인 호텔산업의 경영성과가 향상되었듯이 Courtyard 사업부의 경영성과도 크게 향상되었다. 구체적으로 전해와 비교했을 때 객실점유율은 2.8% 향상된 81%에 이르렀고, 평균객실요금은 3% 상승하여 64.25달러에 달하였다. 이 사업부의 목표시장은 주말고객 및 단골고객이었다. 물가상승률을 상회한 평균

객실요금의 상승은 시장변화에 대응하고 수요의 변화에 반응하여 가격을 재조정함으로써 창출될 수 있었다. Courtyard Club 프로그램은 '12일 숙박하면 1일 무료숙박'을 추가하여 1993년에 회원 수를 50% 증가하여 회원으로 고객의 총수는 230,000명에 이르게 되었다. 이익 마진을 향상하기 위해 비수기에 레스토랑의 점심 및 저녁식사의 제공을 중지하고, 고객들에게는 대안으로서 지역 레스토랑들을 소개하였다. 1994년에 Courtyard 사업부의 평균객실요금은 직접 운영되는 호텔에서는 6%, 전체적으로는 7%가 상승하였다. 고객만족도를 향상하기 위해 접대방법과 전화 받는 자세 등에 중점을 둔 종업원 교육프로그램을 개발하였고 아침 뷔페식사의 공간도 확대하였다. 아울러 Courtyard Club 프로그램도 고객들이 좀 더 쉽게 마일리지 포인트를 누적할 수 있도록 향상하였다. 1994년에 여태까지 가장 많은 수의 프랜차이즈호텔들이 Courtyard system에 가입하였다. 1995년에 이 사업부에서 직접 운영하는 호텔들의 평균객실요금은 7% 향상되었으나, 예년과 비교해서 객실점유율은 조금 떨어졌다. 이 사업부는 고객들의 호응도를 극대화하기 위해 새로운 프로그램들을 도입하여 지속적으로 서비스의 내용과 질을 개선하였다. 'Courtyard Quite Bites' 캠페인은 고객들을 위해 저녁 식사시 전국적인 향토음식들을 다양하게 선택할 수 있게 하였다. 또한 지속적으로 발전하고 있는 최신 기술에 의해 영향을 받은 고객들의 변화된 욕구를 충족하기 위해 voice mail, 데이터 포트가 부착된 여분의 전화기, 전자도어잠금장치 및 새로운 운동기구 등을 추가로 제공하였다. 1996년에 Courtyard는 수요예측 능력을 개선하기 위해 새로운 판매관리시스템(Yield Management System)을 도입하였으며, 아울러 서비스 질을 개선하기 위해 모든 호텔에 전자도어잠금장치, Voice Mail 및 데이터 포트가 부착된 여분의 전화기를 설치하는 작업을 거의 끝마쳤다. 또한 객실에서 업무를 보는 고객들을 위해 인체 공학적으로 설계된 의자와 보다 효과적인 전등을 제공했으며, 증가하는 고객들의 욕구를 충족하기 위해 다리미와 다림질대 및 헤어드라이어 등의 서비스를 추가로 제공하였다. 그리고 객실 내 식사서비스를 더욱 확충하였다.

3) Residence Inn 사업부

1993년에 Residence Inn 사업부는 매리엇호텔사업부 전체에서 가장 크게 향상된 객실점유율을 기록하였는데, 구체적으로 3.6%가 상승하여 83.3%에 이르게 되었다. 이 사업부는 호텔산업의 장기체류 세분시장(Extended-stay Segment)에서 주로 주말상용고객들을 상대하였다. 같은 해에 Residence Inn의 마케팅 노력은 주요 고객인 주요 기업들과 정부와의 관계를 더욱 공고히 하는 한편 레저여행자들을 확보하는데 집중되었다. 'Weekend Getaway' 캠페인은 더욱 많은 주말고객들을 유치하기 위해 개발되었는데, 이 프로그램은 아주 큰 성공을 거두어 주말 객실점유율을 5% 향상하는데 크게 기여하였다. 또한 Residence Inn 호텔들의 경영성과를 증진하기 위해 리엔지니어링을 통해 개발된 66개의 객실을 보유하는 새로운 모델의 호텔들이 개발되었는데, 이 새로운 콘셉트는 종래의 것에 비해 개발 및 운영비용을 크게 절감할 수 있었다. 1994년에 Residence Inn 브랜드는 미국내의 체인브랜드에서 가장 높은 객실점유율을 기록하였으며, 아울러 소비자조사에서 고객만족도가 크게 향상되었다고 보고되었다. Residence Inn의 고객만족도는 92%라는 기록적인 결과를 보였는데 청결, 호응도, 친절 등과 같은 주요한 성과측정 척도에서 가장 높은 점수를 성취하였다. 더욱 많은 고객들을 유치하기 위해 이 사업부는 전 호텔에 Video-on-demand, Voice Mail 및 무료아침식사 서비스를 추가하여 고객들에게 더욱 많은 선택권을 부여했다. 또한 전략적 제휴를 통하여 시장점유율을 더욱 향상하였는데, 미국심장협회와의 제휴를 통해 'Heart at Work' 프로그램을 개발하여 여행자들이 여행 중의 건강유지에 도움을 제공하였다. 아울러 집을 떠나 여행을 하는 고객들이 가족들과의 대화를 보다 쉽게 하기 위해 또 다른 제휴프로그램을 수립하였다. 1995년에 Residence Inn은 다시 한 번 장기체류 세분시장에서 가장 높은 객실점유율을 기록하였으며 평균객실요금도 크게 향상되었다. 미국의 장기체류세분시장에서 Residence Inn 사업부는 가장 비등한 경쟁사보다 8배나 많은 호텔들을 보유하게 되었으며, 객실당 판매금액에서도 비등한 경쟁기업보다 20% 높은 실적을 보였다. 이러한 지속적인 경영성과의 향상으로 더욱 많은 고객과 프랜차이즈호텔들을 유치할 수 있었다. 새로운 프랜차이지들을 돕기 위해 이들 호텔에 개점준비 기동팀을 보내 서비스 준비에 만전을 기하였으며, 개점 후에도 품질유지를 위해 모든 호텔들의 서비스 질의 순위를 매기고, 이 중에서 가장 훌륭한 서비스(Best Practices)를 모든 호텔들이 공유토록 하였다. 높은 객실점유율과 충실한 품질보증 프로그램은 더욱 많은 프랜차이즈호텔들을 유치하기에 충분하여 1995년에 기록적인 수의 호텔들이 Residence Inn 시스템에 가입하게 되었다. 1996년에 이 사업부는 새로운 고객만족도 측정시스템을 도입하였다. 직접우편을 통한 설문조사를 통하여 다른 브랜드에 비해 훨씬 높은 만족도를 성취할 수 있었는데, 고객들은 특히 전반적인 서비스의 질, 종사자들의 세심한 배려 및 객실의 청결 정도 분야에서 가장 만족하였다. 또한 새로운 객실가격 전략을 도입하였는데, Courtyard 사업부와 합동으로 개발한 새로운 판매관리시스템은 객실수요와 공급에 대한 시장분석에서 생산성을 크게 향상할 수 있었다. 실내 계단, 넓어진 아침식사 공간 및 저녁 미팅시간 등의 새로운 기능을 제공하는 새로운 Residence Inn 호텔들은 고객들과 호텔 소유주로부터 아주 강한 호응도를 성취할 수 있었다.

4) Fairfield Inns and Suite 사업부

1993년에 다른 매리엇호텔사업부과 비교했을 때 Fairfield Inn의 평균객실요금은 가장 높은 4%가 향상되었다. 아울러 동 사업부의 객실점유율은 2.1% 향상되어 80.1%를 기록하였다. 이런 결과는 성공적인 판매촉진 프로그램에 의하여 창출되었다. 첫째, 유럽식 아침식사가 아주 높은 인기를 모았다. 둘째, '3일 숙박하면 1일 무료숙박'이란 판촉 프로그램은 비수기에도 20,000만 명이 넘는 고객들을 유치하였다. 1994년에 사업부의 평균객실요금은 6% 상승하여 41.18달러를 기록하였으며, 특히 직접 운영되는 호텔들은 43.70달러에 달하였다. 이와 같은 결과를 달성하는데 가장 중요한 성공요인은 새로 설계되어 더욱 넓어진 공간을 확보하게 된 무료 아침식사 프로그램이었다. Fairfield Inn의 단골고객우대 프로그램은 Business Travel News에 의해 같은 세분시장에서 활동하는 체인 중에서 가장 훌륭한 프로그램으로 선정되었다. Fairfield Inn의 새로운 서비스보증 프로그램은 아주 높은 고객만족도를 창출하는데 큰 기여를 하였다. 각 호텔에서 모든 서비스 종사자들은 자기 업무영역이 아니라도 고객의 불편사항과 불평을 관리할 수 있도록 교육되어, 고객들의 문제점을 신속히 해결할 수 있게 되어 고객만족을 극대화할 수 있었다. 1994년에 Fairfield Inn 사업부는 3,200여 객실을 포함하는 41개의 새로운 호텔들을 추가로 확보하였다. 1995년에 동사업부의 평균객실요금은 대폭적으로 향상되었는데, 구체적으로 직접 운영되는 호텔들은 9%, 시스템 전체적으로는 10% 상승하였다. 하지만 객실점유율은 전년에 비해 조금 저조하였다. 1995년 7월 Fairfield Inn 시스템은 텍사스주의 오스틴에 200번째 호텔을 오픈하였다. '3일 숙박하면 1일 무료숙박' 프로그램의 실행은 지속적으로 더욱 많은 고객들을 유치하였다. 또한 새롭게 무료 아침식사 프로그램과 확대된 식사공간을 제공하는 추가 서비스가 50여 호텔에서 시행되었다. 사내교육시설과 애틀랜타에 건립된 교육시설은 Fairfield Inn의 종업원과 프랜차이즈호텔들에게 큰 도움을 제공하였다. 아울러 Scorecard라고 불리는 자동고객평가시스템도 지속적으로 그 효율이 증가하였다. 1996년 Fairfield Inn 사업부는 양질의 서비스, 청결 및 환대 등의 일관적인 서비스제공 보장에 중점을 두었다. 또한 매리엇 예약시스템과의 보다 효과적인 접속을 강화하기 위해 새로운 데이터전송 네트워크를 개발하였으며, 브랜드 표준을 고수하기 위해 품질보증 프로그램도 갱신하였다.

5) Ritz-Carlton 사업부

매리엇에 인수된 후 Ritz-Carlton의 재무성과는 현저하게 증가되었다. 1996년에 Ritz-Carlton은 눈부신 경영성과를 달성하였다. 매리엇 중앙예약시스템의 도움으로 인하여 객실당 평균판매액은 9% 상승하였고 영업이익도 크게 향상되었다. 룸서비스 및 출장연회 활동의 증가로 식음료매출이 크게 증가하였다. 매리엇의 강점인 규모의 경제를 통한 마케팅 및 구매비용의 절감은 Ritz-Carlton이 자랑하는 최고의 서비스에 손상을 입히지 않으면서 재무적 성과를 향상할 수 있었으며, Ritz-Carlton의 고객만족도는 종래와 마찬가지로 90% 이상을 유지할 수 있었다.

VI. 매리엇의 경쟁우위와 핵심역량

매리엇은 탁월한 고객호응도를 확보하고 경쟁에서 한 발짝 앞서기 위해 기업의 전략을 지속적으로 재창출하고 갱신하였다. 현재 매리엇은 규모와 판매상품의 포트폴리오 등에서 Hilton, Hyatt, Sheraton 및 Holiday Inn 등과 같은 라이벌들보다 월등한 위치에 서 있다고 말할 수 있다. 매리엇은 전 세계에서 주도적인 호텔기업이란 자리를 더욱 강화하기 위해 공격적인 자세를 늦추지 않고 있다. 그럼 여기서 첫째, 매리엇은 어떠한 능력 또는 자원을 보유하였기에 이런 눈부신 성공을 이룩할 수 있었을까? 둘째, 매리엇은 어떠한 고유한 역량들을 보유하고 있는가?라고 반문할 수 있을 것이다. Hill과 Jones(1995)에 의하면 경쟁우위를 달성하기 위해 기업들은 ① 탁월한 효율성, ② 탁월한 품질, ③ 탁월한 혁신능력, ④ 탁월한 고객호응도 등과 같은 경쟁우위분야 중에서 최소한 한 가지를 보유해야 한다고 주장하였다. 이런 분야들을 중심으로 하여 이제 매리엇의 경쟁우위와 핵심역량을 파악해 보기로 하겠다. 매리엇이 보유한 독특한 경쟁우위와 핵심역량은 다음과 같다.

1. 탁월한 효율성(Superior Efficiency)

1) 경영진의 경험과 전문 경영지식

효과적으로 개발되어 축적된 경영진의 노하우는 아마도 매리엇의 가장 독창적이면서도 뛰어난 능력일 것이다. 세계호텔시장에서의 리더십 자리를 강화하기 위해 매리엇 경영진은 지속적으로 새로운 상품, 프로그램 및 경쟁수단의 개발을 위한 전략을 재생산 또는 재조명하였고, 각 기능분야의 전문지식도 계속 갱신하였다. 특히 회장 및 최고경영책임자인 J. W. Marriott 2세의 리더십은 기업의 비전과 목적을 공유하기 위해 최일선에서 활동하고 있는 종사자들과 항상 돈독한 관계를 유지하였다. 한편, 경영진은 위탁경영과 프랜차이즈 전략을 병합해서 활용함으로써 기업의 재무자원을 효율적으로 운용할 수 있었다. 아울러 다른 호텔기업을 인수할 때 매리엇 경영진은 주식거래 또는 주식과 현금을 혼용하는 대신 대부분 현금으로 대금을 지불하였다. 일반적으로 다른 지불수단보다 위험부담이 다소 높지만 현금거래가 비용효율 면에서 우위에 있다고 할 수 있기 때문이다. 매리엇의 기업인수팀은 비교적 정확하게 기업합병시의 시너지 효과를 측정하였으며, 항상 비용효율성이 떨어지는 주식거래보다는 효율이 높은 현금거래를 활용하였다.

2) 정보기술 인프라에서의 리더십

매리엇은 점점 증가하는 정보기술의 영향력을 무시하지 않았다. 운영효율을 향상하고 고객만족을 극대화하기 위해 매리엇은 기술인프라를 수시로 갱신하였다. 예를 들면, 매리엇의 중앙예약시스템인 MARSHA III는 효율적인 비용구조와 호텔산업에서 가장 진보된 기술을 바탕으로 하여 이 분야에서 경쟁우위를 유지할 수 있었다. 1996년에 MARSHA III는 10개소의 예약센터에서 약 2천5백만 건의 예약을 처리했으며, 아울러 Ritz-Carlton 호텔들과도 성공적으로 예약과정을 공유할 수 있게 되었다. 25년 전에 설립되었으며 가장 오래된 네브래스카주 오마하시의 예약센터는 1996년에만 약 9억 달러의 예약판매 실적을 기록하였다. 또한 매리엇 2세가 지적하였듯이 매리엇은 Ritz-Carlton의 인수를 통하여 고객들이 도착하기 전에 그들의 욕구를 예측할 수 있는 방법을 배울 수 있었다. 인수되기 전에 Ritz-Carlton은 경쟁우위를 강화하기 위해 '고객인식시스템'이란 훌륭한 정보시스템을 개발했었다. 호텔산업에서 가장 진보되고 훌륭한 시스템인 이 시스템은 매리엇 전 호텔들이 고객들의 욕구와 선호도에 대한 정보의 공유를 촉진하게 되었다. 또한 판매관리시스템(Yield Management System)을 새로 도입했고 고객서비스를 향상하기 위해 전자 컨시어지(Electronic Concierge)란 전문가시스템(Expert System)을 개발하였다.

2. 탁월한 혁신능력(Superior Innovation)

1) 가장 폭넓은 브랜드 포트폴리오

1983년 철저한 시장조사를 거쳐 중가시장(Mid-price Market)에 Courtyard를 도입한 이래 매리엇은 전 세계로 그 영역을 확대해 나갔다. 1987년 장기체류 세분시장을 공략하기 위해 Residence Inn을 인수하였고, 같은 해에 새롭게 떠오르는 경제가시장(Economy Market)에서 기회를 선점하기 위해 Fairfield Inn을 도입하였다. 1993년 이래 매리엇은 위탁경영 및 프랜차이즈와 같이 확장에 따른 위험부담을 최소화할 수 있는 효과적인 전략을 활용하여 국제시장에서 그 면모를 확대해 나갔다. 1995년 매리엇은 Ritz-Carlton호텔 체인을 인수함으로써 전 세계 호텔시장에서 경제가(Economy)부터 최고급(Luxury) 호텔상품들을 판매하는 유일한 체인호텔이 되었다. 1997년에 매리엇은 Renaissance 호텔체인을 매입함으로써 진정한 의미에서의 다국적 호텔기업이 되었으며, 아울러 같은 해에 TownePlace Suites, Fairfield Suites 및 Marriott Executive Residence 같은 새로운 브랜드를 도입하였다. 이런 지속적인 성장전략은 매리엇이 향후도 계속해서 전 세계 시장에서 공격적인 확장전략을 전개하리라는 것을 점칠 수 있는데, 왜냐하면 아직도 세계도처의 시장에서 많은 기회들이 호텔체인들에게는 존재하고 있기 때문이다. 그 증거로는 현재 미국 시장에서 체인기업에 의해 운영되는 호텔들은 전체의 약 79%에 이르고 있지만, 반면에 유럽에서는 단지 20%의 호텔들만이 체인화되어 있는 상태이다. 여기서 가장 중요한 사항은 매리엇의 안정된 현금흐름 창출능력은 이와 같은 경쟁적인 포트폴리오전략의 결과라는 것이다.

2) Marriott International과 Host Marriott 간의 시너지 효과

매리엇의 창사 이래 가장 중요한 전략적 결정은 1993년에 단행된 분사이다. 서로 분리된 이후 Marriott International과 Host Marriott는 각자의 사업분야에서 좋은 경영성과를 보였다. 두 기업의 상호 보완적인 관계는 개별적 또는 전체적인 측면에서 각자의 경영성과를 향상하는데 큰 도움이 되었다. 구체적으로 호텔산업에서 가장 큰 부동산기업의 하나인 Host Marriott가 많은 호텔들을 매입하면 전략적으로 구입한 호텔들의 위탁경영권을 Marriott International에게 넘겨주었다. 바꾸어 말하면, Host Marriott가 호텔들을 '구입'하면 Marriott International은 이 호텔들을 떠맡아 '경영'하였다. 예를 들면, 1994년과 1995년에 11,300여 객실을 포함하는 27개 고급호텔들을 구입하기 위해 Host Marriott는 약 9억 1천만 달러를 투자하였는데, 이 호텔들은 모두 Marriott International에 의해 위탁경영되었다. 두 기업 간의 긴밀한 관계는 아마도 호텔역사상 가장 효과적인 사업제휴의 예라고 볼 수 있을 것이다. 또한 이 두 자매기업들은 재무 리엔지니어링의 효과를 극대화하기 위해 서로 재무자원을 교환하기도 하였다. 요약하면, 효과적으로 수립된 소유자-운영자 관계는 두 기업은 물론이고 투자자들에게도 긍정적인 영향을 미치게 되었다.

3. 탁월한 품질(Superior Quality)

1) 상품과 서비스의 일관성과 품질

매리엇은 보유한 모든 브랜드에서 상품과 서비스에 대한 일관성과 품질을 유지하기 위해 전력을 다하였다. 고객들의 변하는 욕구에 대응하기 위해 매리엇은 정확한 평가분석 프로그램들을 개별적 및 종합적으로 활용하였다. 각 브랜드는 고객만족을 위해 서비스를 더욱 효과적으로 특화하기 위해 고유한 서비스 보증제도를 보유하였다. Ritz-Carlton의 유명한 전사적 품질관리(TQM) 능력은 전 세계에 소재하는 매리엇호텔들의 더욱 효과적인 서비스제공 프로그램들이 수행을 촉진하였다. 게다가 잘 교육되고 스스로 동기 부여된 서비스종사자들은 일관적이면서도 양질의 서비스의 제공과정에서 그들의 역할을 훌륭하게 수행하였다. Hill과 Jones(1995)가 강조하였듯이 월등한 효율과 월등한 품질은 각기 독립된 관계가 아니다. 월등한 효율성 없이는 월등한 품질은 달성될 수 없을 것이며, 그 반대 또한 사실이다. 고객들에게 월등한 서비스를 제공하고 그에 따른 전략적 및 전술적 결정을 배양하면서 매리엇은 월등한 품질 및 효율 간의 상호 보완적인 관계를 효과적으로 활용하였다.

2) 종사자들의 교육프로그램

고객의 욕구를 충족하기 위해 매리엇은 지속적으로 교육프로그램을 갱신하였다. 예를 들면, 한정서비스호텔시장에서 매리엇의 성공은 양질의 상품과 고객서비스 제공에서 효과적으로 교육된 서비스종사자들의 친절한 태도였다. 1995년 워싱턴D.C.에 'Courtyard University'와 애틀랜타에 Fairfield Inn의 'Training Inn' 등과 같은 교육시설이 설립되었다. 더군다나 유명한 Ritz-Carlton의 종사자 권한위임(Empowerment) 프로그램은 미래에 매리엇의 다른 브랜드에 긍정적인 영향을 미칠 것이다. 종사자들에 의한 직접적이고 적절한 서비스의 제공을 대체할 수 있는 것을 찾기는 불가능하다. 고객들을 위해 상품과 서비스를 표준화할 수 있는 것과 같이 서비스종사자들의 직접적인 서비스제공 과정을 단순화함으로써 비용을 절감할 수 있을 것이다.

4. 탁월한 고객호응도(Superior Guests Responsiveness)

1) 효과적인 단골고객우대 프로그램

과거 십 년 동안 매리엇의 단골고객우대 프로그램은 고객만족도의 향상은 물론이고 고객호응도도 크게 개선하는데 기여하였다. Marriott Honored Guest Award, Marriott Miles, Courtyard Club 및 INNsiders Club 등과 같은 프로그램들은 각 브랜드의 세분시장에서 주도적인 위치를 차지하였는데, 모두 합하면 매리엇의 단골고객우대 프로그램들에 가입한 총고객수는 9백만 명에 이르게 되었다. 이런 프로그램들은 1997년에 추가적인 혜택들을 제공함으로써 더욱 강화되었다. Hill과 Jones(1995)가 주장하였듯이 전에 논의한 세 가지 경쟁우위들은 궁극적으로 고객호응도를 향상하기 위한 것이다.

결론적으로 매리엇의 전반적인 성공은 위에 언급한 네 가지 경쟁우위들의 종합적인 시너지 효과에 의해 촉진되었다고 할 수 있을 것이다. Hill과 Jones(1994)는 장기적인 성공을 이룩하기 위해 어떠한 기업도 위의 네 가지 경쟁우위 분야 중 하나만이라도 달성할 수 있어야 한다고 지적하였다. 그러나 매리엇은 위의 네 가지 분야의 경쟁우위를 모두 보유한 것으로 간주될 수 있다. 결과로서 매리엇은 세계호텔시장에서 유사 이래 가장 성공적인 기업의 예가 될 수 있었다. 매리엇의 통합된 경쟁우위와 핵심역량은 고객호응도를 향상하였으며, 그 결과 경영성과도 지속적으로 향상될 수 있었다. 핵심역량과 경쟁우위는 상호 배타적인 관계가 아니며, 이들은 서로 상호 연계되어 있으며 하나의 개체로서 서로를 강화할 수 있었다. 이런 전략적이고 상호 보완적인 관계의 활용은 격변하는 환경에서 매리엇의 번영을 구가하는데 크게 기여하였다.

VII. 현재의 Marriott International, Inc.

2010년 9월말 현재 매리엇은 세계 70여 국가에서 총 611,566여 개의 객실과 총 3,518개소의 호텔을 운영하는 세계 최대의 호텔기업으로 눈부신 성장을 이룩하였다. 매리엇의 핵심역량이라고 할 수 있는 브랜드 포트폴리오는 다음과 같다. 고급서비스호텔사업부에서 Luxury 세분시장에는 Ritz-Carlton, Bvlgari, JW Marriott, Ritz-Carlton Reserve 등의 브랜드가 있으며, Upscale 세분시장에는 Marriott 같은 브랜드가 존재하고 있다. 한정서비스호텔사업부에는 Courtyard, Fairfield Inn, TownePlace Suites, SpringHill Suites 등과 같은 브랜드가 있다. 부티크호텔에는 Renaissance, Edition, Autograph 등의 브랜드가 있으며, 장기체류형(Extended Stay) 호텔에는 Residence Inn과 ExecuStay가 있다. 마지막으로 Timeshare(콘도) 사업부에는 Marriott Vacation Club, Grand Residences, Ritz-Carlton Destination Club과 같은 브랜드가 존재하고 있다.

▸ Arne M. Sorenson President & COO ▸ J.W. Marriott, Jr. Chairman & CEO

<매리엇의 브랜드 포트폴리오>

<2010년 9월말 시점의 Marriott International>

브랜드	호텔수	객실수
Marriott Hotels & Resorts		
직영호텔	2	523
리스호텔	10	4,109
위탁경영호텔	311	128,881
프랜차이즈호텔	227	68,700
Renaissance Hotels		
리스호텔	5	1,481
위탁경영호텔	83	33,062
프랜차이즈호텔	58	16,869
Autograph Collection		
프랜차이즈호텔	11	1,646
The Ritz-Carlton		
직영호텔	1	180
리스호텔	2	552
위탁경영호텔	74	21,770
프랜차이즈호텔	26	2,715
Bvlgari		
위탁경영호텔	2	117
Courtyard		
직영호텔	4	890
리스호텔	19	3,165
위탁경영호텔	309	51,389
프랜차이즈호텔	550	74,188
Residence Inn		
직영호텔	1	192
위탁경영호텔	135	19,210
프랜차이즈호텔	474	54,437
TownPlace Suites		
위탁경영호텔	34	3,658
프랜차이즈호텔	158	15,662
Fairfield Inn & Suites		

브랜드	호텔수	객실수
위탁경영호텔	3	1,055
프랜차이즈호텔	654	58,578
SpringHill Suites		
위탁경영호텔	33	5,156
프랜차이즈호텔	239	26,740
Marriott Vacation Club	53	11,866
The Ritz-Carlton Destination Club & Residences	13	684
Grand Residence by Marriott	4	316
Marriott Executive Apartments		
위탁경영호텔	22	3,676
프랜차이즈호텔	1	99
체인 전체		
직영호텔	8	1,785
리스호텔	36	9,307
위탁경영호텔	1,006	267,974
프랜차이즈호텔	2,372	316,919
Ritz-Carlton Residences	28	2,715
Timeshare	70	12,866
합 계	3,518	611,566

매리엇은 과거와 달리 직접 호텔을 소유해서 직영점을 운영하지 않고 대부분 위탁경영이나 프랜차이즈를 통해 성장을 추구하고 있다.

또한 매리엇의 브랜드별 경영방식의 특징을 살펴보면 Marriott, Ritz-Carlton, Renaissance와 같은 고급 브랜드는 위탁경영을 유지해서 품질관리에 집중하는 모습이며, Courtyard, Residence Inn, Fairfield Inn과 같은 가격이 낮은 브랜드는 프랜차이즈를 집중적으로 활용하고 있다.

<Marriott의 경영방식>

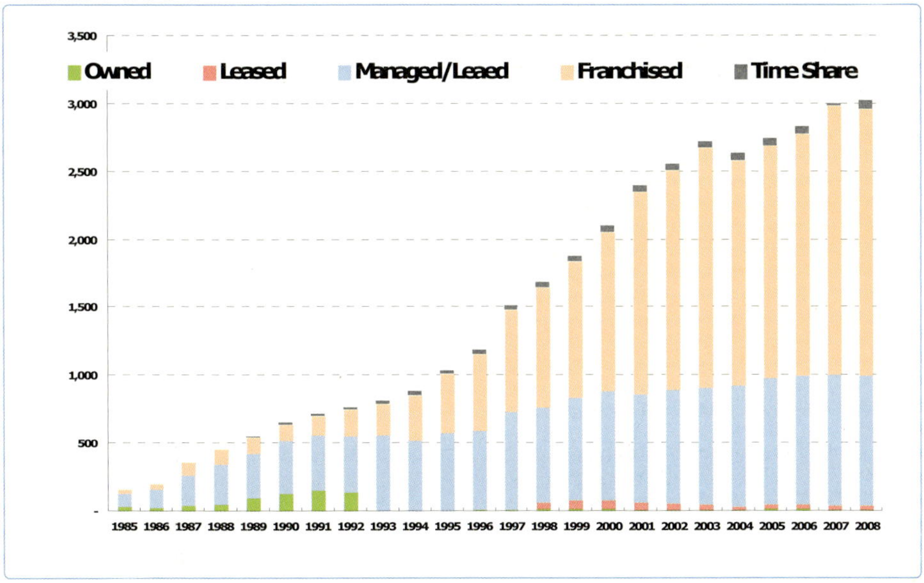

<Marriott의 브랜드별 경영방식>

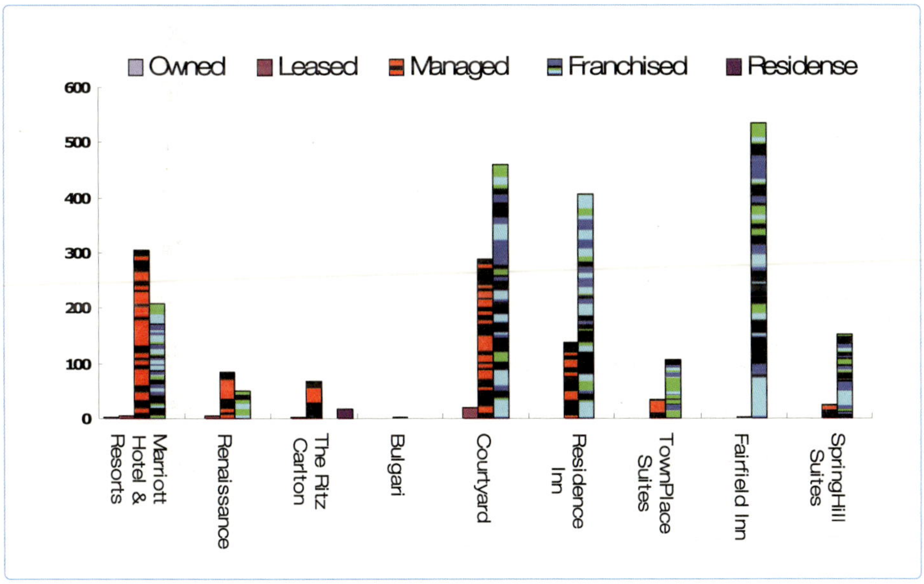

참고문헌

Annual Report, 1996. Phoenix, AZ : Doubletree Corporation.

Annual Report, 1996. Beverly Hills, CA : Hilton Hotels Corporation.

Annual Report, 2009. Washington, DC. : Marriott International Inc.

Annual Report, 1996. New York, NY : ITT Corporation.

Annual Report, 1996. Washington, DC. : Marriott International Inc.

Annual Report, 1995. Washington, DC. : Marriott International Inc.

Annual Report, 1994. Washington, DC. : Marriott International Inc.

Annual Report, 1993. Washington, DC. : Marriott International Inc.

10K. 1996. Washington, DC : Marriott International Inc.

10Q. 1997. Washington, DC : Marriott International Inc.

The Dow Jones News Retrieval. 1997.

Fortune 500 largest U.S. corporations. 1997(April, 28). Fortune, F-5.

Hamel, G., & C. K. Prahalad. 1994. *Competing for the Future*. Boston : Harvard Business School Press.

Hill, C. W. L., & G. R. Jones. 1995. *Strategic Management Theory : An Integrated Approach*(3rd edition). Boston : Houghton Mifflin.

Hotels Giants Survey. 1997(July). *Hotels*, 46.

Lee, D. R. 1985. How They Started : The Growth of Four Hotel Giants. *The Cornell Hotel & Restaurant Administration Quarterly*, 26(1) : 22-32.

Marriott International, Inc.(1997). *Company Capsule*. Hoover's Inc.

Marriott International, Inc. 1997(May 30). *Value Line*.

Marriott's 1B global reach. 1997(February 19). *USA Today*, p. B1.

Parrino, R.(1997), Spinoffs and wealth transfers : The Marriott case. *Journal of Financial Economics*, 43 : 241-274.

Roberts, M. 1998(January 10-16). Survey : Travel and Tourism. *The Economist*, pp. 1-16.

Rushmore, S. 1997(June). Occupancy Build-up Rules Change. *Lodging Hospitality*, 17.

호텔경영의 세계화

Chapter 15

Chapter 15

호텔경영의 세계화

학습목표

이 장을 학습한 후 여러분은 반드시 다음 내용을 이해해야 한다.

1. 세계화의 배경을 이해하고, 세계화를 촉진하는 요인들을 인지한다.
2. 세계화의 긍정적 및 부정적 영향을 파악한다.
3. 다국적기업이 무엇인지 이해한다.
4. 다국적기업의 세계화 전략을 숙지한다.
5. 세계 시장을 누비고 있는 다국적 체인호텔을 파악한다.
6. 다국적 체인호텔의 국내시장 진입의 장·단점을 확인한다.

제1절 세계화의 이해

1. 세계화의 유래 및 배경

세계화시대에서 생존 및 성장하기 위해 각 국가와 기업은 새로운 기회를 탐색하는데 여념이 없다. 물론 부정적인 측면도 없지 않지만 세계화는 이제 그 누구도 부정할 수 없는 대세임은 분명하며, 또한 세계화는 향후 많은 분야의 기존 질서에 지각변동을 초래할 커다란 동인임도 자명하다.

세계화(Globalization)란 용어를 정의함에 있어 다양한 의견이 있다. 일반적인 경영학 측면에서 세계화란 특정 기업이 세계시장에 진출할 때 각 개별적인 국가의 상황에 맞춰 다른 전략을 개발하기보다는 세계를 하나의 단일시장으로 간주하고 이에 맞는 통합된 전략을 수립하고 실행하는 것을 의미한다고 볼 수 있다. 종전에는 국제화(Internationalization)란 현상이 대세를 이루던 시대가 있었다. 국제화에서는 시장의 단위가 각 국가별로 구성이 되었으며 특정국의 기업이 다른 국가로 진출하는 것을 의미하였다. 그러나 세계화는 과거와 같이 물리적인 국경에 의한 시장구분이 무의미해졌다는 것이다. 즉, 세계화된 경제질서에서는 상품 · 서비스 · 자본 · 기술 · 인적자원 등의 흐름이 자유롭게 이루어져 세계 각국으로 통제 없이 이동할 수 있다.

단일시장으로 통합되는 세계화과정은 현재에만 일어나는 현상이 아니라 과거에도 계속되었던 추세이다. 자급자족경제→농업혁명→산업혁명→정보혁명 등을 거치면서 세계적으로 시장이 통합되는 추세는 계속되어 왔던 것이다. 특히 1848년 마르크스와 엥겔스는 유명한 공산당선언에서 "과거의 모든 내수위주의 자급자족경제는 이제 모든 면에서 국가 간의 상호의존성이 높아지는 세계경제체제로 전이하고 있다"고 역설하였다. 자본주의가 발전하면서 국가 간의 시장경제가 지속적으로 무너지면서 세계단일시장으로의 개편이 꾸준히 진행되어왔던 것이다.

19세기 이후 현재까지 세계는 2번의 세계화 물결을 경험하였다. 1차 세계화는 산업혁명을 성공한 영국의 주도아래 행해진 19세기(1820~1914)의 세계화이며, 2차 세계화는 1960년대 이후 미국이 주도하는 세계화과정이다. 제1차 세계대전으로 중단되었던 1차 세계화과정에서는 무역, 투자, 이민, 자본흐름, 공업화가 급속하게 진행 · 확대되었으며 종전과는 다른 경제적 상식과 정책결정이 개발되었다. 그러나 1차 세계화는 1879년경부터 유럽 국가들이 보호무역주의로 복귀하게 되면서 세계화는 후퇴하였고 결국 제1차 세계대전의 원인으로 이어지게 되었다.

1960년대 후반부터 시작된 2차 세계화는 제2차 세계대전이 종료된 후 다시 유럽과 일본의 경제가 부흥하면서 경제활동이 다시 한번 급물살을 타게 되었다. 1960년대 이후 세계의 GDP성장률은 약 3~4%였으나 수출물량 증가율은 1980~1985년 사이의 스태그플레이션 기간을 제외하면 GDP 증가율의 약 2배였다. 특히 외국인 직접투자(FDI : Foreign Direct Investment)는 시간이 경과함에 따라 국제투자자금의 핵심적인 역할을 하면서 2차 세계화의 견인차 역할을 하고 있다. 그리고 세계는 금융자유화, 규제완화, 정보통신기술(ICT)의 혁신적 발전 등으로 금융분야의 세계 통합도 신속하게 진행되고 있다. 한편, 우루과이라운드의 타결로 설립된 WTO는 종전의 GATT에 비해 국제무역의 규율제정 및 분쟁감독에 더 많은 권한을 보유하게 되었고 공산품에 대한 관세도 대폭 인하되어 상품무역에 관한 다자주의는 어느 정도 완성이 되었다.

표 15-1 World Top 15 경제대국(2006년 기준)

(단위 : 백만 달러, 명목가격)

순 위	국가명	GDP	순 위	국가명	GDP
1	미국	12,485,725	9	스페인	1,126,565
2	일본	4,571,314	10	대한민국	793,070
3	독일	2,797,343	11	브라질	792,683
4	중국	2,224,811	12	인디아	775,410
5	영국	2,201,473	13	멕시코	768,437
6	프랑스	2,105,864	14	러시아	766,180
7	이탈리아	1,766,160	15	호주	707,992
8	캐나다	1,130,208			

(자료 : Wikipedia)

2. 세계화의 촉진요인

세계화가 촉진시키는 가장 중요한 동인은 정보통신기술의 혁신이다. 현재 소비자는 자신이 속한 국가의 상품과 서비스뿐만 아니라 여러 해외국가의 상품과 서비스도 구매할 수 있다. 예를 들어, 일본국민이 뉴욕 월스트리트의 증권시장에서 세계 여러 기업의 주식을 사고팔 수 있으며 우리도 인터넷을 이용하여 Amazon.com에서 책과 CD 등을 구매할 수 있다. 이는 정보혁신의 결과로서 값싼 요금으로 세계 여러 나라와 통신이 가능하기에 있을 수 있는 것이다.

정보통신기술과 더불어 교통수단의 발전은 상품의 국제 이동비용을 혁신적으로 줄이면서 세계화를 촉진하였다. 1차 세계화는 산업혁명 결과로 등장한 철도망과 증기선으로 인하여 수송비용 절감에 의해 촉발되었으며, 2차 세계화는 정보통신기술의 발달로 정보의 무역비용이 계속 감소하면서 촉진되었다.

청동기→철기→산업혁명→정보혁명으로 이어지는 기술혁신은 생산에서 '규모의 경제'의 중요성이 부각되는 계기가 되었다. 과거의 씨족단위, 부족단위 또는 국가단위의 시장만으로는 신기술에 의한 규모의 경제를 십분 활용할 수 없었다. 대규모 생산설비에 의한 규모경제의 효과(Economies of Scale)를 극대화하기 위해서는 주변시장을 통합해야 할 경제적 필요가 대두되었던 것이다. 현재 우리가 경험하고 있는 세계화를 촉진하는 가장 중요한 동기는 하루가 다르게 급변하고 있는 기술혁신과 그 결과로 나타나는 규모의 경제를 충분히 감당할 수 있게 해주는 다른 부수적인 환경변화, 즉 세계 소비자의 욕구가 점점 동질화되고, 각 나라의 인위적이고 물리적인 무역장벽이 무너지는 데서 기인한다고 볼 수 있다.

그리고 냉전체제의 붕괴와 국가(정부)의 경제활동에 대한 통제권의 약화도 세계화를 촉진하는 요인이 되었다. 러시아를 비롯한 동유럽 국가들이 대부분 시장경제를 채택하면서 기업들에 대한 진입장벽이 소멸되고 생산요소의 이동도 자유롭게 되었다. 또한 1960년대 이후 대외 지향적 성장전략을 채택했던 국가들이 고도성장을 이룩함으로써 개발도상국들의 세계화를 자극하게 되었다.

표 15-2 세계화의 촉진요인과 억제요인

촉진요인	억제요인
국제무역환경의 자유화 • 무역장벽의 감소 • 사회주의 경제체제의 몰락과 개방화	**신보호무역주의 및 지역주의의 대두** • 상호주의 및 공정무역 • 지역별 경제통합 추이
기술 및 경제적 요인 • 기술변화율 및 개발비용의 급격한 증가 • 규모의 경제 • 수송비용의 절감(컨테이너 등 운송수단의 발전)	**기술 및 경제적 요인** • 유연한 생산시스템의 발전 • 규모의 비경제성 증가 • 수송 및 물류비용 감소의 한계
통신수단의 발전 • 세계적 조정 및 통합능력의 증대 • 세계적 정보탐색능력의 증대 • 정보지식의 국제교류 활발	**조정비용의 증가** • 세계적 정보수집비용의 증가 • 세계적 조정 및 통합비용의 증가
소비자 기호의 동질화 • 상품의 현지(지역) 적합성 증가 • 세계적 단일시장의 등장	**각국별 시장의 특성 차이** • 기호 및 관습의 국가별 차이 존재 • 각국별 시장구조의 차이 • 소비자 기호의 세분화 추세

(자료 : 어윤대 외)

위에서 보듯이 세계화를 이끌어 나가는 핵심 추진역할은 역시 기업들의 몫이다. 결론적으로 말하면 결국 세계화는 기업들이 필요에 의해서 발생한 사회 · 경제적 현상이라고 볼 수 있을 것이다. 즉 세계화는 기업들이 당연히 추구해야 하는 당위적인 것이라는 것이다. 대부분의 기업들은 존재이유와 직결되는 생존과 성장을 위해서는 거부할 수 없는 선택이다. 이러한 기업의 세계화 또는 국제화를 보다 정확히 이해하기 위하여 어떤 요인들이 세계화를 촉진하고 또는 억제하는지에 대한 충분한 이해가 따라야 할 것이다. 〈표 15-2〉는 기업의 세계화 촉진 및 억제요인들에 대하여 간략하게 소개하고 있다.

3. 세계화의 특징

1차 및 2차 세계화를 통한 국가 간의 소득구조는 크게 개선되지 않았다. 1차 세계화에서는 산업혁명으로 공업화를 이룩한 소수 국가들이 공산품 수출로 고도성장을 구가하였지만 제3세계는 원료공급지로 전락하게 되었다. 그리고 2차 세계화과정에서는 선진국들의 소득은 증가되었고 아시아의 일부 신흥공업국들은 공업화를 통해 거의 선진국수준까지 다가섰지만 아프리카, 중남미, 일부 아시아 국가들의 소득은 1960년대에 비해 오히려 감소한 것으로 나타났다.

역사적 사실을 증거로 조망해 봤을 때 세계화를 주도한 국가는 그 시기의 종주국이었으며 이들은 국제무역의 확대로 산업의 자국 내 창출과 경제발전을 이룩할 수 있었다. 1차 세계화과정에서 영국은 공산품 관세율을 1820년 50%에서 1875년에는 0%로 인하하여 무역자유화를 선도하였다. 그리고 2차 세계화에서는 자유진영의 중심국인 미국이 공산진영과 대치상황에서 무역과 투자의 자유화를 추진하였다.

다국적기업(MNC : Multi National Corporation)들은 세계시장을 대상으로 생산 및 판매활동을 하며 안정성과 수익증대를 이룩하기 위해 세계화를 다각적으로 추진하고 있다. 다국적기업들은 자국의 경기가 침체되거나 장기간 저성장이 지속되면 자신의 성장목표를 달성하기 위해 해외시장으로 눈길을 돌려왔다. 참고로 다국적기업의 부가가치생산은 1997년 세계총생산의 25%에 달하였다. 다국적기업의 활동은 세계 전체의 경제활동 증가 속도보다 훨씬 빠르게 나타나고 있다.

한편, 한국과 같은 신흥국가는 외국인 직접투자 유치노력을 강화하여 세계화과정에서의 부작용인 외환위기의 안전장치로 활용할 수 있다. 외국인 직접투자가 활성화되면 고용창출, 기술이전 외에도 경상수지의 적자를 보충하고 외환보유고의 유동성(Liquidity)을 확충할 수 있다.

현재의 세계화과정에서 선진국과 저개발국 간에 빈부의 격차(Haves vs. Have-nots)가 한층 심화되고 있다. 실제로 과거 후진국이었던 아시아의 몇몇 국가를 제외하고는 편익과 손실의 배분과정에서 불평등을 낳아 국가 간의 소득격차가 더욱 확대되고 있다. 이 밖에도 정보력의 격차(Digital Divide) 심화, 환경파괴, 경제위기의 발생, 지역문화의 훼손 등 세계화에 의한 부작용도 적지 않지만 세계화를 대체할 대안은 현재 존재하지 않고 있는 것이 사실이다.

그러나 세계화를 통한 저개발국들의 고용창출은 무시할 수 없는 면이며, 또한 세계화를 요구하는 주요 당사자가 바로 외국인들의 직접투자를 유치하여 경제부흥을 꾀하고자 하는 개발도상국들이라는 현실도 잊어서는 안될 것이다. 개발도상국 또는 저개발국들은 경제부흥을 위해 부족한 자본과 기술을 확보하기 위하여 직접투자를 적극 활용하고 있다. 예를 들면, 최근에 현실로 나타나고 있는 중국의 눈부신 경제성장의 원동력은 외국인 직접투자의 유치를 통해서 이루어진 것이나 마찬가지이다.

세계화에 대한 부정적인 시각이 있는 것도 사실이지만 세계경제의 통합이라는 차원에서 세계화는 계속해서 진행될 것이며, 특히 일부 핵심지역을 중심으로 한 지역화나 EU와 같은 블록화를 통해 세계화는 점점 더 가속화될 것이라는 전망이 지배적이다. 이렇듯 세계화는 정보통신기술의 지속적인 혁신, 다국적기업들의 해외시장 개척을 통한 왕성한 이윤추구 활동, 자국민의 소득향상을 위한 경제부흥을 성취하려는 개발도상국가의 전략 등으로 인하여 지속적으로 진행될 것이 분명하다.

제2절 다국적기업

세계화된 경제질서에서는 상품 · 서비스 · 자본 · 기술 · 인적자원 등의 흐름이 자유롭게 이루어진다고 하였다. 이런 여러 요소들의 자유로운 흐름은 다국적기업(MNC)이란 활동주체에 의해서 주로 행해지고 있는데, 이들은 유망한 세계 여러 나라에 다양한 자원을 투자하며 경제활동을 영위하고 있다.

다국적기업이란 용어에 대한 해석은 다양할 수 있으나, 일반적으로 2개국 이상의 국가에 현지법인을 보유하고 있는 기업이면 모두 다국적기업이라고 할 수 있다. UN통계에 의하면 세계적으로 약 35,000여 개의 다국적기업이 세계 각지에 약 170,000여 개의 자회사를 거느리고 있다고 한다. 그 중에서 세계 100대 다국적기업이 전체 해외자산의 약 40~50%를 차지하고 있다고 하는데, 이와 같은 거대한 다국적기업들의 비중이 점점 커져가고 있다. 한편, 일부 거대한 다국적기업은 전체 직원의 97%가 해외법인에서 종사하는 사람들이며 또한 전체매출의 98%가 국내가 아닌 해외에서 벌어들이고 있다. 이런 기업을 더 이상 다국적기업이 아니라 초국적기업(Transnational Corporation)이라고도 한다. 이런 기업들이 점점 늘어나고 있는 것은 이제 기업들이 국가라는 물리적 경계를 뛰어넘어 세계시장을 무대로 경제활동을 수행하고 있다는 것을 의미하고 있다.

1. 다국적기업의 유형

세계화된 기업을 육성하려면 범세계적인 비전, 전략, 조직이 필요하다. 국제경제 질서에서 활동을 하는 기업의 형태에는 크게 세 가지 유형이 있는데, 초국적기업(Transnational Corporation), 글로벌기업(Global Corporation), 다국적기업(Multinational Corporation) 등이다.

세 가지 기업유형은 각각 고유한 핵심전략을 수행하기 위해 고안되었다. 첫째, 초국적기업은 세계를 사업영역으로 하여 영업활동을 전개하고 있으나 각 지역본부는 해당 지역시장의 욕구에 부합하는 고유한 판매전략을 수립할 수 있는 권한을 부여받고 있다. 둘째, 글로벌기업은 세계를 단일시장으로 간주하여 표준화되고, 신뢰할 수 있고, 같은 브랜드의 기업으로서 세계 여러 국가에서 동일한 판매전략을 운용하고 있다. 셋째, 다국적기업은 특정 지역에서 성공한 판매전략을 다른 나라에서 새로운 사업의 형태로 제공하는 것이다. 즉 단순하게 국내의 성공 경험을 해외시장의 확대에 이용하는 것이다.

3가지 다국적기업의 유형은 고유한 핵심전략에 맞춰 적절하고 신속하게 대응할 수 있도록 설계되고 개발되어야 한다. 인적자원과 그들에 대한 교육훈련은 기업이 정상궤도에 진입하는데 필수적이다. 〈표 15-3〉은 각 세계화전략에 따른 기업유형의 사업과제, 기업적 대응 및 교육프로그램 대응 등에 대한 요점을 보여주고 있다.

초국적기업은 중앙본부 또는 지역본부가 모든 문제에 대한 해법을 알지 못하고 있다는 것을 인지하고 있다. 모든 국가에서 관리자 및 종업원들은 거래처 및 정부기관과 함께 일할 수 있는 방법을 강구해야 하며, 또한 전혀 다른 지역적 특성에 의해 유래되는 상반된 관점을 존중해야 한다. 그래서 팀워크, 책무의 공유, 계층이 적은 비공식적인 기업조직이 더욱 중요시되고 있다. 종업원들에게는 비전, 사명, 전략을 공유하도록 할 뿐만 아니라 지역에서도 혁신기능의 수행을 조장한다.

초국적기업의 대표적 기업인 McDonald's는 외국에 진출하면 현지인의 입맛에 맞는 신상품을 개발하는 것으로 유명하다. 쇠고기를 먹지 않는 인도에서는 채소햄버거를 개발하고, 노르웨이에서는 북해산 연어를 사용하여 연어샌드위치를 개발하였다. 또한 맥주의 나라 독일에서는 세계 최초로 매장 내에서 맥주를 고객에게 판매하기 시작했다. 1988년 처음 국내시장에 진출한 한국 맥도날드도 불고기버거와 김치버거 등 한국 판매용 상품들과 함께 한국적 이미지를 담은 기업광고 및 홍보를 통해 현지화에 대한 노력을 다하고 있다.

글로벌기업의 사업과제는 획일성 및 규모의 관점에서 유래된다고 할 수 있다. 글로벌기업들은 세계를 그들의 시장으로 간주하고 가능한 많은 소비자들이 선호할 수 있는 단일상품을 개발코자 한다. 글로벌기업들은 상품 및 기업철학에서 글로벌 스탠더드(Global Standard)의 달성을 강조하며, 의사결정은 중앙본부에서 주로 행해지는 경향이 있으며, 권위 및 교육훈련은 세계로 잘 전이되고 전체 기업조직이 한 목소리로 운영·지원할 수 있도록 설계되었다.

다국적기업의 과제는 주로 시장침투문제에 관련되어 있다. 일반적으로 다국적기업들은 국내에서 사용했던 전략을 국제시장에서 응용함에 있어 파생되는 과제에 대해 대응한다. 인적자원개발은 외국인 근로자들을 내국인 근로자만큼 능숙한 근로자로 육성하는 데 집중한다.

표 15-3 다국적기업의 유형

	초국적기업	글로벌기업	다국적기업
사업과제	• 세계를 상대로 현지의 지역적 특색을 감안하여 영업 • 세계자원으로 지역시장들의 확대 • 본부와 해외망 간의 상호학습과 공유된 목표를 최대화	• 세계를 상대로 영업을 하며, 표준화된 세계수준의 품질로서 동일한 상품을 판매 • 세계자원으로 세계시장의 규모 확대 노력 • 국내 영업전략으로 세계시장으로 진출	• 국내시장을 세계시장으로 확대 • 국내자원으로 세계시장의 규모 확대 • 국제조직은 국내영업으로부터 경험을 학습
조직적 대응	• 세계화전략/현지 영업 • 다시장 개발 및 독립생산	• 세계화전략/중앙집권식 영업 • 저비용 생산 및 표준화된 개발	• 국제시장에서의 기업 구축 • 국제적인 마케팅/자원활용 전략의 개발 • 국내전략을 국제시장에서도 활용
교육 프로그램 대응	• 인적자원의 혁신능력개발 • 기업의 비전, 사명 및 전략에 집중 • 전사적인 권한위임	• 총체적인 영업효과의 향상 • 일관성과 기술개발에 집중 • 한 목소리로 세계영업망과 대화 가능	• 효율향상 및 성장추구 • 국내시장과 동시에 국제시장 확대에 집중 • 국제영업을 국내조직처럼 지원
예	Holiday Inn, Courtyard	Accor	Starwood, InterContinental

(자료 : Gee)

제3절 다국적기업의 세계화전략

1. 세계화전략의 기본 과제

세계를 무대로 경쟁하고 있는 많은 다국적기업들은 서로 배치되는 목표에 직면할 때가 많다. 이들은 비용우위를 달성하기 위하여 일개 지역에 생산시설을 집중하고 규모의 경제를 이룩하여 대량생산을 통한 가격경쟁력을 갖춘 상품을 세계시장에 판매하는 전략의 필요성을 인지하고 있다. 이를 위해서 세계에서 가장 낮은 비용으로 생산할 수 있는 입지를 확보해야 하고, 규모의 경제를 십분 이용하기 위해서는 세계 소비자들의 욕구가 균일한 것으로 가정하고 표준화된 상품을 생산 · 판매해야 하는 당위성을 느낄 것이다.

그러나 한편으로 다국적기업은 각국의 서로 상이한 지역적 · 문화적 특색에 입각하여 차별화된 상품을 생산해야 하는 필요성도 동시에 느낄 것이다. 그리고 생산기지를 특정 지역에 편중하게 되면 환율 등의 변화에 대한 취약성을 인지하게 되므로 생산시설을 여러 지역으로 분산하여 건설함으로써 환율변동에 효과적으로 대응하는 한편, 각국의 보호무역장벽에 대한 우회전략의 당위성도 느끼게 된다.

다국적기업이 글로벌 스탠더드를 달성하려면 다음과 같은 세 가지 측면을 반드시 고려해야 할 것이다. 첫째, 수익성(Profitability)이다. 아무리 좋은 아이디어 혹은 상품일지라도 수익성이 없으면 기업발전에 이로울 게 없다. 이렇듯 가치창출에 대한 혁신적 사고가 요구되고 있다. 둘째, 투명성(Transparency)이다. 기업의 모든 정보는 투명하게 수집 · 제작되고 세계 도처에서 균일하게 이용될 수 있어야 한다. 셋째, 다양성(Diversity)이다. 글로벌 스탠더드가 되려면 세계 모든 지역마다의 고유한 특성과 쉽게 융화될 수 있는 그런 것이어야 한다.

그리고 다국적기업은 세계화와 현지화의 면면을 동시에 고려해야 하는 상반된 상황에 처할 수 있다. Prahalad와 Doz는 세계화 및 현지화에 대한 갈등을 다국적기업들이 보유하고 있는 근본적인 상충된 면모라고 하였다. 이런 갈등구조는 〈그림 15-1〉에서 잘 보여주고 있다. 몇몇 다국적 호텔기업들도 같은 경우를 일찍이 경험했었다. McDonald's의 경우는 세계화와 현지화를 균형적으로 조화하여 세계시장 진출에 성공한 대표적인 사례이다. McDonald's는 외국에 진출할 때면 현지국가의 주민들의 입맛에 맞는 신상품을 개발하는 전략을 시도했다. 쇠고기를 먹지 않는 인도에서는 '채소햄버거'를 개발해서 현지 소비자들의 취향을 맞추었고, 노르웨이에서는 이 지역을 특산물인 북해산 연어를 이용하여 '연어샌드위치'를 개발하여 현지인들과의 거리를 줄여 나갔다. 한편, 맥주의 나라 독일에서는 세계 최초로 점포 내에서 맥주를 판매하기도 했다. 그리고 1988년에 한국에 입성한 McDonald's는 '불고기버거', '김치버거' 등 한국 소비자들을 위한 상품들을 개발하고, 또한 한국적 이미지를 담은 기업광고를 통하여 한국화를 꾀하는 노력을 경주하고 있다.

그림 15-1 **세계화와 현지화의 갈등**

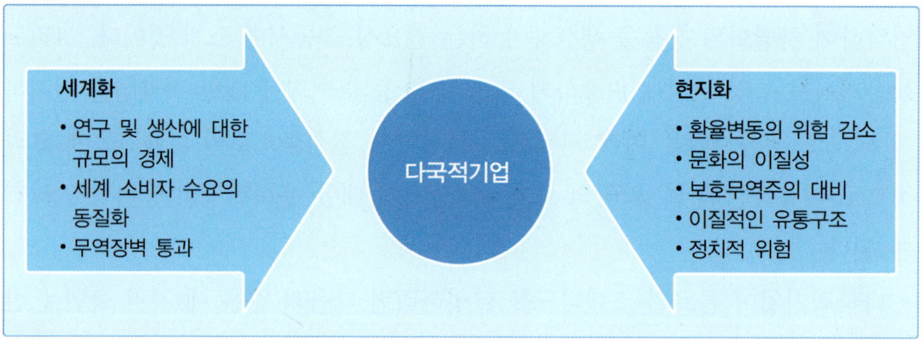

(자료 : 장세진)

2. 세계화전략의 주요 요소

다국적기업들은 다음에 소개하는 5가지 사항에 유념하여 세계화전략을 수립해야 한다. 첫째, 자사가 보유하고 있는 경영자원이 해외국가로 이전이 가능한가의 여부를 고려한다. 즉 자신이 보유한 유형 및 무형의 경영자원을 해외시장에서 어떻게 활용해야 할 것인가를 심사숙고해야 한다. 둘째, 세계화전략의 수립 시에는 생산시설의 입지선정을 심각히 고려해야 한다. 세계화전략의 수립 시에는 생산활동을 다단계로 구분하여 각 개별 생산활동 분야별로 가장 적합한 국가를 구분하여 배치하는 것이 필요하다. 셋째, 세계화전략을 고려하고 있는 기업은 두 번째 요소인 생산활동의 배치와 관련한 구체적인 진입시장의 선택이 중요하다. 즉 자사의 핵심역량으로 경쟁력 확보의 가능 여부를 중심으로 진입시장을 선택해야 한다. 넷째, 진출하기로 결정한 국가에 어떠한 방법(Mode)으로 진입할 인가를 선택해야 한다. 해외시장 진입방법에는 신설법인 개설, 합작투자, 파트너십(지분참여), 인수합병(M&A) 등 각국의 고유한 경영환경과 본사의 전략적 필요성에 따라 다양한 선택의 여지가 존재한다. 호텔산업에서는 프랜차이즈(Franchise), 직접투자(FDI), 합작투자(Joint Venture), 위탁경영계약 등의 진입방법이 가장 많이 이용되고 있다. 다섯째, 세계시장으로 진출한 후 세계에 존재하는 수많은 자회사를 어떻게 효과적으로 조율하고 통제할 것인가를 결정하는 것은 매우 중요한 도전이자 과제이다.

제4절 다국적 호텔기업의 성장

1980년대 이래로 세계화는 세계 호텔산업에서 중요한 동향이 되었다. 미국, 서유럽 및 아시아의 많은 다국적 체인호텔들은 새로운 성장기회를 찾기 위해 영업활동의 범위를 세계시장으로 확대하게 되었다. 많은 체인들이 2개 또는 3개 이상의 국가로 진출하였고 심지어 일부 기업들은 100여 개에 육박하는 국가에 진출하여 진정한 의미의 다국적기업이 되었다. 그 결과 유명 체인호텔들의 세계시장 점유율(침투율)이 점차 확대되고 있다. 미국의 유명한 호텔산업 리서치 기업인 Smith Travel Research에 의하면 미국 호텔 객실의 약 67%는 체인들의 브랜드에 의해 운영되고 있다고 한다. 반면에 유럽 등 기타 지역은 점유율이 미국에 비하면 훨씬 낮아서 체인호텔들의 사업기회는 아직도 제한적이지 않다는 것을 증명하고 있다.

표 15-4 **체인호텔의 지역별 시장점유율**

지 역	전체 객실 재고에서 브랜드화된 객실의 %
미국	65%
동아시아	25%
중동	25% 이상
남아메리카	20% 이하
유럽	25%

(자료 : Mintel)

Hotels에 의하면 IHG, Starwood, Accor 등이 100여 개의 국가에서 호텔을 영업하는 최고의 글로벌화된 체인호텔임이 판명되었다. 그 외에도 Best Western, Hilton, Carlson, Wyndham, Marriott 등도 글로벌화 정도가 매우 높은 편이다. 또한 Hotel and Motel Management에 의하면 세계 100대 체인호텔 중에서 54개 기업이 적어도 3개국 이상에서 활동하고 있다고 한다. 〈표 15-5〉는 가장 높은 해외 진출의 분포도를 보이고 있는 15개의 대표적인 다국적 체인호텔들을 보여주고 있다.

체인호텔이 해외시장으로 눈을 돌리는 중요한 이유는 다음과 같다. 첫째, 기업성장을 지속하기 위한 주요한 방법으로 새로운 시장을 확보하기 위해서이다. 둘째, 높은 매출신장이 예견되는 새로운 지역의 개발을 통한 수익성의 향상이다. 셋째, 호텔산업의 사업주기(Business Cycle)가 서로 다른 국가로 진출함으로써 위험을 분산하는 효과를 거둘 수 있기 때문이다.

그리고 성장을 최우선과제로 하는 호텔기업에게는 전통적으로 세 가지 선택이 있을 수 있다. 첫째, 현재의 국내시장을 확대하는 것이고, 둘째, 표적시장에 맞는 새로운 상품의 창출이며, 셋째, 해외에서 새로운 시장을 개척하는 것이다.

지금부터는 세계적인 주요 다국적 호텔기업의 탄생 및 성장배경을 각 대륙별로 구분하여 소개하기로 한다.

표 15-5 **World Top 15 다국적 체인호텔**

2008년 순위	2007년 순위	체인호텔명	2007년 국가수	2008년 국가수
1	1	IHG(InterContinental Hotels Group)	100	100
2	2	Starwood Hotels & Resorts Worldwide	95	97
3	3	Accor	90	95
4	4	Best Western International	80	80
5	5	Hilton Hotels Corporation	78	78
6	6	Carlson Hotels Worldwide	70	74
7	8	Wyndham Hotel Group	58	67
8	7	Marriott International	68	66
9	9	Golden Tulip Hospitality Group	50	52
10	11	The Rezidor Hotel Group	42	45
11	10	Global Hyatt Corporation	44	44
12	13	Club Mediterranee	40	40
13	12	Choice Hotels International	40	34
14	15	Four Seasons Hotels & Resorts	31	34
15	16	TUI AG/TUI Hotels & Resorts	–	31

(자료 : Hotels)

1. 미국의 다국적 호텔기업

비록 호텔의 기원은 유럽에서 유래되었지만 현대적 의미의 호텔경영을 완성한 것은 역시 미국 체인호텔들이다. 미국 체인호텔들은 호텔사업체의 소유와 경영의 분리, 호텔상품의 세분화, 호텔영업의 표준화, 호텔건설의 표준화된 개빌, 체인마케팅 제휴, 프랜차이즈, 중앙예약시스템 등을 개발하여 세계 호텔산업에서 핵심적인 역할을 수행하고 있다. 최근 미국의 다국적 호텔기업들은 국내시장의 공급과잉(Overbuilding)상황과 수익성에 대한 잠재력이 있는 호텔입지의 부족으로 인하여 해외로 눈길을 돌려 새로운 성장 기회를 도모하고 있다.

표 15-6 미국 Top 15 체인호텔

순 위	호텔명	본사 위치	2008년 객실수	2008년 호텔수
1	Wyndham Hotel Group	Parsippany, NJ	592,880	7,043
2	Marriott International	Washington DC	560,681	3,178
3	Hilton Hotels Corporation	Beverly Hills, CA	545,725	3,265
4	Choice Hotels International	Silver Spring, MD	472,526	5,827
5	Best Western International	Phoenix, AZ	305,000	4,000
6	Starwood Hotels & Resorts	White Plains, NY	284,800	942
7	Carlson Hotels Worldwide	Minneapolis, MI	151,077	1,013
8	Global Hyatt Corporation	Chicago, IL	114,332	375
9	Westmont Hospitality Group	Houston, TX	106,097	689
10	Extended Stay Hotels	Spartanburg, SC	76,384	686
11	La Quinta Management	Irving, TX	75,832	721
12	Vantage Hospitality Group	Westlake Village, CA	60,354	845
13	MGM Mirage	Las Vegas, NE	49,919	17
14	Interstate Hotels & Resorts	Arlington, VA	46,448	226
15	Harrah's Entertainment	Las Vegas, NE	38,000	35

(자료 : Hotels)

1) Hilton

1919년 Conrad Hilton은 은행을 구매하고 석유사업에 투자하기 위해 미국 텍사스 주의 시스코시를 방문하게 되었다. 그러나 은행은 너무 많은 돈을 요구했으며, Hilton은 여기서 석유굴착사업에 소요되는 많은 노동력으로 인하여 이 지역의 숙박업이 번창하고 있다는 것을 깨닫게 되었다. 그래서 Hilton은 동업자들에게 은행 대신에 Mobley호텔을 구매할 것을 종용하였다. 그의 호텔사업에 대한 재무적 예상은 정확했으며, Hilton은 세계에서 가장 유명한 호텔리어가 되는 첫 발을 내딛게 된다.

1930년대에 Hilton은 8개의 호텔을 소유 또는 운영하게 되었다. 경제대공황 동안에 Hilton은 부도를 경험함으로써 대여섯 개의 호텔들은 주인이 바뀌게 되었다. 그러나 Hilton은 호텔경영에 대한 그의 전문성을 인지하고 처분된 호텔들을 운영할 기회를 달라고 요구했다. 그래서 1939년 Hilton은 대부분의 호텔들에 대한 소유권과 통제권을 회복하게 되었으며, Hilton은 다시 사업을 확장할 기회를 확보하게 된다. 이후 The Plaza, Palmer House, The Stevens(후일 Conrad Hilton으로 변경), Waldorf-Astoria 등과 같은 당대 최고의 호텔들을 인수하기에 이르렀다. 또한, Hilton은 당시 최대의 호텔그룹인 Statler 체인호텔을 인수하였는데, 이 인수는 당시 미국 부동산 역사상 가장 큰 거래였다.

제2차 세계대전 이후 미국 달러화의 강세, 여행수요의 증가, 항공여행의 발전, 마샬플랜 등의 요인에 의해 Hilton은 해외로의 확장을 고려하게 되었다. 1947년 Hilton호텔은 뉴욕주식거래소에 상장된 최초의 호텔기업이 되었으며, 1949년 Hilton은 해외에 소재하는 호텔들을 경영하기 위해 100%의 지분을 투자하여 Hilton International이란 자회사를 설립하였다. 애초부터 Hilton은 외국의 부동산을 소유하는 것에는 별 관심이 없었다. 그의 전략은 현지의 정부 및 투자자들에게 기술적 설계의 지원, 브랜드, 전문경영지식 등을 지원하는 것이었는데, 이것은 현대 위탁경영계약(Management Contracts)의 탄생을 알리는 것이었다.

Hilton은 1948년 푸에르토리코정부의 신속한 경제성장을 위한 'Operation Bootstrap'의 일환으로 건설된 최초의 호텔을 운영하기 위한 최초의 위탁경영계약을 체결하였다. Caribe Hilton호텔의 성공은 해당 국가는 물론이고 카리브 해 지역의 관광붐을 일으킨 선구자가 되었다. 이와 유사한 계약관계는 마드리드, 이스탄불, 멕시코시티에서도 이루어졌으며, 1964년에 이르러 Hilton International은 22개국에 29개소의 호텔을 운영하게 되었다.

1964년 Hilton International은 Hilton호텔로부터 독립된 상장기업으로 분사하였다. 그래서 Hilton호텔은 미국 국내에서 Hilton 브랜드를 사용할 권리를 독점할 수 있는 권리를 보유하고, Hilton International은 미국 영토 밖의 지역에서 Hilton 브랜드를 독점으로 사용할 권리를 보유하게 되었다. 그 결과로 두 기업 간의 유일한 연결 창구는 서로 공동으로 소유하고 있는 Hilton 예약서비스만이 남게 되었다. 여행의 세계화가 더욱 확대됨에 따라 Hilton International은 미국시장으로 영업활동을 확대하기 위해 1979년 Vista International을 설립하게 되었다. 마찬가지로, 1983년에 Hilton호텔은 미국 밖의 해외시장을 공략하기 위해 자회사인 Conrad International을 설립하였다.

1967년에 미국 유명항공사인 TWA는 Hilton International을 구매하고 1987년에 다시 Allegis Corporation에 되팔았으며, 수년 후 다시 영국의 Ladbroke Group PLC에 의해 인수되었다. 그 이후 Hilton International 역사상 가장 광대한 확장전략이 실행되었다.

2006년 Hilton Hotels Corporation은 Hilton International을 인수하여 전 세계의 78개 국가에서 3,000여 개소의 호텔을 운영하는 거대한 다국적 체인호텔로 거듭나게 되었다. 그러나 2007년 소유권을 보유한 힐튼 패밀리는 현금 200억 달러에 미국의 사모펀드기업인 Blakestone Group에 Hilton 호텔사업을 매각하기로 결정한다. 2011년 1월 현재 Hilton은 76개 국가에서 191,348개의 객실을 보유한 530개소의 호텔을 운영하고 있다.

2) Starwood

Starwood Hotels & Resorts Worldwide는 REIT회사인 Starwood Lodging이 그 당시 REIT의 세제혜택을 극대화하기 위해 만든 회사였다. 초기에 Starwood Lodging

은 주로 북미에서 각각 다른 브랜드 이름을 가진 여러 호텔들을 소유하고 있었다. 1994년 Starwood는 일본의 Aoki사로부터 Westin 체인을 인수한다.

이때까지만 해도 Starwood는 미국 호텔산업에서 큰 존재감을 얻지 못하고 있었다. 그러나 1998년 Hilton과 Sheraton, The Luxury Collection, St. Regis, Four Points 등의 브랜드 포트폴리오를 보유하고 있는 거대한 복합기업인 미국 ITT이 적대적 인수와 이를 방어하는 과정에 백기사로 등장하면서 위에 열거한 브랜드들을 인수하게 되면서 세계 호텔산업의 총아로 등장하게 된다.

젊고 유능한 CEO Barry Sternlicht를 위시한 Starwood의 경영진은 월스트리트 금융가의 전문지식을 십분 활용하여 고루한 미국 호텔산업에 신선한 바람을 일으키게 된다. 그 대표적인 예가 1999년에 출시한 W Hotel이다. 부티크 호텔 개념의 W 호텔은 신선하고 스타일리시한 면모로 대성공을 거두게 된다. 전통적인 스타일을 거부하는 W 호텔이 일으킨 새로운 호텔 콘셉트는 현재까지도 세계 호텔산업을 뒤흔들고 있으며, 많은 호텔들이 이를 따르고 있다. Starwood는 다시 2005년 W 호텔의 개념을 계승하는 Aloft Hotel을 새로운 브랜드로 출시한다. 그리고 2005년 유럽의 유명 호텔 브랜드인 Le Meridien을 인수하면서 유럽지역에 사업 반경을 크게 확장했다.

한편, Starwood를 호텔기업으로서 큰 성공을 거두게 한 장본인인 Barry Sternlicht는 2004년 Starwood Capital의 업무에 전념하기 위해 CEO직을 사임해서 결국 2005년 이후 이사직을 사임하면서 경영에서 완전히 손을 떼게 된다. Starwood의 브랜드 포트폴리오의 특징은 Four Point를 제외하고는 소유 또는 운영하고 있는 대다수 호텔들이 Full Servcie호텔이란 점이다. 즉 Starwood는 세계 호텔산업에서 가장 많은 수의 고급호텔들을 운영하는 유일한 호텔기업이다. 또 하나의 특징은 현재 대다수 세계적인 체인호텔들은 과거 호텔을 소유하는 방식을 탈피해서 위탁경영이나 프랜차이즈로 사업방식을 전환하고 있다. Starwood도 결국 이런 방향으로 선회하고 있으나 아직도 직접 소유하고 호텔 자산이 다른 체인들에 비해 훨씬 많은 것이 사실이다. 2011년 1월 현재 Starwood는 세계 100여 국가에서 9개의 브랜드로 298,500실을 갖춘 882개소의 호텔들을 운영하고 있다.

가. Sheraton

1930년대 미국의 경제 대공황기에 보스턴의 두 기업가인 Ernest Henderson과 Robert Moore는 저당권 이양과 소규모 현금투자를 통하여 뉴잉글랜드에 있는 대여섯 개소의 황폐한 호텔들을 소유하게 되었다. 호텔사업에 대한 경험이 전무함에도 불구하고 이들은 바로 체인호텔을 건설할 야망을 품게 되었다. 이들이 인수한 한 호텔의 지붕에 있는 'Sheraton'이란 비싼 전기광고싸인을 제거하는데 비용이 너무 많이 소요되기 때문에 다른 모든 호텔에서도 같은 이름을 사용하게 되었다. 제2차 세계대전 후에 두 동업자는 추가로 실패한 호텔들을 인수한 후 이들을 개량하여 가치를 향상시켰다. 1949년에 Sheraton은 2개의 캐나다 호텔들을 인수함으로써 비로소 국제적인 체인호텔이 되었으며, 1961년에는 이스라엘에 Tel Aviv Sheraton을 개관하여 처음으로 북미대륙 밖으로 진출하게 되었다.

혁신과 확장은 Sheraton호텔의 성공의 보증수표이었다. 1958년에 도입한 'Reservatron'은 호텔산업 최초의 자동화된 전자예약시스템이었으며, 이를 통하여 Sheraton은 최초로 예약기능을 중앙화하고 전산화한 체인호텔이 되었다. 또한 Sheraton은 소비자들이 무료로 회사와 직접 접촉이 가능한 toll-free-800-number 시스템을 도입한 최초의 소비자기업이 되었다.

1985년 Sheraton은 The Great Wall Sheraton Hotel Beijing을 개관함으로써 중국에 최초로 진출한 다국적 호텔기업이 되었으며, 모스크바에 호텔을 짓기로 합의함으로써 구소련과 합작투자를 시작한 최초의 서구 호텔기업이었다.

Sheraton의 성장은 1968년 ITT의 자회사로 편입하면서 더욱 가속되었으며, 세계화된 시각은 이후 Sheraton의 성장철학으로 굳건히 자리잡게 되었다. 중국, 아프리카, 동양과 같은 지역에서의 기회를 공격적으로 추구하여 Sheraton 네트워크에 귀속하게 되었다.

그러나 Sheraton은 1997년 모기업인 ITT가 유명한 Hilton호텔의 적대적 인수를 방어하는 과정에서 결국 신흥 호텔기업인 Starwood Hotels & Resorts에 피인수되어 현재에 이르고 있다. 2011년 1월 현재 Sheraton은 직영점, 리스, 위탁경영, 프랜차이즈 등을 통해 세계 70여 국가에서 140,382실을 갖춘 403개 호텔을 운영하고 있다.

나. Westin

WESTIN
HOTELS & RESORTS

1930년 미국 워싱턴주 야키마시에서 호텔의 소유주였던 Severt W. Thurston과 Frank Dupar는 보유하고 있는 호텔들을 보다 효과적으로 경영하기 위해 파트너 관계를 맺었다. 그 후 Peter Schmidt와 Adolph Schmidt가 사업에 합류하면서 워싱턴주 내에서만 17개의 호텔을 운영하는 Western Hotels란 호텔기업을 설립하게 된다. 초기에 경영진은 각 호텔을 개별적으로 개발하였다. 약 20년간 눈부신 성장을 이룩한 1954년 회사명을 Western International Hotels로 개명하게 된다. 1958년 운영하는 모든 호텔들은 단일 기업구조에 의해 관리하기 시작했으며, 1963년에는 기업공개를 하여 상장기업으로 면모를 바꾸게 된다. 그러나 1970년 체인은 서대 항공사의 모기업인 UAL사에게 피인수되는 우여곡절을 겪게 되며, 창립 50주년이 되는 1980년 다시 회사명을 변경하여 Westin Hotels & Resorts로 재탄생하게 된다.

1987년 당시 회장이던 Richard Ferris는 UAL을 United Airlines, Hertz Rent a Car, Hilton Hotels, Westin Hotels 등의 기업들을 Apollo란 중앙예약시스템을 통해 통합하는 Allegis란 여행재벌기업의 탄생을 발표한다. 그러나 이 전략은 크게 실패하게 되고 결국 Westin은 일본의 Aoki사에 의해 인수된다. 그러나 1994년 Aoki는 다시 Westin을 REIT이자 Starwood Lodging의 모기업인 Starwood Capital과 유명 투자회사인 Goldman Sachs에게 공동으로 매각하게 된다. 1998년 Starwood는 Goldman Sachs의 지분을 모두 매입해서 단일 소유권을 행사하게 된다.

Westin은 호텔산업에 많은 혁신을 일으켜 왔다. 1946년 최초로 고객 시용카드를 선보였으며, 1969년에는 24시간 룸서비스, 1991년에는 각 객실마다 Voice Mail을 설치하였다. 1999년 Westin은 Heavenly Bed란 침실상품을 선보여 공전의 히트를 구가하게 된다. 2005년에는 Heavenly Bed를 구성하는 침실상품들이 미국의 유명 백화점인 Nordstrom의 60여 개 점포에서 판매되기에 이르는데, Westin은 이를 통해 소매점에 호텔상품을 판매하는 최초의 호텔기업이란 영광을 얻게 된다. Westin은 United Airlines와 좋은 동반자 관계를 유지해 왔는데, Heavenly Bed 상품을 뉴욕과 캘리포니아 간의 프리미엄 서비스 노선에 투입하기도 했다.

2011년 1월 현재 Westin은 Stawood의 대표 브랜드로서 약 35개국에서 68,488실을 갖춘 176개소의 호텔이 운영되고 있다.

다. Le Meridien

Le Meridien호텔은 프랑스 대표항공사인 에어프랑스사가 승객들을 투숙시켜야 할 필요가 증가되고, 당시 파리의 객실공급이 부족한 상황에 대응하기 위해 1972년 항공사가 보유한 호텔과 다른 호텔들을 합병하면서 설립되었으며, 초창기 이 호텔의 정식명칭은 Hotel France International이었다. 그러나 기업이 설립된 직후 이 젊은 체인호텔은 개인 호텔기업인 Les Relais Aeriens와 합병되면서 Societe des Hotels Meridien으로 개칭하게 되었다. Le Meridien은 처음 프랑스에 있는 호텔만을 운영하였으나 신속하게 영업활동의 범위를 중동으로 확대하였다. 20년 사이에 Le Meridien은 세계 50여 도시에서 54개의 호텔들을 경영하는 체인으로 성장하게 되었다. 성장전략은 에어프랑스의 전철을 밟아 나갔다. 1976년 Le Meridien은 북미에서 처음 호텔영업을 시작했으며 이후 뉴욕, 샌프란시스코 등에도 진출하였는데, 미국 호텔시장을 관리하는 경영진에는 미국인과 프랑스인이 같이 활동하였다.

에어프랑스사가 Le Meridien호텔을 개발한 이유 중의 하나는 프랑스의 문화를 세계로 전파하는 것이었으며, 또한 이를 통해 미국의 독주에 따른 프랑스의 문화유산을 보호하기 위해서였다.

Le Meridien의 전략은 고객들이 편안함을 느낄 수 있는 격조 높은 호텔을 운영하는 것이었으며, 대부분 호텔들은 중간 정도의 크기였다. 문화주의 경영철학과 함께 Le Meridien은 프랑스 전통과 최상의 프랑스 요리를 강조하였다. 또한 패션의 나라 프랑스의 정수로서 종사원들의 유니폼도 프랑스 패션디자이너들에 의해 개발되었다. Le Meridien의 요리에 대한 몰입은 세계적으로 유명한 프랑스요리 주방장들이 프랑스지역 외에서 영업하는 Le Meridien호텔들의 요리에 대한 자문역을 수행키로 한 계약을 예로 들 수 있다. 그리고 1992년 Le Meridien은 독일 루프트한자항공사의 자회사인 캠핀스키 호텔과 전략적 제휴를 결성하였는데 이로 인해 Le Meridien은 세계 80개국의 호텔 네트워크를 보유하게 되었다.

그러나 1994년 Le Meridien은 영국 호텔산업의 거인인 Forte체인호텔에 팔리게 되었으며 그 후 다시 소유권이 영국의 Catering 전문회사인 Compass Group에게 양도되었다. 결국 2005년 Le Meridien은 Starwood Hotels & Resorts Worldwide에 피인수되어 현재에 이르고 있다. 2011년 1월 현재 Le Meridien은 세계 50여 개국에서 26,678실의 갖춘 100개소의 호텔을 운영하고 있다.

3) Hyatt

HYATT

시카고의 Pritzker 패밀리에 의해 설립된 Hyatt호텔은 다른 체인호텔에 비해 뒤늦게 도심지 고급호텔시장에 뛰어들었지만 바로 괄목할 만한 성장을 하였다. 1957년 로스앤젤레스로 비즈니스여행을 하던 중 Jay Pritzker는 얼마 후 국제공항이 되는 장소에 가까운 곳에 위치한 작은 호텔을 인수하였으며, 이후 호텔사업은 매우 빠르게 성장하였다. 1967년 Hyatt호텔은 향후 매우 유명해진 로비아트리움(Atrium)으로 치장한 Hyatt Regency를 애틀랜타에 개관함으로써 최고급호텔 콘셉트를 개발하게 되었는데, 이러한 최고급호텔들은 컨시어지 서비스, 꽃배달, 목욕가운 제공 등의 호화로운 서비스로 고급여행자들을 위한 '총체적 경험'(Total Experience)을 중시하였다. Hyatt는 총체적 경험을 강조하여 호텔에서의 독특한 식당시설을 중시한 최초의 미국 주요 체인호텔 중의 하나였는데, 목표는 객실에 투숙하는 손님들에게만 소구하는 것이 아니라 호텔이 위치한 지역사회의 소비자들을 끌어들이는 것이었다.

Hyatt International은 1969년에 설립되었는데, 위탁경영계약을 체결하면서 최초로 해외시장 진출을 기록한 호텔이 Hyatt Regency Hong Kong이었으며 뒤이어 Hyatt Regency Manila와 Hyatt Regency Acapulco가 개관하였다. 1989년에 Hyatt는 호텔업계 최초로 어린이를 위한 프로그램인 Camp Hyatt를 도입하였다. Hyatt는 부동산에 대한 소유권과 호텔의 경영권을 분리하는 것에 대한 이점을 누구보다도 먼저 인지한 체인이었다. Pritzker 패밀리는 한 기업은 호텔을 경영하고 또 다른 기업은 부동산을 소유토록 하였다. 그리고 2004년 Hyatt Corporation과 Hyatt International은 Hyatt Hotels Corporation이란 단일 기업으로 합병되었다.

2004년 Hyatt는 Blackstone Group으로부터 Hyatt 최초의 한정서비스 체인인 AmeriSuites를 인수해서 Hyatt Place로 개명하였다. 그리고 2005년 Hyatt는 역시 Blackstone Group에게서 한정서비스 세분시장의 Summerfield Suites를 인수하여 역시 Hyatt Summerfield Suites로 개명하였다. 2009년 기업공개(IPO)를 실시하여 상장기업으로 재탄생하였다. Hyatt의 현재 브랜드 포트폴리오는 Park Hyatt, Grand Hyatt, Hyatt Regency, Hyatt Resorts, Hyatt Place, Andaz, Hyatt Summerfield Suites, Hyatt Vacation Club로 이루어졌으며, 2010년 3월말 현재 Hyatt는 세계적으로 434개소의 호텔들을 운영하고 있다.

4) Choice Hotels International

1939년 미국 남부에서 7명의 모텔 소유주에 의해 설립된 Choice호텔은 오늘날 세계 최대의 프랜차이즈호텔 중 하나이다. Choice호텔에는 Comfort Inn, Quality Inn, Sleep Inn, Clarion, Rodeway, Econo Lodge 등과 같은 세분시장별 브랜드가 존재하고 있다. 특히 1981년 이후 Choice호텔은 혁신적인 경영을 시도하였으며 여러 분야에서 최초의 개가를 올렸다. 초기의 Quality Court체인은 호텔산업에서 최초로 리퍼럴 네트워크를 구축하였으며, 최초로 금연객실 프로그램을 시행하였고, 또한 여행사에게 수수료를 주요 국가의 화폐로 지불한 최초의 체인호텔이었다. 그러나 Choice호텔의 호텔산업에 대한 최대의 공헌은 자사의 호텔시스템을 저가호텔(Limited-service Budget Hotel), 중가호텔(Full-service Midpriced Hotel), 고가호텔(Full-service Luxury Hotel) 등의 세 가지 유형으로 구분한 브랜드의 시장세분화(Segmentation)이다.

저가호텔 세분시장에서 Comfort Inns은 해당 시장에서 선두주자이며 1,000여 개소 이상의 체인을 보유하고 있어 가장 거대한 브랜드의 하나로서 여겨지고 있다. 중가호텔 세분시장에서는 600여 개소 이상의 Quality Inns가 다양한 서비스를 제공하고 있다. 그리고 고가호텔 세분시장에서는 Clarion호텔이 세계에서 약 80여 개소가 운영되고 있다. 또한 Comfort Suites, Quality Suites, Clarion Suites와 같은 약 120여 개소의 스위트호텔(All-suite)개념은 핵심브랜드에 버금가며 중산층을 표적시장으로 하고 있다. 이외에도 약 60여 개소에서 경제가(Economy-priced) 호텔인 Sleep Inns가 영업활동을 하고 있다.

Choice의 공격적인 해외시장 개척은 1985년 미국의 피닉스와 영국의 런던에 새로운 예약센터를 설립하면서인데, 1년 사이에 Choice는 스위스, 독일, 영국에 호텔들을 개관하였다. 1986년에는 프랑스와 이탈리아에 호텔들을 개관하고 아일랜드와 인도에서도 개발을 시작하였다.

1989년 Choice는 미래의 성장을 위해 일본, 터키, 남미, 카리브해 등과 같은 지역을 목표로 국제시장 개척 노력을 한층 강화하였으며, 이후에도 캐나다, 영국, 유럽대륙, 호주 등에 대한 확장을 시도하였다. 1990년 Choice는 장기체류형 브랜드인 Mainstay Suites를 출시하고, 1992년에는 비로소 세계 최대의 프랜차이즈호텔기업으로 등극하게 된다. 2005년 Choice는 다시 현대적 스타일을 가진 고급형 All-suites 브랜드인 Cambria Suites를 출시하였으며, 같은 해 67개의 가맹점을 운영하는 Suburban Extended-Stay 체인을 인수하였다. 2011년 1월 현재 Choice는 35개 국가에서 490,000실을 갖춘 6,000개의 호텔을 100% 프랜차이즈 방식으로 운영하고 있다.

5) Wyndham

Wyndham은 1981년 미국 텍사스 주의 댈러스 시에서 Trammell Crow에 의해 설립되었다. 기업은 성장해서 결국 호텔 REIT인 Patriot American Hospitality와 합병을 한다. 통합된 기업은 결합(Paired-share) REIT의 구조로 재탄생하게 되었는데 Patriot는 호텔자산을 소유하거나 호텔을 임차하였고 반면에 Wyndham은 Patriot가 소유하거나 임차하는 호텔들을 관리하도록 하였다.

Patriot로 명명된 통합기업은 90년 후반에 급속하게 성장하기 시작했는데, 많은 호텔자산들을 인수한 후 Wyndham으로 개명했다. 1998년 고급화된 한정서비스 브랜드를 설립하기 위해 Summerfield Hotel Corporation을 인수한 후 Summerfield by Wyndham으로 개명하였다. 또한 Wyndham Garden Hotels를 설립했으며, 또한 인수한 11개의 호텔로 구성된 Grand Bay Hotels & Resorts란 최고급(Luxury) 브랜드를 출시하기도 했다. 그리고 Patriot는 The Great Eastern Company와 같은 유럽의 호텔들을 인수하기도 했다.

그러나 기업의 신속한 성장은 현금을 고갈시키는 지경에 이르게 하여 더 이상 자력으로 성장을 할 수 없는 상황에 빠지게 되었다. 결국 1999년 3월 Thomas H. Lee Partners와 Apollo Real Estate Advisors가 주축이 된 사모펀드 연합체에 경영지분을 양도하는 조건으로 10억 달러의 구조조정자금을 지원받게 된다. 새 주인은 회사명을 Wyndham International로 개명했으며, 이로써 기업은 세제혜택을 누리던 종전의 결합REIT에서 이중과세가 부과되는 주식회사(C Corporation)로 지위가 변경된다.

그리고 1999년부터 2004년 동안 Patriot는 과거 빠른 성장을 도모하기 위해 차입했던 부채를 갚기 위해 고심하다가 결국 90년대 말에 인수했었던 많은 호텔들을 매각하게 되었는데, 9.11 사태로 호텔산업이 최악의 상황이어서 대폭 할인된 가격으로 호텔들을 양도할 수밖에 없는 비운도 겪게 된다. 그런 노력의 일환으로 기대를 한몸에 받았던 Grand Bay Hotels & Resorts는 사업이 중지되고, Summerfield Suites와 Wyndham Garden Hotels의 호텔들은 다른 체인에 귀속되기에 이른다. 특히 많은 수의 Summerfield Suites 호텔들은 InterContinental Hotels Group에 피인수되어 Staybridge Suites Hotels로 개명이 된다.

2005년 6월 Wyndham International은 사모펀드인 Blackstone Group이 주축이 된 연합체에 32억 4천만 달러에 매각이 돼서 비공개기업으로 존속하게 된다. 이후 몇 달이 지나자 많은 호텔자산들이 Goldman Sachs와 Columbia Sussex에게 매각된다. Blackstone은 남은 자산을 LXR Luxury Resorts로 개명하고, Wyndham과 Wyndham Garden Hotels 브랜드는 복합기업인 Cendant에 매각하기에 이른다. 또한 Blackstone은 Summerfield Suites 브랜드를 Hyatt에 매각하는데, Hyatt는 Hyatt Summerfield Suites로 개명한다.

2006년 8월 Days Inn을 포함한 Cendant의 모든 호텔 프랜차이즈 브랜드들이 Wyndham Worldwide의 사업부로 편입된다. 2011년 1월 현재 Wyndham Worldwide

의 호텔사업부인 Wyndham Hotel Group은 세계 65개국에 606,000실을 갖춘 7,200개소의 호텔들을 관리하고 있다. Wyndham이 보유하고 12가지 호텔 브랜드에는 Wyndham Hotels & Resorts, Ramada, Days Inn, Super 8, Wingate by Wyndham, Baymont Inn & Suites, Microtel Inns & Suites, Hawthorn Suites by Wyndham, TRYP by Wyndham, Howard Johnson, Travelodge, Knight Inns 등이 있으며, 또한 Planet Hollywood Hotels와 프랜차이즈 계약을 맺고 있다.

6) Best Western International

Best Western은 제2차 세계대전 직후부터 사업을 시작했다. 당시 미국 호텔들은 보통 대규모 도심호텔이거나 아니면 이보다 훨씬 작고 가족중심으로 운영되는 도로가에 있는 호텔로 구분이 되고 있었는데, 캘리포니아 주에서 독립적으로 운영되는 몇몇 호텔들이 협조해서 여행자에게 서로 호텔을 소개(Referral)하기 시작했다고 한다. 이와 같이 작고 비공식적인 네트워크가 성장해서 결국 1946년 M. K. Guertin에 의해 현재의 Best Western으로 변모한다.

Best Western이란 이름은 당시 대다수 소속 호텔들이 미국 미시시피강 서쪽에 위치하고 있다고 해서 붙여졌다. 그리고 1946~1964년까지 Best Western은 대다수 가맹호텔들이 미시시피강 동쪽에 있어서 경쟁관계에 있지 않았던 Quality Courts (현 Quality Inn)와 마케팅 파트너십 관계를 맺는다. 1964년 Best Western은 성장전략의 일환으로 Best Eastern이란 브랜드를 출시하며 최초로 미시시피강 동쪽에 호텔을 오픈한다. 그러나 오래지 않아 1967년 Best Eastern은 사용이 중지되고 전 지역에서 Best Western이란 명칭으로 통일된다. 1964년 처음으로 캐나다에 진출하면서 국제 호텔시장에 진출하는데, 이후 1976년 멕시코, 호주, 뉴질랜드에 진출하면서 해외시장 진출을 가속화한다. 그리고 Best Western 고유의 황금왕관 로

고는 1964년 처음 개발된 후 여러 차례의 수정을 거쳐 1994년 현재의 로고로 변경됐다.

체인 소유호텔과 프랜차이즈 가맹점으로 구성되는 일반 체인호텔들과 달리 Best Western은 독립적으로 소유되고 프랜차이즈 형태로 운영되는 특이한 구조를 가지고 있다. 그러나 프랜차이즈 본사와 가맹점이 서로 이윤창출(For-profit)을 위해 운영되는 일반적인 프랜차이즈와 달리 Best Western은 각 프랜차이즈가맹점은 협회(Association)의 구성원으로서 행동하고 투표권을 행사하고 있다. Best Western은 초기 가입수수료에 추가되는 객실수만큼의 비용을 징수하며, 각 가맹호텔들이 준수해야 하는 표준 규칙을 제정한다. 또한 Best Western은 장기계약을 지양해서 해마다 계약을 갱신하도록 하고 있는데, 재계약률이 90%를 넘고 있다. 각 가맹호텔은 스스로 독립된 정체성을 유지할 수 있다. 각 가맹점은 Best Western 간판과 상호를 반드시 사용해야 하지만, 옵션으로 Best Western Adobe Inn처럼 스스로 고유한 명칭도 사용할 수 있다. Best Western의 또 하나의 특징은 가맹호텔의 상당수가 인도인 가족에 의해 가업으로 운영되는 호텔들이란 점이다.

Best Western은 창립 이래 조직을 비영리 협조적(Cooperative) 구성원 협회란 명칭을 유지해 왔다. 그러나 1984년 미국 법원으로부터 Best Western은 프랜차이즈 기업으로서 그에 따른 적절한 법과 규정을 따라야 한다는 명령을 받게 된다. 그리고 2002년 Best Western은 상위층의 손님들을 겨냥해서 Best Western Premier란 새로운 브랜드를 출시한다.

2011년 1월 현재 Best Western은 세계 90개국에서 308,692실을 갖춘 4,000여 개의 호텔들을 운영하고 있다.

2. 유럽의 다국적 호텔기업

영국과 스위스의 체인호텔들이 미국 체인호텔보다 앞서 해외시장의 개척을 시도하였다고 한다. 그러나 너무 소규모로 이루어져서 결국 후에 미국 체인호텔들에게 개척자의 지위를 물려줘야만 했다. 유럽호텔들의 세계화 노력은 느리게 진행되었지만, 1980년대 말기 이후 유럽시장이 포화상태에 이르자 가속화되었다. 유럽 체인호텔들은 미국 체인호텔들의 경영기법을 많이 답습하였으나 종종 유럽풍을 가미했으며 다시 미국과 여타 지역에 재수출하였다. 유럽체인들은 주로 위탁경영을 이용하였으며, 주요 시장에서는 지분참여도 이루어졌다.

표 15-7 유럽 Top 15 체인호텔

순 위	호텔명	본사 위치	2008년 객실수	2008년 호텔수
1	IHG	Windsor, UK	619,851	4,186
2	Accor	Paris, Hrance	478,975	3,982
3	TUI AG/TUI Hotels & Resorts	Hannover, Germany	83,728	297
4	Golden Tulip Hospitality Group	Amersfoort, Holland	76,779	788
5	The Rezidor Hotel Group	Brussels, Belgium	76,740	361
6	Sol Melia SA	Palma de Mallorca, Spain	76,335	304
7	Groupe de Louvre	Toycy, France	61,077	856
8	NH Hotels SA	Madrid, Spain	49,677	341
9	Barcelo Hotels & Resorts	Palma de Mallorca, Spain	47,000	186
10	Whitbread Plc	Leagrave, Bedfordshire, UK	38,000	568
11	Riu Hotels & Resorts	Palma de Mallorca, Spain	37,000	100
12	Iberostar Hotels & Resorts	Palma de Mallorca, Spain	36,000	100
13	Millennium & Copthorne Hotels Plc	London, UK	33,728	119
14	Club Mediterranee	Paris, France	26,807	80
15	Travelodge Hotels Ltd	Thame, Oxon, UK	25,000	370

(자료 : Hotels)

1) IHG

가. InterContinental

InterContinental호텔은 1946년 당시 거대 항공사인 팬암(Pan Am)사가 전체지분을 보유한 자회사로 설립되었다. 당시 팬암사는 남아메리카 국가들과의 무역과 관광활동의 신장은 물론이고 외교노력을 강화하기 위해 루스벨트 대통령에게 호텔 자회사의 설립을 요구하였다. 그 결과 첫 번째 호텔은 브라질의 Belem에서 개관하고 이후 InterContinental호텔은 바로 남아메리카 및 카리브 해로 활동영역을 확대하기에 이르렀다.

1960년대 초기에 InterContinental호텔은 유럽, 아시아, 태평양 등을 여행하는 비즈니스 및 여가여행자의 증가로 인하여 동 지역에 새로운 호텔들을 개관하였다. 아시아에서 InterContinental호텔은 다른 체인보다도 훨씬 먼저 인도네시아의 이국적인 섬인 발리에 최초로 호텔을 건설한다. 이 호텔객실에 대한 수요가 엄청나서 객실예약을 보장받기 위해 소비자들은 팬암사의 비행기 좌석을 예약해야만 했다. 역시 1960년대 초에 InterContinental호텔은 중동의 레바논에 최초의 호텔을 개관했으며 신속히 동 지역에서 리더위치에 도달하게 된다. 그리고 1964년에 동유럽에도 진출했으며 1980년대에는 역시 동 지역에서 주요한 다국적 호텔기업으로 성장하였다. 세계 도처에 위치한 호텔에서 문제점이 발생함에도 불구하고 1970년대는 괄목할 만한 성장을 하였으며, InterContinental호텔은 계속해서 새로운 호텔들을 인수하였다. 결국 기업은 InterContinental호텔과 등급이 낮은 Forum호텔 두 브랜드로 나뉘게 되었다.

InterContinental은 각 호텔이 위치하는 지역 환경을 반영하여 설계하는 독특한 호텔건축으로 유명하며, 또한 호텔의 복원으로도 유명하다. 궁전, 관공서 건물, 오래된 유곽 등은 InterContinental호텔이 선정한 복원의 대상이었다. 이러한 문화적 환경에 대한 헌신 중에서 가장 유명한 예는 시드니에서 과거 재무성 빌딩을 복원하여 호텔로 전환한 사례이다.

InterContinental호텔은 1981년에 영국의 Grand Metropolitan PLC에 5억 달러에 피인수되었다가, 1988년에 다시 일본의 Saison Group(60%)과 SAS International (40%)에 되팔렸으며, 1991년 Saison은 SAS의 지분을 인수한다.

그러나 1998년 3월 InterContinental호텔은 다시 영국의 맥주회사인 Bass의 자회사인 Bass Hotels에 의해 인수되었으며 Bass가 이미 1989년 인수한 세계 최대의 호텔브랜드인 Holiday Inn과 함께 2000년 Six Continents Hotels로 편입된다. 그러다가 2003년 모기업인 Bass가 본사업인 맥주사업을 정리하면서 InterContinental Hotels Group PLC로 재탄생하게 된다.

현재는 회사명을 약자를 써서 IHG로 브랜드화하고 있다. 2011년 1월 현재 IHG는 InterContinental과 Holiday Inn 등과 같은 7개 브랜드로 세계 100여 국가에서 약 650,000여 개의 객실과 약 4,500여 개소의 호텔을 운영하는 세계 최대의 호텔기업으로 성장하였다. 미국에서 탄생한 호텔기업이 영국이 자랑하는 세계 최대의 호텔기업으로 탈바꿈한 것이다.

나. Holiday Inn

1951년 가족과의 여행에서 모텔의 서비스에 불만족을 체험한 Kemmons Wilson은 직접 미국 전역에 표준화된 모텔을 제공하는 회사를 설립하게 된다. Wilson은 처음 4개소의 호텔은 자기 자본으로 건설하였으나 이후 추가로 호텔을 건설하기 위해 Wallace Johnson과 동업관계를 맺었다. 한정된 서비스, 청결한 객실, 싼 객실요금, 세심한 배려 등은 초기 Holiday Inn의 사업철학이었다. 두 동업자 모두 호텔사업에 대한 경험이 없었으나 이들은 열정적인 젊은 프로들로 구성된 팀을 개발하고, 현대적인 재무 및 경영기술을 도입하여 결국 미국에서 가장 거대한 체인호텔로 성장하게 된다. 1960년에 Holiday Inn은 캐나다의 몬트리올에 최초로 미국 영토 밖에서 영업하는 호텔을 개관하였으며, 이후 1968년에 유럽시장, 1973년에 아시아시장, 그리고 1974년에는 남미시장에 각각 최초로 진출하였다.

Wilson과 Johnson은 1950년대 및 1960년대에 Holiday Inn 브랜드를 프랜차이즈화하고 또한 전국적인 예약 네트워크를 구축함으로써 체인사업 개념을 최대로 이용한 최초의 인물들이었다. 그들은 본사의 입장에서 비교적 적은 자본투자가 요구되는 프랜차이즈의 특성으로 인해 수익성에 대한 확신을 가지게 되었다. 설계, 건설, 구매비용을 낮게 유지했으며, 마케팅비용과 경비는 가입하는 가맹점의 수에 비례해 분산할 수 있었다. 여행자들은 Holiday Inn 브랜드와 친숙해졌으며 전국예약센터에 통해 객실을 예약했다. Holiday Inn의 프랜차이즈 개념은 이후 대부분의 다른 주요 체인호텔들에 의해 모방되었다.

Holiday Inn은 처음 미국의 고속도로를 따라 건설된 Motor Inn으로 시작하였으나, 결국 Holiday Corporation이란 회사를 건립하고 점차 도시지역과 해외시장으로 사업영역을 확대하였고 다양한 콘셉트의 새로운 상품을 개발하였다. 1989년 Holiday Inn은 영국의 Bass PLC(현재의 InterContinental Hotels Group)에 매각되었다. 2011년 1월 현재 Holiday Inn은 240,025실을 갖춘 1,315개의 호텔이 세계 60여개 국가에서 영업을 하고 있으며, 자매 브랜드인 Holiday Inn Express는 192,264실을 갖춘 2,101개소의 호텔을 운영하고 있다. 두 브랜드를 합친다면 역사상 가장 거대한 호텔 브랜드가 된다.

2) Accor

Accor는 미국 체인호텔들의 합리적인 경영에 감명을 받고 귀국한 Paul Dubrale이 Gerard Pelisson을 사업에 함께 끌어들이면서 시작되었다. 1967년 프랑스의 고속도로 주변에 처음으로 미국식 모텔을 건설하였다. 비록 출발은 늦었지만 기업규모가 점차 확대되면서 객실수, 매출액, 이윤 등이 지속적으로 증가되었다. 현재 Accor는 어떤 체인호텔보다도 많은 국가에서 영업활동을 전개하고 있다. Dubrale과 Pelisson은 1975년 Mercure 체인호텔을 인수하고 1980년에는 Sofitel체인을 인수하였다. 그들은 처음 Novotel로 호텔사업을 시작했으나 1983년 Borel

International과 합병되면서 Accor로 개명하게 되었다. 이후 Accor는 1985년 Formule 1을 개발하고, 1990년에는 미국의 Motel 6를 인수했으며 1992년에는 Pullman호텔을 인수하였다. 그리고 최근에는 미국의 중저가 체인호텔인 Red Roof Inns를 인수하였다.

(자료 : www.accor.com)

Accor는 1979년에 Sofitel이란 고급호텔 상품으로 미국시장에 처음으로 진출하였다. Accor의 해외시장 확대전략의 일환으로 Sofitel과 같은 고급호텔 시장을 공략하였으며, 미국시장에서의 다소 약한 브랜드 인지도를 보강하고 호텔이 위치한 지역의 주민을 유인하기 위해 식음료상품 판매촉진 활동을 강력히 전개하였다. 그래서 몇몇 호텔에서는 식음료상품 매출액이 총매출액의 50%까지 차지하기도 하였다.

시장세분화(Segmentation)의 가치를 일찍부터 간파한 Accor는 최고급호텔에서 저가호텔까지 다양한 호텔상품을 보유하고 있는데, 세분시장별로 살펴보면 다음과 같다.

- Four-Star(☆☆☆☆)호텔 브랜드 : Sofitel, Pullman
- Three-Star(☆☆☆)호텔 브랜드 : Novotal, Mercure
- Two-Star(☆☆)호텔 브랜드 : Ibis
- One-Star(☆)호텔 브랜드 : Formule 1, Motel 6

유럽에서 더욱 명성이 높은 Accor의 강점은 표적고객을 상대로 명확하게 정의된 상품을 제공하는 것으로 알려지고 있다. 대다수 Accor호텔들은 위탁경영계약 또는 프랜차이즈를 통해 가맹관계를 결성하고 있다.

1990년 Accor가 미국의 저가(Budget) 체인호텔인 Motel 6를 23억 달러에 인수했을 때 많은 분석가들은 너무 비싸게 구매하는 것이 아닌가하는 우려를 하였다. 그러나 Accor는 Motel 6의 브랜드 가치가 충분하다고 믿었다. 왜냐하면 Motel 6는 이미 Accor가 보유하고 있는 저가브랜드인 Formule 1과 같이 청결하고 편안한 객실을 최저 시장가로 제공한다는 동일한 원칙 아래 운영되고 있었기 때문이다. Formule 1 콘셉트는 혁신적인 것이었다. 프랑스에 있는 Formule 1의 객실은 97평방피트의 면적에 더블침대, 선반형 침대, 세면대, 수납장, 책상, 옷장, TV 등이 갖추어져 있다. 이외에도 Formule 1에는 자동청소기능을 갖춘 샤워시스템 등과 같이 비용을 절감할 수 있는 다양한 시설이 구축되어 있다. Formule 1 콘셉트는 유럽에서 다른 호텔들이 모방하였고 이러한 비용절감 기술은 Motel 6에도 응용이 되었다.

주로 기업인수를 통한 확장전략을 전개한 Accor는 계속해서 해외사장 진출에 지대한 관심을 표명하고 있다. 가장 관심을 두고 있는 유럽시장뿐만 아니라 북미와 아시아 시장에도 못지않은 의욕을 갖고 있다. Accor의 호텔매출의 약 65%는 유럽시장에서 창출되고 있으며 아시아 시장에서, 특히 중국, 공격적인 확장전략을 실행하고 있는데, 경제가 브랜드인 Ibis를 적극 활용할 계획이다. Accor의 성장전략은 장기 사업계획인 'Accor Model'이라 부르는데 주요 전략에는 진출지역과 브랜드의 배분을 잘 조화하는 접근법, 진출 국가와 재무위험을 동시에 평가하는 심사숙고 접근법, 다중 브랜드 판매팀, 자료지향적인 판매관리시스템(Yield Management System), 글로벌 예약시스템, 강력한 브랜드 등과 같은 자원 네트워크가 성장을 지원하도록 지원하는 접근법 등이 있다.

2004년 Accor는 Club Med의 지분 28.9%를 취득하였으나 2006년 핵심사업에 집중하기 위해서 대부분의 지분을 매각했다. Accor와 Club Med는 함께 시너지를 창출하는 여러 가지 고객중심 프로그램을 시행하고 있는데, 예로는 공동구매협약, 웹사이트를 통한 상호판매, Accor의 고객충성도 프로그램에 Club Med의 참가, Sofitel과 Novote 브랜드에 Club Med가 개발한 체력단련(Fitness) 상품의 도입 등이다. Accor는 2011년 1월 현재 세계 90여 개 이상의 국가에서 4,100개(500,000실)의 호텔을 운영하고 있다.

3) Club Med(Club Mediterranee)

CLUB MÉDITERRANÉE

Club Med는 벨기에의 올림픽팀 멤버이자 Water Polo 챔피언이었던 Gerard Blitz와 그의 친구들에 의해 1950년 프랑스에서 스포츠 친목단체로서 처음 설립되었다. Club Med의 첫 번째 사업은 스페인의 마조르카에 2,500여 명의 회원으로 건립한 휴일 빌리지(Vacation Village)였는데, 당시 Club Med는 텐트촌으로 구성되었으며 회원들은 슬리핑백에서 잠을 자고 취사와 설거지도 텐트 내에서 이루어졌다.

이러한 Club Med의 독특한 휴가방식은 도시인들이 휴가에서 필요로 하는 것은 그들의 일상생활과 전혀 다른 사회와 환경이라는 믿음에서 유래하였다. Club Med의 빌리지는 일상생활에 찌든 도시인들에게 아무런 제약, 규칙, 구속이 없이 자유롭게 휴가를 보낼 수 있는 기회를 제공하였다. 모든 시설들이 쉽고 자유롭게 이용이 가능했고 또한 옷차림도 항상 캐주얼하게 지낼 수 있었다. 또한 Club Med는 현실도피의 여가철학을 유지하기 위해 TV, 라디오, 신문, 시계, 전화 등과 같은 다양한 현대문명의 상징물들을 비치하지 않았다. 각 빌리지의 건축구조양식은 각 국가 혹은 지역마다의 고유한 면을 반영하여 건설하였다. 전형적인

Club Med의 건축양식은 여러 개의 군집으로 된 방갈로 스타일의 건물이었다.

1977년에 Club Med는 세계 24개국에 54,000여 개의 객실을 보유한 77개소의 빌리지를 운영하게 되었는데, 지중해연안 국가, 카리브해 연안 국가, 중동, 멕시코, 아프리카, 남태평양 등에 주로 위치하였다. 멤버십 회원이 백만 명을 초과하게 되어 Club Med는 동종 분야에서 세계 최대의 기업으로 성장하게 되었다. 멤버십 회원들은 주로 프랑스, 서유럽, 북미 및 중남미 등의 국가에 속한 사람들이었다.

창립 이후 Club Med는 지속적으로 사회 및 여행에 대한 동향을 예상하고 이에 맞는 올바른 상품으로 대응하고자 노력하였다. 1980년대에 Club Med의 사업 콘셉트는 심각한 문제에 직면하게 되었는데, 그중 하나가 인구통계학적 변화이다. 여태껏 Club Med는 자유분방한 독신들의 천국으로 명성을 쌓아왔다. 그러나 Club Med의 주요 시장은 성숙단계에 이르렀고 이들은 더 이상 Club Med에서의 경험에 만족하지 못하게 되었고, 자녀들을 데리고 있는 기혼자들이 시장에서 아주 큰 부분을 차지하게 되었다.

그런 변화에 발맞춰 Club Med는 서비스와 시설을 변경하였다. 많은 빌리지들은 더욱 폭넓고 가족구성원 모두에게 소구할 수 있게 변경되었으며, 광고와 홍보책자에도 어린이들을 위한 상품이 첨가되었다. 몇몇 빌리지에서는 유아를 동반한 회원들을 위해 분리된 아기클럽과 또 별도로 조금 성장한 자녀들을 위한 미니클럽을 운영하였다. 이렇게 하여 많은 Club Med의 빌리지들은 전통적인 촌락구조에서 현대식 리조트로 탈바꿈하였다.

또한 Club Med는 기업들이 리조트를 미팅장소와 인센티브여행지로 이용하려는 관심이 증가함에 따라 이런 분야의 시장에서도 경쟁우위를 창출하였다. 빌리지 임대란 기치 아래 Club Med는 전체 빌리지를 기업에 대여해 주기 시작했다. 한편, 주말 및 짧은 휴가체제로 변하는 동향을 인지한 Club Med는 1988년 일주일 단위의 휴가 패키지만 판매하는 것으로 정책을 변경하였다. 그리고 1990년대 초에 Club Med는 젊은 고객들을 위해 클럽 주니어와 노인층을 겨냥한 클럽 르네상스를 추가하였으며, 가까운 관광명소를 방문하는 고객들을 위해 설계한 Les Villas란 소규모의 고급호텔을 건설하였다.

1963~1993년까지 30년간 Club Med의 눈부신 성장은 Blitz의 사업파트너였던

Gilbert Trigano의 리더십 하에서 가능했다. 그러나 1990년대 들어서면서 경쟁사들의 Club Med의 콘셉트를 모방하고 고객들이 보다 합리적인 서비스를 요구하면서 Club Med의 경쟁력은 기울기 시작했다. 그래서 1995년 부친으로부터 CEO 직을 이어받은 Serge Trigano는 1997년 전 Euro Disney CEO를 역임했던 Philippe Bourguignon에 의해 대체되었다. Bourguignon은 '휴일 빌리지 기업에서 서비스 기업으로'라는 슬로건으로 Club Med의 사업을 다각화하기 시작했다. 그래서 1999년 프랑스 4위 여행사인 Jet Tour와 2001년 피트니스 시설인 Gymnase Club(후일 Club Med Gym) 등을 인수하고, 젊은 고객을 위한 저가 리조트 개념인 Oyyo를 출시한다. 또한 바와 레스토랑의 복합시설인 Club Med World를 출시한다.

그러나 Bourguignon의 사업다각화 전략은 실패를 맛보고 2001년 9·11 사태가 겹치면서 Club Med는 영업손실이 발생하는 등 심각한 경영위기를 맞게 된다. 이런 총체적 난국을 타개하기 위해 2002년 Henri Giscard d'Estaing이 새로운 CEO로 부임하게 되는데, 그는 Club Med의 사업전략을 다시 종전과 같이 빌리지와 고급 여행객에 집중하는 것으로 되돌리고, Club Med World와 Oyyo는 사업을 중지한다. 본래 사업전략의 성공으로 2005년 Club Med는 다시 영업이익을 창출하기 시작한다. 2006년과 2007년 Club Med와 사업파트너들은 오래된 빌리지들을 개량 및 수리하기 위해 5억 3천만 달러를 투자하였다.

2008년 핵심사업의 투자에 집중하기 위해 Jet Tours와 Club Med Gym을 매각하였으며, 2천5백만 유로를 투자하여 24개 국가에서 새로운 광고 캠페인인 "Where Happiness Means the World"를 출시하게 된다. 2009년에는 결국 Club Med World 사업도 매각하게 된다.

2009년 말 시점에서 Club Med는 76개소의 빌리지에 49,656개의 침실을 갖추고 영업활동을 수행하고 있다. 대다수 빌리지는 유럽(56개소)에 위치하고 있다.

4) Sol Melia

Sol Meliá
HOTELS & RESORTS WORLDWIDE
LUXURY RESIDENTIAL OWNERSHIP
VACATION CLUB

Sol Melia의 설립자인 Gabriel Escarrer Julia는 약관 15세의 나이에 마조르카 섬에 있는 Thomas Cook 여행사의 직원으로 일을 하기 시작했다. 1953년 18세 때에 그는 마조르카 섬의 팔마 시에 있는 35실을 갖춘 El Paso Hotel을 임차하여 운영을 하게 된다. 이 사업의 성공으로 자금을 만든 Escarrer는 두 번째 호텔을 임차하여 운영한다. 그 후 1956년 Escarrer는 Hoteles Malloquines이라는 독립적인 호텔회사를 창립하게 된다. 1950년대 및 1960년대를 통해 Escarrer는 계속해서 마조르카 섬에 있는 호텔들을 인수하며, 1974년에는 호텔사업을 카나리 섬까지 확장한다. 1976년 Costa del Sol지역에까지 진출하게 되면서 그 영향으로 The Sol Hotels란 브랜드가 만들어진다.

Escarrer는 Hotasa 체인을 인수하고 1984년 스페인의 대다수 주요 도시에 호텔들을 포진하게 된다. 1985년 Sol의 국제사업부가 설립되고, 인도네시아의 발리 섬에 첫 번째 해외진출 호텔이 영업을 시작한다. 1987년 스페인, 베네수엘라, 콜롬비아, 이라크 등에서 고급호텔을 운영하는 Cadena Melia 체인을 인수하게 된다. 그래서 Sol 체인과 Melia 체인을 관장하기 위해 Group Sol이란 모회사를 설립하게 된다. Sol 호텔은 주로 해변에 위치하는 3~4성급 리조트 호텔들이었으며, Melia는 주로 대규모 리조트와 도심에 있는 비즈니스호텔로서 5성급 고급호텔이었다. 1996년 Group Sol은 Sol Melia로 개칭했으며, 주로 도시와 리조트에 위치하는 호텔들을 인수하면서 국내 및 국제 시장으로 눈부시게 성장하게 된다. 같은 해 6월 Sol Melia는 스페인 호텔기업으로서는 최초로 주식시장에 기업을 공개하게 되는데, 상장과 동시에 호텔자산을 소유하는 Inmotel Inversions와 호텔경영전문회사인 Melia S.A.로 기업을 두 개의 회사로 분할한다. 그러나 1999년 두 회사는 다시 호텔자산을 직접 소유 및 경영하는 통합기업으로 변경되는데, 이런 기업구조는 조직성장에 박차를 가하는 데 큰 도움이 된다.

해외시장에서 Sol Melia는 유럽스타일의 서비스와 분위기를 제공하고자 했다. 그래서 해외지역에서 근무하는 대다수 관리자와 중간관리자는 회사의 철학과 서비스표준을 불어넣는 Sol Melia의 자체 교육기관에서 선발되었다. 각 호텔에서는 스페인 요리를 제공하는 레스토랑이 운영되고 있으며, 또한 각 호텔은 스페인인 건축가와 디자이너들이 관여해서 각 지역에 맞는 고유한 구조를 갖게 했다. 예를 들면, 디즈니월드 근처에 있는 Sol Melia 최초의 미국호텔은 스페인 빌라식인 정원과 호수로 둘러싸인 타운하우스형 빌라로 설계되었다. 2008년 Sol Melia는 새로운 전략을 발표하는데 핵심내용은 다음과 같은 5가지로 요약할 수 있다 : 브랜드자산, 고객 지식 및 접촉, 자산관리, 재능관리, 지속가능성.

어린 아이에 의해 시작된 조그만 호텔이 이제는 유럽의 3번째 규모이며 세계에서 12번째로 큰 대규모 호텔기업으로 눈부신 성장을 이룩하였다. 2011년 1월 현재 4대륙 30여 국가에서 300여 개가 넘는 호텔들을 운영하고 있다. 현재 Sol Melia는 Gran Melia, Melia Hotels & Resorts, ME by Melia, Innside, TRYP Hotels, Sol Hotels, Paradisus Resorts, Sol Melai vacation Club과 같은 총 8개의 브랜드를 보유하고 있다.

3. 아시아의 다국적 호텔기업

과거 약 40년 동안 아시아 · 태평양지역에 대한 관광객의 급속한 증가로 서구 체인호텔들의 관심은 물론이고 주로 일본과 홍콩을 기반으로 한 아시아 체인호텔도 탄생하게 된다. 값싼 노동력, 이용가능한 토지, 신속한 경제성장 등은 아시아지역 체인호텔들의 성장전략에서 주요한 요인이었다. 자국시장에서 확고한 명성을 쌓은 많은 체인들은 공격적으로 해외시장 확장전략에 전념하고 있다. 예를 들면, 아시아의 주요 3대 체인호텔인 동시에 여러 매체를 통해 꾸준히 세계 최고의 호텔로서 인정받고 있는 Mandarin Oriental, Peninsula, Shangri-La 등의 체인들은 국내시장은 물론이고 해외시장으로 본격적인 공략을 시도하고 있다. 또한 일본의 도큐그룹은 계속해서 Pan Pacific 체인을 육성하고 있으며, 일본의 유명 항공사들의 자회사인 Nikko(닛코)호텔과 ANA호텔 역시 적극적인 확장공세를 취하고 있다. 한편, 급속하게 성장하고 있는 중국의 錦江酒店(Jin Jiang Hotels)은 객실 수가 세계 13위에 오를 정도로 눈부신 발전을 거듭하고 있다.

일본의 체인호텔들은 주로 해외를 여행하는 일본인들의 욕구를 충족하고자 해외로 눈을 돌리고 있는데 반해, 홍콩의 체인호텔들은 그들의 유명한 서비스 품질 표준을 세계에 수출 또는 이식하고자 했다. 비록 홍콩 외에 다른 지역의 임금이 더 비싸지만 이 체인들은 서비스로 승부를 걸려고 한다. 대부분의 홍콩호텔들의 소유주들은 호텔산업에 대한 경험을 가지고 있으나, 최근 등장하고 있는 호텔의 소유자들은 중국혈통을 가지고 있으며 호텔경험도 없는 것으로 나타나고 있다. 이런 기업들은 부동산투자로 인해 부를 쌓은 홍콩의 중국화교가족에 의해 소유되고 있으며 이들은 자신들의 자금력을 이용하여 최고급(Five Star)호텔 또는 호텔경영회사(Hotel Management Companies)의 인수를 통해 세계호텔시장에 진출하려고 한다. 이들은 지난 수년 동안에 신속한 사업 진척을 보여주었는데, New World Development Company(중국, 홍콩, 동남아시아에 15개의 호텔을 소유), Harbour Plaza Hotels & Resorts, the Hongkong & Shanghai Hotels, Ltd., Regal Hotels 등이 그들이다.

표 15-8 아시아 Top 15 체인호텔

순 위	호텔명	본사 위치	2008년 객실수	2008년 호텔수
1	Jin Jiang International Hotels	상하이, 중국	80,164	465
2	Home Inns	상하이, 중국	55,578	471
3	Shangri-La Hotels & Resorts	홍콩, 중국	27,987	58
4	Prince Hotels	도쿄, 일본	22,210	58
5	HK CTS Hotels	센젠, 중국	19,268	58
6	JAL Hotels Company(Nikko)	도쿄, 일본	18,833	59
7	Jinling Hotels & Resorts	난징, 중국	18,075	73
8	Barony Hotels & Resorts	상하이, 중국	16,369	56
9	Green Tree Inns Hotel	상하이, 중국	14,481	131
10	Guangdong Hotel Management	홍콩, 중국	14,342	51
11	APA Hotels	도쿄, 일본	14,032	64
12	Tokyu Hotels	도쿄, 일본	13,723	53
13	HNA Hotels & Resorts	하이코우, 중국	13,628	46
14	Solare Hotels & Resorts	도쿄, 일본	11,800	64
15	Taj Hotels	뭄바이, 인도	11,453	95

(자료 : Hotels)

1) 錦江酒店(Jin Jiang Hotels)

Jin Jiang Hotels 锦江酒店 中国，我们的家——与您分享是我们的骄傲。

금강호텔은 중국의 금강국제그룹(Jin Jiang International Group)의 자회사로서 중국 31개 성의 137개 도시에서 540개소의 호텔을 운영하고 있는 아시아 최대의 호텔이자 세계 13번째의 규모를 자랑하고 있다. 금강호텔은 크게 고급호텔을 운영하는 금강호텔과 중저가호텔을 운영하는 금강인(Jin Jiang Inns)으로 구분된다. 대다수 금강호텔은 중국의 대도시 또는 중간 규모 도시에 위치하고 있다. 금강호텔의 모기업인 금강국제그룹은 금강호텔, 금강여행사, 금강교통 등과 같은 관광관련 기업들을 보유하고 있어 One-Stop 서비스가 가능한 기업이다.

2) 프린스호텔(Prince Hotels)

Prince Hotels & Resorts

프린스호텔은 1956년 6월 4일 일본의 세이부 철도회사가 수도권에 소유하고 있는 프린스호텔들을 운영하기 위해 설립되었다. 처음에 프린스호텔은 세이부 철도회사와 많은 리조트에서 호텔, 골프장, 스키장을 운영하는 코쿠도라는 레저 회사에 의해 운영되었다.

프린스호텔의 경영시스템은 언론에 의해 부채영업(Debt Operation)이라고 명명되었다. 프린스호텔은 은행에서 자금을 빌려와서 이를 사용하여 토지를 개발하고 난 후 토지 가치가 상승하게 되면 다시 더 많은 자금을 융통하였다. 이 시스템은 일본경제가 성장하였던 1960년대부터 버블경제가 폭발하던 1990년대까지 잘 활용되었다.

2006년 세이부 그룹이 구조조정을 실시하면서 코쿠도와 프린스호텔을 합병하게 되면서 명실상부한 신생 프린스호텔로 재탄생하였다. 과거에 불합리한 확장전략의 여파로 많은 호텔들이 경영성과가 좋지 않았다. 최근 회복전략의 계획에 의하면 약 40여 개소의 호텔들이 문을 닫거나 매각되었으며, 대략 40개소의 호텔들이 잠재적으로 문을 닫거나 매각될 계획이다.

초기부터 프린스호텔은 그랜드 프린스호텔 다카나와, 그랜드 프린스호텔 아카사카, 도쿄 올림픽에 맞춰 건립된 도쿄 프린스호텔 등 국제도시 도쿄에 어울리는 품격있는 호텔들을 개발해 왔다. 1974년 캐나다의 토론토에 처음으로 해외호텔을 개발하였으며, 그 후 하와이에 3개 호텔을 건설하면서 하와이 관광루트를 구축한다. 또한 대만, 말레이시아, 태국 등에도 진출하였다.

프린스호텔은 크게 세 가지 종류의 호텔로 구성되어 있다. 첫째, The Prince는 Five Star 호텔을 지향한다. 둘째, Grand Prince Hotel은 City Hotel을 대변하고 있다. 셋째, Prince Hotels는 일반 호텔을 의미한다. 이외에도 프린스호텔은 온천호텔, 골프장호텔, 스키장호텔 등을 운영하고 있다.

3) 뉴오타니호텔(New Otani Hotel)

The New Otani
NEW OTANI HOTELS

최초의 뉴오타니호텔은 1964년 올림픽게임이 개막되기 직전에 일본 도쿄에서 개관하였다. 이때만 해도 호텔업은 대부분의 일본인들에게 익숙지 않은 서양의 문물이었다. 뉴오타니호텔은 당시 아주 혁신적인 호텔로 여겨졌으며 호텔건물은 1968년까지 도쿄에서 가장 높은 건물이었으며, 또한 1,000실을 보유하여 일본에서 가장 큰 호텔이었다. 뉴오타니호텔은 전직 스모선수이며 철강산업으로 자수성가한 요네타로 오타니의 개인적 프로젝트였다. 당시 도쿄의 도지사가 요네타로에게 다가오는 올림픽을 성공적으로 개최하기 위해 호텔 건설을 요청하였는데, 요네타로는 호텔업에 대한 경험이 전무했지만 이러한 도전을 흔쾌히 수락하였다. 원래의 건물이 완공되고 나서 10년이 지난 후 40층짜리 건물이 추가되었으며, 호텔을 에워싸고 있던 400년의 역사를 가진 일본식 정원이 다시 복구되었다.

뉴오타니호텔의 최초의 해외시장 진출은 1976년 하와이에 건립된 뉴오타니 Kaimana Beach호텔이었다. 한편, 1977년 뉴오타니 LA가 개관하였는데 이 호텔의 4층에는 하늘정원이 건설되었다. 통로에는 약 100여 종의 이국적 식물과 인공폭포, 오타니의 개인 소장품이던 특이한 적색의 돌로 장식되었는데, 서구의 편리함·안락함과 일본의 전통과 품위가 잘 조화되었다고 한다. 그러나 이 호텔은 2007년 소유권이 변경되면서 Kyoto Grand Hotel & Gardens로 개명되었다.

한때 뉴오타니는 미국에서 최고의 일본식 호텔기업으로 평가받기도 했는데, 이러한 성공은 일본과 미국의 환대개념과 경영방식을 적절하게 조화한데서 비롯되었다. 2011년 1월 현재 뉴오타니는 일본에 17개, 하와이 1개, 북경에 1개 등 총 19개소의 호텔을 운영하고 있다.

4) 제국호텔(Imperial Hotel)

(자료 : 위키백과)

(자료 : 위키백과)

이웃나라 일본의 대표적인 호텔인 제국호텔은 1890년 11월 3일 건물이 준공되고 다음해 7월에 개관하였다. 이노우에 카오루가 시부사와 에이치와 오쿠라 가하치로를 시켜 유한회사 제국호텔을 설립해서 건설한 호텔이다. 경영권은 시부사와 에이치로부터 오쿠라 기하치로로 이어지고 그의 사망 후 장남 오쿠라 기시치로가 계승하였다. 일본의 패전 후 공직 추방 및 재벌해체 정책에 따라 기시치로는 소유 지분을 내다 팔아야 했다. 결국 거액의 자금을 조달하는데 성공한 담배왕 가네이 히로토에게 소유권이 넘어가 그는 회장으로 취임하게 된다. 공직에서 추방되었던 오쿠라 기시치로는 결국 재기해서 오쿠라호텔을 설립하여 현재까지 일본 굴지의 호텔기업으로 자라게 된다. 그러나 1977년 국제흥업에 소유권이 양도되며, 2004년에는 국제흥업이 Ceberus Capital Management에게 피인수되면서 2007년 국제흥업이 보유했던 제국호텔 지분이 대부분 미쓰이 부동산에 매각되어 현재 미쓰이는 33%를 보유한 최대주주이다.

1891년에 개관한 제국호텔은 와타나베 유즈루에 의해 설계되었으며, 목재로 기둥과 보를 세운 3층 벽돌건물이었으며 객실은 60실이었다. 그러나 이 건물은 1919년 화재로 전소되는 비운을 겪는다. 그 후 1912년 당시 총지배인이었던 하야시 아이사쿠가 미국 유명 건축가인 Frank Llyod Wright에게 신관호텔의 건축설계를 의뢰하게 된다. Wright는 복고풍 마야 스타일의 호텔을 설계하여 완공에 심혈을 기울이게 된다. 설계자의 이름을 딴 라이트관(신관)은 대규모 호텔로는 세계 최초로 전체 건물에 스팀난방을 도입하고 내진과 방화에 철저하게 대비하는 등 당시로서는 획기적인 기술을 채용하게 된다. 그러나 Wright의 완벽주의 철학은 엄청난 예산의 초과를 초래하게 했으나 아이사쿠의 전폭적인 지원 아래 호텔 건설은 지속될 수 있었다. 그런 와중에 1919년 구관의 화재로 전소됨에 따라 신관의 초기 준공은 경영상 최우선 과제가 되었으며, 설계의 변경을 반복하는 Wright와 이에 불만을 표출하는 경영진과의 충돌이 격화되었다.

그러나 당초 예산인 150만 엔이 6배인 900만 엔으로 부풀어 오르자 아이사쿠는 책임을 지고 사표를 제출하게 되었고 Wright도 결국 중도에 일을 그만 두어야 했다. 그럼에도 불구하고 호텔건설은 Wright의 일본인 제자인 엔도 아라타의 지도 아래 계속되었다. 드디어 건설이 시작된 지 11년 만인 1923년 신관은 완성되었다. 1923년 9월 1일 준공기념 피로연이 준비되고 있을 때 역사적인 관동대지진이 도쿄를 엄습한다. 주변에 많은 건물들이 붕괴되거나 화재에 휩싸이는 마당에 제국호텔의 신관은 조그만 손상만 입었을 뿐 거의 완벽한 자태를 유지하여 많은 사람들에게 감동과 희망을 주게 된다. 그리고 1945년 5월 미국의 도쿄 대공습에 의해서 총바닥 면적의 40%가 불에 타는 큰 피해를 입게 된다. 전쟁 후 제국호텔은 미군 본부로 접수되고 이후 복원 공사로 본래의 모습을 되찾게 된다. 미군의 점령이 끝나고 외국인들의 일본 방문이 증가하면서 1954년 본관인 라이트관 뒤편에 170실의 제1신관이 건설되고 1958년에는 그 옆에 10층에 450실을 갖춘 제2신관이 완성된다. 그러나 1964년 Wright가 설계한 본관을 철거하고 17층에 772실의 새로운 본관 건설계획이 발표된다. 대지진과 대공습에도 건재했던 추억을 못 잊는 많은 일본 국민들은 대규모 반대운동을 전개하게 된다. 그러나 지반침하 등의 영향으로 기둥이 기울고 누수가 발생하는 등 건물 노후화가 완연하고 또한 도쿄 최고의 부지에 최대의 건축물의 객실수가 너무 적어 경제성 문제가 있는 것으로 드러나게 된다. 결국 화려한 역사를 뒤로하고 1967년에 철거를 시작해서 다음 해 완전히 자취를 감추게 된다.

2011년 1월 현재 제국호텔은 일본 도쿄, 오사카, 나가노, 지바 등에 5개의 호텔로 운영되고 있다.

5) 오쿠라호텔

오쿠라호텔 주식회사는 1958년 오쿠라 기시치로에 의해 설립되었으며, 첫 호텔인 Hotel Okura Tokyo는 1962년 개관되었다. 오쿠라호텔의 중심 호스피탈리티 정신은 일본의 특징인 섬세함 및 배려와 서구의 고도화된 기능성을 잘 조화시켜 세계 모든 고객에게 쾌적함과 편안함을 제공하는 것이다. 특히 오쿠라호텔은 1979년 오픈한 호텔신라에 제휴관계를 통해 많은 지원을 제공하였다.

2010년 9월 30일 오쿠라호텔은 일본의 체인호텔 중에서 가장 세계화된 호텔 네트워크를 보유한 JAJ호텔의 인수를 발표한다. JAL호텔은 Nikko Hotels International과 Hotel JAL City와 같은 유명 브랜드를 보유하고 있다. 오쿠라호텔은 JAL

호텔의 지분 79.6%를 인수함으로써 JAL호텔을 자회사로 두게 되었다. 향후 두 호텔 간의 새로운 파트너십에 의한 시너지의 창출은 고객의 편리성을 향상하고 기업가치가 증가되어 지속가능한 성장을 이룩하는 기폭제가 될 수 있다.

2011년 1월 현재 오쿠라호텔은 일본에 15개의 호텔과 해외시장에 5개의 호텔 등 총 20개의 호텔에서 총객실 6,237실을 운영하고 있다. 오쿠라호텔은 2011년에 마카오에 488실 호텔을 개관할 예정이며, 2012년까지 대만에 208실 호텔과 방콕에 242실 호텔을 추가로 개관할 예정이다.

가. JAL호텔

1970년 일본항공사(JAL)의 자회사로 JAL호텔이 설립되었으며, 1984년에 닛코호텔(Nikko Hotels International)로 개칭되었다. 이후 1992년 Hotel JAL City 사업부가 생기면서 JAL호텔은 크게 닛코호텔과 Hotel JAL City로 나뉘어 운영된다. 닛코호텔은 처음 일본 국내의 여행객들을 위하여 설립되었으나 몇 년 후 일본 최대의 국제 네트워크를 보유한 체인호텔로 성장하였다.

초기 닛코의 해외시장전략은 점보제트기의 등장과 해외여행 규제의 완화로 계속해서 증가하고 있는 일본인 해외여행객들에게 서비스를 제공하는 것이었다. 일본 및 동남아시아 외에 최초로 닛코호텔이 건설된 곳은 프랑스와 독일이었다. 이후 닛코는 1985년 뉴욕에 있던 에섹스 하우스를 인수함으로써 북미시장에도 처음 진출하게 되었다. 당시 닛코의 목표는 JAL이 취항하는 세계 50여 도시에 호텔을 하나씩 건설하는 것이었는데, 1992년에 32개의 호텔을 운영하게 되었다. 다른 체인호텔과 달리 닛코가 소유하고 있는 대다수의 호텔들은 각각 개별적인 특징에 따라서 독특하게 건설되었다. 초기에 닛코호텔은 전통적인 경영방식인 직접 소유방식을 선호하였으나, 후에 위탁경영방식으로 전환해서 현재 직접 소유하는 호텔은 하나도 없다.

닛코호텔은 초기와 다르게 세계 고객들에게 봉사하기 위해 마케팅전략을 변경하였는데, 목표는 일본인 해외관광객만을 주고객으로 선정했던 과거와 달리 세계의 모든 비즈니스여행자들의 관심을 끄는 것이었다.

닛코호텔은 대부분 서구식 건축 및 설계양식으로 건설되었지만, 일본식 조경, 특별히 설계된 일본식 다다미방 객실, 일본식 꽃꽂이, 일본 전통차 서비스, 고객의 안락에 철저히 집중을 강조한 서비스 정신 등과 같은 일본식 특성도 가미하였다. 닛코의 경영진은 아시아, 미국, 유럽출신의 사람들로 골고루 구성되어 있었다. 닛코호텔은 일본의 전통적인 숙박형식인 료칸(Ryokan)도 전국에서 운영하고 있다.

Hotel JAL City는 1992년 비즈니스 고객들의 특별한 욕구를 충족하기 위해 출시되었다. 이 브랜드는 주로 일본에서 현의 수도가 위치하는 도시와 일본항공(JAL) 국내선이 취항하는 도시에 집중적으로 진출을 꾀하였다. Hotel JAL City는 전통적인 비즈니스호텔에 비해 확연히 다른 개념을 선보였는데, 객실은 다른 어떤 비즈니스호텔의 객실보다 넓었으며 대략 150~300실 규모의 호텔만으로 구성되었다. 그리고 각 Hotel JAL City에는 레스토랑과 컨퍼런스 룸과 비즈니스 센터가 손님에게 제공되었다.

2011년 1월 현재 JAL호텔은 45개소의 닛코호텔(25개는 일본에 소재하며 나머지 20개는 유럽, 미국, 중동, 아시아/태평양 등과 같은 해외에 소재하고 있음)과 13개의 Hotel JAL City를 통해 총 18,099실을 고객에게 제공하고 있다. 그리고 닛코호텔은 향후 중국 광저우에 411실, 샤먼에 436실, 쑤저우에 475실, 그리고 베트남 사이공에 335실 등과 같은 해외진출 호텔의 건립을 계획 중에 있다고 한다.

6) Mandarin Oriental Hotel

홍콩의 Mandarin Oriental은 1926년 첫 번째 소유기업인 Hong Kong Land가 Gloucester호텔을 인수하면서 처음 사업이 시작되었다. 1974년 모기업은 홍콩의 Mandarin Oriental 호텔을 표준으로 하여 다른 아시아지역으로의 사업확장을 시도하였다. 이후 많은 변천을 겪었으며, 결국 일부 지분이 팔리고 체인호텔은 홍콩 증권시장에 상장되었다. 처음 호텔기업의 명칭은 Mandarin International Hotels였으나 아무런 관계가 없는 싱가포르의 Mandarin Group과 방콕의 유명호텔인 The Oriental과의 같은 명칭으로 인한 혼란을 방지하기 위해 1986년 Mandarin Oriental로 개칭하게 되었으며, 후에 The Oriental Hotel의 지분 49%를 인수한다. 1980년대 중반에는 주로 지분인수를 통하여 아시아지역 외의 시장으로 진출을 꾀하였다. 1984년 캐나다의 밴쿠버에 Mandarin Oriental Vancouver를 개관하면서 최초로 북미시장에 진출하는데, 객실당 건설비는 당시 북미에서 가장 높았다고 한다. 그러나 1987년 Delta Hotels에 매각했다. 1987년에는 유명한 현재의 부채형 상표를 개발한다. Mandarin Oriental은 미국 뉴욕 상동부에 위치한 유명 호텔인 The Mark Hotel을 매입했다가 얼마 후 다시 매각해 버린다. 이 호텔의 매입은 후일 Mandarin Oriental New York을 건립하기 전 지역사회에 Mandarin Oriental의 상호를 인식시키기 위한 사전 홍보전략이었다.

Mandarin Oriental의 기업목적은 '최고의 호텔'로 지극히 단순했다. 그래서 체인은 많은 호텔을 경영하지 않았으며, 다년간 일관성이 없는 20여 개의 호텔들을 운영하기보다는 5년 이내에 5개의 최고호텔을 확보하는 것을 선호했다. Mandarin Oriental의 호텔영업에 대한 전문지식은 확고한 명성을 쌓았고, 일부에서는 세계 최고의 호텔기업이라고 평가하기도 했다. Mandarin Oriental의 궁극적인 목표는 동양적인 매력을 갖춘 21세기형 호사(Luxury)를 제공함으로써 세계 도처에서 최고의 최고급(Luxury) 호텔그룹으로 인식되는 것이다. 2011년 1월 현재 Mandarin Oriental은 세계 27개 국가에서 10,000여 개가 넘는 객실을 갖춘 42개소의 호텔을 운영하고 있다. 18개소의 호텔은 아시아, 12개소는 북미, 나머지 12개소는 유럽, 중동, 북아프리카에 위치하고 있다. 이외에도 Mandarin Oriental은 같은 곳에 위치하는 13개소의 레지덴셜(Residences) 호텔도 운영하고 있다.

7) Peninsula Hotel

THE PENINSULA
HONG KONG

홍콩을 대표하는 호텔인 Peninsula는 카두리 패밀리가 소유하는 홍콩의 상장 기업인 Hong Kong and Shanghai Hotels의 마케팅 및 영업 명칭이다. 이 기업은 1866년 설립되었으며, 대표호텔인 Hong Kong Peninsula는 1928년 12월 홍콩의 심사추이 지역에서 개관하였는데, 당시 사업목적은 수에즈 운하 동쪽의 최고 호텔이었다고 한다. Peninsula 홍콩은 여러 번 세계 최고의 호텔로 선정되었으며 전설적인 호텔로 인정되고 있다.

1941년 일본군과의 홍콩전투에서 패한 영국의 식민지 총독인 Mark Aitchison이 Peninsula호텔 3층에 있는 일본군 본부에 와서 항복을 한 장소이기도 하다. 그 후 호텔은 The Toa Hotel로 명칭이 변경되었으나 일본군이 물러나고 영국이 다시 홍콩 식민지를 통제하면서 옛 이름을 되찾게 된다. 또한 Peninslua는 호텔 현관 정면에 세계 최고급 승용차이자 부의 상징인 초록색의 롤스로이스를 여러 대 주차시키면서 호화호텔의 명성을 다시 한번 확인하게 된다. 이 방식은 아직도 많은 호텔들이 모방하고 있다.

세계적인 명성에도 불구하고 Peninsula는 극히 소수의 독특한 호텔만을 운영하고 있다. 현재 Peninsula는 홍콩, 상하이, 북경, 도쿄, 마닐라, 방콕, 뉴욕, 비버리힐스, 시카고 등 총 9개의 호텔을 운영하고 있으며, 2013년 파리에 10번째 호텔을 개관할 예정이다.

8) Shangri-La Hotel

SHANGRI-LA
HOTELS and RESORTS

Shangri-La호텔은 홍콩에 본사를 두고 있으며, 아시아에 본사를 두고 있는 체인호텔에서 최대 규모의 고급호텔그룹이다. 1971년 싱가포르에서 최초로 Shangri-La호텔이 개관하였다. Shangri-La는 Robert Kuok에 의해 설립되었고 현재 회장인 Edward Kuok Khoon Loong는 그의 조카이다.

Shangri-La라는 용어는 1933년 James Hilton의 소설에 나온 어귀인 "But here, at Shangri-La, all was in deep calm"에서 유래되었다고 한다. 그래서 Shangri-La호텔은 평온과 서비스를 중시하게 되었다. Shangri-La는 항상 동양적인 호스피탈리티로 인해 고유한 특성이 보호된다고 믿고 있으며, 손님에게 색다른 동양표준의 호스피탈리티와 서비스를 제공하는 것에 몰입하는 것이 경쟁에서 차별화하는 중요 요소이자 월드클래스 호텔기업을 지향하는 가장 큰 시금석이 되고 있다.

Shangri-La는 Shangri-La Hotels, Shangri-La Resorts, Traders Hotels, Kerry Hotels 등과 같은 4개 브랜드로 영업을 수행하고 있으며, 각 Shangri-La호텔에는 CHI라는 스파 상품이 제공되고 있다. Shangri-La는 주로 500실이 넘는 Five-Star 호텔들로 가장 인지도가 높은 고객들을 상대하기 위해 고안된 브랜드이며, City Hotel의 주요 고객층은 비즈니스 여행객이며 리조트는 부유한 레저 여행자이다. 한편, Traders는 Four-Star 호텔로서 최근 급속히 증가하고 있는 중가시장의 비즈니스 여행자들을 목표시장으로 삼고 있다. 자매 브랜드인 최초의 Traders 호텔은 1989년 중국 북경에 건립되었다.

1979년 Shabgri-La는 최초의 리조트를 오픈하고, 1993년에는 주식시장에 기업을 공개한다. 그리고 1997년 고객충성도 프로그램인 Golden Circle을 출시하며, 2003년 호주와 중동에 각각 최초의 호텔을 진출시킨다. 2006년에는 파리에 있는 역사적인 성을 매입해서 Shangri-La Paris로 개관하는데, 이 거래는 파리 최초로 아시아 호텔기업에 의해 소유 및 운영되는 호텔로 기록이 되었다. 2008년 밴쿠버에 호텔을 오픈함으로써 처음 북미시장에 진출하게 된다. 그리고 Shangri-La는 2010년 새로운 글로벌 브랜드 캠페인인 "It's in our nature"를 시작한다.

2011년 1월 현재 Shangri-La는 홍콩, 중국, 싱가포르, 말레이시아, 필리핀, 일본, 태국과 같은 아시아 국가와 북미 및 중동에 30,000실이 넘는 객실을 보유한 70개소의 호텔을 운영하고 있으며, 새로운 호텔들이 오스트리아, 캐나다, 중국, 인디아, 마카오, 필리핀, 카타르, 터키, 영국 등지에서 개관을 준비 중에 있다.

9) Dusit International

Dusit International은 1948년 방콕에서 처음 현재 명예회장인 Thanpuying Chanut Piyaoui 여사가 Princess Hotel과 함께 Dusit Thani로 개관하면서 사업을 시작했다. Dusit은 태국 최초의 호텔체인이었으며 현재까지 태국 최대의 호텔로 지위를 유지하고 있다. 당시 태국 국왕이던 라마 6세가 만든 '하늘의 마을'이란 의미를 지닌 Dusit Thani라는 용어를 이용했다고 한다. 창립 이래 Dusit는 태국문화의 전통을 기반으로 하는 호스피탈리티로 고급호텔들을 특화해 왔다. 특히 "어떤 여정에서도 개인의 영혼이 유쾌하게 되는 경험을 제공한다"라는 Dusit의 브랜드 서약이 대중에 공개되고 있다. Dusit은 Dusit Thani, dusitD2, Dusit Princess, Dusit Devarana, Dusit Residence와 같은 5개 브랜드로 23개의 호텔을 운영하고 있다. 대다수 호텔들은 태국에 위치하고 있지만 필리핀, 두바이, 이집트 등지에도 진출해 있으며 현재 중국, 아부다비, 뉴델리 등으로 해외시장을 확대하는 계획을 실천에 옮기고 있다고 한다.

10) The Taj Group

Taj(타지) 호텔은 인도의 대표적인 재벌기업인 Tata Group의 자회사이다. Taj 체인의 기함호텔인 Taj Mahal 호텔은 1903년 12월 16일 뭄바이에서 처음 문을 열었다. 인도 호텔의 상징과 같은 Taj Mahal 호텔은 철강산업의 필요에 의해 설립되었다. 20세기에 들어서면서 철강공장의 건설과 같은 산업기반의 개발은 당시 인도에서 최우선적인 국책사업이었다. 이와 같은 건설플랜트에서 일을 할 좋은 엔지니어와 건축가들을 유인하기 위해서 훌륭한 숙박시설이 필요하게 되었다. Taj Mahal 호텔의 건설은 그와 같은 욕구를 충분히 충족시키게 되었다. 이 호텔이 건립된 또 다른 동기는 Tata Group의 설립자인 Jamshetji Nusserwanji가 당시 뭄바이에 있는 Watson's 호텔이 인종차별정책의 일환으로 인도인의 호텔 출입을 금하는 정책에 의해 입장을 거절당한 것에 크게 격분해서 크고 화려한 호텔이 지어졌다는 일화도 전해지고 있다.

1970년대를 통해 Taj 호텔은 Taj Lake Palace처럼 전에 궁전으로 사용되던 여러 오래된 왕궁들을 세계적 수준의 럭셔리 호텔로 변모시키는 전략으로 크게 성공하게 된다. 그리고 1989년 캘커타에 Taj Bengal을 열면서 인도의 모든 주요 5대 도시에 호텔을 영업하는 최초의 체인호텔이 된다.

1980년 드디어 예멘에 호텔을 열면서 최초로 국제시장으로 진출하게 된다. Taj의 해외사장 진출은 경쟁사인 Oberoi보다 많이 늦었지만 이후 해외시장에서 눈부신 성장을 이룩해 이제는 경쟁을 주도하고 있다. Taj의 세계화 전략은 크게 두 가지로 구분된다. 첫째, 각 관광 및 비즈니스 시장의 욕구에 부응하기 위해 호텔의 등급과 형태에 상관없이 해외시장에 진출하였다. 그래서 많은 호텔들에는 Taj 상호가 이용되지 않았다. 둘째, 먼저 세계 주요 호텔시장에서 명망이 높았던 낡은 호텔들을 매입한다. 그 후 이런 호텔들을 우아한 호텔로 재단장(Renovation)한 후 Taj의 높은 수준의 서비스가 제공되는 쾌적한 호텔로 전환시키게 된다. Taj의 공격적인 확장계획에는 지리적 확대, 새롭게 등장하는 라이프스타일 틈새시장의 파악, 마케팅 전략제휴 등이 포함되었다.

2004년 Taj는 미국 뉴욕의 유서 깊은 호텔인 Pierre의 위탁경영권을 획득하게 되며, 2006년에는 시드니 W호텔을 인수한 뒤 Blue Sydney로 개명한다. 이어 2007년 미국 보스턴에 있는 Ritz-Carlton호텔을 1억 7천만 달러에 인수한 뒤 Taj Boston으로 개명한다.

한편, 사업다각화를 위해 2004년 Taj는 증가하는 장기체류형 손님들을 유치하기 위해 뭄바이에 최초의 Serviced Apartments를 오픈한다. 그러나 이 사업은 현재 존재하지 않고 있다. 같은 해 Taj는 역시 체인 최초의 저가 브랜드인 Ginger를 출시하게 된다.

2011년 1월 현재 Taj는 인도 내 42개 지역에서 66개의 호텔을 운영하고 있으며, 몰디브, 말레이시아, 호주, 영국, 미국, 부탄, 스리랑카, 아프리카, 중동 등의 해외 지역에서 16개의 호텔을 관리하고 있다. 현재 영업 중인 브랜드에는 Taj Hotels, Resorts & Palaces, Taj, Taj Exotica, Taj Safaris, Upper Upscale Hotels, The Gateway Hotel, Ginger 등이 있다.

11) Oberoi Hotels & Resorts

Oberoi Hotels & Resorts

East India Hotels의 자회사인 Oberoi호텔은 인도 호텔산업의 선구자로 칭송되는 Rai Bahadur Mohan Singh Oberoi가 만들어 낸 작품이다. Oberoi는 1922년 당시 영국 식민정부의 하계 수도인 Shimla의 한 호텔에서 프런트 데스크 직원으로 그의 비즈니스 경력을 시작한다. 1933년 그는 모든 재산과 아내의 보석을 담보로 하여 자금을 융통해서 그의 첫 번째 호텔들인 Shimla와 Delhi에 있던 두 곳의 The Clark's Hotel을 인수한다. 당시 인도에서 호텔사업은 태동기였는데, Oberoi는 최초의 인도인 호텔사업가가 되었다. 과거에는 인도 호텔들은 모두 영국인 또는 스위스 출신의 경영자에 의해 운영되고 있었으며 대다수 손님들은 당시 영국인 거주자였다. 그 후 Oberoi는 계속 사업을 확장했으며 1965년에는 뉴델리에서 인도 최초의 5성급 럭셔리 호텔인 The Oberoi InterContinental을 오픈하게 되며, InterContinental 체인이 위탁경영을 했다.

Oberoi는 사업을 주로 부유한 국내 및 해외여행자들을 상대하는 최고급호텔로 한정했는데, 그의 5성급 호텔들은 객실당 종업원의 수가 평균 3명이나 될 정도로 개인적인 서비스의 제공을 강조했다.

인도 국내시장에서 Oberoi의 사업확장은 Taj호텔 수준에 미치지는 못했지만, Oberoi는 대다수 호텔들을 직접 소유 및 경영하는 방식을 취했는데 이런 구조로 말미암아 종종 더 많은 이윤을 창출할 수 있었다. Oberoi는 인도 호텔기업으로는 최초로 해외시장에 진출한 호텔이다. 최초의 해외호텔은 1960년에 오픈한 네팔 카트만두의 Soaltee Oberoi와 이집트 카이로에 있는 Mena House Oberoi이다. 그 후 해외시장에 진출 속도가 점차 느려졌는데 이는 이윤보다는 매출액의 확대와 호텔수의 증가에 집중했던 종전 전략과 달리 이윤확대와 품질보장을 통해서 모든 호텔들이 동일한 표준의 최고 서비스를 제공하도록 하는 확장전략의 변화 때문이었다. Oberoi는 중동, 북아프리카, 동남아시아 등지에는 진출을 제한했는데, Oberoi 사업개념에 맞는 호텔들이 흔치 않았기 때문이라고 한다.

1966년 Oberoi는 높은 수준의 호스피탈리티 경영교육에 대한 중요성을 인식하여 뉴델리에 Oberoi 학습개발센터를 설립하게 된다. 이 교육시설은 현재도 잘 운영되고 있으며 매년 졸업생 수가 100여 명에 이른다고 한다. Oberoi호텔의 가장 차별화된 특징은 대단히 친절하고, 개인화되고, 따뜻한 서비스를 제공하는 높은 수준으로 동기화되고 잘 훈련된 직원들이라고 스스로 밝히고 있다. 2011년 1월 현재 Oberoi호텔은 5개국에서 총 28개의 호텔들을 운영하고 있으며, 보유하고 있는 브랜드에는 럭셔리 시장의 Oberoi와 5성급 시장의 Trident가 있다.

4. 중동 및 아프리카의 다국적 호텔기업

Southern Sun Hotel Corporation은 1969년 남아프리카 맥주회사와 Sol Kerzner가 Southern Sun Hotel Group을 공동으로 설립하면서 만들어졌다. 1983년 남아프리카 맥주회사는 호텔 지분을 Southern Sun과 Sun International로 나누게 된다. Sun International은 Sol Kerzner가 경영권을 맡게 되며 모든 카지노호텔의 지분을 보유하게 되는데, Southern Sun은 이 회사의 지분 20%를 보유한 주주로 남게 된다. Southern Sun은 아프리카 대륙에서 최대의 호텔 소유회사 겸 경영회사이다. 2006년 통계에 의하면 객실수 기준으로 세계 55위의 호텔기업으로 성장했는데, Southern Sun 호텔은 79개소의 호텔에서 약 13,000개의 객실을 공급하고 있다.

1979년 Southern Sun호텔은 요하네스버그 증권시장에 기업을 공개하지만 1990년 다시 사기업으로 환원을 한다. 이후 Southern Sun 호텔은 Tsogo Sun Holdings에 소유권이 양도된다.

Southern Sun의 호텔 포트폴리오를 보면 고급호텔에서 저가호텔까지 모든 세분시장을 아우르고 있으며, InterContinental 브랜드의 마스터 프랜차이즈 권한을 보유하고 있다. 2005년 사업구조조정을 거치게 되면서 Southern Sun은 경영회사에서 소유회사로 비즈니스 모델을 변경하게 된다. Southern Sun은 아직 다국적기업은 아니지만 호텔수, 시장범위, 서비스 등을 봤을 때 대다수 호텔들은 국제기준을 충족하고 있다.

표 15-9 **중동 · 아프리카 Top 12 체인호텔**

순 위	호텔명	본사 위치	2008년 객실수	2008년 호텔수
1	Southern Sun Hotels Ltd.	Bryanston, South Africa	13,514	81
2	Protea Hospitality Corporation	Sea Point, South Africa	9,790	126
3	Rotana Hotel Management Ltd.	Abu Dhabi, UAE	9,718	38
4	Orascom Hotels & Development	Cairo, Egypt	6,559	31
5	Fattel Hotels	Tel Aviv, Israel	5,500	20
6	City Lodge Hotels Ltd.	Sandton, South Africa	4,859	43
7	Sun International	Sandton, South Africa	3,920	23
8	Jumeirah Group	Dubai, UAE	3,065	11
9	Legacy Hotels & Resorts Int'l	Rivonia, South Africa	2,887	22
10	African Sun Ltd.	Harare, Zimbabwe	2,875	20
11	Three Cities Group	Durban, South Africa	2,584	38
12	Dan Hotels Corporation Ltd.	Tel Aviv, Israel	2,428	13

(자료 : Hotels)

제5절 다국적 호텔기업의 국내진출과 문제점

1. 다국적 호텔기업의 공헌 및 폐해

세계 모든 국가가 다국적 호텔기업의 진출을 반기거나 반드시 필요한 존재로 인식하는 것은 아니다. 특히 선진국의 다국적 호텔기업이 후진국이나 개발도상국에 진출하는 경우는 선진국에 비해 더욱 영향이 클 수밖에 없다. 다국적 호텔기업과 현지국가의 정부는 서로에게 이익이 될 수 있도록 진지한 공동노력을 게을리 말아야 할 것이다.

1985년 WTO를 비롯한 여러 연구기관이 다국적 호텔기업이 개발도상국에 진출함으로써 발생하는 혜택과 문제점에 대한 연구를 개발도상 국가들을 상대로 실시하였다. 개발도상국에 대해 다국적기업이 제공하는 혜택은 대부분 기술적인 서비스분야로서 구체적으로 시장타당성조사, 기획, 건설, 기술, 마케팅 및 판매촉진, 기술 및 경영노하우 전수 등이었다. 또한 다국적 호텔기업이 진출함으로써 관광개발의 발전 속도가 가속되는 것이 가장 큰 혜택으로 파악됐다. 다국적 호텔기업의 경험, 준비된 생산기술, 문제해결능력 등은 대부분의 개발도상국 기업보다 훨씬 빠르고 효율적이어서 관광개발과정의 초기단계를 효과적으로 수행할 수 있게 되었다.

한편, 부작용으로는 다국적 호텔기업들은 개발도상국의 지역문화 또는 발전단계를 항상 이해하려고 하지 않다는 것이었다. 다국적기업들은 고위경영자 자리는 현지국가 출신을 고용하지 않으려 했으며, 임금이 비싸고 또 외화로 지급해야 하는 외국인들의 고용을 선호하여 결국 현지국가의 입장에서는 외화가 외국으로 역류하는 누수현상을 초래하고 있는 것으로 조사됐다. 그리고 현지 인력을 위한 교육훈련이 현지국가 정부에서 원하는 기대수준만큼 행해지지 않고 있으며, 현지정부의 욕구에 부합되지 않는 교육훈련이 다국적기업에 의해 제공되고 있었다. 많은 개발도상국들은 위탁경영계약을 인가할 때 외국호텔기업에게 적절한 교육훈련 및 기술을 전수하는 것에 대해 동의할 것을 요구하고 있다.

2. 다국적 호텔기업의 국내진출 현황과 문제점

1969년 한국관광공사가 미국의 아메리칸항공사와 합작투자하여 조선호텔을 건립한 후 국내 호텔산업은 여러 가지 면에서 다국적 호텔기업의 영향을 받아왔다. 다국적 체인호텔들이 한국호텔산업을 위해 공헌한 면도 많지만 그에 못지않게 부정적인 측면도 없지 않다.

다국적 체인호텔들이 국내진출 배경에는 여러 가지 측면이 있다. 과거 국내호텔들의 서비스수준이 글로벌 스탠더드에 미치지 못해 다국적 호텔들이 국내시장에 진출한 것은 어쩌면 자연스러운 현상일 것이다. 그리고 이들이 주고객인 외국인 여행자들의 욕구를 보다 잘 이해하고 있는 것도 사실이다. 또한 국내호텔인력들의 호텔시공 및 건설기술, 시설, 장비, 인테리어 등에 대한 경영지식이 일천하였으며 특히 마케팅은 경쟁력이 아주 뒤떨어져 있었다. 국내 특급호텔들이 일반적인 미국의 고급호텔들과 특히 다른 점은 식음료업장이 너무 많다는 것이다. 미국호텔에는 보통 레스토랑이 1~2개소 정도지만 국내 특1급호텔들은 10여 개가 넘는 식음료업장들을 보유하고 있다. 이렇게 많은 식음료업장들을 동시에 운영하기란 여간 힘든 일이 아닐 것이다. 특히 주방은 더욱 그러하다. 세계 각나라의 음식의 맛을 내고 이에 맞는 서비스를 생산해 내기가 내국인으로서는 벅찬 일이 아닐 수 없다. 오랜 시간이 흘렀음에도 불구하고 아직도 주방관리와 관련한 핵심직무는 아직도 대부분 외국인 주방장의 경험과 지식에 의존하고 있다.

국내 특급호텔들을 이용하는 고객의 대다수는 외국인 여행객들이다. 이들은 세계를 여행할 때 자신들에게 친숙한 다국적 체인호텔의 브랜드를 선호한다. 그리고 국내 호텔들은 유명 브랜드를 유치함으로써 소비자들의 인지도를 확보할 수 있고 또한 영업활동에 필수적인 세계적인 마케팅 및 객실예약시스템을 이용할 수 있어 판매효과를 극대화할 수 있다.

그리고 특히 88서울올림픽 이후로 국내 호텔산업에서도 경쟁이 점차 심화되어 경쟁우위를 창출하기 위해 외국 유명 브랜드의 도입을 선호하였다. 그동안 국내호텔 소유주들은 외국 브랜드를 도입하여 위탁경영계약을 체결하였다. 실제로 외국체인과 체결한 위탁경영계약은 경영성과 향상에 긍정적인 영향을 미치고 있으며 다른 방식의 경영형태보다 효율적이다(김수영 · 조소윤). 그리고 정부는 외국기업의 국내관광산업에 대한 투자를 장려해왔으나 실제로 호텔산업에서 다국적 체인호텔에 의한 직접투자 또는 지분투자는 극히 일부분에 그치고 있다. 이들 다국적기업들은 국내 호텔산업에 대한 진입전략으로 사업위험에 대한 부담이 작고 자본투자가 거의 소요되지 않는 위탁경영계약 또는 프랜차이즈를 선호하였다.

현재 국내에는 약 20여 개에 가까운 다국적 체인호텔의 브랜드들이 도입되어 서로 경쟁하고 있으며 또한 몇몇 국내 체인호텔들과도 경쟁하고 있다. 그동안 다국적 체인호텔들이 활동으로 국내 호텔산업도 세계수준의 호텔서비스를 한국을 방문하는 외국여행객들에게 제공할 수 있게 되었다. 그리고 다국적 체인호텔이 보유한 호텔경영에 대한 전문지식도 상당 부분 국내기업으로 전이되어 국내 호텔산업의 발전에 이바지하였다. 이런 측면에서 이들의 공헌도를 인정할 수 있는 반면에 다국적 체인호텔의 진출에 따른 문제점도 적지 않은데 좀 더 구체적으로 살펴보면 다음과 같다.

첫째, 위탁경영계약상의 구조적인 불공정이다. 많은 경험과 숙련된 협상기술을 보유한 다국적 체인호텔들은 이러한 장점을 활용하여 계약을 최대한 자신들에게 유리하게끔 만들어 놓았다. 특히 로열티, 계약기간, 계약종료 조건, 인사문제에 대한 불공정한 계약내용은 서로가 파트너 관계인지를 의심할 수 있을 정도로 외국체인호텔 위주로 체결되었다. 법적으로 봤을 때 고용주인 국내호텔과 고용인인 외국체인 간의 관계설정이 상식적이지 못한 점이 많다. 즉, 고용인이 잘못 운영하여 이익을 창출하지 못한 경우에 부과되는 벌칙이 거의 없는 반면, 고용주인 국내 호텔기업은 경영에 관여할 수 없고 고용인이 범한 실책에 대해서도 고용주는 모든 법적 · 경제적 책임을 져야만 한다. 점차 이러한 국내의 계약조건이 개선되고 있는 것이 사실이지만 아직도 미국이나 기타 국가의 계약조건에 비해 열악한 것이 사실이다.

둘째, 위탁경영계약으로 외화유출의 가능성이다. 다국적 체인호텔은 고용주의 국내호텔을 경영하는 대가로서 기본적인 로열티와 경영성과에 따른 인센티브를 받고 있는데, 부당하게도 다른 비교대상국가에 비해 너무 많은 금액을 요구하여 형평성이 부족한 것으로 나타나고 있다. 또 이러한 금액이 본국으로 송금될 때 현재는 이에 대한 세금이 부과되지 않고 있다. 그리고 체인본사는 서비스의 표준화를 이유로 각종 기자재, 집기류, 식자재 등을 외국에서 구매하도록 강요한다. 또한 마케팅 및 광고, 예약시스템의 사용 등에서도 수수료를 부당하게 요구하여 외화를 과잉 유출하는 경우가 많다.

셋째, 경영지식의 전수 및 사명감 결여이다. 1968년 국내 호텔산업에 처음 진출한 외국체인호텔들은 국내호텔의 핵심 직책들은 직접 본사에서 파견한 인력들을 고용하였고, 국내 호텔기업은 이들에게 외화로 임금을 지급해야 했다. 일정기간까지 이런 상황이 지속되는 것은 이해가 되나 충분한 시간이 흐른 지금은 그동안 훈련된 국내인력에 의해 핵심직무가 수행되어야 하는데 그렇지 못하고 있다. 현지인을 핵심 보직에 기용하여 해당 국가 호텔산업의 인력풀의 질을 향상하는 책임기능을 다국적기업은 기꺼이 인정해야 한다. 그리고 다국적 체인호텔들은 파트너인 고용주보다 자신들의 이익창출을 최우선하는 정책을 유지하고 있는데, 이제는 이를 개선하여 파트너 모두가 이익을 창출할 수 있는 Win-Win 전략을 적극 고려해야 한다.

참고문헌

김경환(1999). 『호텔 · 레스토랑산업의 경영전략』. 백산출판사.

김수영 · 조소윤(2001). 호텔경영계약의 체결이 경영성과에 미치는 영향. 『관광학연구』, 24(3) : 107-125.

김의근 · 박대환 · 허정봉 · 성백정 · 심광현 · 이병국 · 이수열 · 이정실 · 손계율(1999). 『호텔경영학개론』. 백산출판사.

박번순 · 전영재(2001). 세계화와 지역화. 『연구보고서』, 삼성경제연구소.

어윤대 외(2001). 『국제경영』. 2판. 학현사.

위키백과.

장세진(1999). 『글로벌경영』. 박영사.

Gee, C. Y.(2008). International *Hotels : Development and Management*. 2nd ed. Educational Institute : AH&MA.

Mintel(2005). *International Hotel Industry*.

World Tourism Organization(1985). *The Role of Transnational Tourism Enterprises in the Development of Tourism*.

Wikipedia.

찾아보기 INDEX

(A)

(B)

(C)

(D)

(E)

(F)

(W)

(ㄱ)

(ㄴ)

(ㄷ)

(ㄹ)

(ㅇ)

(ㅊ)

(ㅋ)

(ㅌ)

(ㅍ)

(ㅎ)

저자약력

김경환

미국 Florida International University 호텔경영학 학사
미국 Florida International University 호텔경영학 석사
미국 Virginia Tech 호텔관광경영학 박사

한국관광레저학회 부회장
한국관광학회 이사
한국호텔경영학회 편집위원
한국관광공사 열린혁신관광공사위원회 위원장
한국산업인력공단 호텔관리사 · 호텔경영사 · 관광통역안내사 시험출제위원
경기도의회 공무국외여행심사위원회 위원
경기대학교 일반대학원 교학부장
경기대학교 전산정보원장
인천광역시관광공사 설계자문위원회 위원
현, 경기대학교 관광대학 호텔경영학과 교수

호텔경영학

2011년 3월 18일 초　판 1쇄 발행
2015년 1월 20일 개정판 2쇄 발행

지은이 김경환
펴낸이 진욱상 · 진성원
펴낸곳 백산출판사
교정 편집부
본문디자인 박정은
표지디자인 오정은

저자와의 합의하에 인지첩부 생략

등록 1974년 1월 9일 제1-72호
주소 서울시 성북구 정릉로 157(백산빌딩 4층)
전화 02-914-1621/02-917-6240
팩스 02-912-4438
홈페이지 www.ibaeksan.kr
이메일 editbsp@naver.com
ISBN 978-89-6183-441-4

값 30,000원